德州年鉴

DEZHOU YEARBOOK

2017

（总第25卷）

山 东 省 德 州 市 人 民 政 府　主办
山东省德州市地方史志办公室　　编

方志出版社
Publishing House of Local Records

决胜全面小康

德州市第十八届人民代表大会常务委员会主任、副主任、秘书长

左起：周天峰　陈璞平　钟　玲（女）　韩建亭　魏洪祥　周玉刚　冯如胜

德州市人民政府市长、副市长

左起：马俊昀（女）　商怀君　于松岩　陈　飞　张传忠　董绍辉　范宇新

政协德州市第十四届委员会主席、副主席、秘书长

左起:魏增新　吕永忠　王春利　康志民　翟长生　许绍华　马传先(女)　崔书强　辛志才

中国共产党德州市第十五届纪律检查委员会常务委员会委员

左起:聂长义　付　刚　陈　曦　刘国亭　单传海　江　辉　周立志　郭宗军　柳红卫(女)

2016年6月，市委书记陈勇（中）到平原县走访慰问老党员

2017年德州市委、市政府在全市选择180余家重点企业实施“护航、远航、起航”培植计划（简称“三航”计划），为实体经济注入金融资本“给养”。图为市委书记陈勇（右二）在企业调研

2016年9月，市委副书记、市长陈飞(中)在运河开发区西陈沟省级生态湿地调研

2017年3月，市委副书记、市长陈飞(左二)在济齐黄河公路大桥现场调研

市人大常委会主任韩建亭(中)到禹城房寺镇代表联系室调研县乡人大代表工作

2016年8月,市政协主席翟长生(中)参加全市养老事业专题协商活动

2017年7月27日，中国·德州京津冀鲁资本交易大会举行

中国·德州京津冀鲁资本技术交易大会项目签约仪式（第五轮）
经济开发区昂立达与天津科技大学生物工程学院签订“多糖菌株诱变选育及高产菌株发酵工艺项目”成果转化协议
齐河县康裕生物与中国农科院兰州畜食动物研究所签订“万吨抗菌肽生物饲料项目”成果转化协议
乐陵市黄三角产业园与中国石油大学（华东）科学技术研究院签订“年产10万吨化工及城市污染水修复菌剂项目”成果转化协议
陵城区恒丰纺织与青岛大学签订“植物染色与纺织关键技术项目”成果转化协议
夏津县朝阳轴承与齐鲁工业大学签订“新能源汽车驱动电机项目”成果转化协议
武城县新明玻璃钢与中北大学签订“高性能纤维增强树脂复合材料项目”成果转化协议
经济开发区德方液压与中国地质大学机械研究所签订“特种装备专用液压产品开发项目”成果转化协议
禹城市旭洋生物与中国军事医学科学院签订“新型饲用植物性蛋白源发酵关键工艺项目”成果转化协议
宁津县瑞奥材料与清华大学化工系签订“连续催化盐酸羟胺项目”成果转化协议

签约现场

本技术交易大会

2017年10月，德州市首个智慧农业大棚——占地105亩的临邑县智慧农业大棚投入运营。大棚首次定植番茄苗114781株，主要目标市场为京津冀鲁等地人口超过500万的城市，主要客户为肯德基、麦当劳、必胜客等世界500强企业。项目由中国建材国际工程集团有限公司和浩丰（青岛）食品有限公司共同承包建设，凯盛浩丰（德州）智慧农业有限公司运营。

德州市庆云县沃森农业科技示范园种植的铁皮石斛

陵城区宋家镇开展电商扶贫，提高贫困户收入

庆云一中新校

德州市委、市政府高度重视教育工作，加大投入推进“全面改善贫困地区义务教育薄弱学校基本办学条件（简称“全面改薄”）工作和解决中小学大班额问题。2017年新交付使用学校361所，其中改扩建学校325所，新建学校36所，总建筑面积达171.36万平方米，改善和新增2524个教学班，解决114793个学位。

2015年以来，德州市通过全面开展环境治理，空气质量显著改善

丰富多彩的群众文化活动

编 辑 说 明

一、《德州年鉴》的编辑，以马克思列宁主义，毛泽东思想、邓小平理论，“三个代表”重要思想、科学发展观、习近平新时代中国特色社会主义思想为指导。坚持辩证唯物主义，历史唯物主义的立场、观点方法。全面、系统、翔实地记载德州市2016年政治、军事、经济、文化、社会等各方面的基本情况，为社会各界人士了解研究德州提供权威信息，同时为编修地方志积累资料。部分内容适当上溯或下延。

二、《德州年鉴》采取分类编辑法，以篇目、分目、条目组成框架结构主体部分，全书条目标题统一用黑体字加【 】表示。全书设26个篇目：特载、2016年十大新闻、大事记、德州概览、机构设置、人物、政党政务、民主党派工商联、人民团体、军事、法治、经济管理、农业水利、工业、交通通信、城建环保、商贸流通、财政税务、金融、科学、教育、文化体育、卫生和计划生育、社会、县（市、区）概况、附录。

三、本年鉴的基础资料由市直有关单位、中央省驻德单位及各县(市、区)有关部门提供。综合数据摘自市统计局统计公报。文中插图由相关单位报送或选自公开媒体。

四、《德州年鉴》是集体协作的成果，在此，谨向为本年鉴编辑出版付出辛勤劳动、给予热情支持的单位和个人表示衷心感谢!

编 者

2017年11月

德州市地方史志编纂委员会

名誉主任	陈　勇
主　　任	陈　飞
副 主 任	刘长民　陈璞平　商怀君　崔书强　李其常
委　　员	王震秀　高吉刚　穆修海　袁希君　梁希忠　何连生
	杨　杰　郑玉宽　邵清泽　王爱民　张书鹏　张慧君
	扈建军　姜　刚　刘清云　张千华　李纪三　李士新
	郭德生　姜立明　王立云

《德州年鉴》（2017卷）编审人员

主　　审	商怀君
主　　编	李其常　王立云
副 主 编	郑　琳　马淑华　刘　振　孔祥龙

撰 稿 人（按姓氏笔画为序）

丁向前　于晨光　马永峰　马艳华　马振雷　马淑娟　王玉林　王竹南
王华新　王观松　王志玲　王志浩　王丽文苑　王英民　王明　王金鑫
王建峰　王　勇　王艳波　王艳秋　王振旻　王晓华　王海龙　王培培
王萌萌　王　辉　王斌永　王　鹏　王腾飞　王　镇　井凤燕　邓廷江
石庆重　卢绪英　申　宸　田永霞　田　兴　白　莹　田振振　田莹莹
付　鑫　宁　峰　邢泽峰　朱文静　任云飞　任云飞　任俊合　刘飞飞
刘召臣　刘全宾　刘秀芝　刘佳炜　刘春梅　刘春霞　刘俊芬　刘桂圣
刘晓虹　刘　强　刘　赫　齐瑞芬　许学水　许新国　许新国　孙乃龙
孙玉海　孙茜茜　孙俊凯　孙　猛　牟德智　杜　佳　李　力　李小倩
李　飞　李冬刚　李亚昆　李华耿　李志伟　李志鹏　李丽欢　李　肖
李素辉　李　哲　李晓艳　李　峰　李　峰　李　敏　李晶晶　李　鹏
李新城　李　霞　李　鑫　杨文鹏　杨延昭　杨国颂　杨孟洁　杨春燕
来登利　时　波　吴丙友　吴兆伟　吴利平　吴　杰　吴恩峰　邹志军
邹明国　汪湘东　沙瀚翔　宋开峰　宋光辉　宋　伟　宋伟博　宋若禺
张小霞　张云惺　张宁宁　张成民　张沛然　张　君　张育源　张泽军
张宝山　张建彬　张荣宝　张俊英　张胜华　张　勇　张振峰　张爱军
张媛媛　张　鹏　张　鹏　张　静　张　磊　陈万东　陈兴龙　陈怀文
陈保恒　陈　晓　范文文　尚文鑫　周秀敏　郑广辉　郑洪涛　郑晏宁
郎　磊　孟盼盼　赵全洪　赵红霞　赵连宏　赵璎珞　逄淑鹏　姜胜龙
姜桂军　洪　楠　宫玉河　姚志超　秦小丽　袁长增　栗心利　贾卫国
高　平　高焕然　高静静　郭昕宜　郭　凯　郭燕玲　唐庆旭　崔玉军
崔志恩　崔金鹏　崔宝晶　崔　涛　康玉冰　梁俊州　梁　婧　葛全恩
葛爱春　董　燕　蒋　焱　韩　军　韩志辉　程艺敏　鲁晓莹　游征兵
路　兴　路晶晶　詹荣志　詹　洋　窦晓华　蔺晓静　翟　雯　戴如寅
戴连强　戴　骞　魏自庆　魏　猛

目　录

特　载
Featires

2016年十大新闻
2016 Top Ten News

大　事　记
Chronicleof of Major Events

德 州 概 览
General siruation of Dezhou

机 构 设 置
Institional settings

人 物
Character

政党　政务
General situation of Dezhou

民主党派　工商联

Non-CPC Parties, federation of industry and commerce

人民团体
Mass organizations

军 事
Military affairs

法 治
Rule of law

经济管理
Economic Management

农业水利
Agriculture and water conwervancy

工　业
Industry

交 通 通 信
Transportation and communications

城 建 环 保
Urban construction and environmental protection

商贸流通
Commercial and trade circulation

财政税务
Public Finance and Taxation

金 融
Financial affairs

科 学
Science

教　育
Education

文化 体育
Culture and Sports

卫生和计划生育
Health and Family Planning

社　会
Society

县(市、区)概况
Brief introduction to Counties

附 录
Appendix

特　载

践行新理念　实现新发展　奋力夺取全面建设小康社会新胜利

——在中国共产党德州市第十五次代表大会上的报告

（2017年2月15日）

中共德州市委书记、市人大常委会主任　陈　勇

一、过去五年的工作

市第十四次党代会以来，在省委的坚强领导下，市委团结带领全市各级党组织和广大党员干部群众，深入贯彻落实党的十八大及十八届三中、四中、五中、六中全会和习近平总书记系列重要讲话精神，解放思想、抢抓机遇，从严从实、奋发有为，大力实施协同发展战略，努力建设协同发展示范区，经济、政治、文化、社会、生态文明建设和党的建设取得新成绩。

中共德州市委书记、市人大常委会主任陈勇在市人代会上与代表座谈

始终把握正确方向。深入学习习近平总书记系列重要讲话精神，自觉用党的最新理论成果武装头脑、指导实践、推动工作，确保中央、省委决策部署落地见效。市委总揽全局、协调各方，把方向、抓大事，适时组织“抓住机遇、加快发展”大讨论，确立了实施协同发展战略、努力建设协同发展示范区的工作主题，实施“解放思想抢抓机遇、招商引资招才引智、优化发展环境”三大行动，突出抓好“践行‘三严三实’、坚持改革创新、大力提升工业、推进新型城镇化、关注民生关心群众”五项重点，全市上下形成了齐心协力干事创业的浓厚氛围。

经济保持平稳较快发展。积极适应引领经济发展新常态，扎实推进供给侧结构性改革，综合实力明显增强。2016年，地区生产总值达到2933亿元，年均增长9.9%；固定资产投资

2537.8亿元，年均增长17%；公共财政预算收入183.5亿元，是2011年的1.9倍。产业结构持续优化，国家现代农业示范区建设扎实推进，战略性新兴产业加快崛起，服务业增加值比重五年提高8个百分点。扎实推进新型城镇化，全市常住人口城镇化率达到53.7%，比2011年提高9.6个百分点。陵县顺利完成撤县设区。县域经济实现突破，齐河、禹城跻身全国百强，德州经济技术开发区、德州高新技术产业开发区晋升国家级。

改革开放步伐加快。认真落实中央、省委全面深化改革部署要求，市委召开20次全面深化改革领导小组会议，研究部署823项改革任务，重点领域改革取得重大进展。发展环境不断优化，“政府创造环境、企业创造财富”理念深入人心。人才政策“黄金30条”效果明显，“用效益体现价值、用财富回报才智”成为普遍共识。抓住用好国家实施京津冀协同发展、省“一区一圈一带”战略带来的重大机遇，积极对接京津、融入济南，着力打造“一区四基地”。相继举办合作恳谈会、技术交易大会、省第九届海洽会、中国—东盟中小企业合作会议等重大活动，招商引资、招才引智成果丰硕。援疆、援渝工作取得积极成效。

民生保障水平不断提高。民生支出占财政支出的比重连年增加，去年达到78.7%。城乡居民人均可支配收入年均增长7.5%和8%，分别达到22760元和12248元。每年办成一批民生实事，人民群众幸福感不断增强。坚持脱贫攻坚与全面致富奔康相结合，在抓好省定、市定贫困人口脱贫基础上，产业扶贫、“三老一属”专项帮扶创出特色，五年累计50.6万人脱贫。社会保障体系日趋完善，养老保险、社会救助、基本医疗保险和大病保险基本实现全覆盖。下大气力抓好农村义务教育“全面改薄”和解决城镇中小学大班额问题，教育公平和普及程度明显提高。公共卫生和基本医疗服务体系不断健全。人口与计划生育、老龄、体育、广播电视、残疾人事业等进一步发展。认真抓好安全生产和食品药品安全，有力保障了人民群众生命财产安全。

生态建设成效明显。坚决打好生态治理攻坚战。市人代会通过《大气污染防治工作决议》，施行首部政府规章《大气污染防治管理规定》，深入推进联防联控，大气质量明显改善。代表山东省参加海河流域七省市和全国九大流域二十五个城市水污染防治检查，再获“双第一”。全市林木覆盖率达到35.5%，五年提高5个百分点。顺利通过国家卫生城市复审。成功创建国家园林城市。节能减排力度加大，万元GDP能耗下降26.2%。

民主法治建设得到加强。坚持党的领导、人民当家做主、依法治市有机统一，支持人大及其常委会行使法定职权，重视发挥人大代表作用。支持政协履行政治协商、民主监督、参政议政职能，扩大协商民主。加强统战工作，积极推进与各民主党派、工商联和无党派人士合作共事。注重发挥工会、共青团、妇联等人民团体的桥梁纽带作用。民族、宗教、外事、对台、侨务等工作取得新进展。法治德州、平安德州、诚信德州建设深入推进。司法体制改革全面推开。加强国防和后备力量建设，蝉联全国双拥模范城。

文化建设繁荣发展。坚定文化自信，增强文化自觉，牢牢把握意识形态领域工作领导权。积极践行社会主义核心价值观，深入开展“我文明德州文明”主题实践活动，扎实推进“四德工程”，基层精神文明创建活动成效显著，成功创建省级文明城市。实施文化惠民工程，公共文化服务体系建设不断完善，市博物馆、大剧院、档案馆等投入使用。南运河德州段列入世界文化遗产名录。

全面从严治党有力推进。把抓好党建作为最大政绩，认真落实主体责任，党的建设科学化水平进一步提高。扎实开展党的群众路线教育实践活动、“三严三实”专题教育和“两学一做”学习教育。树立“三严三实”干部导向，严格按照好干部标准选用干部。加强党的基层组织建设，在全省率先实行农村党支部书记规范化管理，扎实推进机关党建工作，强化“两新”组织党的建设，基层党组织战斗堡垒和党员先锋模范作用明显增强。严格执行中央八项规定精神和省委、市委实施办法，持之以恒纠治“四风”。积极配合做好省委巡视及“回头看”工作，整改落实取得实效。加强党风廉政建设，充实配强县级纪检干部队伍，推进反腐倡廉向基层延伸，党风政风和社会风气持续好转。

2016年，是全面建成小康社会决胜阶段的开局之年，是深入实施“十三五”规划的开局之年，也是建设协同发展示范区的开局之年。市委高度重视开局之年抓开局，春节后上班第一天就召开领导干部会议，动员全市上下从严从实、奋发有为，坚决打好“协同发展、整体脱贫、生态治理、深化改革、民生改善”五大攻坚战。积极应对经济下行压力，深入开展“进企业、解难题、促发展”工作，解决问题，振奋精神，推动发展。加快推进现代农业发展，“放心农场”建设实现突破。大力培育战略性新兴产业，高速电动汽车等一批新兴产业快速成长。圆满完成县乡换届。精准扶贫成效显著，按省定标准去年2.6万户、5.6万贫困人口实现脱贫。环境质量明显改善，空气质量改善率、PM2.5改善幅度、获省奖补资金实现了“三个全省第一”。引进高层次人才149人、创新创业团队50个，协同发展示范区建设迈出坚实步伐。

五年的发展进步，是中央和省委坚强领导的结果，是历届市领导班子不懈努力的结果，是全市上下共同奋斗的结果。在此，我代表中共德州市第十四届委员会，向全市广大党员干部群众，向各民主党派、工商联、无党派人士和人民团体，向离退休老同志，向驻德部队、武警官兵、民兵预备役人员和驻德中直、省直单位，向所有关心支持德州发展的同志们、朋友们，表示衷心感谢和崇高敬意！

同时，我们也清醒地认识到发展中还存在一些问题。主要是：经济总量不大，产业结构偏重，增长内生动力不足，发展质量和效益不高。改革开放的力度广度不够，供给侧结构性改革需要进一步发力。制约发展的体制机制障碍亟待破解，发展环境仍需优化。县域发展、城乡发展不平衡的问题比较突出，县域经济综合实力较弱。生态建设任务繁重，大气污染防治还面临较大压力。脱贫攻坚任务艰巨，民生事业还存在不少短板。干部队伍思想观念和能力素质不能很好地适应新形势新任务的要求，破除惯性思维、增强担当有为精神、落实新发展理念还有很多工作要做。党风廉政建设存在薄弱环节，全面从严治党的力度需要进一步加大，等等。我们要切实增强忧患意识、责任意识，坚持问题导向，采取有效措施，努力加以解决。

回顾过去五年，我们深切体会到，必须坚持正确政治方向，始终同以习近平同志为核心的党中央保持高度一致，不折不扣贯彻落实中央和省委决策部署。必须坚持以新发展理念武装头脑、指导实践、推动工作，努力实现更高质量、更有效率、更加公平、更可持续的发展。必须坚持全面从严治党，认真落实管党治党重大政治责任，努力营造政治上的绿水青山。必须坚持以人民为中心的发展思想，切实做到发展为了人民、发展依靠人民、发展成果由人民共享。必须坚持从严从实奋发有为，树立“三严三实”干部导向，始终保持良好精神状态，团结一心干事创业。成绩来之不易，经验弥足珍贵。要继续坚持实践证明行之有效的思路和举措，立足新起点，把握新常态，践行新理念，实现新发展。

二、坚持用习近平总书记系列重要讲话精神武装头脑、指导实践、推动工作

习近平总书记系列重要讲话，是我们党治国理政的科学指南和行动纲领。夺取全面建成小康

社会新胜利，必须不断强化理论武装，做到认识上更加到位、行动上更加自觉、工作上更加有为。

在强化"四个意识"、坚定"四个自信"上保持高度的思想自觉和行动自觉。党的十八届六中全会明确习近平总书记的核心地位，是历史的选择、全党的选择、人民的选择，是党心、军心、民心所向，是坚持和发展中国特色社会主义事业的根本保证。要牢固树立"四个意识"特别是核心意识、看齐意识，坚决做到思想上认同核心、政治上维护核心、行动上紧贴核心。要坚定中国特色社会主义道路自信、理论自信、制度自信、文化自信，在中国特色社会主义伟大旗帜的指引下，强化实践上的自觉，实现发展上的自强。

在统筹推进"五位一体"总体布局、协调推进"四个全面"战略布局上保持高度的思想自觉和行动自觉。"五位一体"总体布局和"四个全面"战略布局，是党中央治国理政的总方略。我们一定要全面把握、统筹兼顾，突出以经济建设为中心，坚持走中国特色社会主义发展道路，坚持用社会主义核心价值观凝聚力量，推动和谐社会建设，提升生态文明建设水平。坚定不移全面深化改革，坚定不移落实全面依法治国，坚定不移推动全面从严治党，奋力夺取全面建成小康社会新胜利。

在践行新发展理念上保持高度的思想自觉和行动自觉。创新、协调、绿色、开放、共享的发展理念，集中体现了我们党发展思路、发展方向、发展着力点的创新飞跃。面临速度换挡节点、结构调整节点、动力转换节点，一定要坚持以新发展理念为引领，真正做到崇尚创新、注重协调、倡导绿色、厚植开放、推进共享。

三、今后五年工作的总体要求和奋斗目标

今后五年是实现第一个百年目标、迈向第二

中共德州市委书记、市人大常委会主任陈勇(左三)视察农业生产

个百年目标的重要时期，是全面落实党的十九大和省第十一次党代会精神的重要时期，也是建设协同发展示范区的重要时期。这一时期，重大战略叠加，国家京津冀协同发展、“一带一路”、精准扶贫等重大战略部署，省委、省政府关于支持德州加快融入京津冀协同发展的意见，为我们借势借力、加快发展带来了重大机遇。这一时期，发展基础更扎实，条件更有利。德州历史悠久、民风朴实、充满朝气，区位优势突出，产业基础牢固。我们坚信，德州的明天一定会更加美好！全市各级一定要树立强烈的历史使命感，解放思想、抢抓机遇，从严从实、奋发有为，努力把发展优势转化为发展成果。

总体要求是全面贯彻党的十八大及十八届三中、四中、五中、六中全会精神，认真学习贯彻将要召开的党的第十九次全国代表大会精神，以邓小平理论、“三个代表”重要思想、科学发展观为指导，深入学习贯彻习近平总书记系列重要讲话精神，统筹推进“五位一体”总体布局，协调推进“四个全面”战略布局，坚持以新发展理念为引领，坚持发展第一要务不放松，坚持全面从严治党不动摇，着力抓好创新驱动和供给侧结构性改革，着力改善民生和创新社会治理，着力加强生态建设和环境保护，深入实施协同发展战略，努力建设协同发展示范区，奋力夺取全面建成小康社会新胜利，以优异成绩迎接中国共产党成立一百周年。

按照这一总体要求，今后五年要努力实现六个明显提升：

管党治党水平明显提升。各级党委主体责任全面落实，党内政治生活严肃规范，领导水平和执政能力不断提高。基层党组织战斗堡垒和党员先锋模范作用充分发挥，凝聚力战斗力显著增强。党风廉政建设纵深推进，形成不敢腐、不能腐、不想腐的长效机制。“两学一做”成为常态，人民群众对党风政风的满意度持续提高。

经济实力明显提升。新发展理念落地生根，经济结构持续优化，发展质量和效益显著提高。建成一批具有较强竞争力的产业集群和企业群体，以战略性新兴产业为支撑的现代产业体系基本形成。县域经济、园区经济发展壮大。

改革创新动力明显提升。体制机制不断完善，重点领域和关键环节的改革取得重大突破。协同创新体系更加完善，“一区四基地”建设取得突破性进展。营商环境更加优越，企业充满活力、经济充满活力、德州充满活力。

人民生活水平明显提升。以人民为中心的发展思想牢固树立，脱贫攻坚任务圆满完成，向建设更高水平的小康社会大步迈进。城乡居民收入稳定增长机制健全，社会保障全面覆盖，公共服务均等化水平显著提高。社会大局和谐稳定，人民群众拥有更多获得感。

生态环境质量明显提升。绿色发展理念深入人心，京津南部、山东北部重要生态功能区建设成效显著。发展方式集约高效，生产生活方式绿色低碳，环境质量全面改善。

社会文明程度明显提升。人民民主权利得到充分保障，民主法治建设取得新进展，社会治理能力显著增强。社会主义核心价值观深入人心，“我文明德州文明”蔚然成风，群众性精神文明创建富有成效。文化事业繁荣发展。

四、重点工作

实现今后五年的奋斗目标，要着力做好十个方面工作。

（一）认真践行新发展理念。自觉从旧的思想观念、思维定式、发展路径中解放出来，推动新发展理念落地生根。

深化供给侧结构性改革。认真落实“三去一降一补”任务，统筹推进化解过剩产能、淘汰落后产能。把去库存与加快人口城镇化、棚户区改造结合起来，加强供需双向调节。把扩大直接融资、化解金融风险作为重点，推动金融机构更好的服务实体经济。多措并举为企业减负松绑，既补发展短板，也补制度短板，不断提高发展的协同性、均衡性。

构建现代产业体系。立足产业结构偏重的实际，加快转型升级重要而紧迫。继续大力提升工业。坚持以新发展理念引领新型工业化，促进工业化与信息化融合发展，加快提升传统产业，培育壮大战略性新兴产业。提振实体经济，鼓励支持非公有制经济健康发展。统筹抓好“三个一百”企业，大力实施“三航”企业培植计划，着力打造一批千亿级产业、百亿级企业。支持企业发扬“工匠精神”，精心培育品牌，打造百年企业、百年老店、百年产品。注重加强企业家队伍建设，既要营造尊重、关心、支持企业家的浓厚氛围，也要引导广大企业家弘扬现代企业家精神，努力做受人尊敬的企业家。加快发展现代服务业。充分发挥区位优势，推动生产性服务业高端化、专业化，生活性服务业精细化、品质化。大力发展健康养老、生态旅游、现代金融、“互联网＋”等现代服务业新业态。培育提升现代农业。搞好国家现代农业示范区建设，着力构建现代农业产业体系、生产体系、经营体系，抓好农产品品牌建设，打造名副其实的“放心农场”。

壮大县域经济、园区经济。全面建成小康社会，基础在县域，短板在县域，潜力也在县域。着眼增强县域经济内生动力，积极培育主导产业，打造特色经济板块。鼓励支持条件好的县（市、区）率先发展，基础相对薄弱的加快追赶步伐。抓好示范镇和重点镇建设，着力培育一批工业强镇、商贸重镇、旅游名镇和特色小镇。做大做强园区经济，创新体制机制，充分发挥德州经济技术开发区、德州高新技术产业开发区的引领带动作用，尽快形成龙头企业、知名品牌集聚中心和高新技术产业高地。

实施创新驱动。深入推进大众创业、万众创新，加快建设创新型城市。高度重视发挥科技支撑引领作用，政府、企业、科技人才协同发力，努力建设京津冀科技成果转化基地。强化企业创新主体地位，充分开放和有效利用政府资源，推进产学研深度合作。坚持用效益体现价值、用财富回报才智，持续放大人才政策“黄金30条”激励效应，聚天下英才而用之。

中共德州市委书记、市人大党委会主任陈勇（中）到德城区视察

践行新理念、实现新发展，必须树立正确的政绩观，多做打基础、利长远的工作，坚决防止急功近利的短期行为，坚决不上破坏生态、污染环境的项目，坚决不干华而不实、劳民伤财的“形象工程”。

（二）牢固树立以人民为中心的发展思想。

始终把人民群众对美好生活的向往作为我们的奋斗目标。

更大力度补齐民生短板。以优质均等、覆盖城乡为方向,持续加大民生投入。实施更加积极的就业政策,鼓励创业带动就业。坚持教育优先发展,办好人民满意的教育,统筹抓好学前教育、义务教育和高中阶段教育。积极发展现代职业教育。支持德州学院建设高水平综合性大学,支持德州职业技术学院建成山东优质高等职业院校。健全完善公共卫生服务体系,加强医疗服务能力建设,提高群众健康保障水平。加强未成年人保护。完善养老服务体系。

全面提高社会保障水平。积极构建全覆盖、保基本、多层次、可持续的社会保障体系。支持慈善、老龄、残疾人事业发展,让城乡困难群众、弱势群体生活更有保障、更有质量、更有尊严。

加强和创新社会治理。完善党委领导、政府主导、社会协同、公众参与、法治保障的社会治理体制,构建全面共建共享社会治理格局。深入推进平安德州、诚信德州建设,努力营造平安和谐的社会环境。健全群众利益表达、协调、保护机制,完善矛盾纠纷排查化解机制。高度重视城市公共安全,按照"专家查隐患、企业抓整改、政府抓督导"的要求,切实抓好安全生产、食品药品安全、防灾减灾和应急管理工作,努力实现安全发展、和谐发展。

加强生态文明建设。小康全面不全面,生态环境质量是关键。坚持不懈压煤、抑尘、控车、除味、增绿,以大气、水、土壤污染防治为重点,严守生态保护红线,坚决打赢环境治理攻坚战。弘扬生态文化,倡导生态文明。坚持党政同责、一岗双责、严肃问责,坚决落实生态环保责任终身追责制。

(三)全面深化改革扩大开放。改革开放是鲜明的时代特点,是全面建成小康社会动力活力之源。

推进重点领域改革。深入落实中央、省委全面深化改革的部署要求,加快推进关键领域和关键环节的改革。发挥经济体制改革的牵引作用,全面深化农业和农村、金融、财税、国企国资、投融资体制改革,优化资源配置,激发市场活力。加大教育、医疗、社会保障等社会民生领域改革力度。统筹推进文化建设、生态文明、民主法制、党的建设等各领域改革取得重大进展。

高质量完成国家和省级改革试点任务,积极探索德州路径、提供德州方案。鼓励支持基层探索创新,尊重群众首创精神。各级党委、政府要把改革放在更加突出位置,强化改革落实主体责任,主要负责同志要亲力亲为、狠抓落实。

全面提高对外开放水平。坚持招商引资和招才引智并重、引进来和走出去并重,鼓励支持企业开拓国外市场,参与全球资源配置、产能合作、国际竞争,拓展发展空间,构建对内对外双向开放格局。在法定权限内制定更加灵活的招商引资政策。积极融入国家"一带一路"战略。发挥中国—东盟中小企业合作委员会平台优势,深化与东盟各领域务实合作,积极开拓新兴市场。

(四)深入实施协同发展战略。协同发展是德州迎来的重大历史机遇,机不可失、时不再来。

加快融入京津冀协同发展。围绕建设产业承接基地,积极参与京津产业布局调整、链条重构,提升产业、项目承接能力,大力引进优质实体项目。围绕建设科技成果转化基地,推动财税金融、产权交易、技术研发、创业政策协调同步,最大限度吸引科技成果到德州孵化转化。围绕建设优质农产品供应基地,大力推动农业供给侧改革,调整农业产业结构、产品结构,扩大优质农产品供给,积极发展现代农业。围绕建设劳动力输送基地,构建培训、输送、就业一体的职业教育体系。围绕建设生态功能区,全面打造生态环境新优势。积极主动承接北京非首都功能疏解,推动基础设施互联互通、区域协同发展。

实施"一区一圈一带"战略提升行动。做好

服务省会的文章，接受辐射、优势互补、资源共享。支持乐陵、庆云打造黄河三角洲高效生态经济区新的增长极。努力在西部经济隆起带建设中放大优势、加速崛起。

（五）提升城市规划建设管理水平。城市建设是现代化建设的重要引擎。坚持以全新的视野和科学的态度，提高城市规划建设管理水平，让城市更好地承载发展、造福市民。

高度重视中心城区建设。以新一轮城市总体规划修编为契机，提高城市规划的人文性、整体性和超前性。按照“全域统筹、产城融合、协同发展”的思路，科学规划德城区、德州经济技术开发区、陵城区空间布局和中心城区南北两端的功能定位。加快老城更新，加速新区崛起，畅通东西、贯通南北，超前谋划布局城市现代交通和新能源交通设施建设。突出生态、文化特色，注重把绿色发展和文化传承贯穿城市建设全过程，更加重视运河、岔河、减河、马颊河两岸的规划建设，塑造“以文为魂、以水为脉，人文交融、水绿相融”的城市特色风貌。加快和完善生态科技城规划建设，规划实施市民中心、会展中心、创新谷等一批标志性社会民生项目、事关长远的基础设施工程和支撑城市发展的优质平台载体。坚持为人民建管城市，提升规范化、精细化、智能化水平。提高城市综合执法、管理水平。

（六）深入推进以人为核心的新型城镇化。新型城镇化是全面小康的题中应有之义。要抓住用好国家新型城镇化试点机遇，以人为本、因地制宜、特色发展。

完善现代城镇体系。树立全域规划理念，统筹谋划人口、经济、国土开发和生态安全，积极推进“多规合一”。完善中心城区、县城、小城镇、农村社区四级城镇规划体系，实现规划“全域覆盖”、交通“全域互通”、公共服务“全域均衡”、生态“全域共享”。促进中心城区与周边县市协同发展，推进交通设施、产业布局一体化。全面推广武城县实施产城融合推进就地城镇化试点经验。有序推进“三个市民化”。“两区同建”是推进新型城镇化的有益探索，要积极稳妥推进，让更多农民过上和城里人一样的生活。

（七）坚决打赢脱贫攻坚战。脱贫攻坚是全面建成小康社会的硬任务。决胜小康必须决战脱贫。

坚持精准脱贫。把脱贫攻坚与整体致富奔康相结合，正确处理开发与救助、扶贫与扶志、治标与治本的关系，落实“六个精准”，提高脱贫成效。立足稳定脱贫，突出产业扶贫。因地制宜发展村级集体经济，增强自我“造血”功能。重视和解决好城市贫困人口生活困难问题。

凝聚攻坚合力。让政府有形之手、市场无形之手、群众勤劳之手共同发力。以脱贫实效为依据、群众认可为标准，建立严格、规范、透明的贫困退出机制，坚决防止弄虚作假、“数字脱贫”。确保脱贫质量，健全扶贫帮困长效机制。压实帮扶责任，认真落实县乡党委、政府主体责任，发挥基层党组织的战斗堡垒和“第一书记”的帮扶作用，确保圆满完成脱贫任务。

（八）加强文化建设。文化是民族的血脉，是人民的精神家园。加强文化建设是全面建成小康社会的思想保证、精神力量、道德滋养和文化条件。

深化社会主义核心价值观建设。全面把握宣传思想文化工作根本任务，牢牢掌握意识形态工作的领导权，巩固全社会团结奋斗的共同思想基础。坚持正确舆论导向，唱响主旋律、弘扬正能量。讲好德州故事，传播德州好声音。

积极开展文明创建活动。深入开展“我文明德州文明”主题实践活动，推进“四德工程”建设，培养宣传更多德州好人、道德模范、最美人物、时代楷模。深化拓展群众性精神文明创建活动，大力开展文明单位、文明行业、文明家庭创建，推动志愿服务和诚信建设制度化。积极争创全国文明城市。

推动文化事业、文化产业繁荣发展。实施文化惠民工程，完善覆盖城乡的公共服务体系。加强文化人才队伍建设，提高全民科学文化素质，增强文化发展活力。抓好文化遗产、文化资源的保护、利用和开发，充分挖掘大禹、董仲舒、颜真卿等历史文化名人，德州扒鸡、乐陵小枣、黑陶等历史文化品牌，古运河、苏禄文化博物馆、冀鲁边区革命纪念园、黄河故道、山东自然博物馆、马颊河生态岛健康养老文化旅游生态功能区、太阳能德州小镇等文化资源，打造旅游、生态、健康、休闲文化品牌，推动历史文化产业、自然文化产业、主题文化产业、特色文化产业发展。支持文化企业发展，扩大文化知名度和品牌影响力。

（九）加强民主法治建设。发展更加广泛、充分、健全的人民民主，维护社会公平正义，保障人民群众合法权益，激发社会活力，实现社会和谐。

发展社会主义民主政治。支持人大及其常委会依法履行职能，保障人大代表依法行使职权，推动地方人大工作创新。坚持中国共产党领导的多党合作和政治协商制度，推进协商民主广泛多层制度化发展。巩固和发展最广泛的爱国统一战线，充分发挥民主党派、工商联和无党派人士的作用。做好民族、宗教、对台、侨务等工作。推动工会、共青团、妇联等群团组织改革创新、增强活力。积极发展基层民主，保障人民依法直接行使民主权利。加强国防动员和后备力量建设，扎实开展双拥共建，推进军民深度融合发展。

深化法治德州建设。全面推进科学立法、严格执法、公正司法、全民守法，让法治成为社会信仰。坚持法定职责必须为、法无授权不可为，建立责权统一、运转高效的行政体制，加强法治政府建设。深化司法体制改革，提高司法公信力，让人民群众在每个司法案件中都感受到公平正义。健全公共法律服务体系，加强普法教育，使尊法学法守法用法成为社会风尚。

（十）切实加强党对经济工作的领导。发展是党执政兴国的第一要务。面对许多已知或未知的风险挑战，转型任务、增长压力前所未有，必须进一步加强党对经济工作的领导，推动经济行稳致远，确保全面小康目标顺利实现。

积极适应引领经济发展新常态。善于化挑战为机遇、变压力为动力，牢牢掌握工作主动权，实现更有质量、更有效益、更可持续的增长。牢牢把握稳中求进工作总基调，巩固“稳”的基础，增强“进”的力量，稳中求进、求好。坚持底线思维、问题导向，更加积极主动有效地防范金融、社会稳定、安全生产、生态环保等各类风险。构建“亲”“清”新型政商关系，各级党政机关、领导干部都要坦荡真诚、真心实意、清清白白地服务企业服务发展。广大企业家要遵纪守法、诚实守信，积极承担创新发展的社会责任。坚持“政府创造环境、企业创造财富”的理念，持续推进简政放权、放管结合、优化服务，营造良好的市场环境、法治环境和服务环境，使德州真正成为让企业充满活力的城市。

五、坚定不移推进全面从严治党

实现未来五年奋斗目标，关键在党。要牢固树立抓好党建是最大政绩的理念，认真履行主体责任，全面从严管党治党，为决胜全面小康提供坚强政治保证。

加强思想政治建设。共产主义远大理想、中国特色社会主义共同理想，是共产党人的精神支柱、政治灵魂。坚定理想信念。坚持不懈强化理论武装，补足精神之钙，筑牢信仰之基，把稳思想之舵。把准正确方向。增强“四个意识”特别是核心意识、看齐意识，始终同以习近平同志为核心的党中央保持高度一致，永远听党话跟党走。站稳政治立场。严守政治纪律和政治规矩，在大是大非面前旗帜鲜明，在风险考验和各种诱惑面前立场坚定，不断增强政治敏锐性和政治鉴别力。建设政治文化。倡导和弘扬“忠诚老实、光明坦荡、公道正派、实事求是、艰苦奋斗、清正廉洁”的共产党人价值观，实现干部清正、政府清廉、政治清明。

加强领导班子和干部队伍建设。全面从严治党，关键是从严治吏。坚持党管干部原则。坚持“三严三实”干部导向，严格执行《干部任用条例》，按照信念坚定、为民服务、勤政务实、敢于担当、清正廉洁好干部标准选人用人，真正做到事业为重、人岗相适。加强党员干部教育培训，切实增强驾驭全局、处理复杂问题的能力和水平。既从严管理干部，又关心爱护干部，努力建设忠诚、干净、担当的干部队伍。注重使用后备干部，用好各年龄段干部，统筹做好年轻干部、女干部、少数民族干部、党外干部选拔培养工作。严肃党内政治生活。认真执行新形势下党内政治生活若干准则，着力增强党内政治生活的政治性、时代性、原则性、战斗性。加强党内监督。认真执行党内监督条例，全面落实党内监督责任，促进党内监督同有关国家机关监督、民主党派监督、群众监督、舆论监督相结合，形成监督合力，增强监督实效。

加强基层组织建设。夯实基层基础，着力抓好乡镇党委书记、农村党组织书记、致富带头人队伍建设。深入贯彻党的群众路线，一切相信群众，一切依靠群众，密切党同人民群众血肉联系，努力让人民群众一切相信党、一切依靠党。加强机关、社区、学校、国有企业、“两新”组织等领域党建工作，推动基层党的组织和党的工作实现全覆盖。认真落实党委（党组）抓基层党建工作责任制，加强党员队伍教育管理，推动全面从严治党向基层延伸。关心爱护基层干部，引导他们扎根基层、敬业奉献。

加强作风建设。干部作风体现着党风政风。持之以恒纠治“四风”，严格执行中央八项规定精神和省委、市委实施办法，坚持抓常、抓细、抓长。保持和发扬从严从实的工作作风和奋发有为的精神状态，认认真真对待每件事、认认真真对待每一天。广大党员干部要带头树立“四个意识”特别是核心意识、看齐意识，带头从严从实、奋发有为，带头转变作风、狠抓落实，既要严守纪律规矩，又要坚持原则大胆负责、解放思想干事创业、攻坚克难加快发展。坚持“三个区分开来”，健全容错纠错机制，宽容干部在工作特别是改革创新中的失误。对无中生有、造谣生事、诬告他人的要坚决查处，旗帜鲜明地为敢于担当的干部担当、为敢于负责的干部负责。

加强反腐倡廉建设。深入推进党风廉政建设和反腐败工作。压实责任。各级党组织切实担负起主体责任，党组织书记认真承担“第一责任人”职责，坚持严字当头，真管真严、敢管敢严、长管长严。各级纪委聚焦主业主责，强化监督执纪问责，切实把党的纪律立起来、紧起来、严起来。从严执纪。严格执行党纪党规，运用好监督执纪“四种形态”，抓早抓小、标本兼治，执纪必严、违纪必究。重拳惩腐。坚持反腐败无禁区、全覆盖、零容忍，有案必查、有腐必惩，始终保持惩治腐败的高压态势。各级领导干部要注意加强党性修养和道德修养，自觉做到笃学、敬畏、知足、慎独，注重家庭、家教、家风建设，为广大党员当好表率、作出示范。

各位代表，同志们！

我们肩负着光荣而艰巨的历史使命和广大人民群众的嘱托。让我们更加紧密地团结在以习近平同志为核心的党中央周围，高举中国特色社会主义伟大旗帜，在省委的坚强领导下，团结带领全市广大党员干部群众，不忘初心、继续前进，解放思想、锐意进取，践行新理念、实现新发展，奋力夺取全面建成小康社会新胜利，以优异成绩迎接中国共产党成立一百周年！

政府工作报告

——2017年2月23日在德州市第十八届人民代表大会第一次会议上

中共德州市委副书记、市长 陈 飞

一、过去五年回顾和2016年的工作

本届政府任期的五年，我们坚决贯彻党中央、国务院、省委、省政府和市委的决策部署，解放思想、抢抓机遇，从严从实、奋发有为，圆满完成了市十七届人大确定的主要目标任务。

五年来，我们凝神聚力抓发展，综合实力显著增强。经济保持较快增长，地区生产总值年均增长9.9%，人均GDP突破5万元，一般公共预算收入是2011年的1.9倍，固定资产投资年均增长17.1%，社会消费品零售总额年均增长13%，外贸保持平稳增长。人民生活水平大幅提高，城镇和农村居民人均可支配收入年均增长8.9%和9.6%，城乡收入比由1.93缩小到1.86。县域经济实现突破，德州经济技术开发区和高新技术产业开发区晋升国家级，齐河县、禹城市跻身全国百强。

五年来，我们坚持不懈调结构，发展质量不断优化。三次产业比例由11.8:54.3:33.9调整为10.1:47.8:42.1。农业现代化水平稳步提升，粮食连年丰收增产，国家现代农业示范区加快建设。工业经济发展稳健，总量持续做大，规模以上工业企业达到3022家，高新技术企业达到856家，形成4个千亿级产业集群，战略性新兴产业保持两位数增长。现代服务业异军突起，科技投入持续增加，高新技术企业发展后劲逐渐显现，银行

2016年5月，中共德州市委副书记、市长陈飞(中)到黑马集团检查煤场扬尘治理工作

业金融机构总资产翻一番，对经济增长的贡献率不断提高。

五年来，我们统筹协调促提升，城乡面貌深刻变化。农业转移人口市民化取得实质性进展，户籍人口城镇化率提高12个百分点。城市空间布局日益优化，陵县撤县设区，城市东进步伐加快，综合承载能力不断增强。基本公共服务向农村覆盖，美丽乡村加快建设，城乡差距进一步缩小。综合交通体系建设全面展开，德大、邯济铁路和济乐、德上高速公路建成通车，实现了县县通高速。

五年来，我们坚定不移抓改革，发展活力持续增强。认真落实市委全面深化改革部署，统筹推进823项改革任务，重点领域改革取得新突破。区域合作不断深化，全面融入国家京津冀协同发展规划，扎实推进省“一区一圈一带”战略。对外交流更加紧密，新引进世界500强企业7家，国际友城和友好合作城市达到11个，与欧美、日韩、东南亚等国家的交流合作日益深化。

五年来，我们倾心尽力保民生，社会事业全面进步。民生领域累计支出1168.12亿元，占财政支出的80.32%。集中破解了一批群众关心的民生问题。社会保障体系日趋完善，基本养老保险、医疗保险、大病保险和社会救助基本实现全覆盖。城乡一体的治安防控体系不断完善，平安德州建设成效明显。教育、医疗、文化等社会事业加快发展，市博物馆、档案馆、大剧院投入使用，南运河德州段列入世界文化遗产名录。

2016年是本届政府的收官之年，我们坚持“创新、协调、绿色、开放、共享”发展新理念，以推进供给侧结构性改革为主线，攻坚克难，主动作为，经济发展稳中向好，实现了“十三五”良好开局。

（一）经济保持平稳增长，综合实力进一步增强。经济运行处在合理区间，实现地区生产总值2933亿元，增长7.2%；一般公共预算收入183.5亿元，同口径增长7.1%；固定资产投资2537.8亿元，增长13.4%，增幅居全省第3位；社会消费品零售总额1395亿元，增长10.9%；外贸进出口211.23亿元，增长7.3%。城镇新增就业6.5万人，年末城镇登记失业率为2.64%；居民消费价格涨幅1.8%，处于温和上涨区间。城乡居民人均可支配收入分别达到22760元和12248元，增长8.2%和8.7%。

（二）推进供给侧结构性改革，发展动能加快转换。认真落实“三去一降一补”，新的动能在成长，向好因素在累积。产能化解进展良好，平板玻璃、水泥、炼油等过剩产能化解率79.16%，关停化工企业139家，淘汰落后生产线12台（套），超额完成省下达的化解过剩产能任务。严厉打击制售“地条钢”等违法行为。商品房去化周期由年初的21.6个月降至12.9个月，库存水平趋于合理。企业杠杆率不断下降，全市规模以上工业企业资产负债率35.3%，低于全省平均水平。加快推动企业股权多元化，完成规范化公司制改制企业308家，新增新三板挂牌企业6家，直接融资303.79亿元。企业成本稳步降低，从税费、融资、电价、社保等方面综合施策，为企业减负4亿多元，“营改增”惠及2.3万户。着力补齐发展短板，出台一系列支持发展的意见，扎实开展“进企业、解难题、促发展”工作，解决企业困难456个。

新动能加快形成。新认定省级以上高新技术企业60家、企业研发平台120个；高新技术产业投资576.14亿元，增长31.7%；高新技术产业产值3132.87亿元，增长10.43%，增幅居全省第3位，占规模以上工业产值29.44%，比年初增长1.39个百分点。全面实施人才引进“黄金30条”，引进省级以上高层次人才241人，1000家企业与587个高校院所建立了合作关系，建成人才公寓56.49万平方米，德州创新谷、应用技术研究院开工建设。产业升级步伐加快，工业技改投资792亿元，占工业投资的55%。电子商务、健康养老、文化旅游、科技金融等现代服务业加快发展，服务业占比提高1.8个百分点，成功列入国家产融合作试点城市和全国物流标准化试点城市。

（三）深化对外合作，协同发展成效显著。抢抓国家京津冀协同发展、“一带一路”和省“一区一圈一带”战略机遇，向北对接京津，向南融入省会，向东连接出海口。积极争取省委、省政府出台专项政策，支持我市融入京津冀协同发展。生态科技城被国家确定为北京非首都功能疏解重点承接平台。坚持招商引资与招才引智并重、产业项目与社会项目并举，签约京津冀亿元以上产业项目197个，新开工109个，北汽宝雅、联孚客车、华日家具、富士康、国电投、汇源等一批重点项目加快建设。京沪高铁“德州号”正式开通，成功举办首届京津冀鲁技术交易大会、资本交易大会、山东第九届“海洽会”暨首届“智汇德州”人才创新创业周三大活动，区域产业融合发展势头强劲。积极融入省会城市群经济圈，基础设施日益完善，济齐黄河大桥顺利合龙。与山东大学的合作全面深化，生物工程、晶体材料、智能装备研究院等11个合作项目落户我市。浪潮大数据中心、齐鲁制药产业园、汉格威新能源汽车电控等58个项目顺利推进。平原县与青岛港的海铁联运专线开通，海尔物流园、青啤新增产能等项目进展较快。加强与东盟国家的产业合作，成功举办中国—东盟中小企业合作会议，东盟国际城、马来西亚齐力集团等东盟项目全力推进，恒源石化、奥冠电池等企业成功拓展东盟业务，东盟已成为我市第一大贸易伙伴，进出口增长47.2%，德州正努力打造中国北方对接东盟的重要节点城市。

（四）全面深化改革，发展活力不断释放。深入实施52项国家、省级改革试点，研究审议改革方案30个。深化“放管服”，对11项市级权力实行“市县同权”，在禹城市和齐河县试点31项事权审查和批准相分离。全面实施“五证合一、一照一码”，市场主体达到32.57万户，增长13.4%。市级政务服务平台上线运行，实现省市县互联互通。整合建立统一的公共资源交易平台。扎实推进财税金融改革，用好市级股权投资引导基金，发起设立城市建设、现代农业、生物产业等专项基金，引入社会资本。投融资体制改革成效明显，新组建了4家市级国有资本运营公司，指导各县（市、区）完善投融资模式，通过政府购买服务、PPP、融资租赁等方式，提升了融资发展的能力。新型农村合作金融改革有序实施。加快农村改革步伐，农业适度规模经营稳步推进，累计流转土地面积310万亩，培育家庭农场2069家。供销社综合改革和农村产权制度改革取得阶段性成效。机关事业单位改革有序推进，教育、医疗综合改革不断深化。不动产统一登记制度基本建立。党政机关公车改革如期完成，压减公务用车3391辆，公车购置及运行维护费用减少21%。司法体制改革和社会治理体制改革继续深化。

（五）打造“放心农场”，现代农业转型提速。编制完成《德州市现代农业发展总体规划》，加快实施现代农业十大工程。粮食继续保持高产，达到179亿斤，调减籽粒玉米20.6万亩，新增设施蔬菜10.2万亩。“三品一标”认证基地面积达到654万亩，农产品质量安全抽检合格率98%。成功举办首届德州名优特新农产品对接京津冀博览会，我市农产品优质、安全品牌形象得到提升。新增国家级农业龙头企业1家，新建扩建华大锐护、新希望、中节能农光互补、昌盛日电、广州温氏等一批高端农业项目。深入推动农业国际合作，与德国巴斯夫集团、荷兰瓦赫宁根大学合作共建项目有序推进，世界500强美国雅培·恒天然醇源牧场一期投产运营。

（六）推动协调发展，新型城镇化步伐加快。扎实推进“三个市民化”，完成9万农业转移人口和5.6万城中村、城边村居民市民化任务，常住人口和户籍人口城镇化率分别达到53.77%、42%。深入实施新型城镇化试点，武城县产城融合就地城镇化试点和齐河县户籍制度改革得到省委、省政府充分肯定，禹城市土地征收制度改革顺利推进。积极推动城市有机更新，中心城区改造“三无小区”79个，12973户群众改善了居住条件；全市新开工棚户区改造18981套，开工率115%。“两区同建”扎实推进，新建续建农村新型社区150个，80%以上实现集中供暖。完成农村危房改造4611户，改厕14.6万户。重大基础设施建设进展顺利，石济客专等项目加快推进，南水北调续建配套工程在全省考核第一名。

（七）补齐发展短板，民生事业持续改善。脱贫攻坚精准推进，投入资金4.47亿元，实施产业扶贫项目1342个，减少贫困人口5.6万，超额完成年度脱贫任务。社会保障制度不断健全，保障覆盖范围持续扩大，城乡低保标准进一步提高。教育事业实行饱和式投入，完成投资59亿元，是过去6年的总和，“全面改薄”开工校舍面积246.35万平方米，解决“大班额”开工校舍面积245万平方米，竣工率分别居全省第1位、第4位，178所新建学校竣工，增加学位10万个，新招聘教师3193名，农村学校和师资力量得到加强。公共卫生事业加快发展，市人民医院新门诊楼、市中医院病房楼、市妇女儿童医院病房楼加快建设，市残疾儿童康复中心完成主体工程。政府出资为70名听障儿童植入人工耳蜗。全面二孩政策平稳实施。文化事业加快发展，134个乡镇综合文化站全部达到国家三级以上标准，建成村级综合文化服务中心1992个。养老服务加大供给，新建城市社区日间照料中心26处、农村幸福院120处，新增养老床位4100张。农村公路安全防护工程顺利完成。平安德州、食安德州建设不断加强，社会治安持续向好，安全生产总体平稳。

（八）科学精准施策，生态环境显著改善。牢固树立绿色发展理念，全力打好生态环境治理攻坚战。坚持依法治理，制定首部德州市政府规章《大气污染防治管理规定》，在全省率先出台环保评估负面清单。采取“压煤、抑尘、控车、除味、增绿”五大措施，市县两级财政安排2.65亿元，全域化大力度推进散煤清洁化治理，初步建立起清洁煤配送体系，走在全省前列。完成2759台10吨以下锅炉淘汰和清洁能源替代，44台大型锅炉实现超低排放改造。华能德州电厂、华鲁恒升、黑马集团、莱钢永锋等全市大批企业在治污上舍得投入，为改善空气质量做出了重要贡献。狠抓城市扬尘、机动车排气综合治理，效果显著。全年蓝繁天数达到182天、增加29.1%，SO_2、NO_2、PM0、PM2.5分别改善17.1%、13%、13%、19.8%，获得省生态补偿资金2710万元。我市年度空气质量改善率、PM2.5 改善幅度、获得生态补偿资金实现了三个“全省第一”。深化流域污染治理，主要河流水质稳定达到Ⅴ类标准。加快生态修复，建设人工湿地28处，植树1912万株，启动实施运河开发区生态修复三年规划。

（九）坚持从严从实，政府自身建设不断加强。自觉接受人大及其常委会的监督，加强与政协的民主协商，对提出的意见建议件件落实，对形成的调研成果充分采纳。共办理人大代表建议341件、政协委员提案507件。虚心听取各民主党派、工商联、无党派人士和社会各界意见。坚持依法行政，以政府规章形式出台《德州市重大行政决策程序规定》，全面规范政府决策行为。实施电子政务提升工程，大力推进政务公开。加大审计监督力度，强化对权力的制约。全面落实从严治党主体责任，严守党的政治纪律和政治规矩，从严从实抓好政府系统干部队伍作风建设，扎实开展“两学一做”学习教育，严格落实中央八项规定精神，坚决纠正“四风”。全市纪检监察机关立查案件2082件，党纪政纪处分1934人，党风廉政建设和反腐败工作取得积极成效。

各位代表，五年来的发展和进步，是我们全面坚持党的领导，认真贯彻落实党的路线方针政策的结果，是省委、省政府大力关心支持的结果，是市委坚强领导的结果，是市人大、市政协监督支持的结果，是全市上下共同努力的结果！在此，我代表市政府，向全市人民，向各位人大代表、政协委员、离退休老同志，向各民主党派、工商联、无党派人士和各群众团体，向驻德部队官兵，向中央、省驻德单位、各级新闻媒体，向所有关心支持德州发展的海内外朋友，致以崇高的敬意和衷心的感谢！

我们也清醒地认识到，当前我市经济社会发展中还存在一些突出问题：经济下行压力依然较大，财政增速放缓，部分行业、企业经营困难，投资乏力还没有根本改善；企业整体创新能力和竞争力还不强，高端产品比重仍然较低；能源结构仍不够合理，资源环境约束趋紧；民生短板仍比较突出，部分群众生活还很困难，基本公共服务与群众期望还有较大差距；发展环境还需进一步优化，部分政府工作人员推动新发展能力不足，庸懒散、不作为、乱作为的问题仍然存在，高效服务的意识有待提高；隐形变异的“四风”问题仍然不同程度存在。对上述问题，我们一定高度重视，加大工作力度，积极予以解决！

二、今后五年的任务

各位代表，德州已经站在新的历史起点上，刚刚闭幕的市第十五次党代会描绘了德州未来发展的宏伟蓝图，指明了前进方向。我们要按照市委的决策部署，践行新理念，实现新发展，努力开创协同发展新局面！

未来五年，我们肩负重大责任。全面建成小康社会的奋斗目标要在未来五年实现，经济社会发展水平要达到新高度。“十三五”规划要全面落实，产业结构调整要取得明显成效。融入京津冀等区域发展战略要有阶段性突破。脱贫攻坚、生态建设等一系列重大任务要全面完成，协同发展示范区建设要在未来五年取得重要成果。

未来五年，机遇与挑战并存。我国经济增速进入换挡期，结构调整进入阵痛期，前期刺激政策进入消化期，不确定、不稳定因素增多。传统的增长模式难以为继，生态环境的承载能力日趋严峻，城市间对新兴产业和高端人才的争夺日趋激烈。同时，更应该看到，宏观政策在日益优化，区域发展战略的红利在持续释放，新产业、新模式在不断涌现，“大众创业、万众创新”在持续激发活力，我们必须尽快适应新常态，落实新理念，学习新本领，实现新突破。

未来五年，我们充满信心。德州区位优势得天独厚，战略机遇十分难得，经过多年奋斗，我们已经积累了近3000亿元的地区生产总值，3000多家规模以上工业企业，以及较强的科技创新实力和人才储备，发展潜力巨大，机遇大于挑战。天道酬勤！只要我们坚持以习近平同志为核心的党中央坚强领导，认真贯彻落实上级的各项决策部署，紧扣德州发展实际，机遇不丧失，精神不懈怠，实干会干加苦干，就一定能够谱写德州协同发展的美好未来！

今后五年政府工作的指导思想是：全面贯彻党的十八大、十八届历次全会和即将召开的党的十九大精神，深入学习贯彻习近平总书记系列重要讲话精神，统筹推进“五位一体”总体布局，协调推进“四个全面”战略布局，以新发展理念为引领，以供给侧结构性改革为主线，深入实施协同发展战略，加快建设协同发展示范区，努力提高人民生活水平，促进经济平稳健康发展和社会和谐稳定，圆满完成“十三五”规划目标，奋力夺取全面建成小康社会新胜利，以优异成绩迎接中国共产党成立100周年。

今后五年的主要任务是：

——全面转变经济发展方式。紧紧扭住发展这个第一要务不动摇，地区生产总值要突破4000亿元，比2010年翻一番，一般公共预算收入达到260亿元，投资保持两位数增长。更加注重产业结构调整，未来五年要把经济发展的动力进一步调整到依靠技术进步和创新驱动上来，大力培育高新技术企业，大力引进战略性新兴产业，大力支持企业转型升级，大力淘汰落后产能。更加注重发展的平衡性、协调性和可持续性，工业化、信息化、城镇化、农业现代化要同步发展、融合发展，构建起现代产业发展新体系。不片面追求发展速度的增长，更着重于发展质量、发展效益和城市综合竞争力的提升。加快壮大县域经济，缩小县域发展差距，实现更加均衡，一般公共预算收入过20亿元的县(市、区)要达到6个。更加注重培育开放型经济发展新优势，推进全方位对外开放，建立“对内对外双向开放”新格局，更好地融入区域经济一体化，广泛开拓国内国际市场，培育一批具有国际合作能力的优秀企业和企业家。

——全面提高人民生活水平。牢固树立以人民为中心的发展思想，使“学有优教、住有宜居、老有颐养、病有良医、困有相助”，让德州人民共享改革发展的成果。教育资源要进一步优化，基础教育要更加均衡，高中教育要进一步扩容，职业教育要大力发展，特别是农村教育要大力提高保障能力。要保持房地产业稳定，基本住房保障要增加投入，五年内城镇棚户区、城中村、城边村改造基本完成，三年内中心城区“三无小区”改造全部完成。美丽乡村建设要进一步提速，全市农村危房改造基本完成。大力发展养老事业，鼓励各类养老服务机构发展，福利保障型养老要增加公共投入，改善型养老要给予政策支持。医疗卫生水平尽快提升，加强与京津地区高水平医院的合作，在增加硬件投入的同时，下大力气提高医务人员的治疗水平，将医师培训逐步纳入财政保障。要大力发展中医，使优秀的中国传统医学

小翟庄保障房

更多地惠及群众。要从严从实全面完成脱贫攻坚任务，建立长效机制。不断提高社会保障标准，实施全民参保登记计划，充分保障就业创业，更加关注和解决好困难群体的生活问题，让社会充满关爱和温暖。

——全面推动城乡统筹发展。高度重视规划的引领作用，按照“全域统筹、产城融合、协同发展”的思路，开展新一轮城市总体规划修编，优化城市空间布局。中心城区要加快提升，行政区划要进一步调整，充分释放和优化城市资源。东部城区要加快崛起，老城区要提升功能，运河开发区要全力修复生态，陵城区要全面融入。各县城和中心镇要加快建设，提升城市面貌，完善城市功能，成为吸纳农村人口转移的主阵地。要大力发展特色小镇建设，积极对接政策资源和市场资源，立足乡村特色和现代生活需求，因地制宜高水平建设特色小镇群，提升乡村旅游档次，吸纳农村人口就业，努力打造周边城市假日休闲目的地。加快新型城镇化步伐，全面放开户口迁移政策，探索更加有效的农业转移人口市民化路径。要坚定不移推动农业供给侧结构性改革，大力建设“放心农场”，保持粮食产量稳定，保障农产品质量安全，稳妥优化粮食和经济作物比例，积极引进农业领军企业和新的生产方式，培育新型职业农民，在全国率先建成生态信任农业先行示范区，推动德州农业发生深刻变革。

——全面加强社会建设。大力弘扬公平正义，积极践行社会主义核心价值观，繁荣发展文化事业，加强社会信用体系建设，使“我文明德州文明”蔚然成风。提高公共决策能力，建立开放的公共决策体系，使公共权力广泛接受社会监督。更加重视城市公共安全，对各类风险源实施全覆盖管理，运用大数据等技术，建立起网格化的城市公共安全体系，保障人民群众生产生活安全。以最大的决心、最大的力度持续推进生态环境建设，努力建设京津南部、山东北部重要的生态功能区。不断改善能源结构，降低工业排放，大规模植树造林，持续优化空气质量。环境治理

中共德州市委副书记、市长陈飞（中）在中心城区检查指导文化工作

和生态建设既是攻坚战，也是持久战，不可能一蹴而就，但只要我们坚守绿色发展理念不动摇，以钉钉子的精神，一件事接着一件事办，一年接着一年干，总有迎来绿水青山的那一天！

三、2017年的重点工作

今年是全面落实市第十五次党代会精神的开局之年。做好今年工作，必须坚持稳中求进工作总基调，保持战略定力，稳定社会预期，切实防范风险，努力在稳的前提下奋发有为，全面展开各项工作。

今年我市经济社会发展的主要预期目标为：地区生产总值增长7.5%左右，固定资产投资增长12%左右，社会消费品零售总额增长11%左右，进出口稳定增长。城镇登记失业率控制在3.5%以内。居民消费价格上涨3%左右。一般公共预算收入增长7%左右。城镇和农村居民人均可支配收入分别增长8%左右和8.5%左右。

主要做好以下重点工作：

（一）全力推进协同发展示范区建设

推动区域经济一体化。融入京津冀协同发展和省“一区一圈一带”战略要进一步提速升级，向纵深推进。加快引进建设高端产业项目，确保每个县（市、区）年内新开工投资过亿元的产业项目不少于5个。支持北汽宝雅、晶华集团等企业与央企进行产业合作。要更加注重新兴产业和实体项目的引入，建立精准招商体系，着力突破战略性新兴产业，尽快形成产能和效益。要严把项目准入关，不符合环保标准的坚决不上，有重大安全风险的坚决不上，高能耗、高污染、低水平的坚决不上。要更加注重社会项目的合作，全力推动高端教育、医疗和文化项目的引入，在政策上给予充分保障。要更加注重人才和技术创新的作用，继续办好京津冀鲁资本交易大会、技术交易大会和“智汇德州”创新创业周，发挥好这些平台的作用，千方百计吸引资本、技术和人才向德州汇聚。要继续加强与大院大所的合作，力争再引入3~5家重点高校产业研究院。优化人才环境，坚持引进外来人才与培养本地人才并重，引进产业型、科技型人才与引进教育医疗等公共服务类人才并重，引进高层次人才与引进技能型、实用型人才并重，引进人才与长期扶持人才并重，努力增加城市人才总量。全年新建设人才公寓60万平方米，鼓励兴办“乡村人才公寓”，新设立博士后科研工作站5个以上，科技孵化器和众创空间面积达到200万平方米。

构架城市开放新格局。以开放引领德州实现新发展，打破保守思想和小成即满的观念，以更宽阔的视野和更高的标准抓好发展，全面提升经济工作的本领。主动对接“一带一路”战略，强化与东盟国家的产业合作，以中小企业为重点，在新型食品、新能源、装备制造等领域，坚定不移走出去，今年市政府将组织100家企业出访东盟国家。要深化我市与欧洲国家在现代农业领域的合作，积极引入先进技术，在德城区、经济技术开发区、陵城区、临邑县、齐河县等率先建设30个百亩级“智慧农业大棚”，打造高端智慧农业走廊。支持我市企业拓展非洲和中东市场，大力建设海外仓，开展跨国经营和境外投资，在太阳能利用等领域实现新突破。精心筹办国际太阳能十项全能竞赛，加快太阳能“德州小镇”建设，进一步拓展在新能源领域的国际合作。要加强与各友好城市的关系，全方位开展文化、教育等人文领域的交流。

（二）突出发展实体经济，支持企业做大做强

营造良好发展环境。实体企业是经济的命脉，企业家是最宝贵的资源。要深化“政府创造环境，企业创造财富”的理念，建立“亲”“清”新型政商关系，用心帮助企业降低成本、开拓市场、招募人才。市县两级都要积极行动起来，常态化推进“进企业、解难题、促发展”工作，真心实意帮助

企业，千方百计扶持企业。要鼓励企业家干事创业，做大主业，筑牢实体经济发展的根基，在全社会营造尊重企业家的浓厚氛围。全市企业在安全生产、节能减排等方面也要坚决落实主体责任，下大气力抓好整改提升，共同促进安全发展的良好局面。

全面实施"三航计划"。经济新常态下，既要发挥市场在资源配置中的决定性作用，也要更好地发挥政府作用，勇于担当。当前，融资难已成为实体经济普遍存在的问题，许多企业深陷担保圈担保链而举步维艰。今年政府要下更大的气力帮助企业破解融资难题，引导金融资源精准投向实体经济和小微企业。发挥政府"黄金信用"的作用，主动出击，综合运用政策性金融工具，在全市选择30家大型骨干企业，实施"护航计划"，选择50家高成长性企业，实施"远航计划"，选择100家科技型中小微企业，实施"启航计划"，针对不同阶段的企业，由国有资本运营公司、担保公司等综合开展资金过桥、贷款担保、股权投资、风险补偿等服务，积极助推我市优质企业发展。有序开展"破圈断链"，努力化解不良贷款，守住不发生系统性区域性金融风险的底线。

全面深化科技创新工作。组建市科技创新委员会，统筹推进创新驱动各方面工作，全面推进"大众创业、万众创新"。要落实已出台的各项扶持政策，加快科技服务业的发展，财政支持为全市所有规模以上工业企业培养技术经纪人，提高企业参与技术转移的能力。健全科技金融体系，支持市科技成果转化基金与各类天使投资、风险投资等开展合作，助力中小微企业成长。加快山东省技术转移转化中心建设，支持德州高新区建设中央创新区。再组建7个市级产业技术创新联盟，新认定高新技术企业100家左右，新增企业科技创新平台120个。

大力推动企业转型升级。全面推进150个工业转型升级导向计划项目，引导企业完善现代企业制度，完成规范化公司制改制330家以上。支持企业对接资本市场，力争3家企业主板上市、6家企业新三板挂牌，全年实现直接融资300亿元以上。支持企业通过并购重组、参股控股、技术合作等各种方式开展对外合作。积极推广智能化生产、个性化定制、装配式建筑等新业态。着眼"提升一批、规范一批、淘汰一批"，全面展开低速电动车整治工作。严格执行安全生产、环保、能耗、质量等标准，倒逼重点行业过剩产能退出，稳妥施策，加快"僵尸企业"市场出清。

深入实施质量强市和品牌战略。逐行业开展质量提升行动，大力倡树"工匠精神"，用一流质量创造竞争优势。引导企业深化品牌意识，加大品牌投入，加快培育一批自主品牌、特色品牌和国际化品牌。巩固升级"老字号"，努力使德州扒鸡、乐陵小枣、德州黑陶等老品牌擦得更亮，培育壮大"新字号"，使泰山、皇明、景津、希森、保龄宝、丽驰等新品牌群叫得更响、走得更远，使"德州制造"成为品质的保障，成为城市靓丽的名片。

（三）深入推进农业供给侧结构性改革

德州农业要实现由大到强，必须把农业供给侧结构性改革作为主线，以建设周边城市"放心农场"为目标，大力发展现代农业，这是德州农业发展壮大的根本出路！

优化农业结构。继续开展绿色增产和粮食高产创建，确保粮食生产稳定。适应市场需求，扩大优质专用主粮面积，实现优质优价。着力推进种植业"一减两扩"，调减籽粒玉米种植面积，扩大优质蔬菜和特色林果种植规模，使粮经比例达到合理范围。推进畜牧业"一稳两增"，稳定生猪养殖规模，适度增加草食牲畜和家禽养殖数量。推进生产经营"一降两升"，以规模化经营降低农业生产成本，推进物质装备条件升级和资源利用方式升级。

转变农业发展方式。积极引进市场要素进入农业领域，推动一产接二连三。规划建设20个市级“放心农场”、10个规模化高效农牧业示范基地和20个精品特色农业示范村镇。大力引进现代农业项目，发展精准农业、精深加工，各县(市、区)每年至少新增2家农业产业化龙头企业，以先进的技术和成熟的运营模式带动农业转型。加快构建中央厨房产业体系，建立以服务周边大城市为导向的现代农业产业链。健全农产品质量安全可追溯体系，打造一批地理标志农产品和区域特色品牌，推进整建制创建省级农产品质量安全市。大力发展乡村旅游、农村电商等新业态。推行绿色生产方式，大力发展节水农业，实施化肥、农药零增长行动，加强耕地保护与地力提升，构建农业可持续发展新格局。

激发农业农村内生动力。出台现代农业发展政策体系，鼓励农业经营主体转型发展，大力培育新型职业农民。深化农村产权制度改革，激活各类资源要素，增加农民产权收益。积极推进适度规模经营，大力发展各类新型经营主体，组织评选100家市级示范社。稳妥推进农村金融创新，深化供销社综合改革，做大做强为农服务主平台。

(四)全面推进城乡建设

推进新型城镇化。深化户籍制度改革，完成12.1万人市民化目标。全面推广武城县城镇化试点经验，探索“两区同建”农村居民就地市民化路径。以全域眼光完善城镇规划体系，推进交通设施、产业布局一体化，积极培育中小城市和特色小镇。实施棚户区改造46495户，提高货币化安置比例。改造农村危房3000户，新建改造农村公路1200公里，进一步缩小城乡差距。

提升城市建设管理水平。投资261亿元实施6大类、81个中心城区城建项目，重点推进国际会展中心、市民中心、金融港等十大城市功能支撑工程。实施三八路下穿京沪铁路隧道拓宽、市人民医院周边地下停车场等重点项目，集中破解停车难、通行难等长期困扰群众生活的突出问题。启动城区环境“三年提升行动”，再投资3.24亿元，改造中心城区75个“三无小区”；加强公共艺术空间设计，提升城市文化品位。深入开展城市违法建设治理行动，严厉打击私搭乱建行为，提高城市精细化、智能化管理水平。完善城市现代交通体系，启动中心城区东西快速交通建设和轨道交通论证，大幅度增加投入，中心城区再增加300辆新能源公交车，建设充电设施，提高市民公交出行率。

(五)着力抓好生态环境建设

牢固树立“绿水青山就是金山银山”的理念，一定要让群众喝上干净的水，呼吸到新鲜的空气，看得见蓝天白云。

坚持不懈抓好污染治理。实行“逐月调度，逐县落实，网格化推进”，锲而不舍增加“蓝天白云、繁星闪烁”天数，全年力争达到195天以上，PM2.5再改善15%，PM10再改善18%。全面推行河长制，确保主要河流水质稳定达标，整治河道，优化管网，全面消除城区黑臭水体，加强重要饮用水源及南水北调水质安全保障。继续在全域推广清洁煤125万吨，加大对困难群众的补贴力度，在农村大力推广新能源，继续扩大城区集中供热面积。加强扬尘整治和渣土运输管理，规模以上工地全部安装在线监测和视频监控。加强挥发性有机物治理，加快油品质量升级，强化高排放车辆监管。依法治理“散乱污”企业，全面清理整治砖瓦窑等窑炉。推进排污许可管理，实施工业源全面达标排放。力争全社会煤炭消耗再压减40万吨，全面淘汰10吨以下燃煤锅炉。

坚持不懈抓好生态修复。重点实施运河开发区生态修复三年规划，集中实施64个修复项目，棚户区改造加快实施，小散堆场全面整治，着力解决重型车过境穿城等问题。启动建设德州大运河生态林场和西陈沟湿地公园，3年内在运河开发区集中连片造林7500亩，今年启动种植3100亩，建设城市森林，与重工业区形成有效的生态间隔。实施“再建千亩湿地”计划，在全市展开重污染土壤治理和修复试点，高标准新建农田林网35万亩、储备林基地10万亩，植树2500万株。

(六)加强社会事业建设

坚决打赢脱贫攻坚战。在全面建成小康社会的道路上，不能让一个人掉队。今年我市要实现3.98万省定标准贫困人口脱贫，基本完成脱贫任务。深入实施贫困村“一村一品”产业推进行动，提高产业扶贫项目质量和效益。突出贫困村基础设施、公共服务和集体经济提升，完成276个省扶贫工作重点村“五通十有”工程。农村低保标准全部达到省定扶贫标准线。落实就业、保险、低保、救助等措施，统筹解决城市贫困问题。

推动优质教育资源共享。支持德州学院建设高水平综合性大学，支持职业教育蓬勃发展。全面解决城镇中小学“大班额”问题，按计划完成农村薄弱学校改造任务。新建、改扩建学校115所，开工校舍面积45.78万平方米，新增学位9.9万个，新建幼儿园72所、改扩建76所，实现县域义务教育均衡发展全覆盖。开工建设市属高中、高级师范学校、一中扩建、实验中学规范化工程。积极推进校长职级制改革和教师“县管校聘”改革。

大力发展卫生健康事业。持续加大投入，统筹布局卫生资源。加快建设分级诊疗服务体系，健全家庭医生签约服务机制。推进公立医院建立法人治理结构。加强重点学科建设，实施“青年医学专家培养计划”，选拔培养优秀后备人才。发展医养融合型养老机构，开工建设市级养老示范项目，新建城市社区日间照料中心10处、农村互助幸福院80处，新增养老床位3000张。认真落实全民健身国家战略，提升竞技体育水平，培养健康生活方式。

健全完善社会保障体系。新增城镇就业6.1万人。全面实施机关事业单位养老保险制度。建立职工大病保险制度，完善居民大病保险政策，实现居民医疗保险市级统筹。统筹城乡特困人员救助供养。发展老龄事业，保障妇女权益，关心青少年成长，加强未成年人保护和困境家庭保障，关爱留守儿童，做好残疾人基本公共服务和残疾预防，支持慈善事业发展。无论财政压力有多大，民生支出只增不降，惠民实事只加不减。

扎实推进文化建设。建设高水平市级文化中心，提升图书馆、文化馆等各类市级文化设施水平，加快县级国家综合档案馆和档案信息化建设，开工建设山东自然博物馆。加强苏禄王墓、东方朔墓等文化遗产保护，推进非物质文化遗产传承进校园。加快文化产业转型升级，积极寻求对外合作，引进微电影小镇等有竞争力的文化产业项目。支持媒体深度融合发展，支持党报党刊做大做强，推动市县广播电视台改革。完善现代公共文化服务体系，努力探索有德州特色的文化产业发展之路。

加强和创新社会治理。深化平安德州建设，完善立体化、信息化社会治安防控体系，依法惩治违法犯罪行为。落实安全生产责任，强化过程监管，坚决防止重特大事故发生。严防严管严控食品药品安全风险，加强市场管理，保证群众吃得放心、安心。做好信访工作，及时回应群众合理诉求，妥善化解各类矛盾，维护社会稳定。继续做好双拥共建工作，支持国防和军队改革，加强国防后备力量建设，推进军民深度融合发展。

四、落实全面从严治党各项要求，加强政府自身建设

严格依法履职。全面提高政府工作人员法

治思维和依法行政能力，依法接受人大及其常委会的法律监督和工作监督，主动接受人民政协的民主监督，密切与各民主党派、工商联、无党派人士和人民团体的联系沟通，自觉接受司法监督、舆论监督和社会监督。完善政府法律顾问制度，做好行政复议和行政应诉工作，确保权力在阳光下运行。市政府是德州人民的政府，无论做什么决定、办什么事情，都要于法有据，都要充分体现群众意愿，都要接受群众监督。

切实转变职能。继续深化简政放权、放管结合、优化服务，整合审批流程，加强事中事后监管，做到该放的放开、该管的管好。努力提高行政效率，密切联系群众，转变工作作风，善于运用先进技术推动政务公开。推行行政决策科学化、民主化、法治化，落实重大行政决策程序，完善公共参与机制，提高专家论证和风险评估质量，加强政府重大行政决策合法性审查，严格行政决策责任追究。坚决打破隐形权力的玻璃门，坚决惩治伤害群众的行政行为。

落实主体责任。牢固树立“四个意识”特别是核心意识和看齐意识，把政治纪律和政治规矩挺在前面，严肃党内政治生活，从严从实抓好市政府党组和政府系统党的建设，切实担负起全面从严治党的主体责任。严格落实《准则》《条例》和中央八项规定，驰而不息纠正“四风”，认真落实上级各项决策部署，确保令行禁止、政令畅通。坚决制止一切形象工程、政绩工程，反对任何统计数据造假，严肃查处不作为、慢作为行为。深化述职述廉，推进审计监督全覆盖，强化行政监察和行政执法监督。坚持开正门、堵旁门、关后门，消除权力运行灰色地带，破除各种形式“潜规则”。严格公务员队伍管理，着力解决群众身边的不正之风和腐败问题。完善正向激励和容错纠错机制，强化各级国家公务人员的责任担当，保持奋发有为的精神状态，营造风清气正的政治生态。

各位代表！一代人要有一代人的作为，一代人要有一代人的贡献！新的征程已经开启，德州大地春潮涌动，德州人民满怀期待，让我们更加紧密地团结在以习近平同志为核心的党中央周围，高举中国特色社会主义伟大旗帜，在中共德州市委的坚强领导下，弘扬新时期长征精神，撸起袖子加油干，共同创造德州美好的未来！奋力夺取全面建成小康社会新胜利，以优异的成绩迎接党的十九大和省第十一次党代会胜利召开！

2016年十大新闻

一、山东省委、省政府出台意见，支持德州加快协同发展示范区建设

5月28日，山东省委办公厅、省政府办公厅联合印发《关于支持德州加快融入京津冀协同发展的意见》(以下简称《意见》)，支持德州建设“一区四基地”(京津冀南部重要生态功能区和京津冀产业承接、科技成果转化、优质农产品供应、劳动力输送基地)，加快融入京津冀协同发展。《意见》包括推动重点领域改革先行先试、打造承接优势产业转移基地、打造科技创新服务基地、打造高素质劳动力资源基地、加快建设绿色生态功能区、提高支撑保障能力等6大方面共19项内容。

2016年，协同发展示范区建设扎实推进，首届京津冀鲁技术交易大会等重大活动成功举办，来自京津冀的新开工项目占招商项目总数的50%。

二、构建双创支撑平台，制定干部干事创业容错免责办法，出台28个文件以落实人才政策“黄金30条”

打造区域性综合平台和科技创业平台，推进人才公寓建设，截至年底，全市建成人才公寓5752套、39.4万平方米。

3月22日，中共德州市委办公室下发关于印发《德州市干部干事创业容错免责办法(试行)》(以下简称《办法》)的通知，《办法》明确提出，营造勇于担当担责、宽容失误失败、关心爱护干部的良好政治生态，支持保护干部从严从实、奋发有为。

5月25日，德州市研究出台28个配套文件，

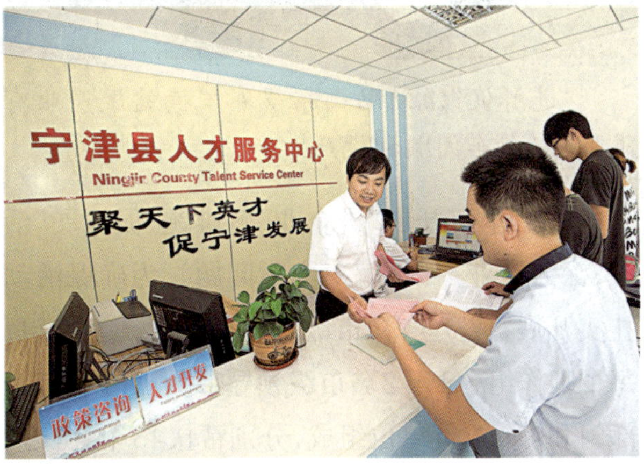

宁津县人才服务中心为各类人才提供服务

助力人才政策“黄金30条”落地。

三、扶贫攻坚工作帮助全市5.9万名农村贫困人口脱贫

德州市努力构建党政同责、部门联动、社会参与的扶贫工作格局，建立市级领导包乡镇、市县部门和骨干企业包村、第一书记驻点、副科级以上干部联户的“两包一驻一联”工作机制。38名市级领导每人帮包2个重点乡镇，566个市县部门、566家重点企业、566名第一书记直接帮扶566个省定扶贫工作重点村，1.6万名副科级以上干部网格化帮扶所有贫困户。

全市共投入扶贫资金4.47亿元，实施产业项目1342个，减少贫困人口5.9万人。

四、实施“三个100”工程，开展“进企业、解难题、促发展”活动，促工业转型升级

2016年3月，德州市出台《关于抓大扶强推进“三个100”工程企业培植实施方案》。在全市范围内筛选100家大企业、100家高技术高成长高税收预期的“三高”型企业及100家创新型企业。

"进解促"活动助山东罗赛罗德健康产业有限公司1号车间顺利投产

8月，全市开展"进企业、解难题、促发展"活动，深入企业一线，解决实际问题。为确保活动扎实开展，成立14个市级"进解促"帮扶工作组，每个工作组由1至2名市级领导带队，由1个牵头部门和4个成员单位组成，分别帮扶13个县(市、区)的"三个100"工程企业。

五、首部政府规章《德州市大气污染防治管理规定》施行，散煤清洁化治理工作走在全省前列

7月11日，德州市政府第58次常务会议通过《德州市大气污染防治管理规定》，自9月1日起施行。这是德州市具备地方立法权后出台的第一部政府规章，也是国家赋予设区市地方立法权以来，山东省地级市制定的首部大气污染防治地方规章。

德州市散煤清洁化治理工作走在了全省前列。2016年面向全市推广120万吨清洁煤，其中包括62万吨洁净型煤，由政府直接督导配送到户，其余清洁煤则在市场上进行流通。

蓝天白云下的明月湖风景区

六、老旧小区改造、"全面改薄"、解决"大班额"等民生工程扎实推进

2016年，德州市中心城区老旧小区改造工程进展顺利，原计划实施73个小区改造，实际开工79个小区，改造面积108万平方米，开工率达108%。已基本完工小区66个，竣工率达83%。

2016年，全市坚持"集中投入、集中建设"的原则，围绕"全面改薄"、解决"大班额"工程，掀起了一场学校建设攻坚战。截至11月底，全市"全面改薄"工程校舍建设开工面积237万平方米，开工率115%；解决"大班额"工程校舍建设开工面积240万平方米，开工率101%，两项工程累计开工面积达477万平方米，各项指标均居全省前列，其中"全面改薄"竣工率全省第一。

德城区园林小区整治改造现场

七、山东省第九届海洽会在德州市举行，中国—东盟中小企业合作委员会秘书处定址德州

10月12日，中国山东第九届海内外高端人才交流会在德州市举行，德州市共与2200多人达成合作意向，签订人才引进、技术合作项目365个，其中协议91个、意向274个。

12月21日至22日，中国—东盟中小企业合作会议在德州市召开。会议成立中国—东盟中小企业合作委员会，并将秘书处设在德州；通过

德州市企业与东盟国家企业签署合作备忘录

《关于加强中国—东盟中小企业合作共赢德州共识》;德州市5家企业与东盟国家企业分别签署合作备忘录。

八、齐河、禹城跻身中国中小城市综合实力百强县

11月7日,中小城市经济发展委员会、中小城市发展战略研究院、中国中小城市科学发展指数研究课题组等单位联合发布了第十二届中国中小城市科学发展指数研究成果暨“2016全国综合实力百强县市”等榜单。在2016年中国中小城市综合实力百强县市排名中,齐河县位居第80位,这已是该县第3次入围全国百强县,比2015年提升5个位次。禹城市首次跻身全国百强县,位列第100位。

全国百强县齐河城区一角

另外,在公布的“中国最具投资潜力中小城市百强县市”中,齐河县位居第23位,禹城市位居第76位。在“中国中小城市创新创业(双创)百强县市”排名中,齐河县位居第22位,禹城市位居第85位。

九、德州至北京始发高铁“德州号”开行

5月16日晨,德州东至北京南高铁市域列车“德州号”(G8935/6次)自德州市始发。“德州号”在德州东至北京南间运行,每日开行。德州东至北京南G8936,德州东站始发时间为7:15,沿途停靠沧州西、天津南、廊坊3个车站,列车到达北京南站的时间为8:51;北京南返至德州东G8935,始发时间为22:22,到达德州东站时间为23:35。

十、“我文明 德州文明”主题实践活动深入开展,孙洪香家庭获评首届全国文明家庭

12月12日,第一届全国文明家庭表彰大会在北京召开,禹城市辛店镇南街村孙洪香家庭作为全市唯一全国文明家庭代表赴京接受表彰。

孙洪香47岁,家庭接二连三遭遇不幸——大哥大嫂先后离世,本就身体不好的公公又患上了脑血栓,下不了床。由于丈夫在中铁六局当铁路工人,常年回不了家,照顾失去父母的2个侄儿、卧床公公和3个单身智障叔公的重担落到孙洪香一人肩上。面对困境,孙洪香选择了坚强、乐观,几十年如一日悉心照料家人,2个侄儿先后成家立业,儿子考上大学,4位老人安度晚年。

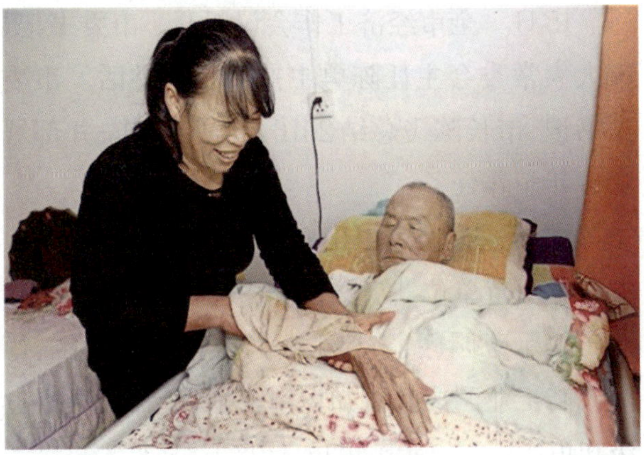

孙洪香(左)在照顾公公

大事记

1月

4日　德州市委召开常委扩大会议，传达学习总书记习近平在中央政治局专题民主生活会上的重要讲话精神。

5日　世侨会理事长、秘书长汪伟率部分海外科技专家到德州市考察。市委副书记、市长陈飞会见。

同日　市委副书记、市长陈飞会见万达集团发展中心常务副总经理蔡启宾。

7日　市委副书记、市长陈飞会见以色列敏锐集团总裁丹尼尔·罗斯，双方就“中以创新园”合作项目进行洽谈。

8日　市委书记、市人大常委会主任陈勇对乐陵市民史智勤不顾个人安危、勇跳湘江救人的义举作出批示。要求宣传弘扬这种崇高精神，为建设协同发展示范区提供强大精神动力和道德支撑。

15日　全市经济工作会议召开。市委书记、市人大常委会主任陈勇主持会议并讲话。市委副书记、市长陈飞总结2016年经济工作，并部署2017年工作任务。

18日　禹城市由山东省知识产权试点单位上升为示范单位，临邑经济开发区成为山东省知识产权示范园区，宁津银河经济技术开发区、德州天衢工业园成为省知识产权试点园区，全市省级知识产权试点示范单位(园区)达9个。

20日　中共德州市纪律检查委员会十四届七次全体会议召开。市委书记、市人大常委会主任陈勇强调，要坚持全面从严治党、依规管党治党，持之以恒落实中央八项规定精神，坚定不移推进全市党风廉政建设和反腐败工作。

21日　汽车复合材料和小型电动车战略咨询会暨国汽研究院德州分院揭牌仪式举行。中国汽车工程学会理事长付于武，中国工程院院士郭孔辉、钟志华、杨裕生、杜善义、陈蕴博，中国汽车工程学会常务理事、国汽(北京)汽车轻量化技术研究院院长林逸，市委副书记、市长陈飞出席仪式。

21日至22日　德州市气象台21日10时发布寒潮黄色预警信号。截至22日17时，全市平均降雪量2.7毫米，积雪深度3厘米左右，东北风4~5级，阵风7级。市气象台22日继续发布寒潮黄色预警信号和道路结冰黄色预警信号。

29日　《德州市大气污染防治管理规定》进入起草阶段，这是德州市具备地方立法权后即将出台的第一部政府规章，也是国家赋予设区市地方立法权以来山东省地级市制定的首部大气污染防治方面的地方法规。

同日　陵城区颐寿园居家养老服务中心启用，这是德州市首家居家养老服务中心。

是月　中国文化发展指数首次发布中国文化城市100强榜单，德州排名第70位。

是月　禹城保龄宝生物股份有限公司获2015年度国家知识产权优势企业称号。

2 月

1日　山东省委常委、政法委书记张江汀到德州市走访慰问困难群众、老党员、困难职工。市委书记、市人大常委会主任陈勇，省民政厅副厅长李光杰等陪同。

同日　山东恒源石油化工股份有限公司收购壳牌马来西亚炼油有限公司股权签约仪式在马来西亚吉隆坡举行。恒源石化以4.23亿元收购壳牌马来西亚炼油有限公司51%股权。

同日　德州市委副书记、市长陈飞会见到德州市考察的韩国亚洲新闻集团董事长郭永吉，就推动中韩项目合作进行交流。

同日　山东省副省长季缃绮到德州市走访慰问老党员、老干部和城乡困难群众，调研养老服务业发展情况。市委副书记、市长陈飞，副市长董绍辉等陪同。

2日　山东省食品药品监督管理局副局长王海燕率省人口计生目标管理责任制考核组到德州市，就2015年度人口计生目标管理责任制落实情况进行考核。市委书记、市人大常委会主任陈勇在反馈会上作表态发言。市委副书记、市长陈飞主持反馈会并汇报有关情况。

同日　德州市推荐的德州阳光大姐家政服务有限公司家政服务员陈盈盈、德州天元集团有限责任公司砌筑班组长范海军、山东金麒麟股份有限公司数控操作工孟祥超3人获得全国优秀农民工称号，市住建局获得全国优秀农民工工作先进集体称号。

同日　山东广播电视台、山东网络广播电视台德州记者站成立。

4日　国家卫计委公布《全国爱卫会关于2015年国家卫生城市(区)和国家卫生县城(乡镇)复审结果的通报》，德州市被重新确认为国家卫生城市。

5日　山东省公安消防总队政委马先宏到德州市检查春节期间消防工作。市委副书记、市长陈飞，副市长、市公安局长于松岩等陪同。

14日　全市2015年度考评总结大会召开。市委书记、市人大常委会主任陈勇作题为《从严从实、奋发有为》的讲话，会上宣读了《关于2015年度全市综合考评情况的通报》和受到表彰的先进单位和先进个人名单。

18日至20日　中国人民政治协商会议第十三届德州市委员会第五次会议召开。出席会议的委员应到483人，实到453人，符合法定人数。会议审议通过了德州市政协十三届五次会议选举办法，并进行选举。大会选举翟长生为市政协主席。

19日至21日　德州市第十七届人民代表大会第七次会议召开。会议应到代表458名，实到代表438名，符合法定人数。大会表决通过了关于接受兰忠良辞职请求的决定，选举韩建亭为市人大常委会副主任，选举朱秀彦、杨毅、沈四平、郭洪霞为市人大常委会委员，选举孟祥刚为市中级人民法院院长。大会表决通过了关于德州市人民政府工作报告的决议、关于德州市国民经济和社会发展第十三个五年规划纲要的决议、关于德州市2015年国民经济和社会发展计划执行情况与2016年计划的决议、关于德州市2015年预算执行情况和2016年预算的决议、关于德州市人民代表大会常务委员会工作报告的决议、关于德州市中级人民法院工作报告的决议、关于德州市人民检察院工作报告的决议、关于德州市大气污染防治工作报告的决议。

26日　德州被确定为协同发展示范区。

29日　教育部副部长朱之文带领检查组到德州市开展2016年春季开学专项督导检查。市委书记、市人大常委会主任陈勇，省政府办公厅副主任姜文艺，省教育厅长左敏、副厅长王坦等陪同。

是月　德州市齐河县仁里集镇大张村和禹城市李屯乡境内在地质勘查中钻获高品位富磁铁矿体。齐河大张铁矿勘查项目完成1个钻孔揭露磁铁矿体1层，见矿厚度26.02米，见矿孔深在770.28—796.30米。禹城李屯铁矿勘查项目完成1个钻孔揭露4层磁铁矿体，见矿厚度120米，见矿孔深1130至1250米，矿石均为致密块状磁铁矿。

是月　夏津县入选山东省经信委发布的全省太阳能应用示范市(县)名单。

3 月

1日　德州市举行“三个一批”招商引资项目集中开工仪式，开工项目100个，总投资达549.45亿元。

2日　山东航天金税技术有限公司德州分公司开具了德州市首张增值税电子普通发票。

3日　哈尔滨市委副书记、市长宋希斌到德州市考察新能源汽车产业发展情况。市委副书记、市长陈飞等陪同。

4日　“中国武城英潮辣椒价格指数”项目启动仪式在武城县举行。“中国武城英潮辣椒价格指数”是全市唯一列入山东价格指数平台、全国辣椒行业唯一在编价格指数。

8日　山东省副省长夏耕到德州市调研农村电子商务工作。市委书记、市人大常委会主任陈勇，市委副书记、市长陈飞，省商务厅厅长佘春明等参加活动。

同日　市委副书记、市长陈飞会见台湾蓝天电脑集团百脑汇资产事业群总裁黄坤泰。

10日　市委书记、市人大常委会主任陈勇，市委副书记、市长陈飞，到济南铁路局就济铁(平原)物流园、济铁省会中心物流城等项目与局长王保国对接洽谈。

同日　中国东盟商贸交流会议在德州市召开。中国东盟商务协会主席、马来西亚发林集团董事主席兼总裁丹斯里林玉唐，市委副书记、市长陈飞等参加。

13日至14日　美国德克萨斯大学休斯敦健康科学中心主任耿永健率团到德州市参观考察。市委副书记、市长陈飞，副市长康志民陪同。

17日　德城区与山东省科学院战略合作签约暨协同创新发展中心揭牌，耐恳工业设备等6家企业分别与省科学院多家研究所签订产学研合作协议。

18日　市委书记、市人大常委会主任陈勇，会见到德州市考察方志馆建设的省政府办公厅党组成员、省史志办主任刘爱军。

24日　平原县举行平原至青岛港海铁联运集装箱班列开通仪式，德州首列海铁联运集装箱班列 “平原号”首发出站。

25日　德州市对接京津冀优质农产品博览会召开。世界批发市场联合会亚太地区工作组主席、全国城市农贸中心联合会会长马增俊，市委副书记、市长陈飞出席开幕式。

是月　德州市全面启动美国白蛾成虫监测工作，全市共设置303个监测点。

是月　齐河县城市经营建设投资有限公司发行15亿元双创孵化专项债券，募集资金已全部到位。这是德州市成功利用债券形式加快基础设施建设的一项重大举措。

是月　经山东迈宝赫健身器材有限公司申请，德州市政务服务中心贸促会成功签发德州市首份“本地产”亚太优惠原产地证书，出口产品主要是健身器材。

是月　武城县入选国家发改委等10部门联合公布的全国结合新型城镇化开展支持农民工

等人员返乡创业试点名单。

4 月

8日　德州市孙立荣入选“山东好人”2015十大年度人物。

11日　山东省国土资源厅长李琥到德州市调研国土资源工作。市委副书记、市长陈飞参加座谈会。

同日　德州市融资担保有限公司运营。该公司为德州市人民政府直属国有独资企业,2016年年初注册成立,一期实收资本3亿元人民币。

11日至13日　全国政协副秘书长、致公党中央常务副主席、中国社区卫生协会会长蒋作君到德州市,就医药卫生体制改革、推进企业供给侧结构性改革及农业高新技术发展等有关情况开展调研。省政协副主席、致公党省委主委、省立医院副院长赵家军陪同。

12日　山东省高级人民法院院长白泉民到德州市调研基层法院工作。市委书记、市人大常委会主任陈勇,市委副书记、市长陈飞陪同。

同日　德州市重污染天气应急指挥部发布通知决定从4月12日20时起,启动重污染天气Ⅳ级(蓝色)应急响应。

12日至13日　山东省人大常委会副主任宋远方率执法检查组到德州市检查《中华人民共和国大气污染防治法》贯彻实施情况。市委书记、市人大常委会主任陈勇,市委副书记、市长陈飞陪同。

15日　平原县委、县政府应邀出席任继愈百年诞辰纪念会暨学术研讨会。

17日　德州首部数字院线电影《棉花白了》在中央电视台电影频道播出。该影片根据德州市女作家董爱红原著《苜蓿花开》改编。

18日　市委书记、市人大常委会主任陈勇会见到德州市调研的建行山东省分行党委书记、行长薛峰。

同日　德州市政府与浪潮集团合作共建协议签约。市委书记、市人大常委会主任陈勇,市委副书记、市长陈飞会见浪潮集团有限公司董事长孙丕恕。

19日　新西兰黑斯廷斯市市长劳伦斯·尤尔到访德州市,并与德州市签订友好城市协议。副市长杨玖庆出席签约仪式。

同日　市委副书记、市长陈飞会见中国石化联合会副秘书长兼产业发展部主任孙伟善。

20日　省人民检察院检察长吴鹏飞到德州市调研。市委副书记、市长陈飞,市委常委、政法委书记魏洪祥,市人民检察院检察长李万堂陪同。

21日　全省检察机关检务保障工作会议在德州市召开。省人民检察院检察长吴鹏飞,市委副书记、市长陈飞出席。

26日　市委副书记、市长陈飞会见天津自贸区华夏路神有限公司董事、总经理刘培。

26日至27日　水利部副部长田学斌率调研组到德州市调研农村水利建设管理情况。副省长赵润田,省水利厅长王艺华,市委副书记、市长陈飞陪同。

27日　全国模范检察官、齐鲁时代楷模、庆云县人民检察院副检察长黄平亮荣获“全国五一劳动奖章”。

29日　德州市举行庆祝五一国际劳动节暨表彰大会。市委书记、市人大常委会主任陈勇出席,市委副书记、市长陈飞讲话。

是月　德州市夏津黄河故道古桑树群、乐陵枣林复合系统入选中国的全球重要农业文化遗产预备名单。

是月　德州市入选国家发改委公布的第二批创建国家社会信用体系建设示范城市名单。

是月　禹城市辛店镇“沙河辛西瓜”入选国

家农产品地理标志。

是月　德州市“四点半学校”建成960处，此项工作得到山东省妇联充分认可。

5 月

2日　8时至20时，德州市出现雷雨大风天气，全市平均降水量9.6毫米。最大降水量出现在乐陵市，平均为16.2毫米；最小降水量出现在武城县，平均降水量为2.7毫米。

4日　全市首个农业气象自动化观测系统在齐河县焦庙镇粮食高产创建示范区建成。该系统可实时监测，自动提供各类气象数据，判断作物生长状况。

10日　全市农村信用社银行化改革总结暨加快转型发展动员会议召开。市委副书记、市长陈飞，省农联社党委副书记、纪委书记孙富军，为陵城区、宁津县、临邑县、平原县、武城县等5家农商银行揭牌。德州市农村信用社正式启动银行化改革工作始于2012年，至此全市11家农商银行已全部完成改革目标，总注册资本61亿元，资产971亿元，拥有营业网点327处。

10日至11日　新疆生产建设兵团十二师党委副书记、师长宋骏，党委常委、副师长赵志江到德州市考察。市委副书记、市长陈飞，市政协主席翟长生陪同。

11日至12日　山东省委常委、组织部部长杨东奇到德州市调研。市委书记、市人大常委会主任陈勇，市委常委、组织部部长刘贵堂陪同。

12日至13日　山东省委常委、常务副省长孙伟到德州市就两区同建以及教育、住建、重点项目建设情况进行调研，并检查漳卫南运河防汛工作。市委书记、市人大常委会主任陈勇，市委副书记、市长陈飞，省人社厅长韩金峰，省发改委巡视员段立宏，省教育厅副厅长张兴民陪同。

16日　德州东至北京南高铁市域列车“德州号”(G8935／6次)自德州市始发，在德州东至北京南间运行，每日开行，沿途停靠沧州西、天津南、廊坊3个车站。市委书记、市人大常委会主任陈勇，北京铁路局天津西站站长孙景强出席始发仪式并为“德州号”揭牌。

17日　市委书记、市人大常委会主任陈勇会见省人大常委会原副主任何宗贵、中国保险行业协会秘书长刘琦等出席德州市第六届资本交易大会暨京津冀协同发展金融创新高峰会的嘉宾。

18日　德州市举办新能源汽车及汽车轻量化材料产业投资促进会。市委副书记、市长陈飞，国汽(北京)汽车轻量化技术研究院院长林逸，中国汽车工程学会技术部部长赵立金等出席。

18日至19日　中国·德州第六届资本交易大会暨京津冀协同发展金融创新高峰会在德州市举行。山东省人大常委会原副主任何宗贵，中国证券业协会副会长葛伟平，省金融办主任李永健，中国保险行业协会秘书长刘琦，市委书记、市人大常委会主任陈勇，市委副书记、市长陈飞参加开幕式。参会机构、企业1000余家，参会人数1200人次，集中签约项目30个，大会期间现场洽谈合作签约项目129个。

20日　齐河县焦庙镇农田高效节水灌溉项目建成，标志着水利部确定的全国首个平原地区PPP项目正式建成运行。该项目是齐河县引入社会资本建设和管理农田高效节水灌溉试点项目，总投资1012.52万元，由县财政投入787.45万元进行引水基础工程建设，引入山东华泰保尔水务农业装备工程有限公司投资225.07万元建设节水灌溉设施。

20日至22日　2016年全国职业院校技能大赛中职组汽车运用与维修技能大赛在德州市举行。共有来自全国37个省市、自治区及计划单列市的426名中职选手参加。德州交通职业中等专业学校代表山东参赛，夺得1个冠军、2个一等奖和2个二等奖。

23日　德州市委召开常委会议，研究环境保护、棚户区改造和中心城区老旧小区整治改造、中小学建设和基础教育综合改革等工作。市委书记、市人大常委会主任陈勇主持并讲话。

23日至24日　山东省副省长赵润田到德州市就粮食生产、农村饮水安全、农村水利工程建设等工作进行调研。市委书记、市人大常委会主任陈勇，市委副书记、市长陈飞，省水利厅长王艺华陪同。

25日　德州军分区在黄河齐河县豆腐窝险工流域，组织开展防汛勘察暨抢险演练。省军区司令员荣森之等到现场观摩。市委书记、市人大常委会主任、德州军分区党委第一书记、预备役后勤保障旅第一政委陈勇等参加活动。

同日　市委副书记、市长陈飞主持召开市政府常务会议。会议听取了《德州市大气污染防治管理规定（送审稿）》起草情况的汇报，原则通过《德州市燃煤锅炉治理工作方案（讨论稿）》，会议决定设立德州市城市建设发展基金。

26日至6月3日　市委副书记、市长陈飞率领德州市考察团对以色列、荷兰、法国进行考察，就加强农业技术合作、以工业思维发展农业、推进德州市农业现代化进行交流。

28日　市委书记、市人大常委会主任陈勇会见熊氏集团、国际日报报业集团总裁熊德龙。

同日　齐河县在天津市举办“2016山东齐河·天津招商推介会”，90家高新技术企业到场参会，19个总投资近70亿元的高新项目落户齐河。

31日　山东省副省长、省妇儿工委主任季缃绮到德州市看望慰问农村留守儿童。市委书记、市人大常委会主任陈勇，省政府副秘书长李娥，省妇联主席邢善萍陪同。

是月　德州公交特来电新能源有限公司正式获批筹建。该项目为德州市首个新能源汽车充电设施建设项目。

是月　《德州市公务用车制度改革实施方案》和《关于做好市级党政机关取消车辆封存、移交及保留车辆实行标识化管理的通知》正式印发，标志着全市公务用车制度改革工作进入全面实施阶段。

是月　庆云商城获评“全国转型升级示范市场”称号，同时荣获“全国文明诚信经营示范市场”称号。

是月　庆云县泰山粮棉种销专业合作联合社的无公害粮食作物种植基地入选山东省公布的2016年首批无公害农产品产地。

6 月

1日　德州市月最低工资标准由1300元调整为1390元，小时最低工资标准由13元调整为13.9元，德州市已连续7年上调最低工资标准。

同日　德州市全面推行营改增后的首个纳税申报日，截至1日17时，德州市国税系统共计申报营改增纳税户548户，其中一般纳税人384户；申报应税销售额3.03亿元，其中一般纳税人3.01亿元；申报增值税应纳税额968.51万元，其中一般纳税人967.24万元。

3日　山东省关工委主任高新亭率调研组到德州市，就经济社会发展和关工委工作进行调研。市委书记、市人大常委会主任陈勇，省政协常委、市关工委主任满春重陪同。

5日　全国政协常委、副秘书长、民革中央副主席何丕洁到乐陵市调研指导。省政协副主席、民革省委主委孙继业，市委常委、统战部部长彭小毛陪同。

7日至8日　中组部人才工作局副局长、中央人才工作协调小组办公室副主任李志刚率调研组到德州市调研人才工作。市委常委、组织部部长刘贵堂陪同。

10日　市委书记、市人大常委会主任陈勇，市委副书记、市长陈飞会见到德州市进行商务考察的吉利控股集团吉铭实业公司总经理梁维斌。

同日　市委书记、市人大常委会主任陈勇，市委副书记、市长陈飞会见马来西亚国际贸易与工业部第二部长黄家泉，中国东盟商务协会（马来西亚）主席、发林控股有限公司主席林玉唐等。

11日　首届德州—东盟产业合作论坛暨德州—东盟项目中心揭牌仪式在德州市举行。活动旨在加强德州与东盟国家的交流合作，将德州市打造成中国北方对接东盟的重要节点城市。马来西亚国际贸易与工业部第二部长黄家泉，中国—东盟商务协会（马来西亚）主席、发林控股有限公司主席林玉唐，马来西亚车业总会总会长许综文，外交部原副部长、国侨办原副主任何亚非，德州市委书记、市人大常委会主任陈勇，市委副书记、市长陈飞等出席。

同日　宁津县杂技团选送的《绸操》荣获第九届山东国际大众艺术节·第十届山东杂技魔术大赛暨“泰山文艺奖”一等奖。

14日　齐河县组织省市农业专家对该县80万亩粮食绿色高产高效示范区小麦进行测产实打验收。该示范区小麦平均亩产578.6千克，最高单产788.9千克，再次创造全国小麦单产新纪录。

15日　市委副书记、市长陈飞会见到德州市参观访问的日本驻青岛总领事远山茂。

16日　德城区黄河涯镇农民许秀琴以亩产653.71公斤的成绩夺得2016年小麦粮王。

17日　市委全面深化改革领导小组召开会议，学习贯彻中央和省委全面深化改革领导小组近期会议精神，讨论审议市委2016年改革工作要点、市人大常委会关于预算审查前听取市人大代表和社会各界建议的若干规定等改革方案。市委书记、市人大常委会主任、市委全面深化改革领导小组组长陈勇主持并讲话。

同日　市委召开常委扩大会议，学习省委、省政府《关于支持德州加快融入京津冀协同发展的意见》，对贯彻落实意见进行研究部署。

19日　德州市夏收夏种工作全面结束，全市收获小麦52.96万公顷、机收率99.8%，玉米播种面积51.2万公顷，机播率100%。

20日　国家发改委副主任胡祖才到德州市调研新型城镇化和特色小城镇建设工作。市委副书记、市长陈飞，省发改委主任王忠林陪同。

20日至23日　德州市开展2016年度上半年协同发展督查评议，对各县（市、区）实施协同发展战略情况集中观摩交流。市委书记、市人大常委会主任陈勇，市委副书记、市长陈飞讲话。

24日　公安部“身边的优秀共产党员”先进事迹报告会在德州市举行。市委书记、市人大常委会主任陈勇会见公安部宣传局副局长高潮。

27日　山东省委书记姜异康到齐河县走访慰问新中国成立前老党员、生活困难党员，了解基层开展“两学一做”学习教育情况，为基层单位党员讲党课。省委常委、秘书长于晓明，市委书记、市人大常委会主任陈勇参加。

29日　山东省委常委、秘书长于晓明到禹城市走访慰问老党员、生活困难党员，并为基层党支部讲党课。市委书记、市人大常委会主任陈勇陪同。

是月　山东省委办公厅、省政府办公厅联合印发《关于支持德州加快融入京津冀协同发展的意见》，包括推动重点领域改革先行先试、打造承接优势产业转移基地、打造科技创新服务基地、打造高素质劳动力资源基地、加快建设绿色生态功能区、提高支撑保障能力等六大方面共19项内容。支持德州建设“一区四基地”（京津冀南部重要生态功能区和京津冀产业承接、科技成果转化、优质农产品供应、劳动力输送基地),加快融入京津冀协同发展。

是月　陵城区的山东丽驰新能源汽车有限公司入选工业和信息化部公布的2016年两化融合管理体系贯标试点企业名单。

是月　全市第一批大班额项目集中签约,此次签约项目涉及乐陵、临邑、宁津、运河经济开发区等地的68所中小学,项目规划新增建筑面积420791平方米,总投资105425万元,其中融资金额8亿元,还款期限20年。

7 月

1日　德州市政府与巴斯夫(中国)有限公司合作谅解备忘录签约暨中德现代农业创新中心揭牌仪式在德州举行。市委副书记、市长陈飞代表德州市与巴斯夫全球特种塑料业务管理全球副总裁谢建华签署备忘录,并为中德现代农业创新中心(筹)揭牌。

6日　市委副书记、市长陈飞会见华为技术有限公司全球智慧城市总经理郑志彬。

8日至12日　德州市委书记、市人大常委会主任陈勇率党政考察团赴新疆生产建设兵团十二师看望援疆干部、援疆人才,考察经济社会发展情况,走访慰问部分德州籍老战士、老干部。

10日　2016年德州市青少年校园足球联赛正式开赛,联赛高中学段决赛在德州一中东、西两校区同时举行。

14日　威讯联合半导体(德州)有限公司开业。市委副书记、市长陈飞,美国威讯联合半导体有限公司首席执行官包国富等出席活动。

同日　市委副书记、市长陈飞会见到德州市参观考察的美中发展促进会硅谷华美信息存储协会博士团。

同日　清华大学中国农村研究院德州调研基地揭牌。清华大学中国农村研究院专职副院长魏唯,市委副书记、市长陈飞,清华大学中国农村研究院副院长何宇鹏出席仪式。

15日　陵城区与济南铁路局建设山东济铁陵城物流园项目合作签约仪式在德州市举行。市委书记、市人大常委会主任陈勇,市委副书记、市长陈飞,济南铁路局局长王保国、党委书记陆海霞出席。

同日　市委书记、市人大常委会主任陈勇,市委副书记、市长陈飞就推进京津协同发展,深化区域合作,率团到天津滨海新区学习考察。考察期间会见了天津市委常委、滨海新区区委书记宗国英,滨海新区区委副书记、区长张勇,滨海新区人大常委会主任赵建国。

16日　德州市在天津举行以“全面推介、精准对接、同频共振、合作共赢”为主题的德州(天津)融入京津冀协同发展合作恳谈会暨重点项目签约仪式。共有7组42个合作项目集中签约,其中14个人才技术合作项目,共引进各类高端人才48名;28个产业项目,合同总金额约260亿元,大部分为高新技术产业项目,且单体投资均在亿元以上,投资5亿元以上的达16个,50亿元以上的3个。

18日　齐河县粮食产业协会收到国家工商总局商标局颁发的“齐河小麦”“齐河玉米”国家地理标志证明商标证书,标志着“齐河小麦”“齐河玉米”地理标志证明商标成功注册。

21日　德州市政府防汛抗旱指挥部启动漳卫南运河防汛Ⅳ级预警。岔河24日16时开始行洪,减河将加大行洪流量,南运河正在泄洪。

同日　德州市正式开通12385残疾人服务热线。

26日　德州沧州衡水行政边界地区环境执法联动工作第一次联席会议在德州市召开,德州、沧州、衡水3市环保局签署行政边界地区环境执法联动协议，这是德州市签署的首个跨省的行政边界地区环境执法联动协议。

27日　受上游岳城水库加大泄洪流量影响，德州市漳卫南运河正在行洪，预计2日内将迎来最大洪峰。洪峰流量约500立方米/秒，占最大设计流量（4000立方米/秒）的12，行洪时间预计10至15天。这次行洪是继“96.8”洪水之后，20年来德州市面临的最强一次行洪过程。

27日至29日　第二届中国国际太阳能十项全能竞赛第一培训会暨SD中国与低碳智慧城镇化论坛在德州市举行。国家能源局新能源和再生能源司副司长梁志鹏，中国产业海外发展协会会长胡卫平，市委副书记、市长陈飞等出席开幕式。

29日　中国共产党德州市第十四届委员会第九次全体会议举行。出席会议的有市委委员33人、候补委员8人，市纪委常委和有关方面负责同志列席会议。会议审议通过了《关于深化科技体制改革加快创新发展的实施意见》和《中国共产党德州市委员会工作规则》。

同日　市委书记、市人大常委会主任陈勇会见到德州市考察的省政协港澳台侨和外事委员会副主任、上海市山东商会会长李斌。

同日　德州市蝉联全国双拥模范城，庆云、临邑、乐陵、宁津、夏津、平原、齐河、禹城、武城9个县（市）荣获省级双拥模范城。

是月　《德州市燃煤锅炉治理工作方案》出台，方案指出利用3年时间（2016年至2018年），通过综合治理使德州市燃煤锅炉（窑炉）大气污染物排放总量二氧化硫、氮氧化物、烟尘分别比2015年减少8000吨、4500吨、1300吨。

是月　乐陵市碧霞湖入选水利部公布的国家水土保持科技示范园区名单。

是月　德州恒丰集团首次入围棉纺织行业主营业务收入十强，排名第十。在“化纤短纤混纺纱行业主营业务收入30强”排名中连续两年位列第一。

8月

1日　首届“泰山体育杯”京津冀鲁校园足球邀请赛在德州市举行。

2日　德州市召开中国—东盟合作项目座谈会，就对接东盟工作相关事宜进行交流。中国—东盟商务理事会执行理事长许宁宁、中国—东盟商务协会（马来西亚）委员会主席林玉唐，市委副书记、市长陈飞出席。

6日至8日　中国重汽集团有限公司董事长、党委书记马纯济，总经理、党委副书记蔡东等到德州市举办理论学习读书班，并实地考察。市人大常委会第一副主任韩建亭，市委常委、秘书长、德城区委书记刘长民陪同。

8日　德国柏林职业教育集团主席西格弗里德·福格臧率考察团到德州市就双方建立职业教育友好合作城市进行磋商，探讨职业院校间的合作。

9日　全市科技创新暨人才工作奖励大会召开。市委书记、市人大常委会主任陈勇，市委副书记、市长陈飞出席。

12日　德商高速公路德州至夏津段通车新闻发布会召开。省交通运输厅公路局局长李洪修，市委常委、常务副市长张传忠出席。

16日　德州学院青软国际软件学院成立，为德州学院二级学院，由校政企合作共建。

22日至26日　德州市第三次农业普查试点培训工作会议在武城召开，这标志着德州市第三次农业普查综合试点工作正式启动。

24日　超级农业大棚项目建设工作对接会在德州市召开。市委副书记、市长陈飞，中国建材国际工程集团有限公司副总裁王丛笑出席。

26日　市委召开全面深化改革领导小组会

议，传达中央、省委全面深化改革领导小组会议精神，听取全市深化医药卫生体制改革、武城县实施产城融合推进就地城镇化试点工作情况汇报，讨论审议《德州市中小学校长职级制改革实施办法（试行）》《关于健全完善矛盾纠纷多元化解机制的实施意见》《关于深化人民监督员制度改革的实施意见》等文件。

31日至9月1日　山东省政协副主席陈光率调研组到德州市，就加强土地污染防治工作和保障农产品质量安全开展专题调研。市委书记、市人大常委会主任陈勇陪同。

是月　德州市入选国家工业领域煤炭清洁高效利用示范城市。

是月　德州市“德州扒鸡”领军者崔贵海获选“匠心山东人”。

是月　乐陵市郑店镇奎台村土地股份专业合作社挂牌成立，这是德州市首家以土地经营权入股、具有合作互助性质的经济组织。

是月　德州市下发《关于做好国务院、省政府取消和下放行政审批事项承接落实工作的通知》，明确市级取消行政许可事项15项、行政权力事项9项，下放县级实施行政许可事项5项。

9 月

3日　济南长清黄河大桥顺利合龙。济南长清黄河公路大桥总投资15.2亿元，项目路线起自济南市长清区老城西北角中川街，止于齐河县胡官屯镇孔官庄西，总长6014米，引道长2786米，设计时速为100公里／小时。

5日　禹城市徒骇河水利风景区成功入选水利部公布的第十六批国家水利风景区名单，这是德州市唯一获此殊荣的景区。

5日至6日　山东省副省长王书坚到德州市调研深化科技体制改革、推动科技创新、发展高新技术产业等工作。市委书记、市人大常委会主任陈勇，市委副书记、市长陈飞陪同。

7日　2016鲁台（德州）现代产业合作恳谈会举行。德州市同与会台商签订合作协议13个，总投资21亿元，达成合作意向32个，涉及现代农业、装备制造、食品加工、新能源等领域。

8日　山东省副省长张务锋到德州市调研散煤治理和环境保护工作。市委书记、市人大常委会主任陈勇，市委副书记、市长陈飞陪同。

9日　宁津县入选全省创建社会信用体系建设试点示范城市名单。

12日　“石道杯”第二届全国精品奇石博览会在德州市召开，180位收藏者的300余件藏品参加竞赛类精品展，200多家各类奇石经营商参加交流会。

13日　海尔集团轮值总裁周云杰到德州市考察。市委书记、市人大常委会主任陈勇，市委副书记、市长陈飞会见。

14日　山东省副省长张务锋代表省政府在北京就德州市与北汽集团新能源汽车项目合作事宜交流洽谈。北汽集团有限公司党委书记、董事长徐和谊，市委书记、市人大常委会主任陈勇，市委副书记、市长陈飞，北汽新能源公司总经理郑刚参加。

18日　德州人民公园动物园闭园，36只猴子和部分猛兽、食草类动物及禽类迁至德州动植物园。

20日　索通发展股份有限公司与马来西亚齐力工业集团合资建设30万吨／年预焙阳极项目签约仪式在德州市举行。市委副书记、市长陈飞出席签约仪式。

21日　烟台市委书记、市人大常委会主任孟凡利率党政考察团，到德州市考察对接扶贫协作工作，并出席烟台德州扶贫协作联席会议暨合作签约仪式。市委书记、市人大常委会主任陈勇，市委副书记、市长陈飞参加活动。

同日　德州市食药监局向禹城市大禹酒业有限公司发放白酒“食品生产许可证”，这是德州市发出的首张白酒“食品生产许可证”。

22日　中国·德州首届京津冀鲁技术交易大会召开。此次大会以“协同发展创新共赢”为主题，由省科技厅、德州市人民政府主办。山东省副省长王书坚，中国科协副主席、北京理工大学副校长冯长根，中国工程院院士、北京工商大学校长孙宝国，中科院院士、中科院光电研究院副院长顾逸东，中国工程院院士、北京交通大学教授王梦恕，科技部机关服务局局长王立宽等30家中科院系统研究院所，30家军工科研院所，109家国内知名科技服务机构、科技金融机构，京津冀鲁587家高等院校、科研院所，共1000余人出席大会。此次大会集中签约336个项目，共涉及228家企业与130家高等学校、105家科研机构、29家科技金融机构，共有111项科技成果参加拍卖，最终有48项拍卖成功，成交金额1.85亿元。

24日　德州市禹王实业有限公司的《大豆内源复合酶酶解蛋白关键技术及应用》获得中国科学技术协会主办的全国科技工作者创新创业总决赛金奖。中新科农生物科技有限公司一生物农药项目获得铜奖，新营红枣研究所的《一种促果器的生产及使用方法推广》获得优秀奖。

24日至26日　首届中国·德州太阳能(空气能)产品博览会在市会展中心举行。此次展会共有来自18个省份的300余家企业参展，成交合作项目200余个，总成交额3.5亿元。

26日　山东省政协副主席雷建国率调研组就加强社会信用体系数据平台建设到德州市调研，并考察经济社会发展情况。市委书记、市人大常委会主任陈勇陪同。

27日　山东省人大常委会党组副书记、副主任柏继民到德州市围绕县乡人大工作及换届选举组织筹备情况开展专题调研。省人大常委会秘书长刘俭朴，市委书记、市人大常委会主任陈勇陪同。

同日　国家农业科技创新联盟玉米绿色增产现场会在武城县召开。市委副书记、市长陈飞会见中国农科院党组书记陈萌山。

28日　德州市与荷兰维斯特兰市签署《建立友好合作关系协议书》，双方正式缔结为友好合作关系城市。荷兰南荷兰省副省长安德瑞·布姆·莱姆斯塔，维斯特兰市副市长魏福林，市委副书记、市长陈飞出席活动。

28日　齐河开通至济南的第4条城际公交线路—K909路。

29日　德州动植物园试营业。动植物园分为植物园、动物园与游乐园3大主题园区，设有植物展示区、水景景观区、湿地涵养区等6个功能分区，植物品种达384种，动物品种120多个品种、1000多头(只)。10月1日德州动植物园正式营业。

是月　齐河县入选山东省2016年农作物秸秆综合利用试点县，获得1000万元资金支持，为全市唯一入选县。

是月　德州市夏粮收购收官。全市累计收购夏粮157.9万吨(不含中储粮系统收购10.6万吨)，比上年同期增加41万吨，增幅35%，总量在全省排名第二位。

是月　德州市入选国家物流标准化试点城市，获得中央财政扶持资金8000万元，入选全国肉菜流通追溯体系示范城市，到位资金2000万元。

10月

8日　山东省副省长赵润田到德州市调研“三秋”农业生产情况。市委副书记、市长陈飞，省农业厅长王金宝陪同。

同日　市委书记、市人大常委会主任陈勇，市委副书记、市长陈飞会见到德州市调研的山东银监局党委书记、局长陈颖。

9日　山东省委党校常务副校长徐闻率调研组到德州市调研。市委书记、市人大常委会主任陈勇陪同。

10日至11日　山东省委农村工作领导小组副组长王军民到德州市，就深化农业供给侧结构性改革、促进城乡区域协调发展进行调研。市委书记、市人大常委会主任陈勇，市委副书记、市长陈飞陪同。

11日　德州市创梦空间获得团省委主办的首批山东省青年众创空间评审中总成绩第一名。创梦空间位于德州经济技术开发区电子商务产业园，自2015年9月成立以来，已吸引了124家企业入驻，涉及互联网、金融、科技、跨境电商、食品生鲜、咨询、文化创意等诸多行业。

12日至15日　中国山东第九届海内外高端人才交流会暨首届“智汇德州”人才创新创业周在德州市举行。人社部副部长、国家外国专家局局长张建国致辞，山东省委常委、常务副省长孙伟讲话并宣布活动启动，山东省委常委、组织部部长杨东奇主持仪式。人社部专业技术人员管理司副司长李金生，国家外国专家局办公室主任刘玉华，市委书记、市人大常委会主任陈勇，市委副书记、市长陈飞，外国专家，“齐鲁友谊奖”获奖专家，“山东省留学人员回国创业奖”获得者等共计1100余人出席仪式。德州市共与2200多人达成合作意向，签订人才引进、技术合作项目365个，其中协议91个，意向274个。

12日至13日　山东省委常委、统战部部长吴翠云到德州市就基层统战、民族宗教、非公有制经济工作进行调研。市委书记、市人大常委会主任陈勇，市委副书记、市长陈飞陪同。

13日　智汇德州——中关村社会组织与德州产业联盟对接活动举行。中关村管委会委员陈文奇，市委常委、常务副市长张传忠，中关村社会组织联合会秘书长戴键出席。

14日　德州市第二届广场舞大赛举行，来自全市的13支代表队、共700余名选手参加。

17日　武城县鲁权屯镇100兆瓦光伏扶贫电站项目入选国家能源局和国务院扶贫办公布的第一批光伏扶贫项目。

20日　山东省住建厅长王玉志率省政府安全生产督查组到德州市督查安全生产工作。

同日　市公安局交警支队发布《关于对农用车等车辆交通违法行为实施有奖举报的工作方案(试行)》，鼓励市民进行有奖举报。

23日　临邑县环保局建设的德平镇十里堡村农村环境空气自动监测站进入试运行阶段。这是全市建成投运的首个农村环境空气自动监测站。

24日　德州市政务服务平台正式上线试运行，41个有行政审批职能的市级部门单位、11个县(市、区)有行政许可职能的部门单位近4000项行政许可事项试行网上查询申办。

25日　市委副书记、市长陈飞会见到德州市考察有关项目建设的赞比亚国民卫队总司令纳森·穆林卡。

26日　山东省委第五巡视组对德州市巡视“回头看”工作动员会召开。省委第五巡视组组长万志博出席并作动员讲话。省委巡视工作领导小组成员、省委巡视办主任卢保民就做好巡视工作提出要求。市委书记、市人大常委会主任陈勇主持并作表态发言。

27日　山东省商务厅长佘春明到德州市调研外贸转型升级、物流标准化建设等工作。市委副书记、市长陈飞陪同。

是月　武城县城乡环卫一体化保洁服务项

目和禹城市城乡教育综合发展项目成功入选财政部等20部委联合发布的国家第三批政府和社会资本合作(PPP)示范项目名单。

是月　德州市德城区二屯镇、陵城区糜镇、宁津县柴胡店镇、庆云县尚堂镇、临邑县德平镇、齐河县赵官镇和潘店镇、平原县恩城镇、夏津县双庙镇、武城县老城镇和鲁权屯镇、乐陵市朱集镇、禹城市房寺镇共13个乡镇入选全国重点镇。

是月　荷兰南荷兰省副省长安德瑞·布姆·莱姆斯塔带队到德州市进行"超级农业大棚"项目对接。临邑县建设超级农业大棚总面积1万亩,核心区有8个棚,每个占地7.27公顷。

11 月

1日　德州市政府办公室印发《关于调整重污染天气预警分级标准的通知》,即日起德州市实行与京津冀分级标准相统一的重污染天气预警分级标准。

同日　省高级人民法院院长白泉民到德州市调研。市委书记、市人大常委会主任陈勇,市委常委、政法委书记魏洪祥,市中级人民法院院长孟祥刚陪同。

同日　市委副书记、市长陈飞会见联合国粮农组织全球重要农业文化遗产项目小组科学委员会副主席莫罗·阿尼兰迪。

3日至6日　京津冀及周边地区将出现大范围空气重污染过程。德州市重污染天气应急指挥部决定从11月3日9时起,启动德州市重污染天气Ⅲ级应急响应。

8日　市委书记、市人大常委会主任陈勇,市委副书记、市长陈飞会见到德州市推进项目合作的国家基因库主任、华大农业集团董事长兼总裁梅永红。

9日　德州市政府与山东大学在德州市举行深化合作签约仪式。山东大学党委书记李守信,市委书记、市人大常委会主任陈勇分别致辞。市委副书记、市长陈飞陪同考察。

同日　齐河与山东大学签订共建山东大学齐河科技成果转化基地、地下工程及轨道交通技术院士工作站、博士后创新实践基地、山东大学新材料与智能装备研究院等4个项目的合作协议。

同日　陵城区人民法院公开审理一起涉及行政征收的行政诉讼案件。市委常委、常务副市长张传忠代表德州市人民政府出庭应诉。

11日　中华全国总工会文工团到德州市景津环保设备有限公司开展"工会与职工心连心"慰问演出活动。中华全国总工会党组成员、经费审查委员会主任李守镇,中华全国总工会宣教部副部长万珍丽,中华全国总工会文工团党委书记李庆忠等与800余名企业劳模、职工代表共同观看演出。

14日　德州市公安局交警支队发布通告,在重污染天气红色预警(Ⅰ级)期间,对德城区、德州经济技术开发区和运河经济开发区的城市建成区及城乡接合部采取机动车单双号限行的措施。

14日至15日　富士康科技集团天津公司董事长、总经理傅富明到德州市考察。市委书记、市人大常委会主任陈勇,市委副书记、市长陈飞分别会见。

20日至24日　德州市气象台11月20日16时10分启动重大气象灾害(寒潮)预警防御Ⅳ级应急响应。21日至23日德州市有一次寒潮天气过程,伴有明显雨雪、大风和降温。21日下午到夜间雨夹雪转小雪,东北风4至5级阵风7级,过程降温幅度在8至10℃。

24日至25日　国家卫生计生委副主任马晓伟到德州市调研妇幼健康服务工作。副省长王随莲主持座谈会。市委副书记、市长陈飞,省卫生计生委主任袭燕陪同。

26日　农业部长韩长赋率调研组到齐河县调研基层农技推广体系建设情况。农业部副部长张桃林参加调研,副省长赵润田,市委书记、市人大常委会主任陈勇,省政府副秘书长张积军,省农业厅长王金宝陪同。

同日　德州市选送150个品种600余盆菊花参展第十二届中国(荆门)菊花展览会,共获得15个奖项。

28日至30日　副省长夏耕到德州市调研经济社会发展情况。市领导陈勇、陈飞陪同。

29日　德州市空气质量指数(AQI)大于200,依据《德州市重污染天气应急预案》,决定从11月29日14时起,德州市启动重污染天气Ⅲ级应急响应。

是月　在2016年中国中小城市综合实力百强县市排名中,齐河县位居第80位,禹城市首次跻身全国百强县,位列第100位。

是月　位于齐河县的雅培·恒天然醇源牧场一期投产运营,该项目由美国雅培公司和新西兰恒天然集团联合投资建设,总投资3.5亿美元,主要建设高标准牛舍以及现代化挤奶厅、干草库、青贮窖等设施。

是月　德州市文化馆创作的相声作品《特殊对话》获"中华颂"第七届全国小戏小品曲艺大展优秀剧目铜奖。

12 月

1日　中国共产党德州市第十四届委员会第十次全体会议举行。出席这次全会的有市委委员35人,候补市委委员10人。市纪律检查委员会委员和有关方面负责同志列席会议。会议听取和讨论陈勇受市委常委会委托作的工作报告,审议通过《中共德州市委关于深入学习贯彻党的十八届六中全会精神的意见》和《关于召开中国共产党德州市第十五次代表大会的决议》,决定中国共产党德州市第十五次代表大会于2017年2月召开。

2日　山东泰山瑞豹复合材料有限公司生产的泰山瑞豹全碳变速互换计时车获得2016年中国优秀工业设计奖金奖。

8日　中共山东省委副书记、省长郭树清到夏津县、禹城市就经济运行、安全生产、新型城镇化等工作调研。省政府秘书长王华,中共德州市委书记、市人大常委会主任陈勇,市委副书记、市长陈飞,省经信委主任钱焕涛,省住建厅长王玉志,省安监局长付伟,省政府研究室主任刘险峰陪同。

同日　宁津县张大庄镇入选山东中小企业局公布的"2016山东特色产业镇创新发展20强"。

9日　济南海关批复德州宏运通国际物流股份有限公司监管场站投入运营,这是德州市首家海关监管场站。

10日　临邑县人民医院通过省卫计委专家组三级乙等综合医院现场评审。

同日　乐陵市黄夹镇梁锥希森新村入选"2016中国名村影响力排行榜"。

13日　山东德建集团有限公司承建、深圳市科源建设集团有限公司参建的"京沪高铁德州综合客运站、公交枢纽"荣获2016至2017年度"中国建设工程鲁班奖"。

14日　市委书记、市人大常委会主任陈勇到禹城市看望慰问荣获全国文明家庭称号的孙洪香一家。

同日　国家督学李明舜带领国务院教育督导委员会办公室督导组到德州市督导校园欺凌专项治理工作。

20日　烟台—德州就业协作工作站揭牌。

烟台市人社局与德州市人社局相关负责人共同签署《烟台—德州就业协作框架协议》，推进就业扶贫协作工作。

21日至22日　中国—东盟中小企业合作会议在德州市召开，大会以"共建海上丝绸之路 中国—东盟中小企业合作发展"的主题。会议成立中国—东盟中小企业合作委员会，并将秘书处设在德州，通过《关于加强中国—东盟中小企业合作共赢德州共识》，德州市5家企业与东盟国家企业分别签署合作备忘录。

27日　山东联孚汽车电子有限公司生产的新能源汽车及驱动控制系统正式投产下线。中国汽车工程学会理事长付于武，中国工程院院士、中国科学院电工研究所研究员顾国彪出席投产仪式。

30日　市委书记、市人大常委会主任陈勇，市委副书记、市长陈飞赴北京同中国国新控股有限责任公司、中关村发展集团进行对接洽谈，并分别签署战略合作协议。

是月　禹城农村商业银行股份有限公司发行一笔10年期的二级资本债券，金额3亿元。这是全市首笔二级资本债券。该笔债券票面利率4.6%，主承销商为东海证券股份有限公司。

是月　德州市新建的69个环境空气自动监测站进入调试运行阶段。全市空气监测站数量达到100个，实现空气监测站点全覆盖。

德州概览

地　　理

【地名】 德州地处黄河故道。德州之"德"源于"德水"。德水为古黄河别名，秦始皇二十六年(公元前221年)更河名曰"德水"，谓之华夏之母，含有大恩大德之意。汉置安德县，意在"以其德水安澜耳"。隋开皇三年(公元583年)改"安德"为"德州"。

明万历《德州志》记载："德为名者，因齐俗夸侈，欲更化而振德也。"德州因德而名当属确凿。此处的"德"系指仁爱孝悌、精忠爱国、勤俭诚信、见利思义、谦和好礼等，这些成为德州这一方土地上人民的美德，世代相传，在今天依然发出绚烂夺目的光彩。

【位置】 德州市位于山东省西北部，黄河下游北侧，北纬36° 24′ 25″ ~38° 0′ 32″ 、东经115° 45′ ~117° 36′ 之间。北以漳卫新河为界，与河北省沧州市为邻，西以卫运河为界，与河北省衡水市毗连，西南与聊城市接壤，南隔黄河与济南市相望，东临滨州市。距首都北京320千米。境内东西宽200千米，南北长175千米，总面积10356平方千米，占山东省总面积的7.55%。德州地处京沪、德(州)石(家庄)铁路交会点，京沪高速铁路、京沪(福)高速公路、青(岛)银(川)高速公路、德(州)石(家庄)高速公路、滨(州)德(州)、济(南)乐(陵)高速公路、德(州)上(饶)高速公路和京杭运河穿越辖区，104、308、205国道德州市过境，石(家庄)济(南)高速客运专线铁路、德(州)龙(口)烟(台)铁路正在建设中，区位交通优势突出。2006年，德州被确定为全国交通运输主枢纽城市。

【地貌】 德州市为黄河冲积平原，历史上境内曾有两次黄河大迁徙，上千次决口，造就了西南高、东北低的地形。由于泛道与流速所致，加之风力堆积因素，形成了平原之中起伏不平，岗、坡、洼相间分布等特点。全市地貌大体可分三类：一是高地类，由河流、河床沉积而成，占土地总面积的34.3%。二是坡地类，由黄泛漫流沉积而成，占土地总面积的52.1%。三是洼地类，占土地总面积的13.6%。

【河流】 全市跨省大河主要有黄河、卫运河、漳卫新河。跨市的骨干排涝河道有徒骇河、德惠新河和马颊河。以上河流除黄河外，均系海河流域南系。除上述跨省、市大河外，市内有大于1000平方千米的较大支流两条：一是新赵牛河，位于禹城南部，齐河西部，属徒骇河流域。二是六五河，位于陈公堤西侧，属漳卫新河流域。300~1000平方千米的支流有12条，其中徒骇河流域的有苇河、四新河、管氏河、老赵牛河和邓金河，全部位于徒骇河之南。马颊河流域的有笃马河、宋家河、宁津河、跃进河，德惠新河流域的禹临河、临商河、跃进河。除以上主要支流外，还有流域面积100~300平方千米的支流53条,30~100平方千米的114条,基本形成了干支相通,流域相连,能排能调的河流水利系统。近年来,黄河水源短缺,但因上游水库调节并未断流。境内河流均属雨源型河流,其水量与上游地区及全市降水量分布极不均匀的气候特点密切相关。雨季雨量剧增,水位上涨,出现洪峰,甚至漫延成灾,但到枯水期,多数河道先后断流、干涸。

【气候】 德州市基本气候特点是季风影响显著,四季分明、冷热干湿界限明显,春季干旱多风回暖快,夏季炎热多雨,秋季凉爽多晴天,冬季寒冷少雪多干燥,具有显著的大陆性气候特征。光照资源丰富。日照时数长,光照强度大,且多集中在作物生长发育的前中期,有利于作物光合作用的进行,全市年平均日照时数2592小时,日照率为60%,太阳总辐射量为124.8千卡/平方厘米,均处全国、全省的较高值区。在时间分配上,尤以5月、6月最高,月光照时数280小时,日均9小时,光辐射量可达15千卡/平方厘米。全市年平均气温12.9℃。极端最高气温43.4℃(1955年7月23日德城区),极端最低气温-27℃(1958年1月15日德城区)。全市平均无霜期长达208天,一般为3月29日至10月24日,各县之间相差较大,武城县最长为225天,东西相差近月余。全市年平均降水量为547.5毫米,东部多于西部,南部多于北部。降水量7月最多,全市平均降水量190毫米,1月最少,只有3.5毫米。按季节分,春季占12.8%,夏季高达67.7%,秋季占16.9%,冬季只占2.6%,且有明显的"春季雨少多干旱,秋季雨少多晴天,夏季雨多常有涝,冬季少雪多干燥"的季节分配特点。(2016年气象情况参照"科技气象")

【灾害】 德州市境内自然灾害主要有旱灾、涝灾、干热风、冰雹、霜冻,尤其是旱、涝灾害对农业生产影响最大。据历史资料统计:1368年至2000年,632年中共发生旱灾303次,平均2.08年一遇。其中特大旱灾37次,平均17.08年1次,大体上相当于平均20年一遇的周期,近年有逐步加重趋势,1998年秋至2000年春连续干旱。涝灾230次,平均2.7年一遇。1990年、1994年、1996年、1998年发生了较大涝灾。干热风平均5年3次,影响小麦产量5%~20%。过去冰雹年年发生,多在棉花苗期和小麦成熟期,近年由于林木覆盖率提高和人工防雹措施的实施,冰雹危害有较大减轻。2003年6月28日凌晨,平原、禹城、齐河、临邑4县(市)曾遭受特大风雹灾害,受灾面积达4.8万公顷,造成农作物受损、部分房屋倒塌、电力通信设施毁坏。另外,2012年还有病虫害、龙卷风、大雾、连阴雨等灾害,对生产生活的影响也较严重。出现全区性大雾13次、风雹2次、暴雨洪涝4次。农作物受灾总面积99.9万公顷,较上年偏多86.5万公顷,农业经济损失15.8亿元,较上年偏多12.6亿元。

2013年4月19日至20日,全市出现春季罕见的强降雪。全市平均降水量15.6毫米,最大降水量出现在乐陵市,为26.1毫米,宁津县积雪厚度最大为11厘米。此次降雪突破了自20世纪50年代有记录以来历史极值(2006年4月12日),由于气温较低,4月20日早晨出现了霜冻,德城区、平原县、临邑县出现低温冷害,冬小麦、果树、部分大棚蔬菜遭受灾害。全市受灾面积2790公顷,直接经济损失3384万元。

2013年,主汛期降水突破历史极值。7月下旬至8月中旬,全市出现两次大的降雨过程,暴雨使农田受灾,部分县市房屋倒塌、树木折断,受灾人口46.19人(次)。

2014年全年降水近十年最少,部分地区出现旱情。2014年全市平均降水量367.8毫米,较常年偏少29.2%,为2002年以来最少值,主汛期

(6月至8月)全市平均降水量201.8毫米,是自1951年以来的第4个少雨年份。

2014年平均气温历史最高。2014年,全市年平均气温为14.6℃,较常年偏高1.4℃,为1951年以来的历史最高值。2014年出现130天雾霾天气,并出现中到重度空气污染。

政区人口

【区划沿革】 德州在夏、商时为有鬲氏(鬲国)、有穷氏,系侯国。

秦废分封制改郡县制后置鬲县,至北齐废鬲县。汉置安德县,后经隋、唐、宋、元、明、清各代及民国时期,又先后设置广川、长河、将陵、陵州、陵县、德县。自秦至今2200余年,德州已六易其治所,各时期地域大小不一。

德州夏商时在《尚书·禹贡》中隶属兖州,西周以及春秋时期属齐国。战国时分属齐、赵二国。

秦分属齐郡、钜鹿郡、清河郡、上谷郡。

汉分属青州平原郡、济南郡、冀州清河郡、幽州渤海郡。

三国时属魏。西晋时分属平原国、清河国、乐陵国、乐安国、济南郡。

南北朝时期分属安德郡、清河郡、平原郡、乐陵郡。

隋代分属兖州平原郡、渤海郡、冀州清河郡、青州齐郡。

唐代分属河北道德州、贝州、棣州、齐州。北宋分属河北东路、右京东东路。金时分属山东西路、东路、河北东路、大名府路。

元代属燕南河北道、中书省河间路、济南路。明属山东布政使司济南府、东昌府、京师河间府。

清代分属山东济南府、武定府、直隶天津府、河间府。

民国初期分属山东省济南道、东临道、武定道和直隶省津海道。1928年分别直属山东、河北省政府。抗日战争时期津浦铁路以东各县分属中国共产党领导的冀鲁边区,渤海区一、二、三专区,津浦铁路以西各县先后属冀南、运东六专区及沧南专区,齐(齐河)、禹(禹城)部分属冀鲁豫一、四专区。解放战争时期至1949年分属渤海区二专区、泺北、沧南专区和冀南二专区。

中华人民共和国成立后,1950年5月,中央人民政府政务院批准设立德州专区,系由原渤海区的沧南、泺北专区合并而成。辖吴桥、东光、南皮、庆云、宁津、盐山、乐陵、商河、临邑、济阳、德平、德县、平原、禹城、齐河、陵县及德州17个县(市)。

德州专区,区划屡经变更。1952年10月,将1950年划归河北省的恩县、武城、夏津划回德州,同时将原属河北省的吴桥、东光、南皮、庆云、宁津、盐山划归河北省。撤销陵县,原陵县所辖划归德县。

1956年至1961年,德州专区撤销,原辖的乐陵、临邑、商河、济阳划归惠民地区,齐河、平原、禹城、夏津、武城、德州、德县划归聊城地区。同时,撤销德平县,原辖的区域分别划归临邑、德县、商河、乐陵。撤销恩县,原辖的区域分别划归平原、武城、夏津。1961年7月,恢复德州专区,所辖乐陵、临邑、商河、济阳、齐河、平原、夏津、武城、禹城、陵县(1961年10月经国务院批准改德县为陵县)、德州市划归德州专区。

1964年12月,将原属河北省的宁津县和庆云县划归德州专区。

1967年,德州专区改为德州地区。辖德州、乐陵、禹城、临邑、平原、夏津、武城、庆云、宁津、陵县、齐河、济阳、商河13个县(市、区)。

1989年12月，经国务院批准，商河、济阳两县和齐河县的桑梓店、大王、靳家3个乡划归济南市。

1994年12月，经国务院批准，撤销德州地区，改设地级德州市，将原县级德州市改为德城区。新建地级德州市行政区划与原德州地区行政区划相同。

1998年，山东省人民政府批准设立省级德州经济开发区。

1999年，德州市辖德城、乐陵、禹城、临邑、平原、夏津、武城、庆云、宁津、陵县、齐河，共1区2市8县，67个镇126个乡5个街道。2000年，德州市对乡镇进行了调整合并，辖1区2市8县，77个镇37个乡11个街道。

2006年4月，山东省人民政府批准设立为省级德州运河经济开发区。

2012年3月，德州经济开发区晋升为国家级开发区，更名为“德州经济技术开发区”。

2014年12月，陵县撤销，设立陵城区，德州市辖德城区、陵城区、乐陵市、禹城市、宁津县、齐河县、临邑县、平原县、武城县、夏津县、庆云县和德州经济技术开发区、德州运河经济开发区，共2区2市7县2个开发区，91个镇，16个乡和27个街道。总面积1.04万平方千米。

【人口变化】 1949年，全区人口400.43万人。1964年，人口普查398.85万人。1982年，人口普查为551.39万人。1990年，人口普查为506.81万人。2000年，人口普查为529.37万人。

2010年，第六次人口普查全市常住人口为556.82万人，家庭户162.38万户，男性281.87万人，女性274.95万人。地区分布：德城区41.88万人，经济技术开发区17.40万人，运河经济开发区8.68万人，陵城区56.90万人，宁津县44.99万人，庆云县29.47万人，临邑县51.11万人，齐河县60.20万人，平原县44.29万人，夏津县50.05万人，武城县37.61万人，乐陵市65.24万人，禹城市49.00万人。

2014年年末，全市总人口570.51万人。

2015年年末，全市总人口574.23万人。

2016年年末，全市常住人口579.23万人。

地方特产

【德州扒鸡】 全称“德州五香脱骨扒鸡”。因16种配料中茴香、花椒、大料、桂皮、丁香等五香突出，吃起来滑嫩松软，清香不腻，称为“五香”。成品鸡，趁热一抖，骨肉脱离，因此叫作“脱骨”。制作综合运用传统的烧、熏、酥、炸、卤等手段，色味俱佳、营养丰富、外形美观。

德州制作扒鸡，相传已有300年历史。从1905年左右开始，当地开始试制扒鸡，到1911年，几经改进，创制出别具风味的五香脱骨扒鸡。南来北往过客将这一美味携往京沪铁路沿线各地，德州扒鸡遂名传天下，享誉全国，被视为丰餐佳肴和馈赠礼品，行销全国并远销亚欧国家。

【金丝小枣】 乐陵金丝始植于春秋，兴于魏晋，盛于明清。乐陵金丝小枣品质优良，皮薄肉厚，核小色美，肉细汁多。晒干的小枣掰开后，能看见果肉间有缕缕金丝，故名“金丝小枣”。北魏贾思勰在《齐民要术》中对乐陵小枣有详细记述。

明朝县令王登庸“劝民种枣”。清乾隆皇帝曾给杜尹村一株枣树挂过“枣王”牌。清朝知县张大成建“枣林书院”请名师主讲。2006年，乐陵市100万公顷耕地全部实现了枣粮间作化，金丝小枣枣树品种100多个。以乐陵为中心的小枣主产区(包括山东省的无棣、沾化、惠民、阳信和河北省的孟村、黄骅、盐山、沧县、献县)总产量在50万吨左右,占全国红枣总产量的60%。乐陵市被命名为"中国金丝小枣之乡"。

【德州西瓜】 德州西瓜素以个大、皮薄、品质优良而闻名全国,是德州久负盛名的特产之一。德州种植西瓜的历史,

有文字记载已达300余年的历史。德州西瓜的主要品种有喇嘛瓜(长密、西洋枕)、梨皮、白皮三异(三结义)、三白、手巾条、五月鲜等。其中喇嘛瓜长圆形,两端微锐,皮呈黄绿色,表面茴香叶纹,瓜皮微厚,瓜子鲜红,瓜瓤有深黄、浅黄两种,细致无丝,入口脆沙,为瓜中珍品。1985年、1986年两次在全省西瓜评优会上名列前茅。1990年在河南开封召开的全国首届西瓜评优会上,本市选送的齐红、丰收二号、华夏新红宝被评为农业部优质产品。

【黄河涯蜜桃】 产于德城区黄河涯镇,迄今已有30年栽培历史。黄河涯镇位于黄河故道内,土质为沙壤或沙砾土,土质独特,排水条件良好。加之光照充足,多施用有机肥等因素,因而黄河涯蜜桃具有独特的品质。

黄河涯蜜桃成熟期为4月至10月,年产达3000万公斤左右,主要销往广州、福建、上海、天津等地。黄河涯蜜桃种植面积1万余亩,30多万株,有十几个品种。"万亩桃园"成为旅游景点。

【德州黑驴】 华北地区著名的优良畜种之一。具有体躯高大(一般为126~136厘米,最高155厘米)、体质坚实、耐粗饲、易役使、适应性强等优良性状。其皮质柔韧厚实,可用于制革或作为名贵中药"阿胶"的原料。德州黑驴按毛色分"三粉"和"乌头"两种,表现出不同的体质和遗传类型。

【白玉鸟】 又名金丝雀、芙蓉鸟,亦称雪雀,俗称黄雀,多产于夏津县。据载:"雪雀,黄白两种,亦有花者,通称白玉鸟。"其饲养史可上溯至明初,迄今已有600余年的历史。行销上海、南京、武汉等地,并外销西欧。

【宁津蟋蟀】 历史上宁津蟋蟀闻名北方,宁津为历代帝王斗蟋的进贡名产地。宁津蟋蟀兼具南北虫的优点,凶悍、个大、皮色好,具有顽强的斗性、持久的耐力。近年来多次获全国蟋蟀大赛冠军,并在香港国际蟋蟀比赛中两次夺魁。宁津已形成了全国性的蟋蟀市场,每年夏季全国各地的爱好者都前来收购交易。当地曾举办过"蟋蟀文化节"。

【德州菊花】 德州菊花以盆栽为主,也叫春盆菊。抗性强,耐盐碱,耐干旱。德州的多头菊、独头菊,株矮叶肥,花大、色艳,种质优良,独具风格。1981年,在全国首届菊展上,品种"菊山村春色""黄鹤云飞"获一等奖。1989年全国第三届菊展上,品种菊"粉木台针"获一等奖。同年在全国第二届花卉博览会上,30盆独头菊,提前1个月开花,荣获"科技进步奖"。菊花曾为德州市(县级)市花。

【德州黑陶】 德州黑陶起源于龙山文化,属无釉细素陶器,质地纯净细腻,密度大,色泽协调,轻叩发声,清脆悦耳,阳光照射下黑中透蓝,如金属器。现有各式花盆、花罐、笔筒、画卷筒、笔洗、挂盘、壶钵等几十个品种,数百种样式,已成为赠送国内外友人的贵重礼品。部分产品销往澳大利亚、马来西亚、德国、英国、荷兰等国家。

【金丝贴】 又称皇冠贴画,系粘贴书画工艺品,采用独特的装裱工艺纯手工精制而成,融国画、

美工、布贴、镶嵌、名绣、沥粉贴金等艺术精华于一体，是古老的传统文化与现代科技结合的产物。金丝贴用绫、罗、绸、缎、锦、帛、绨等各种各样的织物制成，品种丰富，适用于厅、堂、室、廊等高级场所和别墅、住宅的高档装饰，是馈赠宾朋的上乘礼品。

【武城烧酒】 武城烧酒产于武城县，武城酿酒历史可以追溯到战国的“秬鬯酒”，明嘉靖《武城县志》记载“战国武城为东郡要地，实古赵地，平广旷阔，四无山阜……”武城自古就有酿酒优势。具备了天然的物质基础。据史料载，早在“武城”建制尚未形成之时被誉为国酒的“秬鬯酒”，就是在后来被称为武城县的这块土地上酿造。

武城井水甜软清澈，素有“不加糖而甜，不用皂而滑”之说，武城烧酒采用这种得天独厚的井水，以当地盛产的优质小麦、玉米、高粱为原料，辅以大米和糯米，采用传统工艺，经老窖泥池长期发酵而成。所产的白酒具有清亮透明、窖香浓郁、优雅协调、后味爽净、余味悠长的特点。产品不但畅销省内，同时在广东、甘肃、黑龙江、江苏、天津等地也有相当高的市场占有率。

【齐河小麦】 齐河县特产之一，康熙十二年(1673年)《齐河县志》中有记载，至今已有300多年历史，素以产量高、品质好而著称。齐河县是山东省小麦主要产区，历来享有盛名。2013年，种植面积达113.52万公顷。齐河小麦属多穗型品种，幼苗半直立，抗寒性好，分蘖性较强，成穗率较高。株型紧凑，叶片较小、茎叶腊质较多，株高70~75厘米，茎秆弹性好，抗倒伏能力强，综合抗病性好。齐河小麦含粗蛋白15.15%、湿面筋33.6%、属面条、馒头专用小麦品种。主要种植在齐河县的焦庙、马集、赵官、表白寺、祝阿、仁里集、潘店、胡官屯、宣章屯、华店、刘桥、安头、大黄、晏城等14个乡镇。

【齐河玉米】 齐河玉米种植历史悠久，康熙十二年(1673年)《齐河县志》中有文字记载，已有300多年的历史。20世纪70年代中期，齐河成为德州市玉米生产基地县。80年代后，随着种植技术的更新、推广，种植面积及产量大幅提高。2013年，全县玉米种植面积达111.7万公顷，产品远销上海、江苏等10余省市。齐河玉米产于齐河县的焦庙、马集、赵官、表白寺、祝阿、仁里集、潘店、胡官屯、宣章屯、华店、刘桥、安头、大黄、晏城等14个乡镇。独特的土壤条件和生长环境，使出产的玉米色泽金黄，米质优异，营养丰富，含丰富的维生素E，具有抗衰老，软化血管的功能。据测定，每100克玉米中含有碳水化合物23克、蛋白质4克、脂肪1.26克、纤维素2.9克。

【齐河梨】 齐河梨主产于齐河县祝阿镇，是山东省优良果树品种之一，历史上成“白梨”，解放后当地俗称“线穗子梨”。该品种成熟早，果型端正，色泽美观，皮薄肉嫩，汁多香甜。全镇约有梨树13万余株，约3500余公顷。

【夏津棉籽油】 夏津棉籽油是一种食用油，精选当地种植棉籽压榨而成，有独特的香味。全县年加工能力160万吨，占全国总产量的1/6。

【夏津小米】 夏津小米，为禾本科植物粟加工去皮后的成品，米粒颗粒很小，呈黄色或黄白色，质地较硬，制成品有甜香味，是人们的主粮之一。夏津县地处鲁西北平原，西有大运河，东有马颊河两条干流，境内六五河纵贯全境，土质肥沃，光照充足，非常适合谷物生产，所产的小米品质优良，富含蛋白质、脂肪及维生素，除食用外，还可酿酒、制饴糖，还含有一般粮食中不含有的胡萝卜素。

【夏津桑黄】 夏津桑黄是当地一种生长在桑树上的真菌，被当地百姓视为防治百病的“奇药”。“桑黄”主要包括层孔菌属和纤孔菌属的菌类，大约有30种左右。生长在桑树上的黄色多孔菌只有一种即粗毛纤孔菌。每年阳历7月初形成子实体，为浅褐色，盖状，厚实。8月初前后为旺盛生长期，覆瓦状叠生，或单生呈耳状，为鲜黄色或金黄褐色，采摘后迅速变褐色，尤其子实体受到挤压处变色更快，8月中旬后气温降低，生长又趋于缓慢，干后皆黑褐色，主要生长在古桑树的活枝干上，干品浸泡成浅黄色，稍有菇香，微甜无异味。

【夏津小磨香油】 夏津小磨香油历史悠久，传承100多年，以优质、纯正著称。夏津小磨香油香气扑鼻、香味浓郁诱人，因以当地生产的黑芝麻为原料，故称“芝麻油”“麻油”。

著名工业品牌

【“德州”牌扒鸡】 山东德州扒鸡集团有限公司系农业产业化国家重点龙头企业、国家扶贫龙头企业、中国肉类食品行业50强企业。企业经营涉及畜禽养殖、肉类制品、保健药品、副产品加工、商品零售业和餐饮服务业。主要产品有德州牌扒鸡及系列绿色食品、凤宝牌系列肉制品、海山牌系列保健品等五大类100多个品种。“德州”牌扒鸡及绿色系列食品为集团公司的主导产品，源于明朝，创于清代，传于民国，盛于当今。康熙皇帝御封“神州一奇”而名扬天下。历获“山东名牌”“中国驰名商标”60多项荣誉称号，营销网络遍布全国。

【“泰山”体育器材】 中国泰山体育产业集团成立于1978年6月，辖5个子公司和4个分公司，是山东省百强企业、山东省诚信守法企业。“泰山牌”被国家体育总局列为体育器材“名牌产品”、被评为“山东省著名商标”。“泰山牌”人造草坪和与国家武术管理中心合作开发的新型武术场地是中国足协、中国武协唯一指定的专用产品。

泰山集团作为高端器材生产供应商，为全国20多个省、自治区、直辖市的专业运动队提供优质体育器材及完善的售后服务。“泰山牌”体育器材已经占有中国竞技体育器材90%以上的市场份额，成为2004年雅典奥运会供货商，2008年北京奥运会体操、柔道、跆拳道、摔跤、拳击和田径器材供应商。成为2005年、2009年第十届和十一届全国运动会及2010年亚洲运动会指定产品，并出口美国、欧盟、俄罗斯、东南亚、非洲等国家和地区。

【皇明太阳能】 山东皇明太阳能集团有限公司是集太阳能光电、光热、太阳能真空集热管、太阳能建筑、温屏节能玻璃等产品研发检测、制造、营销推广于一体的太阳能产业集群，大型民营股份制企业集团，是世界上最大的太阳能热水器和真空管制造基地。拥有国家专利460项，先后承担和参加6项国家“863”项目、1项国家“火炬计划”项目、1项国家“双高一优”项目。自主研发、世界独家掌控“三高”“四高太阳芯”真空管和高温发电集热钢管等太阳能光热技术，拥有采暖、制冷、海水淡化、建筑节能、产品检测等国际国内领先的核心技术。2008年，推出“原装集成”太阳能热水器，开创了太阳能热水器无后患时代。

【“友谊”牌尿素】 山东华鲁恒升集团股份有限公司系全国石油和化工行业综合效益百强和山东省200家重点企业集团之一，总资产50多亿元，员工3300人。企业产品涉及化肥、化工、热电、气体4大系列，具备年产100万吨尿素、100万吨氨醇、23万吨DMF、20万吨混甲胺、20万千瓦发电、2000万GJ供热、10万吨工业气体的生产能力，为全国大型化肥企业之一和全球最大的DMF供应商。主导产品“友谊”牌尿素系中国名牌、全国免检产品。集团下辖4家控股子公司，控股核心企业——山东华鲁恒升化工股份有限公司(股票简称“华鲁恒升”，股票代码600426)，2002年6月在上海证券交易所挂牌上市。上市后企业成长迅速，跻身沪深两市上市公司综合竞争力百强，成为投资者公认的最具投资价值的上市公司之一。

【永乐食品】 山东永乐食品有限公司建于1996年，是集小麦粉、挂面(营养挂面)加工于一体的股份制民营企业。有职工588人，资产2亿元，年生产小麦粉40万吨，挂面、营养面3.6万吨，年产值达6亿元的大型(集团)公司。公司生产的“腾永乐”“雪恩”“永乐”“金亿来”牌系列小麦粉、挂面，被评为“中国名牌产品”“绿色食品”“国家放心面”“无公害农产品”。“雪恩”“腾永乐”商标分别被评为“山东省著名商标”“中国驰名商标”。

【龙力低聚木糖】 山东龙力生物科技股份有限公司是世界上规模最大、市场占有率最高的低聚木糖生产研发基地，龙力商标被评为“中国驰名商标”。公司有功能糖、淀粉糖、药品、新能源4大主导产业体系，是现代生物循环经济示范企业、生物产业国家高技术产业基地(核心区)、中国功能糖城重点支柱企业、全国淀粉糖行业20强企业、全国发酵行业循环经济试点企业、全国食品工业优秀龙头企业。拥有国家糖工程技术中心龙力分中心、国家功能性糖类公共试验室、山东省功能糖工程研究中心和省级企业技术中心，承担国家“十五”“863”“十一五”、国家高技术产业化示范工程、国家生物质工程高技术产业化专项等重大课题和项目15项。

【保龄宝功能糖】 山东保龄宝生物股份有限公司是以生物工程为主导的“国家级重点高新技术企业”、中国制造业企业500强、中国食品添加剂百强企业、“中国功能糖城”的支柱企业，中国公众营养改善OLIGO项目的合作伙伴。低聚糖、高果糖、多元醇等系列产品全部通过国际采标认证。

【古贝春酒】 1976年，由武城酒厂创制。其特点为窖香浓郁、醇厚甘洌、绵柔爽净、回味悠长。1984年获“轻工业部优质产品”称号，连续被评为“省优质产品”。畅销于北京、上海、广州和东北、西北等地。2005年，在中国酿酒工业协会组织的全国浓香型白酒质量鉴评会上，38度古贝春酒和52度古贝春酒，分别获得第一名、第二名。“古贝春”商标被认定为“中国驰名商标”。

【鑫秋种子】 山东鑫秋种业科技有限公司(原山东金秋种业有限公司)，是集棉花良种“育、繁、推”一体化、“产、加、销”一条龙的农业高新技术企业。公司注册的“鑫秋”商标为“山东省著名商标”。2007年9月，“鑫秋”牌系列棉种被授予“中国名牌产品”称号。公司通过了ISO 9001质量管理体系认证、测量体系认证、AAA级标准化良好行为企业认证。2009年获商务部AAA级诚信等级评价，被中国诚信万里行活动委员会评为“全国诚信示范单位”。

【金麒麟刹车片】 山东金麒麟集团有限公司是中国汽车刹车片制造行业规模最大、出口量最多的外向型国家级高新技术企业。已形成年产3000万套汽车刹车片的能力，可生产2000多个品种的无石棉轿车、轻型车、商用车和载重车刹车片以及各种工程机械类刹车片。产品出口到北美、南美、欧洲、澳洲、东南亚、非洲、中东等60多个国家及中国香港和台湾地区。并为国内一汽、二汽、北汽、南汽、沈阳金杯等十几家国内大型汽车厂、制动器厂提供配套，国内市场占有率达30%以上。

【亚太空调】 德州亚太集团是以中央空调为主、投资高等教育、洁净设备等多元化大型企业集团。亚太中央空调起步于1994年，现已经从生产简单的末端设备发展为设计、制造、安装由主机到末端全套设备的大型中央空调企业，并延伸到复合材料、通风设备等几十个门类的相关产品。2004年首批获得国家制冷设备生产许可证，继获得“山东省著名商标”“山东省名牌”之后，2006年荣膺“中国驰名商标”。2008年，制冷机组入选节能产品政府采购清单，亚太集团被列入国家火炬计划高新技术企业。

【贝莱特空调】 山东贝莱特空调有限公司是致力于中央空调系列产品的开发、设计、制造、销售和工程设计、安装、服务的现代化高科技企业。贝莱特已拥有直联变频BRV家庭中央空调、变频水家庭中央空调、蓄能家庭中央空调、小型风管机、商用风管机、水冷螺杆冷水机组、风冷冷热水机组、地源热泵机组、风机盘管、空气处理机、冷却塔、风机、中央空调工程配件等15大系列240多个品种规格的系列产品，在全国同行业中率先获得了ISO 9001国际质量体系认证，在中央空调行业第一家通过CCC认证。

【国强五金制品】 山东国强五金集团有限公司有各类专业技术人员580名。下属山东博源热能科技有限公司、北京国强博源科技发展有限公司、德州国强五金制品有限公司等子公司。产品涵盖了高档建筑五金、箱包五金、家电五金、家具五金、高档门锁及无机高效新型热管太阳能等。

【景津压滤机】 山东景津压滤机集团有限公司是全球压滤机行业规格最全、产量最大的压滤机生产商、销售商和服务商。国家行业连续4年排名第一，中国压滤机类第一品牌，是压滤机国家标准起草单位、被国家工商总局定为“中国驰名商标”，产品远销德国、意大利、法国、俄罗斯、美国、日本、南非、巴西、英国、荷兰、西班牙、瑞士、伊朗等100个国家和中国台湾地区。

【“永锋”牌钢铁】 山东莱钢永锋钢铁有限公司生产，2004年注册“永锋”牌商标。主导产品为10~40毫米钢筋混凝土用热轧带肋钢筋、方坯和圆钢。2004年9月，被中国建筑材料流通协会认定为全国质量过硬可信赖建材产品生产企业。2004年、2005年，公司连续进入山东企业(集团)200强行列。2006年3月，获全国建材行业市场公认品牌称号。2007年，公司生产的热轧带肋钢筋获“国家免检”“山东名牌产品”称号。2008年6月，被省工商行政管理局认定为著名商标。

【贺友纤维板】 山东贺友集团有限公司，是“中国制造业500强”“中国纤维板行业百强企业”“中国纤维板制造行业排头兵企业”。总资产20.8亿元，员工2000人，年产中高密度板100万立方米，强化地板400万平方米。贺友牌纤维板产品荣获“中国名牌”，贺友商标是“中国驰名商标”。企业先后通过了ISO 9001、ISO 14001和OHSAS 18001国际质量、环境、职业健康安全体系三项认证。并与南京林业大学、中国林科院木工研究所等科研单位建立了长期的合作关系。企业拥有自营进出口权，通过“中国出入境检验检疫出境木制品注册”和“美国加州CARB认证”。产品远销韩国、菲律宾、新加坡、南非、阿联酋、埃及、沙特阿拉伯、西欧及中东等国家和地区。

【通裕重工】 通裕重工股份有限公司是国内新兴的重大装备研发制造企业,先后被授予高新技术企业、中国大企业集团竞争力500强企业、中国工业行业排头兵企业、中国机械工业优秀企业、山东省首批环境友好企业、山东省循环经济示范企业、山东省节能先进企业、中国专利山东明星企业等荣誉,拥有自营进出口权,具有省级企业技术中心、工程技术研究中心,已通过ISO 9001质量体系、ISO1 4001环境管理体系、OHSAS 18000职业健康安全管理体系认证和中国船级社认证、法国BV船级社认证。注册资本3.6亿元,主导产品有:MW级风电主轴、管模、冷轧辊、双超临界电站锅炉管、大型锻件等。下设禹城通裕新能源机械铸造有限公司、禹城通裕再生资源有限公司。公司始终坚持“循环经济、环境友好、自主创新、和谐发展、谋求共赢”,形成了集大型锻件坯料制备、大型铸锻造、热处理、机械研发设计及制造于一体的综合性装备制造企业,形成了较强的产业优势,已成为国家经济建设所需重大装备及核心部件的研发制造基地。

地 方 名 吃

【长官包子】 产于宁津县长官镇,始于清朝道光年间。特点:面白皮薄、肉多馅肥、入口软而不黏、兜馅韧而不破,上捏32个褶,熟后如盛开的菊花,形味俱佳。

【大柳面】 产于宁津县大柳镇,以条长数尺,梳而不乱,缕分条析,软而有力著称,故又有“弓弦面条”“金丝缠碗”之美名。大柳面源于清朝乾隆年间,盛行于清末民初,现仍为人喜爱。

【保店驴肉】 产于宁津县保店镇,始于清朝嘉庆年间,创始人为李氏三兄弟。其特点是肉质鲜嫩、瘦而不柴、烂而不散。一般以冷食为上,为酒宴之佳肴。

【布袋鸡】 产于夏津县。制作时切破小部鸡皮,去脏剥骨,按比例装入海参、虾仁等16种辅料,整鸡油炸后笼蒸,加汤浇注即成。鸡肉鲜嫩、馅香、味美不腻。因其状如布袋,故名“布袋鸡”,被列入《中国菜谱》。

【宋楼火烧】 产于夏津县。取上等面粉加少许黄豆面,用盐水和面,将面折压6层,层层刷香油,经锅烙火烤即成。每个重35克。形似灯笼,香酥可口,长时间存放不变质。清同治年间曾作为朝廷贡品。

【禹城扒鸡】 产于禹城市。创制于清光绪十七年(1891年),以制作独特、肉烂脱骨,味美可口、营养丰富而驰名。1919年载入《山东各县乡土调查录》,在《中国名菜谱》第六辑的145种名菜中名列前茅。“傻小二”扒鸡为其代表品牌。

【又一村蒸包】 产于德城区。起源于1890年,在继承天津“狗不理”包子传统工艺的同时,逐渐形成了造型好,有韧劲,选料精,满口香的独特风味。“又一村”包子用半发面,肉馅内调进香油、酱油、葱、姜、高汤等10种佐料精制而成。曾荣获1990年“山东省饮食业优质产品”称号,2004年5月,被认定为“山东名小吃”。

【武城煊饼】 发源于武城县。饼直径20厘米，厚2厘米，皮薄肉嫩，香脆可口，风味独特。起始无考，有数百年历史。制作方法独特：将面皮包肉香菜馅、压擀成饼状，放前锅烙，再移后锅内石子上烘烤。2004年，被认定为“山东名小吃”。

【夏津珍珠琪】 产于夏津县。采用当地生产的优质小麦，配以蛋清、米淀粉、精盐等辅料加工而成，成品薄如纸、色如玉、小如珠，具有开锅即熟、久煮不粘、爽滑韧嫩等特点。

【羊肠汤】 又名羊血肠，俗称羊肠子。用羊血拌淀粉加葱花香料香油等灌入羊肠，煮熟切段加汤而食。入口爽而不腻，无腥膻气味，有祛除哮喘和胃寒的作用。羊肠汤始于清末满族家厨，20世纪80年代初推向街市，2012年出现小型专营门店。制作销售限于德城区。

【寇家豆腐皮】 产于临邑县。系精选黄豆、上乘调料和名贵中药配置而成，营养丰富，脂肪含量低，具有韧性强、口感好之特点。可凉拌、涮、爆炒，也可直接食用。2004年，被授予“山东名小吃”称号。

【“圣喜”牌酱牛肉】 产于齐河县。选用鲁西大黄牛的肉做原料，用特殊工艺制作而成。成品色泽红润，肉质鲜嫩、酱香浓郁、熟烂适口。2004年，被认定为“山东名小吃”。

【益和成糕点】 产于夏津县。始创于清光绪年间，取“和顺增益”之意，故名“益和成”。清益和成糕点造型美观、色泽鲜艳、香甜不腻、脆嫩可口、贮存耐久。为当地人馈赠亲友、节日、喜庆的必备食品。被山东省食品工业办公室评为食品行业综合实力“百强企业”，被中国文化促进会评为中华老字号品牌企业100强。

【王记老豆腐】 平原王记老豆腐精选优质大豆加工而成，配上特制秘方熬制的卤汤，以其豆腐洁白明亮、嫩而不松、油而不腻，卤汤辣而不呛、油清而不淡、有肉味而不腥等特点，深受广大消费者青睐，许多外地来客早餐必前去品尝。2004年，王记老豆腐荣获“山东名小吃”称号。

【奎台窝头】 产于乐陵市。窝头色泽鲜黄、口味香甜，精选小米面、黄豆面蒸制而成，已有300余年的历史。奎台窝头已开发出十几个品种，代表品种有虾酱窝头、园菜窝头等，被山东美食协会授以“山东名小吃”称号。

【夏津桑叶茶】 夏津特产。选用当地的优质嫩桑叶为原料，在整个栽培过程中不加任何添加剂经科学烘焙而成。桑叶茶用开水冲泡，清澈明亮，清香甘甜，鲜醇爽口。

【德州辣椒】 德州市特色产品，主要分布于德州市陵城区、武城、夏津等境内。每百克辣椒维生素C含量高达198毫克，居蔬菜之首位。维生素B、胡萝卜素以及钙、铁等矿物质含量亦较丰富。

风景名胜

【京杭大运河德州段】 2014年被列入世界文化遗产。由卫运河和南运河组成，从夏津、武城及德州市区境内穿过，全长141千米，其中卫运河96千米，南运河45千米。属漳卫南运河系。上游有漳河、卫河。

两河并行至河北省馆陶县徐万仓相汇后称

卫运河，自四女寺水利枢纽节制闸至天津段称南运河。

德州段运河原为汉屯氏河，隋朝称永济渠。自元朝至元十九年(1282年)始开通济州河、会运河后称大运河。当时，临清至天津段称御河，也称卫河(因春秋时属卫地)。至清代始称南运河。1958年和1972年进行了两次治理工程，20世纪50年代，天津经德州至济宁一线，仍可凭借帆船进行小量运输。至20世纪70年代末因河道常年干涸而停航。现武城段可游览，德州市区运河正在整治建设中。"南水北调"工程可补充一定水源。

【中国太阳谷景区】 国家AAAA级工业旅游景区。位于中国太阳城——德州经济技术开发区，2010年世界太阳城大会所在地。是世界唯一太阳能热利用的生产、制造、科研和观光、度假、休闲、娱乐中心。

太阳谷是国内首家太阳能主题公园，拥有世界级可再生能源5大中心、10大太阳能建筑。景区占地5000公顷，集中展示了以太阳能为主的多种节能技术相结合的节能建筑，被誉为"21世纪绿色城市模板"拥有绿色五星级太阳谷微排国际酒店、七星主题公园式酒店。拥有传承太阳能文化、绘就太阳能未来发展蓝图的太阳能博物·科技馆，拥有世界最长的光电大道、综合运用太阳能技术的太阳谷大门、太阳谷文化一条街、可再生能源主题公园、天地温泉等。

【董子文化园】 国家AAAA级旅游景区。位于德州经济技术开发区，以董子读书台为主景，以沙王河水系为脉络，临水而建。董子，即董仲舒，西汉哲学家、思想家和政治家、经学大师。董子读书台也称"繁露台"，是董仲舒读书的地方，传始建于隋朝，建于何处、何人所建，已不可考。明正统六年(1441年)，重修学宫(即文庙)时发掘出隋代"董子读书台"石碑，即在现碑处修建了董子读书台。万历四十三年(1615年)，董子读书台和董子祠年久失修，破旧不堪，于德州城西门外运河东岸堤坝上，重建董子读书台和董子祠。民国时期毁于战乱。1949年，因市政建设将土台拆除。

2007年9月，移址复建董子读书台，2008年落成，并以此为核心，建成具有丰富文化内涵的景区公园。董子文化园景区总占地0.5平方千米，投资5亿元。文化园包括主体建筑董子读书台、"三策固本"水上牌坊以及公园内西部董子文化街、柳湖书院、繁露广场、聚贤阁、安德亭、广仁楼、正谊桥、明道桥、繁露堂、春秋舫以及景区公园东部生态湿地风景区，附属建筑群包括董仲舒纪念馆、儒家文化代表人物雕像群、德州地域文化广场等。

董子文化园整个景区以儒家文化为主题，所有人工景观为传统建筑，灰白色调，体现古朴、简洁、大气的汉代建筑风貌。西侧的董子文化街，和东侧原生态园林，因河相连，临河相守，体现出人文建筑空间与自然生态空间相和谐的城市景观。

【海岛金山寺景区】 国家AAAA级景区，位于庆云县城北3千米，依托海岛金山寺而建，包括佛事活动区、商业区、景观区，寺院主体为佛事活动区。古海岛金山寺建于隋朝，距今有1300多年的历史，明朝时寺院毁于战乱。2004年重建，占地0.13平方千米。新建寺院主要建筑有山门、天王殿、两侧钟楼、大雄宝殿、念佛堂、藏经阁等。商业区环绕寺院而建，是集游览、餐饮、住宿、旅游、购物于一体的综合配套区。2006年后，景区在国内外影响日渐扩大。

【黄河故道森林公园】 国家AAAA级景区。位于夏津县城东北15千米处，面积5200公顷。主要景区面积1733.33公顷，森林覆盖率51.8%，其中林地800公顷，果园1400公顷，四旁及林网绿化面积466.67公顷。林木资源有55科117属210种，梨、杏、桃、枣、桑葚、苹果、柿等经济林木遍布全园。

古树名木群立，可称"北方落叶果树博物馆"。园内有"义合香雪""茫沙烟雨""沧桑雾霭""锦屏落玉"之景观，又有"点将台""石庄古井""古郛书院"等名胜古迹。建有高标准的温泉度假村。是山东省10大生态旅游景区，山东省优秀汽车露营地，"黄河文明"国家旅游线路之一。

【泉城海洋极地世界】 国家AAAA级景区。位于齐河县，由山东省坤河旅游开发有限公司兴建，是黄河生态城建设项目之一，总投资10亿元，总展示面积达8.8万平方米。汇集了从赤道热带雨林到南北极地世界的珍稀海洋生物1000多种和万种珍稀鱼类，是集观赏性、娱乐性、趣味性、惊险刺激和反映海洋文化、海洋科技为一体的综合性展馆。该项目突出海洋文化科普教育特色，主要有热带雨林、海底隧道、海洋生物、极地动物展示、4D影院、科普教育、水下剧场、海洋剧场等10多个展馆。其中，热带雨林馆是世界造景面积最大的，可容纳4000人观看的海洋剧场是国内最大的海洋动物表演场所。项目2009年10月开工建设，2011年7月营运。

【减河湿地公园】 位于德州经济技术开发区，湿地景观突出生态、湿地、观光功能。全部工程由减河生态湿地治理和景观改造两部分组成，总投资1.6亿元。2010年竣工。主要有人工湿地风景，全长4.5千米。工程在保证市区防洪排涝的前提下，对河道进行清淤拓宽，将原有80米的河面拓宽成120米至150米，同时平整河滩地，建设功能性湿地、景观湿地和自然保护区。

【文博苑】 位于陵城区内，建于1985年，内有碑亭、颜公祠等建筑。保存的主要文物是东方朔画赞碑，俗称"颜子碑"，全名"汉太中大夫东方先生画赞碑"。西晋文学家夏侯湛撰文，唐代平原郡太守、著名书法家颜真卿书。该碑有1200余年历史，属国家一级文物。

【永庆寺】 俗称大寺，坐落于德州经济技术开发区。据《德县志》记载，该寺始建于唐贞元元年（公元785年），位于运河西岸，元代遭兵燹。明永乐十年（1412年），移建于德州城内，景泰年间维修。清光绪二十年（1895年）再修。明清时期的永庆寺，是德州境内最大的庙宇，占地约0.13平方千米（含大寺广场、放生池等），寺院内古树参天。在寺中有清乾隆五十七年（1792年）南巡时在德州御书4种文字的汉白玉石的正方形四面碑，汉、满、蒙、藏文字各占一面。有铜质和铁质"警世钟"各1口，大铁钟属元代遗物。

民国18年（公元1929年），寺内部分建筑改为山东省立第十二中学。1946年德州解放，僧众还俗，永庆寺改为德州中学。1952年，改为德州第一中学。除大雄宝殿列为重点文物保护单位外，其他建筑相继倒塌拆除。1971年，大雄宝殿也被拆除。2004年1月，山东省宗教局同意异地修复，2007年，永庆寺在德州经济技术开发区晶华大道南端重修，现建有大雄宝殿、念佛堂、僚房、山门、钟鼓楼、天王殿等。永庆寺成为集德州古运河文化、佛教文化为一体的旅游观光胜地。

【大云寺】 位于夏津县黄河故道森林公园内，总投资1.8亿元，占地0.15平方千米。建有山门殿、天王殿、大雄宝殿、万佛殿、藏经阁、佛塔及6个配殿，后续将建设颐养中心、禅文化宾馆、佛文化产业园等。主要功能涵盖展示佛儒文化、法事宗教活动、旅游、观光等。

大云寺佛教文化产业区内建有含有仿汉唐风格的商业区，与寺院区相呼应。以沿街店面的形式，销售各种旅游用品，经营餐饮、休闲等商业项目。另建有佛家养生院、书画院等。

【新湖景区】 地处德州市中心，主要包括城市中心广场与新湖两大部分，面积136公顷。城市中心广场分休闲广场、文化广场和体育广场。新湖区属于开放型湖滨公园，总占地面积28公顷，分为东湖、中湖、西湖和南湖区，内有“明月桥”“叠翠山”“希森欢乐岛”等。

【长河公园】 位于德州市经济技术开发区，总面积1.2平方千米。其中水面0.4平方千米，是鲁西北区域面积最大的开放式公园。公园自西向东由山地景观区、自然生态区、桥梁景观区、现代休闲区组成，营造了“山清、水秀、岸绿、景美”的景色。长河公园为国内第一个以太阳能为照明光源的公园。

【锦绣川景区】 位于德州老城区与经济技术开发区结合部，与长河公园毗连，系截取岔河河道修整而成，全长10千米，水面宽200米，主要有跨河大桥、木栈桥、卵石滩、博弈平台、观光走廊等景点。

【红坛寺森林公园】 位于临邑县境内，占地面积20平方千米，为省级森林公园。景点有沐浴水库、生态观光园区、度假大酒店、槐香阁、高尔夫乡村俱乐部、温泉综合开发、黄河故道景观。每年在此举办的槐花节吸引了大量游客。

【万亩枣林】 位于乐陵市，总面积200平方千米，园区内有金丝小枣树400余万株，为中国最大的金丝小枣生产基地。开辟修建了原国家主席李先念题词碑、乾隆御赐枣王碑、罗成拴马处、百枣园等30个景点。形成了“一塔”（观光塔）、“两碑”（原国家主席李先念题词碑、中国金丝小枣之乡纪念碑）、“三园”（百枣园、结义园、高科技农业园）、“四树”（子母树、望娘子树、百年古树、铁将军树）的旅游景点网络。

【仙人湖、得月湖景区】 位于德州城东10千米处，由仙人湖和得月湖组成，两湖相距3千米，被誉为“姊妹湖”。

仙人湖，因为紧靠仙人桥村而得名。仙人湖占地6.67平方千米，水面4.67平方千米，最大蓄水量为3000万立方米，系华能德州电厂自备水库，1987年征地建设，1990年蓄水。湖内波光潋滟，候鸟栖集，鱼虾成群，堤上特色鱼馆面湖排列，是优良的休闲、垂钓之处。

得月湖，又名丁东水库，因处丁庄村东而得名。库区总面积8.5平方千米，蓄水面积7平方千米，设计最大蓄水深7米，总库容5000万立方米，年调蓄能力1亿立方米。水库通过管道向德州市城区和华能德州电厂供水，并对潘庄引黄干渠下游农业用水进行调蓄。水库于1993年10月动工，1997年10月竣工。库区环境幽静、整洁，库内波光荡漾、鸥鸟成群，库外碧树连天。主要景点和娱乐项目有植物观光园、垂钓中心、狩猎场、野味餐厅、珍禽基地。

【四女寺景区】 位于德州市西南6千米处四女寺村周围，四女寺古称安乐镇，系运河码头，水陆交通发达，是闻名遐迩的千年古镇。

当地流传四女儿拒嫁侍亲尽孝的故事，建有“四女寺”供奉四女，传播孝道。四女寺景区有三大景观：一是复建的四女寺（祠）。二是四女寺大型水利枢纽。始建于1958年。1963年特大洪水后，国家重新提出了漳卫河治理规划，并于1972年进行了扩建和改建。

四女寺水利枢纽是具有分洪、航运、排涝等功能的一个水利建筑群，由南进洪闸、北进洪闸、节制闸、船闸四项工程组成。三是郭氏古墓群。其中有明都御史郭镗、明刑部主事郭钰、明修正庶郭麟等墓。

【唐枣观光园】 位于庆云县城北，是以“千年唐枣树”为基础，万株枣树古树群为特色的生态观光旅游区，面积为2.33平方千米。唐枣树距今已有1400余年的历史，被誉为“中华枣王”，载入《中国名胜大辞典》。观光园内还有忠孝树、母子树、夫妻树、怀抱子树、姊妹树、产量王树、树仙等古枣树，有枣王庙、唐枣生态观光园牌坊等景点。

【九龙湾公园】 位于德州市运河经济开发区京杭大运河畔。以德州市第一水厂为基础改造升级而成，占地0.16平方千米。九龙湾公园建设以生态文化和运河文化为切入点，在充分挖掘原生态系统的基础上，突出原生态资源、水文化资源和明清北派建筑特色三个特点，通过建设明清风格的围墙、大门、亭、台、廊、榭、会馆等建筑和高标准园林绿化，使人文历史和生态环境高度和谐统一。公园内开发建设了叠翠览胜、沁雨樱园、紫藤花语、绿苑群芳、静水清心等一园六景，为广大市民提供一个生态绿意盎然、建筑古朴典雅、环境舒适美好的休闲活动场所。

文物古迹

【唐平原郡故城遗址】 唐代平原郡故城，在陵城区内。当时郡城有3道城墙，外墙高约5丈，上宽约2丈，城周10千米，为颜真卿做太守时所修。现存唐故城墙3段。

【神头汉墓】 位于陵城区神头镇西北1千米处，现存38座，大者直径40米，高5~6米，小者直径14~15米，高3~5米。分布南北约1千米，东西约2.5千米，俗称72冢。1978年，经省博物馆考察鉴定为汉墓。

【平原君墓】 位于陵城区西北隅，墓碑上书“平原君墓，明嘉靖十六年知县沈立碑”等字样。

【苏禄国东王墓园】 坐落在德城区。明永乐十五年(1417年)七月，苏禄国(在今菲律宾的苏禄群岛)东王巴都葛叭答喇、西王巴都葛叭苏里、峒王巴都葛叭喇卜率眷属及侍从340人来华访问。九月辞归，途中东王患病，十三日在德州逝世。永乐帝闻讣遣官致祭，赐谥“恭定”，并亲撰碑文。十月三日以王礼厚葬于此。后东王长子都马含随西王、峒王回国承继王位，王妃葛木宁、次子温哈喇、三子安都鲁及侍从等10人留居墓地。明宣德间，在墓旁修建了清真寺。清雍正九年(1731年)东王八代孙温崇凯、安汝奇申请加入中国国籍获准，遂以温、安二姓定居德州。

东王墓园肃穆壮观，周围松柏常青，墓前有石雕华表、翁仲、石狮、石虎、石马、石羊排列在墓道两旁。

永乐帝御碑亭在墓道南端东侧；王妃葛木宁及东王次子温哈喇、三子安都鲁之墓在王墓东南侧。1977年，山东省政府将苏禄国东王墓列为第一批重点文物保护单位。1988年1月，被国务院公布为全国重点文物保护单位。苏禄国东王墓是国内唯一安葬外国元首的陵墓，已成为中菲友谊的历史见证和交流的纽带，每年有菲律宾人前来凭吊，定居德州的东王后人也曾赴菲寻根问祖。苏禄国东王墓园正在重新规划建设中。

【龙门石刻】 龙门原位于平原县城东南。建于明万历元年(1573年)，“文化大革命”期间拆除。门洞楣上刻有狂草“龙门”二字的石碑(属省级保护文物)现存于平原县图书馆。

【千佛塔】 位于平原县城西北。建于清康熙八年(1669年)，共7层，高25.9米，为全砖结构。属县级保护文物。

【龙泉寺古佛】 俗叫丈八佛，原在临邑县德平镇龙泉寺内，明洪武十年(1377年)建。佛身系大理石质，高一丈八尺，雕刻精细，栩栩如生。1937年龙泉寺被日本侵略者烧毁，丈八佛幸存，现由临邑县文化馆珍藏。

【文昌阁】 位于平原县恩城镇。建于明朝成化十六年(1480年)。台高3.5米，木架结构的“阁”建于高台之上，阁内奉有“文昌帝君”。

【来禽馆】 明朝太仆少卿邢侗辞官后，万历十四年(1586年)在临邑县城东南隅筑“来禽馆”书斋。馆内邢侗书法作品有《唐人双钩十七帖》、《澄清堂贴》等刻石23页，邢侗纪念馆辟室珍藏。

【具丘和禹王亭】 位于禹城市城西，古称具山。南北长45米，东西宽50米，高8米。据旧志记载：大禹治水时曾筑此丘，以观察水势。明、清时于土丘上建禹王亭。1974年，山东省、德州地区考古人员考察发现有灰土层，并捡到单孔石铲、蛋壳残片、石斧、陶弹丸、陶纺轮等文物。经山东省博物馆鉴定，这些文物为龙山文化遗物，具丘属龙山文化遗址。

【邢寨汪遗址】 位于禹城东北8千米处，南北长100米，宽60米，总面积为6平方千米。1979年，在遗址上出土文物有陶鬲、罐形鼎、陶罐、盆、杯、陶拍、陶豆、陶纺轮、骨匕、骨镞、骨锥、角锥、石铲、石镞等共119件。经鉴定，遗址属于龙山文化遗址。

【五里冢遗址】 位于乐陵市城南2.5千米，台形长83米，宽31米，高2.3米，属龙山文化。出土有石镰、石斧、蚌器、陶鬲、陶环、陶纺轮、鹿骨、卜骨、汉砖、五玉钱(晋)等。1977年2月，被定为省级重点文物保护单位。

【惠王冢】 位于乐陵市城南17.5千米处，长55米，宽42.5米，高2.8米。亦为龙山文化。出土有石斧、穿孔石斧、石凿、石箭、蚌箭头、陶灯、陶俑、陶牛、陶马、捻线坨、陶豆、陶盘等器具。其中陶楼、陶鸡2件，存于山东省历史博物馆。

【魏王城遗址】 位于乐陵市城东南15千米，长720米，宽420米，南北东面有残城断续相连，墙高2~3米不等。出土有五铢钱、铜箭头、布纹瓦、唐佛像等。

【文庙大成殿】 位于乐陵市区。明洪武二年(1369年)建。后经明、清数次扩建，形成相当规模的建筑群。保存完整的“大成殿”5间，是一座庑殿顶殿式明代建筑。还有两庑14间，“崇圣祠”3间。

【无棣故城遗址】 位于庆云县城东北4千米处，周长4千米，即隋、唐、宋、元无棣县城故址。在该遗址出土了陶鼎、陶罐等文物。

【李满碧霞祠】 位于宁津县大柳镇李满村，始建于唐朝，古称天仙圣母殿，清朝乾隆年间重修，改名碧霞祠。清朝光绪十六年(1890年)扩建，主要建筑包括山门、钟楼、鼓楼、碧霞祠正殿、东西配殿、玉皇阁、阎王殿、白衣观、镇武庙。后遭破坏。1992年重新修建，建有碧霞祠、普照寺、玉皇阁等。

【大丁庙古墓群】 位于庆云县城西北大丁庙村东，曾发现墓穴数座，未正式挖掘，已出土陶鸡、陶狗、陶灶等文物多件，经鉴定，断为汉墓。

【尹屯遗址】 位于齐河县晏城镇毛官屯村南，属龙山文化遗址，相传为晏婴衣冠冢。为不规则台状，东西最长处52米，南北最长处40米，分布面积1774平方米，最高处距地面5米。断层处可见文化堆积层，地表采集有新石器时代晚期的黑陶、白陶及蛋壳陶残片、石簇、石斧，商周时期的夹砂陶鬲、泥质灰陶豆盘、豆柄及汉代砖、瓦、缸残片等。年代从新石器时代晚期，历经商代、周代、汉代。距今有500~2000年的历史。1992年6月，被定为山东省第二批文物保护单位。

非物质文化遗产

【一勾勾】 国家级非物质文化遗产。一勾勾剧种流行德州、聊城、滨州及河北省东南部，主要流行于临邑县。

一勾勾剧种是由高唐一带的鼓子秧歌衍化而成的。高唐鼓子秧歌是一种民间演唱艺术，演唱者腰挎花鼓，自己打鼓伴奏演唱，后来发展成登台演出，并采用四胡为伴奏乐器，发展为戏曲形式，人称“四根弦”。行当有青衣、花旦、胡生、小生、花脸丑等。演员多为民间流散艺人，一般利用春冬农闲季节组织演出。演员白天劳动，如帮工、锄草，晚间唱戏，当地人常称之为“锄草班”，也在农村集市、赶会场、节日演出。一勾勾来自“一讴吼”。由于它的唱腔中带有一讴或一吼，演唱中“一讴吼一讴吼”的，时间长了人们就把它说成了“一勾勾”。

传统剧目70多个，主要有《东秦》《西秦》《坐楼杀惜》《梁山伯与祝英台》《胡林抢亲》《三进士》《女驸马》等。

【德州扒鸡制作工艺】 国家级非物质文化遗产。“德州扒鸡”是德州著名特产，以五香脱骨，质高味美而享誉中外，最初是由德州烧鸡演变而来的。早在300多年以前，在古老粗放的工艺流程中，制成了原始的德州烧鸡。经过一代代扒鸡传人传承延续至今，形成了自己独特的产品和技术工艺特征。

传统德州扒鸡是精选农家散养的优良大尾花鸡，重量在0.9千克至1.1千克之间，肥瘦适度，经过宰鸡、盘鸡、煮鸡等11道工序制作而成。制作工艺考究，火候讲究文武有序，配料的多少要根据季节、温度的变化而变化，每一道制作工序要求十分严格，这是德州扒鸡独特之处。

【德州黑陶制作技艺】 国家级非物质文化遗产。德州黑陶采用传统的手工轮制，既保留了传统的单层拉型成坯，也创造出一底双层合成坯。在陶体的晾干过程中压光、雕刻，然后烧成。常规工艺流程是选材、滤泥、练泥、成型、修型、挑沙压光、软刻、干燥、烧制、出窑、硬雕刻等11个步骤。这样制作出的黑陶质地均匀、手感细腻，光滑，光泽纯正饱满，声音清脆。

【宁津杂技】 省级非物质文化遗产。宁津杂技历史悠久，源远流长。宁津县是历代杂技活动最为广泛活跃且人才辈出的地方，在国内外杂技界颇负盛名，与吴桥杂技并驾齐驱，素有“杂技之乡”之美誉。宁津杂技主要包括表演类、魔术类、马戏类、驯兽类等。

宁津杂技在中国杂技历史上具有举足轻重的地位。始于秦、汉，兴于唐、明，盛于清末民初，从“人戴兽面，男为女装”的表演，到全国独一无二的黄家镇杂技古会。从野竹李艺人张的“顶竹竿过城门”位居72道皇会之首，到艺人们“边撂地”，边赶路，走出国门进行中外杂技技艺的交流。宁津是中华杂技的策源地和集散地，宁津杂技是中国杂技艺术殿堂的奠基石。

【马堤吹腔】 省级非物质文化遗产。马堤吹腔是一个古老的剧种，属弦索声腔系剧种，因其主要伴奏乐器是笛子、笙、唢呐、三弦等吹奏乐器，故俗称吹腔。其前身是500年前流传于山东、河南、冀南、苏北一带的民间戏曲柳子戏，各地叫法也不尽相同。清朝年间流传于运河以东的称柳子戏，及黄河以北的临清、夏津则称吹腔戏。夏津县马堤村紧靠运河，距临清仅5千米，吹腔戏演出活动频繁和人才聚集，故称“马堤吹腔”。

马堤吹腔戏剧目以传统戏为主。保留剧目共40余个，主要有《双换魂》《寒江关》《挂龙灯》《白云洞》《王小赶脚》等。吹腔曲牌繁多，现保留下60余支，其中“娃娃”“黄莺儿”“锁南枝”“山坡羊”“竹云飞”为传统5大曲牌。

【鲁北大鼓】 省级非物质文化遗产。鲁北大鼓又名山东大鼓，原名犁铧大鼓，亦名梨花大鼓，是中国北方大鼓中最早的一种，距今已有350多年的历史。并形成孙、赵两大门户，清末民初流传日益广泛。

鲁北大鼓是由演员左手拿铜板、右手持楗击鼓，由三弦伴奏的二人演唱形式。也有二人演唱一人伴奏的三人表演形式。后来由于受场地资金的限制，琴师难找等原因进行了改革，去掉了三弦伴奏，成为演员单独表演形式。

【陶埙制作工艺】 省级非物质文化遗产。陶埙是一种气鸣乐器，历史久远，是中国最古老的吹奏乐器之一。

李氏陶埙的制作工艺具有代表性，制作方法有两种：一种是纯手工的木模型法，另一种是半机械塑形法。

【通德醋酿造技艺】 省级非物质文化遗产。平原县通德公司创造并不断改良。通德醋生产主要原料为优质红高粱、小麦、大麦、黑米、宁夏枸杞子、豌豆。辅料为谷壳、麸皮、糖、蜂蜜。通德号酿醋技艺采用前稀后固开放式生产工艺，成熟醋醅采用封闭式存放陈酿，部分醋醅再经熏制阶段，然后浸淋，再经一年以上室外自然脂化老熟，拼格配兑出售。产品风味醇厚，香甜浓郁，别具一格。同时，具有滋阴补肾、健身暖肝、明目活血、美容乌发等作用，对高血压、动脉硬化等疾病有很好的辅助疗效，成为人们生活中所必需的调味及养生保健佳品。

通德醋酿造技艺24字技艺要诀，即料精量准，主辅精配；浆温则高，熟料必响；翻醅必匀，适时降火。

【德平大鞅歌】 省级非物质文化遗产。德平大鞅歌起源于元朝，流行于临邑县德平镇一带。当时权贵若有宴会或欢乐场合时，便强迫年轻的妇女陪其唱歌作乐。百姓想出变通的办法，男扮女装去应付，演唱内容庸俗不堪，这便是大鞅歌的雏形。鞅歌在雏形时期，如同受钳制的马匹，被迫而歌，所以取名“鞅歌”。后演变成节庆时节的表演节目。

德平大鞔歌主要分两大流派，主要区别是罗圈鼓子和蹦鼓子的不同，演练阵式的不同。德平周围主要是蹦鼓子，德平东南区域以罗圈鼓子为主，演练阵式主要有拜金台、编辫子、剪子股、四门斗、迷魂阵、四连环等。

【抬花杠】 省级非物质文化遗产。“抬花杠”又称“花杠舞”，是由“大姑出巡”引发的民间艺术活动，流传在武城县南屯一带。

“抬花杠”原是由人们抬着花篮去祭祀“大姑神”的一种仪式衍生而来的，传说大姑神爱花，人们便抬着花篮在“大姑庙”前表演出各种动作让大姑神观看，表达对“大姑神”的敬仰并博得大姑神的欢心。由于南屯系武术之乡，抬杠人大都有武术功底，集舞蹈、武术于一体，形成了独具一格的民间表演艺术形式。

【绣球灯舞】 省级非物质文化遗产。“绣球灯舞”是人们表达祈求风调雨顺、安居乐业的愿望集武术、舞蹈为一体的自娱自乐的民间艺术活动。起源发展于齐河县祝阿镇官庄村并流传至济南市长清、北园一带。

【古琴艺术】 省级非物质文化遗产。古琴是连珠式琴，形饱满，黑漆面，具细密流水断。曾被收录在中国形形色色的诗词歌赋中，有文字可考的历史有4000余年，唐宋以来历代都有古琴精品传世。“其声沈以雄，其韵和以冲”。琴谱是传承工作的重要载体，而古琴传承通过人的“口传指授”。

【德州跑驴】 省级非物质文化遗产。德州民间传统舞蹈，已有600多年历史。演员将扎制成型的“驴”挎在身上，给人以骑在驴上的感觉，演员的双腿则在“驴”下裙围中模拟毛驴跑动。表演形式有“单驴”“对驴”和“驴队”等形式，表演时用锣鼓唢呐伴奏。

【宁津斗蟋风俗】 省级非物质文化遗产。发轫于南北朝末期，发展于唐宋，繁荣于明清，鼎盛于当今。宁津蟋蟀蟋蟀个大，皮厚、牙坚以柴胡店镇、杜集镇等乡镇的最为典型。斗蟋蟀是由养蟋蟀而生的。在玩赏、观察蟋蟀的过程之中，人们逐渐发现雄蟋蟀具有好斗的特性，斗蟋之风由此逐渐兴起。

【古贝春酒传统酿造工艺】 省级非物质文化遗产。早在商代，武城即产国酒“秬鬯”，随着大运河的开通，武城的制酒业凭借舟楫之利带来的繁荣快速发展。在隋唐时期，武城一带的制酒业达到鼎盛时期，渐次取得了领全国风气之先的地位。“要买酒，贝州走，大船开到城门口”，“一杯状元红，醉得公鸡不打鸣；一壶高粱烧，醉得船家不开艄”。直至建国前期，仍有一些世代相传的酒作坊在从临清到德州的卫运河沿岸操制酒业，所产的酒依然质优物美。新中国成立初期，当地较有影响的有四家酒作坊何家的“小米香”；胡家的“杂粮酒”；柴家的“红高粱”；马家的“五粮酒”。“何、胡、柴、马”四家酒作坊采用的是“混蒸杂粮酒工艺”，所用粮食有五种：高粱、小麦、玉米、大米和江米。高粱产酒香，小麦产酒糙，玉米产酒甜，大米产酒净，江米产酒浓。五种粮食合理搭配起来，生产出的白酒诸味协调。该工艺可以总结为“多粮、跑窖、包包曲”，其工艺特点可以概括为“三高、一低、一长”。

【木刻刀笔书画】 省级非物质文化遗产。木刻刀笔书画以刀代笔，以木为纸，传统木刻艺术与书画艺术相结合，将笔墨意韵完全以木刻形式表现出来。木刻刀笔书画融合了书画、木刻、铜刻、石刻等技艺。木刻刀笔画刚柔韵律，刀意与笔意相聚，刀触与墨韵相融，刀味、木味、笔意、墨趣融汇，尽显“力之美”。

【齐河黑陶制作工艺】 器壁薄如蛋壳而坚硬，厚度仅1～3毫米，表面漆黑有光；原料选用黄河河床特有的纯净细腻的红胶土，经手工淘洗、拉坯等数十道工艺，采用“封窑熏烟渗碳”的方法烧制而成，黑如漆、明如镜、硬如瓷、声如磬，被中外史学家称为“原始文化的瑰宝”。

【王家园子醋传统酿造技艺】 省级非物质文化遗产。宁津县长官镇王家园子枣米香醋，以优质燕麦、小米、高粱和金丝小枣为原料，采用祖传数百年古法菌曲发酵工艺，其醋汁澄清，琥珀色泽，滋味醇厚，回味绵长，舒口酸爽。古法酿醋主要有原料精选、破碎、浸泡、曲种发酵、醋酸发酵、晒坯、淋醋等主要环节。王家园子古法酿醋技艺起源于明代永乐年间，距今有500年历史。

历史名人

【晏婴】 （前578—前500年），春秋后期齐国国相，杰出的政治家、思想家、外交家。晏婴历齐灵公、齐庄公、齐景公三朝，辅政长达50余年，谦恭下士，廉洁奉公，深得齐人爱戴。汉代文学家刘向著《晏子春秋》，是中国最早的一部短篇小说集，记述了他的思想、言行和事迹。

晏婴封于晏城（今齐河县晏城镇）。为纪念晏婴，后人在晏城建有晏婴祠、晏公庙，岁时祭奉。晏城原有晏婴宅，宅旁有一金华古井，称“晏婴井”。今晏城镇尹屯遗址传为晏婴冢，占地6余亩，高5米。

【廉颇】 （前327—前243年）战国时期杰出的军事家。山东省陵城区人。战国末期赵国的名将，与白起、王翦、李牧并称战国四大名将。

【赵胜】 （约前308—前251年），战国时期赵惠文王之弟，曾两度任赵相，封于东武城（今武城县），号“平原君”，为战国四大公子之一。秦军围困赵都邯郸，赵胜散尽家财，发动士兵，坚守城池，长达3年之久。平原君墓位于陵县城北护城河北岸，封土直径10余米，高4米，有墓碑高约2米，为明嘉靖十六年（1537年）陵县知县沈瑊立。

【董仲舒】 （前179—前104年）西汉哲学家、思想家和政治家，经学大师。《史记》称：“董仲舒，广川人也。”山东省德城区人，专著《春秋公羊传》。其学以儒家宗法思想为中心，杂以阴阳五行说，把神权、君权、父权、夫权贯穿在一起，形成封建神学体系。他建议“罢黜百家，独尊儒术”。在教育上主张以教化为“提防”，立太学，设庠序。著有《春秋繁露》及《董子文集》。现德州城区有“董子读书台”遗迹。董仲舒是孔子以后，自秦汉至清代2000年间，对中国政治宗教思想影响最大的思想家之一。

【东方朔】 （前154—前93年）字曼倩，山东省陵城区神头镇人，汉太中大夫，博学广识，能言善辩，一生多有著述。善于以诙谐的语言和方式，陈说国政大事，甚得汉武帝赏识。其事迹在《史记》《汉书》中均有记载。

【弥衡】 （173—198年）汉末文学家，字正平，山东省临邑县人。少有才辩，长于笔札。性刚傲慢，不为权贵所容，独与孔融友善。曹操欲见之，衡自称狂病不肯往，被罚作鼓吏。他当众裸身击鼓，羞辱曹操。曹怒，将他遣送刘表，复不合，转送江夏太守黄祖，终被杀，时仅26岁。其代表作为《鹦鹉赋》，此外还有《鲁夫子碑》《颜夫子碑》《吊张衡文》。书曲"击鼓骂曹"即源于此人。

【管辂】 (201—256年)字公明，三国时期魏国术士平原郡(今德州平原县人)，是历史上著名的术士，被后世卜卦观相的人奉为祖师。管辂一生著述甚丰，主要有《周易通灵诀》2卷、《周易通灵要诀》1卷、《破躁经》1卷、《占箕》1卷，给后人留下了宝贵的文化遗产。

【窦建德】 (573—621年)隋末农民起义首领，山东省武城县人。隋大业七年(611年)率部起义，后投高泊起义军，任军司马，首领高士达牺牲后，他继为领袖，称将军，拥众10余万。617年于乐寿(今献县)称长尔王，年号丁丑。河间之战，歼灭隋将薛世雄部3万余人，随即攻下河北大部郡县，次年称夏王，建都乐寿，改年号为五凤，国号夏。619年迁都铭州(今河北永年)。621年，李世民围攻王世充，他率军驰援王，兵败被杀于长安。死后，魏州(今河南省安阳市)人民建夏王庙纪念他。

【孙伏伽】 (？—658年)贝州人(今山东省武城县)。唐高祖武德五年(622年)壬午科状元。为唐代第一科状元，也是中国历史上第一位状元。早年在隋朝时考中进士，隋炀帝大业末年任大理寺史，是一位怀才不遇的下级官吏。隋亡后，入唐做官。曾于武德初年上书高祖，坦言三事：一"开言路"，二废"百戏散乐"，三请"为皇太子及诸王慎选僚友"。高祖阅后大喜，用其为治书侍御史，并赐帛三百匹。不久，孙伏伽又在灭王世充、窦建德后建议李渊取消追究王窦余党的命令，又为平定边防、减税赋等事频频上表献策，又请设"谏官"一职，高祖均采纳。武德五年，孙伏伽因上疏而被免官。当时科举制度尚未完备，故孙伏伽能以免官之身应进士科考试，取中第一，官授刑部郎中。唐太宗贞观元年(627年)曾上疏谏止游猎骑射，被采纳，贞观五年免官，不久又起用。贞观十四年(641年)拜大理卿，成为朝廷重臣。唐高宗永徽五年(654年)因年老辞官，显庆三年(658年)病逝于家。

【颜真卿】 (709—786年)字清臣，琅琊(今山东省临沂市)人，唐朝大臣、书法家。天宝十二年(753年)任平原郡(今陵城区)太守。天宝十四年(755年)值"安史之乱"，颜真卿联络河北17郡太守起兵平叛，被推为盟主。唐玄宗遂诏拜为户部侍郎兼平原郡太守。786年被劝降叛将李希烈杀害。现存颜真卿手书《东方朔画赞》《东方朔墓碑》两块，为书法艺术之珍品。

【孟云卿】 (725年—?)，字升之，中唐诗人，祖籍平昌(今山东省临邑县)。今存诗17首，以朴实无华的语言反映社会现实，为杜甫、元结所推重。"二月江南花满枝，他乡寒食远堪悲。贫居往往无烟火，不独明朝为子推"这首七言绝句《寒食》是他的代表作。

【孟郊】 (751—814年)，字东野，祖籍平昌(今山东省临邑县)。孟郊是中唐较有影响的诗人之一，其诗作不论在思想内容还是在艺术风格上都有独特造诣，《游子吟》是其代表作，"慈母手中线，游子身上衣，谁言寸草心，报得三春晖"脍炙人口，广为流传。后人把他与贾岛并称，有"郊寒岛瘦"之说。

【李之仪】 (1038—1117年)北宋词人，字端叔，自号姑溪居士、姑溪老农。山东省庆云县人。熙宁三年(1070年)进士。哲宗元祐初为枢密院编修官，通判原州。元祐末从苏轼于定州幕府，朝夕倡酬。元符中监内香药库，御史石豫参劾他曾为苏轼幕僚，不可以任京官，被停职。徽宗崇宁初提举河东常平。后因得罪权贵蔡京，除名编管太平州（今安徽当涂）。后遇赦复官，晚年择地而居。李之仪《卜算子》名句“我住长江头，君住长江尾，日日思君不见君，共饮长江水。”被后人传颂。

【葛守礼】（？—1578年）明朝名臣。山东省临邑县人。出身农家，自幼贫而好学。1558年，乡试第一，次年成进士，授彰德推官。时有长久未决冤狱，礼一审即破。世宗爱其才，授职镇守山海山。赴任后增补关法，力除积弊，不久迁兵部主事。后来，升迁为南京礼部尚书。隆庆元年，明穆宗重新起用葛守礼，任他为户部尚书。葛守礼洞察时局，针砭时弊，竭力反对当时的“一条鞭法”及“一串铃法”。万历三年（1575年），葛守礼告老还乡。万历六年（1578年），一代名臣葛守礼与世长辞，帝赠太子太保，谥号端肃。

【邢侗】（1551—1612年）字子愿。明晚期书法家，山东省临邑县人，官至陕西行太仆卿，与当时的书法家董其昌齐名。人称“南董北邢”，邢侗曾把唐宋名家书法上石，名《来禽馆帖》，其中《唐人双钩十七帖》尤其著名，著有《来禽馆集》。编纂了第一部《临邑县志》。

【王都】（1585—1644年）字懿伯，别号介清，德州左卫人，明末德州文化名人。工诗、书，研史。天启五年（1625年）中进士，历任河北元城（原大名县）、河南滑县县令，因政绩卓著官至给事中，再升翰林院提督四夷馆太常寺卿。崇祯十七年（1644年），李自成破北京城，崇祯帝自缢，王都满怀忧愤自尽于北京家中。明代德州城设立北四牌坊，有其一座。清顺治被崇祀乡贤。著《史究》《法戒编》《棠棣课问》《朱子漫录》等书。后人现生活于德城区王家院村。

【董养性】（1614—1672年）字迈公，号毓初。山东省乐陵市人。性情朴实，家贫好学。生平潜心理学，对四书五经均有注释。著有《四书订疑》22卷，《易经订疑》15卷，《易经启蒙订疑》4卷和《春秋订疑》14卷等，考订详明，远见卓识，人称“江北第一才子”。曾任宁国府通判。

【宋九嘉】（1213年前后—？）金朝诗人，字飞卿。山东省夏津县人，曾做过县令和应奉翰林文字，后患失音病，闲居家中。他的诗多反映人民疾苦。《途中书事》一诗真实反映了天灾人祸重压下饥民逃荒的悲惨情景。

【田雯】（1635—1704年）字纶霞，号山姜，晚号蒙斋，山东省德城区人。清康熙三年进士，授中书，曾督学江南、督粮湖北，后任江苏、贵州巡抚，刑部、户部侍郎。为官廉正，多有建树，著有《蒙斋年谱》4卷、《黔书》3卷、《长河志籍考》10卷、《古欢堂文集》12卷、《山姜诗选》5卷、《幼学篇》4卷等，均收《四库全书》。

【卢见曾】（1690—768年）字抱孙，号澹园，别号雅雨山人，山东省德城区人。其形貌矮瘦，时人谓之“矮卢”。曾先后任清朝四川洪雅县知县、颍州（今安徽省阜阳市）知州、两淮盐运使（治扬州）、直隶滦州知州、永平府知府。乾隆三十年（1765年），乾隆南巡，路过德州，亲书“德水耆英”匾额赐之。乾隆三十三年（1768年），卢见曾被诬告，死于狱中。卢氏工诗文，为人豪爽，好与文士交结，精明能干，足智多才，勤于吏治。他平生著述丰富，所著《雅雨堂诗集》《雅雨堂文集》《雅江新政》《出塞集》《感旧集》《金石三例》《雅雨堂石集》《山左诗钞》等统称《雅雨堂丛书》，共计11种128卷。卢见曾还积极从事刻书活动，是清代中期著名的校勘家。

【卢荫溥】 (1760—1839年)字霖生，号南石，山东省德城区人，卢见曾之孙。卢荫溥一生，历经乾隆、嘉庆、道光三朝，从政50多年，历任兵部左侍郎，吏、户、礼、兵、刑、工各部尚书，并多次奉诏出使，按事决狱，被授予体仁阁大学士、大学士加太子太保、太子太傅之衔。其为官"专心职守""殚心竭力""老成练达"，为清朝中期"股肱""耳目"之臣。道光十九年(1839年)被晋加太子太傅之衔，后不久病故。

【左宝贵】 (1837—1894年)字冠廷，回族，山东省齐河县人，清末著名民族英雄。1856年，左宝贵应募从军，编入江南军营，开始了戎马生涯。他转战大江南北，屡立战功，受到重用，累升千总、都司、游击、参将、总兵、记名提督，成为清廷高级军官，乡人称之为"左军门"。1894年中日甲午战争爆发，清政府调集左宝贵等五路大军增援朝鲜，奋起反击日本侵略军。9月14日，在平壤牡丹台对日作战中，壮烈牺牲。左宝贵也成为甲午战争中血战沙场的清军高级将领壮烈殉国的第一人。

【李浚之】 (1868—1953年)号响泉，山东省宁津县人。曾任故宫博物院顾问、文史馆馆员，当代研究书画的著名学者。

早年受舅父张之洞影响，被派往日本考察工业，著有《东隅琐记》。归国后，宦途不得意，兴办实业无成，辞官潜心美术史研究。历经25年时间，著成《清画家诗史》凡11卷，正续两集，约30万字，辑录了清代2000多名画家的题诗4000余首，并附有画家传略，是研究清代绘画艺术比较全面的一部参考书。另有《榆园图题咏集》(1919年印本)《阅微草堂砚谱》《云台印象》《臞翁丛钞》行世。

【王金铭】 (1880—1912年)字子箴，山东省武城县人。1898年当兵入伍，颇得长官赏识，后提升为正目。1908年，接受了孙中山先生的民主革命思想。1909年，发起成立了武学研究会，秘密进行革命活动。1912年1月，在滦州正式成立北京革命军政府，王金铭任军政府大都督，施从云作总司令，张建功为副都督，冯玉祥为总参谋长，原州衙改为军政府，废除宣统年号。革命失败后，王金铭不幸被捕，1912年1月被杀害，时年32年。1937年5月，南京国民政府分别于北京西山和山东泰山举行了隆重的国葬典礼，追任王金铭为陆军上将。

【王祝晨】 (1882—1967年)名王世栋，字祝晨。山东省齐河县人。因其体态胖大，性格坚强，人称"王大牛"。是山东教育事业的先驱者、民国初年"山东四大教育家"之一。1913年，会同刘冠三等创办济南私立正谊中学。先后在曲阜省立二师、聊城省立三师、济南省立一师、济南高中、齐鲁中学、四川绵阳国立六中任教。1922—1926年任省立第一师范校长。曾入广州农民运动讲习所，结交周恩来等。

1948年9月济南解放不久，王祝晨担任济南中学校长。1950年后，历任济南市各界人民代表会议协商委员会一、二、三届副主席，山东省人民委员会委员，省教育厅副厅长，省政协副主席，省人大一、二届代表，全国人大一届代表。1954年参加全国人代会期间，王祝晨提出"立即着手编写各省地方志"的建议案。1957年被任命为山东省地方志资料编纂委员会副主任。1967年9月病逝于济南。

【宋哲元】 (1885—1940年)字明轩,山东省乐陵市人。幼年家贫,刻苦读书。清光绪三十三年(1907年)从军,入随营学校北洋陆军陆建章部随营武备学堂。毕业后服役于冯玉祥部,历任哨长、连长、营长、团长。1922年参加直奉战争,升任二十五混成旅旅长,是西北军五虎上将之一。1924年,参加北京政变,10月,冯部改编成国民军,宋哲元任第一军第一师(后改为第四师)师长。1925年秋,改任热河特别行政区都统。后任陕西省政府主席、国民革命军第二十九军军长,中央军事委员会北平分会委员兼察哈尔省政府主席。1935年被授为陆军二级上将,任平津卫戍司令、冀察绥靖主任和冀察政务委员会委员长兼河北省政府主席等职。1940年4月病逝于四川省绵阳市,国民政府追升其为一级上将,遗体安葬于绵阳富乐山。

【齐思和】 (1907—1980年)字致中,历史学家。山东省宁津县人。1931年毕业于燕京大学历史系,后赴哈佛大学研究院攻读西洋史。1935年回国,先后在北平师范大学、燕京大学、私立中国大学等校历史系任教授。1952年,担任北京大学历史系教授。1958年,担任北京大学历史系世界古代史教研室主任,1979年被推选为中国世界中世纪史研究会名誉理事长。

齐思和对先秦史和世界中世纪史造诣颇深,著有《中国史探研》《世界中世纪史讲义》《史学概论讲义》等多部学术著作。

【邓广铭】 (1907—1998年)字恭三,宋史专家,山东省临邑县人。1936年国立北京大学史学系毕业,毕业论文《陈龙川传》,深受胡适赞赏。留校任北京大学文科研究所和史学系助教。发表《辛稼轩年谱》《稼轩词编年笺注》《宋史职官志考正》《宋史刑法志考正》《王安石》等著作。1943年至1946年,任复旦大学史地系教授,撰写了《岳飞传》一书,把岳飞传记的写作提高到学术研究水平。

【节振国】 (1910—1940年)山东省武城县人。早年随父兄到开滦赵各庄煤矿做矿工。冀东大暴动,领导成立了中国第一支产业工人抗日武装——工人特务大队,后编为八路军第十二团一连,为开辟冀东抗日新局面做出了重要贡献。1939年,节振国加入了中国共产党。1940年8月,率军与日伪军作战,壮烈牺牲。

【时传祥】 (1915—1975年)山东省齐河县人,中共党员。1929年参加工作,北京市崇文区清洁队工人。

时传祥是崇文区环卫战线的一名普通淘粪工人。他以"宁愿一人脏,换来万家净"的崇高精神,在平凡的环卫岗位上无私奉献一生,为首都的环卫事业做出了不平凡的贡献。1929年,年仅14岁的时传祥逃荒到北京当了淘粪工。时传祥以无私奉献的崇高品质赢得了全社会的尊重,他向人们生动诠释了劳动的光荣和生命的价值。他是第三届全国人大代表,1959年,被授予全国劳动模范荣誉称号。

【任继愈】 (1916—2009年)字又之,山东省平原县人,著名哲学家、宗教学家、历史学家,国家图书馆名誉馆长。1934年考入北京大学哲学系,1942年,昆明西南联合大学北大文科研究所研究生毕业后,留北京大学任教,1956年,晋升为教授。先后在北京大学讲授中国哲学史、宋明理学、中国哲学问题、朱子哲学、华严宗研究、佛教著作选读、隋唐佛教和逻辑学等课程,并在北京师范大学担任中国哲学史课程。1964年，负责筹建国家第一个宗教研究机构——中国科学院世界宗教研究所并任所长。

1987年至2005年1月，任国家图书馆长兼北京大学教授，中国社科院研究生院博士生导师，中国哲学史学会会长，中国社科基金宗教组召集人，中国无神论学会理事长、学术界的代表，王羲之艺术研究院学术顾问。曾当选为第四、第五、第六、第七、第八届全国人大代表。1999年，当选为国际欧亚科学院院士。专著有《汉唐佛教思想论集》《中国哲学史论》《任继愈学术论著自选集》《老子全译》等。主编有《中国哲学史简编》《中国哲学史》(4卷本)《中国佛教史》(8卷本，已出第1.2卷)《宗教词典》等。此外，还主持《中华大藏经》(汉文部分)的编辑出版工作。主要论文收集在《汉唐佛教思想论集》和《中国哲学史论》中。

国民经济和社会发展发展概况

【综合】 经济保持中高速增长。初步核算，全市实现地区生产总值(GDP)2932.99亿元，按可比价格计算，比上年增长7.2%。其中，第一产业增加值增长3.7%，第二产业增加值增长6.2%，第三产业增加值增长9.2%。产业结构进一步优化。三次产业比例由上年的10.3:49.4:40.3调整为10.1:47.8:42.1。人均GDP达到50856元，增长6.4%。

就业工作稳步推进。全市实现城镇新增就业65357人，其中，城镇失业人员再就业21272人，就业困难人员再就业3819人。城镇登记失业人员18460人，城镇登记失业率为2.64%，均控制在计划目标范围内。全市组织就业技能培训41936人，组织创业培训9321人。

消费价格温和上涨。全年居民消费价格指数(CPI)上涨1.8%，其中，食品烟酒类、衣着类、居住类、生活用品及服务类、交通和通信类、教育文化和娱乐类、医疗保健类、其他用品和服务类分别上涨2.4%、1.8%、2.1%、1.2%、-0.5%、1.5%、3.5%和2.6%。商品零售价格上涨0.5%。工业生产者购进价格上涨0.2%，工业生产者出厂价格上涨0.7%。

市场主体快速增长。全市各类市场主体户数、注册资金分别为32.57万户、3400亿元，分别增长13.4%和41.2%；各类企业户数、注册资金分别为5.87万户、3044亿元，分别增长26.9%、44.5%；民营经济户数、从业人员、注册资金分别为31.88万户、118.0万人和2781亿元，分别增长13.7%、14.1%和47.7%。

【农林牧渔业】 农林牧渔服发展平稳。全市农林牧渔服实现总产值665.53亿元，增长4.2%。其中，农业产值373.03亿元，增长4.7%；林业产值15.20亿元，增长6.0%；牧业产值224.07亿元，增长2.8%；渔业产值20.34亿元，下降1.5%。农林牧渔服务业总产值32.88亿元，增长11.1%。

种植业生产稳定。全市农作物播种面积1784.52万亩，其中，粮食面积1567.66万亩，棉花面积43.08万亩，蔬菜面积157.96万亩，油料面积5.62万亩。全年粮食总产量达到895.61万吨，增长2.8%；棉花产量4.32万吨，下降34.8%；蔬菜产量595.23万吨，增长0.05%，油料产量1.86万吨，下降22.2%。

林业发展良好。全年新增造林面积10437公顷，新育苗9497公顷；年末林木覆盖率达到35.5%。

畜牧业持续调整。全市肉类总产量达到67.89万吨，下降0.02%；禽蛋产量40.18万吨，下降2.7%，奶类产量21.32万吨，增长15.4%。

现代农业建设加快推进。全市市级以上农业产业化龙头企业208家，其中国家级8家、省级31家、市级169家。“三品一标”(无公害农产品、绿色食品、有机农产品和农产品地理标志)产品328个，新增34个；全国绿色食品原料标准化基地2处，认证面积达654万亩，占食用农产品产地总面积的68.9%。

主要农牧业产品产量表

类　别	单位	总　量	增长(%)
粮食	万吨	895.61	2.8
其中：夏粮	万吨	427.93	1.9
秋粮	万吨	467.68	3.6
棉花	万吨	4.32	-34.8
油料	万吨	1.86	-22.2
蔬菜	万吨	595.23	0.05
水果	万吨	38.04	-0.8
生猪年末存栏	万头	363.61	-3.5
牛年末存栏	万头	103.75	-11.0
羊年末存栏	万只	152.97	-6.0
肉类	万吨	67.89	-0.02
禽蛋	万吨	40.18	-2.7
奶类	万吨	21.32	15.4

【工业和建筑业】　工业企业持续增加。全市规模以上工业企业达到3022家，比上年增加92家，年主营业务收入过10亿元的法人企业145家，增加27家，过100亿元的法人企业2家，与上年持平。

工业生产稳中向好。全市规模以上工业增加值增长6.7%(按可比价计算，下同)。其中，轻工业增加值增长6.6%，重工业增加值增长6.8%；非公有制工业企业实现增加值增长7.4%。34个行业大类中，25个行业实现增长。其中，化学原料和化学制品制造业增长6.1%，食品制造业增长10.4%，石油加工、炼焦业增长1.8%，通用设备制造业增长8.9%，电器机械及器材制造业增长12.5%，汽车制造业增长10.9%。规模以上高新技术产业企业实现总产值3132.87亿元，增长10.4%，占规模以上工业总产值的比重达到29.4%，较上年提高1.39个百分点。

规模以上工业增加值及增长速度表

类　别	增加值(亿元)	增长(%)
总　计	1528.90	6.7
其中：轻工业	674.22	6.6
重工业	854.76	6.8
其中：国有企业	10.47	1.5
集体企业	3.46	0.0
股份合作制企业	0.00	-62.0
股份制企业	1398.05	7.3
外商及港澳台商投资企业	64.98	1.1
其他经济类型企业	51.94	-0.4
其中：国有控股企业	87.69	-2.5
其中：非公有制企业	1287.17	7.4
私营企业	842.92	6.8
其中：大中型企业	564.71	6.6
其中：国有企业	4.43	7.0

产品产销衔接良好。在全市重点调度的128种工业产品中，77种产品产量实现增长。规模以上工业产品产销率为98.9%，比上年提高0.55个百分点。

主要工业产品产量表

产　品	单位	产量	增长(%)
小麦粉	万吨	911.9	28.3
饲料	万吨	165.8	5.2
精制食用植物油	万吨	117.5	3.0
饮料酒	万千升	179.1	6.9
纱	万吨	121.5	－1.1
布	亿米	2.4	2.8
服装	万件	4663.6	－36.9
人造板	万立方米	149.6	－16.0
机制纸及纸板	万吨	137.6	2.6
原油加工量	万吨	220.4	8.8
合成氨	万吨	220.8	－1.5
农用氮、磷、钾化学肥料	万吨	144.5	－12.3
水泥	万吨	476.1	－1.2
钢材	万吨	518.9	1.7
发电量	亿千瓦时	159.5	－4.3
功能糖	万吨	1185.6	11.7
刹车片	万台套	6150.0	1.2
太阳能热水器	万台套	18.0	2.1
房间空气调节器	万台套	13.6	0.5

企业盈利能力减弱。规模以上工业实现主营业务收入10628.9 亿元，增长10.5%；实现利税827.4亿元，下降5.1%；实现利润586.0亿元，增长4.4%。亏损企业亏损额10.6亿元。总资产贡献率为21.04%比上年下降3.81个百分点，成本费用利润率为5.99%，比上年提高0.25个百分点。

建筑业生产平稳发展。资质内建筑企业203家，完成总产值307.68亿元，增长14.0%。完成建筑工程产值258.05亿元，增长16.7%；完成安装工程产值46.47亿元，增长12.2%；全年签订合同额424.66亿元，增长25.6%，其中，2016年新签合同额306.71亿元，增长31.9%；2016年房屋建筑施工面积1931.95万平方米，比上年增长7.8%，在全市房屋建筑施工面积中，实行投标承包的房屋建筑面积为1230.24万平方米，占房屋建筑施工总面积的63.7%。

【固定资产投资】 固定资产投资较快增长。年末全市固定资产投资项目2924个，比上年增长20.5%，其中亿元及以上投资项目688个。固定资产投资额完成2537.78亿元，增长13.4%。其中，第一产业投资28.60亿元，增长133.2%；第二产业投资1511.40亿元，增长21.7%，其中工业投资1440.83亿元，增长21.1%；第三产业投资997.78亿元，增长1.4%。三次产业投资比例由上年的0.7∶45.3∶54.0调整为1.1∶59.6∶39.3。基础设施投资260.27亿元，增长21.6%；工业投资中技术改造投资791.95亿元，增长15.3%；高新技术完成投资576.14亿元，增长31.7%。

房地产市场有所回升。房地产开发投资完成220.38亿元，增长2.7%，其中住宅投资170.49亿元，下降3.9%。房屋施工面积2243.25万平方米，增长7.3%，其中住宅施工面积1799.28万平方米，增长5.3%。商品房销售面积584.79万平方米，增长30.7%。商品房销售额246.71亿元，增长39.0%。

【国内贸易】 市场消费稳定增长。实现社会消费品零售额1394.97亿元，增长10.9%。其中城镇社会消费品零售额1277.60亿元，增长10.4%；乡村社会消费品零售额117.37亿元，增长13.5%。批发业社会消费品零售额93.27亿元，增长5.1%；零售业社会消费品零售额1143.07亿元，增长

11.4%；住宿业社会消费品零售额15.28亿元，增长2.3%；餐饮业社会消费品零售额143.35亿元，增长12.7%。

商贸企业规模不断壮大。全市限额以上批发零售和住宿餐饮企业达到1475家，比上年增加123家。其中，年销售额（营业额）亿元以上的贸易企业289家，年销售额（营业额）5000万至1亿元的贸易企业364家，年销售额销售额（营业额）1000万至5000万元的贸易企业537家。

2016年限额以上批发和零售业法人企业主要商品分类零售额表

商品类别	零售额（亿元）	增幅(%)
粮油、食品类	78.08	12.3
饮料类	10.86	18.4
烟酒类	22.95	14.9
服装、鞋帽、针纺织品类	49.86	8.6
化妆品类	7.55	13.3
金银珠宝类	13.86	9.9
日用品类	16.87	9.8
体育、娱乐用品类	2.49	3.7
书报杂志类	0.33	35.5
家用电器和音像器材类	58.06	9.4
中西药品类	16.97	10.3
文化办公用品类	8.94	17.9
家具类	32.41	10.5
通信器材类	14.07	15.3
石油及制品类	75.1	0.1
汽车类	175.18	11.2

【对外经济】 对外贸易平稳增长。全市实现进出口总额211.2亿元，同比增长7.3%。其中，出口150.02亿元，增长9.4%；进口61.20亿元，增长2.4%。主要传统市场中，除对日本和美国出口分别下降4.2%、1.8%外，其余均为正增长，其中对香港、韩国、欧盟出口分别增长94.1%、10.7%、7.1%；新兴市场中，对东盟、非洲、澳大利亚出口分别增长25.8%、11.4%、2.0%；对南美洲、中近东、俄罗斯出口分别下降12.3%、9.3%、3.7%。

对外合作规模扩大。年末，备案境外投资企业18家，其中新设成立12家，变更6家，境外投资总额达6.54亿元，同比增长955.6%。对外承包工程营业额18.44亿元，增长109.1%；全市派出各类劳务人员932人次，增长67.3%。

利用外资保持稳定。全市新批外商投资项目12个，合同外资1.9亿美元，增长118.8%；实际到账外资1.21亿美元，增长1.9%。

【交通、邮电和旅游】 交通运输平稳发展。全市实有公路通车里程4020.63公里（不包括村级道路），公路密度为38.81公里/百平方公里。全部行政村实现了村村通公路。农村公路开工1299.39公里，完成投资8.35亿元。全市公路客运量1893万人，增长2.3%，客运周转量156178万人/公里，下降2.2%；货运量13418万吨，货运周转量2464919万吨/公里，分别增长9.7%和3.3%。年末市区公交线路42条，增加4条，线路总长度790余公里，增加60公里；公交营运车辆491辆。

邮电通信业快速发展。邮政业务总量5.92亿元，增长23.0%；电信业务总量63.85亿元，增长47.1%；移动电话年末用户477.57万户，增长9.3%；固定电话年末用户34.21万户，下降3.0%。

旅游业稳步发展。国内游客消费152.33亿元，增长14.0%；接待国内游客2509.48万人次，增长8.9%。

【财政、金融和保险】 财政收入稳定增长，支出保障有力。境内财政总收入267.03亿元，增长0.9%。公共财政预算收入183.51亿元，增长7.1%。其中，税收收入129.02亿元，增长0.3%。公共财政预算支出332.09亿元，下降1.7%，其中，一般公共服务支出29.22亿元，增长13.7%；教育支出65.15亿元，增长6.8%；医疗卫生与计划生育支出38.93亿元，增长17.9%。国税收入105.92亿元，增长6.1%；地税收入113.69亿元，增长15.2%。

金融机构存贷款稳步增加。金融机构年末人民币存款余额2845.11亿元，比年初增加374.80亿元。其中，住户存款余额1935.67亿元，比年初增加208.17亿元；非金融企业存款余额528.93亿元，比年初增加136.14亿元。年末人民币贷款余额1651.57亿元，比年初增加105.57亿元。住户贷款余额570.95亿元，比年初增加82.83亿元；非金融企业及机关团体贷款余额1080.61亿元，比年初增加22.73亿元。

资本市场加快发展。全市上市公司5家，新增“新三板”挂牌企业6家，融资额20.8亿元(其中新增上市再融资19.03亿元，新三板定向增发融资1.8亿元)；区域性场外市场挂牌企业103家，新增5家。发行各类债券4只，融资额38亿元。证券交易场所7处，股民18.61万户，客户保证金余额173.81亿元，年交易额1637.1亿元。

保险业较快发展。全市拥有保险公司49家，实现保费收入92.36亿元，增长20.1%。其中，财险收入26.18亿元，增长9.4%；人身险收入66.18亿元，增长24.9 %。全年赔付额34.51亿元，赔付率37.4%。其中，财险赔付13.55亿元，赔付率51.8%；人身险赔付20.96亿元，赔(给)付率31.7%。

【科技、教育、文化、卫生和体育】 科技创新成效显著。年末，拥有工程技术研究中心225家(其中国家级4家，省级39家，市级182家)，重点实验室90家(其中省级7家，市级83家)，技术创新联盟20家(其中国家级1家，省级9家，市级10家)，科技企业孵化器11家(国家级3家，省级3家，市级5家)。获得国家级科技奖励1项，省级科技奖励1项。全年专利申请量5093件，增长23.6%，其中，发明专利申请量1050件，增长27.0%。专利授权量3073件，增长3.3%，其中，发明专利授权量329件，增长2.8%。拥有有效发明专利1206 件，增长31.2%；每万人口有效发明专利拥有量2.11件，增长30.2%。新认定山东省高新技术企业60家。与大院大所签订共建企业科技创新平台等合作协议691项，转化大院大所科技成果344项，引进、培养、对接合作 “两院”院士、国家“千人计划”专家等高层次人才241名。

教育事业全面发展。全市拥有普通高等学校4所，当年招生1.98万人，在校生5.84万人，毕业生1.14万人。中等职业教育学校26所，当年招生1.79万人，在校生5.30万人，毕业生1.86万人。普通高中22所，招生3.31万人，在校生9.41万人，毕业生3.08万人。初中167所，招生6.88万人，在校生19.34万人，毕业生6.41万人。小学851所，其中教学点197个，招生7.23万人，在校生41.21万人，毕业生6.87万人。幼儿园946所，在园、班儿童14.35万人。九年义务教育入学率达100%。成人高等学校在校生1.39万人。特殊教育学校13所，招生167人，在校生1508人，毕业生85人。

文化事业融合发展。全市拥有各类艺术表演场所7处，各类艺术表演团体6家，全年共演出2340场次，比上年度增加583场次；群众艺术馆1家，文化馆12家，文化站133个；公共图书馆12处，藏书165万卷(册)，同比增加20万卷(册)；市级以上文物保护单位104处，文物行政管理部门14处，文物保护管理机构12处，国有博物馆、纪念馆8处。拥有城市电影院19家，全年放映13.3万场，观众172.48万人次，票房收入0.52亿元，增长17.9%。拥有广播电台8座，电视台11座。中短波转播发射台1座，发射功率31千瓦，调频转播发射台9座，调频转播发射功率14.95千瓦；电视转播发射台11座，电视转播发射功率58.7千瓦。广播播出节目11套，全年播音时间49894小时；电视节目12套，全年播出时间65852小时。全市有线电视用户达到70万户。广播、电视人口覆盖率达到100%。

医疗卫生条件改善。全市拥有政府办(卫生部门)医疗卫生机构210处，其中，综合医院14处，中医院 11处，乡镇卫生院137处，社区卫生服务中心(站)13处，疾病预防控制中心12处，卫生计生综合执法局3处，妇幼保健院(所、站)12处，采供血机构1处，其他机构7处。全市医疗机构拥有卫生专业技术人员2.87万人，其中，执业医师及执业助理医师11940人，注册护士10873人。全市医疗机构实际开放床位数23202张。

体育运动广泛开展。成功举办了第六届全民健身运动会，第十三届全民健身节。全市45%的县(市、区)、43%的乡镇(街道)和53.5%的行政村建成了相应规模的体育健身工程。共承办7项国家级体育比赛，8项省级体育比赛。德州市运动员在省级以上体育比赛中共获得16枚金牌、7枚银牌、7枚铜牌。

【城市建设、环境保护和安全生产】 城市综合承载能力增强。城市基础设施完成投资38.6亿元。新增道路面积 96.74万平方米，建成区绿地面积229.48公顷，供热面积852.71万平方米，排水管道88.08公里。市区自来水年供水量3461.8万立方米，其中生活用水1992.0万立方米；天然气年供气量1.79亿立方米，液化石油气供气总量4920吨。市区集中供热面积3328.90万平方米；年末城区天然气、液化石油气用户已达28.52万户。用水普及率和用气普及率分别达到95%和96%。

城镇化水平不断提升。常住人口城镇化率达到53.77%，比上年提高2.04个百分点。

新农村建设成效显著。村镇建设完成投资99亿元，新建农房12183户，完成投资10.3亿元，改造危房4660户，完成投资1.09亿元。年末，全市已开工建设农村新型社区430个，40万农户搬入新社区；同步配套建设农村产业园区900个，其中，初具规模的415个，近46万农民实现了家门口就业，来自各类园区的收入占总收入的65%以上。已建成入住的320个社区中，有85%全部实现“五化八通八有”，85%的社区实现了通暖通气，92%的社区配套建设了幼儿园或小学、敬老院或老年人日间照料中心。

保障性安居住房建设力度大。新开工棚户区18981套(户)，开工率为115.1%；连同往年结转项目基本建成20277套。新增发放低收入家庭租赁住房补贴348户，棚改货币化安置11850户，货币化安置率62.4%。

生态环境持续改善。全市细颗粒物(PM2.5)、可吸入颗粒物(PM10)、二氧化硫和二氧化氮平均浓度分别为81微克/立方米、141微克/立方米、34微克/立方米、40微克/立方米，分别下降19.8%、13.0%、17.1%、13.0%。“蓝天白云”天数182天，同比增长29.1%。主要河流化学需要量(COD)、氨氮平均浓度分别为27.9毫克/升、

0.68毫克/升，分别改善5.7%、30.9%。

安全生产事故持续下降。全市纳入考核统计范围的行业领域(道路交通、工矿商贸、农业机械)共发生生产安全事故147起，死亡85人。生产经营性道路交通事故132起，下降4.35%，死亡75人，下降3.85%。亿元GDP事故死亡率为0.029，工矿商贸十万就业人员死亡率为0.46，道路交通万车死亡率为2.37。

【人口、居民生活和社会保障】 人口自然增长率提高。全年出生人口99635人，出生率17.0‰；死亡人口30223人，死亡率5.16‰；人口自然增长率11.84‰，比上年提高6.39个千分点。年末常住人口579.23万人，其中城镇人口311.45万人，乡村人口267.78万人。

城乡居民收入水平进一步提高。全市居民人均可支配收入17467元，比上年增长9.0%；人均消费支出11994元，增长8.7%。其中，城镇居民人均可支配收入22760元，增长8.2%；人均消费支出14131元，增长8.3%。农村居民人均可支配收入12248元，增长8.7%；人均消费支出9887元，增长8.4%。

2016年居民人均可支配收入及增长速度表

指标名称	全体居民		城镇居民		农村居民	
	绝对值(元)	增长(%)	绝对值(元)	增长(%)	绝对值(元)	增长(%)
可支配收入	17467	9.0	22760	8.2	12248	8.7
工资性收入	10274	12.1	14404	10.9	6201	11.7
经营净收入	4915	3.2	5264	0.5	4572	6.0
财产净收入	843	11.4	1583	9.4	114	10.0
转移净收入	1435	7.6	1509	10.3	1361	4.7

社会保障水平稳步提升。全市城镇职工基本养老保险、城镇基本医疗保险、失业保险、工伤保险、生育保险参保人数分别达到81.86万、511.12万(职工69.78万人、居民441.33万人)、36.61万、60.03万和40.10万人。企业职工养老保险基金征缴收入34.44亿元，企业退休人员养老金月均增加190元，实现“十二连涨”。城镇职工医疗保险基金征缴收入16.44亿元，支付医疗保险费15.29亿元。城镇居民医保财政补助标准由380元提高到420元。居民养老保险参保人数304.58万人，基础养老金标准由85元提高到100元，为89.58万名老年居民按时足额发放养老金10.3亿元。全市享受最低生活保障人员14.6万人，其中，城市1.8万人，农村12.8万人。五保对象1.07万人，供养支出4264.9万元。提供住宿的社会服务机构数160个，床位2.06万张。社会福利企业20家，安置残疾人员321人。

(市统计局)

2016年居民人均消费支出及增长速度表

指标名称	全体居民		城镇居民		农村居民	
	绝对值（元）	增长（%）	绝对值（元）	增长（%）	绝对值（元）	增长（%）
消费支出	11994	8.7	14131	8.3	9887	8.4
食品烟酒	3619	7.1	4250	8.7	2998	4.2
衣　着	838	9.0	1144	7.9	536	9.0
居　住	3385	9.8	3356	11.9	3414	7.9
生活用品及服务	652	3.6	727	1.8	578	5.3
交通和通信	1547	12.9	2060	7.4	1041	22.2
教育文化和娱乐	852	6.8	1215	5.4	494	7.1
医疗保健	903	11.5	1108	7.6	701	16.5
其他用品和服务	197	3.1	271	1.4	124	4.3

机构设置

中国共产党德州市委员会及所属工作部门

中国共产党德州市委员会

书　　记　陈　勇
副 书 记　陈　飞　杨国强
常　　委　陈　勇　陈　飞　杨国强
　　　　　韩建亭(2月离职)
　　　　　翟长生(2月离职)
　　　　　张传忠　刘贵堂　魏洪祥
　　　　　刘长民
　　　　　翁敌文(5月离职)
　　　　　单传海　彭小毛　刘晓明
　　　　　景文新
秘 书 长　韩建亭(2月离职)
　　　　　刘长民(5月任职)
副秘书长　魏增新　张　岩(女)
　　　　　陈璞平　陈秀河　孟祥春
　　　　　隋　力(女)　郑广敏
　　　　　马文国(4月离职)
　　　　　李俊杰(4月任职)
　　　　　张云生(7月任职)
　　　　　张　志(7月任职)

办公室

主　任　陈璞平
副主任　张云生(7月离职)
　　　　刘石岭
　　　　赵金刚(7月离职)
　　　　李纪三
　　　　周少国(7月离职)
　　　　王吉峰(7月任职)

组织部

部　长　刘贵堂
副部长　周玉刚　袁希君　何连生
　　　　胡志强　刘　刚　高吉刚

宣传部

部　长　景文新
副部长　梁希忠　常树风　武恩智
　　　　史成志　郭德生　黄子华

统一战线工作部

部　长　彭小毛
副部长　王　红(女,7月离职)
　　　　曹致源(7月任职)
　　　　邹　岩
　　　　李雯静(女,回族)
　　　　杨会军

政法委员会

书　记　魏洪祥(兼)
副书记　郭洪霞(女)
　　　　刘玉辉　闫大鹏　田德清
　　　　张庆友

政策研究室

主　任　孟祥春(兼)
副主任　朱瑞山　沙金双　刘荣青

全面深化改革领导小组办公室

主　任　刘长民(兼)
副主任　孟祥春(兼)　邵清泽(兼)

王胜强　秦　鹏　赵方敏

机构编制委员会办公室

主　任　魏增新

副主任　薛高福　翟晓军　张　涛

台湾工作办公室(市台湾事务办公室)

主　任　纪书华

副主任　杨世平　王泽森　姜迎春(女)

市直机关工作委员会

书　记　田淑霞(女,7月任职)

副书记　冀红梅(女)　徐建军

陈吉法

建设工作委员会

书　记　王圣华

副书记　蔺新河　赵　斌

信访局

局　长　马文国(4月离职)

李俊杰(4月任职)

副局长　方春兴　杨荣刚　高华锋

张炳良　邓桂海

王福军(11月任职)

老干部局

局　长　袁希君(兼)

副局长　赵风勇(9月离职)

赵　斌(9月任职)

康荣胜　王风友

农村工作办公室

主　任　陈秀河

副主任　林晓波　杨振贵

档案局

局　长　张　岩

副书记　侯生军(7月任职)

副局长　侯生军(7月离职)

张国庆

隋桂婷(7月任职)

保密委员会办公室(市保密局)

主　任　韩景华

党史研究室

主　任　刘宝良

副主任　张书民　蒋丽燕(女)

党　校

校　长　陈　勇(兼)

副校长　刘兴江

乔　冰(女,7月离职)

李胜来　崔洪印

王洪斐(9月离职)

苑世清

市维护稳定工作领导小组办公室

主　任　张云生(兼,7月离职)

刘石岭(兼,7月任职)

副主任　李文霞(女)　夏爱民

市委市政府接待工作处

主　任　郑广敏(兼,7月离职)

王吉峰(兼,7月任职)

副主任　王吉峰(7月离职)

潘洪涛

机要局

局　长　张海华(女)

市社会治安综合治理委员会办公室

主　任　闫大鹏(兼)

副主任　朱克芳

市委防范和处理邪教问题领导小组办公室

主　任　刘玉辉(兼)

副主任　王建松

市综合考评委员会办公室

主　任　滕双兴(8月离职)

市精神文明建设委员会办公室

主　任　常树风

副主任　潘全柱

德州市人民代表大会常务委员会、专门委员会及所属委、室

德州市人民代表大会常务委员会

主　　任　陈　勇
第一副主任　兰忠良(2月离职)
　　韩建亭(2月任职)
副 主 任　朱昌连　钟　玲(女)
　　邓光亮　战士平
秘 书 长　周天峰
副秘书长　赵宗虎　靳洪亮
　　李元海　马春荣

法制委员会

主任委员　王新华

内务司法委员会

主任委员　侯保军(1月离职)
副主任委员　张晓群　潘　建

财政经济委员会

主任委员　陈兰钦(7月离职)
副主任委员　王新华(4月离职)
　　李建国
　　徐　光(7月任职)

教育科学文化卫生委员会

主任委员　吴文群
副主任委员　郑永华

城乡建设与环境资源保护委员会

主任委员　张玉鲁(1月离职)
　　杨　毅(2月任职)
副主任委员　李俊爽(女)
　　韩泽木(7月离职)

农业与农村委员会

主任委员　张化琴(女,1月离职)
副主任委员　刘　磊

民族侨务外事委员会

主任委员　杨少华(7月离职)
副主任委员　刘长居(9月离职)
　　殷庆斌
　　解德敏(7月任职)

办公室

主　任　赵宗虎

研究室

主　任　马建国
副主任　马春荣

人事代表工作室

主　任　孟繁新
副主任　郭桂林

法制工作委员会

主　任　潘　建
副主任　刘慧晶(女)

内务司法工作委员会

主　任　(缺)
副主任　(缺)

财政经济工作委员会

主　任　王新华(4月离职)
副主任　王立军

预算工作委员会

主　任　(缺)

教育科学文化卫生工作委员会

主　任　郑永华
副主任　谢恩明(7月离职)

农村经济工作委员会

主　任　刘　磊
副主任　张　平(女)

城乡建设环境保护工作委员会

主　任　李俊爽(女)
副主任　组红雨　袁金祥

民族侨务外事工作委员会

主　任　殷庆斌

副主任　王　磊(女,回族)

信访工作室

主　任　张晓群

德州市人民政府及组成部门、所属单位

德州市人民政府

市　　长　陈　飞
副 市 长　翟长生(2月离职)
　　　　　张传忠
　　　　　翁敢文(挂职,5月离职)
　　　　　康志民　许绍华　于松岩
　　　　　杨玖庆(女)　董绍辉
秘 书 长　刘长青
副秘书长　穆修海　于吉军　夏连红(女)
　　　　　王朝玺　高训波(兼)　王　玮
　　　　　耿　明
　　　　　李希岩(12月离职)
　　　　　王　磊
　　　　　王　亮(挂职,6月任职)

市政府办公室

主　任　穆修海
副主任　孙丙荣　郑玉宽　张长进
　　　　杨先武

发展和改革委员会

主　任　邵清泽
副主任　孙宝勇(8月离职)
　　　　耿向东　张　旗　刘泽华

经济和信息化委员会

主　任　王爱民
副主任　于超先　尉　华　曹望刚

机械行业管理办公室

主　任　王新勇

纺织行业管理办公室

主　任　陈廷兵

化工行业管理办公室

主　任　崔玉军

轻工行业管理办公室

主　任　侯生杰

建筑材料行业管理办公室

主　任　赵汝涛

卫生和计划生育委员会

主　任　马国忠
副主任　刘红英(女)　王振东
　　　　霍丽敏(女)　王鲁原

计划生育协会

常务副会长　王传斌
副　会　长　李福强　孔祥勇

教育局

局　长　张书鹏
副局长　史冠武　莫明峰　王学东

科技局

局　长　张慧君(女)
副书记　杨瑞平　王希刚
副局长　王秀勇　耿　欣　武月岭
　　　　时建强

民政局

局　长　李淑华
副局长　安战民　张宝明　陈朝银
　　　　李延军　沙　剑

公安局

局　　长　于松岩
政　　委　王世先
副 局 长　刘德水　周兰敏　张宝镇
　　　　　李俊杰(4月离职)
　　　　　孙传平
政治部主任　李光富
指挥部主任　陈敬礼

监察局

局　长　江　辉
副局长　董爱新(女)　王东庆
　　　　张　苹(女)

司法局

局　长　扈建军
副书记　赵复坚
副局长　吕金贵　王丙海　李晓梅(女)
　　　　任洪军

人力资源和社会保障局

局　长　何连生
副局长　贾丽君(女)　桑　青(女)
　　　　赵友仁　韦忠洲　赵　力

财政局

局　长　姜　刚
副局长　孙军强　杨志坚　王进宝
　　　　王建军

审计局

局　长　刘清云
副局长　刘国芹(女)　张秀国　梁富修

统计局

局　长　张千华
副局长　田希东　张洪波　殷庆柱

国土资源局

局　长　曲永山
副局长　贾长林　黄文平　李相才
　　　　刘春明

环保局

局　长　马绍省
副书记　蔡文晓
副局长　刘慧芳(女)　张光瑞　耿发升
　　　　尹秋贞(女)　姚光臣

住房和城乡建设局

局　长　王圣华
副局长　尚　毅　段文通　赵德生
　　　　董伯驹

规划局

局　长　王　刚(4月至12月)
副书记　邢　军
副局长　李逊泉　庞云冲　郝　兵

交通运输局

局　长　冯如胜
副局长　蔡朝贵　张统柱　杨国龙
　　　　张金华

商务局

局　长　周同恩
副书记　许宝庆
副局长　王尔国　张海燕　王立新
　　　　杨立强　逯泽生

农业局

局　长　郭平银
副局长　李俊泉(8月任职)
　　　　张　志(8月离职)
　　　　张连臣　王风延　胡　萍

林业局

局　长　郑洪周
副书记　吴兆齐
副局长　孙希春　李德洪　郑之祥
　　　　王玉峰

水利局

局　长　马文喜
副书记　于富斌
副局长　宰祥恩　孟　杨　吴　军
　　　　刘浩儒

粮食局

局　长　刘文元(10月病逝)
副书记　曹文瓒
副局长　李安峰　李宝中　王健民

文广新局

局　长　杨　杰
副局长　高　建　陈建军　陈吉敏

俞鲁海　刘朝君
李宝国(11月任职)

体育局

局　长　王拥军
副书记　张卫东
副局长　曹东辉　周凤芹(女)　陈良忠
　　　　刘文峰

民族宗教局

局　长　马传先(女,回族)
副局长　赵志方　王敬国　时长健

城市管理行政执法局

局　长　孙九鹏
副局长　杨茂婷(女)　岳红星
　　　　张连山　沈希泉　王建国

安监局

局　长　杨晓波
副局长　侯广强　赵吉章　唐风东

食品药品监管局

局　长　马国忠
副局长　董立新　张新杰　刘有堂
　　　　边家山　李建忠

工商行政管理局

局　长　周庆立
副局长　黄树森　范书玉　王建军
　　　　柴文刚

质量技术监督局

局　长　苗晓钢
副局长　张毅军　匡　湘　刘俊哲
　　　　李端民

外事侨务办公室

主　任　宋小美(女)
副主任　封　琳
　　　　张爱军(8月任职)
　　　　朱雨辰(4月离职)

人民防空办公室

主　任　傅　林
副主任　杨兆丰　王宝峰　杨振涛
　　　　韩启顺

物价局

局　长　于　喆
副书记　李新峰
副局长　高兴玉　张　辉　高洪玉

应急办公室

主　任　徐宏城
副主任　张少华　马志洲

电子政务办公室

主　任　贺金珂
副主任　张　兵　王　新　时晓东

市民热线管理办公室

主　任　王咸民
副主任　李洪生
　　　　张　丽(7月任职)

金融办公室

主　任　姜　刚(4月离职)
　　　　朱恩鹤(5月任职)
副主任　赵小广　冯立潮
　　　　张　强(4月离职)

法制办公室

主　任　张殿为
副主任　梁少宗　路　平(女)

中小企业局

局　长　赵小广
副局长　张志勇　张开军　徐　新

公路局

局　长　赵传峰(5月离职)
　　　　王丙豹(5月任职)
副局长　董赋贵　赵　军　郑玉国
　　　　郭簦堂　马学起(5月离职)
　　　　赵希平(5月离职)

畜牧兽医局

局　长　马灿军

副书记　张同新

副局长　李廷玉　杨金峰　王子平

经济合作局

局　长　乔方红

副局长　孙风光　张子元　张朋强

地方史志办公室

主　任　李其常

副主任　王立云(女)　夏传玉

老龄工作委员会办公室

主　任　张卫东

副主任　张效清(女)　张　勇

市人民政府驻北京联络处

主　任　王学昌

副主任　李　滨

鞠永福(10月任职)

驻天津滨海新区办事处

主　任　郑　军

副主任　张连光

住房公积金管理中心

主　任　李如民

副主任　王宗元　王　鹏

旅游局

局　长　刘宗斌

副书记　孙　兵　赵月生

副局长　王福军　范　军

机关事务管理局

局　长　张德生(7月离职)

赵明国(7月任职)

副书记　杨文华

副局长　邵宏伟　李　岩　孙胜民

顾兴成(2月任职)

地震局

局　长　杨　华

副局长　张海燕　康之胜

公用事业管理局

局　长　邢朝峰

副局长　卢瑞祥

闵祥涛(12月离职)

孙国庆　韩宝河

文化市场综合执法局

局　长　江德勇

副局长　万　强　高　静

房产管理中心

主　任　蔺新河

副主任　孙　路　常　欣　哈　勇

周方玉

供销合作社联合社

理事会主任　刘学森

监事会主任　于清泉

理事会副主任　陆国庆　于秀志

杨流飞　李太江

仲裁委员会办公室

主　任　刘宝三

副主任　高振强　张成民

政务服务中心管理办公室(公共资源交易管理办公室)

主　任　董国辉

副主任　王从仕　丁世章　丁　恺

农业综合开发办公室

主　任　王　炼

副主任　包方龙

蔬菜办公室

主　任　田京江

水产办公室

主　任　周振廷

农业机械管理局

局　长　王洪春

副局长　张宝东

中国人民政治协商会议德州市委员会及所属委、室

政协德州市委员会

主　　席　翟长生
副 书 记　丁福祥　邵自升
副 主 席　丁福祥　马传先(女,回族)
　　　　　王惠萍(女)　邵自升
　　　　　杨光来　李世民　商怀君
秘 书 长　李学根
副秘书长　孔祥智　李如民　张永生
　　　　　刘宗德(7月任职)
　　　　　闫中华　张彦才

办公室

主　任　李如民
副主任　李志辉　刘鹏飞

研究室

主　任　张永生
副主任　纪立智

委员活动工作室

主　任　徐吉军
副主任　张振岭

机关党委

书　记　李学根
副书记　姚玲玲

提案委员会

主　任　傅全禄
副主任　徐　玲(女)

经济委员会

主　任　韩　冰(7月离职)
副主任　周其震

人口资源环境委员会

主　任　曹世华(2月离职)
副主任　刘光军

科技教育文化卫生体育委员会

主　任　马洪柱
副主任　赵　晶(女,满族)

社会法制联谊委员会

主　任　刘　勇
副主任　唐　峰

文史资料委员会

主　任　卜庆友
副主任　孙福忠

中国共产党德州市纪律检查委员会及所属部门、派驻机构

中国共产党德州市纪律检查委员会

书　记　单传海
副书记　孙秀河　江　辉　刘国亭
常　委　杨金录　卢　镇　黄德明
　　　　董爱新(女)　陈　曦

办公室(督查室)

主　任　马伟彪

组织部

部　长　刁永明

宣传部

部　长　孙立宁(女)

研究室

主　任　刘天柱

党风政风监督室

主　任　柳红卫(女)

信访室

主　任　颜宏伟(女)

案件监督管理室

主　任　聂长义

第一纪检监察室

主　任　夏贞涛(7月任职)

第二纪检监察室

主　任　刘崇军

第三纪检监察室

主　任　付　刚

第四纪检监察室

主　任　卢长宾(7月任职)

第五纪检监察室

主　任　王　芳

案件审理室(政策法规室)

主　任　郭宗军

干部监督室

主　任　柳　骁

机关党委

书　记　陈　曦

副书记　胡　滨(7月任职)

各派驻纪检监察组

市纪委、监察局第一派驻纪检监察组

组　长　李生全

副组长　张庆民(女)　王登峰　栾玉强

市纪委、监察局第二派驻纪检监察组

组　长　韩富东

副组长　李洪海　康　勇

市纪委、监察局第三派驻纪检监察组

组　长　王立鲁

副组长　李文豪(7月任职)

　　　　王　涵　王　雷

市纪委、监察局第四派驻纪检监察组

组　长　杨金录

副组长　陈震山　马俊海

市纪委、监察局第五派驻纪检监察组

组　长　宋明华

副组长　付厚民　张东升　邱丽艳(女)

市纪委、监察局第六派驻纪检监察组

组　长　徐　光(7月离职)

副组长　王文远　王学华

市纪委、监察局第七派驻纪检监察组

组　长　解　伟

副组长　徐松涛　李宗元

市纪委、监察局第八派驻纪检监察组

组　长　徐安国

副组长　张玉臣　张胜生

派驻市卫计委纪检监察组

组　长　王官久

派驻市住建局纪检监察组

组　长　许立平

派驻市交通局纪检监察组

组　长　李焱荣

派驻市农业局纪检监察组

组　长　张庆忠

派驻市城管执法局纪检监察组

组　长　张玉强

德州市中级人民法院、德州市人民检察院

德州市中级人民法院

院　长　尚洪立(2月离职)

　　　　孟祥刚(2月任职)

副院长　郭仁军　刘光辉　苏建军

　　　　张惠远　李文铎

德州市人民检察院

检察长　李万堂

副检察长　石　青　韩良民　张利智

　　　　何万国　周方宝

驻德军事机关

德州军分区

司令员　张俊杰

政治委员　刘晓明

副司令员　李传高

副政治委员　宋瑞伦　支家斌
参 谋 长　曹　光
政治部主任　孙亚松
后 勤 部 长　蔡少武

山东陆军预备役后勤保障旅

旅　　长　刘智源
政 治 委 员　李志宇(3月离职)
　　　　　严立玉(11月任职)
参　谋　长　方士彬
政治部主任　李永健

武警德州市支队

支　队　长　孙建强
政 治 委 员　王　瑜
第一政治委员　于松岩(兼)
副 支 队 长　刘　刚
　　　　　史晓明(4月离职)
　　　　　刘　震(4月任职)
副政治委员　李学智(4月离职)
　　　　　齐　亮(4月任职)
参　谋　长　朱　峰(4月离职)
　　　　　史晓明(4月任职)
政治处主任　齐　亮(4月离职)
　　　　　刘　斌(4月任职)
后 勤 处 长　李　孟

德州市公安消防支队

支 队 长　杜以营
政 治 委 员　宋同军
副 支 队 长　于自哲
　　　　　王凡伟(8月离职)
　　　　　范道永(10月任职)
参　谋　长　范道永(10月离职)
　　　　　李　辉(10月任职)
政治处主任　周　勇(10月任职)
后 勤 处 长　李　阳
防 火 处 长　张　力

民主党派、工商联

中国民主同盟德州市委员会

主　委　康志民
副主委　王兰英(女,12月离职)
　　　　张　苹(女)　王志刚
　　　　杨立新(12月任职)

中国民主建国会德州市委员会

主　委　吕永忠
副主委　周相国(女)　高　红(女)
　　　　马春荣

中国民主促进会德州市委员会

主　委　王惠萍(女,12月离职)
　　　　陈晓强(12月任职)
副主委　程建闽(12月离职)
　　　　李晓梅(女)
　　　　陈晓强(12月离职)
　　　　相子国
　　　　张涤非(12月任职)
　　　　邢庆杰(12月任职)

九三学社德州市委员会

主　委　钟　玲(女)
副主委　田正祥　李和平(女)
　　　　郭天德　张兰菊(女)

中国农工民主党德州市委员会

主　委　商怀君
副主委　李贵信　李　挺　刘振河

中国致公党德州市委员会

主　委　马传先(女,回族)
副主委　刘红梅(女)　路合江　孙金鑫

中国国民党革命委员会德州市总支部

主　委　徐洪波
副主委　崔丽琳　王玉林　刘洪恩

德州市工商联

主　　席　张洪波
党组书记　曹致源(7月离职)
　　　　　赵金刚(7月任职)
副 主 席　孔　毅　马　锋　刘　伟

群众团体

市总工会

主　席　邓光亮
副主席　朱秀彦　王殿凯　邱家起
　　　　王荣渭　孙　刚

中国共产主义青年团德州市委员会

书　记　沈四平(7月离职)
　　　　王　成(7月任职)
副书记　张方瑞(女)　孙艳雪(女)

市妇女联合会

主　席　杨旭博(女)
副主席　徐宝丽(女)　李俊英(女)
　　　　王万英(女)

市科学技术协会

党组书记、副主席　李士新
主　席　辛志才
副主席　李玉鑫(女)　王立国

市文学艺术界联合会

主　席　高世伦
副主席　石　巍(女)　刘新生

市社会科学联合会

主　席　武恩智(兼)
副主席　刘小文　王德胜

市归国华侨联合会

主　席　朱雨晨
副主席　刘红梅

市残疾人联合会

理 事 长　张　莉(女)
副 书 记　袁同儒
副理事长　张令峰　徐登文　李　峰

市红十字会

会　长　祁玉忠
副会长　宋占文

中国国际贸易促进委员会德州市支会

会　长　李连军
副会长　张建华　朱　勇

新闻单位

德州日报社

书　　记　史成志
社　　长　姜立明
总 编 辑　赵红卫(女)
副总编辑　李长征　潘小曼(女)
　　　　　高　峻　刘同江

德州广播电视台

台　　长　邱红玲(女)
总 编 辑　刘家权
副 台 长　孙　伟　马清水　郭延东
副总编辑　左　靖(女)　杨海瀛

德州晚报社

总编辑　李长征

中央、省驻德单位

市国税局

局　长　毕研忠
副局长　王立忠　李文忠　王秀荣
　　　　李宝广　何福玉　马　军

市地税局

局　长　宓东生
副局长　李晓冬(女)　周书华　郭世峰
　　　　周鲁平　刘书庆

德州海关

关　长　杨鲁泉
副关长　王学文

德州检验检疫局

局　长　张明辉
副局长　刘　睿　刘贵福
　　　　王　峰(7月任职)

市气象局

局　长　常　平
副局长　魏国盼　杨学斌

国家统计局德州调查队

队　长　许洪海
副队长　张林琳(女)　夏志进

市盐务局

局　长　曹清刚
副局长　滕秦龙　方德臣

市烟草专卖局

局　长　陈　豪
副局长　孙衍刚　张明垠　许振强
　　　　曲　丽

漳卫南运河管理局德州河务处

局　长　刘敬玉
副局长　杨百成　陈永瑞　肖玉根

德州黄河河务局

局　长　裴明胜
副局长　刘祖光　牛庆国

中国邮政集团公司德州市分公司

总经理　刘玉华

山东高速股份有限公司德州分公司

经　理　任玉宽

新华集团

总经理　郭玉森

国网德州供电公司

总 经 理　杨军虎(1月离职)
　　　　　石　岩(9月任职)
副总经理　沈卫军

华能德州电厂

厂　　长　刘树昌
党委书记　邹治泉

中国移动通信集团山东有限公司德州分公司

总经理　陈　勇(11月任职)

中国联通德州市分公司

总经理　宋庆斌

中国电信德州分公司

总 经 理　(缺)
副总经理　周　磊(主持工作)

金 融 机 构

中国人民银行德州市中心支行

行　长　董　昕
副行长　徐靖元　高文博
　　　　杨德阔(7月任职)
　　　　廉　龙

中国银行业监督管理委员会德州监管分局

局　长　田邦升
副局长　唐玉明　张清林

中国农业发展银行德州市分行

行　长　田　青(7月离职)
　　　　赵性存(7月任职)

中国工商银行股份有限公司德州分行

行　长　赵忠江

中国农业银行股份有限公司德州分行

行　长　刘宗良(6月离职)
　　　　董洪秋(6月任职)

中国建设银行股份有限公司德州分行

行　长　靳晓海

中国银行股份有限公司德州分行

行　长　吴　琳(7月离职)
　　　　尹卫东(7月任职)

中国邮政储蓄银行德州分行

行　长　周振忠(9月任职)
　　　　吕　昆(9月离职)

德州银行股份有限公司

董事长　孙玉芝(5月离职)
　　　　牛洪春(5月任职)
行　长　常　青(8月离职)
　　　　郑亚林(9月任职)
监事长　杜成金(女)

山东省农村信用社联合社德州办事处

主　任　辛士勇(8月离职)
　　　　巩方波(8月任职)

大专院校、科研院所

德州学院

书　记　刘文烈(8月任职)
　　　　李保海(6月离职)
院　长　冯　健
副院长　巩建闽　孙海滨
　　　　王金利　张明征　吴兴华

德州职业技术学院

书　记　郭宝庆
院　长　张同光
副院长　李　跃　袁学峰　李建华
　　　　陈章侠

山东华宇工学院

院　长　梁玉国

农科院

院　长　贺洪军
副院长　马爱民　徐宪斌　贾德新

县(市、区)组织机构及负责人

德 城 区

中共德城区委员会

书　记　刘长民(兼,11月离职)
　　　　巩洪波(11月任职)
副书记　王震秀(12月离职)
　　　　王洪林
　　　　张志芳(女,12月任职)
常　委　刘长民(兼,11月离职)
　　　　巩洪波(11月任职)
　　　　王震秀(12月离职)
　　　　王洪林
　　　　张志芳(女,12月任职)
　　　　孟令芳(女,12月离职)
　　　　徐世勇
　　　　贾敬银(3月离职)
　　　　杨振生　张仲钵
　　　　朱冬松(12月离职)
　　　　王玉成
　　　　许　勇(12月任职)
　　　　孟　宇(12月任职)
　　　　王　磊(挂职)
　　　　王　伟(挂职,2月任职)
　　　　刘建国(挂职,4月任职)

德城区人大常务委员会

主　　任　刘长民(兼)
第一副主任　王少坤
副 主 任　李德山　丁丽霞(女)
　　　　　李国杰
　　　　　魏皎然(3月离职)

德城区人民政府

区　长　王震秀(12月离职)

王洪林(代,12月任职)
副区长 徐世勇
王 磊(挂职)
王 伟(挂职,2月任职)
刘建国(挂职,4月任职)
李和平(女) 张建栋 骆晓东
孙大鹏(12月任职)
纪 勇 李福广 魏 磊(挂职)
李玉林(挂职)

政协德城区委员会

主 席 闫书德
副主席 马振东 刘 英(女)
刘惠平(女) 王太勇
戴连强

中共德城区纪律检查委员会

书 记 王玉成
副书记 吴海蓉(女) 郭立海

德城区人民法院

院 长 王建勇(12月离职)
韩秀海(代,12月任职)

德城区人民检察院

检察长 戴志军

陵 城 区

中共德州市陵城区委员会

书 记 马俊昀(女,12月离职)
马常春(12月任职)
副书记 齐永军(12月离职)
李希岩(12月任职)
王 林
常 委 马俊昀(女,12月离职)
马常春(12月任职)
齐永军(12月离职)
李希岩(12月任职)
王 林 朱洪瑞
刘 芳(女,12月离职)
王玉东(12月任职)
李守学(12月离职)
沙 飞(回族)
李爱民(12月离职)
杨炳超(7月离职)
王立勇
时 磊(女,12月任职)
王青峰
耿祥忠(7月任职)
姜廷华(12月任职)

陵城区人大常委会

主 任 马俊昀(女,12月离职)
副主任 李丰新 李祖领 陈志辉
王华营 王英胜

陵城区人民政府

区 长 齐永军(12月离职)
李希岩(12月任职)
副区长 朱洪瑞 沙 飞(回族)
霍宪涛(12月离职)
王 贞(女,12月离职)
张登福(回族) 孔 亮

政协陵城区委员会

主 席 张法利
副主席 郭云山 高长峰
李治勇(回族) 刘长峰
李连明(女,回族) 高利民

中共德州市陵城区纪律检查委员会

书 记 王立勇
副书记 祝道祥 孙德民

陵城区人民法院

院 长 韩秀海(12月离职)

陵城区人民检察院

检察长 姜山彤

禹城市

中共禹城市委员会

书　记　张安民
副书记　张　磊(1月离职)
　　　　荣红智(2月至12月)
　　　　滕海强(12月任职)
　　　　刘洪贵
常　委　张安民
　　　　张　磊(1月离职)
　　　　荣红智(2月至12月)
　　　　滕海强(12月任职)
　　　　刘洪贵
　　　　宋世忠(12月离职)
　　　　闫秀丽(女)
　　　　周　亮(12月离职)
　　　　赵大鹏(12月离职)
　　　　刘之荣(12月离职)
　　　　王建国　张振河
　　　　王　涛(7月至12月)
　　　　张建军(12月任职)
　　　　崔立民(12月任职)

禹城市人大常委会

主　任　张安民
副主任　李玉梅　纪淑华(女)　崔玉华
　　　　段昭基　张风光

禹城市人民政府

市　长　张　磊(1月离职)
　　　　荣红智(2月至12月)
　　　　滕海强(代,12月任职)
副市长　宋世忠(12月离职)
　　　　司红玉(女)　孙现旺　张本勇
　　　　程先清　郭　强

政协禹城市委员会

主　席　刘东顺
副主席　高富全　孙凤云(女)
　　　　李　艳(女)　赵忠祥　周兴勇
　　　　韩　东

中共禹城市纪律检查委员会

书　记　闫秀丽
副书记　王宝勇　司海燕(女)

禹城市人民法院

院　长　耿曙华(女,12月离职)
　　　　杨如冰(代,12月任职)

禹城市人民检察院

检察长　任少伟

宁津县

中国共产党宁津县委员会

书　记　巩洪波(11月离职)
　　　　王　刚(11月任职)
副书记　高秀鹏(12月离职)
　　　　沙淑红(12月任职)
　　　　毕志国(12月任职)
　　　　樊廷雷(2月离职)
　　　　林　春(挂职)
常　委　毕志国
　　　　井为民(12月任职)
　　　　孟祥胜
　　　　张健捷(12月任职)
　　　　武永生
　　　　李玉升(12月离职)
　　　　周立志
　　　　卢长宾(12月任职)
　　　　时　磊　李宝国
　　　　卢孟清(12月任职)
　　　　张会利

宁津县人大常委会

主　　任　巩洪波(11月离职)
第一副主任　高建设(2017年1月离职)
　　刘延利(2017年1月任职)
副 主 任　王建林　姜国华　迟连胜
　　冯爱华

宁津县人民政府

县　长　高秀鹏(12月离职)
　　沙淑红(代,12月任职)
副县长　沙淑红(12月任职)
　　毕志国
　　井为民(12月任职)
　　李玉升(12月离职)
　　陈晓强　许书旺　李秀双
　　李宏东
　　李大宇(挂职,2月离职)
　　齐　强(12月任职)
　　王新志(12月任职)
　　刘　杰(挂职,12月任职)

中国人民政治协商会议宁津县委员会

主　席　刘延利
副主席　方学武　李凤军　迟吉红
　　杨同林　李玉栋　于振建

宁津县纪律检查委员会

书　记　周立志(12月离职)
　　卢长宾(12月任职)
副书记　李书铭　周福勇　张之江
　　王学忠

宁津县人民法院

院　长　王　慧

宁津县人民检察院

检察长　李振刚

齐 河 县

中共齐河县委员会

书　记　孟令兴(12月离职)
　　曲　锋(12月任职)
副书记　王晓东(4月离职)
　　滕双兴(8月任职)
　　董庆新
常　委　曲　锋(12月任职)
　　滕双兴(8月任职)
　　董庆新　李彬彬(女)
　　赵大鹏(12月任职)
　　刘吉喜
　　石连革(7月任职)
　　谢德安(7月任职)
　　王　涛(12月任职)
　　孟令兴(12月离职)
　　王晓东(4月离职)
　　李文豪(7月离职)
　　滕俊国
　　沙淑红(女,12月离职)
　　张荣河　李　晗

齐河县人大常委会

主　任　孟令兴
副主任　赵常祥　周　芹(女)　卢永强
　　马吉宝(女)　段学涛

齐河县人民政府

县　长　王晓东(4月离职)
　　滕双兴(代,8月任职)
副县长　李彬彬(女)　石连革　赵传雷
　　王志华 (2月离职)
　　王成平　张和田

政协齐河县委员会

主　席　霍玉平(女)
副主席　房士顺　郑桂萍(女)　张景伟
　　刘　锋　张长利　闫培栋

中共齐河县纪律检查委员会

书　记　滕俊国(12月离职)

赵大鹏(12月任职)
副书记　郑建文　陈传杰

齐河县人民法院

院　长　张　军

齐河县人民检察院

检察长　范树林

临 邑 县

中共临邑县委员会

书　记　景文新(1月离职)
林春元(1月任职)
副书记　林春元(1月离职)
马文国(2月任职)
李　楠(8月离职)
杜朝生(12月任职)
常　委　景文新(1月离职)
林春元
马文国(2月任职)
李　楠(8月离职)
杜朝生
郭永胜(12月离职)
李希河(7月任职)
王　成(8月离职)
王　胜　陈光春　乔云刚
刘　辉(12月任职)
李远征(12月任职)
马桂芳(女)
于　萍(女,12月任职)
李爱民(12月任职)
李　伟(12月任职)
王作森

临邑县人大常委会

主　任　孙书臣
副主任　李成奎　于　静(女)
车福云　杜久龄　宫恩武

临邑县人民政府

县　长　林春元(1月离职)
马文国(2月任职)
副县长　郭永胜　陈光春　李多江
孟令军　谭善鹏　张建民

政协临邑县委员会

主　席　邓荣良
副主席　许国庆　董玉德　单玉森
徐俊亮　史成银

中共临邑县纪律检查委员会

书　记　乔云刚
副书记　王树泉　刘　勇

临邑县人民法院

院　长　牛庆华

临邑县人民检察院

检察长　张立河

平 原 县

中共平原县委员会

书　记　马善军(11月离职)
王洪霞(女,11月任职)
副书记　王洪霞(女,11月离职)
袁志勇
孙丰勇(12月任职)
常　委　马善军(11月离职)
王洪霞(女)　袁志勇
孙丰勇(12月任职)
肖文昌　李　超　刘在军
谷举族　刘　辉　潘风雷
李守学(12月任职)
乔云刚(12月任职)
王继锋　曲智勇
张和田(12月任职)

平原县人大常委会

主　　任　马善军(11月离职)
党组书记　齐殿君(12月离职)
　　　　　刘凤江(12月任职)
副 主 任　齐殿君　张国华　张友国
　　　　　金凤霞　孙长梅(女)

平原县人民政府

县　长　王洪霞(女,12月离职)
　　　　袁志勇(代,12月任职)
副县长　谷举族(12月离职)
　　　　刘　辉(12月离职)
　　　　高　明(12月离职)
　　　　何新梅(女)　杨传智

政协平原县委员会

党组书记　王建民(12月离职)
　　　　　肖文昌(12月任职)
主　　席　刘凤江
副 主 席　李玉明　朱春光　姚汝勇
　　　　　刘吉彪　宋连军

中共平原县纪律检查委员会

书　记　李　超(12月离职)
　　　　乔云刚(12月任职)
副书记　董殿温　赵国玉

平原县人民法院

院　长　张连波

平原县人民检察院

检察长　冯爱民

武 城 县

中共武城县委员会

书　记　张传忠(11月离职)
　　　　张　磊(11月任职)
副书记　张　磊(1月至11月)
　　　　朱恩鹤(12月任职)
　　　　季之岭(12月任职)
　　　　赵　华(12月离职)
　　　　张乃清(女,挂职)
常　委　张传忠(11月离职)
　　　　张　磊(1月任职)
　　　　朱恩鹤(12月任职)
　　　　赵　华(12月离职)
　　　　王志强
　　　　井为民(12月离职)
　　　　季之岭
　　　　刘之荣(12月任职)
　　　　田志清　刘呈辉
　　　　乔咏梅(女)　耿建强
　　　　李兆臣(12月任职)
　　　　谭清顺　张乃清(女,挂职)
　　　　张洪波(挂职)
　　　　周　燕(女,挂职,10月任职)
　　　　许　琳(女,挂职,8月任职)
　　　　邱剑峰(挂职,8月离职)

武城县人大常委会

主　任　张传忠(11月离职)
副主任　王英华　袁长霞(女)
　　　　张玉清　卢长生　贾保华

武城县人民政府

县　长　张　磊(1月至11月)
副县长　王志强　刘呈辉　杜文陆
　　　　孙金鑫(12月离职)
　　　　于　萍(女,12月离职)
　　　　张传杰(12月离职)
　　　　王国琦(12月任职)
　　　　韩以广(12月任职)
　　　　孙旭红(女,12月任职)
　　　　周　燕(女,挂职,10月任职)
　　　　许　琳(女,挂职,8月任职)
　　　　王中华(挂职,10月离职)

李红坤(挂职,7月离职)
邱剑峰(挂职,8月离职)

政协武城县委员会

主　席　陈朋金
副主席　孙金鑫(兼,12月离职)
周晓峰　矫东平　苏芳志
刘志刚　石尚贞　潘华伟(女)
周树彬　满春元(回族)

中共武城县纪律检查委员会

书　记　乔咏梅(女)
副书记　王兆林　周兴宝

武城县人民法院

院　长　陈晓静(女)

武城县人民检察院

检察长　智　广(1月任职)

夏 津 县

中共夏津县委员会

书　记　王春利(12月离职)
才玉璞(12月任职)
副书记　高善玉(12月任职)
李　超(12月任职)
张长臣(12月离职)
常　委　才玉璞
高善玉(12月任职)
李　超(12月任职)
王跃华
闵祥涛(12月任职)
张　蕾(女,12月任职)
孔祥东(12月任职)
张建民(12月任职)
栾玉勇
刘如伟(7月任职)
王春利(12月离职)
张长臣(12月离职)
张志芳(女,12月离职)
张海辉(12月离职)
谢德安(7月离职)
陈廷国(12月离职)
魏先军(12月离职)
刘长军(12月离职)

夏津县人大常委会

主　任　王春利
副主任　于明成
张玉青(女,7月离职)
褚银华　付晓波　梁宜先

夏津县人民政府

县　长　才玉璞(12月离职)
副县长　高善玉(代县长,12月任职)
张海辉　王跃华　刘长青
杨淑华(女)　赵光涛
李建国　于春峰(12月任职)
任桂英(女,12月任职)

政协夏津县委员会

主　席　郭庆厚
副主席　张玉林　袁静华(女)　倪家臣
李法宝　杨　红　刘红晓

中共夏津县纪律检查委员会

书　记　张　蕾(女,12月任职)
张志芳 (女,12月离职)
副书记　霍宪国　王贵清

夏津县人民法院

院　长　邱新华(12月离职)
宋　磊(代院长,12月任职)

夏津县人民检察院

检察长　郭建龙(12月离职)
张洪生(代,12月任职)

庆 云 县

中共庆云县委员会

书　记　侯有喜(4月离职)
　　　　王晓东(4月任职)
副书记　许　健(12月离职)
　　　　孙洪昌(12月任职)
　　　　高善玉(12月离职)
　　　　赵晓静(12月任职)
　　　　李荣臣(挂职)
常　委　李　勇(2月离职)
　　　　苏兰武(12月离职)
　　　　李松叶(11月离职)
　　　　王玉东(12月离职)
　　　　赵作勇　张　蕾(12月离职)
　　　　温福顺　刘吉军(12月任职)
　　　　魏先军(12月任职)
　　　　杨全华(7月任职)
　　　　王建华(12月任职)

庆云县人大常委会

主　任　侯有喜(2月离职)
　　　　高丽霞(女,2月任职)
副主任　张金梅(女)　郝连文
　　　　刘月新(女)　张凤辉

庆云县人民政府

县　长　许　健(12月离职)
　　　　孙洪昌(12月任职)
副县长　李松叶(11月离职)
　　　　赵作勇　杨全华(12月任职)
　　　　张传军　杨文海(12月离职)
　　　　胡晓琴　张因忠(12月离职)
　　　　田正勇(12月任职)
　　　　殷金明(12月任职)
　　　　张万里(12月任职)

政协庆云县委员会

主　席　高丽霞(2月离职)
　　　　李　勇(2月任职)
副主席　张爱华(女)　杨金堂　张洪波
　　　　孙长忠　刘　忠　刘玉琢

中共庆云县纪律检查委员会

书　记　苏兰武(12月离职)
　　　　魏先军(12月任职)
副书记　冯庆华(12月离职)
　　　　王景林
　　　　张永胜(12月任职)

庆云县人民法院

院　长　孙文中(12月离职)
　　　　牛庆华(12月任职)

庆云县人民检察院

检察长　钟云东(12月离职)
　　　　李　茜(12月任职)

德州经济技术开发区

中共德州经济技术开发区工作委员会

书　记　鄂宏达
副书记　赵明国(7月离职)
　　　　沈四平(7月任职)
　　　　朱青松
　　　　宋世忠(12月任职)
委　员　葛学刚(9月离职)
　　　　王怀勇　李晓明　史好勤
　　　　李建强
　　　　王大山(12月离职)
　　　　岳红星(12月任职)
　　　　贾长群　任　锋
　　　　许　勇(12月离职)
　　　　孔祥东(12月离职)
　　　　黄玉芹(女)

孙丙峰(12月任职)
张宝镇　申　毅

德州经济技术开发区管理委员会

主　任　张英昌(12月离职)
　　　　鄂宏达(12月任职)
副主任　赵明国(8月离职)
　　　　沈四平(8月任职)
　　　　王怀勇　李晓明　史好勤
　　　　贾长群　孔祥东

德州市人大常委会德州经济技术开发区工作委员会

主　任　解德敏(7月离职)
　　　　谢恩明(7月任职)
副主任　李英培

政协德州市委员会德州经济技术开发区工作委员会

主　任　刘宗德(7月离职)
　　　　韩　冰(7月任职)
副主任　薛春兵

中共德州经济技术开发区纪律检查工作委员会

书　记　黄玉芹(女)
副书记　何　强　李兆杰

德州经济技术开发区人民法院

院　长　张树峰(7月离职)
　　　　刘辉东(7月任职)

德州经济技术开发区人民检察院

检察长　马玉坤

德州运河经济开发区

中共德州运河经济开发区工作委员会

书　记　高秀鹏
副书记　杨洪利　孟令芳(女)

德州运河经济开发区管理委员会

主　任　高秀鹏
副主任　杨洪利　张光臣　程绍东
　　　　霍晓光　苏树江

德州市人大常委会驻德州运河经济开发区人大工作联络处

专　员　陈恩起

政协德州市委员会驻德州运河经济开发区政协工作联络处

专　员　郭庆悦

中共德州经济开发区纪律检查工作委员会

书　记　刁永明

人　　物

市委　市人大　市政府　市政协

陈　勇　德州市委书记，市人大常委会主任，市委党校校长（兼）。1960年1月生，山东省淄博市人，中共党员，省委党校研究生，经济学硕士。

1978年1月至1980年1月淄博师范学校数学专业学生；1980年1月至1982年7月淄博矿务局双沟煤矿学校教师、团支部书记；1982年7月至1985年9月淄博矿务局团委干事；1985年9月至1987年6月山东师范大学政治系干部专修科思想政治教育专业学生；1987年6月至1988年7月淄博矿务局团委宣传部副部长；1988年7月至1989年7月共青团淄博市委办公室副主任；1989年7月至1991年5月淄博市委办公室副科级秘书；1991年5月至1993年4月淄博市委办公室正科级秘书；1993年4月至1993年7月淄博市委办公室副主任；1993年7月至1995年2月淄博市委办公厅副主任；1995年2月至1997年6月淄博市委副秘书长、市委办公厅副主任（1993年9月至1996年6月南开大学经济学院政治经济学专业在职学习，获经济学硕士学位）；1997年6月至2001年4月淄博市委副秘书长兼党史委主任；2001年4月至2002年12月淄博市委副秘书长、办公厅主任；2002年12月至2006年12月淄博市周村区委书记、区人大常委会主任、区委党校校长（其间，2004年9月至2005年1月在中央党校进修三班学习）；2006年12月至2007年3月桓台县委书记、县人大常委会主任、县委党校校长；2007年3月至2007年12月淄博市委常委、桓台县委书记、县人大常委会主任、县委党校校长（2004年9月至2007年6月省委党校在职干部研究生班经济管理专业学习）；2007年12月至2011年5月淄博市委常委、桓台县委书记、县委党校校长；2011年5月至2011年6月济南市委常委；2011年6月至2011年12月济南市委常委、秘书长；2011年12月至2012年2月济南市委常委、秘书长、组织部部长；2012年2月至2015年7月济南市委常委、组织部部长；2015年7月至2015年8月，任德州市委书记兼市委党校校长；2015年8月至2017年2月，任德州市委书记、市人大常委会主任、市委党校校长。

陈　飞　德州市委副书记，市政府市长、党组书记。汉族，1975年1月生，籍贯山东潍坊，出生地山东济南，在职研究生，法学博士，1997年7月参加工作，1996年1月加入中国共产党。

1993年9月至1997年7月，山东大学国政学院科学社会主义系科学社会主义专业学习（其间:1996年5月至1997年7月山东大学学生会主席、山东省学联主席;1996年8月至1997年7月全国学联副主席)。1997年7月至1998年10月山,任东省青岛市委组织部干部二处科员。1998年10月至2000年12月,任山东省青岛市委组织部党政干部处科员(其间:1997年9月至2000年9月在山东大学科学社会主义专业研究生课程进修班学习结业,获法学硕士学位;1999年3月至2000年6月在即墨市大信村镇挂职)。2000年12月至2001年10月,任山东省青岛团市委副书记。2001年10月至2001年12月,任山东省青岛团市委副书记、市少工委主任。2001年12月至2003年3月,任山东省青岛团市委副书记、市少工委主任、市青联副主席。2003年3月至2006年8月,任山东省青岛团市委副书记、市青联副主席。2006年8月至2007年12月,任山东省青岛团市委副书记、市青联主席。2007年12月至2012年2月,任山东省青岛团市委书记(其间:2004年9月至2009年7月在清华大学马克思主义学院马克思主义理论专业学习,获法学博士学位)。2012年2月至2012年5月,任山东省青岛市委常委、统战部部长,团市委书记,青岛高新区党工委书记。2012年5月至2012年8月,任山东省青岛市委常委、统战部部长,团市委书记,青岛高新区党工委书记,青岛红岛经济区管委会主任、党工委书记。2012年8月至2013年2月,任山东省青岛市委常委、统战部部长,青岛高新区党工委书记,青岛红岛经济区管委会主任、党工委书记。2013年2月至2015年4月,任山东省青岛市委常委,青岛红岛经济区(青岛高新区)管委会主任、党工委书记。2015年4月至2015年8月,任山东省德州市委副书记,市政府副市长、代市长、党组书记。2015年8月至今,任山东省德州市委副书记,市政府市长、党组书记。

刘贵堂 中共德州市委常委、德州市委副书记。1962年10月出生,山东省费县人,中共党员,研究生学历。

1980年9月至1983年6月,济南陆军学院军事指挥专业学习,1983年6月至1988年5月,历任临沂军分区费县人武部干事、临沂军分区政治部干事。1988年5月至1994年8月,历任济南军区政治部宣传部干事、副营职干部。1994年8月至1997年9月,历任省劳动厅办公室干部、副主任科员、主任科员。1997年9月至2000年10月,任省委组织部干部综合处主任科员(1995年8月至1997年12月在中央党校函授学院经济管理专业学习)。2000年10月至2004年7月,历任省委组织部干部一处主任科员、副处长。2004年7月至2010年12月,历任省委组织部人才工作处(省知识分子工作办公室)副处长(副主任)、调研员、处长(主任)(2002年9月至2005年7月,在中央党校在职研究生班经济管理专业学习)。2010年12月至2012年9月,任省委组织部人才工作处处长。2012年9月至2015年6月,任德州市委常委、组织部部长(其间:2011年3月至2014年3月,在北京理工大学软件工程领域工程硕士专业学习,获工程硕士学位)。2015年6月至2015年9月,任德州市委常委、组织部长、统战部长(兼)。2015年9月至2017年1月,任德州市委常委、组织部长。2017年1月至2月,任德州市委常委。2017年2月,任德州市委副书记。

张传忠 中共德州市委常委,常务副市长,市行政学院院长(兼)。1970年8月出生,山东省日照市人,在职研究生,1993年7月参加工作,1992年12月加入中国共产党。

1986年9月至1989年7月，日照师范学习，1989年9月至1993年7月，山东师范大学政治教育专业学习。1993年7月至1994年12月，任五莲县叩官乡组织干事，1994年12月至1995年5月，任共青团五莲县委组织部副部长。1995年5月至1996年6月，任共青团五莲县委组织部部长，1996年6月至1997年9月，任共青团五莲县委副科级干事。1997年9月至2000年7月，任日照市委办公室副主任科员，2000年7月至2001年7月，任共青团日照市委副书记，2001年7月至2004年4月，任共青团日照市委副书记、党组成员。2004年4月至2006年5月，任共青团日照市委副书记、党组副书记，市青联主席(2003年3至2006年1在中央党校研究生院经济管理专业学习)。2006年5月至2010年1月，任共青团日照市委书记、党组书记，2010年1月至2011年12月，任日照市委副秘书长，日照大学科技园工委书记、管委主任，山东外国语职业学院党委书记(兼)(期间:2010年4月至2010年9月在美国圣荷塞大学培训)。2011年12月至2012年2月，任中共德州市委常委，2012年2月至2013年6月，任中共德州市委常委、宣传部部长，2013年6月至2014年1月，任中共德州市委常委、宣传部部长，武城县委书记，县委党校校长。2014年1月至2015年11月，任中共德州市委常委、武城县委书记，县人大常委会主任，县委党校校长，2015年11月至2016年2月，任中共德州市委常委，副市长，武城县委书记，县人大常委会主任，县委党校校长。2016年2月至2016年11月，任中共德州市委常委，常务副市长，武城县委书记，县人大常委会主任，县委党校校长。2016年11至2017年1月，任中共德州市委常委，常务副市长，武城县人大主任。2017年1月至2017年3月，任中共德州市委常委，常务副市长。2017年3月至今，任中共德州市委常委，常务副市长，市行政学院院长(兼)。

杨玖庆 中共德州市委常委、政法委书记。1969年4月出生，山东省阳谷县人，中共党员，研究生学历，工学学士、法学学士、管理学硕士。

1987年9月至1991年7月，山东工程学院农业工程系农机设计与制造专业学生。1991年7月至2001年10月，山东工程学院辅导员，机械系团总支书记、机械系党总支副书记，机械学院党总支副书记。其间，2000年6月至2001年10月任博兴县委副书记(挂职)。2001年11月至2002年12月，任滨州师范专科学校副校长、党委副书记。2002年12月至2003年1月，任沾化县委副书记、代县长，2003年1月至2003年11月，任沾化县委副书记、县长。2003年11月至2008年9月，任共青团滨州市委书记。其间，2001年9月至2004年6月，在山东省委党校在职干部研究生班经济管理专业学习，2005年4月至2005年10月，参加山东省青年干部赴美培训班。2008年9月至2011年12月，任惠民县委副书记、县长。其间，2007年9月至2009年6月，在浙江大学行政管理专业研究生班学习，获管理学硕士学位。2011年12月至2016年12月，任德州市副市长、党组成员。2016年12月至2017年2月，任德州市委常委候选人，市政府副市长、党组成员，2017年2月，任德州市委常委、政法委书记。山东省第十届人大代表，山东省第十届政协委员，滨州市第九届人大代表。德州市第十七届、十八届人大代表，德州市第十四届、十五届党代会代表。

刘长民 中共德州市委常委，秘书长。山东省陵县人，1964年6月出生，研究生学历，中共党员。1981年7月，任陵县邓集乡团委干事、书记，1983年5月，任共青团德州地委办公室干事。1984年6月，任共青团德州地委宣传部副部长，1988年11月，任共青团德州地委宣传部长。1989年2月，任德州地委组织部办公室正科级巡视员。1994年4月，任德州地(市)委组织部研究室主任。1995年8月，任德州市委组织部副县级巡视员、研究室主任。2001年2月，任中共禹城市委副书记、组织部长，2003年1月，任中共禹城市委副书记、副市长。2006年12月，任中共临邑县委副书记、代县长，2007年2月，任中共临邑县委副书记、县长。2010年9月，任中共庆云县委书记、县人大常委会主任、县委党校校长。2013年6月，任中共德州市委常委，2013年7月，任中共德州市委常委、政法委书记。2014年8月，任中共德州市委常委、德城区委书记。2016年5月，任中共德州市委常委，秘书长，德城区委书记、区人大常委会主任、区委党校校长。2016年12月，任中共德州市委常委，秘书长。

单传海 中共德州市委常委、市纪委书记。1963年10月出生，山东省新泰市人，中共党员，研究生学历。

1983年7月至1985年11月，任新泰楼德化肥厂技术员，1985年11月至1991年2月，任泰安市科委技术开发中心经理助理，1991年2月至1992年9月，任泰安市科委政策管理科干部。1992年9月至1993年3月，任泰安市科委技术市场管理处副主任，1993年3月至1997年3月，任泰安市科委人秘科副科长。1997年3月至1998年1月，任泰安市委政策研究室城市经济科科长。1998年1月至1999年9月，任泰安市委办公室综合一科科长，1999年9月至2000年11月，任泰安市委办公室副主任。2000年11月至2003年1月，任泰安市委副秘书长、办公室副主任。2003年1月至2006年12月，任肥城市委副书记(2004年3月至2006年4月，挂职惠民县委副书记、副县长)。2006年12月至2007年3月，任肥城市委副书记、代市长。2007年3月至2010年12月，任肥城市委副书记，市政府市长、党组书记(2009年5月至2009年11月，山东省中青年干部第八期赴美培训班学习)。2010年12月至2011年1月，任肥城市委书记、党校校长、市政府党组书记。2011年1月至11月，任肥城市委书记、党校校长。2011年11月至2012年1月，任肥城市委书记、党校校长，市人大常委会主任候选人。2012年1月至2013年12月，任肥城市委书记、党校校长，市人大常委会主任。2013年12月至2014年1月，任中共德州市委常委。2014年1月至2015年5月，任中共德州市委常委、宣传部长。2015年5月至2015年8月，任中共德州市委常委、宣传部长、德州经济技术开发区党工委书记。2015年8月至2015年10月，任中共德州市委常委、市纪委书记、宣传部长、德州经济技术开发区党工委书记。2015年10月至今，任中共德州市委常委、市纪委书记。

彭小毛 中共德州市委常委、统战部长。1970年12月生，河南省确山县人，中共党员，法学硕士。

1998年7月至1999年8月，在吉林省公安厅

看守所工作。1999年8月至2000年9月，任吉林省公安厅政治部秘书处副主任科员。2000年9月至2000年11月，任吉林省公安厅政治部综合处副主任科员。2000年11月至2004年4月，任吉林省公安厅政治部综合处调研科长。2004年4月至2004年5月，任吉林省公安厅政治部综合处助理调研员。2004年5月至2004年6月，在吉林省委办公厅综合一处工作。2004年6月至2006年3月，任吉林省委办公厅综合一处助理调研员。2006年3月至2007年12月，任吉林省委办公厅综合二处副处长。2007年12月至2008年9月，任吉林省纪委办公厅秘书，2008年9月至2011年1月，任吉林省纪委办公厅正处级秘书。2011年1月至6月，任吉林省纪委办公厅副主任。2011年6月至2014年1月，任山东省纪委正处级干部。2014年1月至7月，任山东省纪委党风政风监督室副主任。2014年7月至2015年8月，任山东省纪委党风政风监督室(山东省政府纠正行业不正之风办公室)主任。2015年8月至2015年9月，任中共德州市委常委，2015年9月，任中共德州市委常委、统战部长。

景文新 中共德州市委常委、宣传部部长。汉族，1964年12月出生，山东省禹城市人，中共党员，大学学历。

1980年7月至1988年5月在德州地区计委工作；1988年5月至1991年12月，任德州地区计委综合计划科副科长。1991年12月至1995年5月任德州地区计委综合计划科科长。1995年5月至1999年3月，任齐河县副县长；1999年3月至2001年2月，任齐河县委副书记。2001年2月至2003年1月，任陵县县委副书记；2003年1月至2006年12月，任陵县县委副书记、副县长。2006年12月至2007年2月，任宁津县委副书记、代县长。2007年2月至2010年9月，任宁津县委副书记、县长。2010年9月至10月，任临邑县委副书记、代县长。2010年10月至12月，任临邑县委副书记、县长。2010年12月至2011年1月，任临邑县委书记、县长、县委党校校长。2011年1月至2015年9月，任临邑县委书记、县委党校校长。2015年9月至10月，任德州市委常委，临邑县委书记、县委党校校长。2015年10月至2016年1月，任德州市委常委、宣传部部长，临邑县委书记、县委党校校长。2016年1月至今，任德州市委常委、宣传部部长。

赵艺丁 中共德州市委常委、组织部部长。山东省莘县人，1967年2月出生，经济学硕士，中共党员。

1988年7月至1991年5月，任山东省委宣传部对外宣传处干事。1991年5月至1995年6月，任山东省委宣传部对外宣传处副主任干事。1995年6月至2000年12月，任山东省委对外宣传办公室事业处主任干事(其间：1996年6月至1999年4月任山东省委宣传部驻香港华鲁集团信息交流部副总经理)。2000年12月至2001年4月，任山东省委对外宣传办公室事业处助理调研员。2001年4月至2007年1月，任山东省委对外宣传办公室网络新闻宣传管理处副处长。2007年1月至2008年3月，任山东省委宣传部干部处副处长。2008年3月至2009年8月，任山东省委宣传部干部处调研员。2009年8月至2012年6月，任山东省委宣传部机关党委专职副书记兼干部处调研员。2012年6月至2016年6月，任山东省委宣传部干部处长。2016年6月至12月，任山东省委宣传部副巡视员。2016年12月至2017年1月，任中共德州市委常委。2017年1月，任德州市委常委、组织部长。

韩建亭 德州市人大常委会主任。1961年10月出生，山东省商河县人，中共党员，研究生学历，理学学士。

1978年9月至1982年7月，曲阜师范学院生物系生物专业学生。1982年7月至1984年5月，德州二中教师、团委书记。1984年5月至1985年3月，任共青团德州市(县级)委副书记。1985年3月至1987年9月，任共青团德州市(县级)委书记。1987年9月至1989年6月，山东省委党校党政干部研究班党政管理专业学员。1989年6月至1990年4月，任德州市(县级)陈庄乡党委挂职副书记。1990年4月至1992年10月，任德州市委组织部副部长。1992年10月至1993年12月，任共青团德州地委副书记、党组副书记。1993年12月至1995年3月，任共青团德州地委书记、党组书记。1995年3月至1997年12月，任共青团德州市委书记、党组书记。1997年12月至2001年1月，任临邑县委副书记、县长。2001年1月至2003年1月，任武城县委书记兼县委党校校长。2003年1月至2005年12月，任德州市德城区委书记、区人大常委会主任、区委党校校长。2005年12月至2010年12月，任德州市副市长、党组成员。2010年12月至2011年1月，任德州市委常委。2011年1月至2012年2月，任德州市委常委、政法委书记。2012年2月至2016年2月，任德州市委常委、秘书长，市直机关工委书记。2016年2月至2016年5月，任德州市人大常委会第一副主任(正厅级)、党组书记，市委秘书长，市直机关工委书记。2016年5月至2017年2月，任德州市人大常委会第一副主任(正厅级)、党组书记。2017年2月，任德州市人大常委会主任、党组书记。

魏洪祥 德州市人大常委会副主任。1961年3月出生，山东省宁津县人，中共党员，研究生学历。

1979年7月至1981年9月，任宁津县长官公社符庄小学民办教师。1981年7月至1983年7月，在德州师范专科学校中文系学习。1983年7月至1984年8月，任德州市(县级)教育局教研室教研员。1984年8月至1990年11月，任德州市(县级)委办公室秘书、综合科科长。1990年11月至1991年9月，任德州市(县级)委办公室副主任。1991年9月至1993年2月，任德州市(县级)委办公室副主任、研究室主任(1989年8月至1992年6月，在中央党校函授学院本科班党政管理专业学习)。1993年2月至1995年4月，任德州市委办公室主任。1995年4月至1997年12月，任德州地区(市)德城区委常委、办公室主任(其间：1995年9月至1997年12月，在省委党校业余研究生班经济管理专业学习)。1997年12月至2001年7月，任德州市德城区委副书记。2001年7月至2003年1月，任德州市德城区委副书记、副区长。2003年1月至2006年12月，任德州市德城区委副书记、区长。2006年12月至2007年2月，任齐河县委副书记、代县长。2007年2月至2008年12月,任齐河县委副书记、县长。2008年12月至2009年1月,任齐河县委书记、县委党校校长。2009年1月至2013年1月,任齐河县委书记、县委党校校长、县人大常委会主任。2013年1月至6月,任德州市委常委,齐河县委书记、县委党校校长、县人大常委会主任。2013年6月至2014年8月,任德州市委常委,德州经济技术开发区党工委书记。2014年8月至2017年2月,任德州市委常委、政法委书记。2017年2月,任德州市人大常委会副主任、党组副书记。

钟　玲　德州市人大常委会副主任、九三学社德州市委主委,德州学院大学外语教学部主任。1963年12月出生,江苏徐州人,大学学历,文学硕士。

1981年9月至1985年7月,任曲阜师范大学外文系英语专业学生;1985年7月至1993年2月,任德州师范专科学校外语系教师;1993年2月至1996年1月,任德州师范专科学校外语系精读教研室主任。1996年1月至2000年12月,任德州师范专科学校外语系副主任。2000年12月至2001年5月,任德州学院基础部主任;2001年5月至2005年11月,任九三学社德州市委副主委,德州学院基础部主任。2005年11月至2008年1月,任九三学社德州市委主委,德州学院基础部主任;2008年1月至2008年9月,任德州市人大常委会副主任,九三学社德州市委主委,德州学院基础部主任;2008年9月至今,任德州市人大常委会副主任,九三学社德州市委主委,德州学院大学外语教学部主任。

周玉刚　德州市人大常委会副主任。1961年12月出生,山东省济阳县人,中共党员,研究生学历。

1978年10月至1980年7月,临邑师范学校学生。1980年7月至1984年11月,任德州教育学院干事(其间1981年8月至1984年7月,在德州地直夜大汉语言文学专业学习)。1984年11月至1988年11月,任共青团德州地委组织部干事(1981年7月至1986年7月,在山东师范大学函授学院汉语言文学专业学习)。1988年11月至1989年6月,任共青团德州地委组织部副部长。1989年6月至1992年10月,任共青团德州地委组织部部长。1992年10月至1992年12月,任共青团德州地委副书记、党组成员、组织部部长。1992年12月至1995年4月,任共青团德州地委副书记、党组成员。1995年4月至1998年4月,任共青团德州市委副书记、党组成员(1994年9月至1996年12月,在省委党校在职研究生班政治学专业学习;1995年6月至1996年5月,在陵县县委挂职副书记)。1998年4月至2003年1月,任齐河县委副书记(其间:2000年9月至2000年12月,在省委党校第十二期县委书记进修班学习)。2003年1月至2006年2月,任齐河县委副书记、副县长。2006年2月至2007年1月,任齐河县委副书记、副县长、县政协主席。2007年1月至2008年2月,任临邑县委副书记(正县级)。2008年2月至2011年6月,任德州市委组织部副部长。2011年6月至2013年1月,任德州市委组织部副部长,组员办主任(兼)。2013年1月至3月,任德州市委组织部常务副部长,组员办主任(兼)。2013年3月至2017年1月,任德州市委组织部常务副部长。2017年1月至2月,任德州市人大常委会党组成员。2017年2月，任德州市人大常委会副主任、党组成员。

陈璞平　德州市人大常委会副主任。1961年12月出生，山东省禹城市人，中共党员，研究生学历。

1980年9月至1984年7月，山东大学历史系历史专业学生。1984年7月至1985年10月，任德州地区展览馆干事。1985年10月至1989年3月，任德州地委宣传部干事。1989年3月至1992年11月，任德州地委宣传部理论科副科长(其间:1990年9月至1992年6月在山东省委党校党政干部研究生班学习)。1992年11月至1997年6月，任德州地(市)委宣传部理论科科长。1997年6月至1997年8月，任德州市委讲师团团长、市委宣传部理论科科长。1997年8月至2001年7月，任德州市委讲师团团长、副教授。2001年7月至2007年7月，任德州市委副秘书长。2007年7月至2008年2月，任德州市直机关工委常务副书记。2008年2月至2010年2月，任德州市委副秘书长。2010年2月至2013年1月，任德州市委副秘书长、市委政策研究室主任。2013年1月至9月，任德州市委副秘书长(兼)，市委办公室主任，市委政研室主任。2013年9月至2017年1月，任德州市委副秘书长(兼)，市委办公室主任。2017年1月至2017年2月，任德州市人大常委会党组成员。2017年2月，任德州市人大常委会副主任、党组成员。

冯如胜　德州市人大常委会副主任。1961年9月出生，山东庆云县人，中共党员，研究生学历。

1979年7月至1981年7月，临邑师范学校学生。1981年7月至1981年12月，任庆云县第二中学教师、团委书记。1981年12月至1987年4月，任庆云县政府办公室农情科科员。1987年4月至1988年7月，任庆云县政府办公室农情科副科长(其间:1984年9月至1986年7月，德州师范专科学校中文系汉语言文学专业学生)。1988年7月至1990年5月，任庆云县政府政策研究科副科长。1990年5月至1992年2月，任庆云县政府调研科副科长。1992年2月至1992年11月，任庆云县板营乡党委副书记。1992年11月至1994年5月，任庆云县徐园子乡党委副书记、乡长。1994年5月至1998年1月，任庆云县中丁乡党委书记。1998年1月至1998年3月，任庆云县委常委、县委办公室主任。1998年3月至2001年2月，任宁津县委常委、县政府党组成员、县长助理(1997年9月至2000年1月，在山东省委党校业余本科班经济管理专业学习;1998年7月至2000年7月，在山东农业大学研究生进修班学习)。2001年2月至2004年1月，任宁津县委常委、组织部长。2004年1月至2007年1月，任宁津县委副书记。2007年1月至2010年4月，任陵县县委副书记(2004年9月至2007年6月，在山东省委党校在职干部研究生班经济管理专业学习)。2010年4月至2011年8月，任德州市委副秘书长，市委、市政府信访局局长、党组书记(2007年9月至2010年6月，在山东省委党校在职干部研究生班法学理论专业学习)。2011年8月至2013年7月，任德州市委副秘书长(兼)，市委、市政府信访局(市委群众工作部)局长、党组书记，群众工作部部长。2013年7月至2017年1月，任德州市交通运输局长、党组书记。

2017年1月至2月，任德州市人大常委会党组成员。2017年2月，任德州市人大常委会副主任、党组成员。

于松岩 德州市副市长、市政府党组成员、市公安局党委书记、局长、督察长。汉族，1964年7月生，籍贯山东沂水，在职研究生学历。1985年2月加入中国共产党。

1985年7月至1989年9月，任山东省公安厅干部处办事员。1989年9月至1993年6月，任山东省公安厅干部处科员。1993年6月至1997年5月，任山东省公安厅干部处副科级干部。1997年5月至2001年2月，任山东省公安厅人事处科长。2001年2月至2005年10 月，任山东省公安厅人事处副处长。2005年10月至2010年5月，任山东省公安厅装备财务处处长。2010年5月至2010年12月山，任东省公安厅刑事侦查总队政委（副厅级）。2010年12月至2011年12，任月山东省公安厅出入境管理总队政委（副厅级）。2011年12月至2015年9月，任山东省德州市副市级干部、市政府党组成员、市公安局党委书记、局长、督察长。2015年9月至今，任山东省德州市副市长、市政府党组成员、市公局安党委书记、局长、督察长。

董绍辉 德州市政府副市长、党组成员。1962年12月出生，山东济南人，1984年6月入党，1984年7月参加工作，省委党校研究生，理学硕士。

1982年9月至1984年7月，为德州师专中文系汉语言文学专业学生；1984年7月至1985年7月，任德州体校教师。1985年7月至1989年11月，任德州地区行署办公室科员。1989年11月至1992年11月，任德州地区行署办公室副科级秘书。1992年11月至1995年8月，任德州地区（市）行署办公室正科级秘书（1992年8月至1994年12月在中央党校函授学院本科班经济专业学习）。1995年8月至1996年2月，任德州市政府办公室综合二室副主任（正科级）。1996年2月至1998年1月，任庆云县委常委、组织部部长。1998年1月至2001年2月，任庆云县委副书记、副县长（其间：1999年7月至2000年7月在新加坡南洋理工大学管理经济学专业学习）。2001年2月至2003年1月，任平原县委副书记、副县长。2003年1月至2006年12月，任平原县委副书记、县长。2006年12月至2007年12月，任平原县委书记、县委党校校长。2007年12月至2011年11月，任平原县委书记，县人大常委会主任，县委党校校长。2011年11月至2011年12月，任平原县人大常委会主任。2011年12月至2012年1月，任德州市副市长候选人，市政府党组成员，平原县人大常委会主任。2012年1月至2012年2月，任德州市政府副市长候选人，市政府党组成员。2012年2月至今，任德州市政府副市长、党组成员。省九次党代会代表、市十四次党代会代表、市十六届人大代表。

商怀君 德州市政府副市长，农工党德州市委主委。1965年5月出生，山东省宁津县人，大学学历。1986年7月至1998年1月，先后任宁津县人民医院内科医师、主治医师、副主任，县人民医院副院长。1998年1月至2002年1月，任宁津县人民政府副县长。2002年1月至2008年1月，任临邑县人民政府副县长。2008年1月至2011年4

月，任德州市卫生局副局长。2011年4月至11月，任德州市疾病预防控制中心主任。2011年11月至2012年2月，任德州市疾病预防控制中心主任，农工党德州市委主委。2012年2月至2017年1月，任德州市政协副主席，市疾病预防控制中心主任，农工党德州市委主委。2017年1月至2月，任德州市政协副主席，农工党德州市委主委。2017年2月，任德州市人民政府副市长，农工党德州市委主委。

范宇新　德州市政府副市长。1966年7月出生，山东省临沂市人，中共党员，研究生学历，经济学博士。

1990年7月至1992年5月，任日照市纺织抽纱进出口公司业务员。1992年5月至1995年5月，任日照市对外经济贸易委员会科员。1995年5月至1997年6月，任日照市对外经济贸易委员会外资管理科副科长。1997年6月至2000年7月，任日照市对外经济贸易委员会外资管理科科长。2000年7月至2001年1月，任日照市对外经济贸易委员会副主任、党委委员。2001年1月至2002年12月，任日照市对外贸易经济合作局副局长、党委委员。2002年12月至2006年1月，任莒县县委副书记。2006年1月至12月，任莒县县委副书记、县纪委书记。2006年12月至2007年10月，任莒县县委副书记。2007年10月至2009年10月，任日照市发改委副主任、调研员。2009年10月至2010年2月，任日照市轻纺办主任、经贸委副主任。2010年2月至2011年11月，任日照市轻纺办主任、经信委副主任、党委委员(其间:2009年11月至2010年10月，挂任广西防城港市政府党组成员、市长助理，中央组织部第十批“博士服务团”成员；2010年10月至2010年12月，挂任广西防城港市政府党组成员、市长助理，任防城港市企沙工业区管委会主任；2010年12月至2012年1月，挂任广西防城港市副市长(副厅级)、党组成员，任防城港市企沙工业区管委会主任)。2011年11月至2012年1月，任泗水县委书记；2012年1月至2016年12月，任泗水县委书记、县人大常委会主任、县委党校校长。2016年12月至2017年1月，任德州市政府副市长候选人，2017年1月，任德州市政府副市长。

马俊昀　德州市政府副市长。1969年5月出生，山东省武城县人，研究生学历，农学学士学位。

1992年7月至1995年10月，任德州地区农技站干部。1995年10月至1997年9月，任德州市农业局人事科科员。1997年9月至1999年6月，任德州市农业局人事科副主任科员。1999年6月至2000年7月，任德州市农业局人事科副科长。2000年7月至2002年3月，任德州市农业局人事科副科长、主任科员(2000年3月至2001年3月驻武城县谢张庄村工作组长)。2002年3月至2003年1月，任德州市农业局人事科科长。2003年1月至2006年2月，任平原县委常委、宣传部长。2006年2月至12月，任平原县委常委、纪委书记。2006年12月至2007年2月，陵县县委副书记、代县长。2007年2月至2011年11月，任陵县县委副书记、县长。2011年11月至2012年1月，任陵县县委书记，县委党校校长，2012年1月至2014年12月，任陵县县委书记，县人大常委会主任，县委党校校长。2014年12月至2016年11月，任德州市陵城区委书记，区人大常委会主任，区委党校校长。2016年12月至2017年1月，任德州市政府副市长候选人，市"进企业、解难题、促发展"帮扶工作二组副组长，陵城区人大常委会主任。2017年1月至2月，任德州市政府副市长候选人、党组成员。2017年2月，任德州市政府副市长。

鄂宏达 德州市政府党组成员，德州经济技术开发区管委会主任（副厅级）、党工委书记。满族，1973年1月出生，辽宁凤城人，中共党员，大学学历，经济学硕士。

1994年7月至1996年12月，任山东公安专科学校法律教研部助教。1996年12月至1999年7月，任德州市委政法委研究室科员；1999年7月至2000年6月，任德州市委政法委研究室副主任科员；2000年6月至2000年12月，任德州市委政法委研究室主任科员。2000年12月至2003年2月，任德州市综治委办公室副主任（2001年9月至2002年6月在南京大学国际商学院国民经济专业研究生学习）。2003年2月至2006年7月，任共青团德州市委副书记、党组成员（2002年9月至2005年11月在山东经济学院国际贸易专业学习）；2006年7月至2008年6月，任共青团德州市委书记、党组书记。2008年6月至2010年2月，任德州经济开发区党工委副书记、管委会常务副主任。2010年2月至2010年3月，任德州经济开发区管委会常务副主任，乐陵市委副书记（主持市政府全面工作）。2010年3月至2010年5月，任德州市乐陵市委副书记（主持市政府全面工作）；2010年5月至2011年11月，任德州市乐陵市委副书记、市长；2011年11月至2012年1月，任德州市乐陵市委书记，市委党校校长；2012年1月至2015年10月，任德州市乐陵市委书记，市人大主任，市委党校校长。2015年10月至2016年1月，任德州经济技术开发区党工委书记，乐陵市委书记、市人大主任、市委党校校长。2016年1月至2016年2月，任德州经济技术开发区党工委书记，乐陵市人大主任、市委党校校长。2016年2月至2016年12月，任德州经济技术开发区党工委书记。2016年12月至2017年1月，任德州经济技术开发区管委会主任（副厅级）、党工委书记。2017年1月，任德州市政府党组成员，德州经济技术开发区管委会主任（副厅级）、党工委书记。

翟长生 德州市政协主席、党组书记。1962年1月出生，汉族，山东平原人，研究生学历，1982年11月加入中国共产党，1981年7月参加工作。

1978年9月至1981年7月，在德州农校学习；1981年7月至1983年3月，任禹城县安仁公社团委干事；1983月3月至1984年6月，任禹城团县委干事；1984年6月至1987年6月，任禹城县委宣传部干事（其间:1984年9月至1986年6月在山东师范大学干修科政治系思想政治教育专业学习）；1987年6月至1988年6月，任禹城县十里望乡党委副书记；1988年6月至1989年6月，任共青团德州地委干事、办公室副主任；1989年6月至1994年8月，任共青团德州地委宣传部部长（其间:

1989年8月至1992年6月在中央党校函授学院本科班经济管理专业学习);1994年8月至1995年8月,任共青团德州地(市)委组织部部长;1995年8月至1997年12月,任共青团德州市委党组成员、副书记(其间:1997年7月至1997年12月挂职庆云县委副书记);1997年12月至2001年1月,任庆云县委副书记(1997年9月至2000年6月在山东省委党校在职干部研究生班政治学专业学习);2001年1月至2001年2月,任庆云县委副书记、代县长;2001年2月至2003年1月,任庆云县委副书记、县长;2003年1月至2006年12月,任庆云县委书记、县委党校校长、人大常委会主任(其间:2004年3月至2006年6月在武汉大学国际软件学院软件工程专业学习);2006年12月至2007年2月,任齐河县委书记;2007年2月至2008年12月,任齐河县委书记,县人大常委会主任;2008年12月至2012年2月,任德州市政府副市长、党组成员;2012年2月至2015年1月,任德州市委常委,市政府副市长、党组副书记;2015年1月至2016年1月,任德州市委常委,市政府副市长、党组副书记,市行政学院院长(兼);2016年1月至2016年2月,任德州市委常委、市政府党组副书记、市行政学院院长(兼);2016年2月至今,任德州市政协主席、党组书记。

省九次党代会代表,市十三次、十四次党代会代表,市十六届、十七届人大代表,市十三届政协委员。

许绍华 德州市政协副主席。1961年2月生,山东省临邑县人,大学学历,学士学位。中共党员。

1978年3月至1982年1月,任山东农学院植物保护专业学习。1982年1月至1987年12月,任德州地区农业局植保站技术员、农艺师。1987年12月至1992年6月,任德州地区农业局植保站副站长、农艺师。1992年6月至1993年9月,任德州地区农业局环境管理站站长、高级农艺师。1993年9月至1994年3月,任德州地区农业局植保站站长、高级农艺师。1994年3月至1995年6月,任德州地区畜牧局局长、党组书记。1995年6月至1997年12月,任德州市畜牧局局长、党组书记。1997年12月至1998年1月,任平原县委副书记、代县长。1998年1月至2001年1月,任平原县委副书记、县长(其间:1998年9至2000年7月,山东农业大学研究生课程班作物栽培与耕作专业学习)。2001年1月至2003年1月,任宁津县委副书记、县长。2003年1月至2007年12月,任宁津县委书记、县委党校校长。2007年12月至2008年9月,任宁津县委书记、县人大常委会主任、县委党校校长。2008年9月至2010至1月,任德州市副市级干部,宁津县委书记、县人大常委会主任、县委党校校长。2010年1月至2010年2月,任德州市副市级干部,市政府党组成员,宁津县委书记、县人大常委会主任、县委党校校长。2010年2月至2010年4月,任德州市副市级干部,市政府党组成员,宁津县委书记(不再主持县委全面工作)、县人大常委会主任、县委党校校长。2010年4月至2011年5月,任德州副市级干部,市政府市长助理、党组成员。2011年5月至2012年2月,任德州市副市级干部,市政府党组成员。2012年2月至2012年3月,任德州市政府副市长、党组成员。2012年3月至2016年9月,任德州市政府副市长、党组成员,市委工交工委书记(兼)。2016年9月至2017年1月,任德州市政府副市长、党组成员。2017年1月至2月,任德州市政协党组副书记。2017年2月,任德州市政协党组副书记、

副主席。

康志民 德州市政协副主席。1966年12月生，山东省德州市人，大学学历。中国民主同盟会员。

1987年7月至1988年12月，任陵县棉花良种繁育公司繁育站技术员。1988年12月至1994年8月，任陵县农业局蔬菜技术推广站副站长。1994年8月至1998年1月，任陵县蔬菜局副局长。1998年1月至2001年5月，任陵县政府副县长（1996年9月至1999年7月，山东农业大学农学专业学习）。2001年5月至2002年1月，任民盟德州市委副主委，陵县政府副县长。2002年1月至2007年2月，任民盟德州市委副主委，德州市工商联常务副会长（1999年9月至2002年3月，南京大学商学院政治经济学国际贸易专业学习）。2007年2月至4月，任民盟德州市委副主委，德州市地方史志办公室主任。2007年4月至2008年1月，任民盟德州市委主委，德州市地方史志办公室主任。2008年1月至2017年1月，德州市政府副市长，民盟德州市委主委。2017年1月至2月，任德州市政协副主席、民盟德州市委主委。2017年2月，任德州市政协副主席。

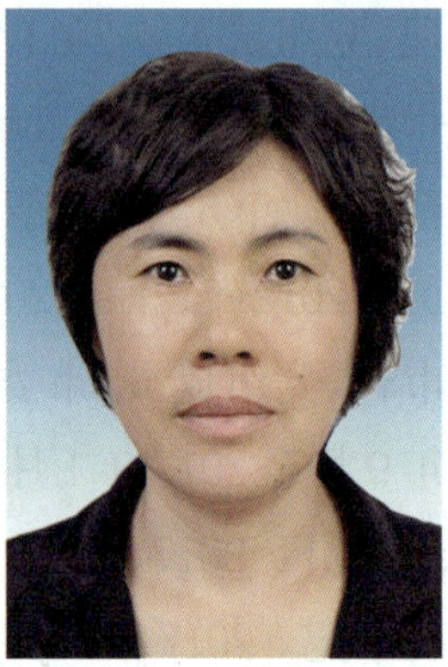

马传先 德州市政协副主席、市民族宗教局局长、致公党德州市委主委。回族，1966年4月生，山东省临邑县人，致公党员，大学农学学士。

1984年9月至1988年7月，山东农业大学园艺系蔬菜专业学生。1988年7月至1990年1月，任临邑县临邑镇农技站技术员。1990年1月至1994年6月，任临邑县农业局园艺站技术员。1994年6月至1996年12月，任临邑县蔬菜局副局长，1996年12月至1998年1月，任临邑县蔬菜局副局长、临邑县县长助理。1998年1月至2002年1月，任临邑县人民政府副县长。2002年1月至2003年1月，任平原县人民政府副县长（2002年10月当选致公党德州市委副主委）。2003年1月至2007年11月，任陵县人民政府副县长、致公党德州市委主委。2007年11月至2008年1月，任致公党德州市委主委。2008年1月至2011年5月，任德州市政协副主席、市农业局副局长、致公党德州市委主委。2011年5月至2014年5月，任德州市政协副主席、市科协主席、致公党德州市委主委。2014年5月，任德州市政协副主席、市民族宗教局局长、致公党德州市委主委。

第十二届全国人大代表、十届省政协委员。

王春利 德州市政协副主席。1964年6月生，河北省吴桥县人，大学学历。中共党员。

1984年7月至1989年5月，任德州地区公安处办公室科员，1989年5月至1993年9月，任德州地区公安处副科级侦察员，1993年9月至1994年2月，任德州地区（市）国家安全局副科级干部，1994年2月至1997年5月，任德州地区（市）国家安全局办公室主任，1997年5月至1998年3月，任德州市国家安全局副县级侦察员、办公室主任，1998年3月至2001年2月，任庆云县委常委、组织部部长，2001年2月至2003年1月，任庆云县委副书记、组织部部长，2003年1月至2006年7月，任德州市德城区委副书记、副区长，2006年7月至2006年9月，任德州市招商促进办公室党组书记，2006年9月至2007年7月，任德州市招商促进办公室主任、党组书记，2007年7月至2010年2月，任德州市外经贸局长、党组书记，2010年2月至2011年11月，任德州市商务局局长、党组书记，2011年11月至2012年1月，任夏津县委书记、县委党校校长，德州市商务局局长、党组书记，2012年1月至2012年3月，任夏津县委书记、县人大常委会主任、县委党校校长，德州市商务局长、党组书记，2012年3月至2016年11月，任夏津县委书记、县人大常委会主任、县委党校校长，2016年11月至2016年12月，任夏津县人大常委会主任，德州市“进解促”帮扶五组副组长，2016年12月至2017年1月，任德州市“进解促”帮扶五组副组长，2017年1月至2	月，任德州市政协党组成员，2017年2月，任德州市政协党组成员、副主席。

崔书强　德州市政协副主席。1962年1月生，山东省宁津县人，大学学历。中共党员。

1995年9月至1996年12月，任德州市政府办公室督查科科长。1996年12月至1998年10月，任德州市政府办公室副县级秘书、督查科长（1995年8月至1997年12月，中央党校函授本科班经济管理专业学习）。1998年10月至2001年7月，任德州市政府办公室副主任。2001年7月至2007年7月，任德州市政府副秘书长、办公室党组成员。2007年7月至2010年3月，任德州市政府副秘书长、办公室党组成员，市政务服务中心主任、外商服务（投诉）中心主任。2010年3月至2011年6月，任德州市政府副秘书长、办公室党组成员。2011年6月至2011年12月，任德州市卫生局副局长、党组书记。2011年12月至2014年9月，任德州市卫生局局长、党组书记。2014年9月至2014年11月，任德州市卫生和计划生育委员会党组书记。2014年11月至2017年1月，任德州市卫生和计划生育委员会主任、党组书记。2017年1月至2月，任德州市政协党组成员。2017年2月，任德州市政协党组成员、副主席。

吕永忠　德州市政协副主席。1962年1月生，江苏省沛县人，大学学历，学士学位。民主建国会会员。

1981年9月至1985年7月，任西北政法学院法律系法律专业学习。1985年7月至1987年2月，任江苏省司法干校教师。1987年2月至1993年1月，任德州地区德州市（县）法律顾问处律师。1993年1月至1994年10月，任德州地区德州市（县）二屯乡副乡长。1994年10月至1995年6月，德州地区德州市（县）二屯镇副镇长。1995年6月至1998年3月，任德州市德城区二屯镇副镇长。1998年3月至1998年10月，任武城县政府副县长。1998年10月至2003年1月，任民建德州市委副主委，武城县政府副县长。2003年1月至2008年1月，任民建德州市委副主委，武城县政府副县长、县政协副主席。2008年1月至2012年1月，任民建德州市委副主委，德州市教育局副局长。2012年1月至2013年3月，任民建德州市委主委，德州市教育局副局长。2013年3月至2013年9月，任民建德州市委主委，德州市教育局副局长，市政府教育督导室正县级教育督学。2013年9月至2017年1月，任民建德州市委主委，平原师范学校校长。

2017年2月,任德州市政协副主席。

辛志才 德州市政协副主席、市工商联主席。1963年9月出生,山东省武城县人,无党派人士,大学学历。

1983年7月至1985年2月,任山东省畜产进出口公司职工。1985年2月至1991年6月,任德州外贸土产公司主管会计、副科长。1991年6月至1992年12月,任德州地区外贸局财务科副科长。1992年12月至1997年5月,任德州市外经贸委综合科副科长。1997年5月至1998年7月,任德州市外经贸委招商科科长。1998年7月至2001年7月任德州市外经贸委外贸科科长。2001年7月至2002年11月任德州市外经贸局计财科长。2002年11月至2004年1月,任德州市外经贸局招商专员。2004年1月至2010年4月,任德州市外经贸局副局长。2010年4月至2014年12月,任德州市商务局副局长。2014年12月至2017年1月,任德州市科协主席。2017年2月,任德州市政协副主席、市工商联主席。

刘长青 德州市委党校常务副校长、校务委员会主任,市行政学院常务副院长。1960年3月出生,山东省夏津县人,中共党员,大学学历,理学硕士。

1982年7月至1986年1月,任夏津县农业局技术员、副站长。1986年1月至1993年2月,任夏津县夏津镇党委副书记、副镇长。1993年2月至1995年8月,任夏津县夏津镇党委副书记、镇长(1991年9月至1993年6月在山东省委党校理论部党政研究生班学习)。1995年8月至1997年7月,任夏津县李楼乡党委书记。1997年7月至1997年12月,任德州市人大常委会正科级秘书。1997年12月至1998年10月,任德州市人大常委会研究室调研科科长。1998年10月至2001年2月,任德州市人大财经工作委员会副主任(其间:1999年7月至2000年7月在新加坡南洋理工大学商学院研究生班管理经济学专业学习,获理学硕士学位)。2001年2月至2003年1月,任庆云县委副书记。2003年1月至2006年2月,任庆云县委副书记、副县长。2006年2月至12月,任庆云县委副书记、副县长(正县)。2006年12月至2007年2月,任庆云县委副书记、代县长。2007年2月至2010年2月,任庆云县委副书记、县长。2010年2月至3月,任德州市发展改革委员会党组书记、庆云县县长。2010年3月至5月,任德州市发展改革委员会主任、党组书记、庆云县县长。2010年5月至2011年5月,任德州市发展改革委员会主任、党组书记。2011年5月至2012年2月,任德州市发展改革委员会主任、党组书记、市项目规划建设管理办公室主任。2012年2月至3月,任德州市政府党组成员,市政府办公室党组书记,市发展改革委员会主任、党组书记,市项目规划建设管理办公室主任。2012年3月至2016年12月,任德州市政府秘书长、党组成员,市政府办公室党组书记。2016年12月至2017年1月,任德州市委党校常务副校长(副厅级),市政府秘书长、党组成员,市政府办公室党组书记。2017年1月,任德州市委党校常务副校长、校务委员会主任,市行政学院常务副院长。

市委工作部门

隋　力　中共德州市委副秘书长。河北省围场人，1968年1月出生，大学学历，中共党员，1988年7月参加工作，1993年12月入党。

1986年9月至1988年月7，在山东师范大学新闻专业学生。1988年7月至1997年12月，任德州日报社采编、编辑、记者(其间：1993年8月至1996年7月在山东大学函授学院业余本科班中文专业学习)。1997年12月至1998年10月，任德州日报社政文部副主任。1998年10月至2003年1月，任德州日报社副总编辑、党组成员(其间：1999年7月至2000年7月在新加坡南洋理工大学研究生班管理经济学专业学习，获管理经济学硕士学位)。2003年1月至2007年2月，任中共德城区委常委、政法委书记。2007年2月至2011年11月，任中共德城区委常委、组织部部长(其间：2007年6月至2007年12月经山东省委组织部选派赴澳大利亚阿德莱德学习经济社会管理，并在州政府带岗学习)。2011年11月至2012年1月，任中共德城区委常委。2012年1月至2013年3月，任中共德城区委副书记。2013年3月至2013年7月，任中共德城区委副书记、德州老年人大学校长。2013年7月至2014年3月，任中共德州市委副秘书长、信访局局长。2014年3月至今，任中共德州市委副秘书长。

高吉刚　中共德州市委副秘书长、市委办公室主任。1971年11月生，山东省乐陵市人，中共党员，大学本科学历，工学学士。

1990年9月至1994年7月，在青岛大学环境科学系环境规划与管理专业学习。1994年8月至2000年6月，任德州市委办公室机要局科员。2000年6月至2001年7月，任德州市委办公室机要局主任科员(2000年3月至2001年2月在乐陵市杨安镇王屯村驻村)。2001年7月至2002年7月，任德州市委办公室信息科主任科员。2002年7月至2004年3月，任德州市委办公室综合科主任科员。2004年3月至2008年8月，任德州市委办公室综合科副科长、主任科员。2008年8月至9月，任德州市委办公室副主任兼综合科副科长、主任科员。2008年9月至2011年11月，任德州市委办公室副主任。2011年11月至2013年12月，任武城县委常委、组织部长。2013年12月至2017年1月，任德州市委组织副部长。2017年1月，任中共德州市委副秘书长、市委办公室主任。

张云生　中共德州市委副秘书长。山东省商河县人，1969年2月出生，大学学历，中共党员。1989年7月参加工作，1992年5月入党。

1987年9月至1989年7月，在山东大学威海分校计算机专业学习。1989年7月至1994年8月，任德州地委办公室机要科(局)科员(其间:1993年3至1994年3陵县土桥镇刘家铺村包村)。1994年8月至1997年8月，任德州市委办公室机要局副科级秘书。1997年8月至2002年12月，任德州市委机要局业务科科长（1996年9月至1998年12月在中央党校函授学院政法专业学习；2000年9月至2001年7月在南京大学研究生班国际贸易专业学习）。2002年12月至2004年3月，任德州市委办公室秘书科主任科员。2004年3月至2008年2月，任德州市委办公室会议活动科科长。2008年2月至2008年9月，任德州市委办公室副调研员、会议活动科科长。2008年9月至2012年8月，任德州市委办公室副调研员。2012年8月至2014年12月，任德州市委办公室副主任。2014年12月至2016年7月，任德州市委办公室副主任、市维稳办主任。2016年7月至今，任德州市委副秘书长。

袁希君 德州市委组织部常务副部长。山东省临邑县人，1963年10月出生，省委党校研究生学历，中共党员。

1983年7月至1984年7月，任临邑一中教师。1984年7月至9月，任临邑县委组织部干事。1984年9月至11月，在德州地委组织部干部科帮助工作。1984年11月至1985年9月，任德州地委组织部青年干部科干事。1985年9月至1987年7月，任德州地委组织部办公室干事。1987年7月至1989年2月，任德州地委组织部青年干部科干事。1989年2月至1992年11月，任德州地委组织部青年干部科副科级巡视员。1992年11月至1994年4月，任德州地委组织部青年干部科正科级巡视员。1994年4月至1995年10月，任德州地（市）委组织部企业干部科副科长、正科级巡视员。1995年10月至1998年1月，任德州市委组织部干部科副科长。1998年1月至10月，任德州市委组织部干部科副科长。1998年10月至1998年12月，任德州市委组织部助理调研员、干部科副科长。1998年12月至2004年3月，任德州市委组织部助理调研员、干部科长。2004年3月至2008年2月，任德州市委组织部副部长。2008年2月至2013年3月，任德州市委组织部副部长，市考评办主任。2013年3月至2015年5月，任德州市委组织部副部长、老干部局长，市考评办主任（兼）。2015年5月至2017年1月，任德州市委组织部副部长、老干部局长。2017年1月，任德州市委组织部常务副部长。

胡志强 德州市委组织部副部长、老干部局局长（兼）。山东省庆云县人，1965年11月出生，省委党校研究生学历，中共党员。

1987年7月至1991年1月，任德州师专人事处干部。1991年1月至1992年1月，任德州师专人事处劳动工资秘书（其间：1991年9月至1992年1月在德州地委组织部干部科帮助工作）。1992年1月至1995年10月，任德州地委组织部干部科副科级巡视员。1995年10月至1998年12月，任德州市委组织部干部科正科级巡视员。1998年12月至2001年7月，任德州市委组织部干部科副科长、正科级巡视员。2001年7月至2004年4月，任德州市委组织部干部科副科长、干部信息管理科科长。2004年4月至2008年2月，任德州市委组织部干部科科长。2008年2月至7月，任德州市委组织部副部长、干部科长。2008年7月至2013年3月，任德州市委组织部副部长。2013年3月至2017年1月，任德州市委组织部副部长、组织员办公室主任(兼)。2017年1月,任德州市委组织部副部长、老干部局长(兼)。

郭洪霞 德州市委组织部副部长,市考评办主任(兼)。山东省陵城区人,1965年9月出生,省委党校大学学历,中共党员。

1985年7月至1988年11月,任陵县前许中学教师。1988年11月至1992年11月,任临邑县孟寺乡妇联主任。1992年11月至1995年12月,任临邑县孟寺乡党委委员。1995年12月至1997年4月,任临邑县孟寺乡副乡长。1997年4月至1998年4月,任临邑县孟寺乡党委副书记。1998年4月至10月,任临邑县临盘镇党委副书记。1998年10月至12月,任临邑县妇联党组副书记、副主席。1998年12月至1999年4月,任临邑县妇联党组书记、主席。1999年4月至2003年1月,任临邑县人大常委,县妇联党组书记、主席。2003年1月至2007年2月,任武城县副县长。2007年2月至2011年11月,任武城县委常委、组织部长。2011年11月至2013年12月,任乐陵市委副书记。2013年12月至2014年2月,任德州市委政法委副书记,市综治办主任。2014年2月至2017年1月,任德州市委政法委副书记。2017年1月,任德州市委组织部副部长,市考评办主任(兼)。

刘 刚 德州市委组织部副部长、组织员办公室主任。山东省武城县人,1968年10月出生,管理学硕士,中共党员。

1990年7月至1992年12月,任德州地区科技干部处干部。1992年12月至1997年3月,任德州地区(市)引进国外智力办公室科员。1997年3月至1998年4月,任德州市引进国外智力办公室副主任科员。1998年4月至2000年6月,任德州市委组织部企业干部科副主任科员。2000年6月至2002年2月,任德州市委组织部企业干部科主任科员。2002年2月至2004年4月,任德州市委组织部企业干部科副科长、主任科员。2004年4月至2007年11月,任德州市委组织部组织科长、组织员办公室副主任。2007年11月至2013年8月,任夏津县委常委、组织部长。2013年8月至12月,任夏津县委常委、组织部长、统战部长。2013年12月至2014年1月,任德州市委组织部副部长、组织员办公室副主任(兼),夏津县委统战部长。2014年1月至2017年1月,任德州市委组织部副部长、组织员办公室副主任(兼)。2017年1月,任德州市委组织部副部长、组织员办公室主任。

梁希忠 中共德州市委宣传部常务副部长。1964年12月出生,山东省乐陵市人,中共党员,大学学历。

1982年7月至1985年7月,在乐陵市黄夹中学任教师,1985年7月至1987年7月,在德州教育学院学习。1987年7月至1988年10月,任乐陵市委宣传部科员,1988年10月至1992年6月,任德州地委宣传部科员,1992年6月至1994年8月,任德州地委宣传部新闻科副科长,1994年8月至1998年4月,任德州市委宣传部新闻科科长。1998年4月至2001年5月,任德州市委外宣办主任,2001年5月至2009年3月,任德州市委宣传部副部长。2009年3月至2013年12月,任德州日报社党委书记、社长。2013年12月至2014年12月,任德州市委宣传部常务副部长、德州日报社党委书记。2014年12月至今,任中共德州市委宣传部常务副部长。

常树风 中共德州市委宣传部副部长,市文明办主任。1965年6月生,汉族,山东省武城县人,大学学历,1987年1月加入中国共产党。

1987年7月至1990年6月,任山东省公路技工学校教师。1990年6月至1993年5月,任德州市(县)委宣传部宣传科科员(其间:1989年9至1992年7在中央党校函授学院本科班经济管理专业学习)。1993年5月至1995年8月,任德州市(县)委宣传部人秘科科长(副科)。

1995年8月至1997年3月,任德州市德城区委宣传部办公室主任(副科)。1997年3月至1997年7月,任德州市德城区委外宣办主任(正科)。1997年7月至2001年7月,任德州市委宣传部宣教科主任科员(其间:1999年9月至2000年7月在南京大学商学院研究生进修班学习)。2001年7月至2004年3月,任德州市委宣传部办公室主任。2004年3月至2008年8月,任德州市委宣传部助理调研员、办公室主任。2008年8月至2010年4月,任德州市广播电视局党组成员、副局长。2010年4月至2012年8月,任德州市委宣传部副部长。2012年8月至今,任德州市委宣传部副部长,市文明办主任。

史成志 中共德州市委宣传部副部长,德州日报社党委书记。1966年9月生,汉族,山东省诸城县人,大学学历,1994年12月加入中国共产党。

1985年9月至1989年7月,山东大学哲学系哲学专业学生。1989年7月至1998年12月,任德州市委党校哲学教研部助教、讲师。1998年12月至2000年6月,任德州市委党校哲学教研部副主任(副科)。2000年6月至2004年11月,任德州市委党校哲学教研部副主任、副教授(其间:2000年9月至2001年6月在南京大学国际商学院国际经济贸易研究生班脱产学习)。2004年11月至2008年8月,任德州市委党校哲学教研部主任、副教授。2008年8月至2009年12月,任德州市委讲师团团长、副教授。2009年12月至2012年8月,任德州市委讲师团团长、教授。2012年8月至2014年12月,任德州市委宣传部副部长。2014年12月至今,任德州市委宣传部副部长,德州日报社党委书记(兼)。

李文豪 中共德州市委宣传部副部长。1971年4月生,汉族,山东省武城县人,研究生学历,1992年3月加入中国共产党。

1988年9月至1992年7月,山东师范大学历史系历史学专业学生。1992年7月至1993年10月,任德州市二十里铺乡干事、管区书记。1993年10月至1995年4月,任德州市黄河涯镇团委书记。1995年4月至1997年8月 ,任德州市德城区黄河涯镇团委书记。1997年8月至2000年6月,任德州市纪委办公室科员。2000年6月至2000年8月，任德州市纪委办公室正科级纪检监察员。2000年8月至2004年1月，任德州市临邑县政府党组成员、县长助理。2004年1月至2004年2月，任德州市临邑县委常委。2004年2月至2007年2月，任德州市临邑县委常委、统战部长(2002年9月至2005年7月，在山东大学经济学院政治经济学专业学习，获硕士学位)。2007年2月至2008年3月，任德州市临邑县委常委、宣传部长(2007年5月至2007年11月，山东省第六期中青年干部出国培训班成员在美国马里兰大学学习)。2008年3月至2011年11月，任德州市临邑县委常委、宣传部长、统战部长。2011年11月至2015年7月，任德州市齐河县委常委、宣传部长。2015年7月至2016年7月，任德州市齐河县委常委、宣传部长、统战部长。2016年7月至2017年1月，任德州市纪委监察局派驻第三纪检监察组副组长、正县级纪检监察员。2017年1月至今，任德州市委宣传部副部长。

曹致源 中共德州市委统战部副部长。1963年5月生，山东省高唐县人，中共党员，大学学历。

1986年7月至1992年4月，任德州卫校化学教研室助理讲师。1992年4月至1994年8月，任德州地委统战部办公室秘书(期间：1989年8月至1992年6月，在中央党校函授学院本科班经济管理专业学习)。1994年8月至1996年5月，任德州市委统战部副科级秘书。1996年5月至1997年9月，任德州市委统战部办公室副主任。1997年9月至2001年7月，任德州市委统战部办公室主任(期间：1999年9月至2000年7月，在南开大学国际商学院工商管理专业学习)。2001年7月至2008年6月，任德州市委统战部副调研员、办公室主任。2008年6月至2011年11月，任德州市委统战部副部长。2011年11月至2016年7月，任德州市委统战部副部长，市工商联党组书记、第一副主席。2016年7月，任德州市委统战部副部长。

邹　岩 市委统战部副部长，市社会主义学院副院长。1960年1月生，汉族，山东省武城县人，大学学历。1984年7月加入中国共产党。

1984年7月至1984年10月，任德州地委宣传部干事。1984年10月至1985年10月，任德州师专团委干事。1985年10月至1989年3月，任德州地委宣传部干事(其间1984年10月至1987年9月德州地委整党办公室帮助工作)。1989年3月至1991年3月，任德州地委宣传部办公室副主任。1991年3月至1995年6月，任德州地委宣传部办公室主任。1995年6月至2001年7月，任德州市广播电视局纪检组长、监察室主任、党组成员。2001年7月至2010年4月，任德州市文化局副局长、党组成员。2010年4月至2011年5月，任月德州市文化广电新闻出版局副局长、党组成员(其间：2010年7月至2010年12月在西安市文化广电新闻出版局挂任局长助理)。2011年5月至2012年3月，任德州市文化广电新闻出版局党组成员、调研员、机关党委书记。

2012年3月至2013年3月，任德州市委统战部副部长、调研员。

2013年3月至今，任德州市委统战部副部长、市社会主义学院副院长。

王密荣 中共德州市委政法委副书记。1961

年5月出生，山东省乐陵市人，中共党员，大专学历。

1981年7月至1984年3月，任德州地区乐陵县杨安镇共青团干事、团委副书记。1984年3月至1987年6月，任德州地区乐陵县三间堂乡党委委员。其间，1985年8月至1987年7月，在德州地委党校党政管理专业学习。1987年6月至1990年2月，任德州地区乐陵县三间堂乡党委委员、纪检书记。1990年2月至1991年1月，任德州地区乐陵县三间堂乡党委副书记；1991年1月至1992年5月，任德州地区乐陵县杨家乡党委副书记。1992年5月至1995年5月，任德州地区乐陵王集乡党委副书记、乡长；1995年5月至1998年3月，任德州市乐陵黄夹镇党委书记；1998年3月至2001年2月，任德州市乐陵杨安镇党委书记。2001年2月至2002年1月，任德州市乐陵市委常委、杨安镇党委书记。2002年1月至2003年1月，任德州市乐陵市委常委、秘书长、杨安镇党委书记。2003年1月至2007年2月，任德州市庆云县委常委、政法委书记。2007年2月至11月，任德州市庆云县委常委、纪委书记。2007年11月至2008年1月，换届待安排。2008年1月至2012年8月，任德州运河经济开发区党工委委员、纪工委书记。2012年8月至9月，任德州运河经济开发区党工委副书记。2012年9月至2014年4月，任德州运河经济开发区党工委副书记、管委会调研员。2014年4月至2015年1月，任德州运河经济开发区党工委副书记、管委会常务副主任。2015年1月至2017年1月，任德州运河经济开发区党工委副书记、管委会常务副主任，德棉集团有限公司党委第一书记（挂职）。2017年1月，任德州市委政法委常务副书记。曾荣获德州市人民公仆称号。德州市第十八届人大代表，德州市第十三届、十五届党代会代表。

闫大鹏　德州市委政法委副书记、市综治办主任。1966年1月出生，山东省武城县人，中共党员，大学本科学历，文学学士学位。

1988年7月参加工作，历任德州市纪委研究室科员、副科级检查员、德州市委办公室督查科副主任科员、主任科员。2001年6月，任西藏自治区日喀则地区旅游局党组成员、副局长，2004年6月，任德州市城市管理局副局长、助理调研员。2005年2月，任德州市城市管理行政执法局党组成员、副局长，2012年9月，任德州市城市管理行政执法局党组副书记、副局长。2012年11月，任德州市城市管理行政执法局党组副书记、副局长、调研员。2014年2月至今，任德州市委政法委副书记、市综治办主任。

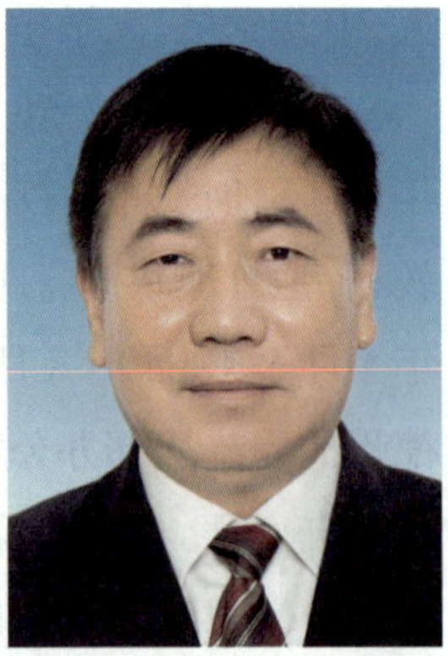

孟祥春　德州市委副秘书长、政研室主任、改革办兼职副主任。汉族，1966年1月生，山东省陵县人，1993年8月加入中国共产党，1984年7月参加工作，大学学历。

1984年至2008年先后任山东陵县糜镇中学教师、一中教师，县委办公室秘书、研究室副主任；德州市委办公室副主任科员、主任科员、常委值班室科长、综合科科长；2008年2月任德州市委办公室副主任，2012年8月任德州市委副秘书长；2013年8月任德州市委副秘书长、政研室主任；2014年2月，任德州市委副秘书长、政研室主任、改革办兼职副主任。

陈秀河 德州市机构编制委员会办公室主任。1964年7月生，山东省夏津县人，中共党员，大学学历。

2001年7月至2004年3月，任德州市委办公室助理调研员，2004年3月至2008年2月，任德州市委办公室办公室副主任；2008年2月至2011年5月，任德州市委副秘书长，2011年5月至2012年3月，任德州市委副秘书长、市委办公室调研员，2012年3月至8月，任德州市委副秘书长、市委办公室调研员。2012年8月至2014年12月，任德州市委副秘书长，市农工办主任，2014年12月至2017年1月，任德州市委副秘书长，市农工办主任、党组书记。2017年1月，任德州市机构编制委员会办公室主任。市十五届党代会代表。

纪书华 德州市台办主任。1963年4月出生，山东省平原县人，中共党员，研究生学历。1982年参加工作。

1982年7月至1984年5月，任德州地区平原县委党校理论教员。1984年5月至1987年1月，任德州地区平原县委办公室科员、秘书。1987年月至1990年3月，任德州地区平原县委办公室副科级秘书。1990年3月至1992年11月，任德州地区平原县委办公室副主任。1992年11月至1995年11月，任德州地区平原县张士府乡党委副书记、乡长。1995年11月至1998年12月，任德州市平原县张士府乡党委书记。1998年12至2002年1月，任德州市平原县恩城镇党委书记。2002年1月至2003年1月，任德州市平原县委常委、办公室主任。2003年1月至2011年11月，任德州市禹城市委常委、组织部部长。2011年11月至2012年1月，任德州市禹城市委常委。2012年1月至2013年12月，任德州市禹城市委副书记。2013年12月至今，任德州市委台湾工作办公室（市政府台湾事务办公室）主任。

田淑霞 中共德州市委市直机关工委书记。1961年7月出生，山东省德州市人，中共党员，大学学历。

1980年9月至1982年7月，陵县师范幼师专业学生。1982年7月至1986年12月，任德州地区陵县妇联干事（其间：1984年9月至1986年7月在山师大干部专修科政治专业学习）。1986年12月至1993年1月，任德州地区陵县团县委副书记。1993年1月至1994年6月，任德州地区陵县团县委书记。1994年6月至1998年10月，任德州地区（市）计生委人事科长、办公室主任（其间：1995年9月至1997年12月在中央党校函授学院经济管理专业学习）。1998年10月至2008年2月，任德州市妇联党组成员、副主席（其间：1999年9月至2000年6月，在天津南开大学研究生院MBA研究生班学习）。2008年2月至2013年3月，任德州市残疾人联合会党组书记、理事长。2013年3月至2016年8月，任中共德州市市委市直机关工委常务副书记。2016年8月，任中共德州市市委市直机关工委书记。

李俊杰 中共德州市委副秘书长，市信访局长、党组书记、群工部长。1964年10月生，山东省武城县人，中共党员，大学学历。

1985年7月至1992年5月，任德州地区公安处政治处干事。1992年5月至1995年4月，任德州地区公安处政治处副科级侦察员。1995年4月至1996年8月，任德州市公安局政治处副科级侦察员。1996年8月至1997年11月，任德州市公安局政治处副主任。1997年11月至2001年5月，任德州市公安局政治部副主任(正科级)。2001年5月至2003年1月，任禹城市公安局党委副书记、政委。2003年1月至2003年8月，任禹城市公安局党委书记、局长、政委。2003年8月至2004年3月，任禹城市公安局党委书记、局长。2004年3月至2007年12月，任禹城市公安局党委书记、局长。2007年12月至2011年6月，任德州市公安局政治部主任。2011年6月至2012年8月，任德州市公安局政治部主任、市人民警察训练学校校长。2012年8月至2016年4月，任市公安局副局长、市人民警察训练学校校长(2012年9月，被公安部授予三级警监警衔)。2016年4月至今，任中共德州市委副秘书长，市信访局长、党组书记、群工部长。

孟祥胜 中共德州市委副秘书长、市农工办主任。1966年10月出生，山东省临邑县人，中共党员，大学学历。

1988年7月至1992年6月，任临邑县职业中专教师、团委副书记。1992年6月至1996年12月，任临邑县委组织部干事、组织员办公室主任。1996年12月至2000年5月，任临邑县宿安乡党委副书记、人大主席。2000年5月至2002年1月，任临邑县翟家乡党委副书记、副乡长。2002年1月至2007年2月，先后任临邑县孟寺镇党委副书记、镇长、党委书记。2007年2月至12月，任临邑县临盘街道党委书记、人大工委主任。2007年12月至2010年4月，任临邑县政府副县长、临盘街道党委书记。2010年4月至2014年1月，任临邑县委常委、办公室主任、副县长。2014年1月至2016年12月，任宁津县委常委、组织部长、统战部长。2017年1月，任中共德州市委副秘书长、市农工办主任、党组书记。

张　志 中共德州市委副秘书长，市扶贫开发领导小组办公室常务副主任、党组书记。1964年10月出生，山东省庆云县人，中共党员，大学学历，农学学士。

1989年7月至1994年8月，任德州市农业局经管站科员。1994年8月至1997年9月，任德州市农业局经管站副站长。1997年9月至2004年1月，任德州市农业局经管处副主任(其间：1998年9月至2000年7月在山东农业大学研究生课程进修班作物栽培学与耕作学专业学习；1999年9年至2000年6月在南京大学国际经济贸易专业学习)。2004年1月至2008年2月，任德州市农业局经管处主任。2008年2月至2012年9月，任德州市农业局党委委员、副局长(其间：2010年4月至2011年4月挂职临邑县委副书记)。2012年9月至2016年7月，任德州市农业局党委副书记、副局长。2016年7月，任中共德州市委副秘书长，市扶贫开发领导小组办公室常务副主任、党组书记。

李纪三 德州市档案局局长、党组书记。1969年6月出生，山东省沾化人，中国党员，大学学历。

1988年9月至1990年7月，德州师专汉语言文学专业学生。1990年7月至1991年9月，德州地区体校教师。1991年9月至1993年3月，德州市(县)农委干部。1993年3月至1993年5月，德州市(县)委宣传部干事。1993年5月至1994年12月，德州市(县)委宣传部新闻科副科长。1994年12月至1995年9月，德州市(县)新闻宣传中心副主任(副科)。1995年9月至1997年7月，德州市政府办公室综合一科副科级秘书(1993年8月至1995年12月在中央党校函授本科班经济管理专业学习)。1997年7月至2000年7月，德州市政府办公室秘书三科副主任科员、副科长。2000年7月至2003年1月，德州市政府办公室秘书三科副科长、主任科员。2003年1月至2008年8月，德州市政府办公室接待科科长。2008年8月至2012年8月，德州市委、市政府接待处副主任。2012年8月至2017年1月，德州市委办公室副主任。2017年1月至今，德州市档案局局长、党组书记。

李士新 中共德州市委党史研究室主任。1966年10月出生，山东省商河县人，中共党员，大学学历。

1985年7月至1990年5月，任德州市农业局植保站干事，1990年5月至1993年5月，任德州市农业局办公室干事，1993年5月至1997年2月，任德州市农业局办公室副主任，1997年2月至1997年10月，任德州市农业局办公室副主任兼生产计划科长。1997年10月至2000年12月，任德州市委办公室主任科员。2000年12月至2011年5月，任德州市科协党组成员、副主席，2011年5月至2017年1月，任德州市科协党组书记、副主席。2017年1月，任中共德州市委党史研究室主任。

卢金岭 中共德州市委巡察办主任。1959年10月出生，山东省德州市人，中共党员，大学学历。

1980年7月至1985年7月，任德州市迎宾路小学教师。1985年7月至1989年1月，任德州市德城区电大站教师。1989年1月至1992年11月，任德州地区监察局科员。1992年11月至1999年3月，任德州市纪委(监察局)副科级纪检监察员。1999年3月至2008年6月，任德州市纪委(监察局)执法室副主任。2008年6月至2011年5月，任德州市纪委(监察局)纪检监察二室主任。2011年5月至2013年12月，任德州市纪委(监察局)案件监督管理室主任。2013年12月至2017年6月，任德州市纪委正县级检查员。2017年6月至今，任德州市委巡察办主任。

宋明华 中共德州市委第一巡察组组长。1965年1月出生，山东省平原县人，中共党员，大学学历。

1984年7月至1988年1月，任德州地委办公室机要科机要员。1988年1月至1990年12月，任德州地委办公室秘书科干事。1990年12月至1992年11月，任德州地委办公室副科级秘书。1992年11月至1995年4月，任德州地委办公室正科级秘书。1995年4月至1996年12月，任德州市委办公室正科级秘书。1996年12月至2003年4月，任共青团德州市委副书记(1997年9月至1998年9月，挂任共青团山东省委权益部副部长；1999年8月至2000年7月，主持共青团德州市委全面工作；2001年6月至2002年12月，任庆云县东辛店乡王铁匠村驻村工作组组长)。2003年4月至2010年4月，任德州市委市直机关工委副书记(1999年5月至2004年5月，任德州市青联主席；2008年4月至2009年12月，任市直驻“三区”新农村建设工作团常务副团长并挂任德城区委副书记)。2010年4月至2015年5月，任德州市纪委(监察局)派驻第五纪检组(监察室)组长(主任)。2015年5月至2017年6月，任德州市纪委、监察局第五派驻纪检监察组组长。2017年6月至今，任德州市委第一巡察组组长。

任　静　中共德州市委第二巡察组组长。1965年7月出生，山东省夏津县人，中共党员，省委党校研究生。

1986年7月至1988年6月，任夏津县栾庄乡乔官屯联中教师。1988年6月至1988年10月，任德城区教育局教研室教研员。1988年10月至1991年5月，任德州市妇联组宣部科员。1991年5月至1997年12月，任德州市妇联组宣部副部长。1997年12月至1999年4月，任德州市妇联组织部部长。1999年4月至2001年7月，任德州市妇联办公室主任。2001年7月至2010年4月，任德州市文化局党组成员、纪检组长、监察室主任。2010年4月至2012年8月，任德州市纪委(监察局)派驻第七纪检组(监察室)副组长(副主任)。2012年8月至2015年5月，任德州市纪委(监察局)派驻第七纪检组(监察室)正县级检查员(监察员)。2015年5月至2017年6月，任德州市纪委、监察局第七派驻纪检监察组正县级纪检监察员。2017年6月至今，任德州市委第二巡察组组长。

刘在军　德州市委第三巡察组组长。汉族，1971年2月生，山东省临邑县人，1991年6月入党，1992年7月参加工作，大学学历，学士学位。

1988年9月至1992年7月，莱阳农学院农学系作物专业学生。1992年7月至1994年4月，任德州市(县)宋官屯乡农业技术员。1994年4月至1997年10月，任德州市(县)团委副书记。1997年10月至1999年1月，任德州市委办公室副科级干部。1999年1月至2000年7月，任德州市委办公室主任科员。2000年7月至2007年2月，任禹城市人民政府市长助理 党组成员。2007年2月至2007年12月，任陵县县委常委。2007年12月至2011年11月，任陵县县委常委、宣传部部长。2011年11月至2015年2月，任平原县委常委、组织部部长。2015年2月至2016年12月平，任原县委常委、组织部部长、县委党史研究室主任

（兼）。2016年12月至2017年1月，待公布职务。2017年1月至2017年6月，任德州市委组织部正县级干部。2017年6月至今，任德州市委第三巡察组组长。

市 纪 委

江 辉 中共德州市纪委常务副书记。1962年1月出生，山东省陵城区人，中共党员，大学学历。

1981年7月至1983年3月，任德州地区禹城县十里望乡团委干事。1983年3月至1984年4月，任共青团禹城县委干事。1984年4月至1984年6月，任共青团德州地委干事。1984年6月至1987年12月，任德州地委企业政治部干事。1987年12月至1988年10月，在德州地委组织部帮助工作。1988年10月至1989年2月，任德州地委组织部调配科、办公室干事。1989年2月至1992年11月，任德州地委组织部办公室副主任。1992年11月至1998年10月，任德州地（市）委组织部办公室主任。1998年10月至2004年3月，任德州市委组织部助理调研员、办公室主任（2001年6月至2002年12月，挂任临邑县委副书记）。2004年3月至2008年2月，任德州市委组织部副部长、办公室主任。2008年2月至2008年7月，任德州市委组织部副部长、办公室主任，市委老干部局局长。2008年7月至2012年3月，任德州市委组织部副部长、市委老干部局局长。2012年3月至2013年3月，任德州市委组织部副部长，市委老干部局局长，市委工交工委副书记。2013年3月至2013年5月，待公布职务。2013年5月至2017年4月，任德州市纪委副书记、市监察局局长。2017年4月至2017年6月，任德州市纪委副书记。2017年6月至今，任德州市纪委常务副书记。

刘国亭 中共德州市纪委副书记、市监察局局长。1969年3月出生，山东省莱州市人，中共党员，省委党校研究生、公共管理硕士。

1993年7月至1994年11月，任德州第二建筑材料厂办公室秘书（1994年8月至1994年11月在德州地区德州市（县）委组织部帮助工作）。1994年11月至1995年6月，任德州地区德州市（县）委组织部组织员。1995年6月至1996年7月，任德州市德城区委组织部组织员。1996年7月至1997年4月，任德州市德城区委组织部副科级组织员。1997年4月至1998年12月，任德州市德城区委组织部研究室主任兼办公室副主任。1998年12月至2000年8月，任德州市德城区委电教中心副主任兼区委组织部研究室主任（2000年2月至2000年12月，在德州市委党校第12期中青年干部培训班学习）。2000年8月至2003年1月，任德州市夏津县县长助理、党组成员。2003年1月至2007年2月，任德州市夏津县副县长。2007年2月至2011年12月，任德州市夏津县委常委、纪委书记。2011年12月至2012年2月，任德州市纪委副书记候选人。2012年2月至2017年4月，任德州市纪委副书记（2013年3月至2013年7月，在山东省委党校第23期中青年干部培训班学习）。2017年4月至今，任德州市纪委副书记、市监察局局长。

周立志　中共德州市纪委副书记。1973年6月出生，山东省乐陵市人，中共党员，研究生学历、法学硕士。

1997年7月至1999年9月，任德州市乐陵市农委科员。1999年9月至2000年11月，任德州市乐陵市委组织部科员。2000年11月至2002年1月，任德州市乐陵市杨安镇党委副书记。2002年1月至2003年2月，任德州市乐陵市杨安镇党委副书记、副镇长。2003年2月至2005年3月，任德州市乐陵市朱集镇党委副书记、副镇长。2005年3月至2007年3月，任德州市乐陵市朱集镇党委副书记、副镇长（正科）。2007年3月至2008年11月，任德州市乐陵市花园镇党委副书记、镇长。2008年11月至2010年4月，任德州市农业局副局长、党委委员（2010年2月至2010年4月，挂职临邑县委副书记）。2010年4月至2012年1月，任德州市武城县副县长。2012年1月至2014年2月，任德州市武城县委常委、副县长。2014年2月至2017年2月，任德州市宁津县委常委、纪委书记。2017年2月至今，任德州市纪委副书记。

陈　曦　中共德州市纪委常委、秘书长、市廉政教育中心主任。1966年8月出生，山东省宁津县人，中共党员，大学学历。

1988年7月至1993年4月，任德州地区监察局科员。1993年4月至1997年9月，任德州市纪委（监察局）科员。1997年9月至2001年9月，任德州市纪委（监察局）纪检监察三室副科级纪检监察员。2001年9月至2004年4月，任德州市纪委研究室副主任。2004年4月至2008年6月，任德州市纪委（监察局）纪检监察一室副主任。2008年6月至2011年5月，任德州市纪委宣传教育室主任。2011年5月至2012年2月，任德州市纪委办公室主任。2012年2月至2012年8月，任德州市纪委常委、办公室主任。2012年8月至2014年12月，任德州市纪委常委。2014年12月至2017年1月，任德州市纪委常委、秘书长。2017年1月至今，任德州市纪委常委、秘书长、市廉政教育中心主任。

郭宗军　中共德州市纪委常委、案件审理室（政策法规室）主任。1965年4月出生，山东省武城县人，中共党员，大学学历。

1988年7月至1992年11月，任德州地区监察局科员。1992年11月至1993年4月，任德州地区监察局副科级监察员。1993年4月至1999年3月，任德州市纪委（监察局）副科级纪检监察员。1999年3月至2011年5月，任德州市纪委（监察局）监察综合室副主任。2011年5月至2013年12月，任德州市纪委（监察局）行政效能监察室主任。2013年12月至2015年5月，任德州市纪委执法和效能监督室（德州市优化发展环境办公室）主任。2015年5月至2017年2月，任德州市纪委案件审理室（政策法规室）主任。2017年2月至今，任德州市纪委常委、案件审理室（政策法规室）主任。

付　刚　中共德州市纪委常委、第三纪检监察室主任。1968年12月出生，山东省平原县人，中共党员，省委党校研究生。

1988年7月至1993年7月，任德州地区监察局科员。1993年7月至1997年9月，任德州地区纪委科员。1997年9月至2001年9月，任德州市纪委(监察局)办公室副科级纪检监察员。2001年9月至2004年4月，任德州市纪委(监察局)正科级纪检监察员兼机关服务中心主任。2004年4月至2008年6月，任德州市纪委(监察局)办公室副主任。2008年6月至2011年5月，任德州市纪委(监察局)副调研员。2011年5月至2012年8月，任德州市纪委(监察局)机关党委副书记。2012年8月至2013年12月，任德州市纪委执法监察室主任。2013年12月至2017年2月，任德州市纪委第三纪检监察室主任。2017年2月至今，任德州市纪委常委、第三纪检监察室主任。

柳红卫　中共德州市纪委常委、市监察局副局长、党风政风监督室(市人民政府纠正行业不正之风办公室)主任。1973年10月出生，山东省武城县人，中共党员，大学学历。

1993年7月至1997年8月，任德州市金属材料总公司干部。1997年8月至2000年6月，任德州市纪委(监察局)干部室科员。2000年6月至2004年4月，任德州市纪委(监察局)干部室副科级纪检监察员。2004年4月至2008年7月，任德州市纪委(监察局)党风一室正科级纪检监察员。2008年7月至2011年5月，任德州市纪委(监察局)监察综合室副主任(2008年4月至2009年12月，在乐陵市郭家街道办事处驻村)。2011年5月至2013年12月，任德州市纪委党风廉政建设室主任。2013年12月至2015年6月，任德州市纪委党风政风监督室主任。2015年6月至2017年2月，任德州市纪委党风政风监督室(市人民政府纠正行业不正之风办公室)主任。2017年2月至2017年8月，任德州市纪委常委、党风政风监督室(市人民政府纠正行业不正之风办公室)主任。2017年8月至今，任德州市纪委常委、市监察局副局长、党风政风监督室(市人民政府纠正行业不正之风办公室)主任。

聂长义　中共任德州市纪委常委、案件监督管理室主任。1963年9月出生，山东省淄博市人，中共党员，大学学历。

1982年12月至1983年9月，在齐河县财税局工作。1983年9月至1985年7月，在德州师专学习。1985年7月至1988年9月，任平原县张华乡团委书记。1988年9月至1993年4月，任德州地区监察局科员。1993年4月至1994年9月，任德州地区纪委(监察局)科员。1994年9月至1995年3月，任德州地区纪委(监察局)综合室副科级纪检监察员。1995年3月至1999年3月，任德州地区(市)纪委(监察局)综合室副科级纪检监察员。1999年3月至2001年9月，任德州市纪委执法室正科级纪检监察员。2001年9月至2011年5月，任德州市纪委执法室副主任。2011年5月至2013年12月，任德州市纪委纠正部门与行业不正之风室主任。2013年12月至2017年2月，任德州市纪委案件监督管理室主任。2017年2月至今，任德州市纪委常委、案件监督管理室主任。

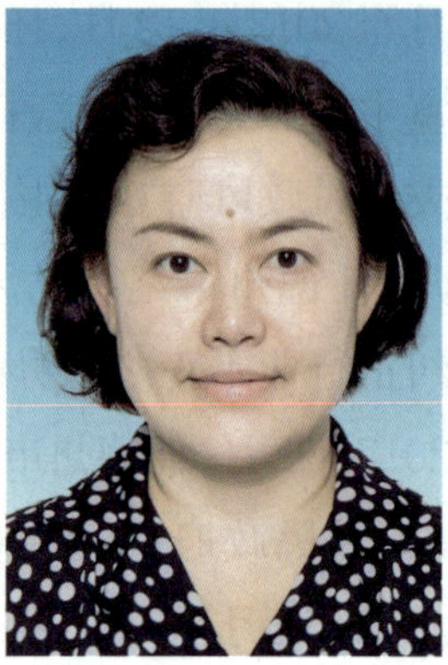

张　苹　德州市监察局副局长。1971年2月出生，山东省平原县人，民盟盟员，大学学历。

1992年7月至1993年9月，任德州市（县级）长庄中学教师。1993年9月至1995年6月，任德州市（县级）广播局播音员。1995年6月至1998年12月，任德州市德城区新闻中心记者。1998年12月至2000年6月，任德州市德城区陈庄乡乡长助理。2000年6月至2003年3月，任德州市运河街道办事处主任助理。2003年3月至2003年7月，任德州市商贸开发区运河街道主任助理。2003年7月至2004年2月，任德州市商贸开发区办公室新闻中心副主任。2004年2月至2005年1月，任德州市商贸开发区运河工业区管理办副主任。2005年1月至2006年4月，任德州市商贸开发区经济发展局副局长。2006年4月至2007年7月，任德州市运河经济开发区经济发展局副局长。2007年7月至2007年11月，任德州市运河工业区管理办副主任，恒升重点项目服务中心副主任。2007年11月至2011年11月，任德州市临邑县政府副县长，县政协副主席。2011年11月至2012年1月，任德州市临邑县政府副县长，县政协副主席，民盟德州市委副主委。2012年1月至2014年1月，任德州市临邑县副县长，民盟德州市委副主委。2014年1月至今，任德州市监察局副局长，民盟德州市委副主委。

马伟彪　德州市监察局副局长、市纪委办公室主任。1966年10月出生，山东省青州市人，中共党员，大学学历。

1988年7月至1990年3月，任淄博市监察局科员。1990年3月至1993年4月，任德州地区监察局科员。1993年4月至1997年9月，任德州地区纪委（监察局）综合室科员。1997年9月至2001年9月，任德州市纪委（监察局）综合室、党风二室副科级纪检监察员。2001年9月至2004年4月，任德州市纪委（监察局）党风廉政二室正科级纪检监察员。2004年4月至2011年5月，任德州市纪委宣教室副主任。2011年5月至2013年12月，任德州市纪委宣教室主任。2013年12月至2017年8月，任德州市纪委办公室主任。2017年8月至今，任德州市监察局副局长、市纪委办公室主任。

王东庆　中共德州市纪委、监察局第一派驻纪检监察组组长。1963年3月出生，山东省平原县人，中共党员，大学学历。

1982年7月至1985年8月，任德州师专教师。1985年8月至1988年12月，任德州地区劳动人事局科员。1988年12月至1992年5月，任德州地区劳动局科员（1988年5月至1990年4月，在平原县十里铺乡挂职工交办主任）。1992年5月至1995年5月，任德州地区劳动局检测站副站长。1995年5月至1997年5月，任德州市劳动局检测站副站长。1997年5月至2001年7月，任德州市劳动保障局政研室主任。2001年7月至2004年3月，任德州市劳动保障局劳动与工资管理科科长。2004年3

月至2006年7月，任德州市劳动和社会保障局副调研员。2006年7月至2008年2月，任德州市劳动和社会保障局党组成员、副调研员。2008年2月至2010年4月，任德州市劳动和保障局纪检组长、监察室主任、党组成员(2008年10月至2008年12月挂职镇江市劳动保障局局长助理)。2010年4月至2012年8月，任德州市纪委(监察局)派驻第一纪检组(监察室)副组长(副主任)。2012年8月至2014年1月，任德州市纪委(监察局)监察综合室主任。2014年1月至2017年1月，任德州市监察局副局长。2017年2月至2017年6月，任德州市监察局副局长、市纪委第一派驻纪检监察组组长。2017年6月至今，任德州市纪委、监察局第一派驻纪检监察组组长。

韩富东　中共德州市纪委、监察局第二派驻纪检监察组组长。1963年11月出生，山东省夏津县人，中共党员，大学学历。

1981年7月至1984年12月，任夏津县农业局农技员。1984年12月至1990年4月，任夏津县农业局土肥站副站长、站长。1990年4月至1993年5月，任夏津县农业局副局长、党组成员。1993年5月至1993年9月，任夏津县农业局副局长、党组副书记。1993年9月至1997年5月，任夏津县香赵庄乡党委书记、乡长。1997年5月至1998年2月，任夏津县土地管理局局长、党组副书记。1998年2月至2001年2月，任夏津县委统战部部长。2001年2月至2001年8月，任夏津县政府副县长、县委统战部长。2001年8月至2007年1月，任夏津县政府副县长。2007年1月至2010年4月，任临邑县委常委、纪委书记。2010年4月至2011年11月，任临邑县委常委、组织部长。2011年11月至2012年8月，任德州市纪委(监察局)派驻第二纪检组(监察室)副组长(副主任)。2012年8月至2015年5月，任德州市纪委(监察局)派驻第二纪检组(监察室)组长(主任)。2015年5月至今，任德州市纪委、监察局第二派驻纪检监察组组长。

王立鲁　中共德州市纪委、监察局第三派驻纪检监察组组长。1964年3月出生，河北省吴桥县人，中共党员，大学学历。

1985年7月至1992年12月，任德州地区纪委科员(1988年9月至1990年7月，在北京大学国际政治系干部专修科政治学专业脱产学习)。1992年12月至1995年3月，任德州地区纪委检查一室、办公室副科级检查员。1995年3月至1999年3月，任德州市纪委、监察局副科级纪检监察员。1999年3月至2001年5月，任德州市纪委办公室副主任。2001年5月至2004年10月，任德州市纪委常委、监察局副局长(2001年5月至2004年10月援藏任日喀则地区纪委副书记)。2004年10月至2007年5月，任德州市监察局副局长(2006年4月，挂任宁津县委副书记、市直驻宁津新农村建设工作团常务副团长)。2007年5月至2011年6月，任德州市纪委常委、秘书长。2011年6月至2012年2月，任德州市纪委常委、秘书长、正县级纪检监察员。2012年2月至2012年3月，任德州市纪委秘书长、正县级纪检监察员。2012年3月至2015年5月，任德州市纪委(监察局)派驻第三纪检组(监察室)组长(主任)。2015年5月至今，任德州市纪委、监察局第三派驻纪检监察组组长。

董爱新 中共德州市纪委、监察局第四派驻纪检监察组组长。1964年8月出生，山东省平原县人，中共党员，大学学历。

1982年7月至1983年10月，任德州市(县)玻璃厂职工教师。1983年10月至1988年4月，任德州市(县)商业局职工教师。1988年4月至1992年11月，任德州地区监察局科员。1992年11月至1995年6月，任德州地区监察局副科级监察员。1995年6月至1999年3月，任德州市纪委(监察局)副科级纪检监察员。1999年3月至2004年3月，任德州市纪委(监察局)审理室副主任。2004年3月至2008年3月，任德州市纪委(监察局)副县级纪检监察员。2008年3月至2011年6月，任德州市纪委(监察局)案件审理室主任。2011年6月至2012年2月，任德州市监察局副局长。2012年2月至2017年1月，任德州市纪委常委，市监察局副局长。2017年1月至2017年2月，任德州市纪委常委、市监察局副局长、第四派驻纪检监察组组长。2017年2月至2017年6月，任德州市监察局副局长、市纪委第四派驻纪检监察组组长。2017年6月至今，德州市纪委、监察局第四派驻纪检监察组组长。

黄德明 中共德州市纪委、监察局第六派驻纪检监察组组长。1965年9月出生，山东省泰安市人，中共党员，大学学历。

1985年7月至1994年9月，任德州地区纪委纪检监察二室干部。1994年9月至1999年3月，任德州市纪委(监察局)纪检监察二室副科级纪检监察员。1999年3月至2004年3月，任德州市纪委、监察局纪检监察二室副主任。2004年3月至2011年5月，任德州市纪委(监察局)纪检监察一室主任。2011年5月至2017年1月，任德州市纪委常委。2017年1月至2017年2月，任德州市纪委常委、第六派驻纪检监察组组长。2017年2月至今，任德州市纪委、监察局第六派驻纪检监察组组长。

解　伟 中共德州市纪委、监察局第七派驻纪检监察组组长。1961年9月出生，山东省东阿县人，中共党员，大专学历。

1979年12月至1980年1月，任齐河黄河修防处办公室办事员。1980年1月至1983年8月，任临邑县财办办事员。1985年7月至1987年12月，任临邑县委企业政治部干事。1987年12月至1990年1月，任临邑县赵家乡副乡长。1990年1月至1992年4月，任临邑县赵家乡党委副书记、乡长。1992年4月至1993年4月，任临邑县赵家乡党委书记。1993年4月至1994年9月，任德州地区纪委干部。1994年9月至1998年3月，任德州地区(市)纪委正科级纪检员。1998年3月至2003年1月，任陵县政府副县长。2003年1月至2004年1月，任乐陵市委常委、宣传部长。2004年1月至2004年4月，任乐陵市委常委、副市长。2004年4月至2007年1月，任乐陵市委常委、副市长、市政府党组副书记。2007年1月至2007年2月，任乐陵市委常委、纪委书记，市政府党组副书记。2007年2月至2010年4月，任乐陵市委常委、纪委书记。2010年4月至2015年5月，任德州市纪委(监察局)派驻第七纪检组(监察室)组长(主任)。2015年5月至今,任德州市纪委、监察局第七派驻纪检监察组组长。

徐安国 中共德州市纪委、监察局第八派驻纪检监察组组长。1961年3月出生,山东省平原县人,中共党员,工商管理硕士。

1984年7月至1986年9月,任齐河县金属化轻公司职工、财务股长、办公室主任。1988年7月至1989年5月,任齐河县金属公司财务科长。1989年5月至1991年8月,任齐河县委宣传部干事。1991年8月至1991年11月,任齐河县委宣传部企政科长。1991年11月至1992年3月,任德州地委宣传部干事。1992年3月至1994年8月,任德州地委宣传部副科级巡视员。1994年8月至1995年4月,任德州地委外宣办副主任。1995年4月至2001年5月,任德州市委外宣办副主任。2001年5月至2001年6月,任临邑县委常委。2001年6月至2003年1月,任临邑县委常委、宣传部长。2003年1月至2003年5月,任临邑县委常委、组织部长、宣传部长。2003年5月至2010年4月,任临邑县委常委、组织部长。2010年4月至2015年5月,任德州市纪委(监察局)派驻第八纪检组(监察室)组长(主任)。2015年5月至今,任德州市纪委、监察局第八派驻纪检监察组组长。

市人大常委会所属专门委员会和工作机构

周天峰 德州市人大常委会秘书长、党组成员。1959年7月出生,山东武城人,中共党员,大学学历。

1979年9月至1981年7月,在山东省昌维农业学校产桑专业学生。1981年7月至1984年3月,任齐河晏城镇政府技术员。1984年3月至1985年9月,任齐河县大黄乡政府副乡长。1985年9月至1987年7月,任山东农业机械化学院干部专修科工业企业管理专业学生。1987年7月至1989年8月,任齐河县大黄乡政府副乡长。1989年8月至1993年1月,任齐河县大黄乡党委副书记、乡长。1993年1月至1993年11月,任齐河县大黄乡党委书记、乡长。1993年11月至1995年3月,任齐河县大黄乡党委书记。1995年3月至1998年3月,任齐河县政府副县长。1998年3月至2001年2月,任临邑县政府副县长(1996年9月至1998年12月在山东省委党校业余本科班经济管理专业学习)。2001年2月至2003年1月,任临邑县委常委、副县长。2003年1月至2006年2月,任临邑县副书记、副县长。2006年2月至2007年1月,任临邑县副书记、副县长(正县)。2007年1月至2008年2月,任德州市发展和改革委员会党组副书记、副主任(正县)。2008年2月至2010年3月,任德州市委工交工委副书记,市经济委员会党组书记、主任。2010年3月至2011年4月,任德州市委工交工委书记,市经济和信息化委员会党组副书记、主任。2011年4月至2012年3月,任德州市委工交工委书记,市经济和信息化委员会主任、党组书记。2012年3月至2013年12月,任德州市发展和改革委员会主任、党组书记,市项目办主任。2013年12月至2014年1月,任德州市发展和改革委员会主任、党组书记。2014年1月至今,任德州市人大常委会秘书长、党组成员。

马绍省 德州市人民代表大会法制委员会主任委员。1962年10月出生，山东省乳山市人，中共党员，研究生学历。

1979年9月至1983年7月，山东农学院农机专业学生。1983年7月至1984年9月，任平原县林庄乡、尹屯乡党委干事。1984年9月至1984年11月，在德州地委组织部帮助工作。1984年11月至1989年2月，任德州地委组织部干事。1989年2月至1992年12月，任德州地委组织部副科级巡视员（其间：1990年9月至1992年7月，在山东省委党校党政干部研究生班学习）。1992年12月至1993年6月，任德州地委组织部知工科科长。1993年6月至1995年2月，任德州地委办公室正科级秘书。1995年2月至1995年8月，任德州市委办公室正科级秘书。1995年8月至1996年10月，任德州市委办公室副县级秘书。1996年10月至2001年2月，任平原县委常委、组织部长（其间:2000年2月至2001年1月，挂职武城县委副书记、驻村工作大队大队长）。2001年2月至2005年11月，任夏津县委副书记。2005年11月至2006年2月，任夏津县委副书记、副县长。2006年2月至2007年1月，任夏津县委副书记、副县长（正县级）。2007年1月至2013年3月，任德州市司法局党组书记、局长。2013年3月至2013年7月，任德州市环境保护局局长、党组副书记。2013年7月至2017年1月，任德州市环境保护局局长、党组书记。2017年1月至2月，德州市人大法制委员会主任委员人选。2017年2月，任德州市人大法制委员会主任委员。

潘　建 德州市人民代表大会内务司法委员会主任委员。1962年11月出生，山东省乐陵市人，中共党员，大学学历。

1979年10月至1980年12月，任乐陵县水利局技术员。1980年12月至1989年7月，任乐陵市委办公室干事。1989年7月至1991年4月，任乐陵市委办公室副科级秘书。1991年4月至1991年7月，任乐陵市政法委综合治理办公室副主任。1991年7月至1992年9月，任乐陵市双庙赵乡党委副书记。1992年9月至1995年7月，在山东大学法律系干部专修班脱产学习。1995年7月至1998年6月，任乐陵市民族宗教办副主任（其间:1997年9月至2000年7月，在中央党校函授学院经济管理专业学习）。1998年6月至12月，任乐陵市张屯乡党委委员、常务副乡长。1998年12月至2000年7月，任乐陵市张屯乡党委副书记。2000年7月至2001年1月，任乐陵市化楼镇党委副书记。2001年1月至2003年4月，任德州市人大常委会办公室行政接待科副科长。2003年4月至2008年8月，任德州市人大常委会办公室行政接待科长。2008年8月至2012年8月，任德州市人大常委会民侨外工委副主任。2012年8月至2017年1月，任德州市人大常委会法工委主任。2017年1月至2月，德州市人大内务司法委员会主任委员人选。2017年2月，任德州市人大内务司法委员会主任委员。

王圣华 德州市人民代表大会财政经济委员会主任委员。1963年8月出生，山东省禹城市人，中共党员，大学学历。

1980年9月至1982年7月，山东农业机械化学校农机化专业学生。1982年7月至1984年4

月，任禹城县安仁公社青年干事。1984年4月至1987年3月，任禹城县安仁公社团委书记。1987年3月至1987年6月，任禹城县袁营乡党委组织委员。1987年6月至1989年7月，任禹城县前油坊乡党委组织委员。1989年7月至1991年2月，任禹城县工会副主席。1991年2月至1992年12月，任共青团禹城县委书记。1992年12月至1998年2月，任禹城县（市）袁营乡党委书记（其间:1994年6月至1996年12月，在山东省委党校业余本科班涉外经济管理专业学习）。1998年2月至2000年10月，任禹城市安仁镇党委书记。2000年10月至2000年11月，任禹城市安仁镇党委书记兼人大主任。2000年11月至2001年2月，任禹城市新世纪工业园工委书记。2001年2月至2002年1月，任禹城市副市长、新世纪工业园工委书记。2002年1月至2007年1月，任禹城市人民政府副市长。2007年1月至2007年2月，任齐河县委常委。2007年2月至2008年7月，任齐河县委常委、副县长。2008年7月至2010年5月，任德州市对口支援北川灾后恢复重建工作领导小组办公室副主任、北川工作指挥部总指挥，齐河县委常委、副县长。2010年5月至2011年4月，任德州市政府副秘书长，市区域合作办公室（市推进黄河三角洲高效生态经济区建设办公室、市招商促进办公室）主任、党组书记，市对口支援北川灾后恢复重建工作领导小组办公室副主任、北川工作指挥部总指挥。2011年4月至2011年5月，任德州市区域合作办公室（市推进黄河三角洲高效生态经济区建设办公室、市招商促进办公室）主任、党组书记，市对口支援北川灾后恢复重建工作领导小组办公室副主任、北川工作指挥部总指挥。2011年5月至2011年7月，任德州市城市管理行政执法局党组副书记。2011年7月至2011年11月，任德州市城市管理行政执法局局长、党组副书记。2011年11月至2012年3月，任德州市城市管理行政执法局局长、党组书记。2012年3月至2014年6月，任德州市委建设工委书记，市住建局局长、党组书记。2014年6月至2015年6月，任德州市委建设工委书记，市住建局局长、党组书记，市“中国太阳城”战略推进委员会办公室主任（兼）。2015年6月至2016年9月，任德州市委建设工委书记，市住建局局长、党组书记。2016年9月至2017年1月，任德州市住房和城乡建设局局长、党组书记。2017年1月至2017年2月，德州市人大财经委员会主任委员人选。2017年2月，任德州市人大财经委员会主任委员。

郑永华 德州市人民代表大会教育科学文化卫生委员会主任委员。1961年3月出生，山东省乳山市人，中共党员，大学学历。

1978年7月至1984年12月，任德州地区水利局办公室干事。1984年12月至1989年1月，任德州地区人大联络处干事。1989年1月至1992年11月，任德州地区人大工委代表联络处副科级秘书。1992年11月至2001年5月，任德州市人大常委会人代室代表联络科科长。2001年5月至2011年4月，任德州市人大常委会教科文卫工委副主任。2011年4月至2017年1月，任德州市人大常委会教科文卫工委主任。2017年1月至2月，德州市人大教育科学文化卫生委员会主任委员人选。2017年2月，德州市人大教育科学文化卫生委员会主任委员。

杨　毅　德州市人民代表大会城乡建设与环境资源保护委员会主任委员。1966年8月出生，山东省济阳县人，中共党员，大学学历。

1984年9月至1988年7月，山东建工学院建筑系城市规划专业学生。1988年7月至1994年6月，任德州地区建委城建科科员。1994年6月至1995年3月，任德州地区建委城建科副科长。1995年3月至1996年8月，任德州市建委秘书科副科长。1996年8月至1997年7月，任德州市建委秘书科科长。1997年7月至1998年6月，任德州市建委办公室主任(1997年4月至1997年8月，挂职任德州热电厂副厂长)。1998年6月至1998年9月，任德州市建委副主任、党工委委员。1998年9月至2001年5月，任德州市建委副主任、党工委委员兼德州市城建开发房屋拆迁办公室主任。2001年5月至2008年4月，任德州市委建设工委委员、市建设委员会副主任。2008年4月至2010年3月，任德州市委建设工委委员，市建设委员会副主任，市城建重点项目投融资管理中心主任。2010年3月至2010年4月，任德州市委建设工委委员，市规划局长、党组副书记。2010年4月至2012年3月，任德州市委建设工委委员，市规划局局长、党组副书记。2012年3月至2016年2月，任德州市委建设工委委员，市规划局局长、党组书记。2016年2月至2016年4月，任德州市人大常委、城乡建设与环境资源保护委员会主任委员，市委建设工委委员，市规划局长、党组书记。2016年4月，德州市人大常委、城乡建设与环境资源保护委员会主任委员。

周同恩　德州市人民代表大会农业与农村委员会主任委员。1963年10月出生，山东省禹城市人，中共党员，研究生学历。

1982年9月至1984年7月，潍坊纺校机织专业学生。1984年7月至1986年3月，任禹城县十里望回族乡统计员。1986年3月至1987年9月，任禹城县十里望回族乡团委书记。1987年9月至1989年10月，德州地委党校学员。1989年10月至1991年6月，任禹城县委组织部干事。1991年6月至1992年8月，任禹城县委组织部副科级组织员。1992年8月至1993年10月，任禹城县委组织员办公室副主任。1993年10月至1995年12月，任禹城市委组织部干部科长(1992年7月至1995年7月，在中央党校函授经济管理专业学习)。1995年12月至1998年2月，任禹城市房寺镇党委副书记、镇长。1998年2月至2001年2月，任禹城市房寺镇党委书记。2001年2月至2004年12月，任禹城市委常委、房寺镇党委书记、人大主席团主席。2004年12月至2005年2月，任禹城市委常委、房寺镇党委书记。2005年2月至2007年1月，任禹城市委副书记、房寺镇党委书记。2007年1月至2010年4月，任庆云县委副书记。2010年4月至2011年5月，任运河经济开发区党工委副书记、管委会副主任、调研员。2011年5月至2012年3月，任德州市发展和改革委员会副主任、党组成员(兼)，市区域合作办公室(市推进黄河三角洲办，市招商办)主任、党组书记。2012年3月至2017年1月，任德州市商务局局长、党组书记。2017年1月至2月，德州市人大农业与农村委员会主任委员人选。2017年2月，任德州市人大农业与农村委员会主任委员。

郑洪周　德州市人民代表大会民族侨务外事委员会主任委员。1963年6月出生，山东省德州市人，中共党员，研究生学历。

1982年7月至1984年10月，德州市水泥厂教师。1984年10月至1991年5月，任共青团德州市委(县级)宣传部长、副书记、书记、青联主席。1991年5月至1992年11月，任德州市(县级)第一轻工业局副局长(1989年9月至1992年7月，中央党校经济管理专业在职学习)。1992年11月至1993年11月，任德州市第二轻工业局党委书记、局长。1993年11月至1995年2月，任德州市(县级)二轻工业总公司党委书记、总经理。1995年2月至1998年1月，任德州市德城区二轻工业总公司党委书记、总经理(其间：1996年4月至1997年5月，在中国轻工总会经济贸易部企业处挂职副处长；1995年9月至1997年12月，在山东省委党校在职研究生班经济学专业学习)。1998年1月至2001年1月，任德州市德城区人民政府党组成员、副区长。2001年1月至2004年1月，任德州市轻工行业管理办公室副主任(2001年9月至2002年7月，在南开大学研究生班课程进修班工商管理专业学习)。2004年1月至2008年9月，任德州市安全生产监督管理局党组成员、副局长。2008年9月至2010年2月，任德州市人民防空委员会办公室(德州市民防局)主任(局长)、党组书记。2010年2月至2015年5月，任德州市人民防空办公室主任、党组书记。2015年5月至2017年1月，任德州市林业局长、党组书记。2017年1月至2月，德州市人大民侨外委员会主任委员人选。2017年2月，任德州市人大民侨外委员会主任委员。

靳洪亮　德州市人大常委会副秘书长、办公室主任。1961年4月出生，山东省宁津县人，中共党员，大学学历，农学学士。

1985年7月至1990年3月，在德州地区林业局工作。1990年3月至1993年5月，在德州地区黄淮海开发办公室工作。1993年5月至2001年8月，任德州市农业委员会副科长、科长。2001年8月至2002年11月，任德州市招商促进办公室考核奖惩部主任。2002年11月至2005年11月，任德州市招商促进办公室招商专员、考核奖惩部主任。2005年11月至2008年8月，任德州市招商促进办公室党组成员、助理调研员。2008年8月至2012年8月，任德州市人大常委会农经工委副主任。2012年8月至2017年1月，任德州市人大常委会副秘书长、办公室调研员。2017年1月，任德州市人大常委会副秘书长、办公室主任。

马春荣　德州市人大常委会副秘书长、研究室主任，民建德州市委会副主委。1973年10月出生，山东省德州市人，大学学历，公共管理硕士。

1998年9月至2001年11月，德城区陈庄乡中学教师(现德州市十二中学)。2001年11月至2003年8月，任德州市人大常委会研究室科员。2003年8月至2005年9月，任德州市人大常委会研究室综合科副科长。2005年9月至2011年6月，任德州市人大常委会研究室综合科科长。2011年6月至2013年12月，任德州市人大常委会研究室副主任。2013年12月至2017年1月，任德州市人大常委会副秘书长、研究室副主任(2011年9月至2014年6月，在山东大学政治学与公共管理学院在职学习，2014年6月获公共管理硕士学位)。2017年1月，任德州市人大常委会副秘书长、研究室主任。

孟繁新 德州市人大常委会人事代表工作室主任。1966年3月出生，山东德州人，中共党员，大学学历。

1984年9月至1986年7月，任山东大学历史系档案管理专业学生。1986年7月至1990年10月，任德州市(县级)档案局科员。1990年10月至1994年8月，任共青团德州市委干事(1989年9月至1992年6月在中央党校函授学院本科班经济管理专业学习)。1994年8月至1995年8月，任德州地(市)直机关团委副书记。1995年8月至1997年4月，任共青团德州市委办公室副主任。1997年4月至1998年5月，任共青团德州市委统战部部长。1998年5月至2001年9月，任共青团德州市委办公室主任。2001年9月至2002年11月，任德州市委台办招商专员(副县级)。2002年11月至2008年8月，任德州市委台办副调研员。2008年8月至2011年4月，任德州市人大常委会研究室副调研员。2011年4月至2012年8月，任德州市人大常委会人事代表工作室副主任。2012年8月至2013年12月，任德州市人大常委会人事代表工作室副主任、调研员。2013年12月至今，任德州市人大常委会人事代表工作室主任。

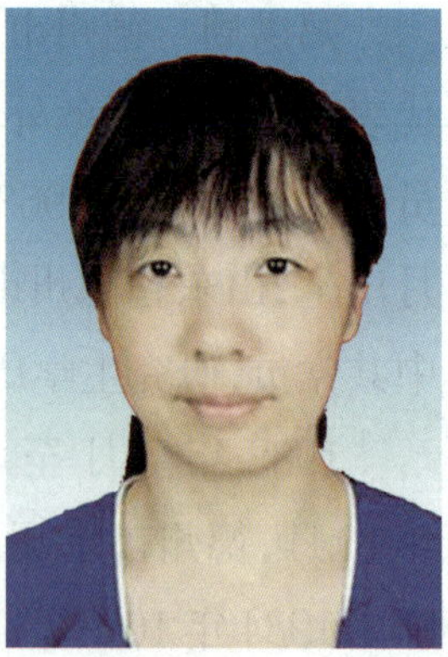

刘慧晶 德州市人大常委会法制工作委员会主任、德州市人民代表大会法制委员会副主任委员。女，1976年2月出生，河北省景县人，中共党员，大学学历。

1995年9月至1997年8月，山东师范大学政法系经济法专业学生。1997年8月至2000年10月，任德州市人大常委会法制工作委员会科员。2000年10月至2003年11月，任德州市人大常委会教科文卫工委办公室副主任。2003年11月至2011年6月，任德州市人大常委会法工委办公室主任。2011年6月至2017年1月，任德州市人大常委会法制工作委员会副主任。2017年1月至2月，任德州市人大常委会法制工作委员会主任、德州市人大法制委员会副主任委员人选。2017年2月，任德州市人大常委会法制工作委员会主任、德州市人大法制委员会副主任委员。

方春兴 德州市人大常委会内务司法工作委员会主任、德州市人民代表大会内务司法委员会副主任委员。1962年10月出生，山东省宁津县人，中共党员，大学学历。

1978年3月至1981年10月，宁津县人民政府办公室公务员。1981年10月至1987年12月，任宁津县大曹乡团委书记。1987年12月至1989年10月，任宁津县相衙镇乡团委书记。1989年10月至1992年11月，任德州地区信访局秘书科干事。1992年11月至1994年9月，任德州地区信访局秘书科副科长。1994年9月至1996年3月，任德州地区(市)信访局正科级信访检查员。1996年3月至1998年10月，任德州市信访局秘书(办公室)科长(主任)。1998年10月至2003年6月，任德州市信访局副县级信访检查员兼办公室主任(1997年9月至1999年12月，在中央党校函授学院政法专业学习)。2003年6月至2004年1月，任德州市信访局副县级信访检查员。2004年1月至2011年8月，任德州市委、市政府信访局副局长。2011年8月至2012年11月，任德州市委、市政府信访局副局长、党组成员，群众工作部副部长。2012年11月至2014年12月，任德州市委、市政府信访局副局长，群众工作部副部长。2014年12月至2017年1月，任德州市委、市政府信访局党组副书记、调研员。2017年1月至2月，任德州市人大常委会内务司法工作委员会主任、德州市人大内务司法委员会副主任委员人选。2017年2月，任德州市人大常委会内务司法工作委员会主任、德州市人大内务司法委员会副主任委员。

王立军 德州市人大常委会财政经济工作委员会主任、德州市人民代表大会财政经济委员会副主任委员。1968年2月出生，山东省武城县人，中共党员，大学学历。

1988年9月至1990年8月，南京建工学院学生。1990年8月至1997年8月，德州市规划设计院工程师。1997年8月至1998年5月，任德州市人大常委会城环工委科员。1998年5月至2000年10月，任德州市人大常委会财经工委科员(其间:2000年9月至2002年12月，在中央党校函授学院法律专业学习)。2000年10月至2003年11月，任德州市人大常委会城环工委办公室副主任(其间:2003年4月至2003年12月，在夏津县夏津镇驻村)。2003年11月至2008年9月，任德州市人大常委会城环工委办公室主任。2008年9月至2011年6月，任德州市人大常委会财经工委办公室主任。2011年6月至2017年1月，任德州市人大常委会财政经济工作委员会副主任。2017年1月至2月，任德州市人大常委会财政经济工作委员会主任、德州市人大财政经济委员会副主任委员人选。2017年2月，德州市人大常委会财政经济工作委员会主任、德州市人大财政经济委员会副主任委员。

蔡朝贵 德州市人大常委会预算工作委员会主任、德州市人民代表大会财政经济委员会副主任委员。1964年3月出生，山东省武城县人，中共党员，大学学历，文学硕士。

1985年7月至1991年3月，任德州地区交通局计财科科员。1991年3月至1997年5月，任德州地区(市)交通局计财科副科长(其间:1990年9月至1993年7月，在山东广播电视大学财会专业大专班学习，1994年8月至1996年12月，在中央党校函授学院本科班经济管理专业学习)。1997年5月至2001年7月，任德州市交通局计财科科长。2001年7月至2004年3月，任德州市交通局财务审计科科长(1999年10月至2001年10月，在山东大学政治经济学专业研究生班培训学习)。2004年3月至2010年4月，任德州市交通局党组成员、副局长。2010年4月至2012年9月，任德州市交通运输局副局长、党组成员(2008年11月至2010年10月，在南开大学与澳大利亚弗林德斯大学国际经贸关系专业攻读硕士学位，2010年10月获得文学硕士学位)。2012年9月至2017年1月，任德州市交通运输局副局长、党组副书记。2017年1月至2月，任德州市人大常委会预算工作委员会主任、德州市人大财政经济委员会副主任委员人选。2017年2月，任德州市人大常委会预算工作委员会主任、德州市人大财政经济委员会副主任委员。

郭桂林 德州市人大常委会教育科学文化卫生工作委员会主任、德州市人民代表大会教育科学文化卫生委员会副主任委员。1964年2月出生，山东省德州市人，中共党员，大专学历。

1984年7月至1989年6月，任德州市二轻供销公司会计。1989年6月至1997年9月，任德州市二轻局财务科会计。1997年9月至1999年1月，任德州市二轻局财务科副主任科员。1999年1月至2001年11月，任德州市人大常委会办公室行政接待科副科长(其间:2001年9月至2004年6月，在省委党校法律专业学习)。2001年11月至2011年6月，任德州市人大常委会人事代表工作室代表联络科科长。2011年6月至2017年1月，任德州市人大常委会人事代表工作室副主任。2017年1月至2月，任德州市人大常委会教育科学文化卫生工作委员会主任、德州市人大教育科学文化卫生委员会副主任委员人选。2017年2月，任德州市人大常委会教育科学文化卫生工作委员会主任、德州市人大教育科学文化卫生委员会副主任委员。

徐宝丽 德州市人大常委会农业与农村工作委员会主任、德州市人民代表大会农业与农村委员会副主任委员。1964年8月出生，山东省武城县人，中共党员，大学学历，文学学士。

1988年7月至1990年10月，在平原师范学校任教。1990年10月至1997年12月，任德州市妇联办公室干事。1997年12月至2000年6月，任德州市妇联城乡部副部长(其间:1998年2月至1998年12月，参加市委党校中青年干部培训班脱产学习)。2000年6月至2004年1月，任德州市妇联城乡部部长。2004年1月至2013年12月，任德州市妇联党组成员、副主席。2013年12月至2014年11月，任德州市妇联党组成员、副主席，市妇儿办主任。2014年11月至2017年1月，任德州市妇联党组成员、副主席(正县级)。2017年1月至2017年2月，任德州市人大常委会农业与农村经济工作委员会主任、德州市人大农业与农村委员会副主任委员人选。2017年2月，任德州市人大常委会农业与农村经济工作委员会主任、德州市人大农业与农村委员会副主任委员。

李俊爽 德州市人大常委会城乡建设与环境资源保护工作委员会主任，德州市人民代表大会城乡建设与环境资源保护委员会副主任委员。1966年2月出生，山东平原人，中共党员，大学学历。

1984年7月至1989年5月，任德州地委办公室机要科机要员。1985年5月至1992年5月，任德州地委办公室政工科干事。1992年5月至1994年6月，任德州地委办公室副科级秘书。1994年6月至1996年12月，任德州地委办公室正科级秘书(1993年7月至1996年6月山东干部函授大学法律专业学习)。1996年12月至1998年10月,任德州地委办公室人事科科长。1998年10月至2004年1月,任德州市委办公室机关党委副书记。2004年1月至2011年6月,任德州市委、市政府信访局党组成员、副局长。2011年6月至2012年2月,任德州市人大常委会城乡建设环境保护工作委员会主任。2012年2月至今,任德州市人大常委会城乡建设与环境资源保护工作委员会主任,德州市人民代表大会城乡建设与环境资源保护委员会副主任委员。

王　磊　德州市人大常委会民族侨务外事工作委员会主任、德州市人民代表大会民族侨务外事委员会副主任委员。女,回族,1963年9月出生,山东省济南市人,中共党员,大学学历。

1983年12月至1989年9月,临邑县物价局办事员。1989年9月至1991年9月,在中央民族学院行政管理专业学习。1991年9月至1992年9月,在中国外国语学院英语专业学习。1992年9月至1994年10月,任临邑县物价局助理统计师。1994年10月至1995年12月,任临邑县政府办公室办事员。1995年12月至1997年11月,任德州市人大常委会民侨外工委科员(其间:1996年9月至1999年7月,在山东干部函授大学法律专业学习)。1997年11月至2003年4月,任德州市人大常委会办公室接待科副主任科员。2003年4月至2008年8月,任德州市人大常委会民侨外工委办公室主任。2008年8月至2013年12月,任德州市人大常委会民侨外工委副主任。2013年12月至2017年1月,任德州市人大常委会民侨外工委副主任、调研员。2017年1月至2月,任德州市人大常委会民族侨务外事工作委员会主任、德州市人大民族侨务外事委员会副主任委员人选。2017年2月,任德州市人大常委会民族侨务外事工作委员会主任、德州市人大民族侨务外事委员会副主任委员。

张晓群　德州市人大常委会信访工作室主任,德州市人民代表大会内务司法委员会副主任委员。1960年12月出生,山东莱阳人,中共党员,大专学历。

1976年12月至1978年7月,任德州市委招待所职工。1978年7月至1989年1月德,任州地委党校办公室、教务科组织科科员(其间1984年9月至1986年7月在德州师专干修班学习)。1989年1月至1990年8月,任德州地区人大工委法制处科员。1990年8月至1992年11月,任德州地区人大工委法制处副科级秘书。1992年11月至1997年12月,任德州地区人大工委法制处科级秘书。1997年12月至2001年4月,任德州市人大常委会办公室信访室主任(其间1998年9月至1999年12月在中国政法大学法律专业学习)。2001年5月至2008年8月,任德州市人大常委会法工委副主任。2008年8月至2011年4月,任德州市人大常委会信访工作室副主任。2011年4月至2012年2月,任德州市人大常委会信访工作室主任。2012年2月至今,任德州市人大常委会信访工作室主任,德州市人民代表大会内务司法委员会副主任委员。

市政府组成部门和工作机构

王震秀 德州市政府秘书长，市政府办公室党组书记。1966年3月出生，山东省武城县人，中共党员，大学学历。

1991年7月至1997年4月，任德州地区科委成果专利科科员。1997年4月至1999年12月，任德州市科委农业科技科副科长。1999年12月至2001年7月，任德州市科委农业科技科科长。2001年7月至2001年9月，任德州市科委政策法规科科长。2001年9月至2002年9月，任德州市经济开发区管委会招商专员。2002年9月至2004年1月，任德州市经济开发区境内招商局长。2004年1月至2008年2月，任德州市经济开发区党工委委员、管委会副主任，境内招商局局长。2008年2月至2011年11月，任夏津县委副书记。2011年11月至12月，任乐陵市委副书记。2011年12月至2012年1月，任乐陵市委副书记、副市长、代市长。2014年2月至2016年12月，任德州市德城区委副书记、区长。2016年12月至2017年1月，任德州市德城区政府区长。2017年1月，任德州市政府党组成员、秘书长，市政府办公室党组书记。

穆修海 德州市政府副秘书长，办公室党组副书记、主任。1963年12月出生，山东省齐河县人，中共党员，大学学历。

1984年7月至1991年4月，任德州地委办公室秘书科干事，1991年4月至1993年6月，任德州地委办公室副科级秘书，

1993年6月至1996年5月，任德州地委办公室正科级秘书，1996年5月至1996年12月，任德州市委办公室秘书科副科长，1996年12月至1997年8月，任德州市委办公室秘书科长，1997年8月至1998年3月，任德州市委办公室行政科长。1998年3月至1999年3月，任宁津县委常委、杜集镇党委书记。1999年3月至2002年9月，任德州市委办公室副主任兼市会展中心筹建处主任，2002年9月至2008年2月，任德州市委副秘书长，市会展中心管理服务处主任。2008年2月至2008年7月，任德州市委副秘书长，市级机关事务管理局长，市会展中心管理服务处主任(兼)，2008年7月至2011年5月，任德州市政府副秘书长，市政府办公室党组成员，市级机关事务管理局党组书记、局长，市会展中心管理服务处主任(兼)，2011年5月至2011年6月，任德州市政府办公室党组成员，市级机关事务管理局党组书记、局长。2011年6月至2012年3月，任德州市委副秘书长，市政府办公室党组成员，市级机关事务管理局长、党组书记。2012年3月，任德州市政府副秘书长，市政府办公室主任、党组副书记。2017年2月，为德州市第十五次党代会代表。

于吉军 德州市政府副秘书长，市政府办公室党组成员，研究室主任。男，1969年1月出生，汉族，山东省夏津县人，中共党员，大学学历。

1987年9月至1991年7月，山东农业大学农

经专业学习;1991年7月至1993年10月,夏津县东李镇经管员、文书。1993年10月至2006年2月,历任夏津县委办公室秘书、综合室主任、办公室副主任、研究室主任、办公室主任。2006年2月至2010年4月,夏津县委常委、办公室主任。2010年4月至2011年6月,庆云县委常委、副县长。2011年6月至2012年9月,德州市政府办公室党组成员,研究室主任。2012年9月至今,德州市政府副秘书长,市政府办公室党组成员,研究室主任。

夏连红 德州市政府副秘书长,市政府办公室党组成员、调研员。1971年10月出生,汉族,山东夏津人,中共党员,大学学历。

1990年9月至1994年7月,大连轻工学院学生。1994年7月至1997年8月,任德州市无线电三厂二车间班长、质检部主任。1997年8月至2005年11月,任德州市民政局科员、主任科员、办公室副主任、主任。2005年11月至2006年9月,任德州市民政局助理调研员、办公室主任。2006年9月至2008年2月,任德州市民政局助理调研员。2008年2月至2010年4月,任德州市政府办公室党组成员、纪检组长。2010年4月至2012年9月,任德州市政府办公室副主任。2012年9月至2015年1月,任德州市政府副秘书长,市政府办公室党组成员。2015年1月至今,任德州市政府副秘书长,市政府办公室党组成员、调研员。

耿明 德州市政府副秘书长,市政府办公室党组成员。1971年6月出生,汉族,山东省乐陵市人,中共党员,省业余大学学历。

1992年11月至1995年11月,任德州地区人大工委科员。1995年11月至1997年11月,任德州市人大常委会办公室副科级秘书(其间:1993年7月至1996年6月在山东干部函授大学经济管理专业学习)。1997年11月至1998年12月,任德州市人大常委会办公室秘书科副科长。1998年12月至2004年1月,任德州市人大常委会办公室秘书科科长(其间:2000年3月至2001年1月德州市市委驻武城县西位村工作组组长,2001年9月至2002年6月在南开大学研究生进修班学习)。2004年1月至2005年9月,任德州市人大办公室副调研员、秘书科科长。2005年9月至2008年8月,任德州市人大常委会办公室副调研员。2008年8月至2010年5月,任德州市政府驻天津滨海新区办事处副主任,市招商促进办公室党组成员。2010年5月至2011年6月,任德州市政府驻天津滨海新区办事处副主任,市区域合作办公室(德州市推进黄河三角洲高效生态经济区建设办公室、德州市招商促进办公室)党组成员。2011年6月至2012年9月,任德州市政府办公室机关党委专职副书记。2012年9月至2013年9月,任德州市政府办公室副主任。2013年9月至今,任德州市政府副秘书长,市政府办公室党组成员。

王磊 德州市政府副秘书长,市政府办公室党组成员。1970年5月出生,汉族,山东省禹城市人,中共党员,研究生学历,工学硕士。

1996年7月至1997年6月,任德州市计委国土科科员。1997年6月至1999年1月,任德州市计委工业科科员。1999年1月至2000年6月,任德州市计委机电轻纺科副科长。2000年6月至

2001年6月，任德州市计委机电轻纺科主任科员。2001年6月至2004年1月，任德州市计委工业科科长。2004年1月至2005年7月，任德州市计委投资科科长。2005年7月至2008年2月，任德州市发改委投资科科长。2008年2月至2008年8月，任德州市发改委副调研员、投资科科长。2008年8月至2012年9月，任德州市发改委副调研员。2012年9月至2014年12月，任德州市政府办公室副主任。2014年12月至2015年1月，任德州市政府办公室副主任、党组成员。2015年1月至今，德州市政府办公室副秘书长，市政府办公室党组成员。

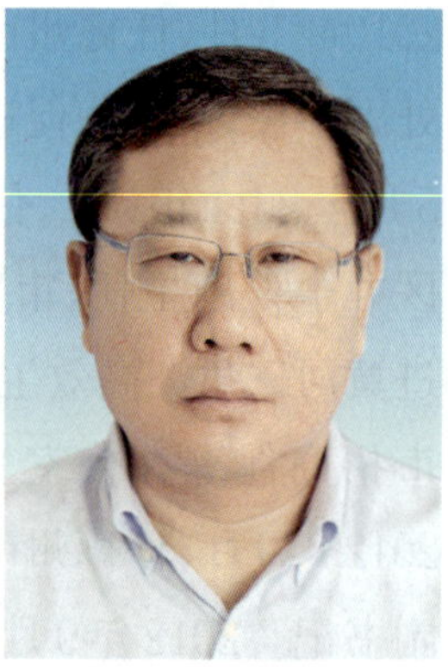

邵清泽 市发改委主任、党组书记、市区域发展战略推进办公室主任（兼）。1963年3月生，山东省禹城市人。大学学历，中共党员。

1982年7月至1984年5月，任德州地区禹城县张庄公社团委干事，1984年5月至1984年9月，任德州地区禹城县张集乡副乡长。1984年9月至1986年8月，在山东农机化学院干部专修科工业企业管理专业学习。1986年8月至1989年7月，任德州地区禹城县来凤乡副乡长，1989年7月至1991年2月，任德州地区禹城县团委书记。1991年2月至1991年4月，任德州地区禹城县大程乡党委副书记，1991年4月至1992年12月，任德州地区禹城县大程乡党委副书记、乡长。1992年12月至1998年1月，任德州地区（市）禹城市大程乡党委书记。1998年1月至1998年3月，任德州市禹城市副市长，1998年3月至2003年1月，任德州市临邑县副县长（1996年7月至1998年11月在中国社会科学院研究生院研究生课程进修班企业管理专业学习）。2003年1月至2004年1月，任德州市临邑县委常委、副县长，2004年1月至2006年2月，任德州市临邑县委副书记（2003年9月至2005年12月在省委党校业余本科班经济管理专业学习）。2006年2月至2007年1月，任德州市临邑县委副书记、纪委书记。2007年1月至2010年11月，任德州市齐河县委副书记。2010年11月至2011年11月，任德州市齐河县委副书记，市黄河国际生态城投资管理中心主任。2011年11月至2012年1月，任德州市德城区委副书记，副区长、代区长，2012年1月至2014年1月，任德州市德城区委副书记、区长。2014年1月至2014年4月，任德州市发展和改革委员会主任、党组书记，德城区区长。2014年4月任德州市发展和改革委员会主任、党组书记，市区域发展战略推进办公室主任（兼）。

王爱民 市经信委主任、党组书记。1962年8月生，汉族，山东宁津人，省委党校研究生。1984年8月加入中国共产党。

1979年12月至1986年10月，任德州地区宁津县法院书记员、审判员（其间：1984年9月至1986年7月在省广播电视大学党政干部专修科学习）。1986年10月至1990年4月任德州地区宁津县机关党委委员。1990年4月至1993年5月任德州地区宁津县委组织员办公室副主任。1993年5月至1993年11月任德州地区宁津县道口乡党委副书记、政协主任。1993年

11月至1995年7月任德州地区(市)宁津县相衙镇党委副书记、镇长。1995年7月至1998年1月任德州市宁津县相衙镇党委书记(其间:1994年9月至1997年9月在山东省政法管理干部学院专科法律专业学习;1995年9月至1997年12月在省委党校业余本科班经济管理专业学习)。1998年1月至1998年3月任德州市宁津县委常委、政法委书记、相衙镇党委书记。1998年3月至2001年2月任德州市乐陵市委常委、政法委书记。2001年2月至2002年1月任德州市乐陵市委常委、纪委书记。2002年1月至2003年1月任德州市乐陵市委副书记、纪委书记(其间:2001年3月至2002年10月中国政法大学研究生班学员)。2003年1月至2011年4月任德州市乐陵市委副书记(其间:2003年2月至2003年 5月在省委党校全省县委书记进修班学习;2004年9月至2007年6月在省委党校在职研究生班经济管理学习)。2011年4月至2011年5月任德州市经济和信息化委员会党组副书记,市中小企业局党组书记。2011年5月至2013年7月任德州市经济和信息化委员会党组副书记,市中小企业局局长、党组书记。2013年7月至2013年12月任德州市经济和信息化委员会党组书记、主任;市中小企业局党组书记、局长;市委工交工委副书记。2013年12月至2016年9月任德州市经济和信息化委员会党组书记、主任;市委工交工委副书记。2016年9月至今任德州市经济和信息化委员会党组书记、主任。

马国忠 德州市卫生和计划生育委员(市中医药管理局)会主任。1961年1月出生,山东省齐河县人,中共党员,大学学历,1979年参加工作。1992年11月至1998年1月,任齐河县大黄乡党委副书记兼副乡长、乡长、党委书记,1998年1月至1998年2月,任齐河县委常委、大黄乡党委书记,1998年2月至1998年3月,任齐河县委常委、宣传部长,1998年3月至2001年2月,任临邑县委常委、组织部长,2001年2月至2003年1月任临邑县委副书记,2003年1月至2007年1月任平原县委副书记、副县长,2007年1月至2008年2月,任德州市农业局党委委员、副局长、蔬菜办主任,2008年2月至3月,任德州市民营经济发展委员会(市中小企业局)党组书记,2008年3月至2010年2月任德州市民营经济发展委员会(市中小企业局)党组书记、主任,2010年2月至2017年1月,任德州市食品药品监督管理局(市食品卫生安全委员会办公室)党组书记、局长。2017年1月,任德州市卫生和计划生育委员会(市中医药管理局)党组书记、主任。

曾荣获第一次全国经济普查国家级先进个人、全省防治非典型肺炎工作二等功、全市计划生育工作先进个人。省十一次党代会代表,市十四次党代会代表。

张书鹏 德州市教育局局长、党委书记。1964年11月出生,山东省夏津县人,中共党员,研究生学历。

1978年9月至1980年7月,任德州市粮食学校会统专业学生。1980年7月至1984年9月,任德州地区粮食局财务科科员(其间:1981年7月至1984年7在山东德州地直业大中文专业学习)。1984年9至1987年12,任德州地区粮食局办公室秘书。1987年12月至1993年12月,任德州地区粮食局办公室副主任。1993

年12至1994年12月，任德州地区粮食局办公室主任。1994年12至1996年2月，任德州粮油集团党委委员、副总经理。1996年2至2004年1月，任德州市粮食局党委委员、副局长(1995年9月至1997年12月在山东省委党校业余本科班经济管理专业学习；1999年9月至2000年6月在南开大学研究生课程进修班工商管理专业学习)。2004年1月至2004年10月，任德州市粮食局局长。2004年10月至2011年4月，任德州市粮食局局长、党委书记(其间：2009年3月至2009年9月参加山东省第八届中青年干部培训团赴美国培训)。2011年4月至2014年1月，任德州市科学技术局局长、党组书记。2014年1月至今，任德州市教育局局长、党委书记。

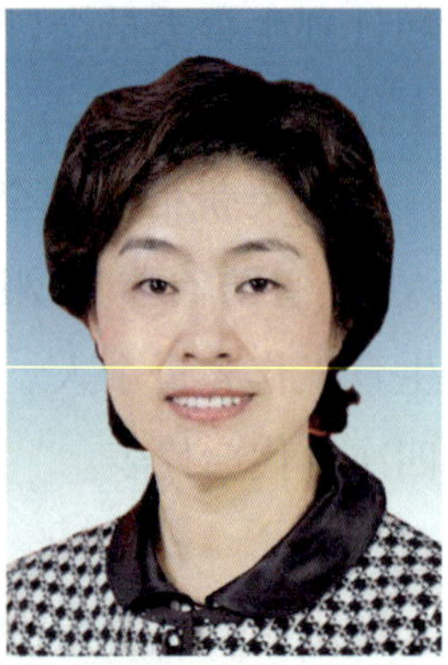

张慧君　德州市科学技术局党组书记、局长。1963年3月出生，北京市通州区人。中共党员，大学学历。

1985年5月至1990年5月，任共青团德州市(县级)委干部、组织部副部长、宣传部部长。1990年5月至1995年6月，历任德州市(县级)少工委主任、黄河涯乡副乡长，德州市(县级)计生委党组书记、副主任、主任。1995年6月至1995年8月，任德城区计生委主任、党组书记兼德城区计生协会会长。1995年8月至1998年4月，历任德城区政法委副书记、盐店口街道党委书记。1998年4月至1999年4月，任德城区宣传部部长。1999年4月至2003年3月，任武城县委常委、政法委书记。2003年3月至2006年3月，任乐陵市委常委、组织部长。2006年3月至2008年9月，任德州市总工会党组成员、副主席。2008年9月至2010年5月，任德州市文化局党组书记、局长。2010年5月至2011年5月，任德州市文化广电新闻出版局党组书记、副局长。2011年5月至2014年1月，任德州市妇女联合会党组副书记、书记、主席。2014年1月至2016年5月，任德州市科学技术局党组书记、局长。2016年5月至今，任德州市科学技术局党组书记、局长，市应用技术研究院管理中心党组书记、主任(兼)。

李淑华　德州市民政局局长。1965年12月生，山东省平原县人。中共党员，经济管理硕士。

1983年7月至1986年3月，任平原县供销社职员、平原县直机关招待所会计、主管会计、办公室主任。1986年3月至1993年3月，任平原县人民政府办公室科员、副科长、科长、办公室副主任、史志办公室主任。1993年3月至1996年12月，先后任德州地区行政公署办公室主任科员、秘书科科长。1996年12月至1998年10月，先后任德州市人民政府办公室副县级秘书、秘书科、综合科科长长。1998年10月至2001年7月，任德州市人民政府办公室副主任，2001年7月至2008年2月，任德州市人民政府副秘书长，2008年2月至2012年3月，任中共德州市委副秘书长，市农村工作办公室(市新农村建设办公室)主任。2012年3月，任德州市民政局党组书记、局长，市双拥工作办公室主任。

扈建军　德州市司法局党组书记、局长。1963年6月出生，山东省济宁市人。中共党员，研究生学历。

1984年7月至1989年3月，任济宁市公路局办公室秘书。1989年3月至1991年2月，任济宁

市交通局秘书。1991年2月至1992年11月，任济宁市政府研究室秘书。1992年11月至1993年11月，任济宁市政府研究室综合科副科长。1993年11月至1995年7月，任济宁市委办公室综合科副科级秘书。1995年7月至1997年12月，任济宁市委办公室综合科主任科员。1997年12月至2000年12月，任省委办公厅综合二室主任科员。2000年12月至2002年2月，任省委办公厅综合二室助理调研员（期间：挂任陵县县委副书记）。2002年2月至9月，任陵县县委副书记。2002年9月至2007年7月，任中共德州市委副秘书长。2007年7月至2008年2月，任中共德州市委统战部副部长兼市伊斯兰教协会会长。2008年2月，任德州市旅游局党组书记、局长。2013年3月至今，任德州市司法局党组书记、局长。

何连生 德州市委组织部副部长（兼），市人社局局长、党组书记，市社保中心主任（兼）。1961年10月出生，山东省武城县人，中共党员，大学学历。

1979年8月至1981年7月，山东省水利学校农水专业学习。1981年7月至1984年7月，任德州地区武城县水利局职员、秘书、团支部书记1984年7月至1992年11月，任德州地区武城县委组织部干事、办公室主任、干部科副科长（其间：1987年9月至1989年7月在山东大学干部专修科经济管理专业学习）。1992年11月至1993年1月，任德州地区武城县委组织部副科级干事、办公室主任兼干部科科长。1993年1月至1995年5月，任德州地区（市）武城县委组织部副部长。1995年5月至1998年1月，任德州市武城县四女寺镇党委书记（1994年9月至1996年12月，在山东省委党校函授学院经济管理专业学习）。1998年1月至1998年3月，任德州市武城县副县长。1998年3月至2003年1月，任德州市乐陵市副市长（其间：1998年9月至2000年7月在山东农业大学研究生课程进修班学习）。2003年1月至2007年2 月，任德州市禹城市委常委、副市长（其间：2005年9月至2005年11月在省委党校第十七期县委书记班学习）。2007年2月至2011年4月，任德州市禹城市委副书记。2011年4月至2011年5月，任德州市统计局党组副书记。2011年5月至2011年11月，任德州市统计局局长、党组副书记。2011年11月至2013年3 月，任德州市统计局局长、党组书记。2013年3月至今，任德州市委组织部副部长（兼），市人社局局长、党组书记，市社保中心主任（兼）。

姜 刚 德州市财政局局长。1964年10月出生，山东省平原县人，中共党员，大学学历。

1985年7月至1990年12月，任德州地区粮食职工学校教师。1990年12月至1994年4月，任德州地区粮食局基建科科员（其间：1991年9月至1993年7月在中央党校函授学院经济专业本科班在职学习）。1994年4月至1996年1月，任德州粮油批发市场综合部经理。1996年1月至2000年12月，任德州粮油批发交易市场主任助理。2000年12月至2008年2月，任德州市经委党组成员、副主任（其间2000年9月至2001年7月，在南开大学(MBA)工商管理研究生进修班国际贸易专业学习。2001年9月至12月,在省委党校第四期县处级干部进修班学习)。2008年2月至2011年6月,任德州市政府副秘书长,市政府办公室党组成员。2011年6月至2012年8月,任德州市政府副秘书长,市政府办公室党组成员、调研员。2012年8月至2016年4月,任德州市金融工作办公室党组书记、主任。2016年4月,任德州市财政局党组书记、局长。

刘清云 德州市审计局党组书记、局长。1963年9月生,山东省乐陵市人,中共党员,大学学历。

1984年7月至1992年11月任德州地委办公室机要科科员(1989年7月至1990年12月在乐陵寨头堡乡挂职),1992年11月至1994年6月任德州地委办公室机要科副科级秘书,1994年6月至1995年7月任德州地委办公室接待科副科级秘书,1995年7月至1997年8月任德州市委办公室接待科正科级秘书,1997年8月至1998年3月任德州市委办公室秘书科副科长(正科级),1998年3月至1998年10月任德州市委办公室接待科长,1998年10月至2001年7月任德州市委办公室副调研员、接待科长,2001年7月至2005年11月任德州市委办公室副主任(副县级),2005年11月至2009年3月任德州市委副秘书长(副县级),2009年3月至2012年2月任德州市林业局局长、党组书记(2011年12月至2012年2月任德州市纪委副书记候选人),2012年2月至2013年3月任德州市纪委副书记。2013年3月任德州市审计局党组书记、局长。

德州市十四届党代会党代表,德州市十七届人大常委。2005年被山东省委、省政府记三等功。

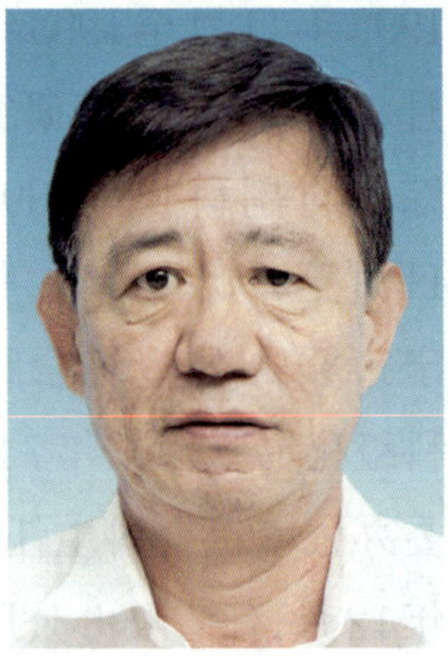

张千华 德州市统计局党组书记、局长。1963年11月出生,山东省平原县人。中共党员,研究生学历,注册会计师。

1981年7月至1984年5月,任平原县财税局科员,1984年5月至1998年1月,先后任平原县审计局股长、副局长、局长。1998年1月至3月,任平原县人民政府副县长。1998年3月至2006年2月,任庆云县人民政府副县长,2006年2月至2007年1月,任中共庆云县委常委、副县长。2007年1月至2010年4月,任中共宁津县委常委常委、常务副县长。2010年4月至2013年3月,任德州市审计局党组副书记、副局长、调研员。2013年3月至今,任德州市统计局党组书记、局长。

赵明国 德州市国土资源局局长、市机关事务管理局局长。1965年9月生,山东省济阳县人,中共党员,在职研究生学历。

1988年7月,任德州地区农牧渔业局技术干部。1993年6月,任德州地区农委科员。1996年5月,任德州市农委农情信息科副科长。1997年7月,任德州市农委办公室副主任。1998年12月,德州市农委办公室主任。2001年2月,任平原县副县长。2007年2月,任平原县委常委、副县长(期间:2004年9月至2007年6月在山东省委党校在职干部研究生班经济管理专业学习)。

2012年1月，任平原县委副书记。2014年1月，任德州经济技术开发区党工委副书记。2014年2月，任德州经济技术开发区党工委副书记、管委会常务副主任。2016年7月，任德州市机关事务管理局局长、党组书记。2017年7月，任德州市国土资源局党组书记、德州市机关事务管理局局长、党组书记。2017年9月至今，任德州市国土资源局局长、党组书记，德州市机关事务管理局局长、党组书记。

赵　华　德州市环保局局长。1964年6月出生，河南省杞县人。大学学历，中共党员。

1984年7月至1986年3月，任陵县农业局农业技术员，1986年3月至1991年4月，任陵县政府办公室农业科干事、秘书、副科长、信息科副科长，1991年4月至1992年2月，任陵县邓集乡党委委员，1992年2月至1995年11月，任陵县农委副局级秘书，1995年11月至1997年2月，任陵县前孙镇党委副书记，1997年2月至1998年2月，任陵县前孙镇党委副书记、镇长兼政协主任，1998年2月至1999年3月，任陵县陵城镇党委副书记、镇长，1999年3月至2000年4月，任陵县陵城镇党委书记，2000年4月至6月，任陵县陵城镇党委书记、镇长，2000年6月至2003年1月，任陵县徽王庄镇党委书记，2003年1月至2004年1月，任陵县陵城镇党委书记，2004年1月至2007年1月，任陵县县委常委、陵城镇党委书记，2007年1月至2007年2月，任临邑县委常委，2007年2月至2010年4月，任临邑县委常委、副县长，2010年4月至2014年3月，任武城县委常委、纪委书记，2014年3月至9月，任武城县委副书记、纪委书记，2014年9月至2017年1月，任武城县委副书记。2017年1月，任德州市环保局党组书记、局长。

马文喜　德州市住建局局长。1961年5月生，山东省陵城区人，大学学历，中共党员。

1978年8月至1980年7月，陵县师范学生。1980年7月至1987年9月，任陵县师范教务处教务员、团委副书记(其间:1984年2至1986年1在山东师范大学干部专修科政治专业学员)。1987年9月至1987年11月，任陵县团县委干事。1987年11月至1988年6月，任陵县团县委组织部副部长(其间:1988年5月至1990年6月挂职陵县于集乡副乡长)。1988年6月至1990年6月，任陵县团县委办公室主任。1990年6月至1993年1月，任陵县团县委副书记。1993年1月至1993年9月，任陵县外经委副主任、党组成员。1993年9月至1994年7月，任陵县郑家寨乡党委副书记、乡长。1994年7月至1995年11月，任陵县郑家寨乡党委副书记、乡长兼政协联络室主任。1995年11月至1997年2月，任陵县郑家寨乡党委副书记、乡长兼政协主任。1997年2月至2000年6月，任陵县张习桥镇党委书记、人大主席(1995年9月至1998年7月山东经济学院经济管理专业学习)。2000年6月至2000年11月，任陵县陵城镇党委书记。2000年11月至2002年1月，任陵县陵城镇党委书记、人大主席。2002年1月至2003年1月，任陵县陵城镇党委书记、人大主席(副县级)。2003年1月至2003年4月，任陵县县委常委、办公室主任，陵城镇党委书记。2003年4月至2007年2月，任陵县县委常委、办公室主任。2007年2月至2008年1月，任陵县县委常委、副县长。2008年1月至2009年3月，任德州市安全生产监督管理局党组副书记、副局长。2009年3月至2014年1月,任德州市安全生产监督管理局党组书记、局长。2014年1月至2017年1月,任德州市水利局党委书记、局长。2017年1月至今,任德州市住房和城乡建设局党组书记、局长。

许　健　德州市规划局局长。1978年12月出生,山东省陵城区人,中共党员,研究生学历。

2000年7月至2011年11月,先后任庆云县庆云镇镇长助理、党委委员。2001年11月至2003年9月,先后任共青团德州市委副科级干部、办公室副主任、宣传部副部长。2003年9月至2008年8月先后任共青团德州市委宣传部部长、工农青年部兼权益部部长、市希望办主任、学校少年部部长。2008年8月至2011年11月任共青团德州市委副书记、党组成员(2009年8月至2010年2月挂职市信访局副局长、党组成员。2010年2月至2011年2月挂职团中央维护青少年权益部维权工作处副处长)。2011年11月至2012年1月庆云县委副书记、代县长。2012年1月至2016年12月,任庆云县委副书记、县长。2017年1月,任德州市规划局党组书记、局长。

齐永军　德州交通运输局党组书记、局长。1968年3月出生,山东省临邑县人,中共党员。1987年7月至1988年9月,任临邑县临邑镇教师。1988年9月至1991年5月,任临邑县临邑镇政府办事员。1991年5月至1992年11月,任临邑县临邑镇团委副书记、书记。1992年11月至1994年6月,任临邑县临邑镇党委委员。1994年6月至1995年12月,任临邑县临邑镇副镇长。1995年12月至1997年4月,任德州市临邑县临邑镇党委副书记。1997年4月至1998年2月,任临邑县林子镇党委副书记、镇长。1998年2月至2000年5月,任临邑县赵家乡党委书记。2000年5月至2001年2月,任临邑县兴隆镇党委书记。2001年2月至2003年5月,任临邑县委常委、兴隆镇党委书记(2000年9月至2001年7月在南开大学国际商学院工商管理专业学习)。2003年5月至2006年2月,任临邑县委常委、县委办公室主任。2006年2月至2007年1月,任临邑县委常委、副县长、县委办公室主任。2007年1月至3月,任德州市乐陵市委常委、市人民政府副市长。2007年3月至2010年4月,任德州市乐陵市委常委、市政府党组副书记、副市长(2006年9月至2009年6月省委党校在职干部研究生班经济管理专业学习)。2010年4月至2012年3月,任德州经济开发区党工委副书记,市高铁新区投融资管理中心主任。2012年3月至2013年3月,任德州经济开发区党工委副书记,管委会常务副主任,市高铁新区投融资管理中心主任。2013年3月至2014年1月,任德州经济开发区党工委副书记、常务副主任。2014年1月至2014年3月,任陵县县委副书记、代县长。2014年3月至2014年12月,任陵县县委副书记、县长。2014年12月至2016年12月,任德州市陵城区区委副书记、区长。2016年12月至2017年1月,任德州市陵城区政府区长。2017年1月,任德州市交通运输局党组书记、局长。

王　健　德州市商务局局长。1963年9月出生,山东省禹城市人。

曾任禹城市政府办公室副主任、党组成员;

禹城市委办公室副主任兼保密办公室主任（正科级）；禹城市禹城镇党委副书记、镇长，禹城市市中街道办事处党委副书记、主任、人大主任，禹城市市中街道办事处党委书记、副县级干部；禹城市副市长、市政府党组成员、市中街道办事处党委书记，禹城市委常委、秘书长、办公室主任，禹城市委常委、禹城市政府党组副书记、禹城市高新区党工委副书记、管委会副主任，禹城市政府党组副书记、禹城市高新技术产业开发区党工委副书记、管委会主任，禹城市政府党组副书记、德州高新技术产业开发区党工委副书记、管委会主任。2017年1月16日，任德州市商务局党组书记、局长。

郭平银　德州市农业局党委书记、局长。汉族，1962年12月出生，山东省平原人，中共党员，大学学历，MBA硕士，研究员职称。

1983年7月至1985年8月任德州农校教师、教工团委书记，1985年8月至1995年4月任德州行署办公室秘书、副科长、科长（1994年3月至1995年4月，宁津县大曹乡挂职副书记），1995年4月至1999年3月任乐陵市委常委、宣传部长，1999年3月至2001年2月任乐陵市委常委、办公室主任，2001年2月至2002年1月任乐陵市委副书记、办公室主任，2002年1月至2006年2月任乐陵市委副书记，2006年2月至2007年1月任乐陵市委副书记、副市长（正县），2007年1月至2010年2月任德州市农业科学研究院院长、副书记，2010年2月至2011年5月任德州市水利局党委委员、副局长、市南水北调工程建设管理局副局长（正县级），2011年5月至2013年7月任德州市水利局党委副书记、市南水北调工程建设管理局局长，2013年7月任德州市农业局党委书记、局长、市推进有机农业办公室主任。德州市第十三届政协委员，德州市第十五次党代会代表，德州市第十五届市委候补委员。

郑广敏　德州市林业局局长。1969年1月出生，山东省陵城区人，中共党员，研究生学历。

1987年7月至1988年2月，任陵县教育局干事。1988年2月至1997年8月，历任中共德州地委办公室科员、中共德州地（市）委办公室副科级秘书。1997年8月至2008年2月，历任中共德州市委办公室主任科员、常委值班室科长、信息科长。2008年2月至9月，任中共德州市委办公室副调研员、信息科长。2008年9月至2013年8月，历任中共德州市委办公室副调研员、办公室副主任、市委副秘书长。2013年8月至2016年7月，任中共德州市委副秘书长、市接待工作处主任。2016年7月至2017年1月，任中共德州市委副秘书长、督查室主任。2017年1月，任德州市林业局长、党组书记。

邢朝峰　德州市水利局局长。1963年2月出生，山东省平原县人。大学学历，中共党员。

1985年7月至1990年10月任德州地区农业学校财会教研室教师（期间：1987年9月至1990年7月在南京农业大学函授大专班经济管理专业

学习），1990年10月至1994年12月，任德州地区经贸委科员，1994年12月至1996年12月任德州地区经贸委副科长(1993年8月至1995年12月在中央党校函授学院本科班经济管理专业学习)，1996年12月至1998年9月，任德州市经贸委科长，1998年9月至1999年10月，任德州市经贸委助理调研员，1999年10月至2002年1月任德州市委工交工委委员、工会主任(兼)(期间:2000年9月至2001年6月在南开大学工商管理专业学习)，2002年1月至2003年2月，任平原县委常委、副县长，2003年2月至2006年4月，任德州商贸开发区党工委委员、管委会副主任，2006年4月至2008年6月，任德州运河经济开发区党工委委员、管委会副主任，2008年6月至2012年3月，任德州运河经济开发区党工委副书记、管委会副主任、调研员，2012年3月至2017年1月，任德州市公用事业局管理局局长、党组书记，2017年1月，任德州市水利局党委书记、局长。

乔方红 德州市粮食局局长。1965年7月出生，山东省庆云县人，中共党员，研究生学历。

1987年7月庆云县小郑中学任教，1991年3月至1995年12月任庆云县计生委资料员、办公室副主任，1995年12月至1998年9月，任庆云县严务乡党委计生专职副书记，1998年9月至1998年12月，任庆云县严务乡党委副书记、乡长，1998年12月至2001年2月，任庆云县严务乡党委书记，2001年2月至2003年2月，任庆云县委常委、庆云镇党委书记，2003年2月至2006年2月，任庆云县委常委、宣传部长，2006年2月至2007年2月，任庆云县委常委、县委办公室主任，2007年2月至2010年4月，任庆云县委常委、副县长，2010年4月至2010年5月，任市发改委副主任、黄河三角洲开发办公室常务副主任，2010年5月至2011年5月，任市发改委副主任、市区域合作办公室常务副主任、党组副书记，2011年5月至2012年3月，任市区域合作办公室常务副主任、党组副书记，市政府驻天津滨海新区办事处主任，2012年3月至2014年1月，任市发展和改革委员会副主任、德州市区域合作办公室党组书记、主任，2014年1月至2017年1月，任市经济合作局党组书记、局长，2017年1月，任市粮食局党委书记、局长。

杨　杰 德州市文化广电新闻出版局局长。1962年出生，山东省禹城市人，中共党员，研究生学历。

1980年7月至1982年2月，任德州地区禹城县教育局教研员。1982年2月至1987年6月，任禹城县政府办公室科员。1987年6月至1991年5月，任禹城县政府办公室信息科科长。1991年5月至1992年3月，任禹城县政府办公室调研科长(副科级)，1992年3月至1995年12月，任禹城县(市)政府办公室副主任，1995年12月至1998年3月，任禹城市政府办公室副主任兼体改办主任，1998年3月至2000年11月，任禹城市教委主任、党组书记，2000年11月至2002年4月，任禹城市教委主任、党委书记，2002年4月至2003年1月，任禹城市教育局长、党委书记。2003年1月至2010年4月，任平原县委常委、组织部长。2010年4月至2011年11月，任平原县委副书记。2011年11月至2012年3月，待安排。2012年3月，任德州市文化广电新闻出版局党组书记、局长。

王拥军 德州市体育局党组书记、局长。汉族，山东武城人，1967年7月出生，研究生学历，1987年7月参加工作，1994年9月加入中国共产党。

于1987年7月至1991年4月任德州电视台新闻部干事；1991年4月至1992年6月任德州地委组织部党员电教中心干事；1992年6月至1995年3月任德州地委组织部党员电教中心副科级巡视员；1995年3月至1995年10月任德州市委组织部党员电教中心副科级巡视员；1995年10月至2001年7月任德州市委组织部党员电教中心副主任；2001年7月至2008年2月任德州市委组织部党员电教中心主任；2008年2月至2013年12月任中共临邑县委副书记；2013年12月至2014年5月任德州市体育局党组书记；2014年5月至今，任德州市体育局党组书记、局长。

在工作期间先后获得1988、1989、1990年山东电视台优秀通讯员；1995年山东省优秀电教工作者；《历史不会忘记》《小康什么样》省党员电教片观摩评比一等奖；《历史的跨越》《必由之路》省精神文明建设精品工程奖；2012年度德州市两区同建工作先进个人；2008、2010、2011、2012年先后四次被市委、市政府记二等功。

孙九鹏 德州市城市管理行政执法局局长。1965年2月出生，山东省乐陵市人，中共党员。

1980年7月至1983年9月，任乐陵县王集供销社团支部书记。1983年9月至1984年9月，任乐陵棉麻公司会计，1984年9月至1985年4月，任乐陵县供销社科员。1985年4月至1985年10月，任乐陵县委整党办公室办事员，1985年10月至1993年3月，先后任乐陵县、市委组织部干事、副科长、科长。1993年3月至1995年12月，任共青团乐陵市委党组书记、书记。1995年12月至1996年8月，任乐陵市杨盘乡党委副书记、乡长、1996年8月至1998年3月，任乐陵市朱集镇党委副书记、镇长。1998年3月至2001年2月，任乐陵市朱集镇党委书记。2001年2月至2003年1月，任乐陵市副市长、朱集镇党委书记。2003年1月至2007年2月，任庆云县副县长，2007年2月至2007年11月，任庆云县委常委、副县长。2007年11月至2009年3月，任武城县委常委、常务副县长。2009年3月至2012年3月，任德州市公用事业管理局党组书记、局长。2012年3月，任德州市城市管理行政执法局党组书记、局长。

杨晓波 德州市安全生产监督管理局党组书记、局长。1963年5月出生，山东省泰安市人。

1984年7月至1985年1月，任德州市自来水公司生技科技术员，1985年1月至1988年1月，先后任德州市建委任团委干事，副书记，书记。1988年1月至1993年4月，先后任德州市建委公用事业科任副科长,科长。1993年4月至1997年9月,任德州市园林处副书记,副主任。1997年9月至2002年6月,任园林处主任,书记。2001年4月至2005年2月,任德州市城管局长。2005年2月至2011年5月,任德州市城管执法局副局长、调研员。2011年5月至2014年1月,任德州运河经济开发区党工委副书记、管委会常务副主任。2014年1月至今。

王胜强 德州市食品药品监督管理局局长。1966年6月出生,山东省宁津县人,中共党员。

1984年7月至1996年12月,任德州地(市)委办公室干事、副科级、正科级秘书。1996年12月至2001年5月,任德州市政府办公室副县级秘书、副主任。2001年5月至2010年12月,任德州市纪委办公室主任、副书记,乐陵市委副书记、纪委书记。2011年1月至2017年1月,任武城县委副书记、县长,德州市委全面深化改革领导小组办公室副主任(正县级)。2017年1月,任德州市食品药品监督管理局党组书记、局长。

周庆立 德州市工商行政管理局党组书记、局长。1962年10月出生,山东省庆云县人,中共党员,研究生学历。

1981年7月至1983年7月,任庆云县棉麻工作检验股副股长,1983年7月至1987年7月,任庆云县人民法院书记员兼法警,1987年7月至1991年11月,先后任庆云县委办公室秘书科长、副科级秘书,1991年11月至1994年1月,任德州地委机关党委副科级纪检员,1994年1月至1994年8月,任德州地委办公室副科级秘书。1994年8月至1996年12月,任德州地委办公室正科级秘书,1996年12月至1998年10月,先后任德州市委办公室督查科副科长、正科级秘书,1998年10月至2000年7月,任德州市委办公室助理调研员、督查科副科长,2000年7月至2001年7月,任德州市委办公室助理调研员,2001年7月至2005年11月,任德州市委办公室副主任。2005年11月至2008年8月,任德州市委副秘书长,2008年8月,任德州市委副秘书长、市委、市政府接待工作处主任。2012年8月,任德州市人口和计划生育委员会党组书记,2012年9月,任德州市人口和计划生育委员会党组书记、第一副主任,2012年12月,任德州市人口和计划生育委员会党组书记、主任。2014年9月至今,任德州市工商行政管理局党组书记、局长。

苗晓钢 德州市质量技术监督局局长。1965年11月出生,山东省平原县人,中共党员,大学学历,经济学硕士。

1987年7月至1991年3月,任山东省地矿局第一地质大队技术员。1991年3月至2001年5月,历任共青团山东省委研究室科员,副主任科员,主任科员。2001年5月至2008年12月,历任共青团山东省委青农部副部长,共青团山东省委常委、青农部副部长,(共青团山东省委常委)、办公室副主任,(共青团山东省委常委)、(办公室)主任。2008年12月至2012年3月,任山东省质量技术监督局标准化处调研员,2012年3月(至今),任德州市质量技术监督局党组书记、局长。

宋小美 德州市人民政府外事侨务办公室主任。1963年6月生，山东省烟台市人，中共党员，研究生学历。

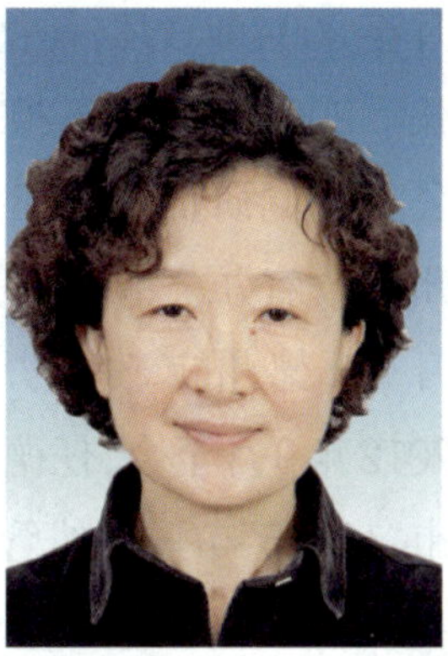

1981年9月至1983年12月，任北京国家旅游局国旅北京分社英语翻译，1984年1月至1985年12月，任陵县外资办资料翻译，1986年1月至1989年7月，任德州农村发展学院英文讲师。1989年10月至1992年12月，任陵县政府外办秘书，1993年1月至1994年12月，任陵县文化旅游局副局长。1995年1月至1998年1月，任陵县外经委主任。1998年2月至2002年8月，任德州市外经委副主任。2002年9月至2004年9月，任德州市旅游局党组书记。2004年10月至2008年2月，任德州市旅游局党组书记、局长，2008年2月至今，任德州市外事侨务办公室党组书记、主任。

傅　林 德州市人防办党组书记、主任。1962年11月出生，山东省宁津县人，中共党员，大学学历。

1981年9月至1983年7月，德州师范专科学校中文系语文专业学生；1983年7月至1984年9月，任德州地区物资局干事。1984年9月至1990年12月，任德州地委办公室干事(其间：1988年5月至1989年1月，任平原县恩城镇党委挂职秘书；1989年1月至1990年4月，任平原县恩城镇党委挂职副书记)。1990年12月至1992年11月，任德州地委办公室副科级秘书。1992年11月至1995年5月，任德州地委办公室正科级秘书。1995年5月至2001年3月，任德州市禹城市委常委、办公室主任(1993年7月至1996年6月在山东干部函授大学业余本科班经济管理专业学习)。2001年3月至2007年7月，任德州市总工会副主席、党组成员。2007年7月至2013年9月，任德州市总工会常务副主席、党组副书记。2013年9月至2015年5月，任德州市总工会常务副主席、党组书记；2015年5月至今，任德州市人民防空办公室主任、党组书记。

徐宏城 德州市人民政府办公室党组成员、市政府应急办主任。山东省夏津县人，1965年11月出生，中共党员，大学学历。

1982年1月至1983年9月，夏津县夏津镇文教系统工作。1983年9月至1990年12月，夏津县工商行政管理局科员。1990年12月至1998年6月，先后任夏津县政府办公室秘书，秘书科副科长、科长，办公室副主任。1998年6月至2004年3月，先后任德州市政府办公室副主任科员，秘书一科副科长，副科长主任科员、科长。2004年3月至2008年2月，任德州市政府办公室副调研员。2008年2月至2012年8月，任德州市政府办公室副主任。2012年8月至今，任德州市政府办公室党组成员、应急办主任。

贺金珂 德州市人民政府办公室党组成员、市电子政务办公室主任。1962年10月出生，山东省陵县人，中共党员，大学学历，理学学士。

1984年7月至1992年11月，任德州地委办公

室机要科科员。1992年11月至1994年12月，任德州地委办公室机要局副科级秘书。1994年12月至1997年9月，任德州市委办公室机要局正科级秘书。1997年9月至2000年7月，任德州市委办公室机要局副局长。2000年7月至2001年7月，任德州市委办公室秘书科科长。2001年7月至2004年3月，任德州市委办公室助理调研员。2004年3月至2008年2月，任德州市委办公室副主任。2008年2月至2011年5月，任德州市委副秘书长。2011年5月至2012年8月，任德州市委副秘书长、市委办公室调研员。2012年8月至今，任德州市政府办公室党组成员、市电子政务办公室主任。

王咸民　德州市政府办公室党组成员，市"12345"市民热线管理办公室(中心)主任。1962年10月出生，山东省乐陵市人，中共党员。大学学历。

1980年9月至1982年7月，德州农校农学专业学生。1982年7月至1988年5月，在齐河县农科所工作。1988年5月至1989年5月，在齐河县经协办工作。1989年5月至1991年8月齐，任河县政府办公室秘书(1991年8月任副局级秘书)。1991年8月至1992年10月，在德州地区行署研究室工作。1992年10月至1995年9月，任德州地区(市)行署办公室副科级秘书。1995年9月至1997年7月，任德州市政府办公室督查科副科长。1997年7月至1999年11，任月德州市政府办公室督查科副科长、主任科员(1996年7月至1999年5月在中央党校函授学院涉外经济专业学习)。1999年11月至2004年3月，任德州市政府办公室督查科科长。2004年3月至2008年2月，任德州市政府办公室副调研员。2008年2月至2012年8月，任德州市政府办公室副主任。2012年8月至2012年9月，任德州市政府办公室副主任、党组成员。2012年9月至今，任德州市政府办公室党组成员，市"12345"市民热线管理办公室(中心)主任。

董国辉　德州市政府办公室党组成员、市政务服务中心管理办公室党组书记、主任。1964年5月出生，山东省平原县人，中共党员，大学学历。

1983年7月至1985年6月，任德州皮鞋厂生产科干部。1985年6月至1996年12月，先后任德州地区统计局科员、副科长、科长。1996年12月至1997年7月，任德州市政府办公室综合一室科级秘书。1997年7月至1999年11月，任德州市政府办公室秘书一科主任科员。1999年11月至2001年7月，任德州市政府办公室调研科长。2001年7月至2004年3月，任德州市政府调研室助理调研员。2004年3月至2008年2月，任德州市政府调研室副主任。2008年2月至2011年6月，任德州市政府副秘书长、市政府办公室党组成员。2011年6月至2013年11月，任德州市政府副秘书长、市政府办公室党组成员、市政务服务中心主任。2013年11月至今，任德州市政府办公室党组成员、市政务服务中心管理办公室党组书记、主任。

于　喆　德州市物价局党组书记、局长。

1969年5月出生，山东省陵城区人，中共党员，研究生学历，管理学硕士

1987年9月至1991年7月，山东工业大学工业管理系工业管理工程专业学生。1991年7月至1997年6月，任德州市计划委员会科员。1997年6月至1998年8月，任德州市计划委员会财政金融流通科副科长。1998年8月至1999年7月，任德州市计划委员会能源交通与原材料科副科长。1999年7月至1999年11月，任德州市计划委员会能源交通与原材料科科长。1999年11月至2000年12月，任德州市计划委员会综合科科长。2000年12月至2005年2月，任德州市计划委员会副主任、党组成员（其间：2001年5月至2004年6月在西藏日喀则地区计划委员会常务副主任）（1999年9月至2003年12月在山东大学管理科学与工程专业学习，获管理学硕士）。2005年2月至2010年2月，任德州市信息产业局党组书记、局长。2010年2月至2011年4月，德州市经济和信息化委员会党组书记、副主任，市中小企业局局长、党组书记。2011年4月至今，任德州市物价局局长、党组书记。

张殿为 德州市人民政府法制办公室主任，德州市行政复议委员会办公室主任。1963年10月出生，山东省陵城区人，中共党员，大学学历，农学学士。

1982年7月至1986年1月，先后任陵县外资办干事、监测评价科副科长。1986年1月至1994年11月，先后任陵县县委组织部干事、秘书科副科长、办公室主任。1994年11月至1995年8月，任陵县于集乡党委副书记、政协联络室主任。1995年8月至1998年5月，任陵县于集乡党委副书记、乡长、政协联络室主任。1998年5月至1998年10月，任陵县县委政法委常务副书记。1998年10月至2001年2月，任德州市委政法委主任科员。2001年2月至2006年2月，任乐陵市委常委、政法委书记，2006年2月至2011年4月，任乐陵市委常委、组织部长，2011年4月至2012年3月，任乐陵市委副书记、组织部长。2012年3月，任德州市人民政府办公室党组成员，德州市人民政府法制办公室主任、党组副书记，德州市行政复议委员会办公室主任。

赵小广 德州市中小企业局长。1961年5月出生，山东省商河县人，中共党员。研究生学历，管理硕士。

1990年1月至1999年6月，任德州市工商银行计划科长，2001年1月至2003年2月，任德州市工商银行副行长，2003年2月至2004年12月，任德州市城市信用社主任，2004年12月至2008年3月，任德州市商业银行行长，2008年3月至2012年9月，任德州市金融工作办公室党组成员、副主任，2012年9月至2017年1月，任德州市金融工作办公室党组副书记、副主任。2017年1月，任德州市中小企业局党组书记、局长。

王丙豹 德州市公路管理局党委书记、局长。1964年1月出生，山东省武城县人，中共党员，大学学历。

1983年9月至1986年7月，山东省交通学校

公路与桥梁专业学生。1986年7月至1993年1月，先后任德州地区公路段工程队技术员、助工。1993年1月至1995年5月，任德州地区公路局工程处副处长。1995年5月至1998年9月，任德州市公路局工程处处长。1998年10月至2002年9月，任德州市公路局副局长兼工程处处长（其间：1996年9月至1999年7月在山东工业大学交通土建工程专业学习 ）。2002年9月至2012年9月，任德州市公路管理局副局长、党委委员。2012年9月至2012年11月，任德州市公路管理局党组副书记、副局长。2012年11月至2013年3月，任德州市公路管理局党组副书记。2013年3月至2016年5月，任德州市公路管理局党委书记。2016年5月至今，任德州市公路管理局党委书记、局长。

马灿军 德州市畜牧兽医局党组书记、局长。汉族，1964年1月生，1983年11月加入中国共产党，1980年9月参加工作，南京大学研究生，学士学位。

1980年9月至1991年1月先后担任解放军后勤工程学院学员，空军勤务学院教员、干事、连指导员、副营职干事；1991年1月至2006年4月先后担任德州市（地区）纪委（监察局）干事、副科级纪检检察员、正科级纪检监察员、副县级纪检监察员、纪检监察一室主任、办公室主任（其间：1999年9月至2000年6月在南京大学商学院研究生班国际贸易专业学习）；2006年4月至2010年4月任中共宁津县委常委、纪委书记（其间：2007年2月当选中共宁津县第十一届委员会常委）；2010年4月至2012年3月任中共宁津县委副书记；2012年3月至今，任市畜牧兽医局党组书记、局长。

张 旗 德州市经济合作局局长。1972年10月生，山东省济阳县人，中共党员，在职研究生学历，经济学硕士学位。

1995年7月至1999年1月，任德州市计委科员。1999年1月至8月，任德州市计委办公室副主任。1999年8月至10月，任浙江金华市古山镇挂职镇长助理。1999年10月至2000年6月，任德州市计委办公室副主任。2000年6月至2001年5月，任德州市计委办公室主任科员（2000年6月至2001年7月天津财经学院财政学专业，获经济学硕士学位）。2000年3月至2001年1月，任乐陵市城关镇驻村工作组组长。2001年5月至2004年1月，德州市计委办公室副主任。2004年1月至2005年7月，任德州市计委办公室主任。2005年7月至2008年2月，任德州市发展和改革委员会办公室主任。2008年2月至8月，任德州市发展和改革委员会副调研员、办公室主任。2008年8月至2013年9月，任德州市发展和改革委员会副调研员。2013年9月至2014年1月，任德州市发展和改革委员会党组成员、副调研员。2014年1月至2017年1月，任德州市发展和改革委员会副主任、党组成员。2017年1月，任德州市经济合作局党组书记、局长。

李其常 德州市地方史志办公室党组书记、主任。夏津县人，1962年12月出生，1982年7月参加工作，1984年11月入党，大学学历，编辑职称。

1980年至1982年德州师范专科学校中文系学生；1982年至1985年任夏津县政府办公室、县志办公室科员；1985年至1992年任夏津县人大常委会秘书、办公室副主任、主任；1992年至1997年任地区(市)地方史志办公室秘书科长、编辑科长；1997年至2008年市地方史志办公室副主任、党组成员(1999年至2000年在南京大学研究生班进修)；2008年9月任市史志办公室党组副书记、副主任、调研员；2011年4月至今任德州市地方史志办公室党组书记、主任。

其先后担任《夏津县志》编辑、《德州地区志》编辑、《德州年鉴》主编，《德州市志》(1986-2011)主编，《德州文集》总编，德州地方文献研究中心副主任，省史志系统专家咨询组成员。

杨　华　德州市老龄工作委员会办公室党组书记、主任。1963年8月出生，山东省阳谷县人，大学学历，中共党员。

1984年7月毕业于山东师范大学物理系，任德州地委企业政治工作部干事。1988年任德州地区监察局副科长，1998年任德州市纪律检查委员会副县级检查员。2000年赴新加坡南洋理工大学商学院学习，获管理经济学硕士学位。2001年2月任中共禹城市委副书记、纪委书记。2007年2月，任德州市地震局党组书记、局长，2017年2月任德州市老龄工作委员会办公室党组书记、主任。

李如民　德州市住房公积金管理中心党组书记、主任。1970年2月出生，山东省临邑县人。大学学历，中共党员。

1990年7月至1992年12月，任德州地区棉花办公室科员。1992年12月至1995年3月任德州政协德州地区工委办公室科员，1995年3月至1995年10月，任德州市政协办公室科员，1995年10月至1997年12月，任德州市政协办公室调研科副科长，1997年12月至2001年5月，任德州市政协办公室调研科长，2001年5月至2007年7月，任德州市政协办公室副主任，2007年7月至2011年5月，任德州市政协副秘书长、研究室主任，2011年5月至2017年1月，任德州市政协副秘书长、办公室主任。2017年1月，任德州市住房公积金管理中心党组书记、主任。

刘宗斌　德州市旅游局党组书记、局长。1960年11月出生，山东德州平原县人，中共党员，汉族，大学本科学历。

1978年2月至1980年12月为济南军区战士；1981年1月至1981年7月在济南军区预提人武干部学习班学习；1981年7月至1988年12月任德州军分区宣传干事；1989年1月至1993年3月任德州市劳动人事局科员、副科长；1993年3月至2001年7月任德州市政府

办公室副科长、科长;2001年7月任德州市政府办公室助理调研员;2004年3月德州市政府办公室副主任;2008年2月任德州市政府副秘书长;2011年6月任德州市政府副秘书长、调研员;2013年3月至今,任德州市旅游局党组书记、局长。

王朝玺　德州市地震局局长。1962年10月出生,山东省陵城区人,中共党员,大学学历。

1982年7月至1984年6月,任陵县袁桥乡政府林业技术员。1984年6月至1991年9月,任陵县政府办公室秘书、副科长、科长、副局级秘书、县法制局局长。1991年9月至1993年8月,任德州地区计生委办公室副主任。1993年8月至2004年3月,任德州市政府办公室副科级秘书、副科长、主任科员、信息科科长、人事科科长。2004年3月至2008年8月,任德州市政府办公室副调研员。2008年8月至2012年8月,任德州市政府办公室副主任。2012年8月至2014年1月,任德州市政府办公室党组成员,市政府食品安全工作办公室主任。2014年1月至2017年2月,任德州市政府副秘书长,市政府办公室党组成员。2017年2月,任德州市地震局党组书记、局长。

赵宗虎　德州市公用事业管理局局长。1974年1月出生,山东省德州市人。研究生学历,中共党员。

1995年9月至1999年2月,任德州市第一轻工业局科员。1999年2月至2000年10月,任德州市人大常委会办公室科员。2000年10月至2003年11月,任德州市人大常委会办公室秘书科副科长。2003年11月至2006年3月,任德州市人大常委会人事代表工作室人事任免科科长。2006年3月至2008年9月,任德州市人大常委会科教文卫工委办公室主任。2008年9月至2011年6月,任德州市人大常委会财经工委副主任。2011年6月至2012年8月,任德州市人大常委会办公室副主任。2012年8月至2017年2月,任德州市人大常委会副秘书长、办公室主任。2017年2月,任德州市公用事业管理局长、党组书记。

江德勇　德州市文化市场综合执法局党组书记、局长。汉族,河北省景县人,1963年5月出生。中共党员,大学学历,理学硕士。

1981年7月参加工作。1981年7月至1983年9月,德州市石家园小学教师。1983年9月至1985年7月,德州市师范专科学校中文专业学生。1985年7月至1990年6月,德州粮校教师、学生科副科长。1990年6月至1992年11月,德州地委宣传部干事、副主任科员(1987年7月至1990年7月,在山东师范教育系学校教育专业学习)。1992年11月至1998年4月,德州市委宣传部主任科员、干部科长、办公室主任。1998年4月至2001年5月,德州市委宣传部副调研员、办公室主任(其间,1999年7月至2000年7月,在新加坡南洋理工大学商学院研究生班管理经济学专业学习,获理学硕士学位)。2001年5月至2008年8月,德州市委宣传部副部长其间,2001年6月至2002年12月,挂职夏津县委副书记。2008年8月至2011年5月，德州市委宣传部副部长、调研员，市文明办主任（副县级）。2011年5月至2012年8月，德州市委宣传部副部长，市文明办主任。2012年8月至2013年12月，德州市委宣传部副部长，市社科联主席、党组书记。2013年12月至今，德州市文化市场综合执法局党组书记、局长。

刘学森　德州市供销社党委书记、理事会主任，德州市农村合作经济组织联合会会长。1964年9月出生，山东省乐陵市人。1983年7月参加工作，1986年7月入党，大学学历。

1983年8月至1984年11月任乐陵县畜牧局技术员；1984年12月至1990年10月任乐陵县、市委办公室秘书；1990年11月至1992年10月任乐陵市委办公室秘书科科长（副科）；1992年11月至1995年11月任乐陵市委办公室副主任；1995年12月至1997年4月任乐陵市委办公室副主任、档案局局长（兼、正科）（期间：1996年04至1997年4月借调中共德州市委办公室综合科工作）；1997年5月至1998年2月任乐陵市郭家乡党委副书记、乡长；1998年3月至2000年5月任乐陵市郭家乡党委书记；2000年6月至2004年12月任乐陵市郭家街道办事处党委书记、党工委书记、人大工作联络室主任；2004年12月至2007年1月任乐陵市副市级干部（副县）兼乐陵市胡家街道办事处党工委书记、人大工作联络室主任、乐陵市委农村工作委员会书记；2007年2月至2008年3月任乐陵市人民政府副市长、乐陵市委农村工作委员会书记（兼），分管“三农”、计划生育、科技、旅游等工作；2008年4月至2011年7月任德州市公用事业管理局党组成员、副局长兼德州市热力总公司党总支书记（主持工作）；2011年7月至2012年9月任德州市供销合作社党委委员、副主任；2012年9月至今任德州市供销合作社党委书记、理事会主任。

为中共德州市第十一次、第十二次党代会大会代表，中共乐陵市第九次、第十次党代表大会代表，中共乐陵市第九届、第十届市委委员；德州市第十五届人民代表大会代表，乐陵市第十四届、十五届人民代表大会代表。

刘宝三　德州仲裁委员会常务副主任、德州仲裁委员会办公室党组书记、主任。1963年12月出生，山东省德州市人，中共党员，研究生学历，宏观经济管理硕士。

1984年7月至1987年7月，任太原5405厂电气技术负责人。1987年7月至1989年5月，先后任德州地区计委干事、国土科副科长、物资科科长、助理调研员、党组成员、投资公司常务副总经理。1989年5月至1990年5月，挂职任武城县李家户乡乡镇企业管理办公室主任。1997年8月至1998年8月，任陵县县府党组成员、县长助理。1998年8月，任德州地区计委助理调研员。1999年7月至2000年7月，赴新加坡南洋理工大学攻读宏观经济学专业，取得宏观经济管理硕士学位。2001年1月至2003年3月，任夏津县委副书记，常务副县长。2003年3月至2011年5月，任德州发改委党组成员、重点建设投资公司常务副总经理。2011年5月至2013年12月，任市科协调研员、党组成员、副主席。2013 年12月至今，任德州仲裁委员会常务副主任、德州仲裁委员会办公室党组书记、主任。

蔺新河 德州市房产管理中心党委书记、主任。1964年4月出生，山东省临邑县人，中共党员，研究生学历。

1983年7月至1990年4月，任德州地区劳动人事局科员。1990年4月至1992年6月，任德州地区劳动局锅炉压力容器检验所副所长。1992年6月至1992年11月，任德州地区劳动局锅炉监察科副科长。1992年11月至1996年3月，任德州地区劳动局锅炉监察科科长。1996年3月至1998年10月，任德州地区劳动局职业安全监察科科长(1997年5月至1998年10月挂职宁津县县长助理)。1998年10月至2002年12月，任德州市劳动安全办公室主任(副县)(2000年6月至2002年12月无棣县委副书记)。2002年12月至2008年5月，任滨州市滨城区委副书记。2008年5月至2008年9月，任滨州市地方史志办公室党组书记、主任。2008年9月至2010年4月，任德州市民政局党组副书记、副局长(调研员)。2010年4月至2014年12月，任德州市住房和城乡建设局党组副书记、副局长，德州市房产管理中心党委书记、主任。2014年12月至今，任德州市住房和城乡建设局党组副书记，德州市房产管理中心党委书记、主任。

王　玮 德州市金融工作办公室主任。1975年5月出生，山东省武城县人，中共党员，大学学历。

1996年7月至2000年6月，任德州市信息中心科员，2000年6月至2002年10月，任德州市信息中心副科级秘书；2002年10月至2005年8月，任德州市信息中心正科级秘书、主任助理，2005年8月至2007年4月，任德州市信息产业局网络管理科副科长(正科级)；2007年4月至2007年10月，任德州市信息产业局网络管理科科长；2007年10月至2008年3月任德州市信息产业局党组成员、副局长、网络管理科科长；2008年3月至2010年4月，任德州市信息产业局党组成员、副局长；2010年4月至2012年8月，任德州市经济和信息化委员会党组成员、副主任；2012年8月至2017年2月任德州市政府副秘书长，市政府办公室党组成员；2017年2月任市金融办党组书记、主任。

王洪春 市农业机械管理局局长。汉族，1965年2月出生，山东省武城县人，中共党员，大学学历。

1983年7月至1988年6月任德州地区武城县四女寺税务所会计，1988年6月至1996年2月任德州地区(市)共青团武城县委办公室主任、副书记，1996年2月至1998年5月任德州市共青团武城县委书记，1998年5月至2001年5月任德州市武城县人民政府副县长(援藏任日喀则地区电力工业局副局长)，2001年5月至2007年11月任德州市陵县人民政府副县长，2007年11月至2010年4月任德州市陵县县委常委、副县长，2010年4月至2011年12月任德州市陵县县委常委、组织部长，2011年12月至2012年11月任德州市农业局党委委员、市农业机械管理办公室主任，2012年11月至今，任德州市农业局党委委员，市农业机械管理局局长。

李连军 中国国际贸易促进委员会德州市支会会长。1965年1月出生,1992年1月入党,硕士研究生学历。

1985年7月至1987年11月 德州二中教师教导处科员,1987年11月至1989年3月德州二中团委副书记,1989年3月至1989年10月德州地区政协工委办公室秘书科科员,1989年10月至1995年11月德州地区(市)政协办公室秘书科副科长,1995年11月至1996年8月德州市政协经济委员会办公室主任,1996年8月至1998年12月 德州市政协文史委员会办公室主任,1998年12月至2001年5月 德州市政协办公室行政接待科科长(其间:1999年7月至2000年7月在南京大学研究生院国际贸易系脱产学习),2001年5月至2004年10月 德州市政协副秘书长(其间:2001年5月至2004年6月参加山东省援藏工作任西藏日喀则地区政协副秘书长),2004年10月至2009年8月德州市招商局副局长、党组成员,2009年8月至2012年11月德州市委台湾工作办公室副主任,2012年11月至2014年1月德州市委台湾工作办公室党组副书记、调研员,2014年1月至今中国国际贸易促进委员会德州市支会会长。

市政协委员会所属机构

魏增新 德州市政协党组成员、秘书长。1964年9月生,山东省德州市人,大学学历,硕士学位,中共党员。

1981年7月至1986年11月,任德州地委办公室机要科干事。1986年11月至1990年11月,任德州地委保密委员会办公室干事。1990年11月至1991年4月,任德州地委办公室秘书科干事;1991年4月至1993年3月,任德州地委办公室秘书科副科长;1993年3月至1995年3月,任德州地委办公室秘书科科长。1995年3月至1996年2月,任德州市委办公室秘书科科长。1996年2月至12月,任德州市委办公室副县级秘书兼秘书科科长。1996年12月至1998年10月,任德州市委办公室副县级秘书兼督查科科长;1998年10月至2000年7月,任德州市委办公室副主任兼督查科长,2000年7月至2001年7月,任德州市委办公室副主任。2001年7月至2006年2月,任德州市委副秘书长。2006年2月至2010年2月,任德州市委副秘书长、政研室主任。2010年2月至2017年1月,任德州市委副秘书长、市机构编制委员会办公室主任,2017年1月至2月,任德州市政协党组成员,2017年2月,任德州市政协党组成员、秘书长。

刘宝良 德州市政协副秘书长、办公室主任。1967年12月生,山东省平原县人,大学学历,中共党员。

1988年7月至1991年3月,任平原县职业中专教师,1991年3月至1996年10月,任平原县教育局副股长,1996年10月至1997年10月,任平原县委办公室科员,1997年10月至1999年1月,任德州市委办公室科员,1999年1月至2000年6月,任德州市委办公室副主任科员，2000年6月至12月，任德州市委办公室主任科员，2000年12月至2011年5月，任德州市委政研室副主任，2011年5月至2013年3月，任德州市委政研室副主任、调研员，2013年3月至2017年1月，任德州市委党史研究室主任，2017年1月，任德州市政协副秘书长、办公室主任。

刘宗德 德州市政协副秘书长。1960年12月生，山东省乐陵市人，大学学历，中共党员。

1985年12月至1986年9月，宁津县饮食服务公司职工，1986年9月至1987年6月，任宁津县乡镇企业局副科长，1987年6月至1990年11，任乐陵县(市)委办公室干事、秘书科科长，1990年11月至1991年11月，任乐陵市委办公室副主任兼督查科科长，1991年11月至1991年12月，任乐陵市城关镇党委副书记，1991年12月至1995年5月，任乐陵市城关镇党委副书记、镇长，1995年5月至1997年12月，任乐陵市城关镇党委书记，1997年12月至1998年3月，任乐陵市委常委，1998年3月至2003年3月，任齐河县委常委、办公室主任，2003年3月至2004年1月，任齐河县委常委，齐河经济开发区党工委书记、管委会主任，2004年1月至2007年1月任齐河县委副书记，齐河经济开发区党工委书记、管委会主任，2007年1月至2008年6月，任德州经济技术开发区党工委委员、管委会副主任，2008年6月至2011年6月，任德州经济技术开发区党工委副书记，2011年6月至2016年7月，任政协德州市委员会德州经济开发区工作委员会主任，2016年7月，任德州市政协副秘书长。

卜庆友 德州市政协副秘书长。1964年7月生，山东省德州市人，大专学历，中共党员。

1985年9月至1987年7月，德州师专外语系英语专业学习。1987年7月至1991年9月，任德州二中教师。1991年9月至1995年12月，任政协德州地区工委办公室科员。1995年12月至1997年12月，任德州市政协经济委员会办公室副科级秘书。1997年12月至2008年8月，任德州市政协经济委员会办公室主任。2008年8月至2012年8月，任德州市政协文史学习宣传委员会副主任。2012年8月至2017年1月，任德州市政协文史资料委员会主任。2017年1月，任德州市政协副秘书长。

冀红梅 德州市政协副秘书长。1962年2月生，山东省济南市人，大学学历。中共党员。

1978年7月至1978年10月，德州印染厂工人。1978年10月至1985年7月，任德州行署办公室打字员(其间：1982年9月至1985年7月，山东电视大学中文系学习)。1985年7月至1989年9月，任德州地直机关党委秘书科干事。1989年9月至1992年11月，任德州地直机关党委宣传科干事(其间：1992年3月至1992年9月，地委组织部干部科帮助工作)。1992年11月至1995年5月，任德州地委机关党委副科级组织员。1995年5月至1996年5月，任德州市委机关党委副科级组织员。1996年5月至1996年6月，任德州市委机关党委正科级组织员(其间：1995年9月至

1997年12月，中央党校函授学院政法专业本科班学习）。1996年6月至1997年10月，任德州市直机关工委待职。1997年10月至2002年8月，任德州市直机关工委宣传部副部长、主任科员。2002年8月至2003年4月，任德州市直机关工委宣传部部长。2003年4月至2006年7月，任德州市直机关工委副调研员、宣传部部长。2006年7月至2008年8月，任德州市直机关工委副调研员。2008年8至2010年2月，任德州市直机关工委纪工委书记。2010年2月至2010年4月，任德州市直机关工委纪工委书记，市妇联副主席（兼）。

2010年4月至2013年9月，任德州市直机关工委副书记，市妇联副主席（兼）。2013年9月至2017年1月，任德州市直机关工委副书记、调研员，市妇联副主席（兼）。2017年1月，德州市政协副秘书长。

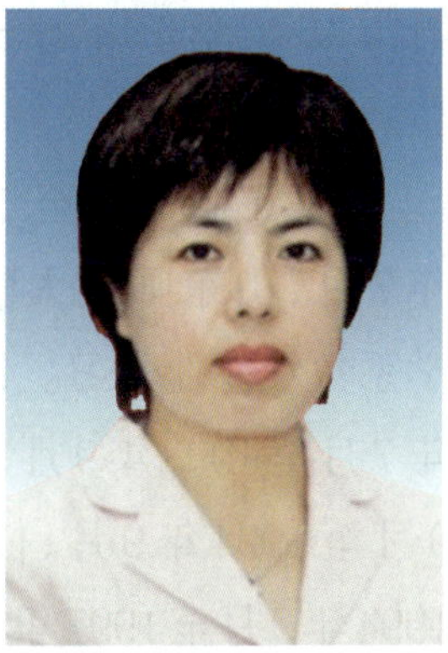

马玉萍　德州市政协副秘书长。1967年3月生，回族，河南省镇平县人，大学学历，硕士学位。中共党员。

1985年9月至1989年7月，中南民族大学物理系物理学专业学习。1989年7月至1997年8月，任德州无线电三厂助理工程师、工程师。1997年8月至2000年6月，任德州市民族宗教局科员。2000年6月至2003年1月，任德州市民族宗教局民族科主任科员（其间：2001年9月至2002年7月，南京大学商学院国际贸易专业研究生课程进修班学习）。2003年1月至2008年1月，任临邑县政府副县长。2008年1月至2011年6月，任德州市旅游局副局长。2011年6月至2013年12月，任德州市政协经济委员会副主任。2013年12月至2017年1月，任德州市政协科教文卫委员会调研员。2017年1月，任德州市政协副秘书长。

周连悦　德州市政协经济委员会主任。1963年12月生，山东省宁津县人，大学学历。中共党员。

1981年9月至1983年7月，任德州师专中文系中文专业学习。1983年7月至1983年12月，任宁津县王铎联中教师。1983年12月至1987年10月，任宁津县委办公室行政科办事员。1987年10月至1990年4月，任宁津县委办公室行政科副科长。1990年4月至1992年2月，任宁津县委办公室行政科科长（副科级）。1992年2月至1993年5月，任宁津县委办公室副主任。1993年5月至1996年12月，任宁津县大柳镇党委副书记、镇长。1996年12月至1998年12，任宁津县杜集镇党委副书记、镇长。1998年12月至2000年6月，任宁津县孟集乡党委书记（1996年9月至1999年7月，山东省委党校业余本科班经济管理专业学习）。2000年6月至2002年1月，任宁津县柴胡店镇党委书记。2002年1月至2003年1月，任宁津县柴胡店镇党委书记。2003年1月至2003年4月，任宁津县政府副县长、柴胡店镇党委书记。2003年4月，2007年11月，任宁津县政府副县长。2007年11月至2011年11月，任宁津县委常委、副县长。2011年11月至2014年1月，任乐陵市委常委、副市长。2014年1月至2016年12月，任乐陵市委副书记。2017年1月，任德州市政协经济委员会主任。

刘光军　德州市政协人口环境资源委员会主任。1963年4月生，山东省平原县人，大学学

历。中共党员。

1983年7月至1985年9月，任水电十三局职工学校教师。1985年9月至1988年8月，任水电十三局教育处科员。1988年8月至1992年10月，任德州地区人才服务中心科员。1992年11月至1994年11月，任德州地区人才服务中心副科级秘书。1994年12月至1997年3月，任德州市人才服务中心科长。1997年3月至2001年6月，任德州市人事局人才服务中心科长。2001年6月至2007年7月，任德州市外国专家处副主任。2007年7月至2011年6月，任德州市人事仲裁委员会办公室主任。2011年6月至2017年1月，任德州市政协人口环境资源委员会副主任。2017年1月，任德州市政协人口环境资源委员会主任。

周其震 德州市政协教科文卫委员会主任。1963年11月生，山东省武城县人，大学学历。中共党员。

1980年9月至1982年7月，任德州师专外语系英语专业学习。1982年7月至1984年9月，任武城二中教师。1984年9月至1989年11月，任武城县教育局干事。1989年11月至1993年3月，任武城县政法委干事。1993年3月至1993年11月，任武城县打经办副主任。1993年11月至1994年12月，任武城县政法委副科级干事。1994年12月至1996年2月，任武城县综治办副主任。1996年2月至2002年2月，任武城县司法局副局长。(1995年9月至1997年月12月，山东省委党校经济管理专业学习。1996年9月至1998年1月，中国政法大学法律专业学习)。2002年2月至2003年3月，任武城县司法局局长、党组副书记。2003年3月至2005年12月，任武城县建委主任、党组书记。2005年12月至2007年12月，任武城县政府县长助理、党组成员，县建委主任、党组书记。2007年12月至2010年4月，武城县进修学校支部书记，县政府县长助理、党组成员，县建委主任、党组书记。2010年4月至2011年12月，任夏津县政府副县长。2011年12月至2017年1月，任德州市政协经济委员会副主任。2017年1月，任德州市政协科教文卫委员会主任。

韩炳军 德州市政协文史资料委员会主任。1962年2月生，河南省新野市人，大学学历，学士学位。中共党员。

1978年9月至1982年7月，山东师范大学数学系数学专业学习。1982年7月至1993年9月，任德州一中教师。1993年9月至1994年9月，任德州一中教务处副主任。1994年9月至1997年2月，任德州一中校长助理、教务处副主任。1997年2月至2000年4月，任德州一中副校长、党支部成员(其间:1999年7月至2001年7月，北京师范大学教育管理学研究生进修班学习)。2000年4月至2001年7月，任德州一中副校长、党支部副书记。2001年7月至2002年11月，任德州市教育局副局长、党委委员兼教研室主任。2002年11月至2010年11月，任德州市教育局副局长、党委委员(2002年9至月2002年12月德州市委党校第十五期中青年培训班学习)。2010年11月至2014年9月，任德州市教育局党委副书记、副局长、调研员。2014年9月至2017年1月，任德州市教育局党委副书记、调研员。2017年1月，德州市政协文史资料委员会主任。

李志辉 德州市政协委员联络工作委员会主任。1975年2月生，山东省平原县人，大学学历。中共党员。

1991年9月至1995年7月，德州农校农学专业学习。1995年7月至1996年8月，任平原县农委办公室。1996年8月至1997年6月，任平原县农委秘书科副科长。1997年6月至1998年6月，德州市政府办公室帮助工作。1998年6月至2001年11月，任德州市政府办公室科员(1996年9月至1999年1月，山东省委党校干部业余本科班经济管理专业)。2001年11月至2006年12月，任德州市政府办公室副主任科员，2006年12月至2007年2月，任德州市政府办公室秘书三科副科长，2007年2月至2008年6月，任德州市政府办公室秘书三科副科长、主任科员。2008年6月至2008年9月，任德州市委办公室综合科正科级干部。2008年9月至2012年8月，任德州市委办公室信息科科长。2012年8月至2014年1月，任德州市委办公室副调研员。2014年1月至2017年1月，任德州市政协办公室副主任。2017年1月，任德州市政协委员联络工作委员会主任。

市法院 市检察院

孟祥刚 德州市中级人民法院党组书记、院长。汉族，1969年12月出生，山东定陶县人，中共党员，研究生学历，法学硕士。

1988年9月至1990年7月山东纺织工学院管理工程系经济法专业学习；1990年7月至2004年2月任山东省高级人民法院干部、书记员、经济审判第二庭副科级助理审判员、民事审判第二庭正科级助理审判员(其中1992年9月至1995年7月在华东政法学院法学专业学习)；2004年2月至2004年4月任山东省高级人民法院民事审判第二庭副处级助理审判员；2004年4月至2007年6月任山东省高级人民法院民事审判第二庭副庭长、审判员(其中，2004年9月至2007年5月在西安交通大学人文社会科学学院法学专业学习，获硕士学位)；2007年6月至2009年2月任山东省高级人民法院立案庭副庭长、审判员；2009年2月至2009年3月任山东省高级人民法院立案庭副庭长、正处级审判员；2009年3月至2012年1月任山东省高级人民法院再审立案庭庭长、审判员；2012年1月至2015年7月任山东省高级人民法院再审立案庭庭长、审判委员会委员、审判员；2015年7月至2016年2月1日任山东省高级人民法院民事审判一庭庭长、审判委员会委员、审判员；2016年2月1日至2016年2月14日任德州市中级人民法院党组书记；2016年2月15日至2016年2月20日任德州市中级人民法院党组书记、副院长、代院长；2016年2月21日任德州市中级人民法院党组书记、院长。最高人民法院授予“全国审判业务专家”，山东省第一届法官、检察官惩戒委员会委员，山东省法学会民商法专家，兼职法学教授。

郭仁军 德州市中级人民法院党组副书记、副院长。1959年8月出生，山东省临邑县人，中共党员，大学本科学历。

1978年9月至1985年3月，任乐陵法院书记员。1985年3月至1987年8月，任乐陵法院审判员。1987年8月至1991年7月，任乐陵法院副庭长。1991年7月至1993年4月，任乐陵法院庭长。1993年4月至1997年12月，任乐陵法院副院长。1997年12月至2002年1月，任陵县法院院长。2002年1月至2004年1月，任德州市中级人民法院执行局局长。2004年1月至2005年11月，任德州市中级人民法院党组成员、执行局局长。2005年11月至2011年5月任德州市中级人民法院党组成员、执行局局长（正县级）。2011年5月至2012年8月，任德州市中级人民法院党组成员、副院长、执行局长。2012年8月至2013年12月，任德州市中级人民法院党组成员、副院长。2013年12月至今，任德州市中级人民法院党组副书记、副院长。

刘光辉 德州市中级人民法院党组副书记、副院长。1965年6月出生，山东省陵城区人，中共党员，研究生学历，法学硕士。

1987年7月至1991年11月，任德州市人民法院书记员、助理审判员。1991年11月至1995年6月，任德州市人民法院审判员。1995年6月至1995年12月，任德城区人民法院审判员。1995年12月至1997年7月，任德城区人民法院审委会委员。1997年7月至1999年7月，任德城区人民法院副科级审判员。1999年7月至2000年6月，任德州市中级人民法院副科级审判员。2000年6月任2002年2月，任德州市中级人民法院正科级审判员。2002年2月至2003年1月，任德州市中级人民法院政治部副主任、正科级审判员。2003年1月至2011年11月，任宁津县人民法院党组书记、院长（副县级）。2011年11月至2013年12月，任德州市中级人民法院党组成员、专职审委会委员。2013年12至2014年12月，任德州市中级人民法院党组成员、副院长。2014年12月至今，任德州市中级人民法院党组副书记、副院长。

苏建军 德州市中级法院党组成员、副院长。1962年8月出生，山东省夏津县人，中共党员，大学本科学历。

1977年1月参加工作，历任夏津县东李供销社职工、52939部队战士、夏津县人民法院书记员、助理审判员、办公室副主任、审判员、工会主席、党组成员、审委会委员，1997年5月任夏津县人民法院党组成员、副院长、审委会委员，2001年12月，任武城县人民法院党组书记、院长，2008年8月，任德州市中级人民法院党组成员、行政装备处长、审委会委员，2011年4月，任德州市中级人民法院党组成员、纪检组组长、审委会委员、兼任行政装备管理处长，2012年5月，兼任德州市法官协会副会长，2013年12月，任德州市中级人民法院党组成员、副院长、审委会委员。第十届、十一届中共武城县委委员，第十五届、十六届德州市人大代表，第十四届、第十五届中共德州市纪委委员。先后荣立个人一等功、二等功，被授予“全国法院纪检监察工作先进个人”、“全省优秀法院院长”、市第二、三、四届“人民的好公仆”等荣誉称号，2013年11月被最高院授予“荣誉天平奖章”，德州市党的十九大安保维稳工作记个人二等功。

李振荣 德州市中级人民法院党组成员、工会主席。1960年1月出生，山东省武城县人，中共党员，大学专科学历。

1976年8月至1977年1月，任空军第一预备学校飞行学员。1977年1月至1979年4月，任空军第五航空学校飞行学员。1979年4月至1980年4月，任空军航空兵第四十四师141团飞行员。1980年4月至1981年12月，任空军航空兵第四十四师独立大队正排职飞行员。1981年12月至1985年11月，先后任空军航空兵第四十七师141团飞行一大队副连职飞行员、二中队队长，二大队副大队长。1985年11月至1987年11月，任空军航空兵第四十五师135团飞行二大队副大队长。1987年11月至1990年2月，行政职务等级晋升为正营职。1990年2月至1991年11月，任空军航空兵第四十五师135团司令部正营职领航员。1991年11月至1993年5月，行政职务等级晋升为副团职。1993年5月至1995年11月，先后任空军航空兵第五师14团司令部副团职领航主任、飞行三大队副团职飞行员。1995年11月至1997年12月，行政职务等级晋升为正团职。1997年12月至2000年12月，先后任空军航空兵第五师15团飞行三大队正团职副大队长、副政治教导员司令部副团职领航主任、飞行三大队副团职飞行员。2000年12月至2007年3月，行政职务晋升为副师职。2007年3月至2009年3月，任空军航空兵第五师副师长。2009年3月至今，任德州市中级人民法院党组成员、工会主席。

李秀政 德州市中级人民法院党组成员、副院长、政治部主任、审委会委员。1965年8月出生，山东省乐陵市人，中共党员，大学本科学历。

1983年10月至1986年10月，任河北武警总队一支队十三中队卫生员。1986年10月至1991年7月，任乐陵农药厂团委书记。1991年7月至1993年3月，任乐陵团市委少工委主任。1993年3月至1995年12月，任乐陵市三间堂乡党委副书记。1995年12月至1997年5月，任乐陵市三间堂乡党委副书记、乡长(1996年9月至1999年5月，在省经济管理干部学院学习)。1997年5月至1998年12月，任乐陵市三间堂乡党委书记。1998年12月至2000年4月，任乐陵市检察院党组副书记(1999年8月至2001年7月，在中国人民大学研究生课程进修班学习)。2000年4月至2004年10月，任乐陵市检察院党组副书记、副检察长。2004年10月至2005年3月，任陵县检察院党组书记、代检察长。2005年3月至2011年11月，任陵县检察院党组书记、检察长。2011年11月至2012年3月，任德州市检察院党组成员。2012年3月至2012年8月，任德州市检察院党组成员、检察员。2012年8月至2012年9月，任德州市检察院党组成员、政治部主任。2012年9月至2013年12月，任德州市检察院党组成员、政治部主任、检委会委员。2013年12月至2017年2月，任德州市中级人民法院党组成员、政治部主任、审委会委员。2017年2月至今德州市中级人民法院党组成员、副院长、政治部主任、审委会委员。

黄 勇 德州市中级人民法院党组成员、纪检组长。1972年7月出生，山东省平原县人，中共党员，大学本科学历。

1992年11月至1995年4月，任德州中级法院办事员。1995年4月至1997年12月，任德州中级法院书记员。1997年12月至1999年4月，任德州中级法院助审员。1999年4月至2000年6月，任德州中级法院副主任、副科级助审员。2000年6月至2002年2月，任德州中级法院审判员、正科级审判员。2002年2月至2004年1月，任德州中级法院办公室主任。2004年1月至2008年8月，任德州中级法院办公室主任、副县级审判员。2008年8月至2013年12月，任武城县人民法院党组书记、院长。2013年12月至2014年12月，任德州市中级人民法院党组成员、审委会委员。2014年12月至今，德州市中级人民法院党组成员、纪检组组长。

郭晓东 德州市人民检察院检察长。1971年4月出生，山东省平度县人，中共党员，大学学历，法学硕士。

1993年7月，任山东省人民检察院教育训练处书记员、反贪污贿赂局助理检察员、政治部助理检察员，2006年4月至2011年6月，任山东省人民检察院人事处副处长、助理检察员、检察员；2011年6月至2015年4月，任山东省人民检察院监察处处长、检员；2015年4月至2015年6月，任山东省人民检察院监察处长、检察委员会委员，2015年6月至2016年7月，任山东省人民检察院侦查监督处长、检察委员会委员，2016年7月至2017年1月，任山东省人民检察院侦查监督一处处长、检察委员会委员，2017年1月至2017年3月，任德州市人民检察院党组书记、副检察长、代理检察长、检察委员会委员、检察员。2017年3月，任德州市人民检察院党组书记、检察长、检察委员会委员。曾荣立二等功1次、三等功3次。德州市第十八届人大代表，市十五届党代会代表。

石　青 德州市人民检察院党组副书记，副检察长。汉族，1965年6月出生，山东省平原县人，中共党员，大学学历。

1982年7月参加工作。1982年7月至1987年5月任平原第二中学教师，1987年5月至1992年10月任德州纺校助理讲师，1992年10月至1995年3月山东省人民检察院德州分院法律政策研究室干部，1995年3月至1996年12月任山东省人民检察院德州分院法律政策研究室助理检察员，1996年12月至1997年1月任德州市人民检察院法律政策研究室副科级助理检察员，1997年1月至1999至7月任德州市人民检察院刑事检察二处副科级助理检察员，1999年7月至1999年11月任德州市人民检察院办公室副主任、助理检察员，1999年11月至2000年5月任德州市人民检察院办公室副主任、正科级助理检察员，2000年5月至2002年3月任德州市人民检察院办公室副主任、正科级检察员，2002年3月至2004年1月任德州市人民检察院办公室主任、检察员，2004年1月至2008年8月任临邑县人民检察院党组书记、检察长，2008年8月至2008年11月任德州市人民检察院党组成员，2008年11月至2012年3月任德州市人民检察院党组成员、副检察长、检委会委员，2012年3月至今任德州市人民检察院党组副书记、副检察长、检委会委员。德州市第十四届政协委员。

张利智 德州市人民检察院党组成员、副检察长。汉族，1962年6月出生，山东省乐陵市人，中共党员，研究生学历，法学硕士。

1983年7月参加工作。1983年7月至1987年7月乐陵一中教师，1987年9月至1989年8月中国人民大学学员，1989年8月至1991年8月任山东省人民检察院德州分院政治处书记员，1991年8月至1993年5月任山东省人民检察院德州分院政治处助检员，1993年5月至1995年5月任山东省人民检察院德州分院政治处副科级检察员，1995年5月至1999年7月任德州市人民检察院政研室副主任，1999年7月至2002年1月任德州市人民检察院办公室主任，2002年1月至2002年2月任德州市德城区人民检察院代检察长，2002年2月至2008年8月任德州市德城区人民检察院党组书记、检察长，2008年8月至2011年11月任德州市德城区人民检察院党组书记、检察长，德州市人民检察院党组成员，2011年11月至2012年3月任德州市人民检察院党组成员，2012年3月至2012年9月任德州市人民检察院党组成员、副县级检察员，2012年9月任德州市人民检察院党组成员、副检察长、检委会委员。

何万国 德州市人民检察院党组成员、副检察长。汉族，1963年8月出生，山东省平原县人，中共党员，大学学历。

1984年7月参加工作。1993年3月至1993年9月任平原县委保密局副局长，1993年9月至2004年3月任平原县委办公室副主任、保密局局长，2004年3月至2007年12月，任平原县人民检察院副检察长、党组副书记，2007年12月至2011年11月，任齐河县人民检察院党组书记、检察长，2011年11月至2012年1月任德州市人民检察院党组成员、齐河县人民检察院检察长，2012年1月至2013年12月任德州市人民检察院党组成员、反贪局局长、检委会委员，2013年12月至2014年1月任德州市人民检察院党组成员、副检察长、反贪局局长、检委会委员，2014年1月至今德州市人民检察院党组成员、副检察长。曾被最高人民检察院记二等功1次。被山东省人民检察院记三等功1次。

周方宝 德州市人民检察院党组成员、副检察长。汉族，1965年10月出生，山东省乐陵市人，中共党员，大学学历，法学学士。

1988年8月参加工作。1989年5月至1999年11月任山东省人民检察院德州分院经济处干部，1999年11月至2002年3月先后任德州市人民检察院反贪局副科级助检员、检察员、正科级检察员，2002年3月至2004年6月任德州市人民检察院职务犯罪预防处副处长，2004年6月至2008年8月任德州市人民检察院技术处处长，2008年8月至2008年10月任德州市人民检察院副县级检察员，2008年10月至2009年3月任德州市人民检察院公诉处处长，2009年3月至2011年12月任德州市人民检察院检察委员会委员，2011年12月至2012年1月任德州市德城区人民检察院党组书记、代检察长，2012年1月至2012年8月任德州市德城区人民检察院党组书记、检察长，2012年8月至2013年12月任德州市人民检察院党组成员、德州市德城区人民检察院党组书记、检察长，2013年12月至2015年3月任德州市人民检察院党组成员、副检察长、德州市德城区人民检察院党组书记、检察长，2015年3月至今德州市人民检察院党组成员、副检察长、检委会委员。

成　岩　德州市人民检察院党组成员、政治部主任。汉族，1962年12月出生，山东省龙口市人，中共党员，大学学历，法学学士。

1980年9月参加工作。1983年6月至1985年1月任济南军区博山油料仓库勤务连排长，1985年1月至1987年7月任军区后勤第九分部政治部干事，1987年7月至1988年4月任军区后勤第九分部军械修理所副政治指导员，1988年4月至1989年1月任军区后勤第九分部军械修理所政治指导员，1989年1月至1994年12月任第139医院政治处干事，1994年12月至1998年1月任第139医院政治处政治协理员，1998年1月至2001年8月任济南军区泰安丰材仓库政治处主任，2001年8月至2002年2月任德州中级人民法院监察室干部，2002年2月至2005年9月德州市中级人民法院监察室副主任，2005年9月至2006年11月任德州市中级人民法院监察室主任，2006年11月至2007年2月任德州中级人民法院监察室主任、审判员，2007年2月至2013年12月任夏津县人民法院党组书记、院长，2013年12月至今任德州市人民检察院党组成员、政治部主任。曾被山东省高级人民法院记二等功1次。荣获“平安山东建设”先进个人。

周少国　德州市检察院党组成员、纪检组长。汉族，1972年11月出生，山东省德州市德城区人，中共党员，研究生学历。1990年7月参加工作。

1990年7月至1991年7月德州市于官乡教育任教，1991年7月至1994年3月任德州市于官乡党委办公室秘书兼广播站长，1994年3月至1995年6月任德州市委政法委科员，1995年6月至1999年3月任德城区委政法委研究室主任、副科级秘书，1999年3月至2000年12月在德城区委组织部帮助工作，2000年12月至2002年1月任德城区委组织部干部科副主任科员、组织科副科长，2002年1月至2002年5月在德州市委政法委帮助工作，2002年5月至2006年3月任市委政法委副主任科员、研究室副主任、主任科员，2006年3月至2008年8月任德州市委政法委办公室主任，2008年8月至2011年5月任德州市委政法委副调研员、办公室主任，其中2009年5月至2009年11月在山东省委政法委挂职任政治部副调研员，2011年5月至2012年8月任德州市委610办公室副主任、市委政法委办公室主任，2012年8月至2016年7月任德州市委办公室副主任，其中2015年9月至2016年1月在山东省委党校中青二班第三期学习培训，2016年7月至2016年12月任德州市检察院党组成员、纪检组长（副县），2016年12月至今任德州市检察院党组成员、纪检组长（正县）。

范素霞　德州市人民检察院反渎职侵权局局长。汉族，1962年10月出生，山东省乐陵市人，中共党员，大学学历。

1978年8月参加工作。1978年8月至1993年3月先后担任德州地区乐陵县扬盘供销社会计、乐陵西段供销社会计、乐陵供销社贸易公司会计、乐陵市石油公司会计、检察分院会计，1993年3月至1995年3月任德州地区检察分院办公室书记员，1995年3月至1996年12月任德州地区（市）人民检察院办公室助检员，1996年12月至1999年7月任德州市人民检察院办公室副科级，1999年7月至1999年11月任德州市人民检察院办公室副主任，1999年11月至2000年5月任德州市人民检察院办公室正科级，2000年5月至2004年7月任德州市人民检察院办公室副主任、正科级检察员，2004年7月至2008年8月任德州市人民检察院办公室主任，2008年8月至2009年1月任庆云县人民检察院党组书记、代检察长，2009年1月至2011年12月任庆云县人民检察院党组书记、检察长，2011年12月至2012年3月任德州市人民检察院副县级干部，2012年3月至2013年7月任德州市人民检察院检察员，2013年7月至2016年7月任德州市人民检察院检察委员会委员、副县级检察员，2016年7月至今任德州市人民检察院反渎职侵权局局长、检察委员会委员。立三等功2次。省妇联十二届执委。

群众团体 民主党派 工商联

朱秀彦　德州市总工会党组书记、常务副主席。汉族，1966年1月出生，山东省平原县人，中共党员，中央党校大学学历，工商管理硕士学位。

1981年7月参加工作，1985年12月加入中国共产党。1981年7月至1991年9月，任德州地委办公室机要科干事(其间:1987年9月至1990年7月在中央党校函授学院大专班经济专业学习)；1991年9月至1992年6月，任德州地委组织部干部科干事；1992年6月至1994年9月，任德州地委组织部副科级巡视员(1991年9月至1993年12月在中央党校函授学院本科班经济专业学习)；1994年9月至1995年10月，任德州地(市)委组织部干部科正科级巡视员；1995年10月至2001年7月，任德州市委组织部干部科副科长、主任科员(其间:1999年9月至2000年7月在南开大学研究生课程进修班工商管理专业学习)；2001年7月至2003年1月，任德州市委组织部干部科科长；2003年1月至2010年4月，任陵县县委常委、组织部长(其间:2004年6月至2008年10月在南开大学高级管理人员工商管理硕士专业学习，获高级管理人员工商管理硕士学位)；2010年4月至2011年11月，任陵县县委副书记；2011年11月至2015年5月，任宁津县委副书记；2015年5月至今，任德州市总工会党组书记、常务副主席。山东省总工会第十四届委员会委员。

王　成　共青团德州市委书记、党组书记。1983年8月出生，山东省商河县人，共产党员，中央党校研究生。2005年7月至2006年12月任临邑县邢侗街道办事处主任助理，2006年12月至2007年3月，任临邑县邢侗街道党委委员，2007年3月至2010年6月，任临邑县邢侗街道党委委员、工会主任，2010年6月至2011年8月，任共青团临邑县委书记、党组书记，2011年8月至2011年11月，任德州市副县级干部、共青团临邑县委书记、党组书记，2011年11月至12月任临邑县委常委，2011年12月至2016年7月任临邑县委常委、翟家镇党委书记(期间:2012年9月至2015年7月，在中央党校在职研究生中共党史专业学习)，2016年7月，任共青团德州市委书记、党组书记。中国共产党德州市第十五届委员会候补委员，德州市第十八届人大常务委员会委员。

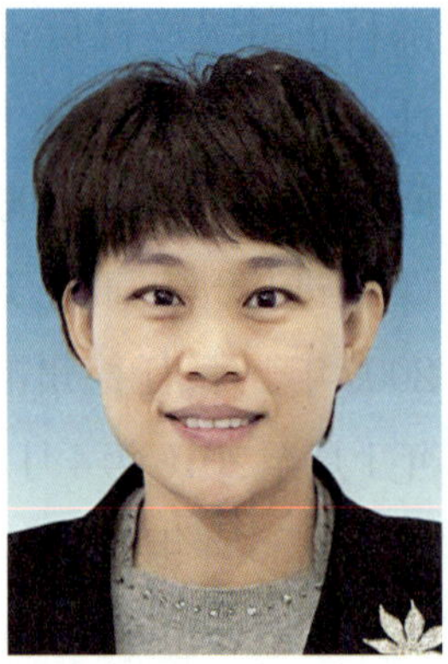

杨旭博　德州市妇联党组书记、主席。1975年10月出生，山东省齐河县人，中共党员，研究生学历，公共管理硕士。

1997年7月至1999年1月，任乐陵市双庙赵乡团委副书记，1999年1月至2004年4月，任乐陵市委组织部干审科长、副主任科员。2004年4月至2007年1月，任共青团乐陵市委党组书记、书记。2007年1月至11月，任夏津县委常委、宣传部长，2007年11月至2010年4月，任夏津县人民政府副县长，2010年4月至12月，任夏津县委常委、宣传部长。2010年12月至2014年1月，任共青团德州市委党组书记、书记。2014年1月至今，任德州市妇联党组书记、主席。

蔡文晓　德州市科协主席。1965年10月生，山东省青州市人，研究生学历，博士学位，经济师。中共党员。

1986年7月至1993年2月，任德州市(县级)环保局办事员、监测站副站长、管理科副科长。1993年2月至1995年6月，任德州市(县级)环保局副局长。1995年6月至1997年8月，任德州市环保局管理科副科长。(1996年7月至1997年4月，赴日本进行环境行政研修，1997年5月至1999年1月，挂任德州晶峰集团总公司副总经理，1998年3月至1999年1月，兼任德州晶华集团有限公司资产财务部部长)。1997年8月至2000年12月德州市环保局科技产业科科长、宣传教育课科长(其间:1999年9月至2000年7月在南京大学国际商学院研究生课程进修班经济学专业学习)。2000年12月至2011年5月，任德州市环保局副局长、党组成员(其间:2007年10月至2008年11月，挂任环境保护部环评三处副处长)。2011年5月至2015年1月，任德州市环保局副局长、党组副书记、调研员。2015年1月至2017年1月，任德州市环保局党组副书记、调研员，2017年1月，任德州市科协主席、党组书记。

郭德生　德州市文联党组书记。1964年12月生，山东省陵城区人。

1985年1月至1990年9月任陵县张习乡团委书记(期间1987年9月至1989年7月在德州地委党校大专班行政管理专业学习)，1990年9月至1994年7月任德州地区文明办科员，1994年7月至

1996年12月任德州地区(市)文明办副主任科员(1993年9月至1995年7月在山东干部函授大学经济管理专业学习),1996年12月至2003年2月任德州市文明办主任科员(期间1999年9月至2000年7月在南开大学国际商学院研究生课程进修班工商管理专业学习),2003年2月至2011年5月任德州市文明办综合调研科科长,2011年5月至2012年8月任德州市文明办副主任,2012年8月至2017年1月任中共德州市委宣传部副部长,2017年1月至今,任德州市文联党组书记。

武恩智 中共德州市委宣传部副部长,市社科联党组书记、主席。1966年4月出生,山东省齐河县人,中共党员,研究生学历。

1986年7月至1986年12月,任德州地区齐河县祝阿镇政府干事;1986年12月至1989年4月,任德州地区齐河县委办公室秘书;1989年4月至1990年10月,任德州地区齐河县公安局侦查员;1990年10月至1994年12月,先后任德州地区齐河县委办公室秘书科长、综合科长、办公室副主任;1994年12月至1995年10月,任德州市委组织部组织科科员(副科);1995年10月至1996年10月,任德州市委组织部组织科副科级巡视员;1996年10月至1997年3月,任德州市委办公室主任科员;1997年3月至1998年12月,任德州市委组织部组织科主任科员;1998年12月至2003年1月,德州市委组织员办公室副主任;2003年1月至2010年4月,任中共宁津县委常委、组织部长;2010年4月至2011年11月,任中共乐陵市委常委、常务副市长;2011年11月至2013年12月,任中共德州市委建设工委副书记;2013年12月,任德州市委宣传部副部长,市社科联党组书记、主席。

朱雨晨 德州市侨联党组书记、主席。1964年7月出生,山东德州人,中共党员,大学学历。

1981年12月至1982年11月,在德州二棉当学徒工,1982年11月至1984年8月考入禹城县张集税务所税收专管员,1984年8月至1985年6月任德州市(县)于官屯税务所税收专管员,1985年6至1994年12月任德州行署外事(侨务)办公室科员,1994年12月至1997年12月任德州市政府外事(侨务)办公室外事科副科长,1997年12月至2002年1月任德州市政府外事(侨务)办公室综合科科长(1996年9月至1998年12月在山东省省委党校业务本科班经济管理专业学习),2002年1月至2010年4月任德州市政府外事(侨务)办公室副调研员,2010年4月至2012年9月任德州市政府外事侨务办公室副调研员,2012年9月至2012年11月任德州市政府外事侨务办公室副调研员、党组成员,2012年11至2016年4月任德州市政府外事侨务办公室副主任、党组成员,2016年4月任德州市侨联党组书记、主席。

张 莉 德州市残疾人联合会党组书记、理事长。1963年7月出生,山东省济阳人,中共党员,研究生学历,管理学硕士。1982年7月至1985年11月,在德州地区粮食局工作。1985年11月至1988年10月,任德州地区宣传部干事。

1988年10月至2008年8月，历任德州市妇联办公室主任、副主席、党组成员。2008年4月至2009年12月，挂职平原县委副书记。2008年8月至2013年3月，任德州市妇女儿童工作委员会办公室主任，市妇联副主席。2013年3月，任德州市残疾人联合会党组书记、理事长。德州市第十四届政协委员。

赵志方 德州市红十字会党组书记、会长。1966年9月出生，山东省武城县人，中共党员，大学学历。

1986年7月至1987年7月，任武城教师进修学校教师。1987年7月至1988年9月，任武城县教育局教研员。1988年9月至1989年6月，任武城县委宣传部干事。1989年6月至2001年2月，先后任德州地区(市)总工会干事、办公室副主任、部长、办公室主任。2001年2月至2003年1月，任陵县县委常委、宣传部长。2003年1月至2006年2月，任乐陵市人民政府党组成员、副市长。2006年2月至2007年1月，任乐陵市委常委、秘书长。2007年1月至2012年8月，任德州市社会科学界联合会党组成员、副主席。2012年8月至2013年12月，任德州市社会科学界联合会党组成员、副主席、调研员。2013年12月至2014年5月，任德州市社会科学界联合会党组书记、副主席。2014年5月至2017年1月，任德州市民族与宗教事务局党组书记、副局长。2017年1月，任德州市红十字会党组书记。2017年2月，任德州市红十字会党组书记、会长。

陈晓强 中国民主促进会德州市委员会主委。1968年5月出生，河北省吴桥县人，民进会员，硕士研究生学历。1992年7月至1995年9月，任德州市第二职业中专教师。1995年9月至1998年7月，在山东科技大学应用数学与软件工程系读硕士研究生。1998年7月至1999年6月，任德州市发改委财金流通科科员。1999年6月至2000年6月，任德州市发改委长期规划科科员。2000年6月至2001年7月，任德州市发改委长期规划科主任科员。2001年7月至2004年1月，任德州市发改委综合科副科长(正科级)。2004年1月至2008年8月，任德州市发改委综合科长。2008年8月至2010年11月，任德州市发改委综合科长、德州市援川办综合组组长。2010年11月至2011年11月，任德州市援川办副主任。2011年11月至2016年12月，任宁津县人民政府副县长。2016年12月，任民进德州市委主委。

德州市政协第十一届委员，十二届、十三届、十四届常委。

徐洪波 民革德州市总支部主委、德州市墙体新材料推广办公室主任。1967年10月生，汉族。山东省德城区人。研究生学历，工程硕士学位，高级工程师。

1989年7月至1992年4月任德州市房屋修建处技术员。1992年4月至1995年12月任德州地区建委建管站科员(1994年12月至1995年12月赴日本学习)。1995年12月至1997年6月德州市物业服务中心帮助工作。1997年6月至1997年10月任德州市建委城市综合开发管理科工程师。1997年10月至2000年7月任德州市建设工程造价管理办公室副主任。2000年7月至2001年9月任德州市建设工程造价管理办公室副主任(正科级)。2001年9月至2004年4月任德州市建设工程招标投标管理办公室副主任(正科级)。2004年4月至2011年3月任德州市建设工程招标投标管理办公室主任(2007年5月至2010年6月在山东建筑大学工程项目管理专业学习,获工程硕士学位)2011年3月至2013年12月任德州市墙体新材料推广办公室主任、民革德州总支部主委(正科级)。2013年12月至今任民革德州市总支部主委(副县级)。

赵金刚 德州市委统战部副部长、市工商联党组书记、副主任。1965年7月出生,山东省齐河县人,本科学历,中共党员。

1986年7月参加工作,2016年7月到德州市工商联工作。1986年7月至1988年11月,任齐河县大夫营乡政府办事员。1988年11月至1991年3月,任齐河县宣章税务所专管员。1991年3月至1996年5月,任齐河县委办公室秘书。1996年5月至1997年10月,任齐河县委办公室副科级秘书、综合科长(1994年9月至1996年12月,在山东省委党校函授经济管理专业学习)。1997年10月至1999年1月,任德州市委办公室综合科科员。1999年1月至2000年6月,任德州市委办公室综合科副主任科员。2000年6月至2001年7月,任德州市委办公室综合科主任科员。2001年7月至2005年11月,任德州市委办公室秘书科长。2005年11月至2008年2月,任德州市委办公室督查科科长。2008年2月至2012年8月,任德州市维护社会稳定工作领导小组办公室副主任。2012年8月至2013年9月,任德州市委办公室副主任。2013年9月至2014年1月,任德州市委办公室副主任、市委信息室主任(兼)。2014年1月至2016年7月,任德州市委办公室副主任。2016年7月,任德州市工商联党组书记、第一副主席。2017年1月,任德州市委统战部副部长、工商联党组书记、副主任。德州市政协第十届委员会常务委员。

中央、省驻德单位

毕研忠 德州市国税局党组书记、局长。汉族,山东省济南市人,中共党员,1964年10月出生,中央党校研究生院经济管理专业,在职研究生学历,北京交通大学工商管理硕士学位,注册会计师、注册税务师、高级会计师。

1987年7月任济南市税务局天桥分局征收四科、稽查队办事员,1991年4月任济南市税务局一分局稽查队办事员,1992年7月任济南市税务局一分局稽查队科员,1994年8月任济南市国税局市属征收分局稽查队科员,1995年1月任济南市国税局市属征收分局稽查队副主任科员,1996年4月任济南市国税局征管处副主任科员,1997年9月任山东省国税局涉外税收管理分局反避税科副科长,2000年1月任山东省国税局涉外税收管理分局反避税科科长，2004年12月任山东省国税局国际税务管理处副处长，2008年6月任山东省国税局所得税处副处长（期间：2007年9月至2009年12月挂职莱芜市国税局党组成员、副局长），2010年6月任山东省国税局所得税处调研员，2013年7月任山东省国家税务局办公室调研员、《中国税务》山东国税专栏编辑部主任，2014年9月任德州市国家税务局党组副书记、副局长、调研员，2015年7月至今，任德州市国家税务局党组书记、局长。

宓东生　德州市地方税务局局长。1966年6月出生，河北省清河县人，中共党员，研究生学历。

1982年12月至1984年12月，任冠县税务局办事员。1984年12月至1991年8月，任聊城地区税务局一科科员，1991年8月至1993年6月，任聊城地区税务局一科副科长。1993年6月至1994年10月，任聊城地区税务局地直企业征收处副主任，1994年10月至1996年6月，任聊城地区地税局直属征收分局副局长，1996年6月至1998年5月，任聊城地区地税局党组成员、副局长兼直属征收分局局长。1998年5月至2005年12月，任聊城市地方税务局党组成员、副局长，2005年12月至2008年9月，任聊城市地方税务局党组副书记、副局长。2008年9月至2011年3月，任德州市地方税务局党组副书记、副局长，2011年3月至今任德州市地方税务局党组书记、局长。

张明辉　德州检验检疫局党组书记、局长。1967年7月生，山东省济阳人，1990年7月参加工作，1988年3月入党，山东农业大学本科学历，农学硕士学位。

1986年9月至1990年7月，山东农业大学林学系园林绿化专业学生。1990年7月至1995年6月，任德州市园林管理处干部。1995年6月至1998年3月，任德州商检局业务科科员。1998年3月至1999年12月，任，任德州商检局检验二科副科长。1999年12月至2001年5月，任德州检验检疫局检务与综合业务科副科长。2001年5月至2004年1月，任德州检验检疫局检务与综合业务科科长。2004年1月至2004年8月，任德州检验检疫局动植物检验检疫科科长。2004年8月至2014年2月，任德州检验检疫局副局长、党组成员。2014年2月至2015年6月，任枣庄检验检疫局局长、党组书记。2015年6月至今，任德州检验检疫局局长、党组书记。

常　平　德州市气象局党组书记、局长。汉族，中共党员，理学硕士，1976年出生于泰安新泰。

1998年到德州市气象局参加工作，1998年7月至2001年12月任德州市气象局气象台预报员，2001年12月至2002年12月任德州市气象局专业气象台台长助理，2002年12月至2004年12月任专业气象台副台长（主持工作），2004年12月至2007年1月任专业气象台台长，2007年1月至2014年10月任德州市气象局党组成员、副局长，2014年10月至今任德州市气象局党组书记、局长。

李 勇 水利部海委漳卫南运河德州河务局局长。1965年5月出生，山东省烟台市人，中共党员，大学本科学历，高级工程师。

1986年7月参加工作，历任水利部漳卫南运河管理局原工程管理处河道科科员、副科长、科长；2000年4月任漳卫南运河管理局建管处副处长，2005年2月任建管处正处级干部(其间2003年8月至2006年8月任西藏自治区水利厅副总工程师)，2011年5月至2007年3月，任水利部海委漳卫南运河四女寺枢纽工程管理局党委书记、局长，2017年3月，任水利部海委漳卫南运河德州河务局党委书记、局长。

大专院校 科研院所

刘文烈 德州学院党委书记。山东省利津县人，1959年10月生。中共党员，大学学历，教育学学士，教授。

1979年9月至1983年7月在曲阜师范学院政治系政治专业学习。1983年7月至1986年11月在惠民地委党校任教员(其间:中共中央党校《资本论》研究班学员)。1986年11月至1988年9月任惠民地委党校政经教研室副主任。1988年9月至1994年12月任滨州(惠民)地委党校政经教研室主任。1994年12月至2000年12月任滨州地委党校副校长、党委委员(副县)。2000年12月至2001年3月任滨州市委党校副校长、党委委员(副县)。2001年3月至2004年3月任中共滨州市委党校副校长、党委委员(正县)(其间:2001年2月至2001年5月山东省委党校第39期县处级领导干部进修班学员；2003年2月至2003年12月山东省委党校第13期中青年干部培训班学员)。2004年3月至2004年10月任滨州师范专科学校校长、党委副书记。2004年10月至2006年6月任滨州学院副院长、党委委员。2006年6月至2015年6月任滨州学院党委副书记(其间:2011年9月至2011年11月山东省委党校第35期市厅级领导干部进修班学员)。2015年6月至2016年8月任滨州学院党委副书记、院长。2016年8月任德州学院党委书记。2017年2月至今任德州市市委委员，德州学院党委书记。

樊兆杰 德州职业学院党委书记。1969年1月生，山东省郓城县人，中共党员，大学学历，助理审计师。

1991年7月至1993年2月，任菏泽地区郓城县审计局干部。1993年2月至1994年12月，任菏泽地区郓城县大潭乡党委副书记。1994年12月至2000年6月，先后任菏泽地委组织部副科级干部、副科级巡视员、正科级巡视员、知识分子工作科科长。2000年6月至2003年1月，挂职德州市夏津县副县长。2003年1月至2008年2月，任武城县委副书记。2008年2月至2008年5月，任武城县委副书记、代县长。2008年5月至2010年12月，任武城县委副书记、县长。2010年12月至2011年1月，任临邑县委副书记、代县长。2011年1月至2013年6月，任临邑县委副书记、县长。2013年6月至2017年2月，任运河经济开发区党工委书记、管委会主任。2017年2月至2017年3月，任德州职业技术学院党委书记、运河经济开发区党工委书记、管委会主任。2017年3月至今，任德州职业技术学院党委书记。

贺洪军 德州市农业科学研究院党委书记、理事长。1962年11月出生，山东省齐河人，中共党员，研究生学历，农学学士。

1984年7月至1988年5月德州地区农科所助理农艺师；1988年5月至1990年5月平原县王村店乡副乡长（挂职）；1990年5月至1990年11月德州地区农科所农艺师；1990年11月至1995年7月德州地区农科所瓜菜室副主任、主任、农艺师；1995年7月至2006年10月德州市农科所副所长、高级农艺师、农业推广研究员（1997年9月至2000年1月在山东省委党校在职干部研究生班政治学专业（党政管理方向）学习，2000年10月获毕业证书）、（1999年9月至2000年6月在南京大学国际贸易专业学习，2000年6月获研究生课程进修班结业证书）；2006年10月至2010年4月德州市农科院副院长、农业推广研究员；2010年4月至2012年8月德州市农科院院长、党总支副书记、农业推广研究员；2012年8月至2017年7月德州市农科院院长、党总支书记、农业推广研究员；2017年7月至今德州市农科院理事长、党总支书记、农业推广研究员。

新闻单位

姜立明 德州日报社党委副书记、社长。1962年6月出生，山东商河人，中共党员，研究生学历。

1978年9月至1980年7月，德州师专物理系学生；1980年7月至1986年9月，德州公运学校教师；1986年9月至1989年4月，德州地委党史委编辑；1989年4月至1990年9月，德州地委政治体制改革研究室干部；1990年9月至1991年4月，德州地委办公室干部；1991年4月至1993年1月，德州地委办公室秘书（副科）；1993年1月至1993年6月，德州地委办公室督查科科长（其间：1992年7月至1994年12月在中央党校函授学院经济管理专业学习）；1996年12月至2002年11月，德州新闻出版局（版权局）副局长、文化局党成员（其间：1997年10月至1998年10月挂任省新闻出版局版权处副处长；1999年8月至2000年7月在南京大学商学院研究生课程班国际贸易专业学习）；2002年11月至2008年8月，德州市新闻出版局（版权局）调研员、文化局党组成员（其间：2004年2月至2004年12月在省委党校中青年培训班学习）；2008年8月至2010年3月，德州新闻出版局（版权局）局长、文化局党组成员；2010年3月至2013年12月，德州市文化市场综合执法局局长、党组书记；2013年12月至今，德州日报社党委副书记、社长。

邱红玲 德州广播电视台党委书记，台长。

1962年6月出生，山东省招远人，中共党员，山东大学研究生院在职研究生学历。

1978年11月至1986年12月，禹城城关医院工作；1986年12月至1990年12月，德州地区广播局工作；1990年12月至1992年12月，任德州广播电视报社编辑；1992年12月至1994年12月，任德州广播电视报社广告部主任；1994年12月至2008年8月，任德州广播电视报社社长；2008年8月至2011年5月，任德州广播电视局党组成员、德州人民广播电台台长；2011年5月至2013年12月，任德州广播电视台党委副书记、总编辑；2013年12月至2014年12月，任德州广播电视台党委副书记、台长、总编辑；2014年12月至今，任德州广播电视台党委书记、台长。

李长征　德州日报社副总编辑、党组成员，德州晚报社社长、总编辑，德州晚报传媒有限公司总经理。1965年10月出生，山东德州人，中共党员，大学学历。

1986年7月至1988年10月，任德州市报社记者、编辑；1988年10月至1997年12月，任德州日报社记者、编辑；1997年12月至2001年5月，任德州日报社经济部副主任；2000年6月至2001年5月，任德州日报社政文部主任；2001年5月至2004年3月，任德州日报社助理调研员；2004年3月至2011年6月，任德州日报社副总编辑、党组成员；2011年6月至今，任德州日报社副总编辑、党组成员、德州晚报社社长、总编辑、德州晚报传媒有限公司总经理。

县(市、区)领导干部

巩洪波　中共德城区委书记，德城区委党校校长。1970年4月出生，山东省广饶县人，中共党员，研究生，法学硕士。

1992年7月至1994年1月，任东营市东营区六户镇党委秘书，1994年1月至1994年4月，任东营市东营区委组织部科员，1994年4月至1994年11月，任东营市东营区委办公室秘书，1994年11月至1997年4月，任东营市委组织部组织科科员，1997年4月至1997年8月，任东营市委组织部组织科副主任科员，1997年8月至1998年8月，任东营市政府办公室综合一科副主任科员，1998年8月至2000年8月，任东营市政府办公室团委书记，2000年8月至2000年11月，任东营市东营区政府党组成员、区长助理，2000年11至2001年4月，任东营市科委副主任、党组成员，2001年4月至2006年3月，任东营市科技局副局长、党组成员(期间，2001年9月至2004年6月，在石油大学人文社会科学学院马克思主义理论与思想政治教育专业在职学习，获得硕士研究生学历、法学硕士学位)，2006年3月至2010年1月，任共青团东营市委书记、党组书记，2010年1月至2011年11月，任东营市教育局局长、党委书记，2011年11月至2012年1月，任中共宁津县委书记、县委党校校长，2012年1月至2016年

11月，任中共宁津县委书记，县人大常委会主任，县委党校校长，2016年11月，任中共德城区委书记，德城区委党校校长。

王洪林　中共德城区委副书记、区长。1970年12月出生，山东省临邑县人，中共党员，大学学历。

1993年7月参加工作。1993年7月至1997年3月，任德州热电厂人事科科员，1997年3月至1998年3月，任德州热电厂组织科科员，1998年4月至2000年5月，任德州市政协办公室秘书科科员，2000年6月至2000年7月，任德州市政协办公室人事科科长，2000年7月至2003年1月，任武城县政府县长助理、党组成员，2003年1月至2004年1月，任武城县委宣传部长，2004年1月至2007年2月任武城县委常委、宣传部部长，2007年2月至2011年11月，任武城县委常委、副县长，2011年11月至2014年1月，任齐河县委常委、副县长，2014年1月至2016年12月，任中共德城区委副书记，2016年12月至2017年1月，任中共德城区委副书记、副区长、代区长，2017年1月，任中共德城区委副书记、区长。

马常春　中共德州市陵城区委书记。1972年2月生，山东省潍坊市人，中共党员，在职研究生学历，理学博士。

2004年6月至2006年12月，任潍坊市昌邑市卜庄镇党委副书记、镇长。2006年12月至2007年5月，任潍坊市寒亭区南孙乡党委书记。2007年5月至2010年8月，任潍坊市寒亭区区委常委(援藏)。2010年8月至2014年12月，任潍坊市高密市市委常委、组织部长。2014年12月至2016年1月，任潍坊市临朐县委副书记。2016年1月至2016年12月，任潍坊市委副秘书长、市扶贫开发领导小组办公室主任。2016年12月，任陵城区委书记。

李希岩　中共德州市陵城区委副书记、区长，1967年5月生，山东夏津县人，中共党员，本科学历。

1989年7月至1990年9月，夏津县司法局工作。1990年9月至2001年8月，夏津县政府办公室，历任办公室副主任、法制局长。其间，1993年至1995年在省政法干部学院学习，取得法律专业本科学历。2001年8月至2005年11月，任夏津县建委主任、住建局局长、城管大队大队长。2005年11月至2010年4月，任德州市城管支队副支队长、政委。2010年4月至2011年12月，任齐河县县委常委、政法委书记。2011年12月至2013年9月，任齐河县县委常委、副县长。2013年9月至2016年12月，任德州市政府副秘书长。2016年12月至2017年1月，任陵城区委副书记、代区长。2017年1月，任陵城区委副书记、区长。

张安民　德州市政府党组成员、德州高新区党工委书记、德州高新区管委会主任(副厅级)、禹城市委书记、禹城党校校长。1965年5月生，山东省聊城市人，中共党员，大学学历，经济学硕士学位。

1983年9月至1987年7月，在山东师范大学

物理系学习；1987年7月至1989年9月，任济南卫生学校教师；1989年9月至1991年12月，任聊城地委统战部科员；1991年12月至1994年9月，任聊城地委统战部一科副科长；1994年9月至2001年12月，任聊城地（市）委统战部一科科长；2001年12月至2003年1月，任聊城市委统战部助理调研员、一科科长（2000年6月至2003年1月挂任武城县政府副县长）；2003年1月至2008年2月，任夏津县委副书记（2002年9月至2005年6月在陕西师范大学研究生班经济学专业学习，2005年6月获经济学硕士学位）；2008年2月至2008年4月，任夏津县委副书记、代县长；2008年4月至2010年12月，任夏津县委副书记、县长；2010年12月至2011年1月，任德城区委副书记、代区长；2011年1月至2011年11月，任德城区委副书记、区长；2011年11月至2012年1月，任禹城市委书记、市委党校校长；2012年1月至2012年8月，任禹城市委书记、人大常委会主任、党校校长；2012年8月至2014年10月，任禹城高新区党工委书记，禹城市委书记、人大常委会主任、党校校长；2014年10月至2016年12月，任德州高新区党工委书记，禹城市委书记、人大常委会主任、党校校长；2016年12月至2017年1月，任德州高新区党工委书记、管委会主任（副厅级），禹城市委书记、人大常委会主任、党校校长；2017年1月至今，任德州市政府党组成员，德州高新区党工委书记、管委会主任（副厅级），禹城市委书记、党校校长。

滕海强　中共禹城市委副书记、市长。1968年7月生，中共党员，经济学硕士，山东省宁津县人。

1991年7月至1993年7月，任宁津县计划委员会科员；1993年7月至1995年5月，任宁津县政府办公室综合科科员；1995年5月至1997年7月，任宁津县政府办公室秘书科副科长。1997年7月至1998年3月，任宁津县政府办公室秘书科科长（副局级），1998年3月至1998年12月，任宁津县委研究室副主任，1998年12月至2000年12月，任宁津县宁津镇党委副书记（1996年9月至2000年1月在中国人民大学经济专业在职学习）。2000年12月至2001年5月，任德州市经济协作办公室副主任；2001年5月至2003年5月，任德州市国内招商局副局长，2003年5月至2009年8月，任德州市招商局党组成员、副局长，2009年8月至2010年4月任德州市经委党组成员、副主任，2010年4月至2012年11月任德州市经信委党组成员、副主任。2012年11月至2014年11月任德州市经信委党组成员、副主任兼市节约能源办公室主任，2014年11月至2016年12月，任德州市经信委党组副书记、市政府节约能源办公室主任。2016年12月，任禹城市委副书记、市人民政府代市长，2017年1月，任禹城市委副书记、市长。

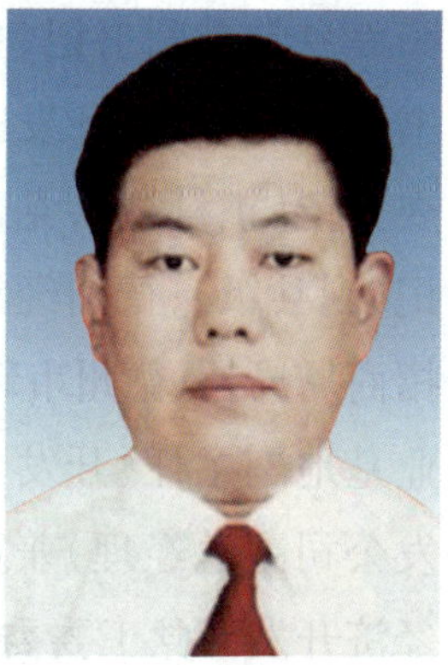

樊廷雷　中共乐陵市委书记、乐陵市委党校校长。1966年9月出生，山东省单县人，中共党员，研究生学历，高级经济师。

1989年7月，任山东省德州粮食学校教师。1993年5月至1994年3月，任德州市（县级）政府办公室秘书，1994年3月至1995年6月，任德州市(县级)政府办公室调研科副科长，1995年6月至1995年8月，任德城区政府办公室调研科副科长，1995年8月至1996年12月，任中共德城区委督查室副主任，1996年12月至1998年2月，任中共德城区委督查室主任(正科)；1998年2月至2002年1月，任中共德城区委办公室副主任，2002年1月至2004年1月，任德城区新华街道党委副书记、主任；2004年1月至2007年2月，任德城区新华街道党委书记、新华工贸园管委会主任；2007年2月至2012年1月，任中共德城区委常委、政法委书记；2012年1月至2015年5月，任中共德城区委常委、副区长。2015年5月至2016年2月，任中共宁津县委副书记。2016年2月，任中共乐陵市委副书记、乐陵市人民政府市长、党组书记。2016年12月，任乐陵市委书记、乐陵市委党校校长。

王大山 中共乐陵市委副书记，市人民政府党组书记、市长。1966年4月生，山东省禹城市人，中共党员，研究生学历。

1988年7月参加工作，历任德州市(县级)农业局园艺中心科员，主任；德城区王村店乡党委委员、副乡长；德城区抬头寺乡党委副书记、乡长，党委书记、乡长，党委书记；德州经济开发区党工委委员、抬头寺乡党委书记(正科级)，党工委委员、抬头寺乡党委书记(副县级)；德州经济开发区党工委委员、企业招商局局长；德州市新能源和国家生物高技术产业基地副主任(开发公司副总经理)，副主任(开发公司副总经理)兼重点项目办公室主任；德州经济开发区党工委委员、纪工委书记兼重点项目办公室主任，党工委委员、纪工委书记；德州经济技术开发区党工委委员、德州市新能源和国家生物高技术产业基地副主任(开发公司总经理)；德州经济技术开发区党工委委员、德州市新能源和国家生物高技术产业基地副主任(正县级)；德州经济技术开发区党工委委员、德州市新能源和国家生物高技术产业基地副主任，产业推进办公室主任、党组书记；德州经济技术开发区党工委委员、德州市新能源和国家生物高技术产业基地副主任、现代服务业发展部部长等职务。2016年12月，任乐陵市委副书记，市人民政府党组书记、市长。

王　刚 中共宁津县委书记、县委党校校长。1971年12月出生，山东省德城区人，中共党员，大学学历。

历任德州市政务服务中心(外商服务投诉中心)副主任、德州市政府研究室副主任、德州市政府办公室副主任、德州市政府副秘书长、德州市规划局长。2016年11月，任宁津县委书记、县委党校校长。山东省第十一次党代会代表，德州市第十五次党代会代表，德州市十八届人大代表。

沙淑红 中共宁津县委副书记、县长。1970年12月出生，山东省武城县人，中共党员，大学学历。

1993年7月，任武城县老城镇党委组织干事，1994年11月，任共青团武城县委干事，1997年2月，任共青团武城县委副书记，1999年2月，任共青团武城县委书记(其间：2000年7月至2001年7月在新加坡南洋理工大学商学院研究生班管理经济学专业学习)，2002年1月，任武城县杨庄乡党委副书记、乡长，2007年2月，任武城县甲马营乡党委书记、人大主席，2007年12月，任武城县副县长。2010年4月，任中共齐河县委常委、组织部长，2016年8月，任中共齐河县委常委、组织部长、统战部长，2016年12月经，任中共宁津县委副书记、副县长、代县长，2017年1月，任中共宁津县委副书记、县长。

曲 锋 中共齐河县委书记。1964年4月生，山东省夏津县人，研究生学历，中共党员。

2011年至2012年2月，陵县县委副书记、代理县长，2012年2月至2014年1月，陵县县委副书记、县长。2014年1月至2014年2月，乐陵市委副书记、代市长，2014年2月至2016年1月，乐陵市委副书记、市长，2016年1月至2016年12月，乐陵市委书记、乐陵市人民政府市长。2016年12月，任齐河县委书记。

滕双兴 中共齐河县委副书记、县长。山东省莱州市人，研究生学历，中共党员。

2006年8月至2007年12月，烟台市牟平区文化街道办事处主任助理，2007年12月至2008年6月，烟台市牟平区文化街道办事处主任助理，牟平经济开发区管委经济发展处副处长(挂职)。2008年6月至7月，烟台市牟平区文化街道副主任科员，牟平经济开发区管委经济发展处副处长(挂职)；2008年7月至2009年7月，烟台市发改委副科级干部，2009年7月至2011年10月，烟台市发改委国民经济综合科副科长，2011年10月至2013年1月，烟台市发改委国民经济综合科长，2013年1月至2013年2月德州市发展和改革委员会党组成员；2013年2月至2015年5月，任德州市发展和改革委员会副主任、党组成员(2014年6月至2015年6月，借调到国家发改委地区司规划处工作)，2015年5月至2016年8月，任德州市考评委员会办公室主任(正县级)(2015年10月挂任国家发改委地区司规划处调研员)。2016年8月，任齐河县副书记、代县长，2017年1月，任齐河县委副书记、县长。

林春元 临邑县委书记、县委党校校长。1968年2月出生，山东省德城区人，中共党员，研究生学历，工学学士、经济学硕士。

1990年7月至1997年4月，任德州地区(市)科委计划科科员；1997年4月至1999年11月，任德州市科委工业科技科(高新办)副科长(副主任)；1999年11月至2001年5月，任德州市科委工业科技科(高新办)科长(主任)；2001年5月至2003年1月，任德州市科技局党组成员、助理调研员；2003年1月至2006年2月，任禹城市副市长；2006年2月至2010年2月，任禹城市委常委、副市长；2010年2月至2010年5月，任庆云县委副书记，主持县政府全面工作；2010年5月至2011年11月，任庆云县委副书记、县长；2011年11月至2012年1月，任庆云县县长；2012年3月至2013年6月，任德州市经济和信息化委员会主任、党组书记，市委工交工委副书记；2013年6月至2013年7 月，任临邑县委副书记，德州市经济和信息化委员会主任；2013年7月至2013年8月，任临邑县委副书记、代县长；2013年8月至2016年1月，任临邑县委副书记、县长；2016年1月至2016年2月，临邑县委书记、县长；2016年2月至今，任临邑县委书记、县委党校校长；

马文国 中共临邑县委副书记、县长。1971年1月出生，山东省夏津县人，中共党员，大学学历。

1991年7月至1992年9月，任德州地区夏津县宋楼乡组织干事；1992年9月至1994年1月，任德州地区夏津县人事局科员；1994年1月至1996年5月，任德州市夏津县县直机关团委书记；1996年5月至1997年4月，任德州市夏津县少委会主任、团县委党组成员；1997年4月至1997年9月，任共青团德州市委工农部科员；1997年9月至1998年8月，任共青团德州市委工农部副主任科员；1998年8月至2003年4月，任共青团德州市委工农部部长；2003年4月至2008年2月，任共青团德州市委副书记、党组成员；2008年4月至2014年3月，任武城县委副书记；2014年3月至2016年2月，任德州市委副秘书长、群众工作部部长，市信访局局长、党组书记；2016年2月至今，任中共临邑县委副书记、县长。

王洪霞 中共平原县委书记，县委党校校长。1969年11月出生，山东省东平县人，中共党员，大学学历。

1990年7月至1995年5月，任共青团德州地委办公室科员，1995年5月至8月，任共青团德州市委办公室科员，1995年8月至1997年2月，任德州市市直机关团委副书记，1997年2月至1998年5月，任德州市少先队总辅导员，1998年5月至2003年1月，任共青团德州市委学少部部长。2003年1月至2007年1月，任乐陵市副市长，2007年1月至2010年4月，任乐陵市委常委、副市长，2010年4月至2011年11月，任乐陵市委常委、纪委书记。2011年11月至2012年1月，任平原县委副书记、副县长、代县长，2012年1月至2016年11月，任平原县委副书记、县长，2016年11月至2016年12月，任平原县委书记、县委党校校长、县政府县长，2016年12月，任平原县委书记、县委党校校长。山东省十二届人大代表，德州市十四次、十五次党代会代表，德州市十八届人大代表。

袁志勇 中共平原县委副书记、县长。1971年4月出生，河北省故城县人，中共党员，大学学历。

1992年7月至1993年1月，任武城县李家户乡派出所民警。1993年1月至1995年7月，任武城县公安局民警；1995年7月至1997年2月，任武城县委组织部知工科长、研究室主任，1997年2月至1997年6月，任共青团武城县委副书记，1997年6月至2000年7月，任德州市政府办公室综合科副科长，2000年7月至2003年1月，任德州市政府办公室主任科员、综合科副科长，2003年1月至2008年2月，任德州市政府办公室综合科科长，2008年2月至2010年4月，任德州市政府调研室副主任,2010年4月至2011年4月,任德州市政府办公室副主任,2011年4月至2012年8月,任德州市委办公室副主任,2012年8月至2013年9月,任德州市委副秘书长,2013年9月至2014年1月,任德州市委副秘书长、市委督查室主任,2014年1月至2016年12月,任平原县委副书记,2016年12月至2017年1月,任平原县委副书记、副县长、代县长,2017年1月,任平原县委副书记、县长。德州市十五次党代会代表,德州市十八届人大代表。

张 磊 中共武城县委书记。1970年3月出生,山东省莱西市人,中共党员,大学学历。

1993年7月至1996年10月,任青岛团校教师。1996年10月至1998年4月,任青岛市委办公厅机要交通处科员,1998年4月至1999年1月,任德州市委办公室督查科科员。1999年1月至2000年6月,任德州市委办公室副主任科员。2000年6月至2002年1月,任齐河县表白寺乡党委书记。2002年1月至2004年4月,任平原县委常委、平原镇党委书记,2004年4月至2005年11月,任平原县委常委、办公室主任。2005年11月至2007年1月,任夏津县委副书记。2007年1月至2010年2月,任宁津县委副书记。2010年2月至2010年3月,任禹城市委副书记,2010年3月至2010年4月,任禹城市委副书记,市政府副市长、代市长,2010年4月至5月,任禹城市委副书记,市政府副市长、代市长,高新区管委会主任,2010年5月至2011年12月,任禹城市委副书记,市长、市政府党组书记,高新区管委会主任。2011年12月至2016年1月,任禹城市委副书记,市长。2016年1月至11月,任武城县委副书记,县长。2016年11月,任中共武城县委书记。

朱恩鹤 中共武城县委副书记,县长。1970年4月出生,山东省夏津县人,中共党员,研究生学历。

1989年7月至1995年3月,任德州地区财政局预算科科员(1990年5月至1992年6月,在山东经济学院高教自考大专财政专业学习)。1995年3月至1997年4月,任德州市财政局预算科科员。1997年4月至2001年7月,任德州市财政局预算科副主任科员(1992年11月至1997年6月,在山东经济学院高教自考大学财政专业学习)。2001年7月至2003年3月,任德州市财政局预算科副科长。2003年3月至2005年11月,德州市财政局预算科科长(2001年9月至2004年6月,在山东省委党校在职研究生班经济管理专业学习)。2005年11月至2008年6月,任德州市财政局助理调研员,预算科科长。2008年6月至2011年6月,任德州市财政局党组成员、副调研员,预算科科长。2011年6月至2012年11月,任德州市财政局总经济师、党组成员。2012年11月至2014年11月,任德州市财政局副局长、党组成员。2014年11月至12月,任德州市财政局党组副书记,副局长。2014年12月至2015年6月,任德州市财政局党组副书记,市经济开发投资公司经理。2015年6月至2016年4月,任德州市财政局党组副书记,市经济发展投资服务中心主任。2016年4月至2016年12月,任德州市金融工作办公室主任、党组书记。2016年12月至2017年1月,任中共武城县县委副书记、县政府党组书记、代县长。

2017年1月，任中共武城县县委副书记、县长。

才玉璞 中共夏津县委书记。1966年12月生，山东省武城县人，中共党员，大学学历。

1990年7月参加工作，历任德州市委办公室会议活动科科长、招商科科长，德州市招商促进办公室党组成员、纪检组长、监察室主任，庆云县委常委、纪委书记，德州市科技局局长、党组书记，夏津县委副书记、县长。2016年11月任中共夏津县委书记。省十一次党代会代表，省十二届人大代表。

高善玉 中共夏津县委副书记、县长。1973年11月生，大学学历，1997年1月加入中国共产党。

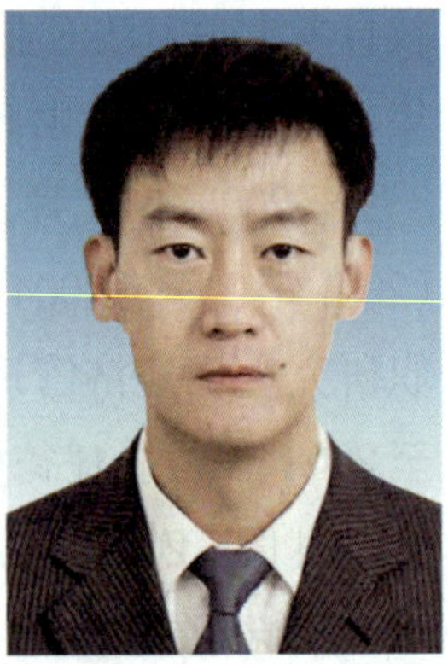

1997年7月至2001年11月在郯城县庙山镇、高册乡、马头镇工作；2001年11月至2009年7月历任山东省文化厅文化市场处副主任科员、主任科员、副调研员；2009年7月至2011年11月任德州市发改委党组副书记、副主任；2011年11月至2016年12月，任中共庆云县委副书记；2016年12月至今，任中共夏津县委副书记、县长。

王晓东 中共庆云县委书记、县委党校校长。1964年11月出生，山东省乐陵市人，中共党员，大学学历。

1989年7月至1993年6月，任德州地区农业局植保站技术干部。1993年6月至1994年12月，任德州地区农业局植保站副站长，1994年12月至1997年9月，任德州市农业局农技站副站长。1997年9月至2001年8月，任德州市农业局农技站长。2001年8月至2002年9月，任德州经济开发区管委会招商专员。2002年9月至2004年1月，任德州经济开发区境外招商局长，2004年1月至2008年4月，任德州经济开发区党工委委员、管委会副主任、境外招商局长。2008年4月至2011年6月，任德州经济开发区党工委委员、管委会副主任、境外招商局长，德州市新能源和国家生物高技术产业基地（德州市新能源和国家生物高技术开发公司）主任。2011年6月至2013年6月，任德州经济开发区党工委委员、管委会副主任、德州市新能源和国家生物高技术产业基地主任，2013年6月至7月，任德州经济开发区管委会副主任、德州市新能源和国家生物高技术产业基地主任、齐河县委副书记。2013年7月至2013年9月，任齐河县委副书记、代县长，2013年9月至2016年4月，任齐河县委副书记、县长。2016年4月，任庆云县委书记。

孙洪昌 中共庆云县委副书记、县长。1965年4月出生，山东省平原县人，中共党员，研究生学历，博士学位。

1989年9月至1992年7月，上海体育学院研究生学院基础部体育理论专业学生。1992年7月至1997年6月，任德州市德城区外经委科员、副科长。1997年6月至1998年6

月，任德州市外经贸委招商科科员。1998年6月至1998年10月，任德州市外经贸委招商科副科长，1998年10月至1999年4月，任德州市人民政府办公室副科级干部。1999年4月至2000年7月，任德州市人民政府办公室副主任科员，2000年7月至2001年5月，任德州市人民政府办公室主任科员。2001年5月至2001年7月，任德州经济开发区党工委委员、管委会副主任，2001年7月至2002年9月，任德州经济开发区党工委委员、管委会副主任，境外招商局局长。2002年9月至2008年6月，任德州经济开发区党工委委员、管委会副主任(其间:2004年9月至2007年6月在天津大学管理学院技术经济及管理专业博士研究生学习)。2008年6月至2010年4月，任德州经济开发区党工委副书记，2010年4月至2013年5月，任中国国际贸易促进委员会德州市支会会长，2013年5月至12月，任中国国际贸易促进委员会德州市支会会长，中国国际商会德州商会会长。2013年12至2014年1月，任市经信委党组副书记，市中小企业局党组书记，2014年1月至2016年12月，任市经信委党组副书记，市中小企业局长、党组书记。2017年1月，任庆云县委副书记、代县长、县长。

高秀鹏　山东德州运河经济开发区党工委书记、管委会主任。1973年11月出生，山东德州人，中共党员，大学学历，公共管理硕士。

1993年7月至1997年7月，山东农业大学园艺系果树专业学生；1997年7月至1999年1月，任平原县王杲铺镇团委副书记；1999年1月至2000年7月，任共青团平原县委副书记；2000年7月至2004年1月，任庆云县县长助理、县政府党组成员；2004年1月至2007年11月，任庆云县委常委、县长助理、县委办公室主任(2002年4月至2004年6月在武汉大学公共管理专业学习，获公共管理硕士学位)；2007年11月至2008年7月，任庆云县委常委、纪委书记(2007年6月至2007年12月被省委组织部选派赴美国学习)；2008年7月至2010年9月，任共青团德州市委书记、党组书记；2010年9月至2010年12月，任宁津县委副书记、代县长，共青团德州市委书记、党组书记；2010年12月至2011年1月，任宁津县委副书记、代县长；2011年1月至2016年12月，任宁津县委副书记、县长；2016年12月至2017年1月，任德州市“进企业、解难题、促发展”帮扶工作领导小组办公室副主任；2017年1月至2017年3月，任德州运河经济开发区党工委副书记(列副书记第一位)；2017年3月至今，任德州运河经济开发区党工委书记、管委会主任。

政党 政务

中国共产党德州市委员会

决策概要

【综述】 2016年，德州市实现地区生产总值2933亿元，增长7.2%；境内财政收入完成267亿元，其中公共财政预算收入183.5亿元，增长7.1%；固定资产投资2538亿元，增长13.4%；社会消费品零售总额1395亿元，增长10.9%；城镇和农村居民人均可支配收入分别达到22760元和12248元，增长8.2%和8.7%。

【稳增长调结构】 把提升工业作为优先选项，突出打造六大千亿级产业集群和“三个一百”(100家大企业、100家高技术高成长高税收预期的“三高”型企业、100家创新型企业)企业。3月1日，集中组织“三个一批”（签约一批、开工一批、投产一批)活动，年内两次开展协同发展督查评议。深入开展“进企业、解难题、促发展”工作，工业投资、技改投资增幅均居全省前列。“放心农场”建设取得实质进展，粮食生产实现“十四连丰”，农民收入持续增长。服务业占比提高1.6个百分点，成功列入国家产融合作试点城市和全国物流标准化试点城市。“三去一降一补”进展顺利，发展质量效益明显提升。充分发挥企业家、科技人才“两支队伍”作用，促进企业、科技人才和政府“三个方面结合”，搭建园区承载、企业研发、政策支持、科技服务“四个平台”，共转化科技成果236项，建成市级以上企业创新平台747个，中国新能源和生物产业引智试验区成为第四家国家级综合引智平台。高新技术产业产值占规模以上工业总产值的比重达到29.3%。发展壮大县域经济，在“2016全国综合实力百强县市”中，齐河县前移7个位次，禹城市首次跻身百强。

【协同发展】 抢抓国家京津冀协同发展、“一带一路”和省“一区一圈一带”战略机遇，向北对接京津，向南融入省会。争取省委、省政府出台政策，支持德州市加快融入京津冀协同发展。生态科技城被国家确定为北京非首都功能疏解重点承接平台。坚持招商引资与招才引智并重、产业项目与社会项目并举，签约京津冀亿元以上产业项目197个，新开工109个，北汽宝雅、奇瑞、联孚客车、富士康、国电投等一批重点项目加快建设。京沪高铁“德州号”正式开通，京津冀交通一体化为德州承接北京非首都功能转移、融入京津冀协同发展带来新的机遇。成功举办首届京津冀鲁技术交易大会、资本交易大会、山东第九届“海洽会”暨首届“智汇德州”人才创新创业周、中国—东盟中小企业合作会议等，区域产业融合发展势头强劲。融入省会城市群经济圈，基础设施日益完善，济齐黄河大桥建设顺利推进。与山东大学合作全面深化，生物工程、晶体材料、智能装备研究院等11个合作项目落户德州市。加强与东盟国家的产业合作，成立了中国—东盟中小企业合作委员会，大会秘书处设在德州；东盟作为德州市第一大贸易伙伴，进出口增长47.2%，德州成为中国北方对接东盟的重要节点城市。树立“用效益体现价值、用财富回报才智”的人才工作理念，人才政策“黄金30条”效应持续放大，引进“两院”院士、千人计划、泰山学者等高层次人才149人、创新创业团队50个，有力支撑了全市经济协同发展、转型发展、创新发展。

【全面深化改革】 坚持问题导向，注重探索创新，深入实施52项国家、省级改革试点，研究审议改革方案30个，新型城镇化、现代农业示范区建设等国家级试点顺利推进。深化“放管服”改革，对11项市级权力实行“市县同权”，在禹城市和齐河县试点31项事权审查和批准相分离。牢固树立“政府创造环境、企业创造财富”的理念，着力构建“亲”“清”新型政商关系，努力使德州真正成为让企业充满活力的城市。

【城乡协调发展】 综合推进城乡规划、产业布局、基础设施、生态环境、公共服务、组织建设“六个一体化”，中心城区实施的6大类53个重点城建项目进展顺利，完成年度投资143.5亿元，城市功能日益完善。全面推广齐河县户籍制度改革做法，扎实抓好禹城市全国征地制度改革、武城县产城融合推进就地城镇化试点工作，统筹实施农村、住房、土地、投融资等改革，有序推进外来务工人员、城中村和城边村原有居民、农村就地转移就业人口“三个市民化”，常住人口和户籍人口城镇化率分别达到53.77%、42%。“两区同建”扎实推进，新建续建农村新型社区150个，80%以上实现集中供暖。

【生态文明建设】 把德州作为山东北部、京津南部重要生态功能区来规划、建设和管理，坚决打好生态文明建设硬仗。市人代会通过《关于德州市大气污染防治工作报告的决议》，施行首部政府规章《大气污染防治管理规定》，受到社会普遍点赞。空气质量改善率、PM2.5改善幅度、生态补偿资金实现了“三个全省第一”。全年“蓝繁”天数182天、增加29.1%，PM2.5改善19.8%，获得省生态补偿资金2710万元。编制“水十条”实施方案，主要河流水质稳定达到V类标准。圆满完成节能减排年度任务。

【民生保障】 全年民生支出261亿元，占财政支出的78.7%。针对城乡义务教育发展不均衡、片区学校师资力量薄弱等问题，建立教师补充和支教机制，招考教师3193名，40%充实到农村学校。总投资81亿元实施农村中小学“全面改薄”、投资42.3亿元解决城镇学校“大班额”问题，项目开工竣工率均居全省前列；中心城区“三无小区”改造完成年度任务。深入推进医药卫生体制改革，公共卫生服务水平持续提升。坚持脱贫攻坚与全面致富奔康有机结合，在抓好4.6万户、9.6万人省定贫困人口的基础上，以“两不愁、三保障”为衡量标准，将3.4万户、6.9万人列为市定贫困人口，并对农村生活困难的“三老一属”（老党员、老模范、老军人、烈军属）专门出台帮扶意见。把产业扶贫作为最根本、最主要的扶贫方式，筹集财政资金6.85亿元，实施产业扶贫项目1006个，受益6.4万人。2016年共有2.3万户、5.6万人实现脱贫。深化“平安德州”建设，出台信访工作责任追究办法（试行），专题召开重点信访案件交办会议，重点案件交由市级领导、法检“两院”及公安局和县（市、区）委书记包案解决。坚持专家查隐患、企业抓整改、政府抓督导，落实党政同责、一岗双责、失职追责，安全生产形势总体平稳。

【管党治党】 开展“两学一做”学习教育，确立“做合格党员、建过硬支部、促协同发展”的主题，在全市党组织和党员中开展“双提双争”（党员提素质、争当岗位标兵，支部提标准、争当发展先锋）活动。组织党员干部赴德州市廉政教育基地、乐陵市冀鲁边区革命纪念园接受廉政教育和革命传统教育。坚持边学边做边改，分别列出市县乡村四级党组织书记责任清单，列出合格、不合格基层党组织和党员“四张清单”，共排查流动党员7530人，查找失联党员1067人；91个软弱涣散党组织整顿转化工作取得积极成效；专项清理整顿少数农村公益性岗位优亲厚友问题，共清退138人。坚持“三严三实”干部导向，市委选人用人总体评价满意度连续两年居全省前列。完善干部容错免责机制，旗帜鲜明地为敢于担当的干部担当、为敢于负责的干部负责，让干部这个决定因素发挥决定作用。坚持抓基层打基础，全市投入6亿多元推进农村、城市社区办公服务场所规范化建设，2016年“七一”前8092个村全部达标。发展村级集体经济，基层党组织服务群众的能力和实力持续增强。从严落实“两个责任”，先后召开5次县市区委书记会议，专门就党风廉政建设作出部署。对258名领导干部、13个领导班子进行责任追究和问责。严格落实中央八项规定精神和省委、市委实施办法，查处违反八项规定精神问题181起，给予党纪政纪处分169人。始终保持反腐高压态势，立案1781件，给予党纪政纪处分1485人。

市委常委会议述要

一、1月4日，市委常委会会议传达全省经济工作会议精神，研究贯彻落实意见；研究市委常委会班子“三严三实”专题民主生活会对照检查材料；研究《关于深化市级国有企业改革完善国资监管体制的意见》。

二、1月14日，市委常委会会议研究听取关于德州市2015年预算执行情况和2016年预算（草案）的汇报；关于《德州市2015年国民经济和社会发展计划执行情况与2016年计划（草案）报告》的汇报；关于2016年中心城区城建计划编制情况的汇报。

三、1月19日，市委常委会会议学习习近平在十八届中央纪委第六次全体会议上的讲话，传达省纪委十届七次全体会议精神，研究全市贯彻落实意见。

四、2月1日，市委常委会会议传达学习省十二届人大五次会议和省政协十一届四次会议精神，研究贯彻落实意见；研究听取关于全省组织部长会议精神及贯彻落实意见的汇报；研究听取关于全省统战部长会议精神及贯彻落实意见的汇报；研究听取关于全省党委（党组）意识形态工作责任制座谈会和全省宣传文化工作会议精神及贯彻落实意见的汇报；研究听取关于德州城市形象宣传语征集情况的汇报。

五、2月4日，市委常委会会议研究听取关于2015年度全市综合考评情况的汇报；研究听取关于市第十七届人民代表大会第七次会议和政协第十三届德州市委员会第五次会议筹备情况的汇报；研究听取关于中央政法工作会议和省委政法工作会议精神及贯彻落实意见的汇报；研究听取关于全省农村工作会议精神及贯彻落实意见的汇报；研究听取关于春节后开展集中学习活动安排的汇报。

六、2月17日，市委常委会会议传达学习习近平同志在省部级主要领导干部学习贯彻党的十八届五中全会精神专题研讨班上的讲话；研究《政府工作报告》和《德州市国民经济和社会发展第十三个五年规划纲要》。

七、3月17日，市委常委会会议传达十二届全国人大四次会议和全国政协十二届四次会议精神，研究贯彻落实意见；学习习近平总书记重要批示精神和毛泽东同志《党委会的工作方法》；研究听取关于2016年市级重点项目有关情况的汇报；研究听取关于扩大县市区部分行政审批和行政权力事项办理权限有关情况的汇报；研究《德州市干部干事创业容错免责办法(试行)》(讨论稿)。

八、4月1日，市委常委会会议研究《2016年度全市综合考评办法》；研究听取关于省委对台工作会议精神及贯彻落实意见的汇报；研究《2016年度政党协商计划》；研究《关于进一步推进户籍制度改革的意见》；研究听取关于德州经济技术开发区领导班子建设等有关问题的汇报；研究听取关于全市落实省委巡视组反馈意见整改情况的汇报；传达省纪委文件。

九、4月19日，市委常委会会议研究听取关于全省“两学一做”学习教育工作座谈会和培训会精神及贯彻落实意见的汇报；研究听取关于全省老干部局长会议精神及贯彻落实意见的汇报；研究听取关于全省党校工作会议精神及贯彻落实意见的汇报；研究关于德州市经贸考察团赴台考察有关情况的汇报。

十、4月26日，市委常委会会议研究全市“两学一做”学习教育工作座谈会有关材料。

十一、5月23日，市委常委会会议研究听取关于市级机关公务用车制度改革工作情况的汇报；研究听取关于全市环境保护工作情况的汇报；研究听取关于2015年度全省科学发展综合考核成绩的汇报；研究听取关于全市棚户区改造和中心城区老旧小区整治改造情况的汇报；研究听取关于全市中小学建设和基础教育综合改革有关情况的汇报。

十二、6月17日上午，市委常委会会议研究2016年上半年全市协同发展督查评议工作；研究关于全省人才发展体制机制改革座谈会，全省抓党建促脱贫攻坚工作座谈会，全省党费收缴、基层党组织按期换届工作座谈会，全省城市街道、社区区域化党建工作现场会议精神及贯彻落实意见的汇报；研究讨论《县市区委抓基层党建责任制考核办法》；研究听取关于赴美国、加拿大、日本招才引智情况的汇报；研究听取关于赴以色列、荷兰、法国进行现代农业项目精准对接情况的汇报；听取《德州市市属国有企业负责人薪酬制度改革实施方案》起草情况的汇报；研究省委、省政府《关于支持德州加快融入京津冀协同发展的意见》的贯彻落实问题。

十三、6月17日，市委常委会会议专题研究中心城区老旧小区整治改造工作。

十四、7月19日，市委常委会会议听取全市上半年经济运行情况报告；研究听取关于全省市县乡领导班子换届工作会议精神的汇报；研究听取关于省综治委全体(扩大)会议和全省多元化解矛盾纠纷工作会议精神的汇报；研究听取关于全省民主党派换届工作座谈会精神的汇报；研究听取关于调整市直机关党建管理体制的汇报。

十五、7月27日，市委常委会会议传达学习省委十届十四次全体会议精神，研究贯彻落实意见。

十六、7月27日，市委常委议军会议。

十七、8月5日，市委常委会会议研究人才工作，研究《关于建设鲁北人才改革试验区的实施意见》《德州市因公出国(境)团组招才引智实施办法(试行)》，听取德州市领军型创新创业团队和创新型优秀企业家评审情况的汇报；听取市关工委工作情况的汇报；听取关于第十五次全省普法依法治理工作会议精神及贯彻落实意见的汇报；听取关于全省深入推进党中央治国理政新理念新思想新战略重大主题宣传工作会议、全省文艺工作会议、全省乡村文明行动移风易俗工作现场推进会精神及贯彻落实意见的汇报。

十八、8月11日，市委常委会会议观看《镜鉴——衡阳、南充违反换届纪律案件警示录》专题片；研究听取关于全省17市领导班子换届考察工作培训班和全省“两学一做”学习教育工作推进会议精神的汇报。

十九、8月26日，市委常委会会议听取全市“进企业、解难题、促发展”工作情况汇报；研究听取关于全省哲学社会科学工作座谈会精神及贯彻落实意见的汇报；研究听取关于市人大常委会原法制工作委员会更名有关情况的汇报；研究听取关于市城市建设投资集团有限公司、市交通运输投资发展集团有限公司组建情况的汇报。

二十、8月30日，市委常委会会议传达学习《中共中央关于辽宁拉票贿选案查处情况及其教训警示的通报》；通报市几大班子换届提名人员。

二十一、9月19日，市委常委会会议研究听取关于全省全面推开司法责任制改革动员会议和全省政法队伍建设工作会议精神及贯彻落实意见的汇报；研究听取关于全省宗教工作会议精神及贯彻落实意见的汇报；研究听取关于全市环境保护工作情况的汇报；研究听取关于中国·德州首届京津冀鲁技术交易大会筹备工作情况的汇报。

二十二、10月28日，市委常委会会议传达学习十八届六中全会精神，研究全市贯彻落实意见；研究听取关于省委理论中心组座谈会精神及贯彻落实意见的汇报；研究听取关于当前全市意识形态领域有关情况的汇报；研究听取关于全市安全生产工作情况的汇报；研究听取关于全市环境保护工作情况的汇报；研究听取关于全省美丽乡村标准化建设暨节水农业和水肥一体化现场会议、全省脱贫攻坚现场会议精神及贯彻落实意见的汇报；研究听取关于全省党委秘书长、办公厅(室)主任会议和全省国家档案行政执法检查整改落实工作暨县级档案馆建设推进会精神及贯彻落实意见的汇报。

二十三、11月21日，市委常委会会议传达学习省委十届十五次全体会议精神，研究贯彻落实意见；听取市人大常委会党组工作汇报；听取市政府党组工作汇报；听取市政协党组工作汇报；听取市法院党组工作汇报；听取市检察院党组工作汇报；研究听取关于《德州市法治政府建设实施纲要(2016—2020年)》起草情况的汇报；研究听取关于全省加强换届风气监督工作座谈会精神暨全市换届风气监督工作情况的汇报。

二十四、11月25日，市委常委会会议听取市委十四届十次全体会议筹备工作汇报；研究听取关于召开市第十五次党代会有关问题的汇报(刘贵堂同志汇报)；观看警示教育片《警钟——辽宁拉票贿选案警示录》；研究听取关于山东省国有企业党的建设工作会议精神及贯彻落实意见的汇报。

二十五、12月29日，市委常委会会议传达学习全省经济工作会议精神，研究贯彻落实意见；研究听取关于2017年中心城区城建计划安排情况的汇报；研究听取关于全省组织部部长专题会议和党代表选举工作培训会议精神及贯彻落实意见的汇报；研究《关于实施重点企业“三航”培植计划的意见》；研究听取关于全省法院执行工作会议精神的汇报。

市委办公室工作

【综合服务】 2016年，共审核制发市委文件158件，办理中央、省文件477件，请示件13件，组织收发各类文件65000余份，为市直各单位交换文件10万余份。实现重要文件审核印发“零失误”，涉密文件管理连续33年“零缺失”、对省文件备案“零差错”，备案合格率达到100%。启动对县

(市、区)党委(党工委)规范性文件备案工作。完成市委党内规范性文件清理工作。

把握上级精神,发挥以文辅政职能。2016年,共完成会议讲话、报告、汇报等综合性文稿300多篇、200多万字,编发《常委会议纪要》30余期、《探索与实践》《参阅件》12期,审核把关新闻稿近300篇。围绕实施协同发展战略、科技创新、农村工作等组织调研活动10余次,多项调研成果进入市委决策。共编发《今日信息》《德州信息》249期、1696篇,《今日读网》327期,其中市领导批示29篇。共上报中办、省办信息972期(篇),省办采用196篇,上报数量比上年同期增长40%,省办采用量增长24%。

2016年,围绕市委常委会工作要点,分解工作任务143项,落实责任单位598个次,落实牵头市级领导12人次。对"三个一批"招商引资项目等重点工作组织现场督查7次,对扶贫开发等难点工作开展专项督查4次,督查报告得到市委、市政府领导批示6次。办理市委领导批示事项163件,其中162件已办结,督办政协提案78件。牵头组织迎接省委督查组专项督查5次。统筹调度、合理安排各项会议和相关活动,全共牵头组织或把关各类会议147次,受理办结各类政务活动请示40余件,组织上级领导到德州考察调研和市委主要领导同志走访调研、全市协同发展督查评议等活动50多次。

提高工作效能,做好固定资产管理、经费收支管理、物业管理、通信设施和互联网管理、车辆安全行驶、安保服务以及基建维修等后勤工作,确保机关工作正常运转。完成市委全委会、全市经济工作会议、"两学一做"专题学习、第六届中国·德州资本交易大会暨京津冀协同发展金融创新高峰会、首届京津冀鲁技术交易大会、山东省第九届海洽会暨首届"智汇德州"人才创新创业周、中国—东盟中小企业合作会议等综合性或重大活动的组织协调任务。

开展"进解促"活动,做好"进解促"督导落实协调解决工作,协调第一帮扶工作组负责帮扶21家企业,共梳理困难问题52个,已处理完成47个,及时提出意见和建议,促进企业发展。以建设协同发展示范区为契机,创新招商引资方式方法,共搜集有效招商信息38条。全年引进济南振华塑料有限公司、济南蓝创集团等2个项目,项目总投资3.6亿元。(孙俊凯)

【接待服务】 全年共承办公务接待活动237批次,其中,省部级(副军级)以上85批次。完成中组部原主要领导到德州考察,省委主要领导到德州调研,省委第五巡视组、省委换届考察组和省审计厅驻德州审计组在德州市期间的协调服务工作。为第六届中国·德州资本交易大会暨京津冀协同发展金融创新高峰会、首届京津冀鲁技术交易大会、山东省第九届海洽会暨首届"智汇德州"人才创新创业周、中国—东盟中小企业合作会议等全市重大活动和重要会议提供服务保障。(梁 婧)

【维护稳定】 2016年,开展调研活动30余次,整理、撰写调研工作报告20余篇,上报省调研文章14篇,在连续三年(2013、2014、2015)获全省调研成果一等奖的基础上,2016年调研成果荣获省一等奖1篇,二等奖2篇,三等奖2篇。起草各类文稿180余篇,其中,领导讲话13篇,会议纪要14篇,市委及办公室文电8篇,市维护稳定工作领导小组电报72篇。编发《德州维稳》等21篇。向上级报送文稿72篇,被省维稳办刊登2篇,市领导批示5次。强化体制机制建设,加强工作规范化精准化科学化"三项建设"、提升质量效率水平。

2016年,备案稳评项目226项,224项准予实施,1项暂缓实施,1项不予实施,在决策环节消除大量不稳定风险。召开稳评审核会议15次，协同市发改委搞好固定资产投资项目审核备案工作，协同市物价局搞好水、天然气实施阶梯价格制度稳评工作，配合市法制办研究出台《德州市政府重大行政决策程序规定》。

推动第三方评估，学习苏南三市经验，参加有关业务培训班。2016年，出台《关于对重大项目、重点领域的重大事项开展第三方社会稳定风险评估工作的实施意见(试行)》《关于公布德州市社会稳定风险评估专业机构库首批机构名单的通知》《关于公布德州市社会稳定风险评估专家库首批专家名单的通知》等文件。吸纳各行业专家、学者97名，建立市级稳评工作专家库，筛选具备相关资质的专业机构库15家，成立市级稳评工作专业机构库。召开全市社会稳定风险评估观摩督导工作会议，观摩齐河、禹城做法，推动县(市、区)规范第三方稳评工作，建立80多个示范点。强化稳评综合考评，自2014年始连续3年重大决策社会稳定风险评估作为全市综合考评一项内容，对13个县(市、区)、34个重点市直部门稳评工作进行考核考评。

2016年，编发《维稳预警》《维稳动态》以及上报《呈阅件》等150多期，向市相关领导及时上报预警性、动态性涉稳信息。加强市县乡村四级预警网络建设，构建起互联互通、高度共享的维稳信息预警平台。完善维稳情报信息会商研判机制，强化各类维稳预警信息汇集研判，增强预知、预防、预警能力。加强对重要案(事)件和敏感问题的跟踪了解和专题分析，发出有价值维稳预警300余次，妥善处置重大不稳定问题50余次。

完成全国、全省“两会”、十八届六中全会、德州市资本交易大会等多个会议及元旦、春节、五一、“十一”等多个时段的维稳安保工作，做好十八届六中全会、“两会”期间省委省政府督导工作组的接待联络服务工作。 (蔺晓静)

【保密工作】 2016年，培训各级领导干部和有关涉密人员2000多人次，全市征订《保密工作》杂志1600余份，《保密科学技术》100份等，市保密局和9个县(市、区)分别受到国家保密局学刊用刊表彰奖励。12月，参加国家宪法日宣传活动，发放保密宣传单1000余份。协助市委组织部、市纪委通过涉密网络测评；协助4家涉密企业通过检查验收。对司法考试、会计师考试、医师资格考试等试卷保密室进行检查，对司法局保密室进行检查验收。全年共销毁纸介质国家秘密及内部办公文件资料15吨，涉密光盘500余张，涉密计算机36台，打印机硒鼓17个。对机关单位开设使用的互联网门户网站、政务微博、微信公众号、互联网办公OA系统和互联网政务邮箱进行检查，并发放《互联网专项保密检查整顿表》。对涉密人员分类统计、集中管理。

(吴兆伟)

组织工作

【“两学一做”学习教育】 2016年，把“两学一做”学习教育作为重要政治任务，深化教育全面覆盖。市级层面5次举办专题培训班，培训党组织书记和党务干部8739人。向农村、企业等基层支部派出1.1万名指导员全面参与、全程指导。成立督导组对13个县市区、120个市直部门开展9轮实地督导，涉及7342个基层支部。市委组建3个宣讲团，覆盖到75个乡镇、2.5万名基层党员。县(市、区)全部建立“巡回党校”，流动教学车开到党员家门口宣讲。制定离退休党员“两学一做”实施方案，让全市4.7万名离退休党员受教育、有提高。创新形式突出特色，确立“做合格党员、建过硬支部、促协同发展”实践主题，开展“党员提素质、争当岗位标兵，支部提标准、争当发展先锋”活动，采取强化自学、辅导帮学、比赛争学、

2016年4月,全市"两学一做"学习教育工作座谈会召开

上门送学、网上助学、灵活教学、以考促学"七学模式",让每个支部、每名党员都参与进来。推行领导干部下基层、党员轮流登台、教育基地现场"三维讲党课模式",使讲党课的过程成为深化思想认识的过程。边学边做务求实效,出台"1+9"文件体系,分别列出市县乡村四级党组织书记抓学习教育责任清单,形成制度规范。市委常委带头示范,每月确定一个重点集中学习,每季度围绕一个主题专题研讨。分别列出党组织、党员合格与不合格"四张清单",做到带着问题学、针对问题改。"两学一做"有关做法,《人民日报》和中央、省《新闻联播》予以报道。

【队伍建设】 坚持"三严三实"干部导向。突出好干部"二十字"标准,认真落实《树立"三严三实"干部导向为建设协同发展示范区提供坚强保障的意见》,一大批乡镇党委书记、县直部门主要负责人被提拔使用,乡镇领导班子中具有乡镇工作经历的达到85%以上。优化干部资源调配,争取中省直挂职干部27名;引进重点高校毕业生76名,其中博士13名;新选派第二轮援疆干部人才21名。开展干部全员谈话,对市管干部进行深入了解、谈心谈。集中开展县乡班子换届。把县乡换届作为推动协同发展重大契机,靠严格的标准、严密的程序、严明的纪律、严实的责任选好人用准人,把严肃纪律贯穿始终,明确"五大责任主体"27项具体责任,强化警示教育,开展换届风气巡回督查。换届后,干部资源有效整合,班子结构更加优化。从严加强干部管理监督。强化新理念新思想新战略培训,举办培训班26期,培训干部2940人次,继续选派100名优秀中青年干部到浙江大学和山东大学进行为期半年的脱产培训。加强企业领导班子建设和领导人员管理,出台《市属国有企业综合考核评价暂行办法》。推进干部能上能下,加大《领导干部问责办法(试行)》《调整不适宜担任现职干部实施办法(试行)》落实力度。建立干部容错免责机制。出台《干部干事创业容错免责办法(试行)》,列出8种具体情形,为敢于担当的干部担当,形成了宽容失误、宽容失败,关心干部、爱护干部良好生态,在中组部座谈会上介绍经验,新华社予以专题刊发。

【基层组织建设】 坚持用最大责任抓最大政绩,加大投入,规范管理,全市基层党组织得到有力加强。压实基层党建责任。严格落实《县乡党委书记抓基层党建工作规范》,建立每月通报、季度纪实、半年督查评估机制。出台《县市区委抓基层党建责任制考核办法》,与全市协同发展综合考评并行,"两个千分制"同步部署、同步表彰、结果同步运用,保证了管党治党责任落地。中央电视台《新闻联播》、山东电视台《新闻联播》均头条报道。深化村支部书记规范化管理。出台《2016年具体安排》,在健全人事档案、落实养老保险基础上，突出抓好教育培训和经济责任审计，市级培训支部书记2100人，70%的村完成审计，提高了支部书记履职尽责的意识和能力。抓好农村、社区“两委”成员专科学历教育，全省质量管控制度培训现场会在德州举办。加强办公服务场所规范化建设。市委出台《城市街道、社区区域化党建工作意见》，市财政一次拿出3亿元，全市投入6亿元，按照有国旗、有桌椅橱柜等“十有”标准，一次规划到位、一次投入到位、一次规范到位，8092个村、129个城市社区全部达到“产权自有、面积达标、设施齐全、功能完备、使用充分”标准。实施第一书记规范化管理。结合扶贫攻坚进行重新调整，省派73名、市派113名、县派414名，实现566个省扶贫工作重点村和91个软弱涣散村全覆盖。落实《第一书记规范化管理的意见》，通报约谈无故不在岗、与原单位工作不脱钩13人次。全面推进区域化党建。出台《城市街道、社区区域化党建工作意见》和《非公有制经济组织和社会组织区域化党建实施方案》，构建以街道党组织为核心、社区党组织为基础、“两新”党组织兜底、区域内基层党组织和党员共同参与的党建工作格局。全市27个街道党委全部改设工委，135个社区党支部全部改设党委或总支，所有街道、省级以上园区和有条件的乡镇全部设立综合党委。

【人才工作】 坚持人才优先发展，实施新一轮人才支撑计划，人才工作实现快速发展、后发赶超。创新落实政策机制。围绕人才政策“黄金30条”，出台28个配套细则，形成强有力政策磁场，各类人才加速集聚，50个领军型团队、162名高层次人才申报市级重点工程，引进省级以上高层次人才149人，均创历史之最。在全省率先出台《创建鲁北人才改革试验区推进人才发展体制机制

2016年10月，山东省第九届“海洽会”暨首届“智汇德州”人才创新创业周重点项目签约仪式

改革的实施意见》，从8个方面提出25项改革举措，新华社进行专访，《大众日报》整版报道。德州5次在中组部、省委组织部相关会议上作典型发言。拓宽揽才聚才渠道。坚持柔性引才，打造"1小时人才圈"，目前柔性引进2300多人，其中院士52人。深入开展"招研引学"活动，与近600家大院大所建立稳定合作关系。推行海外揽才，出台《因公出国(境)团组招才引智实施办法》，建立4家海外人才工作站，帮助12家企业设立海外研发中心。成功举办省第九届"海洽会"暨首届"智汇德州"人才创新创业周，26个国家的4200多名人才云集德州，达成合作项目365个。强化人才平台支撑。高标准规划建设德州"创新谷"和应用技术研究院，一期30万平方米已开工建设。规划建设300万平方米科技孵化器，与中关村天使街众筹建设"创梦空间"，建成山东省技术转移转化中心、华北农业环境科学研究院等公共服务平台。突出企业主体地位。评选首批29名"德州市优秀企业家"，让他们评议政府工作，参加领导干部考核推荐，享受德州首席专家待遇。深入实施"企业家素质提升工程"，组织49家企业负责人到国内外强企名企进行考察学习。深入开展"送政策到企业"活动，发布企业人才需求3517项，引进博士、硕士97人。优化人才服务环境。市级人才工作投入7.5亿元，占财政支出比重连续2年超过10%；3700平方米市人才综合服务中心投入使用，建成人才公寓59.5万平方米。连续3年被评为"全省人才工作先进单位"，"构建后发地区人才跨越赶超'5+1'工作体系"荣获山东组织工作创新奖。

【考评工作】 实施季度考核。对县(市、区)选取重要指标、重点项目、招商引资、招才引智4个方面18项指标进行季度考核；对市直部门选取服务业增加值增速、固定资产投资增速、空气细颗粒物浓度改善率等10项指标进行季度考核。季度考核按照累计递进方式，一季度、上半年、前三季度、全年考核结果分别按照10%、20%、30%、40%比例，计入年底综合成绩，对增速明显低于全市平均或负增长、任务进度明显慢于计划的指标进行警示。

创新"控制性"考核。年初筛选社会稳定、环境保护、政府债务和过剩产能化解等55项指标，将指标运行控制在合理区间内，不再进行横向竞争，引导县市区把有限的资源和精力集中到协同发展示范区建设上来。推进考核信息化，开发运行全市考核信息系统，对工作或项目推进情况的重要时点、关键环节实时记录，结合随机抽查、实地督查，实现全程记录、处处留痕，切实保证数据质量，着力提升考评工作的时效性和精准度。

（张沛然）

【老干部工作】 截至2016年年底，全市离退休干部共有43844人，全市离休干部1945人，其中市直384人，县(市、区)1561人；红军时期参加革命的1人，抗日战争时期参加革命的237人，解放战争时期参加革命的1707人；平均年龄86.67岁。全市退休干部共有41899人，其中市直4062人，县(市、区)37837人。全市离退休干部党员25657人，其中离休1462人，退休24195人。离退休干部党组织979个，其中党工委12个，党总支14个，党支部953个。

2016年，市委老干部局组织离退休干部党员开展"两学一做"学习教育，与市委组织部联合印发《全市离退休干部党员"学党章党规、学系列讲话，做合格党员"学习教育实施方案》，编印《全市离退休干部党员"两学一做"学习资料》《致全市离退休干部党员倡议书》，邀请离退休干部党员进机关、进社区、进农村，为年轻干部党员群众上党课、讲党的历史。组织全市离退休干部党支部书记暨老干部工作人员“两学一做”学习教育专题报告会。开展“我看从严治党新气象”课题调研活动。全市共召开各类座谈会12次，104位老同志参加座谈，调查问卷530份，形成调研报告12份。在全市离退休干部党组织中组织开展“优秀活动日”评选活动，禹城星南爱心团队党支部等4个支部受到省委老干部局表彰。在全市离退休干部党员中组织开展“不忘初心——我的入党故事”主题征文活动。

落实离休干部生活待遇，市直离休干部医药费统筹金基数由每人每年2万元提高到2.5万元。为特困离休干部及遗属发放救助金102.05万元，救助离休干部147人次、遗属239人次。德隆（集团）机床有限责任公司、晶华集团振华有限公司等4家企业28名离休干部医疗费用纳入市财政承担范围。

组织全市离退休干部开展“最美老干部志愿者”“最美老干部志愿服务组织”“最佳老干部志愿服务项目”评选，4名志愿者、3个志愿服务组织、2个志愿服务项目受到省委老干部局表彰。举办全市“五老”志愿者培训班，参加人员121人。组织老同志参与老干部之家网站“同心共筑中国梦”主题活动、“展示好心态，增添正能量”网络主题活动、庆祝建党95周年摄影诗词书画网络大赛等活动。举办“颂歌献给党——纪念建党95周年暨红军长征胜利80周年全市老干部文艺演出”。组织全市离退休干部参加“中国大运河沿岸城市大型书画联展”，全市共征集作品160余幅，选出26幅作品参加展出，禹城市退休干部郭宝田作品被扬州市美术馆永久收藏。德州市诗词协会、禹城市老年大学艺术团等8个文艺团队被省委老干部局授予“山东省优秀老干部文艺团队”。

扩大市老年大学办学规模，投资80多万元对教学楼进行装修改造。2016年，共开设21个专业，44个班次，招收学员1860人，分专业累计招生3112人次，招生人数和人次达到办学以来的最大规模。参加重大比赛活动，9月，参加全省首届离退休干部合唱比赛，10月，参加全省首届老干部乒乓球比赛、全市第八届老年人室内运动会，均取得良好成绩。

做好全国老干部工作“双先”表彰推荐工作，1名同志被评为“全国先进老干部工作者”。整理了从1984年德州地委成立老干部处到2016年底30余年的文档资料，撰写《德州老干部工作的发展历程和经验启示》，并整理《德州市委老干部局机构及人员变动情况》《德州老干部工作大事记》《历年工作总结》《历年文件目录》《纪念离退休制度建立30周年回顾展资料》等内容编辑成册。 （郭昕宜）

【关心下一代工作】 2016年，举办2期共150人的关工委工作培训班，组织市县两级37名关工委干部赴滨州、淄博、潍坊学习先进经验。

开展全市“党史国史教育示范校”评选活动；增印《德州市青少年党史国史学习教育读本》2万册，建立完善党史国史教育基地61处。建立青少年法治教育基地10处。开展宣讲等活动3780场次，受教育青少年达91.8万人次。联合市妇联推动“四点半”学校建设，在全市共建立“四点半”学校1050处。联合教育部门开展农村片区中小学厨房（食堂）摸底调查工作，全市达到标准化要求的172个，在建53个，投入资金已达7300万元。成功举办第四届“好书伴我成长”暑假读书征文活动；联合相关单位启动“廉洁家风伴成长”教育活动。在《中国火炬》《关爱》等中央、省关工委刊物刊登稿件166篇，创历年新高。在全市关工委工作会议上，对全市关心下一代工作中表现突出的5类145个先进单位和3类235名先进个人进行表彰。 （戴如寅）

宣传工作

【理论武装】 坚持用习近平总书记系列重要讲话精神武装头脑，组织党中央治国理政新理念新思想新战略重大主题宣传。市县两级宣讲团深入基层开展宣讲400余场，《人民日报》对德州市经验做法进行了报道。举办“中国梦·我的小康路”百姓宣讲团“进机关”巡回报告会26场。全市新建和完善儒学讲堂260个。市委中心组学习经验在全省会议上作典型发言。社科联荣获“2016年度全国先进社科联”称号。

【舆论引导】 围绕市委、市政府中心工作，统筹新闻宣传、网上宣传和对外宣传，组织系列主题宣传，在中央、省主流媒体刊播重头稿件近3000篇。德州日报社撰写的《谱写协同发展新华章》先后在人民日报、新华社内参选编、大众日报刊发。德州广播电视台荣获全省电视和广播宣传两个先进集体一等奖。

完善新闻发布制度，召开新闻发布会24场。征集确定城市形象宣传语，“德州发布”新浪微博荣获《今日头条》颁发的“山东最具影响力外宣头条号”称号。开展中国网络媒体德州行活动，山东手机报德州专刊正式上线。做好热点引导和突发事件舆论应对工作，网络舆情平稳有序。

【思想道德】 推进“我文明德州文明”主题实践活动，禹城市孙洪香家庭荣获第一届全国文明家庭称号，20户家庭荣获全省文明家庭称号。“四德工程”建设扎实开展，在全省现场交流会上作典型发言，临邑县在全省推进家风村风行风建设现场交流会上介绍经验。平原县在县城主要街道、广场公园、建筑工地及高速公路，设计安装社会主义核心价值观公益广告1000余幅。

加强典型宣传。入选山东好人榜36人、中国好人13人，临邑县蔡光明、齐河县肖东入选“好人365”，蔡光明被评为山东好人十大年度人物，武城县乡邮员孙天国荣获“齐鲁最美职工”称号，市人民医院岳红卫荣获“齐鲁最美医生”称号，市交警支队宋兆明荣获“齐鲁最美警察”称号，推出夏津县袁敬华、宁津县杨逢松两个德州时代楷模和德城区焦文玉全市重大典型，袁静华、孙洪香当选全省善行义举四德榜“榜上有名”人物。

深化乡村文明行动，德州市移风易俗工作位居全省第3位，其中禹城市位居全省县市第3位、陵城区第9位，德州经济技术开发区位居全省开发区第6位。巩固提升城乡环卫一体化工作成果，2016年年底，全市群众满意度达95.26%，乐陵市位居全省县市第10位，庆云县第25位。加强未成年人思想道德建设，全省乡村学校少年宫骨干培训班在德州市举办。企业文化建设不断加强，创建“厚道鲁商”品牌试点企业52家，评选红榜企业36家，公开曝光失信企业5家。

2016年5月，市委“两学一做”理论政策宣讲团到临邑镇巡回宣讲

2016年12月，首届中国互联网电影周启动仪式暨新闻发布会在北京举行

【文化发展】 公共文化服务体系更加完善。市文化馆被评为国家一级馆，县级图书馆和文化馆通过全国评估定级，建成村级综合性文化服务中心2136个，农村社区文体小广场实现全覆盖。文化惠民工程深入实施，围绕庆祝建党95周年和红军长征胜利80周年举办合唱比赛、书法、美术、摄影、征文等系列活动。市级文艺院团开展送戏下乡演出533场，举办全市民间文艺会演和第二届广场舞大赛。夏津县推进县乡村"三级舞台"建设，荣获"山东省公共文化服务优秀实践奖"。

文艺创作不断繁荣。生产创作各门类优秀作品80余件，6件作品荣获第九届山东省"泰山文艺奖"，其中宁津有2件杂技作品荣获"泰山文艺奖"。优秀传统文化进一步弘扬，授牌省级"乡村记忆工程"8处，10个县(市、区)全部完成历史文化展示场所建设并免费对外开放，建成尼山书院13个，齐河县被评为山东省"尼山书院建设示范单位"。

文化产业快速发展。董子文化街作为2016年全省唯一新增国家级文化产业示范园区上报文化部，德城区新街口文化产业有限公司被评为省级文化产业示范基地，在北京举办首届"中国互联网电影周"启动仪式暨新闻发布会。组团参加深圳文博会和山东文博会，荣获"优秀组织奖"。

【意识形态】 强化督促检查，推动各级党委(党组)主体责任落实。重视舆情分析研判，成立舆情信息专家库，新命名4家舆情研究基地，定期报告意识形态领域情况，中宣部采用舆情信息177篇，省领导批示11篇，全省舆情信息工作专题研讨会在德州市召开。开展"扫黄打非"，卫星电视传播秩序专项整治工作受到全省通报表彰。

【队伍建设】 推进"部长项目"建设，在已经实施的36个"部长项目"基础上，2016年又实施了19个"部长项目"，打造了一批宣传文化品牌。综合调研工作进一步加强，德州市获得全省部刊工作先进单位、调研工作先进单位等奖项。加强业务培训，全年培训各级宣传文化干部和专业人才1200多人次。实施重点人才工程，评选德州文化名家6名、德州文化英才20名、德州文化之星32名，推荐齐鲁文化英才2名。 (韩 军)

【精神文明建设】 "我文明德州文明"主题实践活动。开展"不文明不道德"行为专项治理、文明交通劝导志愿服务、道德模范宣讲"六进"等一系列活动，上百家单位、逾万人参与。各新闻媒体开设专题专栏广泛宣传，在主要街道、广场、公园设置"我文明德州文明"、核心价值观公益宣传牌5000多块，张贴核心价值观宣传画3万多张。在主要路口、广场、窗口单位电子屏循环播放"我文明德州文明"公益广告，在中心广场、长河公园、

2016年3月，德州市文明交通劝导志愿服务活动启动仪式

新湖风景区、减河湿地等建立核心价值观主题公园、好人广场，向宾馆酒店免费发放文明餐桌提示牌2万个。践行社会主义核心价值观宣传教育活动历时5个月，组织文艺志愿者深入广场、社区演出50余场次，直接受众10余万人。各县(市、区)、市直各单位开展“我文明德州文明”演讲比赛、文明礼仪大赛、书法摄影大赛、价格诚信、文明旅游、文明餐桌、社区废旧衣物爱心回收等活动。

文明创建工作。完成2016年度省级文明城市测评工作，测评成绩居全省12位。规范文明单位管理。完成2016年度省、市级文明村镇、文明单位、文明社区复查评选，确定10个优秀文明单位作为标杆在全市集中宣传报道。全市有100户家庭入选首届市级文明家庭。20户家庭入选首届“省级文明家庭”。禹城市孙洪香家庭，荣获首届“全国文明家庭”称号。

2016年，评选德州好人之星52人、入选山东好人榜36人、中国好人13人，肖东、蔡光明获评好人365封面人物，蔡光明入选2016年度山东好人十大人物，这是德州市连续4年入选山东省十大年度人物。印发《道德模范关爱礼遇困难帮扶实施办法》，建立道德模范关爱帮扶长效机制，为患病道德模范王成募集资金30余万元，为338名道德模范和好人之星赠阅德州晚报，春节前走访33名生活困难道德模范。

乡村文明行动。2015年实现城乡环卫一体化全覆盖后，持续推进农村生活垃圾治理市场化、常态化。2016年省市两级共开展4次电话调查，并组织媒体监督，集中曝光了一批落后乡镇，群众满意度始终保持在90%以上。推进移风易俗、喜事新办、丧事简办、厚养薄葬，社会风气明显改观，红白事大操大办、铺张浪费现象得到有效遏制。7月，在全省电话调查中，德州市位居全省第五名，禹城连续三次夺得全省第1名，运河开发区居全省开发区第1名，夏津列全省第3名。在11月全市电话调查中，群众满意度达到95.6%。在12月全省科学发展年度考核电话调查中，德州市移风易俗工作排名跃居至全省第3名。

未成年人思想道德建设。承办全省乡村学校少年宫骨干人员培训班，并在会上作典型发言。2016年争取乡村学校少年宫中央项目4个，全市中央、省乡村学校少年宫达到132所，实现农村学校乡镇全覆盖。在全省第三届“国学小名士”经典诵读电视大赛中，获得个人赛季军、优秀组织奖；在全省第二届乡村学校少年宫成果展示活动乒乓球比赛中，获得团体第三名、男双第三名、优秀组织奖。在2016年度全省未成年人思想道德建设测评中材料审核满分，重点工作加分项第二名。

(田莹莹)

统一战线工作

【基层统战】 2016年，全市134个乡镇(街道)全部配备专(兼)职统战委员,设置专职统战干事;410多个县直部门、企事业单位都明确分管领导和统战干部;587个宗教活动场所都设立统战信息员;3069个农村社区(村)、121个城市社区都配备统战工作联络员。创新推行村级统战联络员带薪上岗制度,纳入县级财政预算,被中央和省委统战部评为全国、全省统战工作实践创新成果奖。

【服务经济发展】 实施“凝心”“汇智”“聚力”“致和”“联谊”五项工程,引导统战成员参与全市协同发展、深化改革、精准脱贫、环境治理、民生改善五大攻坚战。推进“百名专家教授联企业”活动,110多名专家教授对口帮扶97家中小微亏企业转型升级。开展“进企业、解难题、促发展”工作,牵头5个部门单位,帮扶夏津县18家非公企业,累计进厂入企70次,召开协调会、对接会、现场办公会等10多次,梳理解决制约企业发展的突出问题26项。

启动统一战线“同心扶贫攻坚行动”,开展“百企帮百村”活动,120家非公企业与120个贫困村建立帮扶对子。开展“情系德州·同心义诊”活动,争取光彩明天眼科医院免费救助德州市350名贫困弱视儿童。开展“同心扶贫·乡村医生培训”活动,组织3000多名贫困地区乡村医生到山东协和学院接受免费培训。启动“同心·爱眼护眼”行动,为教师、学生等捐赠10万元眼镜产品。开展“温暖工程·职教扶贫”活动,资助120名贫困学生就读汽摩学院。

争取上级统战部门、统战团体支持,省光彩事业促进会每年捐助德州学院50名在校贫困大学生和当年被普通高校录取的本专科贫困家庭大学生,每人5000元。省社会组织联合会在德州市开展“同心惠民·扶贫捐助和送医下乡”活动。省欧美同学会捐助德州市200名贫困中小学生,每人1000元。市各民主党派、工商联自觉融入中心大局,先后到贫困村开展教育、文化、卫生下乡活动30多次,捐赠书屋、医疗器械等价值30多万元,举办电商、农技等培训80多期。

主动对接京津冀,先后邀请民主党派中央、中科院专家和京津地区非公企业考察团到德州调研考察,促成一批项目合作。带动党外人士创新创业,依托创梦空间、人才服务中心等建立党外代表人士创新创业基地37个,研发提升项目70多项。

2016年10月,省委常委、统战部部长吴翠云(中)到德州市调研工作

做好民族宗教工作,健全完善防渗透工作机制,联合公安局、民宗局、政法委等相关部门定期召开会议,研究解决抵御境外宗教渗透工作及疑难问题,监督落实涉及民族宗教领域抵御境外宗教渗透案件的办理,确保抵御境外宗教渗透工作落到实处。联合市委宣传部、民族宗教局在全市民族村(居、社区)开展以“我文明德州文明”为主题的民族团结进步

创建活动。

【多党合作和政治协商】 健全完善“党委出题、党派调研、政府采纳、部门落实”的参政议政工作机制，联合市委政研室、市发改委制定《民主党派参政议政年度重点课题参考》，提升建言献策的针对性。推动政党协商制度化、规范化，协助市委出台《关于加强政党协商的实施意见》，制定年度政党协商计划。全年共召开各类协商会议9次，编发《议政建言荟萃》3期。推动成果转化使用，市委、市政府将党外人士参政议政成果转化纳入重点督办内容，推行环保治理第三方运管、发展产业联盟、建设海绵城市、发展旅游业等多项建议纳入市委决策，写入德州市“十三五”规划纲要。

【党外代表队伍建设】 做好民主党派、工商联换届工作，注重与人大、政府、政协换届相衔接，加强与有关方面的联系沟通，推动党外代表人士安排使用政策得到落实。落实市委常委与党外代表人士联系交友制度，11名常委与22名党外代表人士结成交友对子。建立152人的社会组织代表人士、160人的职业教育界代表人士队伍，成立德州市社会组织联合会、德州市中华职教社。

加强对党外干部的教育管理，制定2016—2020年民族、宗教界代表人士培训规划；组织工商联骨干成员到中南财经政法大学举办专题研修班；创办同心大讲堂，召开学习实践活动经验交流会，邀请中央、省专家领导举办专题讲座15期，全市共培训人员1500多人次；选派第四批7名年轻党外干部到市级党外代表人士实践锻炼基地参加挂职锻炼；开展统战部长与党外干部约谈工作，与全市44名县级党外干部和12名党外后备干部逐一进行谈话。 (高焕然)

政策研究

【调查研究】 2016年，政策研究室共开展重大调研活动22次，形成调研报告 17篇。与市委办公室、市发改委联合调研，先后形成《关于我市科技创新工作的调研报告》《协同发展的坚实步伐——全市实施协同发展战略调研报告》。抽调骨干力量组成课题组，完成《改革开放实录（德州卷）》政研室相关专题研究文稿。赴重庆学习考察全面深化改革、对外开放、城乡统筹等经济社会发展情况，形成《赴重庆市两江新区考察报告》。深入齐河县永锋集团，形成《永锋集团何以在行业低迷下逆势上行》的调研报告，在《参阅件》刊发。《协同发展的光明使者——德州供电公司服务地方经济社会发展纪实》在《德州日报》头版全文刊发。赴河南学习考察促进农民进城购房、扩大住房消费的经验做法，形成《关于河南省推动房地产去库存促进农民进城购房情况的考察报告》，市委主要领导给予重要批示。赴常熟市考察公共自行车服务体系建设，形成《关于常熟市公共自行车项目的考察报告》，在省委政研室《调查与研究》第10期刊发。《我市发展纺织印染业的瓶颈制约及对策建议》被市委、市政府主要领导批示。赴齐河、武城，就加快户籍制度改革、推进新型城镇化工作进行调研，形成《中共德州市委、德州市人民政府关于贯彻落实郭树清省长重要批示精神的报告》，报送省委办公厅。与市老龄办组成联合调研组赴夏津县银城街道冉庄村针对“我市农村孝亲敬老情况”开展专题调研，形成《关于我市农村孝亲敬老文化的调查与思考》，市委、市政府分管领导给予批示。

【文稿撰写】 2016年，撰写的市委主要领导署名文章《科学谋划，攻坚克难，努力建设协同发展示范区》《从严从实，奋发有为，加快建设协同发展示范区》先后在省委党刊《山东通讯》第5期、第7期刊发。起草的《中共德州市委关于深入学习党的十八届六中全会精神的意见》和《意见》说明，经市委十四届十次全会通过，成为德州市推进全面从严治党的纲领性文件。以全面深化改革为主线起草刘长民在市委党校的党课讲稿。起草的《德州市认真践行新发展理念努力建设协同发展示范区》被《中国改革年鉴》采用。归纳总结全体同志春节期间基层走访社情民意情况，形成《新气象新期待》在《德州日报》头版刊发。

【刊物编发】 2016年，共编发《德州通讯》11期，《德州生态文明》6期，刊发各类文稿近300篇、100余万字，与全国近200家地市党刊进行交流。

（周秀敏）

全面深化改革

【改革推进】 2016年，共确定207项改革事项，年内应完成事项191项，12月底已基本全部完成。组织召开市委全面深化改革领导小组会议11次，审议通过改革方案30个，听取改革专题汇报14次，其中《关于加强公共法律服务体系建设的意见》《关于预算前听取市人大代表和社会各界建议的若干规定》等26个方案已印发实施。制定《德州市2016年改革任务台账》《重点改革事项（2016年）》《重点改革调研课题（2016年）》《省市改革类文件出台情况对照表》，及时跟踪省委改革文件，规范改革方案起草报审流程，促进省委改革方案的贯彻落实。

【督导考核】 强化工作调度，重点抓好19项重点改革事项、20项重点改革调研课题、34项国家省改革试点任务的督促检查，进行月调度、季分析、年总结，及时汇总改革工作进展情况。2016年，共上报省委改革办工作情况10余次、备案文件56个。创新建立全市试点工作总台账及各县（市、区）分台账，十八届三中全会以来，共承担改革试点任务54项，已完成20项。

2016年12月，市委全面深化改革领导小组第十七次会议召开

加大考核力度，在与市考评办沟通联系的基础上，制定完善《2016年度县（市、区）全面深化改革工作考核计分办法》《市直部门2016年度全面深化改革工作考评办法》。根据省考核要求，制定下发《关于贯彻落实2016年度省委全面深化改革考核工作的通知》，把考核标准量化为13类监测表格。

加强督促检查，制定《德州市全面深化改革督察工作实施办法（试行）》和《2016年改革督察工作方案》，按照“分级负责”原则，明确各级督察主体责任单位，强化改革督促检查职能，组织开展督察活动35次。改革工作先后被省级及以上领导批示20次，市领导批示35次，其中，市委、市政府主要领导批示15次。

【理论宣传】 全年共编发改革工作简报30期，入选省委改革办典型案例信息6篇，改革典型经验在省级及以上刊物刊发45篇，其中《加强诚信体系建设打造“诚信宁津”》被《改革中国》刊发；《德州市全面推进中小企业规范化公司制改制》作为全面深化改革典型案例被省委改革办推荐上报中央改革办。组织各类干部在市委党校进行改革专题进修培训29次4200余人。 （周秀敏）

机构编制管理

【行政审批制度改革】 开展行政审批制度改革“回头看”，对各县（市、区）和市直部门单位改革措施落实情况和工作成效进行全面检查。制定《德州市行政权力清单管理办法》，规范行政权力清单的编制和管理程序，明确相关部门的主体责任。突出结果运用，印发《德州市建设项目区域化评估评审工作实施方案》，降低项目落地成本，提高项目落地速度。印发《关于推广随机抽查监管机制完善事中事后监管制度的实施意见》，构建“以批后监管为基础，以随机抽查为主体，以专项监管为补充，以协同监管为保障”的监管制度体系。坚持围绕向基层放权让利抓改革，开展“市权县用”改革试点，将42项市级权力事项下放到县（市、区）办理。

【行政管理体制改革】 推进综合行政执法体制改革。分别在市交通运输局和禹城市开展改革试点，整合市交通运输领域承担的行政职责，组建市交通运输局综合执法监察支队；在禹城市12个领域实施综合行政执法体制改革，组建综合行政执法局，推进市场监管、城市管理领域的综合执法工作。起草了全市综合行政执法体制改革方案。

完善市级管理体制。改革市级国有资产管理和公共资源交易管理体制，将市直部门管理的企业纳入市国有资产监督管理办公室监管范围，组建市级公共资源交易平台运行服务机构。撤销市委建设工委和市委工交工委建制，完善市直机关工委职责配置。完善扶贫开发、专用通信等体制机制，探索设立公共安全管理机构。探索经济技术开发区机构编制管理新模式，实行总量控制、自行调整的备案制管理方式。加强市县两级法制机构建设和县市区社会矫正工作机构建设。

调整完善乡镇管理体制。推进禹城市房寺镇行政管理体制改革试点工作，规范权限承接。采取单独设立和挂牌设立两种方式，完成乡村安全生产、建设工程质量安全、环境保护、道路交通安全监管四个领域监管机构调整工作。开展乡镇重新分类核编工作，探索建立乡镇行政编制动态调整机制。

【事业单位改革与监管】 按照《市直分类推进事业单位改革重点任务分工的要求》，定期调度各牵头单位，出台转企改制相关配套政策，为生产经营类事业单位改革提供政策依据。以市委、市政府文件印发《德州市中小学校长职级制和去行政化改革实施办法(试行)》,全面启动全市中小学校长职级制改革工作。与相关部门协调配合,就全市公立医院及科研院所法人治理结构建设工作进行协商并作出安排。突出市直事业单位绩效考核结果运用,与市考评办联合印发《2016年度市直事业单位绩效考核办法》。完成全市301家事业单位信用等级评价工作,推进党政群机关社会信用统一代码赋码工作。

【机构编制管理】 提高编制管理规范化水平。严控机构编制总量,严格执行机构编制集中统一管理和审批制度,确保德州市行政和事业机构编制总量不突破上级要求。印发《关于进一步做好严控机构编制工作的通知》,通过"三不得""三严禁"明确机构编制纪律。加强编制动态调整。开展集中清理"僵尸"事业单位,对主要职责消失、工作任务不饱满或没有工作人员的事业单位进行清理。开展全市挤占挪用教师编制和占编不在岗教师清理工作,按照"班师比"和"师生比"相结合原则,补充核定工作中小学教职工编制3612名。下达2016年度全市用编进人计划,公务员招考计划向乡镇基层和一线执法队伍倾斜,事业单位招考计划优先满足解决中小学大班额问题,引进100名重点高校毕业生到事业单位工作。

创新机构编制管理方式。对市直四家公立医院和高校等公益二类事业单位,探索试行"四自一特"管理办法,实行备案制管理。制定《德州市高层次人才专用编制管理使用实施细则(试行)》,对引进的高层次人才及博士研究生,实行专编专用,动态管理。加强机构编制信息化建设。做好市直部门、单位和各县(市、区)实名制数据维护、对比校准工作,按时完成机构编制月报、年报统计工作。做好公车改革和部门信息平台建设的数据支持工作。健全网上名称管理工作。

加强机构编制监督检查。组织完成2015年度县(市、区)绩效评价发现问题的整改工作,制定2016年度绩效管理评价标准。完成乐陵市、临邑县机构编制管理和执行情况审计,对县乡环境和安全生产监管执法机构建设、控编减编等工作情况开展专项督查。对市党风廉政建设巡察工作领导小组办公室移交本办督办事项,印发整改通知并跟踪督促整改落实。配合省审计组做好市党政主要领导离任审计工作。 (李素辉)

农村工作

【两区同建】 2016年,全市新开工农村新型社区23个,续建127个,新建扩建示范农村产业园区135个。累计建设农村新型社区430个,40万农户搬入新社区;配套建设农村产业园区900个,近46万农民实现家门口就业。

研究制订农村新型社区五年行动计划,按照五年建设、十年建设和长期保留把全市村庄分为ABC三类,梯次推进,分类指导。立足打造"特色小镇",做好农村新型社区建设与小城镇建设相结合,利用县城和中心镇基础设施完备的优势,突出城中村、城郊村和乡镇驻地的社区建设,引导群众向县城和中心镇聚集。注重配套质量和群众满意度,对新建社区成熟一个启动一个,对已建社区抓好续建和设施配套,培植工作制高点和示范亮点。

突出现代农业,以建设京津冀优质农产品供应基地和周边城市"放心农场"为目标,以智能联动温室建设(超级农业大棚)为突破口,用工业化的思路推进农业现代化。临邑、市经济技术开发区超级农业大棚开工建设,其他县(市、区)完成选址。

工业产业园区和商贸流通园区主要向市、县经济开发区和中心镇集中,通过扩大开放和招商引资,吸引城市资本下乡,引进农业企业或劳动密集型企业，促进社区居民就近就业、增加收入。引导支持农村电商和乡村旅游发展，培育农村经济新业态、新优势。

完善设施配套，实施“农村温暖工程”，推广地源热泵、天然气、碳晶电暖等供暖方式，85%以上的农村新型社区实现集中供暖。加强农村社区服务中心建设，下沉公共服务职能，推行农事村办。齐河县农村党政管理服务中心做法成为省市典型。健全公共服务功能，农村社区配套建设中小学、幼儿园、医务室、老年人日间照料中心、农机大院等，社区水、电、路、气、网配套齐全。推进社区党建、村民自治、政务服务、合作经济、群团组织“五位一体”管理模式。逐步健全共青团、妇联、残联等群团组织，培育行业协会、经济合作社、专业合作社等经济和社会组织。对农村社区探索实行市场化物业管理，制定社区物业服务办法和标准。

开展“讲文明、树新风”等活动，引导农民抛弃陈规陋习，抵制低俗之风，培育文明新风。坚持分类施策，加快美丽乡村标准化建设。落实《美丽乡村建设山东省地方标准》，实行分类推进：对规划长远保留村庄，重点解决路、水、电等基础设施问题，全力保障农村基本生活条件；对集聚型农村新型社区，参照城市社区标准，按相关要求进行规范设计、建设和管理，确保路水电暖等基础设施与公共服务、公共事业设施同步建设、同步投入使用；对规划撤并但暂时保留的村庄和空心率50%以上的村，原则上不进行大规模的基础设施和公共服务项目建设，主要开展环境整治、垃圾处理、绿化亮化、便民服务等工作。陵城区、武城、平原、乐陵等“美丽乡村”试点项目顺利通过省级验收。实施“乡村记忆”工程，禹城、乐陵、平原等地通过建设“乡村记忆”馆，加强乡村文化保护。

陵城区徽王庄镇养殖园区养鸡基地

【农村改革】 城镇化试点工作。武城县作为全省实施产城融合推进就地城镇化唯一试点县，在农村“三权”保障和有偿退出方面创新突破，重点建立“房票”制度，开展宅基地换住房试点工作。

农村产权制度改革。农村土地承包经营权确权登记颁证通过省级验收，12个县（市、区）全部建立公益性县级农村产权交易中心，全市农村集体产权流转交易总量1600多宗、金额达6亿多元。农民专业合作社发展到1.36万家，家庭农场2069多家。全市农村土地流转面积达310万亩，占耕地总面积的37.5%。

农村合作金融试点工作。武城和乐陵作为全国农村土地承包经营权抵押贷款试点单位，依托农村产权交易中心，开展农村土地经营权抵押融资服务，抵押贷款8000多万元。 （王振旻）

对台工作

【经贸合作】 2016年，市台办拜访了全国台企联、北京台协、天津台协，有针对性地拜访了中延菌菇公司、康农集团等公司。邀请接待台湾区电机电子同业公会、大自然化学纤维有限公司、台湾太平洋集团等20多个团组100多位台商到德州市考察，洽谈项目20多个，签订协议4个，开建项目3个。发挥市政府驻厦门办事处的阵地作用，组织参加海峡论坛、台交会等活动，拜访厦门台协、厦门山东商会、泉州商会、厦门绿莱农业等30余家协会、企业。邀请福建闵群集团、翔球集团等20余家企业到德州考察。

3月，市委书记、市人大常委会主任陈勇赴台拜访台塑集团、裕隆集团、旺旺集团、台湾中部科学工业园区管理局等10余位重要企业家和有关机构负责人。签订德州（齐河）碳纤维研发生产基地、汽车安全气囊及发生器、蝴蝶兰培育研发种植基地3个重点项目协议。9月，成功举办2016鲁台（德州）现代产业合作恳谈会暨德州市台湾同胞投资企业协会换届大会。其间举办德州市台协换届大会、京津冀鲁台商德州行暨京津冀鲁台商座谈会、全国台企联农业发展委员会成立仪式暨委员座谈会、2016鲁台（德州）现代产业合作恳谈会、鲁台（德州）现代农业、食品加工产业专项合作洽谈会及参观考察等9项活动，签订合作协议13个，总投资21亿元，达成合作意向32个，涉及现代农业、装备制造、食品加工、新能源等多个领域。

2016年9月，鲁台（德州）现代产业合作恳谈会召开

【涉台宣传】 4月，组织德州市新闻宣传交流团等团组赴台开展交流活动，与台湾东森电视、中天电视等10余家主流媒体建立长期合作机制。2016鲁台（德州）现代产业合作恳谈会暨德州市台湾同胞投资企业协会换届大会相关活动内容被中央电视台四套、新华社、人民日报海外版、经济日报、新华网等媒体报道。在中国台湾网、华夏经纬网、海峡时空等涉台主流媒体上发表信息、文章200余篇，印发《台湾工作简报》42期。撰写的《搭建台湾青年创业平台的几点探索》等调研报告受到省台办好评。

【交往联络】 组织经贸、新闻宣传、职业教育、养老服务交流团、农业等9个团组90余人次赴台交流，为市农业局、市经信委、市林业局、市民政局、市畜牧局等部门办理了随团手续。组织14个团组78人赴台参加农业、中小企业培训活动；为31名非公职人员办理赴台考察和培训手续。邀请接待台北市文化教育发展协会、台湾志工团协会、元智大学科学教育研究中心等交流团以及来自台北、高雄等地的德州籍台胞回乡探亲考察。

【对台服务】 开展“进台企、话亲情、助发展”活动，多次到台资企业走访调研，开展“进、解、促”活动，及时了解、帮助解决台资企业发展中遇到的困难和问题。调整德州市涉台突发事件处理工作协调小组，修订《德州市处理涉台突发事件应急预案》，更新台胞台企服务热线并做到24小时值班。9月，联合市公安局、市安监局、市食品药品监管局等部门举办创建“平安台企”专题辅导讲座，帮助台资企业掌握消防安全、生产安全、食品安全等相关知识。举办了台资企业协会换届活动，调整了台协领导班子。以元旦、端午、中秋等节日为契机，举办各种在德台商联谊活动4次。（张胜华）

市直机关党建

【思想建设】 2016年，利用“机关大讲堂”深入学习十八届历次全会和习近平总书记系列讲话精神，邀请中央党校、国务院研究发展中心等高层专家进行辅导，共举办市级大讲堂4期，同时刻录成光盘供基层党员学习。指导市直部门举办大讲堂1656期，除外请专家、干部登台等形式外，还延伸出微党课、辩论赛、党员书吧等形式，共计评选出市直“示范讲堂”15个，组织互观互评公开课8期。向市直党员赠阅党报党刊和学习资料5.5万册。利用各类媒体，推进“互联网+”党建的工作模式，建立机关党建微信工作群，开通“奏嘛”手机台机关党建栏目，开辟《德州日报》“书记谈党建”专栏，启动机关党建智慧平台建设。

【基层组织建设】 把党组织规范化建设作为基础工程，实现规范化建设新提升。2015年，评选出首批市直机关党建规范化示范点9个；2016年，指导35个单位规范化创建，基层党组织规范化水平明显提升。对党费收缴、基层党组织换届、党组织关系排查等九项重点工作和省委巡视组提出的党建问题进行专项部署检查，建立台账，限期整改。印发市直机关《严格基层组织生活的意见》，为基层支部统一配发《会议记录簿》《活动记录簿》和“党员证”2万多本，推动“三会一课”、党员活动日、民主评议党员等九项制度的认真落实。首次将市直党组织书记培训纳入党校主体班次。完成对市委工交工委、建设工委的职能整合，直属党组织达到1292个，党员24414名。严格党员管理和发展党员工作，全年新发展256名党员。

【作风建设】 2016年，市直机关工委以典型引领，深化“三争一创”活动。在继续开展“三争一创”活动的基础上，开展“十佳文明科室”“十佳优秀科长”“十佳敬业标兵”评选活动。印发《关于做好2016年度“三争一创”活动复查评选工作的通知》，确保活动顺利开展，两次对活动开展情况进行调度。通过民主推荐上报“十佳”候选人162个，工委成立评审委员会进行评审，对560个通过复查的“文明科室”和48个新申报的“文明科室”以及十佳文明科室、优秀科长、敬业标兵和市直优秀科长、敬业标兵进行了通报表彰。

【群团建设】 坚持党建带群建，在基层服务岗位广泛开展“工人先锋号”“巾帼建功”“青年文明

2016年5月，国家机关工委宣传部副部长于中诚（前左二）到交警直属二大队视察指导工作

号”等品牌创建活动。以全民健身为主线，先后开展太极拳进机关、健步行、乒乓球比赛、龙舟赛等活动，确定5个市直机关党员健身活动基地。2016年，市直机关共有18个单位、29名个人受到市级以上表彰奖励。通过党内帮扶和慈善等项目，救助慰问市直系统困难党员、职工200多人，合计100余万元。

【机关党建研究会】 抓好全市机关党建研究会建设，对市直单位119篇调研报告进行评选表彰，完成市委“党建大调研”活动中机关、事业单位的调研任务，德州工委《服务中心融入中心机关党建在促发展中做实功》的调研报告获全省调研成果一等奖。国家机关工委宣传部副部长于中诚、省直工委书记张圣中分别到德州进行调研指导。全年编辑出版6期《德州机关党建》刊物，网站上传稿件500余篇，就学习贯彻中共十八届六中全会和习近平总书记系列重要讲话精神专门开辟专栏进行解读，对机关党建工作中涌现出的典型经验、先进单位和先进个人进行宣传。

【服务中心工作】 2016年，举办“协同发展党旗红”高端论坛，邀请国家发改委、国务院发展研究中心的专家为德州融入京津把脉献计，组织“协同发展党旗红”先进事迹报告团到市直和县（市、区）做巡回报告5场。举办“助力协同发展、建功十三五”公文写作、计算机操作比武。

做好第一书记驻村帮扶工作，与帮扶村临邑县南北庄社区党支部开展党建共建，购置价值3万多元的电教器材，通过信息技术扶持协助社区建立蔬菜基地，解决村集体增收和脱贫问题，市委市直机关工委被市直派驻临邑县第一书记临时党支部授予“德州市直派驻‘第一书记’扶贫攻坚工作”先进单位。

市委市直机关工委被山东省直机关工委授予“2016年度机关党建宣传报道工作先进单位”，被山东省机关党建研究专业委员会授予“2016年度山东省机关党建调查研究与实践创新先进单位”，被市委、市政府授予2016年全市协同发展综合考评二等奖。（郭燕玲）

2016年8月，“助力协同发展、建功十五年”计算机操作比武

建设系统党建

【机构改革】 2016年8月，经市委第148次常委会议决定，撤销市委建设工委建制。

【“两学一做”学习教育】 全系统22个单位、17个党支部全部参加活动，覆盖面达100%。以“住建大讲堂”为载体，全系统累计开展理论学习136场次，累计学习人数达15000余人次，举办专题研讨活动16次。落实党组织书记讲党课、全体党员听党课制度，“七一”前后，各级党组织书记结合纪念建党95周年活动，集中开展讲党课活动。

【党风廉政主体责任】 在年初的全市住房城乡建设会议上，局党组和科室、单位主要负责人签订《党风廉政建设责任书》。赴湖北孝感、随州两市专题学习党风廉政建设“主体责任”“监督责任” 两个责任推进工作。研究制定《建设工委、住建局党组主体责任清单》,细化量化工委、党组 “主体责任”177条,其中,领导班子集体责任清单46条,班子成员个人责任清单131条。2016年新查找风险点23个,有针对性地制定防控措施45条。

【党的建设】 制定《住建局党组工作规则》,将11类58项内容列入党组议事目录清单。制定《住建系统党组织规范化建设实施意见》。修订《建设工委发展党员工作程序》,制定发展党员流程图,“七一”前夕,对评选出的25名住建系统优秀共产党员和优秀党务工作者进行了表彰。市局派驻禹城辛店社区第一书记于国良被省委授予“全省优秀共产党员”荣誉称号。在全市住建行业开展“住建楷模”评选表彰活动,评选出22名“住建楷模”。举办“感于心,表于行,做最美住建人”演讲比赛,组织干部职工签订“我文明、德州文明”承诺书,向住建系统干部职工发放“摒陋习、树新风,我承诺、我践行”倡议书2000余份。市住建局机关通过省级文明单位复审,连续11年保持省级文明单位荣誉称号、6个局属单位通过市级文明单位复审。 (任云飞)

信访工作

【信访突出问题化解】 2016年6月,全市启动“化解和处置进京非正常上访集中攻坚专项行动”,对所有非访事项和信访老户全部建立动态管理台账,按照“三到位一处理”要求分类化解。国家信访局交办的3件和省信访局交办的135件信访积案全部化解,市级交办的171件,化解167件,化解率97.7%。开展信访听证,化解特殊疑难信访问题30件。

【敏感时期信访】 三级“两会”、G20杭州峰会、十八届六中全会等重大活动、重点敏感时期,强化矛盾排查、信息预警、接访下访、人员稳定等工作,特别是加大对重点群体、重点人员和准重点人员思想疏导和稳控措施。加大与公安、维稳等部门互联互通,及时掌握工作动态和主动权。加大驻京、驻省值班工作力度,及时接谈劝返上访人员。加大对违法信访行为依法处置和公开曝光力度,实现“五个不发生”的目标。

【法规宣传】 6月,召开网上信访新闻发布会,宣传网上信访流程,引导群众“多上网,少上访”,网上信访主渠道初步形成。印发《全市开展“信访法规集中宣传月”活动实施方案》。12月,市、县集中开展《山东省信访条例》施行一周年信访法规宣传日活动。与德州电视台联合制作《山东省信访条例施行一年来》宣传片,在德州电视台《新闻观察》栏目播出。

【责任落实】 市委、市政府修订印发《德州市信

2016年4月,市信访局召开信访事项听证会

访工作责任追究办法》，对责任追究的9种情形作出明确规定。对5个县(市、区)和41个乡镇(街道)党委书记进行约谈，对21个乡镇(街道)实行黄牌警告。市纪委对5件纪检监察类重点信访事项进行直接查办；市委领导对进京非正常上访问题突出的16个重点乡镇(街道)的党委书记进行集体约谈。全市形成党政主要领导负总责、分管领导具体抓、其他领导"一岗双责"的信访工作领导体制。 (吴 杰)

党史研究

【资料征编】 编纂《中国共产党德州历史》(第二卷)，完成初稿，全书共5编18章，30万字，近百幅珍贵历史图片。做好"社会主义建设时期市(地)、县委书记口述历史"征编工作，复印档案文献资料2000余份、整理文字1000多万字，完成原德州地委书记卢洪、王殿臣等领导同志的口述历史资料。出版发行《永远的丰碑——抗日战争胜利七十周年纪念文集》，全书分上下两集，近100万字。开展《改革开放实录(德州卷)》征编工作，征集课题240余个，总计500多万字。编印《党史上的清风正气》，共14万字，由市委组织部作为"两学一做"学习教育配套教材，发放给全市县处级以上党员干部。

【宣传教育】 组编《德州》党史期刊，出版12期，刊发文章400余篇，市内外免费发放近3万册。组织纪念建党95周年宣传活动。联合德州广播电视台推出大型专题系列报道——《信仰》，播出16期。在《德州日报》《德州晚报》开设纪念建党95周年专版。做好"中共德州党史网"维护更新，年编发稿件460多篇，点击量突破12万人次。联合市委组织部、市教育局做好《中国共产党的九十年》的宣传学习工作。联合市关工委在全市中小学开展党史国史教育示范学校评选活动。举办党史知识讲座5场，听众达2000多人次。

(宁 峰)

党校工作

【干部培训】 2016年，共举办14类28个主体班次，培训3923人次，突出理论教育和党性教育的主课地位，突出马克思主义理论、中国特色社会主义理论体系、中共十八大和十八届历次全会精神、习近平总书记系列重要讲话、党章党规党纪学习教育。设置的23个教学模块、156个教学专题中，党的理论教育和党性教育课时占到主体班次总课时的73.8%，其中党性教育课占到总课时的29.9%。在所有主体班次都开设专门的"党性教育单元"，在中青班开展"诵读马列经典"活动。

落实领导干部上讲台制度。市委常委、市直部门主要负责人到党校作形势报告、进行专题讲座、讲党课成为常态。全年领导干部讲课课时量占主体班次总课时的比例达到20.1%。

【理论研究】 突出为党委、政府决策服务，开展应用对策性研究。2016年，1篇研究报告获副省长签批，9篇调研报告被市委、市政府领导签批进入决策。全年有80%以上的科研成果进入主体班次课堂。实施课题带动战略，全年共立项各级科研课题61项，其中省级课题12项，2项获重点资助。发表论文140篇，其中省级以上59篇。获省市级各类奖项55项，其中全省党校系统优秀科研成果一等奖1项、二等奖2项、三等奖2项；省行政学院一等奖1项、二等奖2项、三等奖1项。

坚持开放科研的理念，加强与市委市政府"两办""两研"和其他市直部门及县(市、区)的科研协作。全年共出版6期《德州研究》，刊载125篇、54万字的理论文章。

【教学管理】 推进教学改革创新，设置87个新专题，更新率达56%。综合运用研讨式、案例式、体验式、情景模拟式、现场式、学员上讲台等新的教学模式，每位任课教师都打造一门精品课，并在全校开展精品课评选活动，将学员评议、第三方评价作为主要依据，对获得教学精品课的教师给予表彰奖励。（李志鹏）

德州市人民代表大会常务委员会

【第十七届人代会第七次会议】 2月19日至21日召开。听取审议市长陈飞所作的政府工作报告，听取审议市人大常委会第一副主任兰忠良所作的市人大常委会工作报告，听取审议市中级人民法院代院长孟祥刚所作的市中级人民法院工作报告，听取审议市人民检察院检察长李万堂所作的市人民检察院工作报告。印发《德州市国民经济和社会发展第十三个五年规划纲要草案》《德州市2015年国民经济和社会发展计划执行情况与2016年计划草案的报告》《德州市2015年预算执行情况和2016年预算草案的报告》《德州市大气污染防治工作报告》。经过代表审议，会议通过关于上述各项报告的决议。会议补选韩建亭为市人大常委会副主任、孟祥刚为市中级人民法院院长及市十七届人大有关专门委员会组成人员。

【第十七届常委会第三十次会议】 2月15日召开。会议审议通过关于召开市十七届人大七次会议的决定草案、关于补选代表代表资格的审查报告，听取了关于市十七届人大七次会议筹备工作的汇报、关于“十三五”规划纲要草案有关情况的汇报，审议通过了拟提请市十七届人大七次会议审议的市人大常委会工作报告稿、拟提请市十七届人大七次会议表决的关于设立法制委员会的决定草案、拟提请市十七届人大七次会议预备会议选举的市十七届人大七次会议主席团和秘书长名单草案、拟提请市十七届人大七次会议预备会议通过的市十七届人大七次会议议程草案，决定了列席市十七届人大七次会议人员范围，审议通过了有关决议草案和人事任免案。

【第十七届常委会第三十一次会议】 3月18日召

2016年2月19至21日，市第十七届人代会第七次会议召开

开。会议听取了市政府关于中心城区城建计划安排情况的报告。审议通过了《德州市人民代表大会及其常务委员会宪法宣誓仪式组织实施细则》。表决通过了市政府关于提请批准德州市区及城中村近郊村供热管网工程项目建设资金有关问题的决定及相应议案。推选了向市人大常委会报告工作并接受测评的部门名单。会上举行宪法宣誓仪式，韩建亭、孟祥刚等7位同志集体向宪法进行宣誓。

【第十七届常委会第三十二次会议】 4月12日召开。会议听取审议了市十七届人大常委会代表资格审查委员会关于终止个别市人大代表资格情况的审查报告，审议表决了有关人事任免案。会议决定任命:姜刚为市财政局局长、王刚为市规划局局长。姜刚、王刚向宪法庄严宣誓。

【第十七届常委会第三十三次会议】 5月20日召开。会议审议通过了关于坚决打赢脱贫攻坚战的决议草案，听取审议了市政府关于全市扶贫开发工作有关情况的报告、市中级人民法院关于行政审判工作情况的报告，审议通过了有关人事任免案。市人大常委会副主任邓光亮、战士平分别就全市扶贫开发工作有关情况的报告和行政审判工作情况的报告作审议总结。

【第十七届常委会第三十四次会议】 7月21日召开。会议审议通过了关于批准德州市2015年市级财政决算的决议草案、关于批准德州市2016年市级预算调整方案的决议草案。听取审议了市政府关于德州市2016年上半年国民经济和社会发展计划执行情况的报告、关于德州市2015年财政决算和2016年上半年预算执行情况的报告、关于2015年度市级预算执行和其他财政收支的审计工作报告，市人民检察院关于全市检察机关刑罚执行监督工作情况的报告。听取了部分驻德省十二届人大代表履职情况报告，审议通过了有关人事任免案。市人大常委会副主任邓光亮、战士平分别就有关报告作审议情况总结。

【第十七届常委会第三十五次会议】 9月20日召开。会议审议通过了关于在全市公民中开展第七个五年法治宣传教育的决议草案、关于德州市2016—2020年依法治市规划及决议草案。听取审议了市政府关于全市"六五"普法、依法治市情况和"七五"普法规划的报告及说明。听取和测评了市教育局、市安监局和市工商局工作情况的报告。审议通过了有关决定草案、审查报告和人事任免案。在该次市人大常委会会议上新任命的徐光等5位同志向宪法宣誓。

【第十七届常委会第三十六次会议】 11月15日召开。会议审议通过了德州市人民代表大会常务委员会关于德州市第十八届人民代表大会代表名额分配的决定草案、关于提请审议《德州市制定地方性法规条例(草案)》的决定草案;听取审议了市政府关于办理市人大代表建议、批评和意见情况的报告;听取了市政府关于全市外事侨务工作情况的报告;审议通过了人事任免案。

【监督工作】 加强经济工作监督。常委会坚持把促进经济平稳健康发展作为服务大局、履行职责的重点。依法开展预算审查，督促政府依法理财。听取审议计划、预算执行报告和财政收支审计报告、审计查出问题整改报告，强化对政府债务限额及市级预算调整的审查。突出审查重点，创新审查方式，把市政府全口径预算决算纳入审查监督范围。在审查过程中，注重听取有关专门委员会和市人大代表的意见建议，增强审查监督的针对性和实效性。开展推进科技金融产业融合加快实体经济发展视察活动，建议市政府优化政策执行体系，实施财政资金引导体系，培育产业集群体系，完善平台服务体系，强化人才支撑体系。

加强民生事业监督。听取审议市政府关于全市扶贫开发工作情况的报告并作出相应决议。听取市政府关于2016年城市建设计划安排情况、外事侨务工作、教育专项工作情况的报告，监督政府及有关部门加强和改进工作。对全市中心城区公交发展、职业教育工作、现代农业示范园区建设、民族经济发展情况等进行专题调研，并提出意见建议。开展水资源管理专题询问“回头看”督查活动，增强专题询问的工作成效。开展德州环保世纪行活动，督促各级政府切实解决生态环境保护中的突出问题，采取措施改善生态环境和大气质量，推进生态德州建设。

加强司法工作监督。听取审议市政府关于全市“六五”普法、依法治市情况和“七五”普法规划的报告，对“七五”普法作出决议；审议市政府关于《德州市2016—2020年依法治市规划（草案）》并作出相应的决议。听取审议市中级人民法院关于行政审判工作情况的报告和市人民检察院关于刑罚执行监督工作情况的报告。做好规范性文件备案审查工作，维护法制统一。依法做好信访工作，对群众反映的信访问题及时办理，妥善化解矛盾纠纷。

【代表工作】 强化服务保障。完善代表履职培训、代表活动、激励约束、联动服务等工作机制。加强代表小组建设，丰富活动内容，增强活动实效。建立代表履职档案，组织代表向原选举单位报告履职情况。评选表彰优秀人大代表和先进代表小组。

密切联系代表。把“双联双创”作为促进代表履职、发挥代表作用的重要抓手。加强常委会同代表的联系，重要工作及时向代表通报并听取意见，扩大代表对常委会、专委会工作的参与。密切代表同群众的联系，改进代表视察、专题调研等工作，丰富代表联系群众的渠道和内容。

狠抓建议督办。健全完善“部门承办、专委督办、代表评价”的办理机制，确定10件重点建议进行检查，督促承办单位提高办理质量。市十七届人大七次会议期间代表提出的建议全部办理答复，一些事关经济社会发展的重点问题、人民群众普遍关注的热点问题得到较好解决。

加强工作指导。密切与县乡人大的联系，建立乡镇人大工作联系点，重要工作及时沟通，重大活动协调推进。总结推广基层人大先进做法，提升人大工作整体效能。落实市委加强县乡人大工作和建设的意见，基层人大组织建设明显加强。指导县乡人大搞好换届，完成换届选举任务。

【选举任免】 坚持党管干部原则和人大依法任免相统一，任免国家机关工作人员37人次。制定《德州市人民代表大会及其常务委员会宪法宣誓仪式组织实施细则》，组织被任命人员进行宪法宣誓。

（时　波）

德州市人民政府

市政府常务会议述要

一、1月12日，第50次常务会议，研究关于德州市2015年预算执行情况和2016年预算（草案）、关于德州市2015年国民经济和社会发展计划执行情况与2016年计划（草案）、关于2016年中心城区城建计划编制事宜、关于市民热线受理办理事宜、《关于加快发展现代保险服务业的意见》起草情况、《关于加快培育和发展战略性新兴产业促进我市产业转型升级的指导意见》起草情况、《关于进一步健全市政府重大行政决策合法性审查工作机制》起草情况、关于《德州市公务用车制度改革实施方案》事宜。

二、1月22日，第51次常务会议，研究关于《加快健康服务业发展的实施意见》《进一步做好新形势下就业创业工作的实施意见》《德州市政府规章制定程序规定》《加快京津冀优质农产品供应基地建设打造周边城市“放心农场”的意见》《德州市创建农产品质量安全市实施方案》《优化金融生态环境的意见》《德州市水土保持管理办法》、三区居民生活用气生活用水实行阶梯价格事宜、关于《加快外经贸发展的实施意见》。

三、2月4日，第52次常务会议，研究关于《政府工作报告》、关于《德州市国民经济和社会发展第十三个五年规划纲要》编制情况、关于全市安全生产工作、关于《德州市社会救助办法》起草情况。

四、3月7日，第53次常务会议，研究关于《德州市人民政府2016年工作要点》、关于市人大代表建议、政协委员提案交办工作、关于2016年民生实事、关于2016年市级重点项目、关于2016年市级重点招商项目、关于扩大县（市、区）部分行政审批和行政权力事项办理权限、贯彻全省机构编制工作暨综合行政执法体制改革会议精神有关事宜。关于全市学校建设有关问题、关于进一步明确市区两级城管执法权限和管理事项、《德州市餐厨废弃物管理办法》起草情况。

五、3月30日，第54次常务会议，研究关于创建省级食品安全城市和食品安全先进县（市、区）、关于将武城县列为全市户籍城镇化率试点县工作情况。关于《关于进一步推进户籍制度改革的意见》、关于《德州市建设项目环评审批负面清单（试行）》起草事宜，关于第二届中国国际太阳能十项全能竞赛工作情况，关于《德州市专职消防队伍管理办法》《德州市市级政府投资项目融资租赁业务管理办法》起草事宜，关于启动市级电子政务公共服务云平台建设工作情况。

六、4月13日，第55次常务会议，研究关于政府系统廉政建设工作情况、关于审计工作情况、关于《德州市散煤清洁化治理实施方案》和《德州市煤炭经营监管办法》起草情况、关于德州电网发展情况。

七、5月25日，第56次常务会议，研究关于《德州市大气污染防治管理规定》、关于《德州市燃煤锅炉治理工作方案》起草情况、关于设立德州市城市建设（PPP）发展基金事宜。

八、6月12日，第57次常务会议，研究关于京津冀协同发展事宜。

九、7月11日，第58次常务会议，研究《德州市大气污染防治管理规定》（草案）审查修改情况，《关于抓大扶强加快工业转型发展的若干政策》起草情况、《关于开展“进企业、解难题、促发展”活动的实施意见》《德州市人民政府2016年立法工作计划》《关于加强公共法律服务体系建设的意见》起草情况、关于2015年度德州市科学技术奖励情况、关于《德州市〈乡村教师支持计划（2015—2020年）〉实施方案》起草情况、关于德州市2015年财政决算和2016年上半年预算执行情况。

十、8月18日，第59次常务会议，研究关于市交通运输投资发展集团有限公司和市城市建设投资集团有限公司组建工作情况、关于对中心城区城市基础设施综合配套费征缴与使用进行市区界定划分工作、关于调整德城区、经济技术开发区、运河经济开发区公办幼儿园保教费标准、关于《市政府决策类会议规则》修订情况、关于《德州市机关事务管理办法》起草情况、关于中小学校长职级制和去行政化改革工作有关情况。

十一、10月28日，第60次常务会议，研究关于全市安全生产工作情况、关于全市环境保护工作情况、关于《德州市法治政府建设实施纲要（2016—2020年）》《关于加强城乡社区协商的实施意见》起草情况和提高城乡低保、农村五保和城镇“三无”人员供养标准有关情况。

十二、12月13日，第61次常务会议，研究关于《德州市重大行政决策程序规定（草案）》起草情况、关于《德州市社会信用体系建设规划（2016—2020年）》编制情况、关于《德州市加快推进生态文明建设的实施方案》起草情况、关于国家物流标准化城市试点和重要产品追溯体系城市试点工作情况、关于2017年中心城区城建计划编制情况、《关于实施重点企业“三航”培植计划的意见》起草情况、《德州市全面推进综合行政执法体制改革方案》起草情况。

十三、12月28日，第62次常务会议，研究关于《德州市重大行政执法决定法制审核办法》起草情况、《关于完善法律援助制度的实施意见》起草情况、全市政务公开工作情况、德州市城乡电网规划工作情况、《关于调整陵城区部分事权的实施意见》起草情况、关于全省公立医院科研院所法人治理结构建设工作会议精神、关于德州市人民政府与中关村发展集团股份有限公司战略合作框架协议有关情况。

市政府办公室工作

【政务服务】 2016年，撰写有效文稿1300余篇，筛选确定重大调研课题16项、专项课题98项，多篇调研报告进入市政府领导决策。编辑参阅刊物《政务通讯》12期、《外情动态》31期。刊发《昨日要情》243期、《参阅件（专报）》63期，上报信息558篇，国办专报采用15篇，其中国家领导批示3篇，省领导批示12篇。全年共制发市政府及市政府办公室文件461件，同比下降5.2%。组织各类综合性会议23次，专业性会议116次，电视电话会议61次，其中综合性会议和专业性会议同比分别下降4.3%和7.9%。完成中国德州第六届资本交易大会暨京津冀协同发展金融创新高峰会、中国·德州首届京津冀鲁技术交易大会、中国山东第九届“海洽会”暨首届“智汇德州”人才创新创业周等重大活动。

【协调督查】 牵头承担德州大酒店和豪门集团资产处置、京津冀协同发展、“进解促”（进企业、解难题、促发展）等多项急难险重和关键性任务，协调解决事关群众切身利益问题。加大打击走私力度，维护市场正常秩序。强化政务督查主体责任，组织实施全市散煤清洁化治理督导、招商引资考核、中小学全面改薄检查。全年立项督查56项，组织现场督查活动30次，印发综合类督查通报23期，专项督查报告75期。办理领导批示件618件，督办人大代表建议341件、政协委员提案507件。

（魏 猛 王志玲 李 力 刘俊芬）

政务集中服务

【概况】 2016年，市政务中心共办理各类审批服务事项170万件，比上年增长3%。新注册和变更企业25026件，增长31%；受理建设项目150个，投资总额98.35亿元，分别增长28.47%和9.23%。先后荣获“全国文明单位”“全国优秀政务服务平台”等20余项荣誉称号。“二级推进、四大保障”审批模式入选“中国政府管理国际案例库”，“互联网+政务服务”经验被省委改革办评为全省改革先进典型案例。

【“互联网+政务服务”】 市级政务服务平台上线

使用。在全面清理全市行政权力的基础上,依托现有电子政务外网和电子政务机房环境,借助省级平台和云计算技术,建成市级政务服务平台。"行政事项管理、行政权力运行、网上政务大厅、平台运行支撑、大厅智慧化管理"五大功能一网覆盖,省、市、县三级政务服务初步实现互联互通。

网上大厅运行有序。41个市级部门、11个县(市、区)的所有行政许可事项全面实现网上办理,上线以来共办理许可事项3万多件,部分部门之间实现数据交换,市政务服务中心受理前端全部实现多系统数据分流。

公众自助服务能力全面提升。先后购置自助查询机、多功能一体机、叫号机、高拍仪、显示屏等智能化终端设备,提高了实体大厅智能化水平。创新群众、企业办事的交互式体验,增设了自助申报区、自助查询区,建设了考勤系统、评价系统、叫号系统、短信系统、音视频监控系统等,提高了平台协同应用水平。

【审批德州模式】 创新审批模式。为项目"量身定做"审批服务产品,统一规划了12大类主题、共计106项个性化办事服务方案。深化区域化评估评审服务,以成片连方出让的商住用地和产业功能园区为对象,土地出让前成片地块整体编报,为项目平均节省时间近3个月、费用近百万。设立"企业设立、建设项目审批"两个代办中心,健全重点投资项目专职代办员队伍,按照"一个项目、一人代办、一套方案、一办到底"的服务模式,依托三级政务服务网络推行全程无偿包办服务。

创新审批流程。拓展企业设立"多证联办"范围,实行一次告知、同步办理、前置审核、后置确认,并利用库税银三方协议,进一步为企业减负。创新建设项目"一路通"审批流程,全面推行"咨询阶段联合告知、审批阶段联审联办"二级推进和"初审确认、容缺办理、疑难会商、协助报批"四大保障机制,太阳能小镇、凯盛晶华、博德生物等24个项目享受到专项服务,配套手续即办即建。

推进审批机制创新。完善同城通办机制,新增进驻德城区23个部门的审批服务事项,切实提高市区对接速度。延展落地保障机制,一方面主动对接联系,建立重大项目信息库,帮助项目设计个性化审批方案,做好前期准备工作。另一方面全力跟进,建立落地项目跟踪服务档案,协助解决后续审批问题,促进尽快达产达效。

【便民服务】 推进四级政务服务体系建设。按照市县服务中心抓提升、乡镇服务中心抓规范、村服务站抓覆盖的要求,不断完善四级政务服务平台功能。县(市、区)政务服务中心对照"四张清单"和本级公共服务事项目录,将所有涉及行政审批和公共服务的部门和事项全部进驻。乡镇服务中心推进标准化建设和规范化管理,集中受理、办理辖区内与群众密切相关的各类事项。社区服务站多形式提供便民服务,推行免费代办,把群众的事解决在家门口。

强化政务公开。加强《市级审批项目目录》《市级行政权力清单》《市级行政审批中介服务收费项目清单》《市级政府部门责任清单》"一目录三清单"的动态监管,在网站和平台上公开事项依据、办理要素等信息。印制最新政策的一次告知单、服务手册、明白纸,免费发放社会公众,做到权力公开透明、群众明白办事。

规范中介服务。建成"线上与线下"并行的"中介超市",通过实体超市实现中介服务一站式提供,通过网上超市实现网上监管和评价,最大限度增加竞争,让企业群众享受便利与实惠。已有土地测绘、气象防雷等40余家中介机构在中心设立窗口,百余家中介机构进驻"网上中介超市"。

市民服务热线

【概况】 2016年，市民热线共受理各类诉求798026件，其中有效诉求694656件，比2015年下降3.33%。交由各承办单位办理231883件，占总量的29%。来电群众对办理结果的满意率达到90.92%。

【诉求受理】 市热线办与联通公司配合，先后两次面向社会招聘话务员30名，并进行职业道德、服务理念、工作技巧等方面的系统培训。加强话务员管理，实行末位淘汰制，针对受理、回访、转办、质检等岗位制订差异化的奖励考核制度。来电群众对热线服务的满意度全年保持在98%以上。

【诉求办理】 与2015年相比，转至县(市、区)和市级部门办理的诉求量增长4.65%，按期回复率提高0.23个百分点，退回重办率下降0.07个百分点，真实答复率提高0.14个百分点。在各县(市区)中，禹城市办理量最多共20410件，其次是乐陵市，运河经济开发区办理量最少共3617件。在市级部门中，市公用事业局、公安局、城管执法局分别以11610件、7028件、4054件位列办理量前3位。从受理中心回访情况看，群众对承办单位办理结果的总满意率为90.92%，其中合理诉求满意率为95.08%。

从一级分类的办理情况看：科教文卫类和劳动人事类满意率较高，群众对养老保险、医疗保险、卫生医疗等方面的办理结果较为认可。城建环保类满意率最低，不满意诉求主要集中在噪声污染、违章建筑、物业服务等方面，其次是政法民政类，不满意诉求主要集中在治安管理、低保等方面。

【诉求督办】 市热线办充分发挥综合协调、监督指导职能，建立纵向联动、横向配合、监督到位、推动有力的督办机制。对工作中发现的职责交叉问题，及时与相关单位沟通，落实办理责任，有效减少相互推诿的现象。加强对难点问题的现场督办，督促承办单位践行“一线工作法”，把工作重心放到为群众解决实际问题上。强化舆论监督，深化与德州广播电视台等媒体的合作，对《承诺热线》栏目进行改版，“一把手”上线率和承诺事项办理质量明显提高。

市热线办全年累计督办各类问题127件次。其中列入市民热线办公系统督办79件次，联合媒体到现场督办26件次，督办领导交办事项12件次，召集多部门会商办理10件次，涉及问题多数得到较好解决。

【服务保障】 坚持市领导定期接话机制。发挥市民热线“连心桥”作用，全年共组织8位市政府领导和32位部门负责人到受理中心接听群众来电，累计答复、转办诉求问题267个。配合市政府办公室开展机关干部接听热线活动，累计组织53人次，共答复、转办诉求问题283个。建立“12345舆情”微信群，及时推送突发事件的受理办理情况。冬季供热开始后，向市领导报送动态信息，清洁煤和集中供热问题先后得到领导批示，市热线办据此协调有关单位及时解决问题，维护社会稳定。

开展热线数据分析，为市工商局提供《12315整合一周年运行情况分析》，为各级工商部门开展工作提供了有效参考。先后针对城区供热、交通拥堵等问题开展专题调研，形成多篇调研报告，经有关市领导批示进入政府决策。注重发挥市民热线平台的综合功能，与市质监局合作，建立电梯应急救援处置平台，实现了对垂直升降载人电梯困人救援的快速、统一调度。 (郑晏宁)

应急处置

【救援机制】 2016年,印发《关于加强应急预案体系建设工作的通知》,对全年的预案编修工作做出统筹安排。印发《德州市城市防汛(洪)排涝应急预案》《德州市危险化学品生产安全事故应急救援预案》《德州市突发重大动物疫情应急预案》《德州市自然灾害救助应急预案》《德州市救灾物资储备应急预案》等文件。按照国家、省对重污染天气应急响应更新标准,及时修订《德州市重污染天气应急预案》。全市共修订编制预案300多部,组织《德州市突发事件预案汇编》汇总工作。

【应急演练】 制定规划,安排市级大型综合应急演练。3月29日,在京台高速德州服务区演练,11个单位300多人参加演练,通过演练伤员救援、消防灭火、交通管制、危化品处置、环保检测、气象预报、路政疏导、转移运输等科目,提高了高速公路应急救援队伍救援水平。4月8日,组织市消防、高速交警、山东高速德州公司、安监、卫计、环保、气象7支专业救援队伍在德城区东北城进行高速公路消防专项演练,检验了高速公路消防应急预案的实用性和消防救援水平。11月30日,市应急办、公安局、安监局、商务局、市消防支队在德州百货大楼组织德州市城市综合体大型消防演练,出动消防官兵100人,企业职工200人,大型救援车辆30台。全市各级部门(单位)共开展各类应急演练1800余次。

【应急响应】 2月9日,临邑县境内发生一起4人死亡交通事故,市应急办立即响应,及时协调市公安、交警、卫计部门和临邑县政府全力组织救援,同时将初步情况上报省政府总值班室和市领导。8月12日,齐河县境内绕城高速发生一起7人伤亡的交通事故,初步核实情况后,将事故情况信息上报省政府总值班室和市政府,协调高速、交警、卫计部门和齐河县政府全力救治伤员,查明事故原因,做好善后工作。8月10日下午5:30分,格瑞德工厂发生火灾,市应急办立即赶到现场,组织公安等部门现场警戒,安监、环保部门做好现场环境监测,并及时调派市城管部门30辆水罐车支援。

进入汛期以来,在强降雨天气期间,全力应对、科学处置。加强夜间值守力量,保证充足应急力量,遇到突发险情能够全力应对。通过应急平台监控雨情,全天候安排专人值守观察应急平台视频监控,及时掌握市区各低洼路段积水情况,督促有关单位采取措施,为市民出行提供保障。要求有关部门储备防汛物资,以民政、城管、水利、消防、卫计等部门为主,储备帐篷、水泵、救生器材、发电设备等应急救援物资。

10月30日,乐陵市发生一起精神病人肇事事件,市应急办迅速上报信息,同时要求市有关部门和乐陵市政府启动响应机制,及时向社会发布事件进展情况,做好被害人亲属安抚和相关善后工作。11月21日至22日,接到寒潮预警和道路结冰预警通知后,迅速向市政府领导汇报,向全市下发《关于做好降雪、大风、雨雪天气的紧急通知》,要求全市各级各部门认真落实各项防范应对措施,做好低温冰雪天气的防范应对工作。市应急全年共应对处置各类突发事件30余起,都做到了有效控制和妥善处置,没有发生次生灾害,没有造成恶劣影响。 (张　鹏)

金融服务

【信贷投放】 引导各银行机构围绕“供给侧结构性改革”要求,贯彻执行稳健货币政策,推动融资服务创新，扩大信贷资金供给，满足实体经济资金需求。通过编印《2016年德州市中小微企业融资推介》、召开银企项目对接会、举办中长期项目融资培训会议等措施，加大政银企对接力度，引导银行机构做好与重点项目、中小微企业融资需求的对接工作。截至2016年年末，全市市内银行新增信贷投放260.4亿元（全口径），完成年度计划的100.2%，其中表内业务较年初增加105.6亿元。新增中长期贷款110.2亿元；新增中小微企业贷款37.2亿元。

【风险防控】 加强优化金融生态环境机制建设，制定出台《关于优化金融生态环境的意见》《关于破解企业担保圈的工作方案》等文件，为全市金融生态环境建设提供制度保障。强化担保圈风险监测，梳理确定12家重点担保圈关键节点企业，按照“一企一策、分类施策、风险可控”的原则，综合运用贷款平移、担保替换等方式，推进破圈断链工作。建立完善债权人委员会制度，2016年共对授信余额3亿元以上涉及3家（含）以上银行机构的客户组建债权人委员会69个。加大不良贷款化解力度，截至2016年年底，共化解不良贷款64亿元，核销不良贷款31亿元。全市不良贷款余额51.8亿元，较年初减少5.32亿元；不良率3.11%，较年初下降0.56个百分点。

【资本市场建设】 企业上市实现新突破，通裕重工、龙力生物完成定向增发融资19.03亿元，金能科技、金麒麟、双一科技3家企业获证监会反馈意见，景津环保、百龙创园2家企业报山东证监局辅导。累计4家企业在证监会审核居全省第3位、3家企业在证监局辅导居全省第4位。挂牌成效显著，鑫华润、瑞博龙等6家企业在新三板挂牌，可恩口腔、远大特材2家挂牌企业定向增发融资1.8亿元。新三板挂牌企业20家居全省第8位，9家企业挂牌融资8.2亿元居全省第3位，5家企业进入创新层居全省第4位。华嬉云游、广源环保等5家企业在齐鲁股权交易中心挂牌，四板挂牌累计103家，5家企业获省直投基金投资1307.2万元。规模企业规范化公司制改制工作有序展开。2016年完成规范化公司制改制企业308家，占全年任务的110%，两年已累计完成规范化公司制改制企业658家，完成总任务的23.5%。上市挂牌融资和债券融资创新高。全市完成直接融资303.79亿元，完成年度计划的101.26%，其中上市挂牌融资27.55亿元、债券融资38亿元，分别同比增长313.66%和83.13%。

【地方金融组织】 截至2016年年底，全市共有小额贷款公司、融资担保公司和民间融资机构等地方金融组织77家，注册资本金共计53.52亿元，全年累计向三农、中小微企业、个体工商户支持资金41.11亿元。新型农村合作金融试点工作稳妥推进，全市已先后认定12家农民专业合作社的信用互助业务试点资格，实现农民专业合作社信用互助业务试点县域全覆盖。

【保险创新】 全市保险机构达到49家，保费收入92.36亿元，赔款支出共计34.51亿元，税收2.51亿元。全市保险深度为3.14%，保险密度约为1600元/人。保险创新力度加大，小额贷款保证保险和“政保贷”成功为中小微企业、“三农”和城乡创业者发放49笔贷款，撬动银行贷款1751万元，种植业、养殖业保险、日光温室保险、林业保险等各类农业保险业务为农业生产经营者共提供47.82亿元的风险保障。探索保险资金运用渠道，向省金融办推荐全市12个优质项目纳入“省保险资金运用重点项目库”。

【资本交易大会】 5月18日，成功召开第六届资本交易大会，参会机构、企业1000余家，人数1200人次。开幕式集中签约30个项目，金额376.7亿元，政府平台融资合作项目成为签约主力。大会期间现场洽谈合作签约项目129个，上千家企业与近600家投融资机构在会上及会后就项目融资、建立长期合作关系等对接洽谈。（孙茜茜）

电子政务

【基础设施】 2016年，市级电子政务公共服务云平台建成投入使用，并出台《政务云平台使用管理办法》和制度。该平台按照“市级平台、多级应用”模式建设，可满足市县两级业务应用需求，使德州市电子政务在集约化建设方面实现突破性进展。

网络体系进一步完善。电子政务外网新开通终端用户线路90条，接入单位达102家，终端用户6000多个，应用系统54个。市级部门覆盖率100%，县（市、区）100%，乡镇41.3%。通过集中支付，节约财政资金300多万元。实施数据中心扩容，新增200KUPS电源2台，机柜8个，机房空调1台，支撑能力大幅提升。2016年，数据中心托管单位35家，设备700台套。

为确保网络信息安全，进一步完善《德州市电子政务安全事件应急预案》。市外网运行网络监控平台搭建完成，为实时监控数据中心安全运行提供了有力保障。完成等级保护测评和备案工作。开展网络安全保密自查，加强培训，不断提高安全管理技术水平。

【电子政务应用】 2016年，建成德州市智真视频会议系统，满足市县两级党政领导召开小范围、面对面、多功能的会商交流式视频会议。先后审核市发改委、交通运输局、国土资源局、质监局等单位的6个重点项目，提出合理化建议25条，可直接节约投资300多万元。做好专网协同办公系统维护，共发送公文3603件，短信793830条，保证了市委、市政府政令畅通和各类公文的上传下达。完善外网协同办公系统，截至2016年年底，共发布各类信息1228条，发送短信1806条。

【网站建设】 2016年，市县乡三级572个政务网站安全运行。新建德州市政府网APP和德州市政府网微信公众号应用平台，发布信息800余条。对市政府门户网站英文版进行改版，发布英文信息652条。开展政府网站普查，加大整改力度，约谈不合格网站管理部门的主要负责人，通过政府招标引入了政府网站群普查检测系统，全市网站建设管理水平明显提升。中国社科院信息化研究中心和国脉互联政府网站评测研究中心发布《2016年中国政府网站发展研究报告》，德州市政府门户网站列全国地市级政府网站第42位，山东省15个地级市中列第1位。

【政务公开】 升级市政府信息公开目录系统，公开信息14.7万余条。健全重要政府信息及热点问题定期发布机制，全市召开新闻发布会41次。加快发展新媒体，“@德州发布”粉丝达40多万人，发布信息3200多条。微信平台微友数4万多个，累计发布信息4000余条。全市收到依申请公开48件，申请办结46件，行政复议102次，行政诉讼43次。（李亚昆）

民政工作

【社会福利保障】 “老、小、残、贫、困、优”六类民政工作对象的保障水平显著提升。机构、社区、居家三位一体养老服务体系和水平逐步完善提升，老年人高龄津贴、护理补贴发放到位。德州市儿童福利指导中心挂牌成立，临邑县开展适度普惠型儿童福利制度和基层儿童福利服务体系建设试点工作，德州市以全省第一的成绩完成留守儿童摸底排查工作。为困难残疾人发放生活补贴，为重度残疾人发放护理补贴，有效解决了残疾群众实际困难。进一步提高城乡低保和特殊困难群体保障标准，农村低保、五保标准均超过国家和省扶贫线。全面提升医疗救助水平，民政救助对象自付合规费用的救助比例提高到70%，健全完善临时救助制度，救助急难群众15230户次。组织开展10批1500名优抚对象集中疗养和慢性病集中诊治，对4200名优抚对象实施免费查体。

【社会事务服务】 全市共有6个国家3A级、2个国家4A级婚姻登记机关，婚姻登记业务满意率、登记合格率、收养登记合格率均达100%。扩大殡葬惠民政策范围，市级财政已将殡葬四项基本费用开支纳入2017年政府财政预算，全市火化率保持在95%以上。率先在全省开展地名标牌提升的地名标志规范化建设，完成高铁新区新建成的31条道路命名，设立道路标志2万余个。

【社会优化治理】 建立社区多层次民主协商制度，完善社区居民自治章程和居(村)规民约等规章制度。高标准建设社区公共服务综合信息平台，打造"互联网+养老"和"互联网+社区"协同发展的新模式，全省社区公共服务综合信息平台建设现场会在德州市召开。构建市、县、乡、村四级慈善组织网络和机关、企事业单位、大中小学、院校慈善组织框架。发展志愿服务组织623个，发展志愿者12185人，志愿服务总时长达3万多个小时。率先在全省建设社会工作组织孵化中心，社会组织直接登记数量达到新登记社会组织总数的三分之二。

【服务国防建设】 市级蝉联全国双拥模范城，9个县(市)全部被评为省级双拥模范城(县)，市民政局被山东省国动委授予全省支持国防建设十佳单位。推动实施恒特重工、恒力电机等11项军民融合项目。退役士兵培训率达到100%，事业单位安置率达到85%。完成军供保障任务45批次，保障部队官兵10124人，部队官兵满意率100%。开通"德州市革命烈士陵园"网站，完成无名烈士纪念园升级改造工程。 (崔 涛)

人力资源管理与社会保障

【就业创业】 2016年，全市城镇新增就业65357人，城镇失业人员再就业21272人，就业困难群体就业3819人，开展就业技能培训41936人、创业培训9321人，年末城镇登记失业率为2.64%，低于3.5%的年度控制目标，全市就业形势保持稳定。推出新一轮就业创业扶持政策，市政府出台《关于进一步做好新形势下就业创业工作的实施意见》，进一步完善就业创业政策体系。全市发放创业担保贷款3.67亿元，扶持带动就业20393人。从失业保险扩大试点中拿出7659万元充实创业担保基金，各县(市、区)担保基金均达到1000万元。

认定市级创业孵化示范基地(园区)10个、创业型街道(乡镇)和社区36个，分别落实扶持(奖补)资金1500万元、208万元。山东齐鲁高科技产业园有限公司被评为省级创业孵化示范基地。实施"加强就业培训提高就业与创业能力"培训项目，全面推行"四单式"培训模式。开展家庭服务业万人培训、高校毕业生、即将刑释人员、社区矫正人员培训等专项培训。对50家定点培训机构"双选协议"执行情况进行考评年审，规范了培训资金使用，完善了定点培训机构退出机制。

推进精准就业扶贫，全年培训贫困人员2312人，开发"扶贫车间"42所，通过公益性岗位安置农村贫困人员391人。把高校毕业生就业作为就业工作的重中之重，出台了《德州市大学生创办企业房租补贴实施细则(试行)》和《德州市大学生就业创业生活补贴实施细则(试行)》，对大学生申请房租补贴和生活补贴做出详细规定。深入实施系列行动计划，拓展就业岗位，招募“三支一扶”志愿者148人。深入开展高校毕业生专场就业服务周、就业服务月等活动。全年高校毕业生总体就业率达到94.2%，大学生自主创业1093人。

【社会保障】 截至2016年年底，全市各项保险参保总量达到1016万人次，征缴基金120亿元。发放社保待遇115亿元，较上年增加12.56亿元，增长12.26%。企业退休人员养老金实现“12连涨”，为11.77万名企业退休人员月均增加养老金170元；居民养老保险基础养老金从2016年7月起由每人每月85元提高到100元，实现“五连增”，89.58万老年人喜得政策红利；调整完善居民基本医疗保险政策，各段报销比例分别提高2个百分点，还提高了居民医保生育补助标准、中医药报销比例、普通门诊补偿费用标准，新增5种门诊特殊疾病和20项医疗康复项目，受益人口达到259万人次。居民大病保险工作稳步推进，全年有8.93万人次享受居民大病待遇，待遇支出2.52亿元。提高农村贫困人口基本医疗保险待遇，对参加城乡居民医保的农村贫困人员，在定点医疗机构发生的政策范围内住院(含特殊疾病门诊)医疗费用，起付线减半，各段报销比例分别提高5个百分点；居民大病保险对贫困人员起付线减半，各段报销比例分别提高5个百分点，年度最高支付限额由30万元提高至50万元。全市共有1.5万名贫困人员享受上述政策，减轻个人负担2500余万元，有效防止了因病致贫返贫。将城镇职工基本医疗保险统筹基金年度最高支付限额从6.5万元调整为8万元。取消“基本医疗保险定点医疗机构资格审查”和“基本医疗保险定点零售药店资格审查”，对定点医药机构实行了服务协议管理。出台了《德州市基本医疗保险异地医疗管理暂行办法》，进一步规范基本医疗保险异地医疗管理。自2016年7月1日起，将失业保险金标准由850元/月调整为900元/月。调整了一至四级工伤职工伤残津贴，每人每月分别按195元、185元、175元、165元的标准增加。

2016年全市社会保险基本情况表

单位：人、万元

项目	城镇职工养老保险	城镇职工医疗保险	城乡居民医疗保险	失业保险	工伤保险	生育保险	城乡居民养老保险
参保人数	630675	697818	4413349	366142	600254	401016	3049839
基金征缴	565891	164382	252228	16397	15901	6050	166762
待遇发放	610361	152852	251185	15189	10323	7460	102999
享受待遇人数(人次)	187957	97288	3125855	3322	3606	11728	895826

【人才工作】 成功承办山东省第九届“海洽会”暨首届“智汇德州”人才创新创业周，大会吸引万余名嘉宾和人才云集德州，其中院士5人、千人计划专家36人、海外留学人员173人、外国专家88人、国内博士后60人。全市400多家企事业单位与2200多名各类人才达成合作协议意向，其中院士团队1个、千人计划专家16人、博士84人、硕士402人、本科1417人，签订人才引进、技术合作项目365个。人才政策“黄金30条”落地实施，制定28个配套细则，形成了责任明确、架构完整的办理机制，截至2016年底，认定并入库的高层次人才达到1357人；为首批117名大学生发放就业创业生活补贴108万元；人才公寓申请341人，审核通过157人。

8月，在全省率先建立3700平方米的高水平的人才综合服务中心，设立14个服务专窗，选派13名人才服务专员，一对一联系服务各县（市、区）企业和人才。开发“一网、一库、一平台”（人才德州网、高层次人才库、人才公共服务网上平台），探索出“专业科室+服务大厅+网上办理”三位一体服务新模式。

在全市组织公益性人才招聘会19次，在市外参与“山东——名校人才直通车”活动12次，还赴美国、加拿大、日本等国家招聘海外人才智力，全年引进高层次人才1504人、大学生1.5万人，培养技能人才3.7万人。新增齐鲁首席技师、省突出贡献技师10人，省技术能手9人，新增国务院特殊津贴专家、“山东省留学人员回国创业奖”、“齐鲁友谊奖”各1人，18人入选山东省双高人才服务绿卡。新增省技师工作站1家、市级工作站8家；争取“黄三角”人才项目资金和引智项目资金244万元；在美国硅谷建立海外引智工作站，新增省级博士后创新实践基地8家，数量列全省第一。

【人事管理】 完成全市公务员考试录用工作，实际录用508人。全年组织开展事业单位招聘选聘活动8次，市、县面向社会分别集中招聘245人、2763人，统一公开招聘中小学后备教师1312名，配合市委组织部引进招聘重点高校毕业生80人。制定出台德州市中小学校长职级薪酬发放办法。开展24类53208人次的人事考试报名审核工作；完成15类133462科次的考务组织工作；办理各类专业、职（执）业资格及计算机外语等证书共11200本。

【劳动关系管理】 开展劳动保障年检、专项检查和案件专查等执法活动，全年共检查用人单位6782家，涉及职工8.8万人，补缴社会保险费4200多万元，补发工资3200多万元，补签劳动合同4600多份，规范用人单位规章制度120多件。建立大中型企业劳动争议调解委员会1367个、乡镇街道调解组织152个，乡镇街道实现全覆盖。全市受理劳动争议案件1138件，调解结案516件，当期结案1064件，当期结案率93.49%。劳动合同、集体合同签订率分别达到95%、93%，将月最低工资标准由1300元提高到1390元，小时最低工资标准由13元调整为13.9元。发布2016年全市企业工资指导线，发布各类工资指导价位240个。 （李丽欢）

外事与侨务

【外事工作】 2016年，共接待到访高端外事团组32批260人次。其中比较重要的团组包括赞比亚国民卫队总司令团、意大利前交通部部长团、马来西亚教育部副部长团、荷兰南荷兰省副省长团以及新西兰黑斯廷斯市市长团等。2016年新增市级友好城市关系1个，友好合作关系城市1个，友好院校1对，达成友好城市及友好合作关系城市意向5个。其中新增友好城市为新西兰黑斯廷斯市，新增友好合作城市为荷兰维斯特兰市，另有法国卢瓦尔大区菲涅尔园林农业高中与德州市职业技术学院结为友好院校，以色列阿福拉市等城市与德州达成结好意向。"一友城一特色、一区域一优势"的工作格局正逐渐形成。办理因公出国(境)团组78批187人次。全年共办理邀请外国人来华217批389人次，共受理APEC卡19批28人次。

【侨务工作】 2016年，德州市有华侨、华人1853户，6740人；新华侨246户，681人；港澳同胞650户，2296人。其中重点华侨、华人、港澳同胞173户，525人；归侨68户，134人；侨眷2899户，9315人；港澳眷属676户，2352人。

深化与东盟、欧洲交流合作。2016年，发挥德州市对接东盟工作领导小组办公室职能，起草《关于加强与东盟对接合作的指导意见》初稿，制订德州—东盟5年工作规划，启用德州—东盟项目中心网站。举办首届德州—东盟产业合作论坛，设立"德州—东盟项目中心"，举办"海上丝绸之路建设中的德州与东盟合作新发展"专题报告会。与市贸促会共同策划举办了吉隆坡(德州)产业发展对接洽谈会及德州投资说明会(新加坡)。牵头筹办"中国—东盟中小企业合作会议"，会议期间成立了中国—东盟中小企业合作委员会，发表了《关于加强中国—东盟中小企业合作共赢德州共识》。

2016年5月，策划市长陈飞出访荷兰，代表团拜访了瓦赫宁根大学，举办了德州市招商引智推介会。与荷兰合作的现代农业超级大棚项目已启动建设，计划在3年内建设30个超级大棚。2016年12月14日，山东德州扒鸡股份有限公司与荷兰圣安妮食品集团签署合作协议，计划在荷兰设立生产批发基地，年产3000万只"德州扒鸡"，销往欧洲各国。

2016年，市外侨办走访慰问贫困归侨侨眷90人(归侨25人，侨眷65人)，外派教师家属、侨界代表人士38户、重点侨资企业2家。组团赴泰国、印尼看望德州市11名外派教师并发放慰问金。在全市范围内开展贫困归侨侨眷精准识别工作，为林月娥、任春波申请到省侨办临时救助款各1000元，为南华刚、李本远申请到省侨办归侨侨眷医疗救助款各3000元。全年共受理涉侨来电来访46件次，处结率100%。

选派12名教师赴印尼、泰国、菲律宾任教，德州外派教师累计达82人次，承办首届国侨办(山东)外派教师培训班。选派3名优秀教师参加国侨办"中华文化大乐园"印尼万隆营活动，教授剪纸、抖空竹、太极扇等中华传统才艺。承办泰国华裔青少年"中国寻根之旅"春令营活动及海外华裔青少年"中国寻根之旅"戏曲冬令营。组团赴泰国、印尼、马来西亚开展华文教育交流合作，访问22家侨社、华文教育机构及华校，签订31份友好合作意向书。接待泰国合艾德教树强学校陈成然一行17人访问，接待菲律宾光启学校师生团两批次82人。协调上好佳(中国)有限公司捐资20万元人民币设立"上好佳——德州五中助学基金"，用于奖励品学兼优的贫困学生。组织"文化中国——2016年海外华文媒体德州行"活动，来自21个国家和地区的50余名媒体高端人士参加活动。 (张爱军)

旅　游

【概况】 2016年，全市共接待国内外游客2511.59万人次，同比增长8.90%，实现旅游消费总额164.14亿元，同比增长13.97%。

【项目建设】 高标准完成《德州市旅游业发展"十三五"规划》并经市政府批准实施。县域旅游规划推陈出新，编制完成旅游发展总体规划和乡村旅游规划，庆云县编制完成全域旅游发展规划。推动项目建设，全市在建重点旅游项目90个，计划总投资1033.8亿元，其中百亿元以上项目2个，20亿元以上项目9个，亿元以上项目41个，2016年完成投资59.8亿元。

运河九龙湾水上世界、庆云月亮城堡、齐河欧乐堡骑士酒店建成营业。齐河大地自然博物馆、齐鲁青少年快乐教育成长基地、齐河温泉度假村、齐河东盟现代生态城、庆云古城、太阳能德州小镇等项目进展顺利。加快招商步伐，由市旅游局引进投资5.8亿元的德州动植物园一期工程于国庆假期对外开放，成为鲁西北、冀东南最大的动物园。投资100亿元的夏津德百温泉影视小镇，50亿元的庆云迪趣欢乐水镇、投资20亿元的大禹文化产业园花彩小镇等9个项目签约或开工。

【旅游产业】 市委、市政府主要领导多次对旅游项目、星级饭店提升、乡村旅游、旅游宣传等工作做出重要批示。市人大、市政协专题调研旅游工作，形成高质量的调研报告。市直有关部门加大对旅游业的支持力度，在项目建设、旅游厕所、乡村旅游、旅游扶贫、文明旅游等方面给予支持。各县(市、区)对旅游工作重视程度进一步增强，陵城、禹城、乐陵、齐河、武城、夏津、庆云7个县(市、区)的政府工作报告中对旅游业发展有明确要求。乐陵、齐河、夏津、庆云列入全省全域旅游示范单位创建名单。

坚持旅游精准扶贫和品牌创建两手抓。4个乡村旅游项目(单位)被评为全省示范单位，获扶持资金170万元。平原县王打卦镇花园村获评中国美丽休闲乡村，8单位评为省休闲农业和乡村旅游示范点，禹城市辛店镇等33个单位评为省级农村产业融合发展试点示范单位，64个乡村旅游品牌创建通过省局验收。获省级旅游扶贫资金620万元，千年枣林游览区成功入选全国80家旅游扶贫“景区带村”示范项目，乐陵龙悦生态观光园总经理付桂海被评为全国旅游扶贫“能人带户”。截至2016年年底，全市32个重点旅游扶贫村各类扶贫实施项目累计投资达2.96亿元，共272户605人已脱贫。

以建设京津冀南部重要生态功能区为总纲，稳步推进规划、市场、线路三对接，服务协同发展示范区建设。成功将德州旅游相关内容纳入国家旅游局、北京旅游委各自组织编制的《京津冀旅游协同发展规划》。制作完成新版旅游宣传片、宣传册、手提袋、咨询展架、手绘地图等德州旅游宣传品。深化与高铁联盟、运河联盟协作交流，发起成立冀鲁边旅游联盟，成功发行京津冀旅游一卡通。针对京津冀市场，重点推出运河文化之旅、低碳生态之旅、休闲观光之旅和特色文化之旅4条旅游线路。加大宣传促销力度，实现央视、卫视、市级电视台和城区LED显示屏全覆盖，参加各类旅游交易会13次。成功举办好客山东(德州)贺年会、“中国旅游日”德州主题活动等16项文化旅游活动。

【市场监管】 推动厕所革命，新改建旅游厕所2177座，完成全年工作目标，获得上级扶持资金869.5万元，资金数额居全省前列，市级配套奖补资金61.9万元。开展旅游饭店提升工程，组织全市旅游饭店业务技能大赛，规模、档次创历年之最。开展A级景区创建和提升工程，11个景区列入评A计划。探索旅游市场综合监管机制，在全省率先成立夏津县旅游警察大队，旅游投诉办理率保持100%。开发旅游商品，组织2次旅游商品展销会，49个旅游商品纳入重点名录，组队参加全国各地旅游商品展6次，4种商品在各商品大赛中获奖。加强各类专业培训，成功举办首届旅游景区管理工作培训班、首届旅游商品培训班、导游员年审暨岗前培训班等各类培训。以“我文明德州文明”活动为契机，开展文明旅游工作，发放各类宣传材料5万余份，“旅游与文明同行”宣传口号和宣传片覆盖了报纸、电视、广播、网络和LED大屏等市级媒体。（陈保恒）

史志工作

2016年，德州市史志系统编纂出版志鉴类成果34部，旧志整理3部 地情网站更新信息6000多条，出版地情研究成果5项。

【年鉴编辑】 《德州年鉴》2016卷进行改版升级，着力提高可读性、知识性，编辑出版《德州年鉴手册(2016卷)》。全市11个县(市、区)中有9个启动年鉴编纂工作，一年一鉴覆盖率达到90%。截至2016年年底，《夏津年鉴》《德城年鉴》《齐河年鉴》《庆云年鉴》《武城年鉴》《乐陵年鉴》《陵城年鉴》《宁津年鉴》《平原年鉴》出版发行。7月，《乐陵年鉴》(2014卷)被中国地方志指导小组评为县区级综合年鉴三等奖。

【二轮志书编修】 基本完成《德州市志》(1986—2011)征求意见稿主体，共计200多万字。附录、人物资料处在征集资料阶段，部分资料修改完善。

全市10个有任务的县、市、区中有8个已完成二轮修志任务，《禹城市志》转入修改完善、排版阶段，《武城县志》编纂工作开拓思路，推进顺利。

【乡镇村志编修】 贯彻落实省史志编委会《关于做好乡镇村志编修工作的意见》，推动乡镇村志的编修。市史志办公室组织编纂的《德州乡村概况》定稿，共分13册，近800万字。出版《临盘街道志》《宿安乡志》《姬庄村志》《刘桥镇志》《焦庙镇志》《丁坞镇志》《大孙乡志》《郑店镇志》《枣牌刘村志》等乡镇村志15部。

【部门志编修】 齐河县、平原县部门志编纂工作启动较早，进展较快。2016年，齐河县共有《齐河发展和改革志》《齐河物价志》《齐河县质量技术监督志》等7部部门志出版发行，《平原县卫生志》10月定稿。

【旧志整理】 德州市史志办完成包含清末民初各县市区乡土志的《德州乡土志集》的搜集整理，已交付印刷。庆云县史志办完成清康熙《庆云县志》和民国4年《庆云县志》整理点校，出版发行。禹城市史志办整理完成嘉庆《禹城县志》。

【信息化建设】 改版升级的情网站，进一步丰富内容，扩大信息量，2016年，德州市情网和齐河县情网被评为“全省优秀地情网站”。全市12个地情网站共更新资料8000多条次。“德州史志”微信公众号全年推送史志信息100余条，涉及9个专题。开展地方志文献数字化工作。制作了《德州县市志大全》电子书。

【地情文化研究】 2016年，市史志办公室与德州学院联合筹建的“德州地方文献研究中心”并开展工作。德州市地方史志丛书《德州记忆》《德州史话》相继出版。创办发行4期专业刊物《德州史志》，刊登文章120多篇，图片200余幅，近30万字。乐陵史志办制作“大爱为国”纪录片，武城史志办出版《武城旧志诗歌集》。

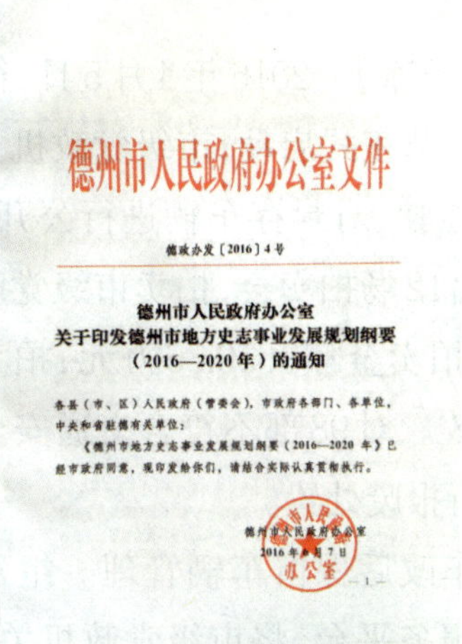
德州市人民政府办公室文件

德政办发〔2016〕4号

德州市人民政府办公室
关于印发德州市地方史志事业发展规划纲要
（2016—2020年）的通知

各县（市、区）人民政府（管委会），市政府各部门、各单位，中央和省驻德有关单位：

《德州市地方史志事业发展规划纲要（2016—2020年）》已经市政府同意，现印发给你们，请结合实际认真贯彻执行。

德州市人民政府办公室
2016年6月7日

— 1 —

2016年6月7日，德州市人民政府办公室颁布《德州市地方史志事业发展规划纲要（2016—2020年）》。《规划纲要》明确修志编鉴主业的核心目标任务，突出了德州史志事业特色，提出了保障措施，明确了全市未来5年史志事业发展的总体目标、工作任务、质量保障、开发利用、工作保障。

（李　文）

经济合作

【招商引资】 2016年7月16日，在天津举办恳谈会暨签约仪式，组织签约项目42个，其中工业项目28个，总投资额260亿元。中国电力投资集团投资的30万千瓦风力发电项目、北京霍氏集团投资年产10万吨润滑油项目、中国农资集团中农立华原药制剂仓储物流项目、北京汽车集团新能源汽车战略合作项目等一批来自京津冀区域的项目签约落地。5月18日，联合国汽（北京）轻量化研究院在德州举办新能源汽车和汽车轻量化材料产业投资促进会，200余家汽车产业企业参会，会上4个项目签约，会下23个项目达成合作意向。6月22日，举办全国车用复合材料高峰会，来自全国重点院校的知名专家、学者及德州市的相关企业家集聚一堂，共同寻求合作商机。国汽（北京）汽车轻量化技术研究院德州分院及汽车轻量化研发与实验基地项目、天津工业大学庆云研究院等签约落户。10月21日至23日，举办“央企德州行”活动，全市5个县（市、区）和12个市直部门，分别与23家央企进行了精准对接，达成初步合作意向17个，涉及实体项目4个，基础设施及PPP项目6个，科技成长项目2个，孵化器和金融投资项目3个。

【对外合作】 在招商方面，侧重引进科技含量高、市场潜力大、产业集聚度高的项目。积极请客商到德州实地考察，走访对接和邀请到德州考察的知名企业100多家，达成合作意向13个，正式签约项目7个，并有麦迪海药业、中广核乐陵光伏农业、鹏博士长城宽带等5个项目开工落地。

（许新国）

【驻京联络】 组织驻京干部参加中国产业园区创新发展高峰论坛、京津冀互联网大会、中国人才发展高峰论坛、德国勃兰登堡州企业代表团对接交流会等，集体外出对接20多次，及时疏解项目线索30多项。参与金融资本交易大会、首届京津冀鲁技术交易大会、山东省第九届“海洽会”暨首届“智汇德州”人才创新创业周等重大活动，先后对接事项2200多件。中国农科院环境科学研究所、北京威控科技遥测设备公司、工业领域煤炭高效清洁利用示范城市、京津冀鲁足球邀请赛等150多个协同发展事项成功落地。与中国航天科工集团、中关村发展集团、甲骨文软件园、联动U谷、京鹏科技、卓达集团等央企、强企进入实质性对接洽谈阶段。与清华大学、北交通大学、北京工业大学、农科院、科技部火炬中心等30余所院校、科研机构的联系日益密切。

2016年,共接待市级以上领导120余人次。先后对接北汽、中建材、中国神华、中国国新、航天科工集团等央企及国家发改委、财政部、教育部、林业局、清华大学等单位,取得成果。争取国家发改委、教育部、商务部、林业局等在规划编制、项目立项、政策制定、资金等方面支持德州建设。市政府先后与中国国新控股和中关村发展集团签订战略合作协议。中国国际太阳能十项全能竞赛、中建材新型玻璃、绿色小城镇、超级大棚、北汽新能源汽车、恒源石化原油配额等重大项目、活动已成功落地。

为各单位提供对接信息50多个,联络协调单位100多个(次),帮助对接洽谈推进事项40多次。加强与北京山东企业商会、北京德州企业商会合作,指导北京宁津企业商会、北京乐陵企业商会正式成立。 (王艳波)

【驻津联络】 参加第九届津台投资合作洽谈会、2016天津区域经济金融研讨会、第七届中国(天津)国际节能环保及绿色创新博览会、2016第12届中国(天津)国际机械工业装备博览会、2016年驻津办事处工作交流会、环渤海区域合作市长联席会2016年第一主任城市特派员扩大会议暨淄博石嘴山工业园开工仪式、2016年全体特派员集中办公会议暨创新与产业经济发展论坛、环渤海区域合作市长联席会市长特派员工作会议等。7月中旬在天津举办以"全面推介、精准对接、同频共振、合作共赢"为主题的德州(天津)融入京津冀协同发展合作恳谈会暨重点项目签约仪式。在重点项目签约仪式上,共有7组42个合作项目集中签约,其中,14个人才技术合作项目,共引进各类高端人才48名;28个产业项目,合同总金额约260亿元,大部分为高新技术产业项目,且单体投资均在亿元以上,投资5亿元以上的多达16个,50亿元以上的3个。 (张 勇)

机关事务管理

【公务用车改革】 2016年4月5日,德州市党政机关公车改革正式启动,市级党政机关取消车辆全部封存停驶,对封存车辆进行公开处置,共成功举办4批12场拍卖会,拍卖市级党政机关车辆共436部,拍卖金额1650.86万元,拍卖收入全部上交市财政。对98部不符合交通安全上路标准的车辆进行报废处置。

规范车改后保留车辆管理。组建市级机关公务用车服务平台,将市级党政机关保留的118部机要通信和应急用车、80部综合执法用车、6部接待调研用车和符合条件保留的特种专业技术用车全部过户到平台,按照保留车辆管理使用暂行办法要求,统一喷涂标识,集中管理,统筹使用。

做好事业单位公务用车改革准备工作。对全市事业单位车辆情况进行摸底汇总,进一步完善各单位台账,摸清事业单位车辆基本情况,为事业单位车改做好准备。

【会展服务】 2016年,会展中心承办了第九届"海洽会"、市第十五次党代会、"两会"、全委会、中心组学习以及各类展览活动280余场次,为行政中心综合楼、政务服务中心各小型会议室提供服务2580余次。

【房产管理】 开展办公用房清理调配工作。办公用房清理整改工作完成后,对市直部门腾退的办公用房进行统一调剂分配,有效解决了部分单位办公用房紧张的情况。2016年6月,省委、省政府督查组对德州市贯彻落实中央八项规定精神情况进行专项督查,配合市委督查室工作,抽调人员对部分县(市、区)及市直部门建购职工住房情况进行专项督导。推进信访中心建设,截至年底,工程已完成投资2560万元。完成行政中心综合楼、政务服务中心、会展中心、信访中心总供热面积13.1万平方米的热源改造工程,并实现提前供暖。 (王斌永)

中国人民政治协商会议德州市委员会

【第十三届第五次会议】 2月18日至20日召开。会议听取和审议了政协第十三届德州市委员会常务委员会工作报告和提案工作报告,列席了德州市第十七届人民代表大会第七次会议,听取并讨论市政府工作报告和其他有关报告,审议通过政协第十三届德州市委员会第五次会议决议,选举翟长生为市政协主席。

【十三届常委会第二十次会议】 2月15日召开。李学根作关于市政协十三届五次会议筹备情况汇报。讨论《政府工作报告》,审议通过《市政协常委会工作报告》《市政协常委会提案工作报告》,关于召开市政协十三届五次会议的决定,市政协十三届五次会议报告人建议名单,增补十三届市政协主席、常委候选人名单,市政协十三届五次会议选举办法。决定增补翟长生等为十三届市政协委员,同意陈焕然等辞去市政协常委职务。

【十三届常委会第二十一次会议】 2月20日召开。审议通过市政协十三届五次会议提案审查情况的报告、市政协十三届五次会议决议。

【十三届常委会第二十二次会议】 3月25日召开。卞志良传达全国政协十二届四次会议精神,李学根汇报市政协2016年工作要点和协商计划起草情况的说明。审议通过市政协2016年工作要点、市政协2016年协商计划、关于各级政协组织和广大政协委员为建设协同发展示范区建功立业的意见。

【十三届常委会第二十三次会议】 7月28日召开。丁福祥作市政协2016年市政协委员民主评

2016年 2月18日至20日,政协第十三届德州市委员会第五次会议召开

议部门有关事宜的说明。审议通过政协德州市委员会委员履职工作规则、政协德州市委员会民主评议工作实施办法。讨论市政协2016年民主评议部门备选名单，填写推荐市政协2016年民主评议部门名单。

【十三届常委会第二十四次会议】 10月13日召开。听取被民主评议部门工作情况汇报。丁福祥作关于2016年市政协委员民主评议部门工作情况的说明。李世民作《市政协关于进一步深化大气污染防治工作的建议案》起草情况的说明。审议通过《市政协关于进一步深化大气污染防治工作的建议案》，关于刘宗德任职的决定，关于同意韩冰等辞去十三届市政协常务委员职务的决定，关于撤销陈朋金十三届市政协委员资格的决定。完成民主评议测评投票。

【提案工作】 全年共收到提案602件，立案566件，全部办理完毕。确定2016年10件重点提案，对重点提案办理工作提出明确要求。加强与提案人、承办单位联系，促进承办单位和提案人沟通协商，提高办理实效。实行提案质量和办理质量双向评价机制，完成优秀提案、先进承办单位评选工作。

【对接帮扶】 开展“进解促”工作，协调市人社局、住建局等部门，进厂入企17次，梳理问题11个，解决问题8个。先后协调解决泰山集团优质产品进校园、胜利新能源秸秆沼气发电并网享受优惠电价以及友谊体育器材公司人才税收等问题。

【调研视察】 开展大气污染防治工作专题调研，向市委、市政府报送《关于进一步深化大气污染防治工作的建议案》，提出构建共建共享新格局、完善环境监管新体系等建议。开展饮用水源地水质安全情况视察，形成《关于我市饮用水源地水质安全情况的视察报告》，从抓好饮用水源地保护、搞好饮用水源战略储备、调动公众参与保护与监督等方面提出意见建议。开展“市政协集中调研月”活动，走访调研委员企业，了解所联系单位、界别、委员工作情况，征求意见建议。

【协商议政】 开展“加快林业发展、建设生态德州”民主协商，并形成协商报告。开展“倡导科学生活方式、提高全民健康水平”界别协商，就提高全民健康素质提出意见建议。开展养老事业专题协商活动，形成《关于加快全市养老事业发展的协商报告》并呈报市委、市政府。加强提案办理协商制度建设，规范协商程序，推动提案协商成果落实。

【民主评议】 组织对市财政局、审计局、农业局、经济合作局、公用事业局、德州银监分局6个部门进行民主评议。制定工作方案，分组织动员、自查调研、集中评议、反馈整改四个阶段进行，向481名政协委员寄送调查问卷，现场视察9次，视察基层单位32个，召开座谈会10 次，走访被评议部门服务对象120余人，共收集意见建议261条。

【助力经济发展】 加强政企沟通、银企合作、创新驱动、协商议政四大平台建设。开展“协同发展看创新”专题协商视察，破解当前经济下行、企业家信心不足等问题。对夏津县“放心农场”建设情况进行调研，总结推广其先进经验。就“诚信宁津”建设深入调研，总结推广其“党风正、政风清、商风诚、民风淳”的城市软环境。开展首批“特聘专家”选聘活动，整合委员和专家智力资源。

【文史资料编撰】 编撰完成《记忆德州·农业篇》

(德州文史第八辑),共计30余万字,时间跨度从1946年到2016年。开展《记忆黄河》《记忆大运河》《记忆津浦铁路》相关史料征集工作,征集史料200篇,筛选上报省政协107篇。 (李新城)

中共德州市纪律检查委员会

【落实"两个责任"】 市纪委将落实"两个责任"作为推进全面从严治党的重要抓手,细化工作举措,打造落实责任的工作体系。成立市委落实主体责任领导小组,下设办公室承担具体工作,各级明确领导机构和工作机构。各级制定主体责任清单、监督责任清单,细化责任内容,形成责任清单体系。制定主体责任检查考评及分类管理办法,实行动态式管理、常态化检查。建立运用主体责任信息评价系统,实现履责情况全程留痕、过程管理、实时监督、动态评定。出台主体责任和监督责任追究办法,健全问责制度,突出问责重点。

2016年,全市共对362名领导干部、13个领导班子进行问责追究,给予党纪政纪处分244人,组织处理139人,通报曝光典型案件66起。

【作风建设】 坚持抓常、抓细、抓长,突出重点,对各类"四风"问题及隐形变异形态露头就打。抓住春节、中秋等重要节日节点,党员干部个人或家庭发生重要变化等敏感时段,早打招呼、早做提醒。从全市范围抽调68名纪检监察干部,统一调配,实现明察暗访常态化,全市共开展明察暗访768次。全市集中治理不吃酒店吃食堂、不吃公款吃老板、公款聚会聚餐等12类隐形变异"四风"问题,对"四风"问题线索逐一建档立卷、审阅转办,定期调度。健全快查快结快通报制度,对"四风"问题线索优先处置。全市共查处违反中央八项规定精神问题233起,给予党纪政纪

2016年5月11日,市领导等参观廉政教育中心

处分217人,通报曝光典型问题90次、176起。

【执纪审查】 2016年,全市纪检监察机关共立案2082件,增长27%;结案2031件,增长28.1%;给予党纪政纪处分1934人,增长25.6%,其中县处级干部50人,乡科级干部298人;移送司法机关处理39人。提高审查效率,及时处置问题线索。提高函询复查率,选取20%的已谈话函询问题线索进行抽查核实;提高要结果件比率,把交办要结果、要情况信访件的比例提高到30%;提高协作办案率,加强与审判、检察、公安和审计机关协同配合;提高成案率,强化线索研判、排查,加大初核力度。启用执纪审查信息管理系统,将所有问题线索统一集中管理、集体排查。印发"两规""两指"期间使用市纪委审查点的有关要求、案件质量等级评审办法,推动执纪审查工作安全有序运转。强化审查事项落实,坚持纪在法前,全面排查清理移送检察机关前未作出纪律处分、被判刑党员未受到党纪处分的情况,规范对涉嫌违法犯罪党员作出纪律处分工作。制定对执纪审查决定事项加强督查的意见,配套建立四个督办办法,对各类执纪审查决定事项归口管理、督促落实。

【廉政教育】 坚持教育预防在前,创新教育监督手段,增强针对性、渗透力。加强换届风气监督,落实市县乡领导班子换届工作要求,严把党风廉政意见回复关,市纪委共回复党风廉政意见1519人次。查处换届工作中的违纪问题,查处利用网络贴吧诽谤他人案件、编造传播换届虚假信息案件等,并公开通报。创新宣传教育方式,利用"长河清风"、德州24小时新闻客户端、德州日报、德州晚报等微信公众号,开设反"四风""一键通"举报平台,向全市副县级以上领导干部发送廉政短信及党风廉政建设动态16万余条。召开全市农村党组织书记廉政会议,市县乡村四级干部1万余人参加会议。各县(市、区)组织1.6万名党员干部参加德廉和党风党纪测试,制作农村基层党员干部违纪违法问题警示教育片11部。

【自身建设】 开展纪律作风集中整顿活动,教育引导纪检监察干部纯正忠诚底色、坚守干净底线。面向全市纪检监察干部,举办执纪审查、纪检监察新闻舆论、干部监督等培训,全年培训680

2016年3月24日,全市党风廉政建设巡查工作动员会议召开

余人次。加强组织建设，落实县(市、区)、市管企业纪委书记、副书记，市纪委派驻纪检组组长、副组长提名考察办法，做好县乡纪委换届工作，改进推荐考察方式，优化干部队伍结构。抓好县级纪委增加编制和内设机构调整工作，11个县(市、区)纪委行政编制总数由380名增加到635名，市级给11个县级纪委划拨33个行政编制，内设机构调整到平均9.2个。建成88个乡镇纪委谈话点，实现全覆盖。出台加强村级纪检委员规范化管理意见，全市共选配村级纪检委员7859人，并全面落实岗位补贴。严格纪律约束，制定执纪审查责任追究办法、加强纪检监察干部监督工作意见、落实主体责任和监督责任实施意见，将市纪委个人有关事项填报范围延伸到科级干部，组织市纪委全体干部签订遵规守纪承诺书，开展全员警示教育。零容忍查处纪检监察干部违纪行为，全市纪检监察系统共开展内部集中暗访8次，谈话函询14人次、组织处理8人、党纪政纪处分5人，通报典型问题3起。 (唐庆旭)

民主党派　工商联

中国民主同盟德州市委员会

【参政议政】　2016年，民盟德州市委员会共提交提案67件，其中集体提案17件，《关于提升优质农产品供应能力助力协同发展示范区建设的建议》《关于我市精准扶贫工作的建议》被评为优秀提案，3件提案被列为重点督办提案。共提交《关于加强民办幼儿园管理的建议》《关于多项措施满足群众健身需求的建议》等建议类信息20余篇。民盟德州市委班子成员参加市委、市政府和市政协等，召开的情况通报会、座谈会、意见征询会等活动10余次。

【重要活动】　4月，召开纪念中国民主同盟成立75周年大会暨庆祝中国民主同盟成立75周年书画摄影展。5月，赴宁津县保店镇中学举办农村教育烛光行动助学仪式，捐赠价值3万元的助学金、学习资料和学生平安保险。8月，开展建军节文化拥军活动，组织盟内书画家到市军供站和预备役保障旅慰问，现场创作军旅题材书画作品。9月，赴宁津启动关爱留守儿童帮扶平台工程，为保店镇中学投资50万元建成"中磁视讯助力天使爱心屋"，并赠送学习用品。　（张泽军　宋　伟）

2016年9月，民盟关爱留守儿童帮扶平台工程启动，中磁视讯助力天使爱心屋建成揭牌

中国民主建国会德州市委员会

【参政议政】　2016年，民建德州市委在各级人大、政协会议上共提交议案、建议、提案135件，有6件被选为重点提案。其中，《尽快明确德州电商发展战略规划的建议》《关于打造"小康型旅游大市"战略的对策建议》等调研报告得到了市领导的批示。2016年，民建德州市委继续被市政协评为优秀提案单位。《关于

营改增之税库银问题》《关于民间投资下滑问题的几点建议》和《谨防农村低保“一抓就死”》等多篇社情民意被民建中央和省政协采用。被民建山东省委评为2016年度“参政议政工作先进集体”。

【重要活动】 2016年8月，新建民建陵城区支部，完成8个基层支部、4个专委会的换届。每月编辑发行工作简报《德州民建》，并向全省各地市民建组织、德州市政协、德州市统战部及县（市、区）统战部报送。2016年，发挥爱心人士和企业家较多的特点，鼓励广大会员履行社会职责，用爱心回报社会。副主委兼秘书长周相国利用公休时间到会员企业、社会团体、中小学进行“和谐家庭”公益讲座30余场次。三支部主任焦文玉开展“夏送秋凉”“金秋助学”“冬送温暖”扶贫救助活动。组织开展“民建市委大讲堂”活动，组织9名专家到企业和社区就心理、法律等内容进行义务讲座。 （窦晓华）

中国民主促进会德州市委员会

【参政议政】 2016年，提交提案、社情民意信息86件，其中《浅谈精准扶贫中存在的问题及建议》《关于发挥电子商务在培育农村经济新动力中作用的建议》被市《议政建言荟萃》采用，3件经民进山东省委提交省政协会议，《关于推进义务教育均衡发展的建议》《“两区同建”中地热资源的综合利用问题及建议》《关于建设智慧德州的建议》《关于推进宽带中国战略实施的建议》《加强我市中小学体能及身体素质的建议》被市政协评为优秀提案。

【重要活动】 1月，民进德州市委到德城区堤岭社区开展“春联万家”活动，组织10名书画界会员为社区群众书写春联300余幅。3月，促成天津滨海迅腾科技集团有限公司与德州职业技术学院合作建设互联网学院项目签约。4月，与市公安局交警支队、华晨驾校联合举办“平安童年我来守护活动”，110余名农村留守学生参加。5月，主办第十一届“神墨杯”少儿才艺争霸赛。7月，召开专委会工作会议，6个专委会完成调整。8月，各支部完成换届，新成立市直三支部、文化艺术支部、夏津直属小组。9月，文化艺术支部向禹城图书馆捐赠图书2000册。12月，民进德州市第五次代表大会召开，选举产生民进德州市第五届委员会。 （吴丙友　李华耿）

民进德州市委开展“春联万家”活动

九三学社德州市委员会

【参政议政】 在2016年召开的市十三届政协五次会议上，提交52件提案，其中《关于将我市打造成高素质劳动力培训输送基地的建议》被列为重点提案；《关于实施科技创新驱动战略，加快工业转型升级步伐的建议》和《完善家庭农场保险与政策补贴，促进家庭农场健康快速发展》。共向社省委申报重点调研课题9项，其中张自坤撰写的《关于培育新型职业农民的建议》、高慧和鲍秀娟撰写的《关于完善城市社区养老服务项目的建议》、董晓静撰写的《新型城镇化建设中浙江“特色小镇”模式调研》3篇被社省委立项。上报社情民意信息20余篇，被市政协、市委统战部采用10篇，其中《关于医疗资产证券化的建议》等5篇被社省委采用，《关于盘活师资存量减轻财政压力的建议》等2篇被省政协采用。

【重要活动】 4月8日，社市委主委、市人大常委会副主任钟玲组织8名医务人员到陵城区于集乡芦田谭社区开展“精准扶贫惠民生下乡义诊送健康”活动，为300多名居民进行健康查体，联系德药制药集团赠送价值1万多元的药品，发放宣传材料1000多份。4月13日，邀请全国政协委员、九三学社中央学习实践活动宣讲团成员许进到德州为社员作了题为《我对九三学社的几点认识》的报告。6月8日，组织社内政协委员、人大代表到德开小学附属嘉城蓝天幼儿园、中国黑陶城博物馆、市农科院现代农业园进行参观。在建军节前，到德州市军供站开展书法拥军优属活动。11月9日，组织11名社员到景津压滤机集团有限公司、奥冠集团和微讯联合半导体德州有限公司参观。春节前夕，组织石同侠等7名书法家先后到锦秀川风景区和二屯镇开展向环卫工人和农民送春联活动。 （戴连强　王海龙）

中国农工民主党德州市委员会

【参政议政】 2016年，农工党德州市委会提交的《加大力度改善环境空气质量·推进大气污染综合防治》《关于推进我省基层疾病预防控制体系建设的建议》被推荐为省政协会议发言材料。向市政协提交集体提案30篇，个人提案33篇。其中，《关于加强我市城市居民安全使用燃气服务的建议》《关于如何调整工作思路，调动市民巩固创卫成果积极性的建议》和《加大力度改善环境空气质量，推进大气污染综合防治》被评为2016年度市政协优秀提案。《加大力度改善环境空气质量，推进大气污染综合防治》被列为1号重点督办提案。提交社情民意信息，向农工党山东省委、德州市政协、市委统战部共报送社情民意信息30多条。

【重要活动】 农工党中央中国初级卫生保健基金会副秘书长赵荣国到德城区市立医院、新湖社区服务中心等处进行调研，考察指导医疗设备扶贫项目及医疗卫生工作情况，基金会为德州市立医院捐赠价值1300余万元的医疗设备。4月29日，农工党德州市委在乐陵市郑店镇樊屯村联合举办“送健康，送科技”扶贫下乡活动，10余名专家教授在村委会设立临时门诊为村民义诊，市畜牧局专家为村民讲授现代畜牧养殖技术，全国优秀健康巡讲专家提名奖获得者李敏举办健康知识讲座，共发放各类资料1000余份，受益村民300

中国农工民主党德州市第四次代表大会召开

余人次。（李晓艳）

中国致公党德州市委员会

【参政议政】 2016年，致公党德州市委员会撰写提报高质量调研报告4篇，其中《关于加快全省现代种业发展的建议》《关于优化我省高校毕业生创新创业环境的建议》《关于加快中小微企业健康发展的调查与建议》被山东省委会采用。向全国人大提交议案、建议案15件，其中《加强第三方认证机构建设提升供给侧结构性改革水平》得到有关方面高度重视，国家认证认可监督管理委员会委派认可监管部主任赵宗勃、认证市场监管处处长林峰、认证监管部一处处长刘超到德州就该议案沟通交流。向德州市“两会”提交5件集体提案、27件党员提案，已全部立案，其中《关于取缔“三无”食品，规范管理街头食品的建议》被列为重点督办提案，《关于加强扶持我市中医药事业健康发展的建议》被评为市政协优秀提案。

2016年，向各级报送社情民意信息25篇，其中通过党派省委报送的《高标准农田建设工作中存在问题及建议》被致公党中央、省政协采用，并报送全国政协，《加快发展养老产业 化解我省养

2016年4月11日，全国政协副秘书长、致公党中央常务副主席、中国社区卫生协会会长蒋作君（前左二）到德州市调研

老难题》《加强农产品源头监管的建议》《关于对农村“高价彩礼”现象进行干预的建议》《集中排查整治农村废旧基建设施的建议》等被致公党山东省委采用。

【重要活动】 4月，全国政协副秘书长、致公党中央常务副主席、中国社区卫生协会会长蒋作君到德州市，就医药卫生体制改革、推进企业供给侧结构性改革及农业高新技术发展等有关情况开展调研。5月，致公党德州市委开展“社会服务实践月”活动，组织党内法律、医疗界党员赴武城县四女寺镇、临邑县德平镇、陵城区宋家镇开展“智力帮扶·关爱乡亲”送医下乡活动，赴德城区特教中心看望残障儿童。

7月，致公党中央第十一期参政议政干部培训班在德州市举行。11月，致公党大连市委会、致公党德州市委会在德州市委党校联合举办骨干党员培训班。12月，致公党德州市第四次代表大会召开。

（张俊英　王华新）

中国国民党革命委员会德州市总支部委员会

【参政议政】 2016年，多次参加中共德州市委、市政府召开的民主协商会、意见征求会、情况通报会、座谈会。围绕《政府工作报告》、京津冀协同发展、“十三五”规划等重大问题方针开展政党协商，提出意见建议。发挥人才智力优势，围绕市委、市政府的中心工作开展多项专题调研。注重调动和发挥组织的整体作用、专门委员会的参谋助手作用和党员的集体智慧，在提高提案质量上下功夫，先后多次在班子成员全体会议上部署安排社会调研、政协提案工作。向各级人大、政协提交议案、提交共47份。

【重要活动】 与德州广播电视台、金融机构等联合打造《投融空间》栏目，截至年底，通过平台为困难企业融资1.87亿元。连续4年组织开展以民

2016年民革德州市总支部“文化惠民”巡演活动

革党员为骨干的“同心·文化惠民”巡演活动，先后在10余个社区举办文艺演出10余场，并为每个社区捐赠《传统文化经典导读》图书500册。为庆祝中国人民解放军建军89周年，纪念红军长征胜利80周年，走进德州市消防支队开展了“庆八一”联欢活动，并捐赠《中华传统经典导读》图书300册。中秋节走访慰问99岁抗战老军人骆锦灿。邀请北京幼儿教育和陶艺专家对100多所幼儿园园长进行讲座，赠送绘画、陶艺等公益教育大礼包，并向校园捐赠5万元。（王玉林）

德州市工商业联合会

【组织建设】 2016年，成立德州市工商联旅游文化协会和万商联盟商会和2个直属商会。截至年底，市级直属商会21个，县（市、区）行业商会40个，基层商会108个。2016年，发展会员500余名，企业会员比重超过70%。乐陵市和齐河市工商联被评为全国“五好”县级工商联，德城区、乐陵市、宁津县、齐河县和庆云县工商联被评为山东省“五好”县级工商联。

【会员服务】 2016年，举办第三期市工商联执委轮训班，带领80余名学员到中南财经政法大学进行培训学习。（路　兴）

中国国际贸易促进委员会德州市支会

【对外联络】 2016年，拜会埃塞俄比亚驻中国大使馆、中国泰国商会、中非民间商会、英中贸易协会、法国卢瓦尔大区驻青岛办事处等48家外国驻华机构。先后邀请泰国工业部常务副部长邬东·翁威瓦猜和亚洲国际贸易投资商会吴志毅（泰

非洲英语国家来华培训团组到德州市访问

籍)主席、埃塞俄比亚驻华大使馆特命全权大使塞尤姆·梅斯芬以及非洲英语国家工商会来华培训团访问德州市。全年共组织全市企业赴境外开展各类经贸促进活动12次。

【投资促进】 2016年,共组织全市80余家企业和有关部门参加国内外各类展会20余次,达成现场销售100万元,签订合作协议、销售订单112份。先后组织企业参加“非洲四国投资研讨会”“德州—东盟企业项目精准对接会”“中国拉美企业家高峰会”等16场高端经贸洽谈活动。5月,组织德州亿昌照明、千佑灯饰等4家LED生产、销售企业赴全国灯具行业龙头地区广东省中山市与当地龙头企业进行对接洽谈。11月,组织德州市建材、纺织等近50家企业赴泰国、马来西亚和新加坡进行对接洽谈,分别在曼谷、吉隆坡和新加坡举办大型企业对接洽谈会。12月,举办中国(德州)—东盟中小企业合作投资交流会,东盟十国和德州市共300余人参会。

【法律服务】 2016年,免费签发一般原产地证6500份,代办商事360证明份,代办领事认证152份。ECO(电子原产地证)企业自行出证业务量已达98%。 (高静静)

人民团体

德州市总工会

【职工技能大赛】 2016年,市总工会联合市人社局等十部门举办第二届职工职业技能大赛,选出4名"德州市技术能手",10名"德州市金牌职工",29名职工被授予"德州市五一劳动奖章"。开展职工优秀技术创新成果推荐评选工作,选出30项职工优秀创新技术成果。

【基层组织建设】 开展"双亮、双争、双述、双评"活动,连续三年开展全市"党工共建示范点"和"模范职工之家"创建活动,选出"党工共建示范点"100个,评选表彰市级模范职工之家47个、优秀工会干部94人。成功推荐省级模范职工之家4个、职工小家3个、示范乡镇街道工会2个、优秀工会工作者4人。

【信息化建设】 市总工会网站进行改版,开通市总工会微信公众号"德州工会在线",与大众网德州站进行深度合作,在"山东24小时"APP开设"德州工会"专题,开通工会手机报,开展专题策划宣传和视频访谈。2016年度,微信公众号推送信息133次426篇,推送手机报22期。

【职工服务中心建设】 扩大服务范围和领域,在集中抓好市、县两级职工服务中心建设的基础上,推动服务网络向乡镇(街道)、开发区(工业园区)、规模以上企业延伸。依托职工服务中心网络,对困难职工和困难农业劳模建档立卡,市县两级工会共有在档困难职工4665户。印发《关于精准帮扶农村生活困难老模范的实施方案》,全市各级工会共筹集资金458万元,对11213户困难职工实施帮扶救助。联合德百集团,举行德州市工会会员节——新春答谢专场。组织开展"就业援助月"活动,为8400余名职工提供免费服务,帮助4200余名农民工就业。高温季节,全市各级工会共走访慰问1.6万余名一线职工,发放价值89.74万元的防暑降温物资。"金秋助学"期间,各级工会筹集发放助

2016年6月25日,景津环保职工合唱团参加首届全省职工合唱展演

德州市召开庆祝“五一”国际劳动节暨劳模表彰大会

学金218.5万元，帮助1215名困难职工子女完成学业。

【维护职工合法权益】 2016年，全市共签订工资专项集体合同3132份，覆盖企业6191家，占建会企业数的96.16%。借助专业化社会打造“工会搭建平台、专业化组织服务、职工群众受益”维权模式，成立3处法律援助工作站，成立由50名专业律师、高校法学专家组成的工会法律援助和服务律师团。选出市级先进单位50家，推荐省级示范单位1家，标兵1名，先进单位3家，先进个人3名。

【“职工文化企业文化”建设】 弘扬劳模精神，推荐表彰全国五一劳动奖章1名、全国工人先锋号2个、山东省富民兴鲁劳动奖状4个、山东省富民兴鲁劳动奖章14名、山东省工人先锋号7个。表彰德州市劳动模范119名（其中首席劳动模范10名），德州市五一劳动奖状25个，德州市五一劳动奖章80名，德州市工人先锋号36个。开展“德州最美职工”、职工职业道德“双十佳”评选活动，推荐武城县邮政局乡邮员孙天国为“齐鲁最美职工”。开展“身边的大国工匠”推荐学习活动，华能电厂程平事迹在山东电视台播出。2个县（市、区）、4个企业、4名个人被省总工会表彰为“齐鲁文化大道”建设先进单位（个人）。德州市17幅职工书画作品在第三届全国职工书画展上获奖。举办德州市首届职工羽毛球比赛，46支队伍453名职工运动员参赛。推荐景津集团职工合唱团代表德州参加全省职工合唱展演，并获得铜奖。筹集资金80万元，举办消夏演出系列活动9场，免费播放露天电影24场。 （张宁宁）

中国共产主义共青团德州市委员会

【概况】 2016年，全市共有县（市、区）团（工）委（含2个开发区）13个，12127个团组织，614个基层团委，1160个团总支，10336个团支部，全市共有14至28周岁青年87.5万名，35.7万名团员。

【青春导航行动】 开展“我文明德州文明”主题系列活动40余次。实施“小手拉大手 共筑碧水蓝天”行动，教育引导少年儿童争当保护生态的小卫士和环保宣传的小使者。加强传统文化教育，8月29日，举办“青春国学荟系列活动之青春赛诗会”，22位学生身着汉服参赛。举办德州市中小学生“青春国学荟”活动，包括国学进校园、国学达人挑战赛、青春国学荟展示三部分，参加对象为全市各中小学校、中等职业学校在校学生。

【青春建功行动】 1月8日至10日，中华全国青年联合会副主席郑召龙带领全国青联农业界别委员考察团到德州市开展“走进新型农业，服务创业青年”主题调研活动。1月21日，全国青联“建言献策十三五 促进青年就业创业山东行”活动走进德州。4月13日至14日，以联合国秘书长青年特使艾哈迈德·阿尔汉达维为团长的联合国青年事务官员代表团10人到德州参观考察。

【青春创业行动】 开辟贷款审批绿色通道，较正常贷款办结时间缩短5~10天，压减小额贷款手续和发放时间约40%。共向425名农村青年发放创业贷款3465万元。争取团省委“鲁青基准贷”资金额度，2016年达成意向1300万元。9月2日，启动第二届青年创新创业大赛，在创梦空间举办，共收到参赛项目110余个。开展金融宣传和公益活动分别为40次和17次。各级青年文明号集体围绕爱心扶贫、生产扶贫、教育扶贫等开展助学等活动，已有195个集体协商确定结对帮扶对象。

【青春同行行动】 依托希望工程圆梦行动，暑期筹集资金150万元，救助大学生500余人。2016年，团市委通过“结对+接力”帮扶的留守儿童人数增加至3345名，比上年增加10%，开展亲情陪伴、心愿达成、感受城市等志愿服务活动2万余次，其中大型集体活动170余次。为禹城房寺镇大程希望小学争取资金28万。8月17日，首届志愿服务项目大赛培训班举行，共有阳光助残、关爱农民工子女、邻里守望与为老服务等8个类别的31个志愿服务竞赛项目。

【青春绿色行动】 3月20日，组织全市团员青年1000余人在陵城区开展植树活动，植树5000余棵。 3月16日，德州口腔医院省级青年文明号志愿服务队首场志愿服务项目——“口腔健康普查小组走进市政务中心”，为机关单位和窗口工作人员150余人进行口腔义诊。举办“青年文明号风采摄影展活动”，在全市文明号集体中征集摄影作品200余幅。

【自身建设】 集中举办团机关开放日，全市31个团机关举办开放日，1500名青年参与。开展大宣传、大调研活动，访谈青少年2600余名，走访联系点70余个，开展专项调研5次，收集青年意见建议320余条。8月20日，团市委、市青联举办2016德州青年徒步挑战赛，来自全市的14只代表队180余名青年参加活动。 （杨延昭）

德州市妇女联合会

【组织建设】 2016年，在“两新”组织中建立1060个妇女组织，发展女性社会组织20个，建立7个市级民主党派妇女组织。采取兼职、招募志愿者等多种方式，乡镇、社区妇联组织广泛吸纳妇女人才6071名，建设省级妇女儿童家园3处，在省定贫困村建立市级家园10处。陵城区芦坊社区妇女儿童家园“女管家”、齐河县华中社区《流动爱·分享心》留守儿童心理辅导、临邑县八里社区志愿者联盟服务3个项目被评为全省社区妇女儿童喜爱的“优秀家园服务项目”。

【妇女创业就业】 2016年，市妇联联合农业局对127名龙头企业、专业合作社、家庭农场等女性负责人进行农产品安全、互联网+等知识培训。全市共举办各类女农民培训班192期，培训妇女1.07万人。创建省级妇女现代农业示范基地达23处。全市培植“妇女居家灵活就业点”200多处，其中市级“妇女居家灵活就业点”31处，从业妇女超过3万人，扶持奖补资金15万元。举办家政培训班127期，培训妇女5017人。继续推行妇女小额贷款、巾帼创业贷政策，新发放妇女小额贷款5318万元，扶持550名妇女创业；为13家女性领办企业争取省巾帼创业贴息资金46.07万元。

印发《德州市巾帼脱贫行动实施方案》，对全市566个省定贫困村的11612名妇女全部建档立卡。开展“致富路上姐妹同行”双百结对活动、“十企联十村，百岗联百户”活动，140家女性企业与200余名贫困妇女结成救助对子，全市共有168家单位6996人参与到捐助或慰问活动中，为4238户贫困家庭的7783名贫困群众、儿童捐赠棉衣被、粮油、文具等共计11650件，捐款6.4万元。实施山东省“关爱女性生殖健康保险保障计划”项目，对73个第二轮省派第一书记帮包村的2352名贫困妇女进行审核统计、登记管理，确保贫困妇女在患病后能获得1万元保险金救助。在10个省定贫困村建立妇女儿童家园；募集爱心图书8万余本，送到省定贫困村的“四点半学校”；筹集物质资金40余万元，对500余名贫困家庭儿童进行集中救助；在200多个贫困村开设“新农村新生活新女性”培训课堂。

【宣传工作】 寻找“最美家庭”活动，基层妇联组织广泛开展“最美家庭”讲家风巡讲、创建廉洁家庭、家风故事分享会、征集好家风好家训等活动。1户家庭获全国文明家庭荣誉称号，4户家庭获全国五好文明家庭(标兵)、全国“最美家庭”；20户家庭获第一届全省文明家庭，3户家庭获首届山东省最美孝德家庭等荣誉；全市表彰30户最美家庭，117户五好文明家庭，联合市文明办开展第一届市级文明家庭评选表彰活动，表彰100户市级文明家庭。通报荣获全国、省级妇女工作先进集体、个人和家庭，表彰100名市级三八红旗手、50个三八红旗集体，德州日报全媒体编辑中心荣获全国三八红旗集体，12人荣获省三八红旗手，7个单位荣获省三八红旗集体。市妇联推荐的女性创业典型闫庆玲、孙京梅分获一、三等奖。争取省“新农村新生活”专项培训经费44万元，组建县级以上讲师团22个，成员达215人。围绕社会主义核心价值观教育、法治宣传、中华优秀传统文化教育、文明礼仪、家庭伦理道德等12项培训内容，深入乡镇、社区开展各类培训班672场次，受益妇女群众达4.5万多人次。在全省组织开展宣传推选“50个最美巾帼志愿者、50个最佳巾帼志愿服务项目、50个最佳巾帼志愿服务组织、50个最美巾帼志愿服务社区”活动中，德州市肖秀霞、孙红娟、侯丽霞被评为最美巾帼志愿者。建立全市妇联系统新媒体平台联动机制，市、县妇联建立官方网站3个，开通官方微信公众号10个，官方微博5个，今日头条号12个，企鹅号9个。

【儿童工作】 2016年，市妇联向市委、市政府提交《德州市农村留守儿童工作调研报告》和《在全市建立“四点半学校”的意见建议》，为政府部门决策提供重要依据。制定《德州市“四点半学校”建设管理工作实施方案》，成立以市委分管领导为组长，妇联、民政部门牵头，教育、公安等部门和工会、共青团等群团组织为成员的“四点半学校”建设管理工作领导小组。开展“共享书香，共建文明”爱心图书捐赠活动，全市共捐赠爱心图书8万余本。争取中国儿童基金会“音乐之声我要上学”助学行动项目，连续三年资助全市100名贫困家庭的留守儿童完成学业，救助资金达12万元。联合体育局、财政局为全市已建成并投入使用的“四点半学校”配备价值85万元的文体用品。截至2016年年底，全市建立“四点半学校”1050处，覆盖村（社区）4021个，托管农村留守儿童16382人。

【妇女维权工作】 2016年，全市发出家庭暴力告诫书22份，人身安全保护令11份；与法律援助中心联合建立妇女法律援助站，为符合条件的妇女群众提供法律援助。开展“建设法治中国·巾帼在行动”活动，与新闻媒体联合，广泛宣传《中华人民共和国反家庭暴力法》等，发放普法资料3万余份，为1000多名妇女群众送去普法讲座和法律咨询。发挥12338妇女维权热线、妇女维权服务站等各类维权平台的作用，2016年全市妇联系统接访220余起，案件办结率100%。

【妇女儿童工作】 完成妇女儿童发展“十二五”规划终期监测评估，德州市妇女发展规划七大领域56项主要指标完成率98.2%，儿童发展规划五大领域52项主要指标完成率100%，每年妇女儿童公共服务项目占全市民生实事的80%以上。推动市政府出台《德州市人民政府关于印发德州市妇女发展“十三五”规划和德州市儿童发展“十三五”规划的通知》。市发改委将妇女儿童发展“十三五”规划纳入经济社会发展总体规划，列为专项规划。

农村贫困“两癌”妇女的救助工作，市妇联申请全国、全省救助资金259万元。 （戴 骞）

德州市归国华侨联合会

【联谊工作】 2016年，市侨联接待来自德国、波兰、法国、韩国、美国、日本等地的侨胞及中国港澳台等地的同胞共计38批次，121人次，加强了海内外侨胞与家乡的联系。

【为侨服务】 2016年，市侨联共走访救助对象18户，发放大米、面粉、食用油等慰问品。6月，在中国共产党成立95周年之际，市侨联对侨界部分老党员进行走访慰问。市侨联推荐山东奥冠新能源科技有限公司总经理孟祥辉为中国侨界创新创业人才贡献奖候选人，并最终获此殊荣。7月，德州学院侨联小组成立，为德州学院的归侨侨眷搭建起了服务和交流平台。

【文化交流】 市侨联组织全市中小学生参与世界华人学生作文大赛活动，荣获由世界华人学生作文大赛组委会颁发的“第十七届世界华人学生作文大赛组织奖”荣誉证书。6月6日，为庆祝中国侨联成立60周年，省侨联举办“亲情中华．镜动乡情”手机摄影大赛，市侨联发动归侨侨眷、海外侨胞和侨联工作者积极参加活动。6月15日，第二届中国国际太阳能十项全能竞赛吉祥物、主题口号征集活动启动，市侨联倡议归侨侨眷和海外侨胞积极参与此次征集活动，共收到来自侨界的吉祥物和主题口号有20多条。 （刘飞飞）

军 事

德州军分区

【战备演练】 2016年2月，以黄河防凌和维稳处突为背景，采取随机拉动、定点考核的方式，组织军分区首长机关和陵城、临邑、齐河3个人武部带应急排机动至齐河县黄河豆腐窝险工地域进行防凌演练，出动官兵和民兵预备役216人，动用车辆32台，物资器材400余件，往返行程220公里，分阶段演练受领任务、计划工作、定下决心、紧急出动、指挥所开设、凌情勘察、情况处置、野炊比赛和组织撤收等内容。同时，由德州军分区常委带队分片检查考核其余8个人武部、7个应急排、1个应急连500余人在各自驻地维稳处突演练，在真拉实练中提高首长机关和民兵应急分队遂行任务的能力。

黄河防汛勘察课目演练

【黄河防汛勘察演练】 5月下旬，山东省军区组织沿黄9个地市黄河防汛勘察，德州军分区作为勘察活动唯一组织防汛实战课目综合演练的单位，向军地领导全要素、全过程汇报演练了防汛课目。这次演练，突出方案预案完善、对接任务精准、制度机制协调、指控信息手段建设、能力素质提高，摸清掌握黄河德州段汛情变化特点规律，充实完善防汛应急处置预案，加强信息化指挥手段建设。演练活动在中央电视台、中央人民广播电台、解放军报等新闻媒体进行了报道。

【应急比武考核】 5月底至6月初，德州军分区创新民兵整组点验考核模式，采取“实战化拉动、集中式点验、全过程考核”的方法，按照“应急拉动、人员点验、装备清查、课目展示、教育比武、实弹射击、资料展评、野外保障、尖子比武”9个模块37项内容，把全市11支民兵应急分队1375人，分批次导调至训练基地进行集中点验比武考核，点验内容全面、点验方式透明、点验结果当场公布，全面检验了民兵应急分队遂行任务能力。

【征兵任务】 2016年，完成新兵征集任务，其中大学生占43.3%，超出省规定11.3个百分点；高中职专占56.7%，实现全市无初中生入伍目标。

【支前保障部队过境】 7月，陆军某部赴内蒙古跨区演习摩托化机动纵队途径德州，军分区各常委分工负责，统筹指挥协调，在确保任务部队安全顺利过境的同时，着重对军地快速反应、通报协调机制、领导指挥关系、人员装备集结、快速精准补给、拥军慰问支前等课目进行真演实练。

（张云惺）

山东陆军预备役后勤保障旅

【黄河防汛演练】 2016年5月，根据山东省军区黄河防汛勘察计划安排，组织首长机关对黄河防汛任务地段进行现地勘察。了解掌握沿途险工险段、民情社情、地理环境等情况，完善一个方案五个计划，与德州军分区联合开展黄河防汛演练，黄河防汛准备情况和方案得到山东省军区肯定。

【封闭式集训】 5月至6月，采取先分散组织、后集中强化的步骤，分2个批次组织全体现役军官进行了以基础课目为主要内容的封闭式集训。集训夯实部队训练基础、突出破解训练难题，在新的起点上进一步掀起了大抓军事训练热潮。集训期间，共标绘首长决心图1250幅，完成识图用图作业350份、“五会”教学课目22个，消耗手枪弹7560发、步机弹6000发，落实训练日35天。

【营区改造】 2016年10月，先后投入300余万元，对办公楼、综合楼进行整修改造，更换门窗，改造供暖系统，为勤务队新建阳光房晾衣场、浴室、网络学习室，购置木床、桌椅等设施。

【训练考核】 3月至5月，按照“编为战、编为建”的原则，坚持问题导向，开展组织整顿。全年共调整出入队292人，点验12个建制连队。结合组织整顿工作开展和预编单位实际情况，制订训练计划，采取集中组织与分散组织相结合、现役官兵组织与预编单位自行组织相结合的方式，落实入队训练。4月至5月，按照《二〇一六年军事训练工作指示》明确的内容、时间和参训兵力，以《预备役部队军事训练与考核大纲》为依据，采取座谈汇报、随机抽查、现场考核的方式对全旅新入队的280名预备役官兵，进行以共同条令、基本常识和基本技能为主要内容的检查考核。

【成建制训练】 10月至11月，以提高部队“两个能力” 为目的，以《预备役部队军事训练与考核大纲》为据，以提高分队综合保障能力为目标，共抽组7支成建制分队，集结预编官兵404人，动用车辆装备28台，落实训练日25天，完成以快速动

黄河防汛勘察课目演练

员集结和专业保障行动为主要内容的训练、演练。各营、直属分队依据担负任务，组织开展分队成建制训练。

（刘　强　王观松　姜胜龙　姚志超）

武警德州市支队

【政治建设】　2016年，抓实主题教育和经常性教育，组织“四会”政治教员评比，1名同志被总队表彰为十佳“四会”政治教员。贴近官兵现实问题和生活思想，为基层统一铺设塑胶篮球场，推进“学英雄张楠”活动，在总队“学张楠”征文活动中获得团体第一。

【中心工作】　贯彻“多能一体、有效维稳”战略要求，推动并所羁押创新模式，实践运行减员增效试点，探索规范押解勤务“四点”报告制度。创新季度调考新模式，组织卫士演习、魔鬼周和野营拉练。优化执勤机动力量建设运用，构建区域一体的协同处突机制。投资450万元，升级反恐装备、改建战备库室、购置10台应急防暴巡逻车。成功处置1起持械伤人事件，协助公安机关抓捕1名网上逃犯，完成85起临时勤务，连续21年实现执勤无事故。

【部队管理】　对各类职责标牌、软件资料统一规范，严格执纪问责，严肃处理1起干部违规饮酒滋事和7名士官违规违纪问题。开展“百日安全竞赛”活动，编发《安全工作手册》。加强人员、车辆、枪弹等重点问题管理，通过检查巡查、月安全工作

2016年10月，武警部队政治工作部副主任林卿（中）到德州支队检查指导工作

讲评、安全风险评估等机制，确保部队安全稳定。

【基层建设】 落实挂钩帮建制度，先后安排党委机关5批80人当兵蹲队。常态开展“三帮一强化”活动，乐陵中队跨入先进行列，禹城市中队被总队评为“基层建设标兵中队”。“组织建设规范周”活动持续深化，多数中队基层“三大组织”健全、制度落实、活动经常。

【后勤保障】 加大应急物资筹措配备，与5家地方单位签订应急保障协议，完成“卫士—16”演习等大型后勤保障任务。以“伙食管理规范年”活动为抓手，制作下发小菜腌制图册，增强伙食保障效益。分6个批次组织后勤专业兵业务集训，提高后勤队伍专业技能。组织营区“三化”达标建设，推进公寓楼工程和机关实体墙建设。

（逄淑鹏）

人 民 防 空

【防空指挥体系建设】 2016年，市人防办成功组织“8·15”全市防空警报试鸣活动，活动期间利用报刊、网络、手机短信、户外广告显示屏等多种平台开展宣传教育。成立德州人防综合训练演练领导小组，出台《德州市人防信息化装备训练实施方案》，下发《关于做好全市人防信息化装备训练工作的通知》，完善视频会议系统、北斗卫星导航定位系统和无线图传，与各县（市、区）每周训练一次视频会议、无线图传等内容。7月，召开全市人防信息化装备运用综合演练现场会。10月20日至27日，参加省人防办组织的“鲁防—2016”综合演练汇报演示。4月下旬，组织开展为期一周的按纲施训培训活动，邀请南京陆军指挥学院人防教研室的专家授课，全市人防系统业务骨干参加培训。

【工程建设】 坚持人防工程建设项目报建联审和集体审批制度，及时办结易地建设项目和结建项目，全市新增竣工人防工程面积和在建人防工程面积总量创历史新高。组织开展防护设备生产安装“回头看”活动，对全市人防监理公司资质进行严格审查，并得到省人防办批复，完成0701指挥所决算审计工作。组织对县（市、区）人防工程建设管理情况进行检查，规范全市人防工程建设管理程序，强化人防工程质量监督。

【宣传教育】 落实人防宣传教育“五进”工作，坚持与教育部门定期联系，落实初级中学人防教育课程，创建人防教育基地。利用3月1日国际民防日、“5·12”防灾减灾日、“8·15”防空警报日等时机，通过展板图片展示、资料发放、现场咨询等方式进行防空减灾知识宣传。坚持每季度更换各大企业、街道（社区）的人防宣传栏内容，及时更新人防网站信息。

（游征兵）

法　　治

综　　述

【维护社会稳定】 严密防范、打击敌对势力渗透破坏活动，开展防范暴恐犯罪专项行动，维护社会政治安全稳定。重视反邪教工作，创新斗争方式，在全市推动反邪教工作“四个纳入”“五个结合”“六个一岗双责”。保持对刑事犯罪严打态势，组织德州市政法部门赴外地学习涉黑涉恶“九类”刑事案件经验，开展油区治安秩序集中整治专项行动，深化“打黑恶、反盗抢、防诈骗、扫毒害、追逃犯”系列安民行动，打击和震慑各类违法犯罪活动。做好中石油天然气公司原总经理廖永远案件审判准备工作。健全指挥高效、落实有力的维稳安保工作机制，完成三级“两会”、G20峰会、中共十八届六中全会等重大敏感节点维稳安保任务。

【保障协同发展】 开展“进解促”活动，开展帮扶活动85次，发放政策汇编260余份，召开座谈会33次，为平原县27家“三百”企业解决困难和问题37个。发挥政法职能作用，打击非法集资、侵犯知识产权、扰乱市场秩序等各类经济犯罪。市法院出台《关于充分发挥审判职能作用为民营企业、中小企业提供司法保障的意见》，保障民营企业、中小企业推进改革、转型升级。市检察院开展检察官联系重大项目活动，为105家重点企业提供精准服务219件次。市公安局开展“警企共建”，帮助企业加强内部安保，维护企业治安秩序。市司法局通过组建法律服务团队、开展专项服务等方式，为企业提供优质法律服务。围绕群众关心的食品药品、环保等热点问题，强化部门联动和刑行衔接，遏制食药、环境领域违法犯罪。

【创新社会治理】 印发《关于进一步推进村级综治办（综治工作站）规范化建设的通知》，抓好村级综治平台建设，带动县、乡平台建设提档升级，实现三级平台标准提高、功能实用、运转高效。在乡镇及村居全部配备专职副主任、专职工作人

2016年1月，“大德之州”德州市2015年度见义勇为先模人物颁奖典礼举行

员基础上，财政供养的专职综治（治保）主任实现一村一名。按照“党建引领、政府支撑、综治牵头、公安负责”的原则，在7个县（市、区）试点基础上，全面开展“村村通”视频监控建设。开展综治主题创建活动，开展企业、学校周边治理、烟草行业整治。举办“大德之州”全市见义勇为先模人物颁奖典礼，表彰68名见义勇为先进分子。

【法治德州建设】 出台《2016年深化司法体制和社会治理体制改革工作要点》等文件，明确45项重点改革事项，推进重点改革事项和试点工作。其中，市法院开展家事审判机制改革工作，武城县法院被确定为全省家事审判机制改革试点单位。全面推进司法责任制改革，组织召开动员会议进行安排部署，做好法官、检察官入额考试、考核、考察各环节工作。出台《德州市领导干部干预司法活动、插手具体案件处理的记录、通报和责任追究实施办法》，确保司法机关依法独立公正行使职权。在全省率先出台《关于设置县市区法学会机关的意见》，推进县级法学会建设。组织开展案件集中评查活动，将涉法涉诉信访案件全部纳入评查范围。加强宣传政法重点工作、典型经验、先进英模，最大限度凝聚政法工作正能量。

【队伍建设】 组织全市政法机关开展“两学一做”学习教育，开展岗位练兵、实战演练、技能竞赛等活动，坚持每年对全体干警轮训一遍，组织各种形式的教育培训200余期7000余人次。落实从严治警要求，细化执法标准，制定规章制度400多项，完善廉政风险防控措施700多项。坚持从优待警，落实中央和省委政法干警职级待遇、经费保障等规定要求。 （韩志辉）

法治政府建设

【法治政府建设】 2016年，以市委、市政府名义出台部署法治政府建设的纲领性文件《德州市法治政府建设实施纲要（2016—2020年）》。召开全市五五依法行政总结表彰大会，表彰依法行政先进单位27个，依法行政先进个人50名。制定《2016年度县（市、区）法治建设综合考评指标扣分办法》和《2016年度市直部门（单 位）依法行政依法办事专项考核办法》，对2016年度全市协同发展进行全面综合考评。

【地方政府立法】 制定出台《德州市政府规章制定程序暂行规定》，拟定《德州市人民政府2016年立法工作计划》，组织立法调研和论证会，出台《德州市大气污染防治管理规定》和《德州市重大行政决策程序规定》两部政府规章，并按规定报送备案。

【规范性文件管理】 出台《德州市行政机关规范性文件管理规定》，开展规范性文件制定管理各项工作。全年共审查市委、市政府文件192件，其中，市政府规范性文件13件，重大决策事项4件，提出合法性审查意见建议48条。向省政府、市人大常委会报送备案的13件市政府规范性文件，报备率、及时率、规范率均达到100%。启用山东省规章规范性文件电子监督平台，对2012年以前出台的市级政府和部门规范性文件进行全面清理，共清理市政府规范性文件103件，确定继续有效的规范性文件58件、需要修订19件、废止24件、失效2件。清理结果均以规范性文件形式通过政府门户网站向社会进行了公布，实现了规范性文件的实时查询和动态管理。

【执法监督】 推动行政执法监督机构建设。2016年4月28日德州市人民政府行政执法监督局正式挂牌成立。清理1705人不符合条件的行政执法人员，收回注销省级执法证件1557件、国务院部委执法证件134件。举办培训班5期，培训各类行政执法人员1878人，组织全市4343名行政执法人员进行公共法律知识考试。组织进行行政执法案卷评查，查阅行政执法案卷200余件，共发出行政执法监督意见书25份，发出行政执法监督转办单11份，行政执法监督答复函24份。在市、县两级行政执法机关同步推行行政执法全过程记录制度，实现执法全过程留痕。引入第三方调查机构进行专项调查，对市、区两级执法主体2013年以来的行政执法行为，进行多角度、全方位的调查。

【行政复议应诉】 2016年，共收到行政复议申请336件，其中受理293件，已审结227件，未审结66件。全年办理省、市两级法院受理的行政诉讼案件290件，其中以市政府为被告的行政诉讼案件52件，以各县(市、区)政府和部门为被告的行政诉讼案件238件。已审结270件，其中，驳回诉讼请求106件，撤回起诉53件，驳回起诉51件，撤销行政行为30件，确认违法15件，责令履行法定职责11件，其他4件。印发《全面推进行政机关负责人行政诉讼出庭应诉和行政机关执行法院生效裁判的意见》和《关于实行行政诉讼案件个案督导和信息报送制度的通知》，加大项目考评分值，与市考评办对全市行政机关负责人未出庭应诉和不履行法院生效裁判情况实行月通报制度。实行法制机构负责人个案督导，实现督导后行政机关负责人出庭应诉率达到100%。

【法律顾问】 落实政府法律顾问各项制度，推动建立政府法制机构人员为主体、吸收专家和律师参加的法律顾问队伍，健全政府法律顾问参与重大决策事项机制。发挥政府法律顾问智囊作用，邀请法律顾问为政府立法谏言献策，参与行政复议案件审理和重大行政决策事项，提出意见和建议180余条。开展法律顾问考核和遴选。成立了专门工作小组，对第一届法律顾问履职情况进行全面考核，遴选第二届德州市法律专家库成员和法律顾问。 （高　平）

公　安

【刑事侦查】 2016年，市公安局共打掉恶势力团伙12个，一审判决恶势力团伙成员57名，抓获犯罪嫌疑人4100余名、逃犯878名，命案现案连续5年全破，破获七类“小案”2339起、“盗抢骗”案件2649起，追缴冻结电信诈骗涉案资金517万元。

【社会治安防控】 将智能交通与立体化治安防控体系同步规划建设，全面开展“村村通视频监控”建设、“平安行你我他”行动和重大危险源、火灾隐患、商(市)场专项治理等行动，共查处道路交通违法行为245万余起，发现整改火灾隐患9000余处，疏散抢救群众2900余人，保护财产价值2亿余元。

【执法服务】 围绕“以审判为中心”的诉讼制度改革，完善“两统一”和受立案改革工作机制，推进刑事案件“三审查一复核”，实施法制员“细胞工程”，深入应用证据视图，实现侦查效率和打处效能双提升。2016年，全市公安机关受立案环节的信访投诉同比下降92.5%，检察机关要求补充侦查率同比下降89%，群众对执法质量的满意度达97.51%。推进监管工作集约化、规范化、信息化，完成11个县（市、区）在押人员集中迁押至德州市看守所，市看守所、拘留所日均在所分别达1100余人和120余人。

【涉外管理】 2016年，全市共受理、审批公民因私出境申请103977人次（上年同期108657人次），同比下降4.33%。其中受理护照、出入境通行证申请37724人次，往来港澳通行证、签注申请55064人次，受理大陆居民往来台湾通行证及签注申请11189人次。受理、审批境外人员签证（注）申请497人次，其中台胞证及签注申请17人次，外国人签证和居留许可申请480人次。全市共有常住境外人员（办理居留许可和半年以上签证延期的人员）264人，登记临时入境人员4369人次。

【户籍管理】 制定实施《德州市进一步推进户籍制度改革的意见》，放宽户口迁移政策，促进全市城乡一体化发展。全面落实居民身份证“三项制度”，规范完善居民身份证申领、换领、补领程序和上传审核时限，核对身份证信息，确保人口数据“零差错”。

【交通管理】 2016年，市公安局以“防事故、保安全、保畅通”为目标，深化道路交通“平安行你我他”行动，开展“大排查快整治严执法”、渣土车联合整治等系列交通安全整治行动。全年共发生道路交通事故568起，同比下降4.22%。深化智能交通安全系统建设应用工作，在全市高速公路、国省道已经实现全覆盖的基础上，在全市县乡道建设卡口74处、电子警察28处、视频监控255处，覆盖率达53%；对市区13个路口的智能交通系统进行升级改造，100余处杆件基础已全部完成。 （孟盼盼）

【公安消防】 社会火灾　2016年，提请市委将发生重大火灾列入党政机关“一票否决”，市、县两

2016年11月，全省公安特巡警实战技能比武在德州人民警察综合训练基地举办

级政府建立消防工作约谈机制。深化行业部门规范化管理和执法规范化建设，强化技防、物防措施推广应用。2016年，安装独立式感烟探测报警器2.5万个。依托党政机关培训、“送戏下乡”惠民工程等开展多元化宣教，建成13个消防文化主题公园、34个社区消防科普体验室。2016年，全市共部署开展石化企业、仓储物流等18个专项行动，整治隐患1.6万处，拆除、更换违章彩钢板131万平方米。火灾四项指标稳中有降，同比分别下降5.5%、75%、200%和20.11%。

救灾演练 2016年，举办基层指挥员、通讯员岗位培训班6期，开展跨区域拉动演练7次，实战演练1200余次，修订灭火救援预案980余份。新招政府专职消防员176人，人员在位数较2013年增长1倍。完善高速公路应急救援联动机制，实战效能凸显。投资225万元升级改造作战指挥中心，为执勤中队配备无人机、全景图制作设备和警务通终端。研发企业安全监管平台，采集录入石化企业、重点单位、“九小场所”、市政消火栓等基础信息，“智慧消防”云管理平台基本成型。

2016年，全市共接警出动3733起，出动车辆7275辆次、警力43111人次，抢救被困人员390人，疏散被困人员 2616人，保护财产价值1.97亿元，成功处置“8·10”山东格瑞德集团等火灾事故，完成G20峰会等消防安保任务。

消防投入 全年投入5300万元新购置56米云梯、排烟等车辆14部，远程供水系统配备到位并组建供水中队，更新各类器材8299件(套)。全年到位经费1.18亿元，同比增长41.1 %，首次突破亿元大关。全市政府专职消防员经费保障水平大幅提升，较2013年增长55.3%。2016年，建成4个消防站，改造修缮营房5处，6个单位实现大队独立办公；支队综合训练基地、高铁新区消防站及总队跨区域增援力量集结点和3个新建消防站完成选址规划，投入760余万元为基层修缮营房、更换设施。

火灾情况 2016年，共发生火灾834起，过火面积38098.5平方千米，受灾3户，直接财产损失12282652万元，较上年分别下降4.46%、3.946%、66.66%、28.5%。

(付　鑫)

全省石油化工企业调查评估与灭火救援能力建设专项行动现场观摩会在德州市召开

检 察

【刑事检察】 2016年,共批捕各类刑事犯罪嫌疑人1383人,起诉2276人,批捕、起诉准确率始终保持100%。依法打击严重暴力犯罪、多发性侵财犯罪以及邪教组织犯罪,共批捕故意杀人、抢劫、强奸、绑架等严重刑事犯罪286人,起诉382人,依法对461名轻微犯罪人员作出不捕不诉决定。建成网上网下"一站式"检察服务大厅,建立检察宣告、检察官以案释法等机制,妥善处理群众诉求2045件,连续10年保持涉检赴省进京零上访。

2016年,共立查职务犯罪182人,其中贪污贿赂案件134人,渎职侵权案件48人,其中立查县处级以上干部9人,立查国家机关工作人员48人,科级干部50人。查办上级检察院交办的中石油天然气集团公司原总经理廖某某(副部级)职务犯罪一案,廖某某被判处有期徒刑15年。依法侦查上级检察院交办的中国中投证券有限责任公司原党委书记、董事长龙某某(正厅级)职务犯罪案件。

【诉讼监督】 全年依法监督刑事立案82件,监督撤案71件,提出刑事抗诉23件;法院改判或发回重审19件,采纳意见率达86.36%,位居全省第一。提出提请民事、行政抗诉和再审检察建议21件,办理虚假诉讼监督、诉讼违法调查、执行监督案件96件。庆云县检察院办理的全国首例行政公益诉讼案件,被评为全国十大监督案例。强化刑事执行监督,监督纠正监管改造活动违法行为91件,坚持对司法腐败零容忍,查处司法人员贪赃枉法、徇私舞弊等职务犯罪6人。 (詹荣志)

法 院

【审判执行】 2016年,全市法院共受理各类案件62568件,办结62626件,案件结收比100.09%,结案标的额136.84亿元。德州市中院受理各类案件6134件,办结6269件,同比分别增长19.73%和16.16%,结案标的额43.59亿元。

审结一审刑事案件1901件,判处罪犯2657人。打击杀人、抢劫等严重暴力犯罪以及盗窃、抢夺等多发性侵财犯罪,遏制毒品犯罪高发态势,审结涉毒品犯罪案件40件,判处罪犯99人。严惩破坏市场经济秩序犯罪,审结非法经营、非法集资、制售假冒伪劣产品、危害食品安全等案件152件,判处罪犯296人。审结贪污、贿赂等职务犯罪139件,判处罪犯209人。做好中石油原总经

2016年7月,北京师范大学刑事法律科学研究所副院长、博士生导师宋英辉教授(中)到德州市调研未成年检察工作

理廖永远(副部级)受贿、巨额财产来源不明案审理工作。

2016年,审结一审商事案件14775件,结案标的额48.55亿元。审结一审民事案件21317件,结案标的额16.38亿元。审结婚姻家庭、劳动争议、教育医疗等一审民事案件10074件。审结农业产业化经营、农村土地流转纠纷案件168件。中院依法审结全国首例由环保公益组织提起的大气污染诉讼案件,庆云县法院依法审结全国首例由检察机关提起的环境公益诉讼案件,2个案件均一审生效。依法解决行政争议,审结一审行政案件526件,向社会公开发布《德州法院行政案件司法审查报告》和“行政审判十大典型案例”,推动行政机关负责人出庭应诉工作。

执结各类案件18527件,执结标的额67.95亿元,同比分别上升13.06%和31.05%。完善执行指挥中心功能,与市国土资源局不动产登记中心开通司法查控专线。加大对失信被执行人的曝光力度,纳入银行征信系统。化解涉诉信访,坚持院长每月定期接访、分管院领导每周轮流接访、党组成员定期下访、远程视频接访等制度,推行律师代理申诉制度。

【司法改革】 推进司法责任制改革,成立专门领导小组,入额考试、考核、考察工作有序完成。落实法官办案责任,市中院制定《关于法律文书签发权限的规定(试行)》,全市法院建成31处法官工作室。

推进家事审判改革试点工作。武城县法院被确定为全省家事审判改革试点,禹城、宁津被确定为全市试点,3个法院在家事审判机构、人员场所、审判方式、办案模式等方面分别展开探索,被中央电视台、《人民法院报》《大众日报》等媒体报道。2016年12月,“家事审判方式改革和家事诉讼立法”全国性研讨会在武城县召开。

推进多元化纠纷解决机制。全市两级法院

2016年3月,德州市中级人民法院公开对一起特大跨省贩毒案件作出一审宣判

全部成立“诉调对接中心”,并设立指导分流室、人民调解室、法官工作室、司法确认室,邀请调解组织148个、特约调解员1109人、专职调解员518人入驻法院。

【调研宣传】 成功中标两项2016年全省法院重点调研课题,发布10项全市法院重点调研课题。编辑《山东少年审判》《德州法苑》等综合刊物4期,多篇学术论文、典型案例、裁判文书在全国全省获奖。市中院召开7次新闻发布会,《法制日报》《人民法院报》、中央电视台等国家级和省级媒体报道德州市法院工作170余次。 (李 峰)

司 法 行 政

【公共法律服务体系建设】 2016年,德州市司法局重点加强县级公共法律服务中心建设,县级公共法律服务中心新增5个,分别为夏津、宁津、临邑、武城、庆云,齐河、乐陵、平原、陵城、禹城已建成投入使用,全市共有10个县(市、区)建成规范、独立的公共法律服务中心,累计投入建设资金2500余万元。截至2016年年底,全市第三批规范化司法所建设共建成公共法律服务工作站96个,累计投入建设资金750余万元。制定全市社区司法行政工作室三年建设规划,在全市规模较大的社区和有条件的村(居委会)建立司法行政工作室124个。全年共开通、升级法律服务热线12条,解答群众来电咨询3700余人次,受理法律服务事项1300余件。建立市、县两级司法行政门户网站12个,开通微信、微博公共法律服务公众平台26个。

【普法治理】 2016年3月,以市委、市政府名义印发《关于落实“谁执法谁普法”普法责任制的通知》,将400余部法律法规普及任务分解到79个职能部门,制定县(市、区)21项、市直部门9项考核办法。8月,召开全市普法依法治理工作会议,全面部署启动“七五”普法任务。与市关工委联合印发《关于加强全市青少年法治教育的意见》。11月,组织全市公务员、参照公务员法管理的机关工作人员、企事业单位中层(含中层)以上干部以及农村“两委”成员参加无纸化普法考试,共有3.7万余人参加,参考率96.62%,平均成绩94.4分。

12月,围绕第三个国家宪法日开展集中宣传活动,全市115个单位全部设立普法宣传站,发放法治宣传材料4万余份,设置宣传展板362块,解答法律咨询2000余人次。庆云投资300余万元,在县第一中学建设占地面积1000平方米的法治警示教育基地。乐陵联合纪委在枣城社区建立法治宣传基地,齐河对沁湖法治文化广场进行翻修,宁津对康宁湖文化广场进行二期拓建,陵城打造乡镇法治文化小广场集群,平原完成新法治文化广场选址规划。播出《司法行政》等专题节目167期,《大家说法》等广播节目342期,开通普法微信、微博12个。

【社区矫正】 联合团市委召开联席会,明确青年志愿者参与社区矫正工作的形式任务,制定《大学生志愿者参与社区矫正工作实施方案》。向山东大学、山东师范大学、德州学院等10多所高校大学生发放倡议书,招募志愿者307名,协助开展社区矫正工作。8月5日,省司法厅联合团省委在德州市召开推进会,充分肯定德州市青年志愿者、青年社工参与社区矫正工作。加大定位手机配备力度,为2273名社区服刑人员配备定位手机,配备率91%。共抽查社区服刑人员定位和管理人员在线情况39次,定位成功率95%以上,管理人员在线率90%以上。升级社区矫正监管系统,在县、乡两级配备人脸识别及指纹考勤设备,新增加面部识别、指纹考勤、社区服务、集中学习四种功能。组织开展《社区矫正工作日志》评查活动，抽查质量优良率为79.17%。开展"两类人员"帮困扶助活动，为符合条件的37名"两类人员"办理低保、五保，协调公安派出所办理落户手续26人，协调村委会落实责任田182人等。

【人民调解】 2016年，全市共建立基层人民调解组织4930个，建立各类专业性调解组织67个，其中交通事故调委会12个，医疗纠纷调委会10个，建立法律专家库和人才库2个。全市共调解矛盾纠纷15295件，调解成功14995件，调解成功率达98%。启用《人民调解案件登记簿》，全市共发放《人民调解登记簿》5134本。

【法律服务】 全年共办理援助案件3587件，起草由7部门联合会签的《律师参与涉法涉诉信访工作的意见》。与市法院、检察院、公安局等12部门联合印发《关于贯彻落实〈关于进一步保障律师执业权利的若干规定〉的通知》。123名律师进入市县两级法律专家人才库，23名律师被聘为法律顾问。全市11个县(市、区)均已开展社区法律顾问全覆盖、社区律师值班室工作，办理律师法律服务事项12516件。拓展公证业务，办理公证事项17681件。开展司法鉴定"诚信规范为民"系列活动，办理司法鉴定业务3756件，同比增长8%。全市共1701人报名参加国家司法考试，通过人数160人。8月，市委深化改革领导小组第14次会议审议通过《关于深化人民监督员制度改革的实施意见》。2016年，全市人民监督员共参与案件监督15起。完成中国石油天然气集团公司原总经理廖永远受贿、巨额财产来源不明案律师辩护和当事人家属对接工作。 (刘　赫)

仲　裁

【仲裁宣传】 2016年，利用"12·4"日法制宣传日等大型宣传活动，散发合同文本、仲裁手册、宣传资料5000多份。利用德州日报、德州晚报开辟仲裁专栏，刊登仲裁知识和仲裁案例65期。更新仲裁门户网站，编印仲裁简报21期。在党史刊物《德州》连续发表关于仲裁的理论文章6期。召集仲裁业务研讨会4次，举办仲裁沙龙3次。

在保险、金融、中介服务等领域不断拓展仲裁的服务范围，受理案件多样化、处理方式多元化试点工作取得实质性进展。在加强临邑办事处规范建设试点的基础上，筹备在宁津县设立办事处，完成宁津办事处仲裁员聘任和培训工作，已成功受理1起仲裁案件。积极与运河开发区联络，成功受理标的额2亿多元的合作建设纠纷案件。在慨尔康律师所设立联络处，初步探索设立仲裁商事调解中心调解室的仲裁推行新模式。积极与保险行业协

2016年12月，市仲裁办宣传宪法及仲裁法律知识

会联络，已有人保、太保、阳光保险、人寿财险等保险公司选择通过仲裁方式解决保险合同纠纷。

【仲裁办案】 2016年，共召集专家研讨会3次，修订办案制度10项，新制定《外聘仲裁员报酬管理办法》《开庭程序规范》《外出办案暂行规定》等制度5项。全年受理案件215件，结案279件，受案标的额6.4亿元。联合交警和保险协会开展道路交通事故仲裁调解工作，年初在交警支队事故处理大队设立调解中心，5月在交通事故高发的城南中队设立仲裁受理处，选派骨干人员长期进驻，现场解决问题。全年成功调解大案8起，一般案件62起。

（张成民）

经济管理

发展与改革

【参谋服务】 2016年，德州市“十三五”规划《纲要》经第十七届人民代表大会第七次会议审议通过，正式印发实施，同时印发22个专项规划和12个县域发展规划。编制印发2016年德州市国民经济与社会发展计划。完成一季度、上半年、前三季度经济运行分析及计划执行情况报告。完成改革开放实录之《德州市改革开放以来历届“五年计划”的制定实施历程及成就》。制定印发《关于加快培育和发展战略性新兴产业促进我市产业转型升级的指导意见》《关于加快推进供给侧结构性改革建设协同发展示范区的意见》《德州市社会信用体系建设规划》等文件。

【资金融通】 2016年，争取上级扶持项目165个，落实中央、省无偿资金25.84亿元（含政策折合资金），拉动社会投资230亿元以上。其中，无偿资金8.76亿元，重点投向农田水利、教育医疗、棚户区改造、环境治理等领域；政策性资金17.08亿元，包括中心村电网改造和农村机井通电项目11.09亿元和专项建设基金3.89亿元。20个项目列入国家专项建设基金盘子，48个项目列入山东省“十三五”规划重大项目库。市重点建设投资公司完成融资担保业务1.69亿元。

【项目建设】 2016年，108个市级重点建设项目全部开工，完成投资436亿元，占年度计划的103.5%，53个项目竣工投产或部分投产。7个省级重点建设项目全部开工，落实省“点供”土地指标867亩。出台《德州市重点项目土地保障暂行办法》，自2017年起德州市每年拿出1000亩土地指标专项用于市级重点项目建设，缓解项目建设土地制约。市级全年审批项目111个，总投资227.9亿元，限时办结率100%。“德州号”列车顺利开通，结束了德州没有始发终到北京高铁列车

大国重器自动化设备（山东）股份有限公司机器人生产项目厂房

的历史。德上高速德州至夏津段竣工通车，德州市实现县县通高速。石济客专德州段线下工程完工。

【区域战略推进】 生态科技城被确定为北京非首都功能疏解重点承接平台。德州市成功纳入《京津冀空间规划》。省委、省政府出台《关于支持德州加快融入京津冀协同发展的意见》。争取省区域发展战略专项资金1.2亿元，支持园区基础设施建设、人才引进等4大领域21个项目；争取西部经济隆起带急需紧缺人才项目15个，落实资金1400万元。恒源石化收购马来西亚炼油项目完成股权交割，是山东省地炼行业第一起海外并购成功案例，被列入"国家产能合作重点国别重点项目"。编制《德州市扶贫协作秀山县2016—2020年工作规划》，拨付秀山县援建资金500万元扶持8个项目。筹备第二届中国国际太阳能十项全能竞赛，10个国家、47所高校的21支队伍参赛。

【重点领域改革】 牵头制定经济体制改革2016年重点改革事项和工作实施方案，54项重点工作全部完成。德州市获批第二批创建国家社会信用体系建设示范城市，宁津县获批创建全省社会信用体系建设示范县。"信用德州"门户网站开通。公共信用信息平台招标工作完成，"一网三库一平台"建设启动。投资项目的核准、备案全部纳入投资项目在线审批监管平台管理。扩大县市行政审批事项办理权限，将禹城、齐河列为市级权限授权试点。武城县实施产城融合推进就地城镇化试点和齐河县户籍制度改革经验获得省长批示。禹城市首次跻身全国综合实力百强县，齐河县上升7个位次。制定《全市乡镇(街道)综合实力20强和跨越发展10强评选办法》，完成对134个乡镇、街道的考核。《德州市城市公立医院综合改革实施方案》等11个文件出台，形成配套完善的医改政策体系。10家城市公立医院按时启动药品销售零加成，公立医院综合改革实现全覆盖。党政机关公车改革如期完成，取消3799辆，压减率49.1%。

【产业支撑】 2015年度国家新增千亿斤粮食项目建设任务全部完成，建成高标准农田18万亩。2016年度项目开工，规划建设高标准农田25.8万亩。成功争取辛店镇、祝阿镇、朱集镇3个国家级农村产业融合发展试点示范乡、30个产业融合发展试点示范村。平板玻璃、水泥、炼油等过剩产能化解率79.16%，关停化工企业139家，淘汰落后生产线12台(套)，超额完成省下达的化解过剩产能任务。对9家"地条钢"企业进行清理整顿。德州市成功获批省级电子商务示范城市。禹城市和齐河县成功获批省"十三五"服务业综合改革试点县。黄鸣、栾印国成功入选泰山产业现代服务业和社会民生创新类领军人才，填补了德州市空白。编制完成《德州市省级区域创新中心建设实施方案》。百多安生物医用材料改性技术工程实验室获批国家地方联合工程实验室，获批省级工程实验室4家，认定市级工程实验室(研究中心)17家。牵头起草《德州市关于加快推进生态文明建设的实施方案》，促进全市经济社会绿色发展、循环发展、低碳发展。落实煤炭总量控制工作，代市政府起草煤炭消费总量控制实施方案，执行新上燃煤项目煤炭消费等量或减量替代政策。编制完成《德州市新能源和可再生能源发展"十三五"规划》《德州市"十三五"电动汽车充电设施发展规划》。总装机63.9万千瓦的10个风力发电项目列入国家"十三五"第一批风电发展规划，2016年争取光伏发电指标21万千瓦。

【民生改善】 印发2016年全市社会发展计划，落实普通高等教育计划招生指标23330人，增加6995人。编制完成《“十三五”基本公共服务规划及实施方案》《德州市体育产业发展规划》，牵头起草《关于加快发展体育产业促进体育消费的实施意见》，推动基本公共服务均等化。武城县成功争取农民工返乡创业国家级试点。推进国家体育产业联系点城市建设，临邑县省级健康服务业创新发展试验区建设。支持“大班额”改薄建设，对中小学新建、改扩建项目开辟项目立项绿色通道。（杨孟洁）

统　　计

【第三次农业普查】 2016年，开展第三次全国农业普查，推进普查机构、工作人员、办公场所、普查经费“四落实”，完成综合试点、业务培训、宣传动员、清查摸底等工作。

【1%人口抽样调查】 为全面了解第六次全国人口普查以来德州市人口总量和结构等方面的变化情况，完成1%人口抽样调查的机构组建、“两员”培训及数据整理、评估和资料开发工作。

【基层建设】 2016年，全市开展“统计基层基础建设提升年”活动，市县乡三级联动，多项措施推动乡镇统计站建设，乡镇统计站人员配备增强，办公条件明显改善，档案管理和制度建设进一步规范。全市134个乡镇统计站中，统计人员数量增至500多人，专职人员达到80%以上。

【统计服务】 2016年，市统计局共撰写统计分析242篇，被市以上媒体采用或领导批示187篇。通过建立季度部门联席会议和新闻发布会制度，及时分析解读当前经济运行中的热点、难点问题，并依托统计信息网、统计微信、“中国德州”网等媒体平台及时高效地对外发布统计信息。编印的统计月报、统计手册、统计年鉴等资料汇编使公众获取统计信息的渠道更加丰富。

【统计执法】 2016年，全市各级统计部门共检查单位561家，查处统计违法行为8起。各级统计部门利用“12·4”国家宪法日、“12·8”统计法宣传日、三农普宣传月等契机，构建全方位、立体式、多层次的统计普法宣传格局，为全市统计工作开展营造良好的舆论环境。（邓廷江　尚文鑫）

【国家统计局德州调查队】 2016年，德州调查队承担了5个抽样调查体系，以粮食产量和畜牧业调查为主体的农牧业调查体系，以城乡居民生活调查为主体的住户收支调查体系，以劳动力为主体的就业调查体系，以CPI、PPI、房价调查为主体的价格调查体系，以规下工业、服务业、采购经理调查为主体的小微企业调查体系，以上级党委政府部署的针对经济社会中某个特殊调查为主体的专项调查体系。粮食产量调查从每个县（市、区）抽取20个自然村，每个村抽取5个样本耕作区、3个自然地块、9个10平方市尺小样本进行实割实测，推算出每个县（市、区）的粮食播种面积、单产和总产量，作为法定使用数据和农业部、财政部以及省粮食奖励的重要依据。消费品价格调查涵盖7个大类商品和服务，即食品、衣着、家庭设备用品及维修服务、医疗保健和个人用品、交通和通信、娱乐教育文化用品及服务、居住，通过对当地消费市场定时、定点、定规格品、定人采价调查，计算出居民消费价格指数。

（邹明国）

质量技术监督

【质量提升】 按照品牌示范区建设要求，指导功能糖企业开展质量提升活动，产品质量抽查合格率连续3年达到100%，先后出台《液体麦芽糊精》《液体木糖》2个团体标准，产业聚集效应不断增强。2016年9月，禹城市“全国功能糖产业知名品牌示范区”通过国家验收，成为全省唯一通过验收的国家知名品牌示范区。规范治理引导电动车产业转型，按照“升级一批、规范一批、淘汰一批”的原则，开展四轮低速电动车整治工作，全市共排查生产企业26家，关停企业15家，移交工商无照生产企业1家。先后制定发布《小型电动车》联盟标准、《小型低速电动车》团体标准，促进电动车产业健康发展。争取政策支持加快电梯产业发展，争取省质监局和省特检集团支持，推进山东电梯质量监督检验中心建设，提高对电梯产业技术支撑作用，带动宁津县电梯产业发展。

【惠民工程】 创新搭建电梯救援平台，会同多个部门制定《德州市电梯困人救援处置平台建设方案》，建成全市电梯困人救援应急处置平台。该平台在德州市12345市民热线平台基础上进行建设，将全市7000余部在用垂直升降乘客电梯纳入救援范围，设置维保单位、网格化自愿救援单位及消防救援队三级救援响应机制。落实大气污染治理要求，制定德州市首个煤炭质量指标——《德州市2016年度煤炭质量指标》，抽调骨干成立工作小组，开展煤炭产品专项检验工作，抽检煤炭产品173批次，及时向各县(市、区)政府反馈检验结果。实施质监惠民工程，推进“计量惠民”工作，免费开展检测活动，惠民经费投入20万元左右，围绕市民关心的加油机、出租车计价器、民用四表等计量器具重点开展检查工作，检查加油站440家，检定加油机1737台、出租车计价器3564台；抽查煤气表1.8万块、水表4.5万块、电能表6.4万块。2016年开展免费化肥检测活动，共发现不合格产品12批次。

【质量强市】 2016年，德州市14个产品获得山东名牌产品，13家单位获得山东省服务名牌，3个产业基地获得山东省优质产品生产基地称号。帮扶3家农业标准化示范区通过验收，3个农业项目和11个服务业试点被省局列入2016年“山东标准”建设行动计划。推进德州市被国家批准为“全国物流标准化试点城市”，获得国家8000万建设资金。申报的《玉米一次性施肥技术指南》国家标准被国家标准委立项，省财政给予10万元经费支持。推进德州市政府出台《关于深化标准化工作改革实施和推动“标准化+”战略的意见》，完善质量标准工作机制。牵头完成全省“政府质量考核”工作任务，开展全市质量合格率考核工

2016年12月，德州市电梯困人应急救援平台工作推进会议召开

作。开展产品质量状况分析报告工作，推进质量强市工作步伐。德州市质监局技术机构完成整合，成立德州市产品检验检测研究院，有效聚集了检验检测技术优势。动态公路车辆自动衡器标准通过考核验收，成为全省第2家具有该项检测能力的市级技术机构。新建液化天然气加气机检定装置等10项计量标准，技术能力进一步提升。

2016年，共检定计量器具6.5万余台(件)，检定衡器3200余台，定量包装商品412个批次，培训考核各类作业人员3063人次，检验特种设备15450台(套)、检测压力管道74219米，棉花仪器化公证检验总量为26430吨，占全省检验量30%以上。

【质量监管】 2016年，全面开展特种设备领域隐患"大快严"整治等检查活动，制定"领导包县，专家参与"的督导制度，检查企业1348家，发现并排查隐患1800余处。消费品质量稳中向好，修订《德州市产品质量监督抽查工作规范》，全面实施抽检分离和抽检结果公示制度。2016年，共对222家企业248批次产品进行抽样检验，合格率为97%。执法打假持续强化，落实"去产能"工作要求，加大对钢材生产企业的治理力度。开展"质监利剑"行动，针对农资、汽配、建材、钢材等重点消费品进行专项整治。2016年全市共出动质监执法人员2162人次，检查企业844家，立案23起。 (井风燕)

海　　关

【概况】 2016年，德州海关共审结报关单18833票，监管进出口货物441.5万吨，共征收税款6.8亿元，监管集装(标准)箱38228箱次。

【征管质量】 2016年5月，正式开展汇总征税业务，通关效率提高，企业的资金压力得到缓解。审价、归类、原产地审核等工作稳步推进，加强公示定价货物的管理，从前期备案到后期结算，督促企业在6个月内及时进行结算。加强对优惠原产地证，尤其是东盟自贸协定的审核，确保规范有效。

规范开展减免税审批。2016年，共办理减免税项目备案10份，备案项目投资总额4.5亿元，同比增长24.9%；备案项目用汇总额度5060.1万美元，同比增长87.2%。审核确认征免税证明29份；审核确认货物总值3448.6万美元，同比增长5%；审核确认减免税合计2763万元，同比增长39.7%。办理减免税税款担保审批15份；为21家企业办理减免税货物年报手续。

【通关监管】 推广落实通关业务改革，定期召开企业座谈会，宣传通关无纸化改革、丝路一体化改革、关检"三个一"改革等措施。2016年，德州海关无纸化通关比例达99.26%。加强报关单规范申报和批量复审工作，每月对绿通道报关单规范申报情况实行复核，发现问题及时联系企业进行修改。2016年，共办理留学回国人员购买国产免税车核批手续11份，同比激增1.2倍；落实行政审批一个窗口制度，办理非居民长期旅客自用物品审批1份，办理驻外使领馆人员进境自用车辆解除监管核批1份。

【海关统计】 每月准确收集、汇总、复核、上报业务、贸易统计数据，及时率和准确率均为100%。发布各类统计报表240余份，服务领导决策和业务查询。撰写上报23篇统计分析，被省政府采用3篇，国办信息采用2篇，海关总署采用2篇，每月按时对全市进出口情况开展分析，撰写相关分析20余篇，其中中韩、中澳自贸区政策对德州市的影响分析1篇，德州市对非洲贸易分析1篇，德州市对东盟贸易分析1篇。加强虚假贸易管控，制定《德州海关综合管控虚假贸易工作机制》，定期开展虚假贸易分析和企业实地巡查。加强与商务、外汇、国税等部门的联系沟通，推动实施防控虚假贸易联系配合机制，实现信息共享和协同防范。2016年，全市未发现新增虚假贸易企业。

【服务经济】 针对3家企业因政策调整导致暂时无法取得项目确认书的问题，为企业办理减免税货物税款担保及延期手续。服务德州市农业“智慧大棚”项目，指导企业用好政策。及时跟进鲁樱食品与宿迁汇源食品的合作项目，高效办理减免税设备异地监管手续。先后为醇源牧场进口的4000头种用奶牛办理税款担保和减免税审核确认。落实“首问负责制、限时办结制、服务承诺制”，打造良好服务窗口形象。实行节假日预约加班制度，累计审批受理通关加班申请567次，处理单证800余份。 (张磊 洪楠)

出入境检验检疫

【概况】 2016年，共检验检疫出入境货物13580批，74454万美元，其中出境12482批、56712万美元，入境1098批、17742万美元。

【依法检验】 严格把关动植物产品检疫，对相关企业实施分类管理，突出进境皮张、粮谷检疫监管，全年共截获三裂叶豚草、法国野燕麦、北美苍耳等有害生物445种次。强化进出口食品把关，严格进口食品收货人备案管理，加大现场查验和安全卫生项目检测力度，确保进口食品安全。开展“出口食品企业竞争力提升工程”，组织2期培训班，培训企业人员200余人次。强化源头管理，新增7家备案基地。重新对出口企业分类定级，提升监管有效性，连续3年实现国外零通报。严格进出口商品检验，强化危化品、援外物资、出口双边协议国家等敏感商品检验监管，进口商品不合格检出率位列全省系统内陆局第1位，全年共检出不合格68批、772.12万美元，完成索赔5.7万美元，退运不合格进口电线电缆44批、65.53万美元。加强目录外进出口产品抽检，发布进口刹车片警示通报2起、进口毛发护理器警示通报1起。

【业务改革】 深化行政审批制度改革，公开“两个清单”，实现行政权力进清单、清单之外无特权，全面承接山东检验检疫局下放的审批事项，实现行政审批“单一窗口”。推广出口食品备案管理系统、CCC免办电子审批系统、进口粮食企业网上管理系统，全面实现“网上审批”，行政审批办理流程同比缩短30%。推进报检通关模式改革，全省系统首批上线运行e—CIQ主干系统，进一步扩大无纸化申报范围。推广检验监管模式改革，在出口食品生产企业备案工作中全面推行“双随机、一公开”认证监管模式，推进阳光执法。对进境粮谷企业推广网上视频监控模式，强化风险管理，对35批退运货物实施调查。应用合格假定、过程检验理念，90%以上出口食品农产品实现“即报即放”。

【服务经济】 开展“进企业、解难题、促发展”活动，制定《扶持外贸企业发展十项措施》。针对低速电动车发展现状、美国《食品安全法案》对德州市出口企业的影响，形成专报被质检总局、国办采用。加强技术贸易措施研究和应对，定期编发《检验检疫资讯》，向政府部门和辖区重点企业发放。推进"同线同标同质"工程,联合商务部门召开工作推进会,帮扶辖区49家企业完善质量管理体系,5家出口食品企业登陆"三同"信息公共服务平台,带动内销1400万元。宣传自贸区政策,采信第三方评定结果作为签发原产地证依据,全年签发各类原产地证书8795份、3.8亿美元,同比增长25.23%和6.7%,企业获进口国关税减免约1亿元。推进"出口农产品质量安全示范市"建设,在抓好原有6家示范区建设的基础上,指导宁津县、德城区、临邑县建成省级示范区,实现德州市全覆盖。 (汪湘东)

国土资源管理

【发展用地保障】 2016年,全市取得新增建设用地计划指标1.57万亩,其中争取重点项目、教育等用地指标0.68万亩。申报城镇分批次和单独选址项目用地2.44万亩,全市共供应土地560宗,面积2.4万亩,成交价款65.1亿元。其中出让土地405宗,面积1.57万亩;划拨土地155宗,面积0.83万亩。

【耕地保护】 落实耕地保护目标责任,签订耕地

2016年10月27日,山东省副省长王书坚(前右二)到禹城就农村土地制度改革进行调研

保护责任书。全市耕地面积966.27万亩，比责任目标多3.65万亩。连续16年实现耕地总量动态平衡。开展城市周边和全域永久基本农田划定工作，划定方案已通过论证审核。

【土地整治】 2016年，共验收土地整治项目33个，建设高标准基本农田111.17万亩。验收建设用地整治项目8批12个项目区，面积3600亩，取得节余指标3220亩。报省备案2016年工矿废弃地调整利用项目880亩，报省厅审查2016年增减挂钩项目拆旧面积2258亩。完成土地开发补充耕地任务2万亩，已验收入库面积1.3万亩。分配下达“十三五”高标准农田建设任务49.05万亩，年均建设9.81万亩。与市农业局联合开展补充耕地质量调查与地力评定工作，检测土壤样本1500多个。

【地籍管理】 农村宅基地和集体建设用地使用权确权登记发证成果通过省级验收。共对11个县(市、区)的124个乡(镇)、6400个村庄进行权属调查和地籍测量，涉及土地面积4.6万公顷，形成权属调查卷宗130余万卷，建立城乡一体化的地籍管理模式。完成耕地后备资源调查评价工作，率先通过省级验收。

【不动产登记】 2016年8月19日，德州市政府发布不动产统一登记公告，随后10个县(市、区)政府相继发布公告，明确不动产登记业务由隶属于国土资源局的不动产登记中心受理经办，标志着不动产统一登记制度在德州市全面建立并实施。2016年，共计颁发不动产产权证书10133本，证明9242本，涵盖30余种不动产登记类型。

【征地制度改革】 2016年，禹城市完成土地征收制度改革试点实施方案确定的阶段性目标任务，“试制度、试规则”取得突破性进展。禹城市统筹协调推进“征地”和“入市”两项改革，改革试点实施方案经省领导小组同意后报国土资源部备案。

【矿政测绘】 开展矿山专项治理工作，依法规范矿产管理秩序。深化矿业市场管理，征收矿产资源补偿费338.59万元。实现地热采矿权价款收入223万元，煤炭采矿权价款500万元。德州齐河—禹城铁矿勘查区被国土资源部列为国家整装勘查区。做好矿山地质环境治理恢复保证金收缴支取使用工作，全年征缴保证金726万元，印发文件对保证金的支取使用做出明确规定。完成并发布德州市“十三五”基础测绘规划。县级数字城市地理空间框架建设项目通过省厅验收。完成德州市中心城区1:500比例尺地形图及地名地址数据年度更新。 (杨春燕)

审　　计

【综述】 2016年，全市审计机关共审计项目330个，查出违规金额29.5亿元，增收节支36.2亿元，移送司法机关、纪检监察机关和有关部门处理事件251件，提交审计信息456篇，被批示、采用106篇，提出审计建议560条，完成市委、市政府交办的重点工作10余项。齐河县民政局2013年至2015年6月财政财务收支情况审计项目获得审计署优秀项目表彰。

【财政收支审计】 搭建涵盖各行业数据的审计分析平台，推行“总体分析、系统研究、发现疑点、分散核实”的数字化审计方式，围绕全口径预算管理、非税收入、政府采购等重点环节，对2015年市级预算执行和其他财政收支情况进行审计，延伸审计3个县、7个部门、129项资金，查出问题金额22.6亿元。开展地税税收征管审计，重点审查税收政策贯彻执行情况、税收征管质量、发票管理和使用情况等，发现问题金额2.2亿元。

【政策落实跟踪审计】 以政策审计为中心、以项目实施为载体、以资金流向为主线，开展减轻和公平企业负担政策落实情况、农村产权流转交易市场发展政策等10余项政策跟踪审计，促进了国家重大决策部署和有关政策措施的落实。在财政支持大众创业万众创新政策措施落实情况审计中，发现减税减负政策未落实到位等5方面问题，涉及问题金额1.1亿元，优化了创业创新外部环境。

【经济责任审计】 2016年，全市完成136名领导干部经济责任审计，保持经济责任审计全覆盖的常态化。打造的“任前告知、任中轮审、离任监督、交接盘点”贯穿领导干部任职全过程的经济责任审计监督模式被全省推广，得到中央经济责任审计工作部级联席会议办公室充分肯定并转发推广。对县委书记、县长的同步审计得到高度评价，审计报告被作为范本转发省厅各审计组。开展对乡镇党委书记、开发园区领导干部经济责任审计，联合市委组织部出台《关于进一步加强乡镇党委书记监督的意见》，通过审计摸清全市开发园区土地、税收、企业等领导关心关注的真实情况。对基层腐败现象查深查透，移送处理镇村干部82人，发挥了审计震慑作用。

【金融审计】 开展对德州银行、农商行和融资性担保公司专项审计调查。对德州银行原主要负责人进行经济责任审计，抽查320多户企业，并就规范管理提出改进意见，有效防范金融风险。对乐陵市等6家农商行信贷业务风险管控情况进行专项审计调查，移送案件线索3起，实现全市农商行审计全覆盖。开展融资性担保公司经营管理情况专项审计调查，提出完善制度、规范管理等审计建议12条，促进融资担保行业合规经营和可持续发展。

【固定资产投资审计】 围绕全市重大投资建设项目，关注工程建设质量，强化造价审核控制。全市共开展68个投资审计项目，审减6亿元。其中，市审计局开展的经九路、“两河四岸”、高铁新区经二路、经三路、经四路等7个大型政府投资审计项目，累计审减4.2亿元，综合审减率达20%。

【民生资金审计】 加大对脱贫攻坚的审计支持力度，建立扶贫资金数据库，通过数据分析比对，移送骗取、冒领等违纪违规问题线索7件，追回资金60余万元。组织开展保障性安居工程、医保基金审计，审计结果引起高度关注。

【领导干部自然资源资产离任审计】 2016年，对部分县、乡党委政府主要领导开展自然资源资产离任审计试点，通过审计提升了领导干部资源保护、资源利用意识，推动地方建立起资源利用保护的有效机制。

【内部审计】 在全省创新提出“帮、改、促、训”理念。围绕促进全市各级党政机关、企事业单位规范管理，推动全市内审工作规范化，连续3年考核名列全省第一。组织的内部审计论文被评为全国二等奖，得到审计署认可，推送的信息化成果荣获全国内部审计信息化优秀成果表彰。

（张育源）

安全生产监督管理

【概况】 2016年,全年累计发生各类生产安全事故147起,同比上升1.38%,死亡85人,同比下降4.49%,发生1起较大道路交通事故,未发生重大及以上生产安全事故。

【隐患排查】 创新改革县(市、区)安全生产考核措施,实行"考核、检查、督导"三合一,采取"双随机"方式,全方位诊查企业隐患。2016年,共抽查企业242家,发现问题1104项,查出一般隐患529项、重大隐患17项,现场查封并责令1家企业停业整顿。

开展安全生产隐患"大快严"集中行动。以"专家查隐患、企业抓整改、政府抓督导"为主线,共排查隐患10.2万余项,其中已整改9.8万余项。组织异地交叉执法互查,采取A查B,B查C的方式,各县(市、区)之间进行企业安全生产主体责任落实情况异地执法检查,检查企业77家,下达责令整改指令书63份,整改问题和隐患234项。

加快长输油气管道隐患集中整治进程。全省共有油气管道隐患2929处,德州市占204处,截至2016年6月,204处省控隐患全部整改完成。

【重点领域监管】 加强危险化学品、工贸领域(涉氨涉氯、粉尘爆炸、烟花爆竹、煤气发生炉、高温熔融)安全监管,着力解决想不到、管不到、治理不到的问题。推进人员密集场所、特种设备、燃气管道行业、重点运输车辆、建筑施工企业等重点行业领域专项整治。全市共组织检查组538个,检查企业3240家,整改隐患1.4万余项,其中重大隐患53项。推进烟花爆竹生产企业退出工作,截至2016年9月,全市11家烟花爆竹生产企业全面实现退出。

严格执行安全生产许可、审查制度,落实危

2016年6月,山东省安监局长付伟(右三)到华鲁恒升化工股份有限公司调研

险化学品、烟花爆竹、非煤矿山等高危行业安全生产许可规定，做好各类安全生产许可证发放和建设项目“三同时”备案工作，开展化工行业“三评级一评价”。提请市政府印发《建设项目安全评价负面清单》，从源头上杜绝镁铝粉加工、烟花爆竹生产、光气生产等12类建设项目上马。推行“四个台账”，确保隐患整治到位、检查活动留痕留印。结合实际印发《工贸企业安全生产隐患排查治理暂行办法》和《政府部门安全生产检查督查暂行办法》，细化检查流程图，固定检查形式，实现企业照单排查隐患、政府部门对单执法检查。

强化“网格化”管理，以乡镇为统计单元对所有生产经营单位进行摸排建档，将安全生产监管触角进一步延伸到村和社区。5.1万余家生产经营单位纳入“网格化、实名制”管理，实现“一县一册”。推动双重预防机制建设，以8家省级标杆企业和95家市级标杆企业为引领，推动全市企业排查风险点，逐一确定风险等级，建立安全风险管控档案，上报“一企一册”3019家，风险点17951个，排查城乡公共领域安全生产风险源312处。

强化安全生产教育培训。推进安全生产考核改革，在全省率先完成和上报考试机构建设方案，提前完成计算机理论考场建设和验收工作。职业健康监管工作不断深化，推动职业病危害因素检测工作，全市职业病危害因素检测企业累计635家，其中228家职业病危害严重企业的检测率达到100%。组织开展水泥陶瓷和木制家具制造等行业职业危害专项治理，协调推动做好夏季防暑降温工作。建立完善“市、部门、县、企业、班组”五级应急救援保障体系，加强重点行业领域企业应急救援预案的编制、备案与演练管理，危险化学品、烟花爆竹企业应急预案备案率达到100%。 （孙　猛）

食品药品监督管理

【食品安全城市创建】 2016年，全市将创建省级食品安全城市（先进县市区）作为提升工作的重大机遇和抓手，市级层面成立以市长为组长，38个部门一把手为成员的领导机构，下设综合协调、宣传教育、督导检查等12个工作组，分线作战，统筹推进。全市13个县（市、区）全域创建省级食品安全城市（先进县市区），将创建工作列入“一把手”工程、列入经费保障、列入发展规划和财政预算、列入干部考核。全市食品安全工作考核占科学发展综合考评比重增加到35‰。建立食品安全财政投入稳定增长机制，2016年全市累计投入创建资金2.5亿元。市创建办召开联席会议7次，督查调度会议5次，编发简报31期，督查专报4期。第一批创建的禹城市已顺利通过验收考评，其余12个县（市、区）创建工作进展顺利。

【基础建设】 完善覆盖市县乡村四级的监管体系，推进基层所标准化建设，配齐执法人员，改善执法装备和办公条件，一线执法能力提升。2016年，全市食品药品监管经费达1.3亿元，同比增长19%；食品抽样达到3.6批次/千人，31个监管所完成“十个一”标准化建设，基层基础得到进一步夯实。强化教育培训，开展“巡回大讲堂”、案卷评查、稽查检验大比武等活动，全年累计培训食品药品监管人员6200人次，食品从业人员5万余人。

【检验检测】 推行“1+10+X”检验检测体系建设。其中投资4亿元建设4万平方米的市级检验检测中心项目，已获得发改委立项批复，纳入

2017年全市城建计划。整合现有资源达标建设10个县级食品药品检验检测机构,归口食品药品监管部门管理。"X"即明确快检室建设硬件标准和软件要求,在全市所有基层食药监管所、食用农产品批发市场、大型商场超市、大型餐饮单位、学校食堂、机关企事业单位食堂建立食品快检室,已建成257个。

【食品安全"天网工程"】 以市政府名义出台《实施方案》,利用2年时间在全市5万家食品生产经营业户,分类安装监控视频,逐步实现与公安治安监控联网运行,实时监控企业生产经营行为。推广食品电子"一票通"工程,实行"一票通、通全程",逐步在全市食品生产经营单位安装专用电子"一票通"软件,通过网络将食品生产经营业户的交易情况实时传送到信息处理中心,实现重点品种电子追溯,庆云、禹城、陵城试点取得良好成效。拓展"智慧监管"工程,强化监管信息平台建设,将行政许可、监管执法、公共服务等信息纳入全市公共安全综合信息平台,实现全市监管信息互通互联和资源共享。

【日常监管】 通过日常监管、监督抽检、稽查办案、投诉举报等途径,全面排查食用农产品、食品生产、流通、餐饮、药械等各业态风险点,提前进行风险预警,全系统配套联动。坚持打早打小、露头就打,对违法违规行为"零容忍",引导企业真正做到严格自律,倒逼企业强化质量安全管理。健全现场检查、问题核查、突击检查、动态监督、随机抽检、明察暗访、量化督导等立体式监管检查模式,深化"网格化、痕迹化、规范化"监管,总结推行"双随机"(随机抽取被检查对象、随机选派检查人员)制度、红黑两名单、责任约谈、企业承诺、药械"四位一体"、小饭桌星级评定管理长效工作机制。

强化行刑衔接,完善"三安联动"机制,先后开展了"清源行动""重拳打假百日行动"、高风险药械、农村食品安全等30余项专项整治,始终保持打假治劣的高压态势。2016年,全市累计出动执法人员5万余人次,检查单位10万余家次,共受理投诉举报2075件,查处违法案件3107件,罚没2059.5万元,向公安部门移交案件41件;公安部门破获食药领域刑事犯罪案件21起,刑事拘留32人。

深化"食安山东"建设,结合德州实际,坚持"以点带面、示范引路、成熟一家、发展一家"的工作思路,实施"抓点、拓面、建规范"三步走计划,带动全市食品药品质量水平提升。开展规范提升行动,以小作坊、小食品店、小餐饮为重点,深化"以城带乡、以乡促城、城乡联动,保安全、建规范、促提升"行动,实现主城三区、十个县城驻地及城乡接合部、所有135个乡镇机关驻地和一批"示范村""三个全部"规范提升。 (王晓华)

工商行政管理

【商事制度改革】 修订《德州市市场主体住所(经营场所)登记管理暂行办法》,使住所登记更加便捷。下放登记权限,除股份有限公司、外资企业、合伙企业外,市工商局相关登记权限一律下放到县级局。推进"先照后证""五证合一"及个体工商户"两证整合"改革,修订完善窗口岗位职责规范,进一步规范窗口岗位的工作职责、工作内容、工作标准,建立健全"一审一核制""一审核准制"等制度。2016年全市新登记各类市场主体53715户。设立企业信用监管机构,推进"双随机一公开"监管改革,引导企业完成企业年报公示和即时信息公示工作。

【服务经济发展】 开展“三押一推”，帮助企业解决融资难题。2016年，共办理股权质押登记101件、动产抵押登记978件、商标专用权质押登记4件，助企融资132.8亿元。加大品牌创建工作力度，以“放心农场”为主题，举办德州对接京津冀商标广告创意设计大赛，为德州市优质农产品储备了无形资产。全市新申请商标4312件，同比增长108%；全市商标有效注册量已达21436件。新认定山东省著名商标19件，续展山东省著名商标35件，新增地理标志商标2件。帮扶创建“网络交易创业示范基地”，被评为“市级创业孵化示范基地”、全市“十佳创业基地”。开展“进企业、促发展、解难题”活动，深入30家企业走访调研，帮助企业解决发展中的难题20余件。开展非公党建工作，开展“工商局长进非公企业讲党课、讲政策、促发展”活动。全市工商、市场监管部门进非公企业讲党课36次，在各县（市、区）建立非公党建工作联系点31家，全市非公企业中70%以上的企业均建立团组织。

【监管执法】 防范化解金融风险，对全市投资担保类企业157户进行摸底排查，对52户企业进行风险警示约谈。开展“守合同重信用”申报活动，全市共有450家企业分别被总局、省局和市局公示为“守重”企业。开展“2016网络市场监管专项行动”，实现线上线下一体化监管。加强农资市场管理，开展“红盾护农”行动，进行农资质量抽检。打击违法广告，查办广告违法案件18起。开展公平交易执法，对不正当竞争突出问题开展专项整治，开展打击传销、规范直销工作，开展打击假冒伪劣专项整治行动。全市共查办各类违法案件2888件，涉案金额1093万元。开展大气污染防治相关工作。建立和完善辖区加油站、油品经营企业、仓储企业数据库，取缔无照无证非法加油站点133个。对全市615座加油站（油库）进行检测，抽检覆盖率达100%。对煤炭经销业户进行拉网式检查，取缔无照经营、超范围经营567户。开展全市低速电动车市场治理整顿工作，查处取缔无照从事电动车生产经营的业户36家。

【消费维权】 开展“3·15”系列宣传和大型广场咨询服务活动。首次建立3·15现场处置机制，在市工商局设立“央视及省3·15晚会舆情处置指挥中心”，对消费者投诉举报和重大舆情进行现场值守。对德州市流通领域服装针织品、家用电器、小家电、通信产品、消防产品等5大类商品共550个样品批次开展质量抽检工作，对销售不合格产品的行为依法进行处罚。依托12315、12345平台，及时受理消费者投诉，共查处侵害消费者权益案件584件，受理、调解消费者投诉1465件，为广大消费者挽回经济损失614万元。（任俊合）

物价管理

【价格监测预警】 加强价格监测预警和信息发布。在全市11个县（市、区）对200多种群众生活必需品和农业生产资料价格变动情况开展不间断监测预警和发布工作。开展特色产品价格监测，对全市30个地方名优土特产品和重要商品监测情况实行月报告制度。2016年，全市价格总水平同比上涨1.8%，完成了全年3.5%的调控目标。

【成本监审】 对居民供暖企业开展成本监审，调取了“三区”8个企业2013—2016供暖年度的大量会计成本资料，针对不同热电联产机组生产原理的差异，在全省率先引入用供热比法分摊热电成本的方法。建立煤炭对居民采暖总成本影响的变化模型，为应对煤炭价格波动、随时掌握企业运行成本、及时向市政府提出科学合理的定价建议打下良好基础。先后对小区物业费、公办幼儿园保教费、公办高中住宿费、经适房建设成本等项目进行成本监审，共调取15个单位45个会计年度的会计、成本资料。全年共核减不合理支出6496余万元，有效平衡了经营者和消费者的利益关系。

【价格改革】 推进民生价格改革，建立“三区”居民生活用水阶梯价格制度，完成城市公立医院医疗服务价格改革和中医优势病种收费方式改革，公布“三区”普通住宅前期物业服务分等级收费基准价格，核定了44个小区的物业服务费、25个小区的停车服务费、4个小区的车位场地使用费、2个小区的车位租赁费标准。支持绿色清洁能源发展，落实农林生物质、垃圾焚烧、可再生能源发电项目电价补贴5400万元，制定全市电动汽车充电服务费标准。疏导价格矛盾，调整“三区”非居民用天然气、车用天然气价格，调整市水利局向市供水总公司、丁东水库向陵城区自来水公司供水价格，明确“三区”2016—2017年供热季两部制供热价格，完成“三区”非居民污水处理费标准的调整工作。

【收费管理】 取消、暂停征收行政事业性收费18项、经营服务性收费10项。实行收费清单管理制度，完善收费目录清单，并实行动态管理，建立多元化公示机制。在全省率先出台普通公路车辆救援服务收费标准，对城市车辆停放服务收费、数字电视基本收视维护费、城市环境卫生费、福山陵园公墓维护管理费等数十项收费标准进行了审批。对汽车总站、高铁车站、市妇幼保健院停车场的停车收费标准进行了批复，对市人民医院、易通、大陆停车场的收费标准进行了备案。

【监督检查】 开展“明码标价示范单位”“收费公

2016年3月4日，英潮辣椒价格指数项目启动仪式在武城县举行

示规范化单位”等创建活动。开展价格诚信单位创建活动，会同市文明办出台《德州市价格诚信单位评选管理办法》，经严格筛选考评授予德百超市等12家单位“市级价格诚信单位”荣誉称号。开展市场价格行为专项整治，着重对涉及民生的学前教育机构、药品经营企业、车辆救援服务企业、商品房销售企业进行价格政策提醒告诫。严厉查处价格举报案件，2016年共受理、回复各类咨询、投诉3726件，按期回复率100%，结案率100%，合理诉求满意率达97%以上。组织涉企收费专项检查，重点对国土、住建、交通等部门和单位开展收费行为调查，组织药品价格专项检查工作，配合省物价局完成对华能德州电厂和华鲁恒升热电公司环保电价、人民银行同城票据交换收费、商品房销售明码标价等检查，实现经济制裁139.77万元。

【公共服务】 利用“智慧物价”服务民生，“德州价格通”信息发布平台于2016年9月27日试运行，可实时查询12万种商品价格信息以及小区物业、教育等生活服务价格。利用“价格指数”服务企业，“中国武城英潮辣椒价格指数”于2016年4月在山东价格指数发布平台试运行，并正式纳入山东价格指数建设发布体系，该指数是全国辣椒行业唯一在编的价格指数。利用“价格认定”服务司法、服务政府，2016年，全市共办理涉案、涉纪、涉税等价格认定案件1243件，鉴定总值 4.07亿元。其中已有7个县物价局开展涉税价格认定，完成涉税案件82件，鉴定总值3亿多元。利用“成本调查”服务农村、服务农民，完成农产品常规调查品种的审核、汇总，编发《2015年度农产品成本调查资料汇编》，开展《农户种植意向》《农户存粮情况》《棉花成本》等专项调查，完成生猪直报调查。

(马淑娟)

农业 水利

农 业

【概述】 2016年，全市农林牧渔服实现总产值665.53亿元，增长4.2%(可比价，下同)。其中，农业产值373.03亿元，增长4.7%；林业产值15.20亿元，增长6.0%；牧业产值224.07亿元，增长2.8%；渔业产值20.34亿元，下降1.5%。农林牧渔服务业总产值32.88亿元，增长11.1%。全市农作物播种面积1784.52万亩，其中，粮食面积1567.66万亩，棉花面积43.08万亩，蔬菜面积157.96万亩，油料面积5.62万亩。全年粮食总产量达到895.61万吨，增长2.8%；棉花产量4.32万吨，下降34.8%；蔬菜产量595.23万吨，增长0.05%，油料产量1.86万吨，下降22.2%。肉类产量67.89万吨，下降0.02%；禽蛋产量40.18万吨，下降2.7%，奶类产量21.32万吨，增长15.4%。渔业养殖面积18.5万亩，总产11.5万吨。

农业生产条件改善。全市农机总动力发展到1535.8万千瓦，农机总值发展到89.7亿元，分别比2012年增长7.6%和26.3%。全市农作物机耕率保持在99.5%以上，机播率超过94%，小麦机收率99.5%以上，全市农作物耕种收综合机械化水平发展到92.5%，比2012年增长3.9个百分点。

【放心农场建设】 2016年，粮食播种面积1568.9万亩，单产1139公斤，总产178.7亿斤，创下历史新高，连续八年“亩产过吨粮，总产过百亿”，德州市用占全国0.9%、全省13.9%的粮食播种面积，生产出占全国

齐河县粮食绿色增产模式攻关高产高效示范区

齐河县农产品质量安全追溯平台

1.45%、全省19%的粮食。蔬菜种植面积300万亩，总产1200万吨；食用菌种植面积3800万平方米，总产58万吨；渔业养殖面积18.5万亩，总产11.5万吨；棉花种植面积36万亩，皮棉总产3.4万吨。全年销往京津冀地区粮油产品55万吨、蔬菜300万吨。印发《关于优化调整夏播作物种植结构的指导意见》，调整农业结构，共调减籽粒玉米20.6万亩；新增青贮玉米4.1万亩，豆类2.6万亩，薯类6.4万亩，杂粮、油料等其他农作物15万亩。开展京津冀鲁农业合作交流，对接农业部、首农集团等组织机构、知名企业80余家次。临邑县"智慧农业大棚"项目进展顺利，建成后可年产蔬菜5000吨。中节能光伏农业、华大基因集装箱养鱼、江苏绿港生态农业水肥一体化等重大项目落户德州市。

【创建省级农产品质量安全市】 市政府列支2000万元专项资金用于农产品质量安全市创建，陵城区、禹城市、乐陵市已建立农业投入品追溯试点。新增4处省级农业标准化生产基地，总数达15处。开展省、市级农产品质量抽检16次，抽检样品1500多个，合格率稳定在98%以上。开展韭菜等农产品质量安全专项整治行动，共出动执法人员7000余人次，共检查企业、门店、农资市场等2000余家次，为农民挽回经济损失600余万元。

【国家现代农业示范区建设】 2016年，推进实施现代农业园区项目71个、累计完成投资39.7亿元，全市共建成各类农业园区249个。制定《德州市现代农业园区认定管理办法》，认定49个农业

2016年9月28日，荷兰—中国德州现代农业精准对接会在德州市召开

园区为德州市现代农业示范园区。全市新增"三品一标"认证产品34个,总数达328个,认证总面积达654万亩,占食用农产品产地总面积的68.9%。市财政连续三年每年投入5000万元,作为全市现代农业产业发展专项基金启动资金,扶持农业项目实施。全市已筹集10亿元资金,建立了拥有170多个农业项目的扶持项目库。

【农业科技创新】 "德州700万亩整建制吨粮市高产稳产关键技术集成与推广项目"获评全国农牧渔业丰收奖二等奖、全省一等奖。"齐河县20万亩半粮高效生产技术集成与推广"获2016年山东省农牧渔业丰收奖三等奖。12个农作物新品种通过省级审定,总数达到57个。农机总动力达到1535.8万千瓦,耕种收综合机械化水平达到92.5%,居全省第一位。全市已建立配肥站38个,配方肥施用面积75%以上,推广大田水肥一体化面积2800多亩。2016年,共实施农作物病虫害统防统治532.9万亩次,其中飞机防治140万亩次,农作物秸秆综合利用率达到93%以上。

【农村改革】 全市新增农村土地经营权流转面积22.8万亩,总数达318.4万亩,占家庭承包经营耕地总面积的38.4%。全市累计办理农村土地承包经营权抵押贷款总额达8000多万元。新增农民合作社741家、总数达1.36万家,其中新增省级示范社33家、国家级示范社3家,总数分别达到247家、50家。新培育家庭农场384家、总数达2069家,经营耕地总面积达29.1万亩,新增省级示范场12家,总数达到18家。全市农村产权流转交易总量累计达2500余宗、金额达7亿多元。

【农村产业融合】 新认定13家企业为市级重点龙头企业,市级以上农业龙头企业总数达到208家,其中国家级17家,省级31家。规模以上龙头企业实现销售收入2219亿元、利税211亿元,同比分别增长11.2%和2.5%。

2016年11月,农业部部长韩长赋(前左三)到齐河县调研基层农技推广体系建设

国家级农业产业化龙头企业保龄宝生物股份有限公司现代化工艺生产线

【农业行业扶贫】 2016年，全市政策性保险投保面积小麦711.5万亩、玉米639.9万亩。全市共落实上级无偿惠农资金30余项、18.3亿元，其中过亿元5项。实施农业行业扶贫“五大工程”，已帮扶贫困户2.6万户，贫困人口5万人。除普惠类资金外，安排用于扶贫脱贫工作的资金1108.2万元，占项目资金总额的21.4%。特色产业覆盖省定扶贫工作重点村530个，占省定扶贫工作重点村的93.6%。市级以上农业龙头企业帮扶贫困户1万户，贫困人口1.9万人；家庭农场帮扶贫困户616户，贫困人口1024人。 （吴利平）

林　　业

【概况】 2016年，全市造林面积20.36万亩，植树1912万株。其中，春季完成造林18.6万亩，秋冬季完成造林1.76万亩。全年发展防护林面积9.42万亩、用材林7.1万亩、经济林3.84万亩，新建完善农田林网58万亩，村镇四旁植树600万株，建设绿色通道1653公里，新发展花卉苗木面积达2.01万亩。

【重点工程建设】 2016年，重点实施了“一带、一区”省级重点林业工程建设，工程涉及夏津、武城、运河开发区、德城区、经济开发区、宁津、乐陵、庆云8个县（市、区），全长340千米，宽150米

陈勇等（左二）参加义务植树活动

的沿河基干林带、5公里辐射区的农田防护林已建成，完成造林面积达10万亩。该工程完成西陈沟湿地公园和古运河九龙湾湿地公园造林300亩，同时完成运河开发区5000亩生态林场建设项目规划设计。其中，完成中央财政造林补贴项目1.5342万亩，完成中央财政森林抚育项目1.7625万亩。

2016年，全市共拥有湿地公园22处，其中，国家级湿地公园5处、省级湿地公园6处，湿地公园总面积达20万亩；全市拥有森林公园5处，其中，国家级森林公园1处、省级森林公园4处，森林公园总面积达12.8万亩。

【经济林和花卉苗木】 2016年，新建经济林3.84万亩，全市经济林总面积达到72.44万亩。乐陵金丝小枣标准化推广示范基地被评为“全国林业科技推广示范基地”；成功创建4家“省级经济林标准化示范园”；3处果园晋升为“省级十佳观光果园”。新发展花卉苗木面积2.01万亩，全市花卉苗木总面积达到20.69万亩。

【国家储备林项目建设】 2016年，编制完成《德州市利用农发行贷款建设国家储备林基地项目实施方案》，涉及全市10个县的70个乡镇、1105个村。全市上报储备林项目35.14万亩，项目总投资187.68亿元。

【病虫害防治】 全面启动70余个市级虫情监测点，实施飞机防控230万亩，地面人工防控40余万亩。培育和释放美国白蛾天敌——周氏啮小蜂10亿头，全市共发现并鉴定出有害生物种类350余种，其中，虫害280余种、病害50种、有害植物10余种。

【林业执法】 2016年，全市共查处涉林刑事案件5起，行政案件338起，行政处罚340人次。开展以打击乱捕滥猎候鸟为主要目标的“清网行动”，全市共出动人员100余人次，收缴捕鸟网800余米，收缴鸟类200余只。德州市引进国家一级保护动物大熊猫2只，全年救助国家二级野生保护动物5只，现场放生各种鸟类3267只。

【产业建设】 2016年，组织全市林产企业参加第十三届中国林产品交易会，选送的黄金梨、青研二号桃、“铭诺骄”葡萄、“圣源”椹果酒、促果器等产品荣获5项金奖，红枣核桃、红色文爱苹果等产品荣获4项银奖。山东鼎力枣业食品集团有限公司荣获“第三届中国林业创新奖”一等奖。山东百枣纲目生物科技有限公司、山东楷模居品制造有限公司、宁津县烨鲁木业有限公司、山东昌润生态农业有限公司、山东金马首装饰材料有限公司、山东圣源酒业有限公司、临邑县临兴木业有限公司等7家林产企业晋升为“省级林业龙头企业”。

（王　勇）

畜　牧　业

【概况】 2016年，全市奶牛存栏13.5万头、生猪年出栏630万头、肉牛年出栏73万头、家禽年饲养量2.2亿只，肉蛋奶年产量167万吨。

【标准化养殖】 全市新增标准化规模养殖场区328处，其中省级16处，国家级4处，全市标准化规模养殖场区达到1650家，养殖量占总饲养量比重超过60%；新增无公害认证44处，通过“三品一标”认证的场企达到233个。

【产业融合】 德州光明、齐河圣喜等20多家老牌畜牧龙头企业通过延伸产业链条、促进一二三产业融合,产业链连接紧密度显著提升。德州市政府与广东温氏集团签署包含扩繁场、商品猪场、现代化家庭农场和饲料厂在内的生猪养殖一体化合作框架协议,年可向京津地区提供优质商品猪100万头以上。2016年,全市依托324家畜牧加工龙头企业、91家省级标准化合作组织、3家产业联盟,聚集养殖场区户1.2万个。

【饲草作物种植推广】 禹城市、乐陵市被列为全国"粮改饲"试点市,获得扶持资金1800万元。成立包括牧草种植和收储、奶牛养殖,以及进出口贸易等96个产业链个体的全市饲草产业联盟。全市新增饲用玉米种植面积10万亩,农作物秸秆青贮总量达到200多万吨。

【畜牧品牌创建】 42家畜牧企业或产品通过无公害认证和认定。截至2016年年底,全市通过"三品一标"认证和认定的场企和产品达到229个,并先后引建、培育各类畜产品品牌100多个。

【畜牧业安全】 2016年,全市饲料行业共验收企业17家,抽查39家,下达整改意见60条;对26家生猪定点屠宰企业资格审查清理,清理不合格企业15家,11家合格生猪屠宰企业列入放心肉监控系统。

【无害化处理】 养殖粪污治理方面,印发《水污染防治行动计划》,对"三区"划定、依法关闭或搬迁禁养区内的养殖场(小区)和养殖专业户等提出明确要求。病死畜禽无害化处理方面,印发《关于做好病死畜禽无害化处理工作的通知》,确定的8处病死畜禽无害化处理厂已经有5处建设完成。 (王艳秋　宋若禺)

水产养殖

【概况】 2016年底,全市水产养殖面积18.5万亩,水产品产量11.5万吨,产值12.8亿元,同比提高4.5%、7%。工厂化养殖面积7万平方米。

【项目建设】 全年争取"海上粮仓"项目资金1775万元,同比增长5%。德城区、乐陵市、齐河县3个县(市、区)实施2016年现代渔业平台项目。全市8个县(市、区)10处城市水系、水库实施"放鱼养水",放鱼面积4.54万亩,集中招标鱼种7.3万公斤,突出"放鱼养水"生态效益、经济效益、社会效益。

【水产品质量安全】 养殖产地检查实现常态化,在禹城安齐现代渔业园区开展质量追溯试点。实行"双随机"监督抽检制度,养殖水产品监督抽检合格率100%。认定"三品一标"基地7处、认证产品8个、面积422公顷。

【渔政管理】 开展"护渔2016"执法行动,处罚电鱼案件14起。强化水产品质量安全检查,出动执法人员1020人次,重点检查苗种生产及"三项纪录"情况,检查养殖单位387家次。

【渔技推广】 实施基层渔业技术推广体系改革与建设项目,建设试验示范基地9处,确定示范户850户,面积7.63万亩,主推品种覆盖率达到70%以上。推进应用"渔业通"信息化服务平台,安装6个县级应用平台,推广5家企业端、300多手机端用户。举办新型渔民培训班17场次,培训997人次。健全病害测报网络,主导品种全部纳入测报范围，测报面积占全市养殖面积的5.3%，形成监测月报指导群众防治病害。

【精准扶贫】 全市渔业行业扶贫人口已脱贫405人，占全部贫困人口数的78%，完成年度任务。乐陵市铁营镇省级现代渔业园区建成“水中养对虾、岸上养蚂蚱”扶贫模式，台田建成飞蝗养殖棚853个，建设高标准南美白对虾高位池100亩，每个飞蝗养殖棚帮扶1人，每年收益不低于750元，南美白对虾养殖年分红金额不低于16.39万元。禹城市引进华大基因集装箱养鱼项目，实现816人脱贫，人均增收710元。 （李 霞）

蔬菜生产

【概况】 全市新增设施蔬菜10.2万亩，蔬菜种植总面积稳定在300万亩，总产1200万吨，产值160亿元。新建高标准蔬菜园区28个，3.19万亩。全市食用菌总面积达3800万平方米，总产58万吨，位居全省前列。新增“三品认证”14个，禹城“沙河辛”西瓜获得地理标志认证，蔬菜药物残留抽检合格率稳定在98%以上。

【蔬菜园区】 2016年，新建的临邑智慧农业大棚示范基地、禹城花果山蔬菜园区、平原县溢佳农业园区等全部由工商资本投入，建设规模大、标准高，全部达到农业部标准园建设的“五化”要求。临邑智慧农业大棚示范基地，全部采用荷兰模式的智能玻璃温室，单体占地面积达到100亩。

【品牌建设】 2016年，全市半亩以上的韭菜均纳入全省统一管理，并为6900余亩韭菜制作了韭菜地图。全年销往京津冀蔬菜达300多万吨，占全市总产量的四分之一，在京津冀打造出德州蔬菜“放心吃”的品质品牌。

【产业扶贫】 全市共建设蔬菜产业扶贫基地64个，32774亩；共举办49期蔬菜扶贫培训班，培训贫困农民6005人。全市涉及蔬菜产业扶贫的行业协会有6个，专业合作社90个，龙头企业20个，累计参与扶贫农业经营主体116个，加入合作社和龙头企业打工人数3109人，人均年收入10178元，7497名贫困人口依靠蔬菜产业实现脱贫。

【食用菌生产】 齐河、武城、禹城、平原、宁津被列入全省食用菌产业重点县。全年新增食用菌面积301万平方米，全市食用菌总面积达3800万平方米，总产58万吨，比上年增加6万吨。

（李 飞）

全市蔬菜产业扶贫暨关键技术培训班

农机管理

【概况】 2016年,全市农机总动力发展到1535万千瓦,农机总值89.7亿元。其中大中型拖拉机8.2万台,占拖拉机总量的33.2%;联合收割机3.7万台,其中自走式机械占总量的71.2%。粮食生产机械化水平巩固提高,全市农作物耕种收综合机械化率达到92.5%。

【农机购置补贴】 2016年,全市共落实农机具购置补贴资金19920万元,比上年增长21.8%,补贴各类机具6853台,受益农户和服务组织6693个。齐河、平原、乐陵、禹城等4个农机报废更新补贴试点县市,落实报废资金106.45万元,报废老旧机具305台。

【新技术新机具推广】 落实农机深松整地作业补助资金2560万元,项目作业面积64万亩,带动全市完成深松作业168.3万亩。粮食烘干机械化快速发展,全市粮食烘干机达到139台,比上年增加87台,增长167.3%,日烘干能力9390吨。秸秆综合利用水平显著提升,全市90%以上的小麦和玉米联合收割机都安装了秸秆切碎装置,小麦秸秆打捆机发展到306台,作业面积30.7万亩,玉米秸秆青贮机45台,作业面积6.71万亩,全市秸秆综合利用率达到95.7%。发展以高杆喷雾机和植保无人机为主的高效植保技术,全市大型喷雾机发展到93台,植保无人机21架。

【服务体系建设】 全市农机合作社发展到912个,入社社员21734户,资产总额12.8亿元,拥有各类机械38306台,由农机合作社完成的作业面积占全市总作业面积的55%。建成国家级农机合作社示范社14个,省级示范社18个,市级示范社50个。

【农机化生产】 三夏期间,全市累计投入小麦联合收割机3.63万台,共机收小麦792.5万亩,机收率99.8%。三秋期间,全市上阵玉米联合收获机1.78万台,机收玉米748.97万亩,机收率96.6%。

【监督管理】 全市网上注册的农机维修网点达854个,建成区域性农机维修中心45个、农机维修“4S”店10个。全市共培训各类农机人员6万多人次,2414人取得农机职业技能鉴定证书。全年共新挂拖拉机、联合收割机号牌6202副,年检拖拉机、联合收割机7800台,新考驾驶人1379人,换发驾驶证1504本。 （李志伟）

供销合作

【农业社会化体系】 2016年,市供销社及11个县(市、区)社全部成立农业服务公司,共建成供销为农服务中心33处,购置植保无人飞机27架、粮食烘干机56台套,全系统托管服务土地面积达到了90余万亩。

【农村现代流通体系】 全市已组建农产品公司12个,建立优质农产品基地130处,建设农产品批发市场、物流仓储中心15处。在乡村建设日用品和农资等经营服务网络,经营服务网点达到8000多个。对接全国供销总社和省社“供销e家”电商平台,已建立市级电商运营平台3家、县级运营平台17家。

【农服务协同体系】 强化“社农结合”，先后与市财政、农业、国土、气象等部门联合下发文件，共同推进为农服务向协作化、集约化、组织化、专业化纵深发展。全系统将精准扶贫纳入“村社共建”体系和供销社经营服务体系，通过利益联结、定向帮扶、就业安置、创业扶持等途径，采取组建合作社、共建服务项目、土地托管、农资直供、教育培训等多种方式，提升贫困户创收致富能力。

【实体性合作经济组织建设】 全市供销社通过多种形式领办创办农民合作社及其联合社，以此为载体推动农业产业化经营、规模化发展和标准化生产。全市供销社系统全系统有14个合作社被评为“国家级农民合作社示范社”；牵头组建县级农民合作社联合社11家，实现了县级全覆盖。市供销社开通“96621服务找供销”为农服务热线，为农民提供更加方便快捷的服务。加大对农民社员的培训力度，2016年全系统共培训8.6万余人次。

【城乡社区服务体系】 2016年，全系统共建设供销城乡社区服务中心236处，建设村级综合服务社2370个，新增各类经营服务网点3750个。

（刘春梅）

农业综合开发

【项目建设】 2016年，全市建成高标准农田13.94万亩，占计划的100%。完成的建设内容主要有开挖疏浚沟渠358.03千米，配套桥涵闸1655座，新打和维修机电井1140眼，建排灌站129座，架设农电线路282.33千米，埋设PVC管道809.14千米，发展节水灌溉面积13.94万亩，修机耕路317.9千米，其中硬化路213千米，新建农田林网防护林13.72 万亩，植树40.62万株。

2016年，全市共完成产业化经营财政补助项目18个，占计划的100%。完成的建设内容主要有：建日光温室大棚7.95万平方米、鸡舍1.57万平方米、牛舍6050平方米、猪舍2000平方米、车间1.29万平方米、仓库2756平方米，购仪器设备734台（套），新建生产线2条，分别占计划的100%。

2016年，全市高标准农田建设项目安排精准扶贫工程，涉及平原、齐河、夏津、武城、宁津和庆云6个县10个乡镇61个行政村，共建成旱涝保收田1.53万亩，完成计划的100%。完成的建设内容主要有：开挖疏浚沟渠35千米，配套桥涵闸133座，新打机电井181眼，建排灌站5座，安装变压器32台，架设农电线路47.75千米，埋设PVC管道63.88千米，修硬化路21.3千米，植树1.5万株，分别占计划的100%。

2016年，全市共完成农业综合开发项目总投资2.38亿元，占计划的100%。其中，中央和省财政资金1.84亿元、市财政配套资金465万元和自筹资金4868.44万元，分别占计划的100%。项目资金具体投向是高标准农田项目资金16亿元，产业化经营项目资金7751.44万元。

高标准农田项目区新增和改善灌溉面积13.94万亩，新增和改善除涝面积13.94万亩，生产条件显著改善。新增粮食1905万公斤，比开发前亩增加粮食145公斤，比非项目区亩增粮食106公斤。项目区农民年人均纯收入增加额比开发前增加245元；直接受益农户达23861户，比开发前户均增加914元。项目区增加农田防护林计划目标13.72万亩，比开发前林木覆盖率增加6个百分点；控制农业生产污染计划目标完成。项目实施乡村满意度达到100%；项目单位和项目区农民满意度达到100%。

【结构调整】 建成一大批高标准农田，为提供优质农产品打下了坚实的基础。培植新型农业经营主体，扶持粮食、畜牧和蔬菜等产业，不断增强项目带动能力。通过对产业化龙头企业和农民专业合作社的扶持，促进全市优势产业发展和优势产品产业带的形成，带动了农民增收，构建起“龙头企业带基地、基地连农户、合作组织做纽带”的产业化经营新格局。

【节水灌溉】 2016年，全市土地治理项目区共新打和修复机电井1140眼，建扬水站129座，配套农电线路282.3千米，埋设PVC管道809.1千米，发展节水灌溉面积13.94万亩，提高了项目区灌溉自动化水平和灌溉效率，灌溉水利用系数达0.8以上，节水20%，节能28%，省工30%。（赵连宏）

水　利

【城乡供水】 2016年，投资560万元，完成德州市整建制水利数据中心及农村饮水安全管理信息系统一期工程，市县初步实现信息资源共享。投资5200万元，完成平原、陵城区水厂扩建主体工程。全市5座水厂晋级省级规范化供水水厂。投入“以奖代补”补助资金130万元，13个未通水贫困村全部通水入户，全市所有贫困村都喝上了与城市“同源、同网、同质”的安全水。经过3次培训考核，各县正式具备42项常规指标检测能力，陵城区水质检测中心通过106项计量认证。德州市农村饮水水质合格率100%，连续两年全省排名第一。

【水利投入】 2016年，全市完成水利建设投资30亿元，其中争取省以上补助资金9.71亿元，同比增长19.7 %。以8月5日庆云南侯水库蓄水验收为标志，总投资25.96亿元的南水北调续建配套工程历时4年全面完工，当年累计向华鲁恒升、武城供水1975万立方米，市南水北调局被授予“全国南水北调东中线一期工程建成通水先进集体”荣誉称号。投资9600万元，完成潘庄、李家岸灌区改造工程和引黄清淤工程，灌区引黄输水保障能力进一步增强，潘庄灌区被确定为全国首个灌区“量控一体化”示范基地。投资1.72亿元，对马颊河中部72.5公里河道按原设计标准进行清淤治理。投资1600万元，完成朱家河陵城区剩余段治理工程，打通向宁津水库供水线路。投资967万元，完成引徒调水一期工程建设，禹城北部、临邑西部及陵城区南部45万亩农田灌溉用水条件显著改善。投资3858万元，完成丁东水库除险加固和杨庄河清淤治理工程，现代水网工程体系进一步完善。

【农村水利】 2016年，重点实施了大型灌区续建配套与节水改造、高效节水灌溉、小水源工程、中小河流治理配套、农村饮水安全巩固提升和农田灌排体系完善等六大工程，共清淤沟渠5050.35公里，新增机井5032眼，新增泵站389座，新增灌溉面积27.55万亩。其中，全市小农水重点县项目较省节点要求提前1个月完工，完成投资2.78亿元，新增“旱能浇、涝能排”高标准农田26万亩，全市高标准农田累计达到246余万亩。

【水资源管理】 全市967家非农业用水户全部实行计划用水管理，全市城乡主要水源地水质达标率100%。新装远程水量自动监控设备223套，全市取用水户计量设施覆盖率100%。联合环保、国土等部门编制完成《德州市生态保护红线划定规划》，将全市11个地表平原水库饮用水源地，齐河、禹城2个地下饮用水源地，夏津、武城2个重点水土保持功能区，南运河世界文化遗产，湿地公园划入省级生态保护红线，红线区内禁止一切与保护无关的活动，并制定相应的生态补偿办法。2016年，已封停深、浅层地下水井203眼、594眼，超额完成年度任务，浅层地下水超采区平均埋深由2010年的8.66米回升到8.39米。以优异成绩通过2015年度全省最严格水资源管理制度考核，连续3年取得优秀等次。

（赵红霞　郎　磊）

德州黄河河务管理

【黄河防汛】　2016年，德州黄河来水来沙量较常年偏少，整个汛期(7月1日至10月31日)，流量平稳，无洪水过程，无滩岸坍塌及漫滩情况发生，无生产堤偎水及险情发生。

【引黄供水】　全年累计引水13.66亿立方米，累计引水天数291天，其中非农业用水2.03亿立方米。水资源利用水平不断提高，为德州经济社会发展提供了水资源保障。

【跨区域调水】　2016年，完成引黄济沧供水任务，供水1.30亿立方米，占2016年沧州市压采地下水总量的65%，提高了沧州市农业压采地下水能力，解决了沧州市农业灌溉用水紧张问题。

【工程管理】　全年共完成维修养护土方6.93万立方米，石方2.12万立方米，投资1602.55万元。新增水利部黄河水利委员会示范工程1处(大庞控导工程)，截至2016年年底，全市共有“黄委示范工程”15处。

【生态建设】　2016年，完成春季植树1.37万株，树株保有量达到40.45万株。黄河大堤形成了堤肩两侧行道林、临河防浪林、背河护堤林地、背河淤区适生林、淤区边坡防护林的生物工程防护体系。北展堤成为齐河县境内一条20多千米的绿

李家岸引黄闸

色生态风貌带。（葛爱春　翟　雯）

德州漳卫南运河管理

【工程管理】 2016年，完成堤防维修养护389千米，安排物业化日常维修养护堤防长度221.273千米，考核单元24个。按照"防护型、生态型、景观型、效益型"绿化体系建设要求，实施堤防美化、绿化工程，累计种植树木1.01亿棵。

【防汛抗旱】 汛期(6月1日至9月30日)，漳卫南运河流域面平均雨量为605.5毫米，其中：漳河流域为498.5毫米，卫河流域为668.8毫米，中下游为649.2毫米。

7月，漳卫南运河流域出现了2次强降雨过程，局部特大暴雨。7月8日至9日，卫河流域普降暴雨到大暴雨，局部特大暴雨，最大日降雨量380.5毫米。7月18日，卫河流域普降大到暴雨，局部大暴雨，最大日降雨量140.0毫米，平均面雨量52.5毫米。7月19日，漳卫南运河流域出现大到暴雨过程，局部特大暴雨，最大日降雨量475.4毫米，漳河流域日平均雨量为98.5毫米；卫河流域最大日雨量320.5毫米，日平均雨量为128.6毫米。7月20日，卫河流域的汤河、安阳河局部出现暴雨，最大日降雨量64.5毫米。

7月19日，漳卫南运河出现自"96.8"洪水以来最为严重的汛情，入境主要控制水文站水情如下：

漳河观台水文站：7月19日8时流量为15.2立方米/秒，11时30分为44.3立方米/秒，13时陡涨为1025立方米/秒，18时涨至5200立方米/秒，为96.8洪水以后近20年来最大流量。

卫河淇门水文站：7月19日8时流量为43.3立方米/秒，20日8时为80.5立方米/秒，21日8时为126立方米/秒，22日8时为141立方米/秒，23日8时为145立方米/秒，24日1时达到最大流量153立方米/秒。

"7·19"洪水致使岳城水库水位陡涨，漳河泄洪。7月19日8时岳城水库水位为128.79米，20时35分涨到汛限水位134.00米，并持续上涨。7月24日23时涨至最高水位142.19米，该水位延续至7月25日6时后缓慢回落。

按照海河防汛抗旱总指挥部办公室调度要求，岳城水库于7月21日18时开始泄洪，泄量为100立方米/秒，7月22日0时下泄流量加大为200立方米/秒，7月24日16时增为300立方米/秒；25日23时增至307立方米/秒，为最大下泄流量；27日14时泄量降为200立方米/秒，28日12时降为100立方米/秒，8月10日8时结束泄洪。

为缓解河北省干旱缺水问题，通过引黄济津潘庄线路四女寺倒虹吸工程实施两次引黄输水。2015年11月23日至2016年1月17日，输水量1.36亿立方米。2016年3月7日至4月12日，输水量0.46亿立方米。

8月4日至8月23日，利用雨洪资源，通过四女寺枢纽节制闸经南运河为沧州市大浪淀水库调水，历时20天，累计过水量0.389亿立方米。

【水政水资源管理】 2016年共查处水事案件1起，现场处理2起，处理水事违法事件2件。8月，对管理范围内的123处涵闸(水闸19处，泵站45处)进行详细调查，并按技术要求进行GPS定位，明确监督管理名录。截至2016年12月，管理范围内取水口共42个，已发放许可证取水口共9个，尚未发放许可证的共17个。

（赵全洪　鲁晓莹）

工　业

综　述

【概况】 2016年,全市规模以上工业完成增加值1528.9亿元,同比增长6.7%,高于全国0.7个百分点,低于山东省0.1个百分点,居全省第12位。主营业务首次突破万亿元台阶,达到10628.9亿元,同比增长10.5%,总量居全省第七位,占山东省的比重达到7.08%,较上年提高0.57个百分点,增速高于上年同期3.4个百分点,高于全省平均水平6.8个百分点。利润586亿元,同比增长4.4%,增速高于上年同期2.0个百分点,高于全省平均水平3.2个百分点。

【产业培植】 "10+6"产业规模以上企业实现主营业务收入7492.2亿元,同比增长12.0%,增速高于全市平均水平1.5个百分点,实现利润402.4亿元,同比增长6.3%,增速高于全市平均水平1.9个百分点。现代医药(器械)、电动乘用车产业增势强劲,主营业务收入同比增长20%以上,分别达到29.4%和27.0%。车船零部件、生物制造、高端装备制造、空调设备、食品制造、体育用品、新能源等产业保持良好发展势头,主营业务收入同比增长11.4%~18.4%。节能环保、新一代信息技术、新型纺织、新型化学材料、农业机械产业增势平稳,主营业务收入增长1.7%~9.8%。新材料产业收入与上年同期持平。石油装备产业总量收缩,主营业务收入低于上年同期。

【产业集群】 装备制造、绿色化工、农产品加工、纺织服装、新能源与节能环保、生物技术6大产业集群发展迅猛。装备制造、农产品加工两个产业集群规模以上企业主营业务收入超过2000亿元,分别达2990.1亿元和2191.7亿元。绿色化工、纺织服装两个产业集群收入分别达到1236.7亿元和1094.8亿元。生物技术产业集群规模以上企业主营业务收入达到984.7亿元,并实现20.8%的增长。新能源与节能环保产业集群主营业务收入达到678.1亿元,同比增长12.3%。

【企业培植】 2016年,主营业务收入过亿元、10亿元、50亿元企业分别达到2058家、145家、16家,比上年同期分别增长37家、27家、1家。开展"进企业、解难题、促发展"活动,全年累计进厂入企1438次,帮助企业协调解决问题456个。

【技术改造】 全年共实施技术改造项目426个,项目计划总投资1252亿元,完成技改投资791.95亿元,占全市工业投资54.9%,同比增长15.3%。150个工业转型升级导向计划项目全部开工建设,完成投资255.24亿元,自开工累计完成投资394.7亿元。其中,18个项目列入工信部工业技术改造重点项目库,112个技改项目列入山东省技改导向计划。争取上级各项技改政策扶持资金共计1631万元。

【对外合作】 截至2016年年底，全市工业企业中共有各种类型对外合作项目522个。其中，并购重组59个，项目合作154个，研发合作216个，市场合作93个。

【科技创新】 2016年，新增省级认定企业技术中心14家，市级企业技术中心31家。全市共建成国家级企业技术中心8家，省级96家，市级160家。全年共有175个项目列入山东省技术创新项目计划，研发经费总投资达9.21亿元。

【股份制改造】 2016年，坚持科学规划、规范操作、重在培育，引导企业与资本市场有效对接，完成股份制改造。全市完成股改企业200余家，新三板挂牌企业19家，区域性场外市场挂牌企业101家。

【两化融合】 推进“宽带中国”示范城市建设，荣获 “宽带中国”示范城市“宽带普及示范”最佳实践奖，相关工作经验入选《“宽带中国”示范城市经验案例集》。4家企业获山东省两化融合优秀企业，市经济技术开发区、德州电商产业园等4家单位被列为省级智慧园区试点，市经济技术开发区等3个县(市、区)被评为省工业电子商务示范县。全省信息化建设扶贫工作现场交流会在夏津县召开，试点乡镇数量和资金数量均居全省前列，在2016年度全省信息化建设扶贫工作考核中德州市位列第一。

【企业家队伍建设】 起草《德州市领导干部联系企业家制度实施细则(试行)》《德州市优秀企业家推选工作实施细则(试行)》《德州市加强企业家培训实施细则(试行)》等文件，组织推选29名创新型优秀企业家，以市委市政府名义进行表彰。组织3批企业家分别赴德国、澳大利亚、美国培训，56位骨干企业主要负责人参加山东省中青年企业家培训班，多次组织各行业企业负责人赴徐州、上海、浙江等地参观学习。

【节能降耗】 德州市被评为国家工业领域煤炭清洁高效利用示范市、山东省高效环保煤粉锅炉推广示范市，平原县获得国家级循环经济示范县称号，夏津县被授予山东省太阳能应用示范市(县)称号。在省政府2015年度及“十二五”节能目标责任考核中，德州市万元GDP能耗下降23.87%，超额完成省下达目标任务。节能监察深入开展，全年完成197家用能单位现场监察工作。

【燃煤锅炉治理】 2016年，市县两级成立工作指挥部，出台《德州市燃煤锅炉治理工作方案》，按照整体谋划、分步推进、分类实施、重点突破等原则全面推进工作。截至2016年年底，全市10吨及以下锅炉完成治理1704台，占总任务量的98.10%，10吨以上锅炉完成治理98台，占总任务量的59.39%，超额完成年度任务目标。德州市空气质量、生态环境得到明显改善，全年“蓝天白云、繁星闪烁”天数达到182天，同比增加29.1%；良好及以上天数141天，同比增加7%。

【淘汰落后产能】 2016年，全市过剩产能化解率达到79.16%，超额完成省下达的过剩产能化解率目标值。贯彻落实国家、省淘汰落后产能政策，4户企业落后设备及生产线已经全部拆除，并均通过验收。

【经济运行调控】 制定《关于提升工业经济运行工作的方案》，加强工业经济运行监测平台建设，提高工业经济运行监测的信息化水平和时效性。编辑《工业经济运行月报》，做好月度经济运行情况分析。加强企业用能保障，做好电力直接

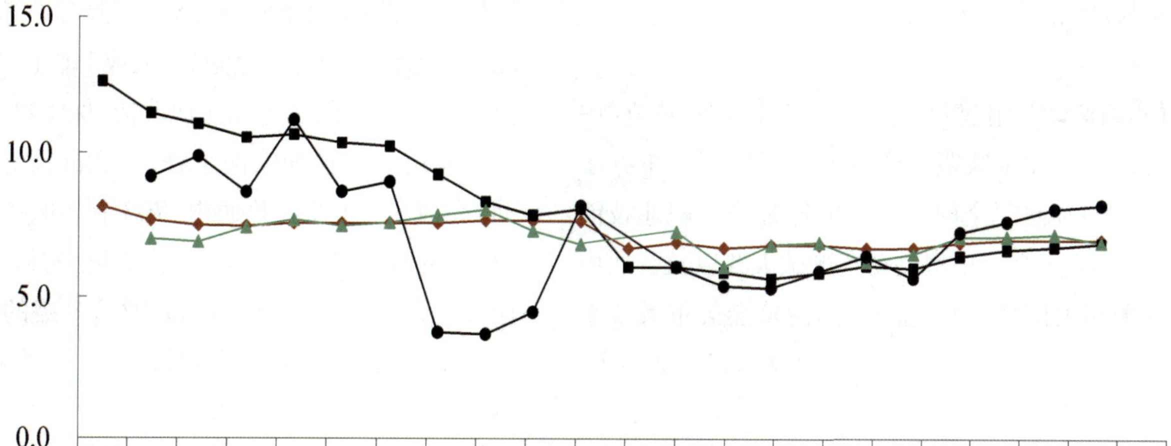

	2015年2月	3月	4月	5月	6月	7月	8月	9月	10月	11月	12月	2016年2月	3月	4月	5月	6月	7月	8月	9月	10月	11月	12月
全省累计	8.0	7.5	7.3	7.3	7.4	7.4	7.4	7.4	7.5	7.5	7.5	6.5	6.7	6.5	6.6	6.6	6.5	6.5	6.7	6.8	6.8	6.8
全市累计	12.6	11.5	11.1	10.6	10.7	10.4	10.3	9.2	8.2	7.7	8.0	5.8	5.8	5.6	5.4	5.6	5.9	5.8	6.2	6.5	6.6	6.7
全省当月		6.8	6.7	7.3	7.5	7.3	7.4	7.7	7.9	7.1	6.6		7.1	5.8	6.6	6.7	6.0	6.3	6.9	6.9	7.0	6.7
全市当月		9.1	9.9	8.6	11.2	8.6	9.0	3.4	3.3	4.2	8.1		5.8	5.1	5.0	5.7	6.2	5.4	7.1	7.5	8.0	8.1

省、市规模以上工业增加值增速度化趋势图(单位:%)

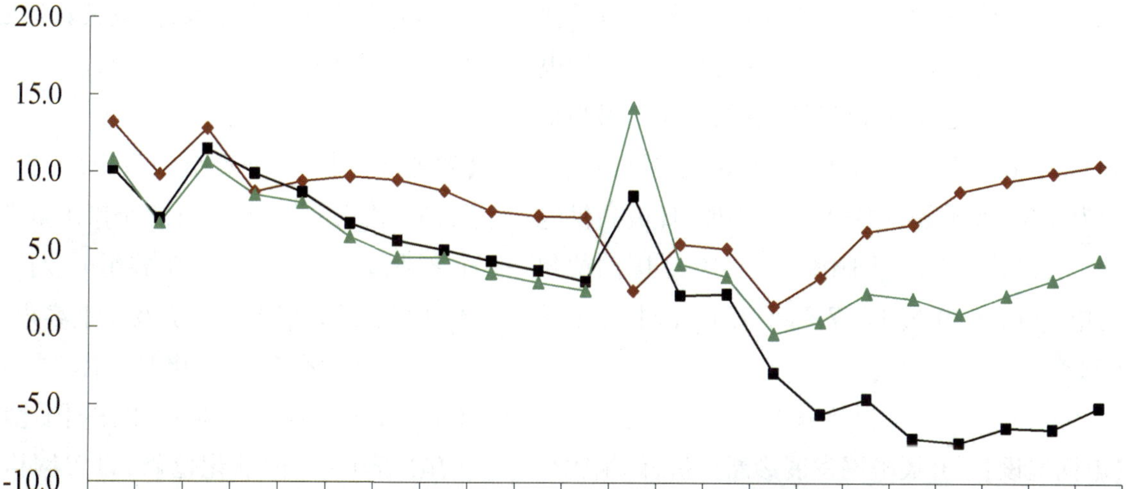

	2015年1-2	1-3月	1-4月	1-5月	1-6月	1-7月	1-8月	1-9月	1-10月	1-11月	1-12月	2016年1-2	1-3月	1-4月	1-5月	1-6月	1-7月	1-8月	1-9月	1-10月	1-11月	1-12月
主营业务收入	13.2	9.8	12.8	8.7	9.4	9.7	9.5	8.8	7.5	7.2	7.1	2.4	5.4	5.1	1.4	3.3	6.2	6.7	8.8	9.5	10.0	10.5
利税总额	10.2	7.0	11.5	9.9	8.7	6.7	5.6	5.0	4.3	3.7	3.0	8.5	2.1	2.2	-2.9	-5.5	-4.6	-7.1	-7.4	-6.4	-6.5	-5.1
利润总额	10.8	6.7	10.6	8.5	8.0	5.8	4.5	4.5	3.5	2.9	2.4	14.2	4.1	3.3	-0.4	0.4	2.3	1.9	0.9	2.1	3.1	4.4

全市规模以上工业主营业务收入、利税、利润累计增幅变化趋势图(单位:%)

交易试点。

【赛事活动】组建和完善12个产业联盟，成立“中关村产业技术联盟促进会德州工作部”，承办了“富士制御杯”全国第二届电梯维修工职业技能竞赛、2016全国小型电动车测试大赛以及首届中国德州太阳能（空气能）产品博览会等重大赛事活动。（贾卫国　陈怀文）

电力工业

【概况】　2016年，德州电网发电装机总容量394.6万千瓦，拥有500千伏变电站2座，主变容量300万千伏安。220千伏变电站25座，主变容量802万千伏安，输电线路1454.1千米。110千伏变电站95座，主变容量778万千伏安，输电线路1464.1千米。35千伏变电站350座，主变容量435.7万千伏安，输电线路2778.7千米。35千伏及以上输电线路594条。2016年，全市社会用电量195.6亿千瓦时，同比降低1.94%。用电最高负荷为354.6万千瓦，同比增长10.88%，网供最大负荷为316.1万千瓦，同比增长5.61%，日最高供电量6519.2万千瓦时，同比增长7.51%。国网德州供电公司售电量170.7亿千瓦时，同比降低1.74%。

【电网建设】　开展电网发展诊断分析，修编德州电网“十三五”规划，市县电网设施布局规划全部取得批复。35千伏及以上输变电工程实现“18投产、16开工”。新建成聊城向德州供电的220千伏线路6条，解决了220千伏西南部单环网问题。完成220千伏电网加强工程，优化了220千伏糖城、通裕站供电方式，提高了南部电网的供电可靠性。完成220千伏陵天、天苗线迁移改造，消除北外环道路的交通安全隐患；完成110千伏赵东、苗东线部分区段电缆化入地改造，保障星凯国际项目建设。开展配农网工程“三大战役夺旗”行动，完成1.8万眼机井通电、703个小城镇（中心村）电网改造升级。针对全市755个省级扶贫工作重点村，对于供电设施需要改造升级的124个村，优先安排投资和建设项目，完成62个村电网改造。

【电网运行】　开展德州电网全域内在运设备隐患排查，发现问题隐患4.3万处，整改3.2万处。220千伏线路实现“零跳闸”，10千伏线路跳闸次数同比降低20%。组建市县联合安全督察队，查处违章630起，下发整改通知书155份。高效完成35千伏及以上春秋检任务864项。建成智能电网调度控制系统，通过省公司验收，完成四级光通信网延伸工程。加强电网风险防控，发布预警通知书456份，七级以上风险预警实现全覆盖。在基建施工陪停多、保电天数达210天的情况下，确保了电网安全稳定运行。

【供电服务】　服务重点项目建设，实行定人、定期、定制“三定”服务，对108个市级重点项目和15个产业园区进行包保。实施用电业扩报装“先接入、后改造”，实现10千伏及以下客户“无障碍接入”。完善“区域协作、市县一体”的不停电作业体系，开展不停电作业9032次，同比增长20%。实施“五个一”标准化抢修，设置网格化抢修点157个，故障抢修平均处理时长同比减少43%。推进供电、供水、供热等“多表合一”建设，完成水表、热表采集接入2.2万户。新建投运城区和高速公路快充站22座。开展防汛供电隐患排查，在岔河、减河、漳卫南运河行洪时期，安排应急发电车对四女寺泄洪闸站24小时驻点值守，确保防汛

电力供应。完成第九届“海洽会”、第六届资本交易大会等重大保电任务43项。 （宋光辉）

【华能德州电厂】 截至2016年，德州电厂总装机容量 270万千瓦，年发电能力可达160亿千瓦时，已累计发电2718亿千瓦时，对外供热2312万吉焦，实现营业收入847亿元。2016年，德州电厂年内先后完成了3号、2号、6号、5号4台机组超低排放改造，一次性通过省环保厅验收，对渣场进行高标准综合治理，全部一次性通过竣工验收。制定了《环保工作考核及责任追究办法》，落实第三方24小时厂内值班制度，攻关解决了机组启停过程中环保参数超标问题，二氧化硫、氮氧化物、烟尘排放绩效值同比分别下降48.89%、36.36%和50%。2016年对外集中供热411.8万吉焦，同比增长12.4%，对外供热能力达到2200万平方米，供热区域包括德城区、经济开发区和高铁新区实现了“零非停、零限热”。 （张荣宝）

化学工业

【概况】 2016年年底，全市化工产业集群规模以上化工企业295家，实现主营业务收入1236.7亿元，同比增长4.9%，利润65.8亿元，同比增长—2.7%，利税108.6亿元，分别占全市工业比重11.6%、13.1%、11.2%。行业覆盖煤化工、石油化工、盐化工、精细化工、生物和医药化工等领域近1000个产品。

【产业转型】 做好“一县一册”重新审核整改。9月，核实全市化工生产企业657家，正常生产的化工企业319家，在建企业72家，停产企业215家，转产企业28家，取缔企业1家，注销10家，其他类型企业12家。推进“打非治违”工作。全市共查处470家企业，其中需整改企业331家，需关闭化工生产企业139家。安全方面需整改企业168家，需关闭企业31家，环保方面需整改238家、需关闭企业企业32家。节能方面需整改企业68

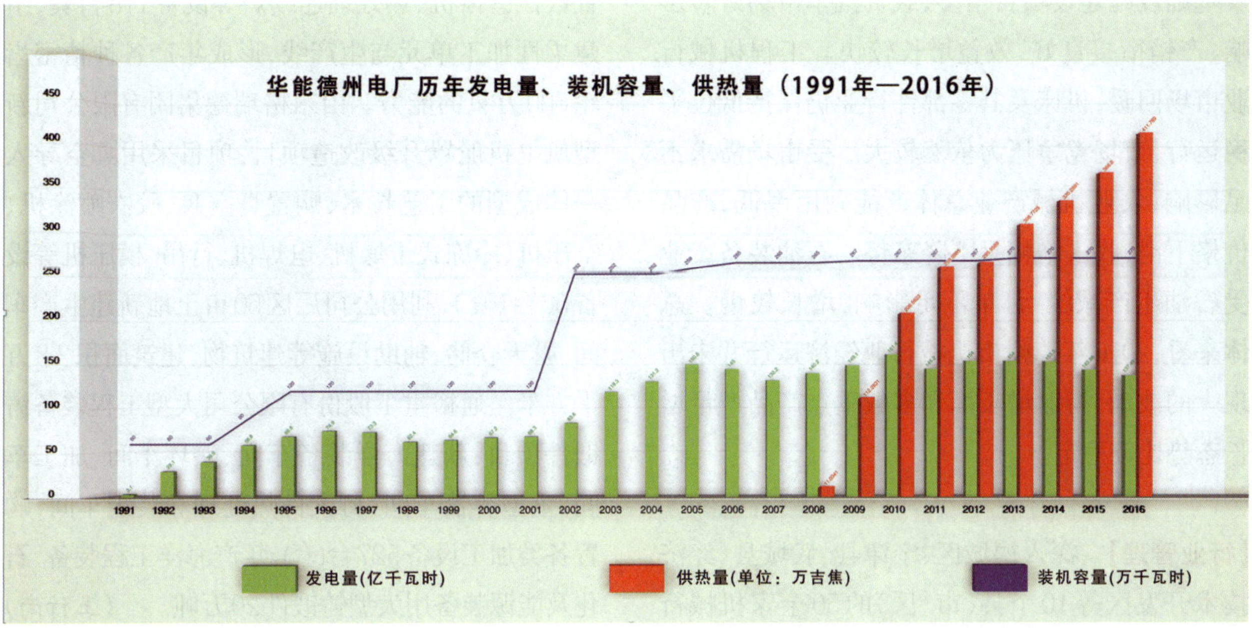

家。其他方面(住建、发改、工商、国土、质检等)共需整改的企业150家,因产业政策提请关停5家,其他方面需关闭企业96家。

确定267家化工企业参加市级"评级评价"工作。对5个产业园区进行了现场论证。2016年底,开始搬迁的村庄项目有16个,其中已经完成的搬迁村庄项目有4个(运河经济开发区4个)。开始搬迁的学校项目有3个,其中已经完成的搬迁学校项目有3个。已有2个村庄和4个家属院与农发行进行对接,总投资1.76亿元,信贷总额1.41亿元。 (崔玉军 李 哲)

机械工业

【概况】 截至2016年年底,全市装备制造工业规模以上企业605家,产品领域涉及9个子行业,主要包括机械基础件、中央空调、工程机械、汽车及零部件、石油装备及配件、电工电器(含船舶配套)、机床及工具、农业机械、环保装备(含风电)等。车船零部件行业受新能源汽车产销旺盛以及基础设施建设项目增多,载货汽车市场好转影响,产销衔接良好,效益增长较快。工程机械行业市场回暖,机床及其零部件行业仍保持低位平稳运行,市场竞争压力依然较大。受市场需求不足影响,农业机械产业总体产能利用率低,产品价格下滑,收入增幅呈下降态势。石油装备产业受石油生产减缓、订单不足影响,增长较慢。总体来看,2016年德州市机械行业经济运行并未出现大的波动,行业增长面和多数重点产品产量增长态势比较稳定。

【行业管理】 深入德城区、宁津县、武城县、经济技术开发区等10个县(市、区)的50余家机械行业骨干企业调研,形成德州市装备产业转型升级调研报告。

开展产业联盟成立和指导服务工作,2月,德州市石油装备产业联盟成立,联合石油公司当选第一届联盟会长单位,会员单位30家。3月,电梯联盟举办"富士制御杯" 全国第二届电梯维修工职业技能竞赛德州决赛暨德州市总工会首届电梯维修工技能竞赛。汽车零部件产业联盟组织会员单位交流学习产业政策和行业发展情况,参加中国北京汽车零部件展会等多个各类展会,提升联盟和会员单位知名度。

提升行业品牌形象,创新对外宣传工作。2016年3月,德州市80家企业参展"第十一届中国(山东)国际装备制造业博览会",展区共有室内17个标准展位、室外展区面积50平方米。山东普利森集团展出的CH6150D—4X1500车铣复合加工中心获得 "参展产品金奖"荣誉称号。

【项目建设】 2016年,全市机械行业重点转型升级导向项目主要有3个。德州齿轮有限公司齿轮精加工及产能提升项目:引进先进的数控装备,建设车间、库房及办公等辅助设施6.6万平方米,购置数控磨齿机、热处理连续炉等设备118台套,组建柔性加工单元与生产线,形成年产各种精密齿轮600万只的能力。山东格瑞德集团有限公司新型风电机舱罩升级改造项目:项目采用真空导入一体成型的工艺技术,购置真空泵、胶衣喷涂机、空压机、冷冻式干燥机、电焊机、行吊、模压机等设备56台(套),利用公司厂区50亩土地新建生产车间、露天仓储、辅助设施等建筑物,建筑面积2.8万平方米。通裕重工股份有限公司大型工程装备铸锻件项目:新建海洋装备车间、碾环车间、加工车间、重型容器车间、特大件热处理和装配车间,购置各类加工设备527台(套),年产海洋工程装备、石化及能源装备用大型铸锻件20万吨。 (王竹南)

轻 工 业

【产业发展】 2016年，组织成立德州市现代医药(器械)产业联盟，指导生物技术产业联盟开展相关工作，有针对性的组织重点企业参加国内外生物技术产业及食品行业高层论坛，组织联盟单位参加7月科技部与天津市政府主办的“中国(天津)国际生物医药产业暨技术装备展览会”。探讨与研究组建生物技术产业发展基金，做好与金融机构的对接和交流。组织德药制药、朗诺制药等6家现代医药产业联盟相关医药骨干企业，赴上海信谊药厂及上海张江生物医药基地开展合作对接活动。

山东德州双汇食品有限公司等25家企业进入百“强”企业名单，山东鸿兴源食品有限公司等5家企业进入百“高”企业名单，佳隆食品(夏津)股份有限公司等3家企业进入百“新”企业名单。

确定16个项目列入2016年全市150个工业转型升级导向计划，项目总投资42.4亿元，其中2016年计划投资22.98亿元，项目投产后预计新增销售收入67.55亿元，利润6.35亿元，利税1.63亿元。

【行业管理】 德州市2家企业获2015年度全国轻工百强企业荣誉称号，6家企业分获行业十强称号。组织相关企业参加“2015第十届东亚国际食品交易博览会”。3月，组织相关企业参加IWF2016中国(上海)国际健身、康体休闲展览会，会上举行中国轻工联合会为宁津县“中国健身器材生产基地”授牌仪式。参加在福州举办的第34届中国国际体育用品博览会，包括泰山体育、康纳斯、迈宝赫、大胡子等30余家体育用品制造企业参展。

完成国家新型工业化德州生物产业示范基地禹城核心区建设情况汇报和国家新型工业化产业示范基地创建发展情况汇总表。对禹城市363家现有工业企业运行情况进行摸底大调研，发放汇总调研表，形成调研报告。对全市体育(健身器材)产业进行调研，起草《支持体育用品产业发展奖励政策》。 (齐瑞芬)

纺 织 服 装

【概况】 2016年，全市规模以上纺织服装企业353家，共生产各类纱线121.5万吨，同比增长-1.1%。布2.4亿米，同比增长0.1%。服装4663.6万件，同比增长-36.9%。全年共实现主营业务收入1094.8亿元，同比增长7.9%。实现利税80.1亿元，同比增长-5.99%。实现利润55.4亿元，同比增长2.1%。全年共实现纺织服装出口19.13亿美元，同比增长10.2%，与上年同期的-19.1%有明显企稳回升迹象。进口5126万美元，同比下降17.7%，下降速度放缓，进口产品主要为外棉及进口设备。全年24个纺织服装技改项目，完成总投资29.42亿元，项目数比上年减少1个，总投资额同比增长18.96%。

【行业管理】 德州恒丰集团、禹城祥鼎羊绒纺纱车间荣获“全国纺织行业先进集体”称号，德州华源的王福华、夏津仁和的蔡金楠、德棉集团的李敏、临邑恒丰的朱长松荣获“全国纺织行业劳动模范”称号。组织德州市纺织企业参加全国、全省纺织行业细纱职业技能大赛并取得优异成绩，承办2016全市纺织行业粗纱职业技能竞赛，全市11个代表队33名选手参加。

临邑澳泰纺织有限公司淘汰浆纱机AS-GA365型1台，山东华乐新材料科技股份有限公司淘汰0.3万千瓦汽轮发电机组，淘汰设备有型号3兆瓦透背式汽轮发电机组1套、型号UG-20/3.82-M2锅炉机组1套(20吨)。

夏津县“中国棉纺织产业名城”、禹城市“中国半精纺毛纱产业名城”和陵城区“中国土工用纺织材料产业名城”通过中国纺织工业联合会的产业集群复评，成为中国纺织工业联合会重点培植产业集群试点。市纺织行业管理办公室被中国纺织工业联合会授予“纺织产业集群地区发展服务优秀奖(2014—2016)”。陵城区被工信部授予新型纺织产业集群区域品牌建设试点。

(王　鹏)

建材工业

【概况】 2016年，全市规模以上新材料企业144家，实现主营业务收入346.3亿元，占全市比重的3.3%；实现利税20.5亿元，占全市比重的2.5%；实现利润13.2亿元，增长-17.6%，占全市比重的2.2%。

【行业管理】 组织格瑞德有限公司、亚泰集团、贝莱特空调有限公司等联盟企业参加北京“第二十七届国际制冷、空调、供暖、通风及食品冷冻加工展览会”“2016第十一届中国(山东)国际装备制造业博览会”等展会。

调研了解部分县(市、区)产业和企业情况，筛选新材料企业，整理新材料企业名单，编制德州市“十二五”新材料产业发展总结报告。制定新材料企业重庆、上海等地市参展方案，组织企业参加研讨会、产品对标等活动。格瑞德、双一、北辰复合材料、呈祥电工电气、山东龙祥橡塑制品等新材料企业参加中国复合材料模压工艺暨轨道交通及汽车轻量化应用研讨会。

多次对运河开发区工业稳增长情况、26家规模以上企业经济运行情况调研，形成调研报告。对德州市经济开发区燃煤锅炉治理“百日集中活动”进行督导，对开发区3家企业的7台锅炉和3家企业的8台窑炉改造工作进行督查。调研夏津县阳光新能源开发有限公司，探讨玻璃钢企业废弃下脚料等固化废料的处理和利用工作。

【产业推进】 德州市新材料产业发展以国家“绿色建材行动计划”为指导，重点发展新型建筑材料、玻璃钢及高分子复合材料、新型焊接材料、新型无机非金属材料、新型金属材料、无机传热新材料等6大领域。

新型无机非金属材料方面，组织推广高效阻燃安全保温隔热材料、新型墙体材料、超薄型陶瓷板(砖)、无机改性塑料、木塑等复合材料、Low-E中空/真空玻璃、涂膜玻璃、智能玻璃等建筑节能玻璃。高性能纤维及复合材料方面，重点依托各龙头企业，引进国际先进产品生产技术，开发高强、高模、耐酸碱等高性能纤维及制品，发展电子布、工业玻纤织物、薄毡、热塑性增强基材、耐碱网格布及玻璃纤维增强混凝土(GRC)，研发玻璃纤维复合材料替代传统金属材料，扩大在轨道交通、飞机、汽车等领域的应用，提升玻璃纤维制品在脱硫、除尘、防腐管道、风电叶片等环保和新能源领域的市场占有率。加快进行碳纤维抽丝项目的建设，使产业建成较为完整的产业链。高端金属结构材料方面，开发高强高韧焊接材料，耐热、耐蚀、耐辐照、耐磨及耐低温焊接材料，无毒绿色钎焊材料及焊剂。发展高质、高效、节能、环保的自动焊丝产品。以轻质、高强、大规格、耐高温、耐腐蚀、耐疲劳为发展方向，开发高性能铝合金品种及大型铝合金材加工工艺及装备，发展航空航天、交通运输用高性能铝合金、镁合金和钛合金，积极开发LNG运输船及储存罐体用铝合金，开展镁合金在汽车零部件、轨道列车、航天航空等领域的应用示范。（王腾飞）

中小企业

【概况】 2016年末，全市民营经济总户数达到31.8万户，同比增长13.7%。中小企业达到5.9万户，从业人员118万人，同比增长9.2%，占城镇新增就业人口的99.2%。全市规模以上企业总户数达到3141户，其中规模以上中小企业3094户，占全市的98.5 %。民营经济实现增加值2548亿元，占全市GDP的86.8 %。实现营业收入12893亿元，同比增长15.4%，完成固定资产投资1737亿元，同比增长15%，实现税收144亿元，同比增长9%，占地方财政收入的53.9%。

2016年1月，德州市中小企业协会与冠群驰骋投资管理(北京)有限公司签订战略合作协议

【企业培植】 2016年，建立“专精特新”中小企业档案，围绕企业基本信息、科技创新情况、企业发展瓶颈、融资需求、人才需求、管理需求等企业发展现状和发展需求，设计制作了档案内容，为552家“专精特新”企业建立了档案。细化认定标准，提高认定条件，制定《德州市“专精特新”示范企业认定办法》，认定首批“专精特新”示范企业19家。推荐54家企业申报省级“专精特新”企业，42家获省级认定，省级“专精特新”企业达到134家。鼓励企业研发中心建设，认定“一企一技术”研发中心16家，创新企业16家，累计达到252家；推荐23家企业申报省级研发中心、创新企业认定，18家通过省级认定，累计达到123家。

【国际合作】 先后与欧美、日韩、东盟、非盟、中亚等国家和地区的40多个商协组织建立友好合作关系。主导引进美国威迅电子联合半导体有限公司等企业，推动德州市与美国加利福尼亚州库比蒂诺市建立友好合作关系。组织中小企业赴非洲拓展市场，组织“德州百企下南洋”、协助筹备“中国——东盟中小企业合作会议”等跨境合作交流工作。

【公共服务】 2016年，全市建成103个小企业创业辅导基地，入驻企业2245家，成功孵化企业300多家。建设企业(创业)服务平台，按照政府支持平台，平台支持企业的良性发展模式，重点建设公共服务平台和公共技术平台，涌现出一批以德州市中小企业(创业)公共服务平心、乐陵五金工具、宁津家具等技术服务平台为代表的服务软平台和技术硬平台。

【融资服务】 市级股权投资引导基金出资5000万元设立市中小企业增信基金，单户贷款总额不超过300万元，最高能够撬动10亿元银行贷款。推进“助业保捷贷”(微贷)，为小微企业提供单笔不超过50万元的小额贷款和保证保险。

【信息平台】 开发运行管理中小企业服务APP——“德企服务”，该APP包含金融服务、管理服务、商学院、企业之声、产业集群商城、信息发布和高端创业7大模块，细分为20个子模块。“德企服务”APP旨在依托德州市窗口服务平台，融线上线下服务于一体，为全市中小企业提供覆盖全部业务流程的化服务。截至2016年年末，已有3000多家企业登记注册，实现实时在线交流互动。 (李　峰)

交通通信

交通运输

【重点工程】 德上高速德州段建成通车，全市初步形成“三纵三横一连”高速公路网，济齐黄河公路大桥完成主桥工程的90%。完成G104.S101等4个国省道重点路段大中修工程，启动S105济聊线德州段、S318临武线武城段改建工程。完成农村公路新建改造1299千米，为全年建设任务153%。完成隐患治理里程1808.5千米、完成投资2.2亿元，分别占排查隐患总里程的100%、计划投资的105%，实现“三年任务，一年完成”。京沪高铁德州综合客运站建成并投入使用，实现了高铁、中长途客运、公交接驳无缝衔接，该项目荣获工程质量最高奖鲁班奖。扶持建设对接京津、辐射山东的冷链物流基地。引导支持市公交公司与青岛特来电合作成立德州公交特来电新能源有限公司，累计投资1146万元，投建95个场站、1175个终端。

【市场管理】 取消、下放行政许可2项。推行“先培训后付费”驾培服务新模式，放开对机动车综合性能检测市场的数量控制，精简货运车辆业务办理流程，有效提高管理服务水平。实施客货运输集中年审，严格做到见人见车。审验考核出租企业13家、出租车驾驶员3500余名，全年更新车辆400辆。查处货车超限283起，卸载货物1.5万吨，抄告违法信息142条。对德上高速、济齐黄河大桥以及6个国省道改建(大中修)项目开展质量安全监督，累计进行现场监督检查32次。全年组织专项检查29次、检查企业296家，排查一般隐患356项，整改完成率达93%以上，道路运输生产持续保持安全稳定。

【公共服务】 全年新开线路4条，优化、调整公交线路10条，新增站点190处。新推出“公交1小时免费(优惠)换乘”便民利民服务措施，受惠市民达150余万人次。投资1.9亿元，中心城区新增采购350台新能源公交车。扎实做好交通扶贫工作。编制《德州市交通运输扶贫工作方案(2015—2018年)》，755个省定扶贫工作重点村中，已完成656个村的公路建设任务，占总数的86.8%。落实交通惠民政策，严格执行春节、国庆节等节假日小型客车免费通行政策，落实鲜活农产品绿色通道、跨区域农机作业车辆减免通行费等政策。认真办理人大建议、政协提案和市民热线。2016年办理人大建议和政协提案70件，办理答复安排专人送达相关代表、委员手中。全年共办理“12345”市民热线2755件、“12328”热线8803件，办结率100%，合理诉求满意率达到95%以上。积极推进全国交通一卡通互联互通工作，并于2016年11月正式通过交通运输部验收，截至2016年年底，主城区13条线路181台公交车实现“一卡通”应用，线路及车辆覆盖率分别为32%和36%，成为全省第一批开通“一卡通”的4个地市之一。

公路建设

【高速公路建设】 德商高速公路正式通车。总投资35.19亿元的德商高速公路德州(鲁冀界)至夏津段,经过3年建设,主线于2016年8月通车运营,支线于12月通车运营。启动德上高速至京台高速德州连接线项目前期工作。项目全长15.69千米,总投资19亿元,完成投资人招标。

【普通国省道建设】 开展前期计划12项,其中G240项目已完成招标工作。G340、S240省发改委批复。G513、S242项目省厅出具行业意见。S254等5个大中修项目完成招标工作。实施新改建项目2项,总投资6亿元,其中争取省投资3.7亿元。S105济聊线德州段改建工程累计完成投资3.4亿元,S318改建工程累计完成产值3918万元。

【公路养护】 在日常养护、大中修项目中全面引入第三方监理巡查监督机制,公路供给质量和品质全面提高。完成G104、S101、S249等养护大中修项目5项,总里程148公里,总投资6.5亿元,全部完工通车。全年完成路面挖补13.2万平方米,维修桥梁17座。完成交通运输部路况检测任务。

【规费征收】 深化文明示范岗、示范中队、示范标兵创建,强化新进人员培训,完善考核体系,优化考核办法。加强“收费一线”“监控”“票据”等重点岗位的定期和不定期夜查、抽查。严格落实惠民政策,加强节假日应急预案演练和收费设施安全隐患排查,加大偷逃通行费治理。借助新组建高速路政大队和德商高速通车,实施人才代理和收费站人员转岗;完成德城南收费站展期工作。完成通行费收入7017万元,同比增长26%,其中S353德城南收费站收费5025万元,同比增长40.5%。

【路政管理】 推行执法全过程记录和随机抽查监管机制,完善事前事中事后监管。集中开展路域环境综合整治,市局领导包干,市县联动,集中治理,强化督查,实现了路域环境面貌大提升。加强公路建控区和涉路工程监管,依法收取路赔费和公路国有资源有偿使用费,依法依规维护路产路权。争取市编办批准新成立7个高速路政大队,加强执法队伍岗前培训,执法水平明显提升。实施路政巡查299.5万公里,办结涉路许可1275件,累计办结96660服务电话1.3万余次,处置率、办结率均保持100%。

【安全生产】 安全生产防治结合。深入实施安全风险路段整治提升工程,投资5430万元,实施里程130公里,大幅度提高了干线公路安全通行能力。其中省政府安委会挂牌督办的G105德州段整治项目,在全省地级市完成进度中排名第一。建立健全分级负责、分级监管,逐级负责、逐级落实的安全责任网络。完善安全隐患分级警告、建档立册、挂牌督办制度流程,开展了“平安行·你我他”“公路安防工程”等专项行动和夏季防汛防雷减灾专项整治活动。加强新改建、大中修项目安全生产条件标准化管理备案,推进在建工程施工现场安全达标工程。加强应急处置能力构建,健全应急管理组织网络和应急预案,应急人员、物资储备不断充实。

【扬尘治理】 采购清扫车3辆、洒水车3辆,对城区周边路段进行重点洒水作业,有效增湿降尘。加强施工现场、料场、拌和站等重污染区域的监

督检查，加大干线公路除尘保洁和渣土车运输漏撒整治力度，全年集中开展督导检查8次，扬尘污染治理取得了良好效果。（马敬诚）

高速公路运营

【机构设置】 山东高速股份有限公司德州分公司隶属于山东高速股份有限公司，主要承担着京台（德州至齐河段）、青银（齐河至夏津段）高速公路的收费、养护、路政、信息监控、综合服务等工作任务，管养里程200.328千米，其中京台路段105.448千米、青银路段94.88千米。两路段分别于1997年11月和2005年11月建成通车，是“五纵连四横、一环绕山东”高速公路主框架的重要组成部分。分公司现有员工800余人，共设置安全与综合事务部、计划财务部、人力资源与党工部3个职能部门，并有12个收费站、4个路政大队、3个养护所、2个信息分中心、1个收费管理中心。

【电子收费】 全年开通鲁通卡1.03万张，OBU销售4211台。（孙绪亮　孟　楠）

铁路建设

【铁路项目争取】 石济客专德州东站房审批，获得铁路总公司同意，进入签批程序。中铁总原则同意在德州东站以北建设动车存车场，同时拟扩大投资规模。协调开行北京至德州“德州号”市域高铁，于5月16日顺利开行。协调市相关部门及沿线县市区圆满完成京沪铁路、石德铁路、邯济铁路、石济客专安全区划界工作。济青高铁齐河段联络线征地拆迁各项，进入启动工程建设。完成德滨城际铁路预可研资料收集和论证工作。

【在建铁路建设】 石济客专德州段线下工程完工，铺轨完成，正在进行平原东、禹城东站房建设；完成五县市区第一阶段征地拆迁费用清理工作，确保2017年10月按期投产。完成德大铁路审计确权工作。所欠德州市剩余拆迁资金拨付到位，近期已协调相关部门及沿线5县市区将开展铁路用地办证工作。完成邯济铁路审计确权工作。完成齐河、禹城、市直铁总最终审计，剩余资金拨付到位，近期将协调有关部门沿线县市开展铁路用地办证工作。协调京沪高铁公司解决欠征迁资金、二次征地办证等京沪高铁遗留问题。（冯新中）

邮　　政

【邮政业务】 全市邮政累计完成业务总量6.86亿元，完成年计划的103.45%，增幅15.16%，高于全省平均增幅0.18个百分点。劳动生产率列全省第6位，同比增幅13.56%。全市新增金融总量76.19亿元，列全省第5位。包裹快递快速发展，收入同比增长66.4%，完成省公司收入预算的132.6%，列全省第5位。设置全城达点部3处，公开向社会做了“全城达”服务承诺。全市平台年交易额突破2.52亿元，列全省第3位。注册零售商户9363户，入驻商家929家；线上商品 3.29万种。农资分销累计实现销售额1.02亿元。全年建设并挂牌合作社39处，累计建设直营店154个，三农服务站316个，合作社180个。全市代收国税额3031万元；简易险销售保费30.9万元。累计代收费1790万笔16亿元。

【能力建设】 投资翻建、改造17处网点，租赁建设11处仓配寄仓储中心，建设11处机要处理场地，完成两个县危旧局房改造，建设700处便民服务站，电子银行交易替代率较上年提升11.4个百分点，居全省首位，手机银行人口覆盖率列全省第2位。建设商超型便民服务站7160个，列全省第2位，达标站点4703个，列全省首位。

【邮政改革】 完成市公司经营架构改革调整。完成全岗位双定，强化财务管理。推行集中采购委托社会招标代理，防范财务风险。推进ERP项目及外围系统的平稳接入，完成子改分后全市房屋土地权属证变更工作。提高网运投递支撑能力。9月完成邮件处理中心整体搬迁工作；在全省率先增开县到乡镇二频邮路10条。（魏自庆）

中国移动通信集团山东有限公司德州分公司

【智慧德州建设】 全年完成智慧德州及配套网络建设投资2.77亿元。建成4G网络基站1562个、微站194个和室分267个，累计达到5633个，实现了对城区、县城、乡镇、高速公路的连续覆盖以及全市97%行政村的有效覆盖，并对高铁进行了4G专网覆盖，无线网络总容量达到912万户。

投资3.02亿元用于光纤宽带及配套传输建设，新建管道780千米、杆路3700千米，铺设光缆14000皮长千米，新建汇聚机房和综合业务区65个，新建有线宽带端口31万个，宽带累计覆盖户数达到178万户，已覆盖全市9000多个社区和村庄。

启动和建设完成德州市经济开发区管理委员会、德州市物价局、德州市林业局、临邑县公安局以及德州市“中农工建”四大银行信息化项目共计908个。

【业务发展】 4G用户年净增74万户，宽带业务占有率达到30%以上。与公安部门联动堵截电信诈骗、打击伪基站，严格落实“实名制”，着力解决客户关心的焦点难点问题。存量客户实名制达到百分之百。

推出4G+网络（VoLTE高清语音和载波聚合网络加速），网络下载速率最高达到330Mbps。90%以上的出境客户享受到121个国家和地区提供的国际漫游流量包天不限量资费，在“一带一路”沿线18国可使用“多国包多天”数据流量漫游产品。

【客户服务】 全年客户咨询申诉、咨询量较上年同期下降13%。加强营业厅服务基础管理，进厅客户满意度达到了98.52%。在2016年被中国移动山东公司评为“客户满意管理最佳实践”先进单位。

参与承诺热线，快速、妥善处理市民热线转办诉求，实行“专人负责，限时处理、闭环管理”，加强内部考核确保处理效果。2016年，市民热线承办单满意度、按期回复率等指标均达标。

【应急保障】 全年共执行应急通信保障任务19次，出动应急通信车保障12次，应急调整载频270余个，完成全市两会、京津冀鲁技术交易大会、京津冀鲁校园足球邀请赛、太阳能大会、德州军区防汛演练、乐陵小枣文化节等重大会议、活动的通信保障。（顾　华）

中国联合网络通信集团德州分公司

【市场经营】 2016年，全市业务收入7.78亿元，实现缴税1496.11万元。发展4G用户3.88万户，用户规模达到27.33万户，移动网络用户规模达到108.40万户；以全光网建设为契机，开展宽带升级提速，宽带发展7.82万户，用户规模到达52.12万户。实施合作营业网点翻番计划，增加代理营业网点600余家，提供就业岗位3600余个。

【通信建设】 2016年，德州联通公司投资2.7亿元，进行全光网络、4G、3G以及大数据、云平台等基础网络设施的建设和优化。联通总带宽出口扩容至840G，基本实现了50M以上宽带无缝隙，大部分宽带端口可以支撑100M以上速率。移动网络在原有2G、3G网络全覆盖的基础上，快速扩大4G网络覆盖，4G网络规模在2015年实现翻番的基础上又增长了40%，全面覆盖了城区、校园、交通干线等重点区域，并逐渐覆盖至乡村，传输速率峰值达到150M，移动宽带通信质量再次实现质的飞跃。2016年，德州联通公司4G网络新建基站562套、室内分布83处，3G网络新增基站43个，2G网络启动行政村广覆盖工程，新增基站549个。4G网络面积覆盖率由64%提升至71.4%，人口覆盖率由68%提升至80%，2/3G网络面积覆盖达到87 %，人口覆盖率达到至92%。新建光缆611.4千米，改造小区和村庄近3500余个。城域网出口带宽由500G扩容到840G。

【信息化服务】 2016年5月向社会推行三项服务承诺：即可向客户提供基于100M接入能力的高速宽带服务，宽带受理零盲区，城区宽带4小时修障、农村宽带8小时修障。

政企客户方面：公安局、检察院、街道社情民意智慧网格等各种项目顺利实施，效果明显。承办的"12345德州市民服务热线"五年来高效运转，其平台规模和运营质量居全省第二位；积极推动数据信息消费等创新型业务，IDC云计算机房与百度、搜狐、蓝讯等知名公司合作，到2016年年底，IDC和云数据业务同比增长了33.7%，ICT业务同比增长了413.7%。

2016年，德州联通12345受理中心整合了消费投诉等21条行政服务热线，受理群众有效诉求71万件，树立了良好的品牌服务形象。全年共接到各类来电来79.8万件，其中有效诉求69.17万件，同比下降3.33%，服务满意率达到98.5%，接通率达到95%以上。 （刘　鎏）

中国电信德州分公司

【"宽带中国"示范城市创建】 参与开展"宽带中国"示范城市创建活动，淘汰落后接入方式，普及光纤接入，对新建宽带接入项目，均采用FTTH光纤到户方式。在完成光进铜退ADSL用户退网升级的基础上，上半年完成了传统LAN的光网改造。经过前后多次光网改造和新建网络，德州电信已建成区域全面具备50M以上宽带接入能力。优化各区县城域网设备出口扩容优化，区县城域网出口带宽扩大100%，减少用户带宽瓶颈。推进"宽带乡村"建设。8月完成LTE四期基站全部开通，进一步提高移动网4G网络质量。

【提速降费】 德州电信落实"提速降费"工作要求，开展全流量经营，资费较之前大幅降低。开展小区、村庄等驻地网现场营销，引导用户接受ITV、4G视频等高带宽业务。对已完成光网改造区域，采用资费优惠等措施鼓励用户迁改。2016年，德州电信固网宽带用户已全面迁改至FTTH/FTTB光宽网络，移动网用户已基本完成3G升4G。

【服务支撑】 不断提升基础服务能力，投诉处理实现全市集约化，投诉处理及时率从原来的96.62%提至99.49%，同时加强市服务监督热线的渠道宣传，接通率较年初的89.86%提至97.74%。不断提升网络服务能力，4G覆盖率提升2.6%。推出“480”服务，履约率、退单率、修障服务保障率、装机服务保障率均居于全省前三。（刘　萍）

城建环保

住房和城乡建设

【综述】 2016年，全市城镇化率达到53.7%，比上年提高2.04个百分点。中心城区共实施6大类、53个城建项目，完成投资143.5亿元，提升了城市功能和承载力。房地产业、建筑业平稳发展，棚户区改造、危房改造、农村改厕等工作均超额完成年度任务，墙改节能、污水处理工作快速推进，行业管理正常运行。

【城镇化建设】 2016年，研究提出全市2016—2020年人口市民化目标，制订《德州市2016年度新型城镇化建设任务考核办法》，编制出台德州市新型城镇化7项行动实施方案，完成全市农业转移人口市民化成本测算和分担机制研究，并形成研究报告。统筹推进15个示范镇建设，累计投资22.8亿元，完成227个基础设施和公共服务设施建设项目。成功将中心城区列为大城市试点，齐河列为中等城市试点，禹城列为小城市试点，将武城鲁权屯、禹城房寺等2个镇列为省级重点示范镇，临邑德平、庆云尚堂、乐陵杨安等3个镇列为省级特色小镇。成功获批1个“省级传统村落”、2个“省级宜居小镇”、8个“省级宜居村庄”。

【中心城区建设】 中心城区共实施6大类、53个城建项目，完成投资143.5亿元。沙王社区西区、人才公寓、东风北街已全部竣工投入使用，广川大道北延暨地下管廊项目基本完工，地下管廊综合控制中心正式启用。火车站改造进展顺利，残疾人康复中心进入主体施工，儿童医院项目进场，大学路东延及地下管廊项目清表已完成，纬九路、纬十路正在进行招标采购，蓝天百脑汇、绿城百合花园等城市综合体项目快速推进。

【房地产和建筑业】 全市房地产开发完成投资190.8亿元，商品房销售面积486万平方米、销售额200.8亿元，分别同比增长45.2%、49.1%。建筑业共完成总产值244.5亿元，同比增加18.7%，税收收入13.9亿元，出国、出省施工产值27.8亿元，

中心城区河东安居苑保障房建设工地

同比增加46.3%。贯彻落实中央、省关于房地产去库存的政策精神,全市商品房库存量已降至合理的范围。开展安全生产大检查、建筑扬尘整治活动,提高管理水平。德州市公路工程总公司成功晋升公路工程施工总承包特级资质。

【保障房建设】 全市棚户区改造新开工18981套,棚改货币化安置11850套,连同往年结转项目基本建成20277套,新增发放租赁补贴277户,任务完成率137.1%。中心城区河东安居苑、德城安居苑2个项目872套保障房开始申报分配。全市农村危房改造开工4660户,竣工4611户,新建农房10056户,完成投资9.2亿元,完成改厕14.6万户。农村"两改一建"工作共争取到上级补助资金1.26亿元,并全部下拨。实施中心城区园林小区、天衢小区等79个老旧小区改造,改善群众生活居住条件。

【节能减排】 实施居住建筑节能75%新标准,全市设计阶段执行新标准的新建居住建筑达380万平方米。加大既有建筑节能改造、绿色建筑和太阳能光热一体化建筑推广力度,全年共完成既有居住、公共建筑节能改造面积9.11万平方米;绿色建筑设计面积612.2万平方米,县城及以上城市规划区内的新建民用建筑绿色建筑设计标准达标率92.4%;完成太阳能光热建筑一体化建筑面积185万平方米。加强城市及农村污水处理设施建设,全市共有城市污水处理厂29座,运行24座,日处理能力87.5吨。全市95个乡镇和220个农村新型社区,106个纳入城区或镇区管网,新建209个污水处理项目。 (任云飞)

城 乡 规 划

【规划编制】 2016年,服务协同发展示范区建设,将"一区四基地"发展战略落实到城市总体规划之中。保障国际太阳能十项竞赛,完成太阳能十项竞赛场地规划、太阳能风情小镇规划以及竞赛配套设施规划设计,组织开展杨庄河景观施工图设计。推进创新谷规划建设,配合完成创新谷起步区规划设计。开展海绵城市、综合管廊、城市停车设施专项规划,以及金融港及市民中心地块规划策划、明月湖风景区改造提升规划一批重点编制项目。

【规划调控】 发挥规划引控作用,坚持对重大项目超前策划,对城市基础设施统筹配置。适应城市发展变化新需要,梳理城市路网现状,建立未来中心城区道路改造的项目库。对城市轻轨建设进行超前研究,对完善公交场站布局进行分析论证。及时出具纬九路、纬十路、纵八路、运四路等道路改造项目设计要求,配合推进道路建设。完成110千伏华宇变电站、凯元热电有限公司2012主蒸汽管网汽改水等项目规划审批。

【规划管理】 健全规划管理制度体系,规范管理和建设行为,营造健康良好的城乡建设环境和高效便民的政务服务环境。修订规划管理技术规定、规划许可变更管理规定,规范规划审批行为。落实上级规定,推行法律顾问制度。制定规划项目风险评估制度,落实维稳防控责任,努力消除审批项目法律风险。开展《市规划局标准化体系》建设,对科室、单位职责、履职标准、工作规范和规划管理流程、环节、期限等进行全方位梳理，对规划编制及项目选址论证、方案审核、规划实施等各个环节严格程序，建立完善工作标准、服务标准体系。

【规划服务】 围绕经济社会发展主线和县域经济发展需要，协助做好市域重大项目选址。改革政务大厅规划窗口设置和工业项目审批流程，推动审批提速增效。为市区重点项目开辟“绿色通道”，形成快速反应、快速推进、快速落实的强大合力。全年共组织开展编制各类规划12项，审批用地面积277.5公顷，建筑面积402.6万平方米，各类管线8.6万米，发放各类规划许可证件854项。 （张　鹏）

公用事业管理

【保障体系】 2016年，全市中心城区公用事业共完成基础设施建设投资5.51亿元。供水方面，新建改造供水主支管网70余千米，完成三水厂污泥处理改造工程，补建市区消火栓500具。供气方面，建设迎宾路、聚源大街等供气管网，推进南部生态片区气源及输配项目，二屯门站正式实现通气运行。供热方面，新建改造供热主支管网74千米、小区管网258千米，新建改造换热站81个。其中，供热南线一期工程建设主支管网34千米，已投入运营。老旧小区改造方面，投资1.05亿元，改造老旧供水小区54个、供热小区50个。截

市委书记陈勇（左三），市长陈飞（左五）视察老旧小区改造工作

至年底，中心城区公用事业管网总长度已达3409千米。其中，供水管网1041千米，年供水量3615万立方米。燃气管网1499千米，年供气量1.78亿立方米。供热管网869千米，城区供热小区达到968个，供热合同面积3328万平方米。供水、供气、供热普及率分别达到95%、96%和75%。

【行业管理】 以“保底行动”为中心，以大检查、快整改、严执法专项行动为重点，落实生产企业主体责任，常态化开展各类安全生产检查及联合执法行动，对城区公用行业重要设施、关键部位进行全面检查。加大安全投入，配备新型抢险车、红外热成像仪、管网测漏仪、金属管线定位仪等车辆设备。定期开展安全教育、应急演练、安全服务、安全生产承诺等活动。建立公用事业工程施工扬尘联动机制和考核制度，划分应急响应级别。推进煤改气及集中供热替代工作，完成煤改气82家，完成燃气替代供热改造2家及供热替代改造15家。 （王　镇）

住房公积金管理

【概况】 2016年，公积金年度新增缴存职工2.6万人，同比增长22.51%，缴存额24.73亿元，增幅11.15%，提取12.62亿元，增幅48.82%，放贷23.6亿元，同比增长19.92%。累计缴存额突破109.92亿元，累计提取37.24亿元，累计放贷81.9亿元。

【征缴扩面】 2016年将落实《关于规范和阶段性适当降低住房公积金缴存比例的通知》，年内为3家企业办理缓缴与比例降低，帮扶企业实现可持续发展。

【住房消费】 2016年，提取人数超过6.46万笔，惠及贷款职工8568人，放贷额占全市住宅贷款额的30%。租房提取、偿还商贷提取大幅增长，住房消费提取占比不断增加，占到全年提取额的78.12%。支持购房面积增幅较大，2016年度全市支持购房面积101万平方米，同比增长40.39%，占到全市住宅销售面积的五分之一，近一半县（市、区）管理部支持面积涨幅超50%。改善性住房消费增速明显，90~144（含）平方米约占81.32 %。全面落实公积金放宽后的使用政策，特别是冲抵还贷、异地贷款政策的有效运用，中低收入家庭住房消费能力增强，中低收入购房家庭比例达到98.9%。

【公积金使用】 2016年，个贷率达到78.27%，较上年增长10.14个百分点，全市资金使用率达到85.63%，较上年提高8.3个百分点，其中齐河当年资金使用率达到170%，11个管理部提取放贷资金均超过当年缴存额，齐河县、德城区等8个管理部年放贷额超过1亿元。 （田　兴　秦小丽）

房产管理

【保障性住房建设】 2016年，两个保障房项目（河东安居苑、德城安居苑）共计建设住房2675套。2016年8月，中心城区872套经济适用住房开始申报，包括河东安居苑510套和德城安居苑362套。调整公共租赁住房保障收入标准，由家庭人均年可支配收入3.26万元以下调整到3.90万元以下，准入门槛进一步降低，住房保障面进一步扩大。2016年，共受理公共租赁住房咨询和申请超过600户，新增审批公共租赁住房149户，其中新增发放补贴户数87户，2016年，共发放租金补贴户数633户，发放租金补贴资金220余万元，租金补贴发放户数累计达到2851户。与市财政局等部门联合印发了《德州市中心城区公共租赁住房实施细则》，将原来的廉租住房和公共租赁住房两套政策体系整合为一套政策体系，实现了统一标准、无缝衔接。

【老旧小区改造】 2016年，总投资2.45亿元，市财政投资达1.2亿元。2016年中心城区计划完成整治改造项目73个，改造面积98.5万平方米，改造户数12260户。实际开工79个，改造面积107.2万平方米，改造户数1.30万户，开工率达108%，已基本完工小区29个。

【物业管理】 印发《关于进一步做好物业管理工作的通知》，向三区下放部分物业管理职能，进一步夯实市、区、街道、社区四级管理基础，使物业管理工作进一步向基层延伸，更接地气。为加强行业管理，开展了“物业文明在行动暨物业服务项目百分量化考核”活动。2016年5月，市房管中心联合市文明办、市物价局、德州日报社、三区物业主管部门、全市物业服务企业召开了“物业文明在行动暨物业项目百分量化考核”活动动员会，11月份组织对实施规范化物业管理的192个小区进行分组考核，共评出优秀住宅物业管理小区27个，亮黄牌小区13个，市房管中心与市物价局联合印发了《关于物业文明在行动考核活动情况的通报》，并分别在《德州日报》《德州晚报》等新闻媒体公布。

严格物业质量保修金和住宅专项维修资金管理。2016年共办理缴纳物业质量保修金业务4笔，资金总额合计1285万元，办理退还业务21笔，资金总额2848万元；归集住宅专项维修资金7061笔，归集金额6758.6万元，支用业务1110笔，支用金额1131.3万元，受益户数21527户。

【房产市场监管】 开展房地产市场执法检查，定期或不定期对商品房预销售市场、房地产中介市场进行执法检查。对商品房（预）销售市场实行动态监管。加强对商品房预售资金监管，2016年签订监管协议34份，监管资金2.12亿元。开展对中心城区房地产开发企业经营行为的集中整治检查，到商品房销售现场对销售情况、是否存在违规预（销）售行为、现场明示资料是否齐全及工程进度等进行全面检查，重点检查是否存在违规预售情况，对调查过程中发现的违法行为及时处理。联合物价局对城区房地产开发企业和中介机构进行了明码标价检查。2016年共调查房地产销售项目60余个/次，查处违规项目共8个，当场下达《责令停止房地产违法行为通知书》8个。对房地产中介市场进行监管。在德州市中心城区范围内开展了房地产中介专项整治检查，对62家房地产中介机构进行了检查，根据检查情况，记入了房地产中介机构信用档案。规范和整顿房地产估价机构及其行为，实行异地估价机构执业备案制度、估价报告抽查制度、信用档案制度。开展了房地产经纪机构实名登记工作，要求所有房地产经纪机构重新备案，所有经纪人员采取实名认证。 （崔志恩 詹 洋）

城 市 管 理

【行政执法】 市政府印发《关于进一步明确市区两级城管执法权限和管理事项的通知》，进一步构建了权责明晰、管理优化、执法规范的城市管理体制。2016年，办理简易程序案件358起，一般程序案件立案65起，无一起行政诉讼案件。对128个建设工程项目依法监管，督促11处到期的临建项目办理了延期手续。对2016年143个遥感督察变化图斑进行了全面调查，分类汇总并提出处置建议。彻底拆除了住建部遥感督察R—16、R—13号图斑涉及的违法建设，面积1.2万平方米。

【市容环境】 增设水平移动式压缩站、生活垃圾压缩转运站各2座，合理规划、调整作业班次及人员设备，将垃圾桶的冲洗擦拭、消杀除臭纳入日常作业流程。生活垃圾填埋区雨污分流工程、沼气导排和沼气点燃工程竣工，提高了无害化处理水平，保障了生产安全。无震荡拆除实验小学院内大型广告塔，对观湖城等重点区域进行专项治理，督促21处擅自侵占公共资源的行为进行了整改；通过错时、延时管理，加大对占道经营、乱停乱放等行为的管理力度。5座公厕被中国城市环境卫生协会评为“最美公厕”，28座公厕通过旅游公厕验收。德州市环境卫生管理处、临邑县城管执法局荣获“全省环卫文化建设先进单位”称号。

【园林绿化】 对老城区绿化基础较差的4条道路改造提升，解决了基础设施毁损严重、色彩单调、层次不明等问题。对绿化基础较好的高铁新区，丰富植物配置、科学景观布局，结合工程应用、造景配置等需求，探索苗木新品种驯化试种，引进27个新品种。共种植乔灌木4.7万株，绿篱5.7万平方米，花卉及草坪10.8万平方米。完成31项绿化规划设计项目，开展地被植物引种驯化应用等6项课题研究。在全省城市园林绿化行业职业技能竞赛荣获团体二等奖，在第十二届中国（荆门）菊花展览会荣获15个奖项。

【市政设施建设】 南部生态片区污水管网改造工程续建项目，硬化路面近2万平方米，种植乔木3700余株，灌木1万余株，色块地被3万余平方米，草坪2.8万平方米，新建公厕两座，晶华北大道雨水管道建设工程项目，铺设管道1688米3行政中心及长河公园水质改造项目，铺设管道1400米，完成水体清淤、绿化补植、设施改造等，新建泵站3座，通过泵站将岔河、长河公园、行政中心水系连接，改善了湖体景观；高铁新区生产基地二期建设项目，建设完成两座管理用房、一座生产用房。全年维修道路5.9万平方米，灌缝2万米，更换人行道砖1.2万平方米，更换6条道路1000余基路灯灯具，方便了市民出行。改造13处易积水点，改造东风路地道桥泵站出水口等多处排水设施。对市区21条道路15.1万米排水管沟、2.7万座雨水井及10座泵站集水井全面清挖疏通，保证了管道畅通。

【信息化建设】 完善数字城管系统软件建设，实现了对建筑工地24小时不间断监控，与新闻媒体、“三区”热线办理单位联动，解决了职责交叉等“老大难”问题。全年办理12345市民热线4004件，承诺热线93件，数字城管案件16万件。数字市政与数字城管系统实现对接，增设视频监控，扩大了监控覆盖面，提高了城市防汛应急能力。

德州市首次采用融资租赁方式购置的环卫专用车辆

【大气污染防治】 通过融资租赁等方式购置道路机扫、洒水设备55部，主干道机扫率达到90%，路名牌、候车亭等城市部件清洗频次提高了1倍。规范渣土运输作业。密闭化改装渣土运输车140辆。实施渣土运输市场准入制度，市区有13家企业取得了“渣土运输企业资质证书”。新建一处建筑垃圾中转站，引导市民按规定投放。开展集中治理，清理零散建筑垃圾3000余立方米。推进生态功能区建设，乐陵市被评为省级园林城市，全市有12个单位小区荣获省级绿化示范单位小区称号。开展餐饮油烟及露天烧烤整治，所辖41家烧烤排挡经营业户基本实现“室内操作、油烟达标、有序经营、拒绝扰民”的要求。配合有关部门，加强对35处堆场料场的日常巡查，确保防尘、降尘措施落实到位。全市完成101块裸露土地绿化任务，总面积159万平方米，对65万平方米国有储备土地进行了草式绿化，有10个项目被评为全省2016年度城市裸露土地绿化示范项目。

（马永峰）

环境保护

【生态文明建设】 2016年，制定第一部德州市政府规章《德州市大气污染防治管理规定》，出台大气污染防治“双十条”规定、5个一号和24个配套文件，明确目标任务、工作措施和技术路线。出台《环境违法行为有奖举报暂行办法》，引导市民参与环保监督。

启动农村废弃物三级网络试点，省级以上生态示范创建率达到66%，推进182个村庄环境综合整治。

【环境质量】 2016年，全市大气环境质量持续改善，“蓝天白云、繁星闪烁”天数为182天，同比增加29.1%，四项主要污染物二氧化硫、二氧化氮、PM10、PM2.5浓度分别为34微克/立方米、40微克/立方米、141微克/立方米、81微克/立方米，同比分别改善17.1%、13.0%、13.0%、19.8%，获得山东省生态补偿资金2710万元。德州市年度空气质量改善率、PM2.5改善幅度、获得生态补偿资金实现全省第一。

2016年，完成2757台10蒸吨及以下燃煤锅炉淘汰和清洁能源替代，比2015年削减燃煤消费量250余万吨/年，完成53台10蒸吨以上锅炉超低排放改造。市县财政安排专项资金2.65亿元，整建制推进散煤治理，规划建设煤炭物流园13处，乡镇配送中心185处，初步建立起清洁煤市场配送体系。

完成285家建筑工地、261家物料堆场、91家商混企业规范整治。增加喷淋设施547套，建设防风抑尘网640万平方米，完成渣土车改装221辆，道路湿式机扫率达到85%以上。

完成黄标车淘汰工作，严格执行机动车注册登记排放国V标准，依法严厉查处生产销售不达标油品行为。中心城区清洁能源和新能源公交车比例达到90%以上。机动车尾气检测机构达到31家。重污染天气条件下实施单双号限行。

完成94家化工企业挥发性有机物和613家加油站油气回收治理。27家化工企业完成第一轮泄漏检测与修复。

对城市绿化进行提升改造，在中心城区新增“万亩林带”。市政府对运河经济开发区实施生态修复，编制生态修复三年规划，将7500余亩一般农田流转用于生态林建设，打造中心城区西部生态屏障。全市新造林20万亩，植树2500万株。

牵头编制“水十条”工作方案。制定22个流域控制单元达标方案，实施 42项重点工程，大力开展黑臭水体整治，推动饮用水源地规范化建设。主要河流水质全年稳定达到Ⅴ类标准,COD浓度27.9毫克/升、氨氮浓度0.68毫克/升,同比分别改善5.7%、30.9%。

开展企业、农田以及蔬菜种植区土壤环境质量监测分析,土壤环境质量总体清洁安全。对部分污染地块开展调查,开展生态修复。

【重污染天气应对】 调整重污染天气应急指挥部,简化应急指令发布程序。开展重污染天气应急演练,提高应急处置水平。新建69个空气自动监测站,全市空气监测站点总数达到100个。建设颗粒物源解析实验室、预警预报平台、视频会商系统。与京津冀城市统一重污染天气预警分级标准。市政府出台指导意见,对建筑施工、重点行业企业、产能过剩行业实施采暖期错峰生产。其间,建筑施工工程原则上停止易产生扬尘的施工作业。钢铁、石化、化工、造纸等重点行业企业安排大修检修。产能过剩行业原则上在正常生产负荷基础上减少30%以上,一般水泥生产线全部停产。

【治污工作】 2016年,出动监察人员2万余人次,检查污染源9800余家次,查处信访案件2052件,行政处罚164起。开展环境安全大检查,整改隐患160项,对放射源进行"从摇篮到坟墓"全程监管。完成349家涉危险废物、693家固体废物和危险化学品企业调查。初步构建市、县、乡镇、村(社区)四级网格化环境监管体系,开展污染源清单调查和网格员培训。联合公安侦办污染环境刑事案件81起,刑拘142人。开展省会城市群大气污染联防联控,与沧州、衡水实施联动执法。

完善环评审批流程,强化信息公开,在全省率先试行环保部门委托建设项目竣工验收监测。举办首届环境污染第三方治理供需对接洽谈会。推行建设项目环评审批负面清单制度,为招商引资和企业投资提供遵循。清理整顿496个违规建设项目,争取中央流域治污专项资金2.32亿元。

(刘春霞)

商贸流通

综述

【概况】 2016年德州市社会消费品零售总额1394.97亿元，比上年的1257.41亿元增长10.9%。按地域分，城镇1277.60亿元，乡村117.37亿元。按行业分，批发和零售贸易业1236.34亿元，住宿和餐饮业158.63亿元。

商品零售价格指数、居民消费价格指数101.7（以上年价格为100）。

【市场秩序】 突出食品安全、保护知识产权、诚信兴商、打击商业欺诈和商业贿赂以及传销等专项整治工作。在全市商务系统举办"保护知识产权宣传周""诚信兴商宣传月"等一系列活动，为推动全市经济秩序持续好转、促进公平竞争、净化消费环境做出了重要贡献。积极参加全市"3·15"宣传日活动，发放宣传单页500余份，在全市商贸企业倡导"以诚实守信为荣，以见利忘义为耻""以遵纪守法为荣，以违法乱纪为耻"的新风尚，普及产权知识，增强信用意识，营造诚实守信的社会氛围。

【市场体系】 做好市场建设培育，推进农村现代流通网络建设，以乡镇商贸中心和物流配送中心为重点，规范提高农村流通网络。引导市场转型升级，推进农产品批发市场、农贸市场、社区菜市场升级改造，打造以批发零售市场为主体的农产品流通链条。重视"农超（区超）对接"工作，打造"超市+基地"供应模式，突出抓好农业专业合作社、蔬菜生产基地的引进和重点超市销售专柜的培育。全市各类市场已发展到1011处，市场交易额过亿元市场140处。

加强对典当企业的监管力度，加强对拍卖企业的管理，完善二手车市场的备案工作。典当、拍卖业稳步发展，服务于中小企业、服务于全市经济发展的能力不断增强。全市现有典当企业19家，实现营业收入1310万元。拍卖企业8家，实现拍卖成交额1.5亿元。

【市场运行】 全市共有监测点65个，监测样本企业51家，涵盖批发、零售、餐饮等主要流通行业，监测商品包括9大类35种消费品和5大类7种生产资料。2016年市级商务预报网站累计发布信息935篇，其中市场分析474篇，市场动态64篇，工作动态212篇，被上级和主站采纳的有148篇。组织重点企业参加市场监测培训，建立健全突发事件预警和应对机制，提高市场调控和应急保供能力，满足突发事件城乡居民日常基本生活需要。

德州市2016年社会消费品零售总额表

分类指标	金额(万元)	增长(%)
总　额	13949700	10.9
城　镇	12776000	10.4
乡　村	1173700	13.5
商品销售	12363400	10.9
餐饮销售	1586300	11.6
限额以上	5835800	69.1
限额以下	8113900	－11.1

落实酒类经营者备案登记制度，加强酒类随附单使用管理。2016年全市办理酒类备案登记企业77家，其中批发企业44家，零售企业31家，其他2家；全年发放酒类随附单18510份。

【对外贸易】 货物贸易　实现进出口211.2亿元，比上年的196.77亿元增长7.3%。

进口额　完成进口61.20亿元，比上年的59.79亿元增长2.4%。

进口商品结构　初级产品进口27.96亿元，占进口总额的45.69%。工业制成品进口33.24亿元，占进口总额的54.31%。

德州市2016年对外贸易情况表

项　目	进出口(万元)		出口(万元)		进口(万元)	
	金额	增长(%)	金额	增长(%)	金额	增长(%)
合计	2112279	7.3	1500247	9.4	612032	2.4
国有企业	67842	2.4	45942	－15.7	21900	85.9
外商投资企业	465067	46.6	305999	19.9	159068	156.6
民营企业	1579370	－0.3	1148306	8.3	431064	－17.8
一般贸易	1876841	12.0	1317223	8.8	559618	20.3
加工贸易	208364	8.8	182118	14.2	26246	－18.0
其他贸易	27074	－73.1	906	348.5	26168	－74.0
纺织服装	196438	9.2	191312	10.2	5126	－17.7
农产品	210666	－31.3	150731	2.5	59935	－62.4
化工产品	380087	－12.3	254347	－4.3	125740	－25.0
机电产品	818229	39.4	608550	16.7	209679	220.0
高新技术产品	221927	249.5	105236	144.3	116691	471.7

德州市2016年大额商品进口情况表

金额分类	商品名称	进口金额(万元)	占进口总额比重(%)
10亿元以上	机电设备	207443	33.9
	铁矿石	141605	23.1
2亿~10亿元	芳烃混合物	97572	15.9
	生皮及皮革	23248	3.8
1亿~2亿元	沥青混合物	14840	2.4
	原棉	14428	2.4
	糖及食糖	13921	2.3
	化学短纤	11110	1.8
合　计		524167	85.6

进口来源　进口商品来自70个国家(地区)。从10大主要进口来源进口47.31亿元,占进口总额的77.3%。

德州市2016年主要进口市场情况表

国别(地区)	进口金额(万元)	占进口总额比重(%)
澳大利亚	128072	20.9
美　国	88586	14.5
印度尼西亚	57670	9.4
马来西亚	43264	7.1
日　本	37477	6.1
韩　国	34367	5.6
中国台湾	29993	4.9
巴　西	18822	3.1
德　国	18736	3.1
荷　兰	16093	2.6
合　计	473080	77.3

出口额　完成出口150.02亿元,比上年的136.98亿元增长9.5%,占全市生产总值的5.1%;全省出口总值的 1.7%。

出口商品结构　初级产品出口9.97亿元,占出口总额的6.64%,工业制成品出口14.01亿元,占出口总额的 93.36%。

德州市2016年大额商品出口情况表

金额分类	商品名称	出口金额(万元)	占出口总额比重(%)
20亿元以上	化学制品	307034	20.5
	电气产品	285267	19.0
10亿~20亿元	钢材及制品	171113	11.4
	纺织品	129138	8.6
	机械设备	117684	7.8
1亿~10亿元	车辆及配件	91399	6.1
	食品	77081	5.1
	服装	61802	4.1
	木及木制品	15356	1.0
	玻璃及制品	15002	1.0
合　计		1270876	84.6

出口市场　出口商品销往182个国家(地区)。对10大主要市场出口80.92亿元,占出口总额的54%。

德州市2016年主要出口市场情况表

国别(地区)	出口金额(万元)	占出口总额比重(%)
美　国	208287	13.9
中国香港	138237	9.2
韩　国	117531	7.8
印　度	82103	5.5
马来西亚	51418	3.4
日　本	47278	3.2
德　国	46027	3.1
俄罗斯	43448	2.9
越　南	42259	2.8
英　国	32647	2.2
合　计	809235	54

服务贸易　实现进出口33.30亿元，比上年的19.68亿元增长69.2%。

进口额　完成进口12.73亿元，比上年的7.27亿元增长75%。

出口额　完成出口20.57亿元，比上年的12.41亿元增长65.7%。

主要业务领域　德州市2016年服务贸易涉及建筑、劳务、化工等领域，工程承包、劳务等主要业务领域实现出口 18.44亿元。

主要出口市场　德州市2016年服务贸易主要出口市场为赞比亚、安哥拉等，出口额18亿元。

技术贸易　实现进出口2200万元，比上年的1800万元增长22%。

技术引进　签订引进技术和进口设备合同1个，比上年减少2个。合同金额3400万元，比上年的2384万元增长42%。

【外商投资】 总体情况　德州市2016年引进外商投资项目12个，签约额1.91亿美元，实际使用1.21亿美元。

投资产业　外商投资第一产业项目2个，签约额10321万美元，实际投资额1594万美元。第二产业项目7个，签约额5283万美元，实际投资额8525万美元。第三产业项目 3个，签约额3458万美元，实际投资额1981万美元。

投资来源　2016年有7个国家(地区)在德州市投资，投资额列前五位的国家(地区)分别是中国香港、韩国、中国台湾、美国、中国(投资性公司)，合计投资项目10个，签约额 1.61亿美元，实际投资额8686万美元。

德州市2016年外商投资情况表

外商投资方式	签约情况			实际使用情况	
	项目数(个)	签约额(万美元)	增长(%)	金额(万美元)	增长(%)
对外借款	0	0	-	3933	-54.8
中外合资	7	3090	508.3	1222	278.7
外商独资	5	15972	111.4	6945	210.9
合　计	12	19062	118.8	12100	1.9

外商投资企业生产经营情况　2016年全市实有外商投资企业183家，投资总额24.65亿美元，外方投资12.09亿美元，实现产值158.69亿元。盈利企业75家，盈利总额7.29亿元。亏损企业72家，亏损总额4.48亿元。外商投资企业进口15.91亿元，出口30.60亿元，吸纳就业人员3.1万人。

【对外经济技术合作】 对外投资　全市2016年兴办境外企业12家，实际投资6.54亿元，同比增长955.6%。主要投资对象为马来西亚、美国、非洲、中国香港、新西兰等，主要投资项目包括化工、钢铁制品、房地产、医疗器械等。

承包工程　全市2016年签订对外承包工程合同6 个，签约额21.65亿元，同比增长509.5%。完成营业额18.44亿元，同比增长109.1%。新签约项目涉及房地产、太阳能等行业，主要分布在非洲等国家(地区)。

劳务合作　全市2016年派出劳务人员932人，同比增长67.3%，主要派遣国家和地区是日本、安哥拉、赞比亚、津巴布韦等。

【园区建设】 2016年，全市共有11个省级以上经济开发区，包括1个国家级德州经济技术开发区和陵城经济开发区、乐陵经济开发区、宁津经济开发区、齐河经济开发区、临邑经济开发区、平原经济开发区、武城经济开发区、夏津经济开发区、庆云经济开发区、运河经济开发区10个省级开发区。2016年，全市经济开发区在占全市10%的土地上，实现了占全市69.8%的规模以上工业增加值、59%的税收收入、49%的固定资产投资、83.2%的进出口总额、71%的实际到位外资，吸纳56万人就业。

各开发区持续强化基础设施建设，完善道路、管网、电、气、水、热、通信等配套设施，已开发面积内全部实现“七通一平”，部分实现“九通一平”。2016年，围绕基础设施提升、完善配套服务设施投资达到120亿元。

各开发区在优化产业结构，培植优势产业集群方面均取得不同程度的进展，开发区产业不断向高端化、集聚化发展。德州经济技术开发区确立了新能源、装备制造、电子信息、生物医药、食品加工、现代服务业6大主导产业，集中打造两大1000亿级(新能源、装备制造)、三大500亿级(电子信息、生物医药、食品加工)产业集群和现代服务业聚集区。齐河开发区高端食品加工、现代物流及高端装备制造等三大产业规模占比稳步提高。乐陵开发区的汽车零配件、新能源汽车、体育产业，宁津开发区的电梯、家具、健身器材产业，临邑、运河开发区的石化园区等已成规模。

2016年，全市经济开发区“四上”(规模以上工业企业、资质等级建筑业企业、限额以上批零住餐企业、规模以上服务业企业等四类企业统称)企业达到近3000家，其中规模以上工业企业2150家，实现规模以上工业总产值8305亿元，同比增长14.5%。规模以上工业增加值1370亿元，同比增长6.2%，税收收入133.8亿元，增长0.98%。实现社会固定资产投资1269亿元，同比增长14.2%。进出口总额183.8亿元人民币，同比增长3.8%，实际到位外资8497万美元。

(梁俊州)

粮食储备流通

【概况】 2016年，全市粮油购销经营量1515万吨，其中收购781万吨，销售734万吨，重点粮油

2016年3月，德州市举办首届对接京津冀优质农产品博览会

加工企业粮油加工量677万吨，工业总产值273亿元，实现利润11亿元。

【粮食收购】 2016年，全市累计收购夏粮157.9万吨，比往年同期增加41万吨，增幅35%，其中最低收购价收购35.11万吨。收购市场秩序规范稳定，全市获得粮食收购许可证入市经营粮食的企业和业户1039个，开展粮食执法1017次，检查经营业户1873户次。粮油市场体系建设稳步发展，全市4个重点粮食批发市场，年市场成交量达41万吨，总成交额达9亿元。

【粮食供应】 累计投入1800 万元，建设应急项目11个，设立粮食应急网点238个，粮食价格监测点64个。落实省级财政补助资金1200万元，全市13个主食产业化项目全面建设和改造升级，日加工馒头能力由50万个提高到120万个，主食产品进入京津冀市场。放心粮油工程规范发展，全市放心粮油店2016年累计经营量7万吨，销售额达6亿元。军粮合格率及部队满意率保持100%。

【粮安工程】 推进全市粮食信息化建设，落实上级专项补助资金2035万元，完成建设项目29个，粮食管理云平台全面上线运行。加快科学储粮光伏发电项目建设，投资2500万元、2.5兆瓦仓顶光伏发电项目建设基本完成。加快实施小粮仓扶贫计划，制订农户科学储粮三年建设计划，2016年落实上级补助资金78万元，在全市推广3000个农户科学储粮示范仓。全面完成全国粮食库存大检查任务，并顺利通过省级复查和国家级抽查工作，共检查粮食126.3264万吨，宜存率100%。

仓顶光伏发电项目

【粮食产业】 推进中粮面业(德州)公司产能扩增退城进郊项目，建设中粮(德州)粮食产业园，一期总投资10亿元。发挥德州市交通、粮源、仓储优势，拓展与北京粮食企业合作，争取北京等地方储备粮向德州市转移，北京粮食局将德州市级储备粮已转移第五粮库6000吨。继续推进品牌带动战略，全市拥有中国品牌1个，驰名商标7个，著名商标12个，山东名牌10个，全国放心粮油11个，省级放心粮油49个，企业产品知名度和影响力不断提升。2016年年底，全市纳入统计范围的粮油企业129个，综合年产能1181万吨。 （田永霞）

烟草专卖

【卷烟销售】 2016年，销售卷烟15.01万箱，利税6.96亿元，上缴税收5.78亿元，订单总体需求满足率达95%，经济运行保持在合理区间。

【市场管理】 2016年，全市查处各类涉烟案件2162起，总案值604.35万元，移送案件236起，拘留56人，逮捕7人，判刑22人，经营符合公安部、

卷烟物流配送中心

国家烟草专卖局网络案件标准的案件5起。卷烟打假打私保持“露头就打，严防反弹”高压态势，不断延伸监管触角，在全省率先与消防部门开展联合执法，持续开展夏季严打、道路交通、互联网、物流快递渠道和全市卷烟市场治理“齐鲁之盾”系列专项行动。探索建立机动大队，整合全市执法资源，形成与属地执法相结合的新型区域执法协作模式，提高了市场监管的机动性。

（刘佳炜）

盐产品专营

【概况】 2016年，全市累计购进各类盐产品5.65万吨，其中，食盐4.27万吨，完成计划的100.3%，小包装1.2万吨，完成计划的75.8%，小工业盐完成1.04万吨。全市累计销售各类盐产品6.1万吨，其中，食盐4.42万吨，完成计划的103.7%，小包装1.38万吨，完成计划的87.3% ，小工业盐完成1.31万吨。全市查获各类涉盐违法案件980起，没收非法盐产品515 吨，罚款39.8万元，刑拘5人、行政拘留7人、批捕3人、判刑1人，查封非法运输盐产品车辆9部。

【食盐供应】 全面实施客户经理负责制。优化供应渠道，多品种盐实现新突破。重点在全市推广弱碱盐、自然澳盐、雪晶盐、精纯盐、烤盐等新品种，按高、中、低不同档次供应市场，满足不同消费群体需求。

【市场监管】 加大对各食盐零售网点、食品加工户、饭店、中小学幼托食堂、伙房的拉网治理和严格排查。针对小工业用盐、饲料加工等不同用盐单位下发《用盐须知》、签订用盐承诺书，加大检查频率，杜绝小工业盐、饲料添加剂氯化钠用盐冲销食盐市场。全年共查获各类涉盐违法案件88起，没收非法盐产品3023公斤，罚款4.49万元，刑事拘留1人，行政拘留5人。

5月，市盐务局与经济技术开发区公安局治安大队集中对食盐零售网点、肉食加工户、饭店餐厅、学校餐厅、幼托食堂、工地企业伙房、食品加工用盐企业等地进行了检查，查获案件13起，公安出动执法人员20多人次。7月至10月，与市发改委等10部门联合印发《德州市制贩假盐专项治理行动》，全市查获各类涉盐违法案件155起，查获非法盐产品95.25吨，罚款4.73万元，行政拘留1人，刑事拘留4人，批捕2人，判刑1人，查封非法运输盐产品车辆九部。10月至11月中旬，在全市范围内开展为期25天的全市盐业市场集中打联查行动。行动期间，平均每天出动稽查车辆10部、盐政执法人员20多人次，共查获以工业用盐充当食盐运输或销售的案件近50起，没收非法盐产品22.7吨，封存运销贩卖假劣食盐车辆8部，

2016年3月，市盐务局开展食盐安全宣传活动

刑事拘留1人，批捕1人，判刑1人。　（范文文）

石油经营

【中国石化销售有限公司山东德州石油分公司】 2016年，全市在营加油（气）站139座，在营加油卡发卡网点85座，在营易捷便利店139座。业务涵盖石油、润滑油、天然气销售，烟草、食品、日用百货、五金、化肥销售，租赁和代理业务等。全年销售成品油43.49万吨，其中零售29.36万吨，油库销售6.91万吨，非油品业务实现销售收入9965万元，加油IC卡发卡7.32万张，加油充值卡发卡19.93万张，全年实现销售收入达43亿元。

2016年，项目批复投资立项36个，批复总投资3437.97万元。年内累计完成投资5044万元，完成资本性支出1412.3万元。油库累计完成工程部分资本性支出6414.9万元。完成129座加油站液位仪改造、3座油气回收改造、2座便利店改造、10座

2016年9月，中石化山东德州石油分公司开展灭火实战演练

站98号汽油升级改造等施工，完成3座汽服项目、4座加油站隐患治理和4座加油站提量改造施工。

2016年落实HSE责任和全员安全承诺制度，逐级签订了HSE责任书和安全承诺书。全年共开展各级检查8212次，发现问题8909条，整改8897条，整改率99.86%。加强油品抽检工作，2016年上半年成油品市场整顿期间共抽检油样384个，其中市公司自检油样269个，国家、省市县工商局抽检油样115个，全部化验合格。

（王建峰）

【中国石油山东德州销售分公司】 2016年年底，全市在营加油站51座，油库1座，中心城区运行加油站20座，业务涵盖汽油、柴油批发与零售，成品油仓储，润滑油、日用百货、农用物资销售等业务。全年销售成品油15.32万吨，非油品业务实现销售收入4876万元，加油IC卡发卡5.07万张。全年实现销售收入8.11亿元，缴纳各类税金2075万元，获得了“A级纳税企业”荣誉称号。

持续对所辖加油站进行二次油气回收改造。全年公司开展各类安全检查206次，公司级应急演练3次，库站每月自行组织应急演练，实现了库站安全平稳运行。

(石庆重)

财政税务

财　　政

【财政收支】 2016年全市一般公共预算收入183.51亿元,占预算的98.4%,可比增长7.1%(营改增后全省统一调整口径)。全市一般公共预算支出332.09亿元,占预算的102.9%,可比增长3.4%。

市级一般公共预算收入18.75亿元,占预算的103.7%,增长11.5%。市级一般公共预算支出55.96亿元,占预算的100.4%,可比增长10%。市级一般公共预算收入,加上级补助等转移性收入28.58亿元、地方政府债券收入12.78亿元、调入资金及上年结余等收入11.98亿元,收入共计72.09亿元。市级一般公共预算支出,加上解上级支出1.07亿元、地方政府债券支出7.58亿元,支出共计64.61亿元。收支相抵,结转下年支出7.47亿元。

经济技术开发区一般公共预算收入19.65亿元,可比增长5.4%。一般公共预算支出17.44亿元,增长8.3%。运河经济开发区一般公共预算收入5.95亿元,可比增长4.5%。一般公共预算支出5.61亿元,增长4.8%。

2016年,全市政府性基金收入78.69亿元,占预算的109%,增长30.1%。全市政府性基金支出89.07亿元,占预算的109.5%,增长36%。

市级政府性基金收入16.31亿元,占预算的110.5%,增长28.3%。市级政府性基金支出20.18亿元,占预算的93.9%,增长42.7%。

经济技术开发区政府性基金收入4979万元,增长135.6%,政府性基金支出1.53亿元,增长3651%。运河经济开发区政府性基金收入662万元,增长549%;政府性基金支出3759万元,增长764.1%。

2016年,市级国有资本经营预算收入157万元,国有资本经营预算支出84万元。

2016年,全市社会保险基金收入130.03亿元,占预算的105.4%,增长8.3%,社会保险基金支出117.31亿元,占预算的100.9%,增长15.1%。

市级社会保险基金收入30.14亿元,占预算的107.9%,增长10.5%,社会保险基金支出27.33亿元,占预算的100.8%,增长14.7%。

经济技术开发区社会保险基金收入4.19亿元,增长14.3%,社会保险基金支出2.23亿元,增长5.6%。运河经济开发区社会保险基金收入3366万元,增长43%,社会保险基金支出3050万元,增长70%。

【财政保障】 全市一般公共预算及政府性基金收入完成262.2亿元,同比增长13.1%。全年累计争取县级基本财力保障机制、工资性等各类转移支付和教育医疗社保等专项资金180亿元。争取地方政府债券234亿元,有力保障了政府债务的按期偿付和重要时间节点工程款支付。

全面实施营改增改革,落实高新技术企业、小微企业以及促进节能减排等各项税收优惠政策,累计减轻企业税费负担19.5亿元。全市共储备PPP项目62个，投资规模473亿元，已签约项目9个，投资规模45亿元，撬动社会资本32亿元。

【民生支出】 全市一般公共预算中用于民生的支出达到261.2亿元，民生支出占比达到78.7%。支持夯实城乡社会保障基础，安排83.5亿元。支持促进教育均衡发展，安排教育支出65.1亿元。支持推进城乡统筹发展，安排城乡社区事务27.5亿元，发挥政府投入在扶贫开发中的主体和主导作用，安排13.1亿元，用于精准扶贫、精准脱贫。支持生态环境综合治理，安排节能环保支出10.2亿元，用于运河生态环境修复、散煤治理、燃煤锅炉改造等重点事项，生态环境持续向好。

【财政改革】 当前财政工作面临的困难和挑战依然较多。主要表现：收入增速回落与支出刚性增长"两头挤压"，预算平衡压力越来越大；财政改革不断深化，但是在深化投融资体制改革、支持实体经济发展等方面仍有较大差距；土地出让收入持续下滑，存量债务还本付息和在建工程资金需求有增无减，财政可持续发展面临的风险逐步积聚；财经秩序仍不够规范，依法理财意识有待进一步加强。 （于晨光）

国家税务

【组织收入】 2016年，全市共完成国税收入105.92亿元，同比增长6.06%。剔除海关代征，国内税收收入完成101.57亿元，同比增长8.74%，国内税收收入首次突破百亿大关。剔除海关代征和免抵调，国内直接税收收入完成96.77亿元，同比增长15.42%。

按级次看，县级收入增速较快。中央级收入完成62.68亿元，同比下降8%，省级收入完成1.52亿元，同比增长61.15%，市级收入完成2.62亿元，同比下降3.16%，县级收入完成34.75亿元，同比增长60.71%。由于6月起，改变税款预算级次，增值税改为中央和地方"五五分成"，导致县级收入由前期下降转为增长。

按税种看，主体税种两增两降。增值税完成73.66亿元，同比增长13.55%。企业所得税完成16.67亿元，同比下降2.65%。受烟草消费税政策增收拉动，消费税完成4.93亿元，同比增长30.33%。受1.6排量以下汽车减半征收政策影响，车辆购置税完成6.31亿元，同比下降17.33%。

按辖区看，多数县（市、区）实现增长。11个单位税收增长，分别是市区、夏津、武城、乐陵、陵城区、平原、庆云、禹城、宁津、经济开发区、齐河，分别增长35.26%、29.99%、27.33%、20.39%、17.99%、15.97%、11.53%、7.67%、7.61%、6.82%、6.28%。2个单位税收下降，分别是临邑同比下降15.38%，运河开发区同比下降7.97%。

按规模看，重点税源增收乏力。全市国税纳税前50名企业完成国内税收收入38.29亿元，同比下降13.66%，减收6.06亿元。德州市2016年12户纳税过亿元企业完成国内税收收入26.83亿元，同比下降12.31%，其中，华鲁恒升、中国移动、供电公司、金能科技、双汇食品5户增收，德州烟草、莱钢永锋、景津环保、华能电厂、山东信立泰药业、德州银行、胜利油田分公司7户减收。

【税收征管】 全年4大行业2.48万户纳税人共入库增值税税款13.85亿元，累计减税2.84亿元。录入数据14万余条，确保了金税三期优化版10月如期上线。优化税收风险管理运行机制，开展风险评估1890户次，入库税款1.83亿元，同比增长38.39%。编制《建筑业和房地产开发行业税收风险分析应对模板》，对19户企业开展风险应对，入库税款619.4万元。深化增值税发票管理新系统应用，稳步推行电子发票，取消增值税发票认证，开展专项增值税评估，挽回损失7.41亿元。与通裕重工签订税收遵从合作协议，大企业风险分析应对查补2597万元，汇算清缴企业所得税1.34亿元。实行出口退税标准化、无纸化服务，落实出口退、免税15.03亿元，其中退税首次突破10亿元。规范车购税管理，落实减半征收优惠2.29亿元。全年检查企业349户，查补收入2.2亿元。建设国地税联合办税窗口215个，联合共建纳税人学堂，培训纳税人5600余户次，联合对10642户纳税人开展纳税信用等级评定，联合检查企业120户次，评估142户次，查补税款3470万元。

【纳税服务】 全面落实“纳税服务规范”，纳税服务基本规范和升级规范落实率分别达到100%和82%。深入开展“便民办税春风行动”。推进办税事项全省通办，全市13个办税服务厅7大类40项业务实现全域贯通。组织“万户企业大走访”，针对需求精简办税资料，优化办税流程，38项办税业务实现免填单，纳税人平均办税时间减少12.61%。优化税收咨询服务，人工接听12366热线咨询15790件。累计培训纳税人5.7万人次，编印《实例申报模拟教材》，制作增值税申报“二维码”54个。联合地税局与15家银行业金融机构签订税银合作战略框架合作协议，税银互动服务范围由纳税信用A级企业扩展至B级企业，受惠企业由544户增加至8588户，全年为395家企业融资12.65亿元。 （陈兴龙）

地方税务

【组织收入】 2016年，全市地税收入共完成113.7亿元，直比减少22.1亿元；剔除“营改增”因素，增收15.1亿元，可比口径增长15.2%。全市组织地方财政收入97.4亿元，占地方财政收入的53%，直比较上年下降了16个百分点，剔除“营改增”和级次调整因素，可比口径较上年提高3.8个百分点，可比增收12.8亿元，拉升地方财政收入增长7.5个百分点。营业税、企业所得税、个人所得税等主体税种完成49.5亿元，直比减少25.8亿元，剔除“营改增”因素，可比增长31.3%。其他地方税种完成57.18亿元，同比增收3.96亿元。全年落实各项税收优惠政策12.6亿元，同比增加2.9亿元。其中，扶持小微企业发展3820万元，鼓励高新技术1.78亿元，改善民生8.3亿元，支持金融资本市场8300万元。全年代收教育附加、文化事业建设费、水利基金、残保金、工会经费等6.7亿元。

【税收执法】 落实税收黑名单制度，公开纳税信用D级纳税人581户，并与国税局联合发布欠税公告4期，申请省人行协助查询8批207户企业开户情况，对欠缴税款10万元以上的欠税大户依法采取强制措施，稽查查补入库税款2.4亿元。

（王丽文苑）

金 融

中国人民银行德州市中心支行

【概况】 年末，全市银行业金融机构人民币各项存款余额2845亿元，较年初增加375亿元，同比多增57亿元，增长15.17%。人民币各项贷款余额1652亿元，较年初增加106亿元，同比多增4.5亿元，增长6.83%。

【实施货币政策】 印发《关于做好全市中小企业融资服务的工作意见》《关于做好对接重点企业流动资金需求的意见》等指导性文件。争取货币政策工具支持，为法人金融机构授信再贷款81.67亿元，发放12.36亿元。争取再贴现2亿元，发放1.55亿元。组织开展"金融服务企业百日行"活动，不断丰富中小微企业主办银行联盟内涵，被德州市政府列为"三个一百"重点企业培植重要措施。年末，全市主办银行签约企业556家，新增授信15.2亿元，贷款余额63.8亿元。推进农村土地经营权抵押贷款试点工作，推出"农村土地小额贷款"模式、农村土地经营权二次流转"项目池"和5种抵押贷款模式。督导推出"信保扶贫贷""双保惠农贷""信保农村产权贷""下岗人员助保贷"等多种扶贫专项贷款产品。年末，共发放扶贫贷款1668笔、4.79亿元。

【维护金融稳定】 推进金融风险监测全覆盖。按季召开区域风险形势分析会，开展农商行、保险机构现场评估，印发《德州市金融机构风险动态监测办法（试行）》，金融风险监测由"单一监测"向"监测+管理"模式转变。建立重大事项月度汇总机制，推动市县两级人行、金融机构形成金融风险联防联治局面。认真开展互联网支付机构风险、资产管理及跨界从事金融业务专项整治工作。制定《德州市地方法人机构存款保险工作管理办法（暂行）》，建立存保数据"四级"审核机制，探索建立投保机构早期纠正机制。

【金融管理与服务】 推进征信建设，督导商业银行将省域平台查询纳入信贷审批流程。推进农村征信数据库建设，采集数据3万条。推广应收账款质押融资平台，全年融资成交58.85亿元，增速列全省第一。规划建设征信查询大厅，新购自助查询设备，提供查询服务9.6万人次，同比增长62%。在德州学院开设《现代征信学》课程。德州市被列为全国"创建社会信用体系建设示范城市"。筹建禹城现金中心试点，健全反假货币工作联席会议核心成员机制，优化县域现金流通环境。建立小面额纸币支付100张登记和"反宣币"挑剔登记制度，有效遏制"反宣币"的制作和传播。全年，投放现金127亿元。畅通资金汇划渠道，创新开发"账户核准标准化便捷工具"，通过支付系统办理业务413.63万笔、4.1万亿元。推广使用电子商业汇票，全市办理业务142.09亿元，同比增长97.93%。在农村地区布放ATM机

1979台、POS机5.6万台、农民金融自助服务终端业务806台，累计设立助农取款服务点8314个，有效提高了农村地区金融资源配置效率。

实行支库突击检查、交叉检查制度，对县支库监督辅导100%全覆盖，核算差错率降低37%。对财税、银行加强事中监管，定期通报问题，有效提升业务质量。组织开展“外汇服务进千家 凝心聚力促发展”优质服务竞赛活动，开展政策宣讲11次，“一对一”服务重点企业23次，编发《外汇管理业务疑难问题百问百答》1100册，覆盖企业600多家。简化涉外企业收汇手续，全市99.54%的涉外企业享受外汇便利政策。支持企业“走出去”，帮助7家企业成功境外投资合计6124.63万美元，是去年的8倍。利用外债新政帮助企业借入外债4350万美元，节约财务成本约700万元。年末，全市跨境人民币结算企业325家，比年初增加61家，跨境人民币结算业务量累计61.64亿元。指导德建集团、永锋集团办理跨境双向人民币资金池业务3.28亿元，提升了跨境交易便利。与境外79个国家和地区实现人民币结算，为涉外经济发展提供了更多便利。

（郑洪涛）

中国银行业监督管理委员会德州监管分局

【信贷投放】 2016年年末，辖区银行业金融机构各项存款余额2896.52亿元，较年初增长16.40%，居全省第4位。各项贷款余额1700.62亿元，较年初增长8.21%，居全省第7位，其中中长期贷款增加130.29亿元，较年初增加73.44亿元，增速高于各项贷款增速11.86个百分点，占全部贷款增量的100.93%，同比提高50.69个百分点。辖区银行业金融机构结合全市“10+6”产业集群和“三个100”工程企业，建立“分类分策”机制，累计涵盖企业4289户，涉及贷款1089.42亿元，明确增贷、稳贷、减贷、退出等差异化管理措施；新增“三个100”工程企业银行授信55亿元；“两高一剩”“僵尸企业”贷款余额较年初共减少15.79亿元；金融精准扶贫“包干服务”覆盖10个县域116个乡镇约80%的贫困人口，发放扶贫贷款2.31亿元，惠及贫困人口5211人。

【不良贷款】 2016年，德州银监分局对授信1000万元以上业务开展“拉网式”信用风险排查，摸清风险底数。各银行业金融机构通过贷款核销、打包处置、现金请收等措施，年内累计处置不良贷款59亿元，同比多处置24.31亿元，年末辖区不良贷款余额51.79亿元，较年初下降5.32亿元，不良贷款率3.05%，较年初下降0.59%，不良贷款余额、占比较年初均实现“双降”，成为全省2家“双降”地市之一。按照授信余额3亿元以上、债权银行3家以上标准，组建债委会69家，实现大额授信风险防控全覆盖，化解桦超化工7亿元风险贷款。

【银行业发展】 2016年，辖区银行业金融机构资产合计3357.47亿元，较年初增加445.54亿元，增长13.27%。负债总额3218.73亿元，较年初增加448.75亿元，增长13.94%。实现净利润20.71亿元，较上年下降1%。年末辖区银行业金融机构表外业务余额（承兑汇票、信用证、保函等）350.80亿元，比年初增加39.66亿元，增长11.31%，增速高出全部贷款增速3.1个百分点。各银行业金融机构积极开展行长“进走访”“进解促”活动，实地走访1483家企业、项目、园区，为73%的企业、项目、园区制定综合服务方案，增强金融服务的针对性和有效性。5家银行机构与税务部门签订了银税互动合作协议，22家银行机构办理企业续贷业务，2家农商行试点开办农村承包土地经营权抵押贷款。

【银行改革】 德州银行完善公司治理架构，解决高管缺位问题。2016年5月在全省改革难度较大的地市中率先保质完成农信社银行化改革任务，地方农合机构整体风险抵补能力大幅提升，年末全市农商行统算资本充足率13.76%、拨备覆盖率154.37%。5家农商行发行理财产品、1家农商行开办外汇业务、3家农商行开办公务卡业务、禹城农商行发行3亿元二级资本债券。各村镇银行认真落实三年监管规划，公司治理架构进一步完善，积极下设分支机构，增加业务发展支撑，开业支行21家，5家成立两年以上的村镇银行实现盈利。浦发银行德州分行获准筹建，辖区银行业市场体系和金融服务更加完善。

【消费者权益保护】 开展消保工作考核评估，完善消保工作联席会、高层指导委员会机制，按照“先机构后监管、先基层后总部”的原则，实行首访负责制，加强源头防控，共接到信访投诉210件，受理信访、投诉45件，同比减少29%，信访处置满意度在95%以上。持续做好12345市民热线对银行机构投诉事项的处理工作，全年办理投诉件2395起，合理诉求满意度达到96%。开展“金融知识进万家”宣传月活动，逐步建立宣教长效机制；落实“双录”和专区销售制度，10家法人机构244个网点和13家分支机构479个网点全部完成“双录一区”建设并投入运行。

中国农业发展银行德州市分行

【存贷业务】 2016年年末，各项存款余额27.79亿元，存款日均余额23.14亿元。贷款余额75.58亿元：正常类贷款62.38亿元，占比82.54%，关注类贷款8.41亿元，占比11.12%，不良贷款4.79亿元（12家），占比6.34%。基金项目11个、金额4.64亿元，已支付项目4个、金额1.76亿元。

【服务经济】 2016年累放贷款8.65亿元，支持企业收购小麦35万吨。收购数量和贷款投放均创历史新高，没有出现任何负面舆情。发放地储粮贷款0.82亿元，支持地储企业轮入小麦3.72万吨。推进政策性粮食去库存工作，共销售粮食12.58万吨、2.03亿元。发放地储粮贷款0.82亿元，支持地储企业轮入小麦3.72万吨。异地库存监管工作全年正常运行。年末辖内异地库存监管库点15个、涉及7个支行，其中棉花监管库点13个、库存69.72万吨，糖库点2个、库存49.55万吨，库存完整、账实相符。投放贷款累计惠及贫困人口户数3813户，其中国定标准人口户数997户，省定标准人口户数2816户，惠及贫困人口8070人，其中国定标准贫困人口2257人，省定标准贫困人口5813人。 （马艳华）

中国工商银行股份有限公司德州市分行

【存贷业务】 2016年年末，全行本外币全部存款时点余额347.80亿元，较年初增加58.03亿元，增幅20.02%，余额四行占比30.9%，排名第一。本外币各项贷款余额299.29亿元，较年初下降5.57亿元，其中，个人类贷款实现较快增长，较年初增加18.64亿，首次突破“双100亿”。连续8年实现安全经营无事故案件。

【服务经济】 全年累计投放项目贷款23.27亿元，同比多投放7.26亿元，并成功发放全省工行系统首笔大班额和PPP项目。进一步完善小微金融专营服务体系，将业务服务触角延伸到基层网点。年末，网贷通余额达到15亿元，位居全省工行系统前3位。年末剔除不可比因素后，小微金融贷款较年初增加2.99亿元，小微客户总量达到700户。

【“互联网+”】 全年智能化网点占比达100%，实现了网点智能化服务全覆盖。全年净增融e行用户16.94万户，净增融e联客户16.58户，净增工银e支付16.19万户，融e购注册会员新增6.23万户。履行消费者权益保护各项义务和承诺，全年柜面服务满意度达99%，较年初提高了2个百分点。 （宋开峰）

中国农业银行股份有限公司德州分行

【存贷业务】 2016年年末，全行本外币存款余额277.17亿元，比年初增加21.71亿元，其中个人存款余额193.67亿元，比年初增加19亿元，对公存款余额83.5亿元，比年初增加2.59亿元。全行贷款余额125.5亿元，比年初下降3.16亿元，主要是处置不良资产14.3亿元，按国家政策压降“两高一剩”贷款4.7亿元等；全年共营销储备项目33个、涉及贷款103.9亿元，获批项目10个、金额21.6亿元，实现发放或部分发放项目5个、金额2.63亿元。2016年年末，涉农贷款余额87.64亿元，增速高于各项贷款0.7个百分点。小微企业贷款达到“三个不低于”监管要求。办理首笔农民专业合作社信用互助托管业务，与8家专业合作社达成合作意向，与6家签订合作协议。发放农民专业合作社贷款200万元，发放融资增信农户贷款1673万元，支持专业大户、家庭农场4268户、贷款余额2.55亿元，投放“农民安家贷”3.4亿元，新增农民购建房贷款2.03亿元。新增惠农卡1.45万张，建成并营业银企合作型精品服务点14个、标准型服务点566个，实现了县域全覆盖。

【中间业务】 2016年中间业务收入1.47亿元，同比增加2189万元，增幅17.53%。中间业务净收入占营业收入的18.96%，较上年提高3.95个百分点。在各项收入中，贡献度最大的是信用卡业务收入，实现收入2607万元，占全部中间业务收入的17.77%。代理保险业务收入2073万元，占全部中间业务收入的14.12%。电子银行业务收入（不含自助、企业网银）1615万元，占全部中间业务收入的11%。个人人民币结算业务收入1504万元，占全部中间业务收入的10.25%。个人理财业务收入1214万元，占全部中间业务收入的8.27%。 （宫玉河）

中国银行股份有限公司德州分行

【存贷业务】 2016年年末，全行人民币各项存款余额159.25亿元，较年初增长17.98亿元，其中企业存款67.77亿元,较年初增长6.87亿元,储蓄存款91.47亿元,较年初增长11.12亿元。人民币各项贷款余额113.24元,较年初增长13.61亿元,其中个人贷款较年初增长12.59亿元,公司贷款较年初增长1.02亿元。外币各项存款余额17008万美元,较年初增长5544万美元。外汇贷款月底余额776万美元,较年初减少1999万美元。

【中间业务】 2016年年末,全行实现手续费及佣金净收入12314万元,较同期减少1737万元,降幅12.36%。（杨国颂）

中国建设银行股份有限公司德州分行

【存贷业务】 一般性存款日均余额308亿元,新增24.3亿元,各项贷款余额197亿元, 新增20亿元。建立高成本存款管控机制,对公存款围绕理财产品、贴现、承兑、投行、国际业务、机构业务、双率提升、小额无贷户激活、上市公司资金等九大方面,强化沉淀和增存,加强全量资金统筹管理和联动营销。个人存款围绕溯源、织网、拓新和求精四个方面。做实有效项目储备,加大对城乡基础设施、交通建设、现代服务业、产业转型升级、现代农业、生态环保、“走出去”等七大重点领域的营销储备力度。

【中间业务】 实现拨备前利润7.6亿元,同比增长0.72亿元,进一步加强代理保险、理财产品、借记卡、基金销售、贵金属、造价咨询等重点产品的发展,重点发展电子银行、信用卡、国际业务、小企业业务及投行业务等。信用卡累计发卡量、新增发卡量及消费交易额快速发展,商户收单业务稳定增长,现金分期累计交易额系统前列。投行业务、小企业业务的产品推介和创新能力取得新突破。全行加快渠道建设,全面拓展网银、手机、短信、电话银行客户,大力拓展应用类电子商户,加强典型案例及善融商务业务的推广。

（李小倩）

山东省农村信用社联合社德州办事处

【存贷业务】 2016年年末,各项存款余额753.5亿元,较年初增长72.63亿元,增幅10.67%。各项贷款余额444.96亿元,较年初增长25.95亿元,增幅6.19%,存、贷款市场占有率均居全市各金融机构首位。

【中间业务】 2016年年末,实现中间业务收入1.19亿元,同比多增7769.49万元,其中,银行卡收入1516.06万元。国际业务交易金额达2710.96万美元,实现外汇收入23.23万元。累计发行理财产品633.92亿元,实现代客理财收入9064.33万元。全市新增有效发卡16.26万张,有效发卡量达283.16万张。

【服务经济】 对辖内37家重点技术改造项目企业、107家“三个100”工程企业、2185家中小微企业加大支持力度。截至2016年年末,已支持家庭农场86户、1055万元,支持农民专业合作社229家、3.98亿元,支持建档立卡贫困户347户、2348万元,支持农业产业化龙头企业119家、29.05亿元。（路晶晶　吴恩峰）

中国邮政储蓄银行德州市分行

【存贷业务】 2016年年末，全行负债总额418.16亿元，较年初增长75.54亿元，增幅22.05%。其中，本外币储蓄存款362.56亿元，市场占有率18.73%，居全市第2位。自营储蓄存款余额72.82亿元，居全省第6位。单位存款36.76亿元，居全省第5位，市场占有率4.25%，居全省第2位。各类贷款余额54.26亿元，市场占有率3.29%。不良贷款余额6402.31万元，不良贷款率1.18%。

【资产业务】 各项贷款余额达到58.90亿元，同比增加14.48亿元，增幅32.42%。零售贷款余额达到51.65亿元，同比增加10.13亿元，增幅24.40%。其中，小额贷款余额5.79亿元，同比增加0.75亿元，个人商务贷款余额6.99亿元，消费贷款余额36.00亿元，同比增加10.51亿元，小企业贷款余额2.87亿元。公司贷款余额达到1.05亿元，同比增加1.05亿元。票据业务实现收入126.41万元，国际业务实现收入228.32万元。

【中间业务】 2016年年末，全行借记卡结存113.15万张，居全省第7位，年增13.30万张，居全省第6位；信用卡结存4.37万张，居全省第7位，年增9294张，居全省第9位。手机银行年增激活3.88万户，个人网银年增激活2.91万户。全辖在开办新农保业务的乡镇累计发放借记卡17万余张，已设立农村助农取款点4662。为公安交警非税项目共安装自助设备42台、POS终端135台，当年代收交警罚没款130.48万笔。

德州银行股份有限公司

【存贷业务】 2016年年末，全行资产总额达到468.29亿元，比年初增加54.10亿元，增长13.06%，其中贷款余额222.02亿元，比年初增加23.32亿元，增长11.73%。负债总额435.01亿元，比年初增加53.49亿元，增长14.02%，其中存款余额370.46亿元，比年初增加48.65亿元，增长15.12%。储蓄、对公、保证金存款的占比结构为50:41:9。所有者权益33.27亿元，比年初增加0.6亿元，增幅1.84%。实现拨备前利润6.42亿元。提取拨备2.81亿元，实现净利润2.41亿元。缴纳税金2.13亿元。资本充足率9.71%，较年初下降0.78个百分点。不良贷款余额5.74万元，较年初增加5765万元。不良贷款率2.58%，较年初下降0.02个百分点。非应计贷款余额18.49亿元，与不良贷款的比例为322.33%。利息回收率92.10%，较年初下降4.12个百分点。拨备覆盖率195.86%，较年初提高39.76个百分点。成本收入比49.17%，较年初提高8.45个百分点。资产利润率0.55%，同比下降0.31个百分点。资本利润率7.31%，同比下降3.16个百分点。

【中间业务】 2016年中间业务扩量升级，理财产品累计发行量超过百亿元大关。积极拓展代收有线电视费、水费、第三方资金存管等中间业务产品和服务项目，着力增加中间业务收入。提高电子银行替代率，推广银行卡、手机银行、网上银行、微信银行、特约商户，2016年主要电子交易笔数替代率均在90%以上。

【服务经济】 2016年年末，快易贷产品累计授信总额度达到10.28亿元，累计授信户数328户，累计发放政保贷产品23笔共计2960万元。与市国税局合作的“税银互动”产品，支持A级纳税人名单中的110户优质中小企业，贷款余额9.86亿元。改造推广财富通系列产品，签约对公财富通业务的客户31户，存款余额2.92亿元。推出农村承包土地的经营权抵押贷款、单位大额存单质押融资、政府采购合同融资三款新产品，满足市场需求。推出“月月赢”产品，上线1年来签约客户1.44万户，年末余额13.9亿元。（蒋　焱）

保　险

【中保财险德州分公司】 2016年，实现保费收入10.86亿元，市场份额41.43%，于2016年11月21日全口径保费收入过10亿元，成为西部公司中第一个过10亿元的公司。为全市提供风险保障18900亿元。全年处理各类赔案10.83万件，上缴营业税和个人所得税2964.33万元，上缴增值税2035万元，代收代缴车船使用税5455万元。开办机动车辆保险、校方责任保险、安全生产责任保险、承运人责任保险、政策性保险等60多个险种。开展城乡居民重大疾病医疗保险工作，提高参保人员重大疾病医疗水平，全市参保人员471万人，居民大病保险处理各类赔案5.36万件，支付赔款1.58亿元，受益居民报销比例提升13.92%。开办城镇职工大病医疗保险业务，共承保11个县(市、区)35万人。

【中国人寿德州分公司】 2016年，保费收入共计20.13亿元，同比增长20.78%，市场份额为32%，成为德州寿险市场第一家年度保费突破20亿的公司，稳居市场主导地位。其中，新单保费累计9.18亿元，同比增长29.89%。续期保费累计10.95亿元，同比增长14.78%。2016年德州分公司销售队伍架构人力1.3万人，同比增长63%，占德州寿险人力市场份额的45%，稳居市场首位。全年支付各类给付案件5.07万件，给付金额9亿元。全年共交纳各项税收3423万余元，同比增长74%，累计共为德州市带来6亿元存款资金。（张建彬）

证　券

【中信万通证券德州湖滨中大道营业部】 截至2016年年底，员工44人，累计开户3.05万户，托管市值47.92亿元，累计交易量427.89亿元，累计手续费净收入1774.88万元，净利润127.43万元。

（刘保国）

【中泰证券德州联合协作中心】 2016年年末，分公司新增客户2.2万户，完成(A股、基金)交易量2215.85亿元，保证金余额8.06亿元，托管市值97.60亿元，净增客户资产年累计13.13亿元，全年累计实现营业收入1.24亿元，累计实现净利润5489.98万元。（马振雷）

科　学

科技管理

【高新技术产业】 2016年，全市实现高新技术产业产值3132.87亿元，排名居全省第6位，同比增长10.43%，增幅列全省第3位。高新技术产业产值占规模以上工业总产值比重29.44%，比年初增加1.39个百分点，增幅居全省第6位。通过山东省认定机构认定高新技术企业60家，全市省级认定机构认定高新技术企业累计达到134家，较2015年增长18.6%。开展市级高新技术企业认定工作，认定德州市高新技术企业73家。2016年，分4批推荐165家企业加入山东省科技型中小微企业库。备案省级科技企业孵化器2家(山东创梦创业服务有限公司、山东齐鲁高科技产业园有限公司)，备案市级科技企业孵化器5家，全市共有国家级科技企业孵化器3家、省级科技企业孵化器3家、市级科技企业孵化器5家，全市各类科技企业孵化器孵化面积近200万平方米。

【科技创新】 新建省级科技企业孵化器2家，市级科技企业孵化器5家，新批建省级工程技术研究中心4家，批建市级重点实验室26家，5家众创空间列入科技部备案、1家众创空间列入省科技厅备案、22家众创空间获市级备案，孵化面积达到180万平方米。新认定高新技术企业60家，目前全市高新技术企业达到134家。争取各类国家科技计划项目10项，省级科技计划项目40项。

【产学研合作】 共梳理挖掘1424家企业需求1794项，编印了《企业技术需求汇编》，收集整理587家高校院所的1533项科技成果，编印了《高校院所推介科技成果汇编》，两个汇编刻录光盘。组织304个科技合作项目签约，筛选了30个重点项目上台签约，组织9个县(市、区)在分会场举办了签约仪式。11月，市政府与山东大学在本市举行签约仪式，协议从推进科技成果转化、平台建设、大学科技园建设、创新创业、科技人才交流、引进优质教育资源等方面开展深入合作，涉及12个县(市、区)32个具体合作项目。全市1000家企业与587家高校院所建立了密切合作关系，转化科技成果344项。全市军民科技融合企业达到64家，开展国际合作企业67家。评选出德州市领军型创新团队11个，创业团队5个，资助总额3100万元。开展了德州市院士工作站申报及评审工作，批建德州市院士工作站11家，引进两院院士12名。其中依托夏津县古桑保护与桑产业发展中心建设综合院士工作站1家，依托谷神生物科技集团有限公司建设企业院士工作站10家。

【农业科技】 2016年，陵城区、临邑县、平原县、武城县被批准建设省级农业科技园区。截至2016年年底，德州市“渤海粮仓”科技示范工程在原有12.8万亩示范区的基础上，新增7.89万亩，建设核心区3个、面积1.8万亩，新增建设示范区17个、面积6.09万亩，使全市示范工程总面积达20.75万亩。

【知识产权保护】 2016年，全市专利申请量为5093件，同比增长23.6%，专利授权量为3073件，同比增长3.3%。其中发明专利申请量为1050件，首次突破千件大关，同比增长27.0%，增幅全省排名第4位。发明专利授权量为329件，同比增长2.8%。PCT国际专利申请达到12件，万人拥有有效发明专利量为2.11件，同比增长30.2%。全市山东奥福环保科技股份有限公司、山东威特人工环境有限公司、临邑大正特纤新材料有限公司等8家企业知识产权质押贷款金额共计1.292亿元，比上年增加0.532亿元，增幅达到70%。“4·26”世界知识产权宣传日，联合德州中级人民法院开展查处假冒专利行为专项行动，集中对澳德乐商场超市100余件商品进行了筛查。首次开展互联网领域执法检查，筛查商品近千件。全年查处假冒专利案件3起，其中互联网案件1起，已全部结案。2016年，共受理专利侵权纠纷案件3件，其中跨省移交案件1件，已结案2件。全市35家企业组织开展贯标认证工作，12家企业通过认证，比去年增加了11家，总数达到13家。15家企业被确认为山东省知识产权优势培育试点企业，比去年增长15.4%，其中6家企业被认定为山东省知识产权示范企业，比上年增加5家，总数达到7家。1家企业通过国家知识产权优势企业复核。乐陵希森马铃薯产业集团有限公司的马铃薯新品种知识产权入选首批“山东省重点领域百项关键核心技术知识产权”项目名单。

（牟德智　程艺敏）

科 协 工 作

【基层组织建设】 2016年，巩固科协“基层组织建设年”活动成果，进一步扩大基层科协组织覆盖面。企业科协向百家强企、百家高企、百家新企延伸，学会向产业联盟延伸，反邪教和老科协组织网络向乡镇、社区延伸。全年新成立企业科协10个、农技协20个、市级学会2个。

【科普信息化】 2016年，德州科普台正式上线，更新科普新闻17条、科普微电影25个、科普活动10个、科普知识30条，总访问量在1万次以上，微信公众号每天更新新闻5条，累计更新350条，关注人数达5000人次。

【决策咨询】 以优秀科技工作者、青年科技奖和优秀学术成果获得者为骨干建立了100余人的决策咨询专家队伍。全年共征集各领域科技建议55条，向省科协上报21条，向市委、市政府及有关县（市、区）、部门报送《科技工作者建议简报》6期。其中，《关于德州市发展地热供暖促进节能

12月，为嘛·德州科普台上线

2016年12月，第59期泰山科技论坛暨第二届天衢科技论坛在德州举办

减排的建议》获市长陈飞批示。

【科普工作】　全市共有6个协会、1个基地、1个个人获得国家表彰奖励，3个协会、1个个人获得省表彰奖励。市科协、市财政局表彰奖励6个辐射带动力强，产业覆盖大的农技协和示范基地。开展了农技协专家征集和聘任活动，全市组织和聘任农技协专家100名，作为农技协发展的人才储备，为现代农业发展提供智力保障。德州市1个社区获得国家表彰奖励、1个社区获得省表奖励。重点在27所中小学开展了青少年科普报告百校行活动，科普报告行活动已基本遍及全市三分之二的中小学校。组织开展了第八届青少年科技创新创意大赛，并有30多名师生在省青少年科技创新大赛上获奖，平原县组织青少年参加全省机器人和航模比赛，取得优异成绩。

【学术工作】　创办首届德州学术论坛——天衢科技论坛。其中，高效节能电机发展、生物医疗及生物传感技术两期入选山东省泰山科技论坛。依托产业联盟搭建科技成果转化平台，成立中国生物物理学会——德州国家生物基地协同创新中心，开展生物技术研发、科研成果转化等业务，化科技优势为发展动力。

【人才工作】　联合市委组织部、市财政局开展第九届德州市青年科技奖和第十三届自然科学优秀学术成果评选活动。评选出青年科技奖40名，优秀学术成果一等奖50项、二等奖111项、三等奖146项。将历年青年科技奖、优秀科技工作者、十佳科技工作者获得者进行整理汇总，按照生物技术、新材料、农业科技、装备制造等产业类别汇总分类登记，共登记在册科技工作者373名。

【企业科协】　在全省推荐的9项创新成果中德州市占有6项，获金奖、铜奖、优秀奖各1项。激发了企业创新热情，推动了科技进步和产业升级。

（袁长增）

2016年10月，德州市第二届企业科技工作者创新大赛颁奖仪式在市会展中心举行

社会科学

【县市区社科联建设】 2016年,各县(市、区)社科联共组织重大课题研究103项,发表理论文章500余篇,编辑出版社科书籍30余部,建立新型社科社团120余个。

【课题研究】 开展第四届"调研德州"课题研究活动。围绕协同发展示范区建设拟定50个年度重点课题,共确定立项课题98项。《女性创业助推德州经济发展的机制和政策研究》等85项课题结项。

【社科普及】 山东省暨德州市第十三届社科普及周围绕"协同发展让我们生活更美好"主题,市、县两级举办人文社科系列讲座、优秀社科图书展销、书画摄影展等6方面69项活动。开展一次丰富多彩的基层行活动,发放科普宣传资2000余份,受益群众达6500余人。禹王亭博物馆、冀鲁边区革命纪念园等23家单位被评为全市第五批市级社科普及示范基地,市级科普示范基地增加到77家。全市省级科普基地增加到10个。从市、县社科教学和研究人员中遴选、聘任57名社科普及指导员,聘期3年,开展社科"四送""五进"活动,共举办党的理论宣讲等讲座45场次。

【社科优秀成果评奖】 第29次社会科学优秀成果评选共有103项成果获奖,其中一等奖12项、二等奖23项、三等奖66项。参评成果中国家社科基金项目、自然科学基金项目、教育部人文社科规划项目等国家级课题达到9项,省社科规划科研课题3项。国家级出版社出版的著作达到11项,发表在CSSCI(中文社会科学引文索引来源期刊)期刊上的论文达到9篇。《经济与社会》全年出版六期,发表文章100余篇。 (赵璎珞)

气 象

【气候概况】 2016年度,全市平均气温较常年偏高1℃,其中3月、12月较常年异常偏高。全市平均降水量630.5毫米,较常年偏多103.6毫米,其中6月和8月全市平均降水量较常年明显偏多。全市平均日照时数较常年明显偏少。年内出现强寒潮、冰雹、强降雨、短时干旱、雾霾等气候事件。整体来看2016年度气候属正常年份。

(一)气温

全市年平均气温14.2℃(为历史第二高值,2014年14.3℃),较常年偏高1.0℃,较上年偏高0.3℃。各县市年平均气温在13.8℃(庆云)~14.9℃(德城区)之间。各县市平均气温较常年均明显偏高,齐河较上年略偏低,其他市县较上年均偏高(见图1)。

全市年极端最高气温37.2℃(6月下旬,武城),较上年偏低3.1℃。极端最低气温-21.9℃(1月下旬,齐河),较上年偏低7℃。7月份最热,全市平均气温27.3℃,较常年偏高0.5℃,与上年持平;1月份最冷,全市平均气温-2.9℃,较常年偏低0.4℃,较上年偏低3.5℃。

2016年,全市平均气温较常年明显偏高,为历史第二高值,2014年14.3℃(见图2)。

(二)降水

全市年平均降水量630.5毫米,较常年偏多103.6毫米、较上年偏多38.2毫米。各县市年降水量在465.6毫米(武城)~923.6毫米(庆云)之间。与常年比较,武城略偏少、其他县市降水量均偏多，其中宁津、夏津、庆云明显偏多，与上年比较，德城、武城、平原、临邑均偏少，其他县市均偏多，其中夏津、庆云明显偏多(见图3)。

2016年全市平均降水量较常年明显偏多(见图4)。

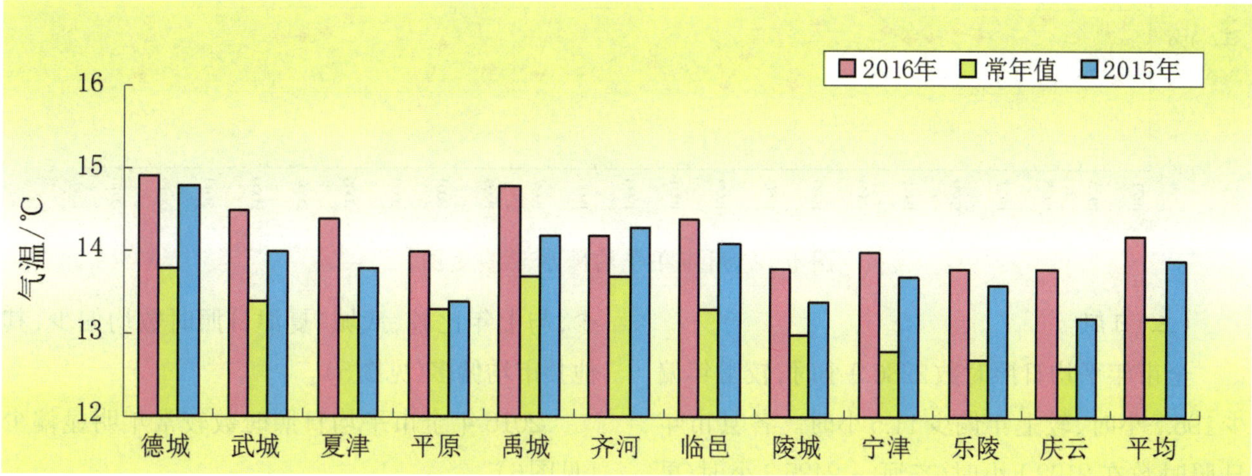

图1 各县市2016 年平均气温对照图

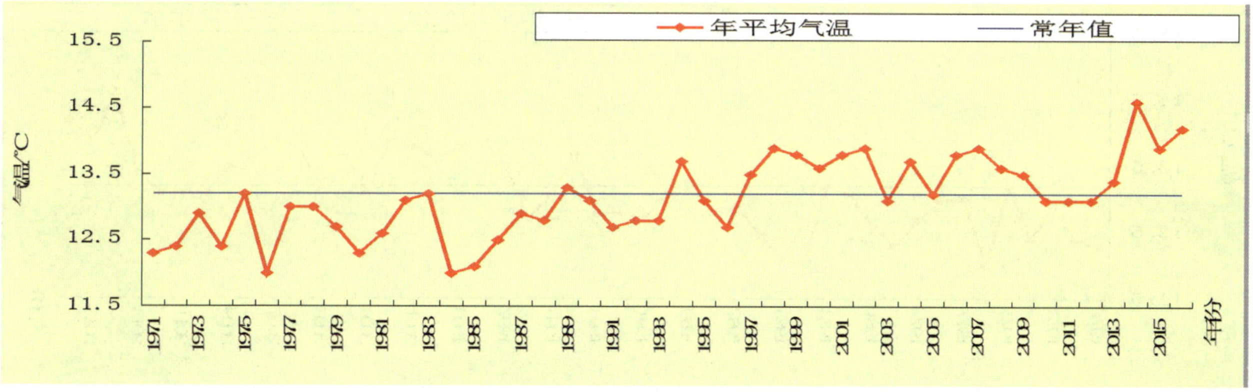

图2 德州市年平均气温演变图

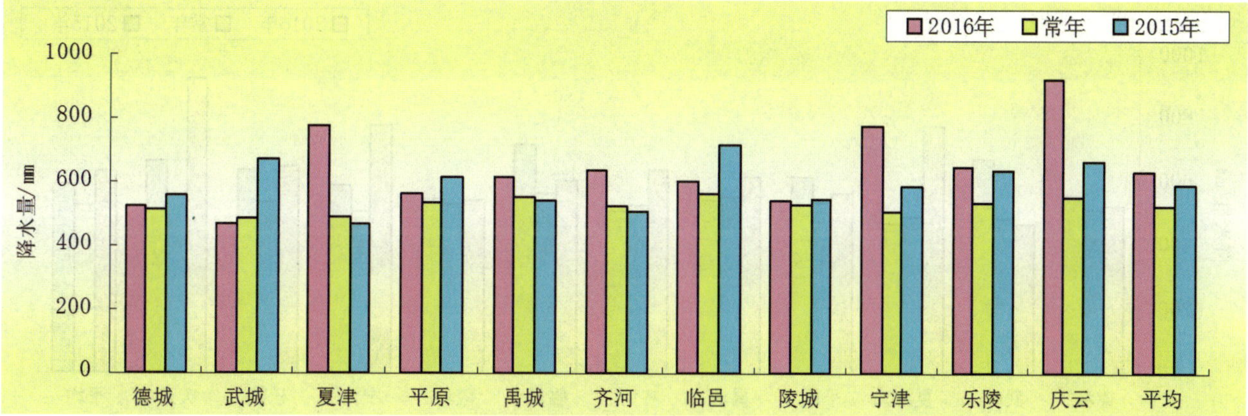

图3 各县市2016年降水量对照图

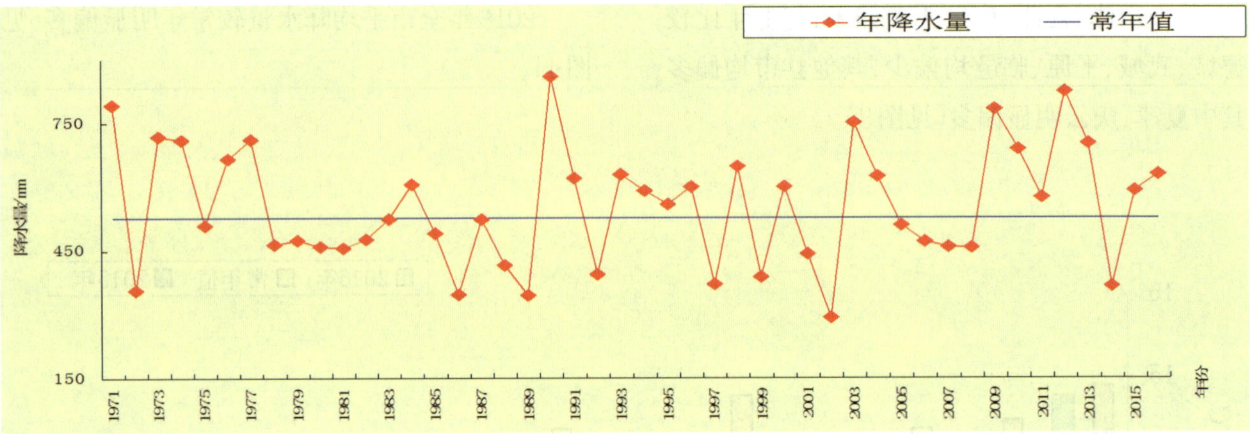

图4　德州市年平均降水量演变图

（三）日照

全市年平均日照时数2286.9小时，较常年偏少196.7小时、较上年偏少11.5小时。各县市年日照时数在2192.1小时(齐河)~2425.3小时(禹城)之间。与常年比较，各县市日照时数均明显偏少，与上年比较，武城、夏津日照时数均偏少，其他县市均偏多(见图5)。

2016年全市平均日照时数较常年明显偏少(见图6)。

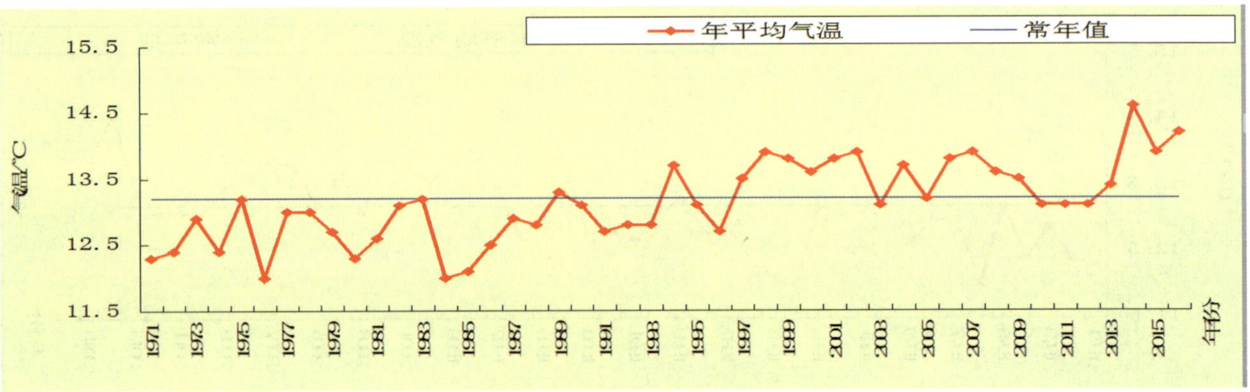

图5　各县市2016年日照时数对照图

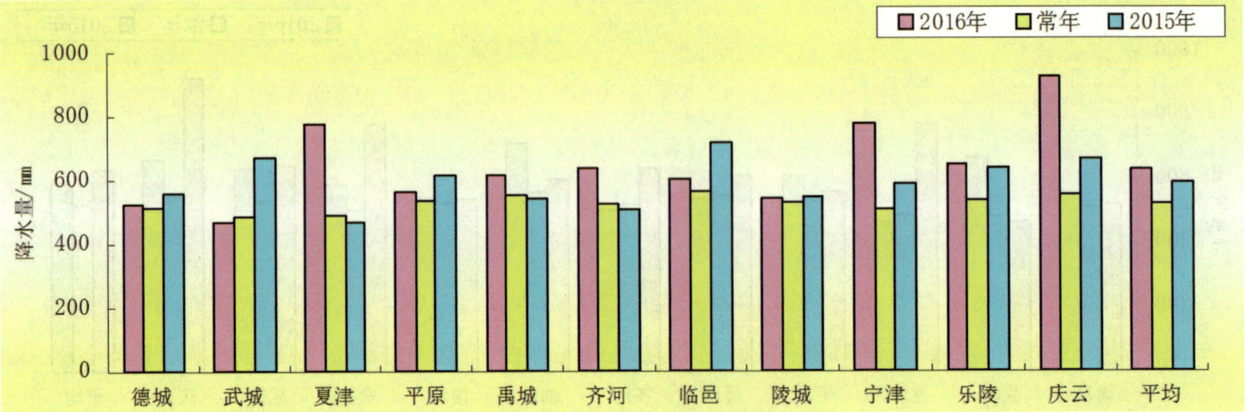

图6　德州市年平均日照时数演变图

【主要气候事件】 2016出现强寒潮、冰雹、强降雨、短时干旱、雾霾等气候事件。灾害性天气造成农作物受灾总面积1.09万公顷，较上年偏少2.03万公顷，农业经济损失0.94亿元，较上年减少0.11亿元。各种气候事件及其影响如下：

（一）1月遭遇强寒潮

受来自北极的强冷空气影响，全市1月22日先后出现降雪、大风、降温天气。23—24日全市平均最低气温-19.4℃，宁津、乐陵、庆云、陵城、齐河等地最低气温在-20℃以下，其中乐陵突破1959年建站以来历史极值，庆云、齐河为建站以来的次低值。

（二）春节出现强降水

2月12—13日全市出现了中雨雪天气，平均降水量20.3毫米，德城区最大，为30.3毫米，德城区、平原、夏津、武城等地一日最大降水量突破1951年建站以来历史极值。此次过程后，连续两个月时间无有效降水，出现了比较严重的气象干旱。

（三）雷暴冰雹出现早

3月4日20时左右，宁津、庆云、乐陵的部分乡镇突降冰雹，颗粒如花生米大小。这次冰雹天气是德州有气象记录以来出现时间最早的一次，此前记录是在1957年3月7日15时。同时3月份气温异常偏高，较常年偏高2.9℃。

（四）麦收出现强对流

受冷涡影响，6月13日午后德州市出现冰雹、雷雨大风、暴雨等强对流天气。全市平均降水量34.2毫米，最大陵城区站为106.5毫米；全市极大风速超过7级，其中临邑、陵城达9级；德城、平原、陵城的部分乡镇出现冰雹。

（五）汛期降水异常多

汛期短时强降水过程多，降水普遍偏多。局部大暴雨过程有6次，大部分县（市、区）降水量较常年偏多30%以上，其中庆云最多，降水量为760毫米，较常年（386.4毫米）偏多96.7%，降水突破或接近历史极值。庆云降水量列1966年有气象记录以来同期第1位，宁津次之，列历史同期3位。

（六）秋末初冬强寒潮

秋末初冬出现了2次寒潮天气，分别在11月1—2日和21—23日，寒潮天气导致11月上旬和下旬平均气温分别偏低1.3℃和1.6℃。其中21—23日受寒潮天气影响，全市出现了大风、降温和雨雪天气，气温下降明显，降温幅度大，23日最低气温在－8℃左右，对设施农业生产不利。

（七）入冬气温偏高

在11月下旬拉尼娜呈“虚弱”状态，入冬以来气温较常年偏高。11月全市平均气温 6.5℃，较常年偏高 0.5℃，12月全市平均气温1.2℃（历史列第四位），较常年偏高1.6℃，其中11月中旬偏高3.7℃（历史列第1位，创历史极值）、12月上旬偏高3.1℃（历史列第五位）。

（八）雾严重霾减轻

11—12月平均风速较常年偏小0.1m/s，小风日数达33天，尤其12月份气温偏高、小风日数较多，空气污染气象条件等级多为4～5级，其中4～5级16天、6级3天，不利于污染物的扩散。导致出现大雾16天，较2015年多5天，其中11月12～14日、12月4日、19—20日、28—29日全市出现了小于100米的浓雾；而霾37天，较2015年减少3天。

【气象服务】 针对夏季干旱、秋冬雾霾等灾害性天气，发布预警信号117次，召开新闻发布会5次，报送决策服务产品2422期，发布决策服务短信78万余万条，媒体采访200余次，启动重污染应急预案13次。围绕齐河小麦高产创新示范区、武城现代农业园区、宁津小麦良种培育基地开展专业气象服务。德州气象微博粉丝突破20.4万，在全省地级市排名第一，在11月人民日报气象系统微博排行中排山东省第二名。3次暴雨均准确预报、预警，为漳卫南运河17年来首次行洪提供有力保障。暴雨预报准确率全省第一，获全省“三夏”逐日滚动降水预报竞赛第一名。

【人工影响天气】 建成高清人影视频监控系统，开展4次防雹作业、2次增雨作业，实施作业190站次，受益面积5900平方千米。建成作业实况视频监控系统，实现对55个作业点实时监控；4个作业点实施高炮自动化改造，建成1个标准化弹药存储点，升级改造市人影指挥中心和故城航管室数字高频电话。完成市人影指挥中心和故城航管室数字高频电话升级改造。更换、补充炮手104名，回收废旧弹药850枚。

（邢泽峰　王萌萌）

市农科院专家到临邑县指导小麦病虫害防治

农业科研

【科技创新】 2016年，市农科院新争取到山东省现代农业产业技术体系玉米、食用菌两个综合试验站，蔬菜、棉花两个专家岗位、杂粮试验站继续保持，主持省级项目2项。参加首批启动的山东省农科院农业科技创新工程项目8项（特色作物与蔬菜种质资源收集保护与共享利用、小麦育种体系与关键技术、主要农作物轮作制度关键技术、主要作物高效轻简化栽培关键技术、地理标识性名产蔬菜标准生产关键技术、优势果品提质增效与标准生产关键技术、集约化种植区面源污染综合防控技术、主要作物病虫害绿色防控关键技术），列全省地市农科院第二位，参加省重点研发计划（重大关键技术）项目1项（耐盐碱特色经济作物新品种培育与筛选关键技术），其他横向联合项目等较往年增加。

【科研成果】 获市级以上科技奖励5项，分别是“小麦——玉米轮作体系中氮素养分的最佳利用技术研究”获德州市科技进步三等奖、“有机肥部分替代化肥对土壤微生物区系及作物产量影响的研究与推广”和“标记型杂交棉新品种选育及种质创新”获科技合作奖、“加工型辣椒新品种选育及绿色高效栽培模式研究”获山东省农业科学院科技进步一等奖、“麦棉主要害虫绿色防控技术研究与应用”获山东省农业科学院科技进步二等奖；1项课题通过鉴定，5项课题通过验收。主要研究进展有：棉花方面：德棉15号参加省区试（2年），并被推荐参加国家区试，德棉16号参加省区试（1年）。玉米方面：德科501参加省区试（1年），并被推荐参加国家区试。小麦方面：3个品系参加省预试。杂粮方面：搜集鉴定种质资源200多份，筛选出优良品系10多个，获得发明专利1项（一种大豆芽期砂培耐盐鉴定的方法）。蔬菜方面：育成辣椒新品种5个，申请发明专利3项（一种玉米高产轻简种植技术、蔬菜多功能支架网、露地西瓜立架增密栽培支撑装置），申请实用新型专利4项(辣椒防倒支撑装置、蔬菜多功能支架网、露地西瓜立架增密栽培支撑装置、露地西瓜半立架增密栽培支撑装置),其中获得授权2项(露地西瓜立架增密栽培支撑装置、露地西瓜半立架增密栽培支撑装置)。植保方面:筛选出针对大田作物、蔬菜病虫害的绿色生物药剂10余个,探明了韭蛆的生物学特性和发生规律,发现了捕食螨对韭蛆的取食特性;出版著作2部,发表论文29篇,SCI收录1篇。

【成果转化】 在宁津、庆云、平原、临邑举办扶贫培训班55期,培训农民2万多人,组织科技人员到省市扶贫重点村技术指导100多人次,推广应用小麦、玉米、蔬菜栽培技术及病虫害防治技术16项。承担的国家、省产业技术体系创新团队建立扶贫联系点12处,带动帮扶贫困户30多户。全年组织农业科技下乡300多人次,培训农民2万多人次,针对各种灾害天气及突发事件,及时开展应急技术服务50多人次。 (李冬刚)

地 震 监 测

【监测预报】 全年365天不间断地开展地震微观前兆(水氡、水质)观测,监测数据连续、准确、可靠,数据及时上报中国地震局数据库。坚持台网24小时有人值守,及时准确完成地震事件的多台定位、震情速报工作,保障测震、强震台网运行率。乐陵鲁26井综合环境进一步进行升级改造,优化供电系统的稳定性和持续性,夏津地震监测中心建设进展顺利,深井数字测震、强震监测设备安装到位,网络线路联通投入运行,台站已进入试运行阶段。临邑测震台计划新上深井数字测震、强震加速度计两个测震项目,监测设备已完成安装,网络线路建设尚处在协调筹建阶段。

【震害防御】 市地震局按照鲁震发〔2016〕25号文件要求执行新修订的国家标准GB18306-2015《中国地震动参数区划图》。2016年12月,向全市各县市区集中发放农村民居防震减灾资料2000余份。

【应急处理】 参加山东省地震台网中心组织的全省市县地震应急联动演练。进一步检测在应急突发情况下的处置能力,较好地锻炼了应急队伍。为确保震后能及时、快速、准确地获取地震灾情,及时更新全市地震灾情速报人员基本信息。按照鲁震发〔2016〕13号文件要求,将在全市中小学建设8个地震预警基本点和81个一般点,已完成前期站点勘选工作。

【防震减灾宣传】 市地震局结合“防灾减灾日”“国家宪法日”等重要节点,在全市范围内集中力量开展宣传教育活动,重点宣传地震科普知识、《中华人民共和国防震减灾法》《山东省防震减灾条例》等法律法规,放置大型宣传展板,发放宣传资料,解答群众咨询,充分发挥广播、电视、报刊和网络媒体优势推动防震减灾政策法律法规和防震减灾知识的“六进”活动,增强群众防震减灾意识,普及推广全民防震减灾知识和避灾自救能力。

(董 燕)

教　育

综　述

2016年年末，全市幼儿园946所(其中公办幼儿园392所，民办幼儿园554所)，义务教育阶段学校1018所(其中，普通小学851所，初级中学135所，九年一贯制学校32所)，普通高中22所，中等职业学校26所(调整后中职学校26所，成人中专0所)，特殊教育学校13所。幼儿园在园、班儿童14.35万人，小学在校生41.21万人，初中在校生19.34万人，高中在校生9.41万人，中等职业学校在校生5.30万人，特殊教育学校1508人。

【招生考试】 全年组织各类考试20次，涉考考生30余万人。高考组织工作在全省高考综合质量评价中名列全省第三名。首次提供中考成绩复核服务，复核结果无一差错。

【教师队伍】 全年招聘中小学教师3193人，其中，研究生学历238人，占补充教师总数的7.5%；本科学历2551人，占79.9%；专科学历404人，占12.6%。补充到义务教育阶段学校教师2613人，占补充教师总数的81.8%，补充到农村义务教育阶段学校教师1192人，占补充到义务教育阶段学校教师总数的45.6%。全年共认定教师资格3159人。健全教师招聘机制，建立起后备教师招聘机制和中小学教师临时周转编制专户制度。全年培训教师3.5万人次。评选首届德州名师培养人选150人，新增7人入选第二届齐鲁名师名校长建设工程。出台《德州市乡村教师支持计划(2015—2020年)实施方案》，健全完善乡村教师补充机制、城乡校长教师交流机制，促进乡村教师专业发展，提高乡村教师待遇和生活保障水平。2016年全市城乡校长教师交流1712人次，安排189名大学生到乡村学校实习支教。实施西部经济隆起带人才支持计划和国家“三区”人才支持计划教师专项计划，从城区学校选派268人次教师支援农村学校，建立城乡一体化教研制度和城乡学校发展共同体，促进乡村教师专业成长。出台《德州市中小学校长职级制改革实施办法(试行)》和相关配套办法，推进教育人事管理体制改革。

【教学与科研】 强化教育教学研究，全市共结题378项，其中省级课题29项、市级349项。各学科成功举办优秀课例评选活动，全市1286人参赛，共评出一等奖540人，二等奖746人，向省级比赛推送选手87人。面向全市广大教育干部教师征集优秀教育教学论文371篇。探索教育教学模式创新，充分发挥市教育科学研究院职能，牵头成立校际合作组织“创新教学方法实验学校联盟”，发挥先进学校的引领作用，提高全市教学指导和服务水平。宁津县“推进县域教育家梯级成长的实践和思考”、德开小学“名师成长俱乐部”、天衢东路小学“积分制助力学校发展”、武城实验小学“心语滚动作文”等科研成果成效显著。

【素质教育】 举办首届京津冀鲁校园足球邀请赛。2016年全市新增12处全国足球特色校，总数量达到26所。齐河一中代表德州市参加第五届全国中学生艺术展荣获全国二等奖。编制出台《德州市德育课程一体化试点实施方案》，启动家庭教育试验区建设，举办全市首届家庭教育论坛。启动中小学社会实践基地创建工作，实行市域内学生综合实践基地挂牌管理，共有42个文化、教育、艺术、农业场所申报山东省中小学综合实践基地版图，其中市属实践基地申报数量13个，居全省前列。启动第二批市级心理健康特色校创建，32所学校申报参与评选。

【教育信息化】 出台《全市教育信息化三年发展规划》，并与东北师大（教育部数字化学习研究中心）签订战略合作协议。完善德州教育城域网，并加强规范管理，做好协调、培训、应用等工作，率先实现了省、市、县三级视频会议的互联互通。高层次引领信息技术与教育教学的深度融合，市、县两级教育信息中心与所辖学校链路通畅，全市共享优质教育资源。

【校舍建设】 统筹推进全市各级各类学校基础建设工作。全面改薄校舍开工面积246.34万平方米，竣工面积202.18万平方米，完成设备购置7.5亿元，竣工率跃居全省第一位。解决大班额新建、改扩建学校251所，竣工178所，校舍开工面积245.05万平方米，竣工面积156.27万平方米，增加学位10万个，完成投资57.58亿元，多项指标位居全省前列；第二期学前三年行动计划扎实推进，全年投入资金1.86亿元，开工建设幼儿园126所，完工97所，建筑面积19.17万平方米，新增学位1.75万个，初步构建起“广覆盖、保基本、有质量”的学前教育公共服务体系；教育惠民项目建设取得重要突破，职业教育公共实训中心项目主体顺利竣工，特教学校综合楼续建项目的“四证一书”等前期手续办理完成，一中东校区、实验中学改扩建项目、高级师范学校建设，均完成了高标准规划设计。

基础教育

【学前教育】 注重内涵发展，加强对幼儿园保育教育的实践研究和指导，健全完善幼儿园工作制度和管理办法，落实幼儿园一日活动规范，防止和纠正学前教育“小学化”倾向。全年分期分批培训园长、教师5600多名，2人入选齐鲁名园长（名师）计划，10人被评为德州名师培养人选。6项幼儿园特色教育活动获全省二、三等奖，通过国家“十三五”立项课题8项、省“十三五”立项课题19项，齐河县荣获省级学前教育改革发展试验区。全市新增40所省级示范性幼儿园。

【义务教育】 义务教育段入学率达100%，全年毕业生人数达13.51万人，其中，小学7.07万人，初中6.44万人。推动招考制度改革，出台《关于推进德州市初中学业水平考试及综合素质评价制度的改革实施意见》，全面启动实施以“分数+等级”为主要形式的中考改革，试点开展市属学校的自主招生和职普融通学籍互转工作。35名初中毕业生通过自主招生进入市属高中，83名中职学生考入普通高中。提高招生服务质量，全年招收1.67万名符合入学条件的外来务工人员子女，100%就近安排在义务教育公办学校就读，确保进城务工人员随迁子女享有平等接受义务教育权利。启动省扶贫工作重点村学校设置留守儿童关爱室工作，出台《高层次人才入学办法》。启动实施“学校管理提升工程”，重点突出制度管理、校园管理、课程管理、学生管理等工作，并纳入专项督导。启动学校管理培训教育基地和市级规范化学校创建工作，67所学校申报市规评选，60所学校申报管理培训示范校（基地）评选。

【普通高中教育】 全年招生3.3万人，毕业生人数3.06万人，高考一本上线人数、本科录取人数及知名高校录取人数均创历史新高。承办京冀鲁三省高考改革研讨会，并被教育部考试中心列为命题实验基地。

【特殊教育】 2016年，全市有特殊教育学校13所，在校生1217人，年度招生220人。组织特教班主任交流活动，邀请20多位特教班主任交流发言，听会人员达520人次。基本形成以随班就读为主体、特殊教育学校为骨干的特殊教育办学体系，至此，全市残疾学生随班就读的普通中小学校达到252所。

职业教育与成人教育

【职业教育】 2016年，全市有职业院校31所，其中本科院校1所（山东华宇工学院）、高职2所、中职26所（含10所民办学校）。在校生5.50万人，当年毕（结）业1.86万人。教职工3682人，其中专任教师2863人。2016年录取普通中专学生1.79万人。

齐河县职业中等专业学校、德州交通职业中等专业学校成功入选第一批山东省示范性中等职业学校立项建设学校。齐河职业中等职业学校的计算机应用、禹城职教中心学校的数字媒体技术应用等2个专业被列为第三批省级品牌专业，全市省级品牌专业达到7个。2个教学团队入选省职业院校教学团队。2名中职教师入选省职业教育青年技能名师。

承办2016年全国职业院校技能大赛中职组汽车运用与维修技能大赛，来自全国37个省市、自治区、单列市426名选手参赛。德州交通职业中等专业学校代表山东省参赛，夺得1个冠军和2个一等奖，2个二等奖。举办京津冀鲁（德州）职业院校秋冬季毕业生大型招聘月活动，来自京津冀、长三角以及省内的450余家企业参加招聘活动，提供工作岗位2万余个，德州市13所职业院校5000余名毕业生到会应聘。

【民办教育】 全市现有民办本科院校1所，在校生9719人（其中本科生2141人），教职工726人。民办高职1所，在校生13731人，教职工1025人。民办中小学76所（其中，小学39所，初中31所，高中4所，特教学校2所），在校生人数6.99万人，教职工6448人。民办中职学校10所，在校生1.71万人，教职工1968人。民办培训机构82所。2016年批准筹建1所民办中职，新增齐河晏婴、庆云云天等2所民办普通高中，有效化解了高中阶段入学难问题。

【成人教育和继续教育】 全市共有各类函授站41个，学习中心17个，在籍学生2万余人。各类成人教育机构积极开展形式多样的教育、宣传、培训活动，全年教育、培训15万余人次。

（王培培　朱文静）

德州学院

【教育教学】 组织开展人才培养需求调研活动，推进“专业综合改革试点”建设项目，新上软件工程、商务英语专业，获批高水平应用型立项建设专业群4个，涵盖专业15个。获批教育部“产学合作协同育人项目”15项，国家级大学生创新创业训练计划项目22项，大学生科技文化创新活动国际赛事奖励17项、国家级奖励568项、省部级奖励395项。学生发表论文179篇，其中被SCI收录1篇，EI收录2篇，在核心期刊发表6篇，获批实用新型专利65项。加强了实习实训基地建设，建立校级实习实训基地155个，逐步形成覆盖德州市并向周边地区延伸的校企合作网络。重点建设13个专业大实践平台项目，组织近5000人次参加实习实训。推进与企业的融合发展，出台了《校企合作办学项目管理办法》，规范校企共建专业。成立5个二级院部理事会，社会捐赠一批发展基金、实习基金、图书资料、实验设备等办学资源，涉及78个项目，协议金额达1800余万元。

【招生就业】 2016年普通本专科招生6189人，成人教育录取3905人，中专招生1588人。搭建平台鼓励创业实践，14项创新创业项目入园孵化。本专科毕业生综合就业率达到97%，中专毕业生就业率达到96%。

【国际交流】 举办青年教师国际化视野培训班、韩语培训班，开展国际文化节、中韩文化周等活动，通过公派项目选派8名教师出国访学，接待13批40余人次国外来访团组，与9所国外高校建立友好合作关系，选派91名学生赴国外大学学习或攻读硕士学位，招收中外合作办学学生147人，招录留学生46人。积极申报各级引智项目，获得“教育部俄罗斯艺术大师班”专项资助10万元。

【学科建设】 完成“十三五”重点学科(实验室、研究中心)的遴选工作，遴选出2个强化建设学科、9个重点建设学科、7个重点培育学科，遴选出7个专业硕士学位点进行动态培育建设。开展“教师科研能力提升”活动。在SCI三区以上期刊发表论文26篇，CSSCI期刊发表论文10篇，出版学术著作7部。获批国家自然科学基金项目7项，国家社科基金后期资助项目1项，省部级科研项目25项，市厅级科研项目22项，获批纵向科研经费500万元。获得省社会科学优秀成果二等奖1项，省高校优秀科研成果奖8项，省高校思想政治教育优秀成果奖4项，省社科普及与应用优秀作品奖2项。13名硕士研究生顺利毕业，发表学术论文16篇，其中被SCI收录2篇，毕业论文盲审优良率达100%。制定《德州学院服务德州行动计划(2016—2020)》，整合确定首批服务德州项目110项，与政府、企业和其他社会机构签署了全面合作协议7个，签署校企合作、技术咨询和教育培训项目10个。

【人才建设】 引进博士7人，学成回校博士9人，教师考取博士研究生8人，公开招聘硕士12人。国务院特殊津贴专家1人通过省级公示，获批泰山学者青年专家1人，山东省高校十大师德标兵提名奖1人，德州市现代产业首席专家1人，德州市突出贡献专家2人、优秀中青年专家1人。1人获得山东省富民兴鲁劳动奖章，3人获得德州市五一劳动奖章，1人获得德州市劳动模范称号。制定实施《“天衢英才”工程实施暂行办法》，对特聘教授岗位设置、引进方式、岗位职责、管理考核进行了明确规定，为今后引进高层次人才搭建了制度平台。

【学生工作】 开展“大学生文明素质养成、深化文明校园建设”主题活动，印发《关于重申课堂教学规范，严肃课堂教学纪律的通知》等规定，编印《学生工作制度汇编》《人才培养实例汇编》。加强辅导员队伍建设，公开招聘6名硕士充实到辅导员队伍，获得山东省辅导员职业能力大赛三等奖一项，山东省辅导员工作论坛三等奖1项，2名辅导员被评为第六届山东高校优秀辅导员。校团委被评为全国大学生志愿服务西部计划“优秀等次项目办”，志愿服务团队在全省第二届青年志愿服务项目大赛中获得金奖1项，铜奖1项，1个志愿服务团队获得全国“三下乡”优秀服务团队称号。

【校区建设】 基本完成东扩一期工程、“大学生服务中心”和“大学生创业基地”二期、三期的建设任务。争取省财政资金400万元，对老校区部分楼宇和公共设施进行了修缮改造。实施新老校区绿化工程，完成新校区雕塑群、重点区域文化标志建设工作，校园环境进一步优化。

（孙乃龙）

德州职业技术学院

【教学科研】 2016年，教科研项目获省级以上立项12项、市级立项17项，教科研成果获省级以上奖项12项、市级奖项42项。荣获省第四届高校美术与设计专业师生基本功比赛二等奖1项、三等奖3项、优秀奖3项；荣获省高校青年教师教学竞赛二等奖1项；荣获省第六届“学院创意杯”广告大奖赛银奖1项、优秀奖2项；荣获省职业院校信息化教学大赛一等奖2项、二等奖8项、三等奖2项。

【教师队伍】 实施教师提高、技师培训、名师、青蓝、师德建设“五大工程”，建设能教学、能实践、能科研“三能”师资队伍。通过“校企共建、双岗双聘”，引进博士2人，引进紧缺专业重点大学优秀硕士研究生5人，新招聘教师12人，师资队伍结构进一步优化。“数控技术”和“机电技术应用”教学团队被评选为山东省职业院校教学团队，学校省级教学团队达到5个。新增“山东省职业教育教学名师”“齐鲁首席技师”各1名，新增“德州市首席技师”“德州市有突出贡献的中青年专家”各2名，1名同志荣获“优秀中青年专家”荣誉称号。邀请6位国内职业教育专家到校开展专题培训，引入网络培训课程644门，该校教师赴示范校研修和企业实践成效明显，业务能力不断提升。

【学生管理】 校园文体活动的层次和水平再上新台阶，“新能源科技协会”第三次荣膺“山东省大学生优秀科技社团”，学校代表队在山东省大学生田径锦标赛中获8项冠军、2项亚军、3项季军，在29所高职高专独立院校中名列前茅。国防教育丰富多彩，学校荣获“山东省大学生征兵工作先进单位”荣誉称号。教育扶贫力度加大，初步建起“奖、助、贷、勤、补、免”六位一体的学生资助政策体系，为1779名学生发放各类奖助学金328.15万元。全年共有4名学生干部、10名优秀学生、2个先进班集体、97名优秀毕业生受到省教育厅表彰。

【招生就业】 高职招生计划实现“十连增”达到3800人，较上年增加800人，增长率为26.6%；高标准完成春季高考技能考试、单独招生、注册入学、高职与技师联合培养、“3+2”高职与本科贯通培养等职业教育改革试点工作；推进“互联网+”招生，共录取高职新生4003人，实际报到3503人，录取率105.3%，报到率87.5%，均达到历史最高水平；职教集团联合招生五年制专科1243人，停招中专学生，在校生稳定在15000人左右。举办京津冀鲁大型招聘月活动，2016届毕业生1577人，截至2016年年底就业1546人，毕业生当年就业率保持在98%以上。

（卢绪英）

山东华宇工学院

【概况】 学校占地面积104.24万平方米，校舍建筑面积38.74万平方米，其中教学行政用房22.35万平方米，全日制在校生9912人。建筑面积5.2万平方米的学校新图书馆馆藏纸质图书106.64万册，另有电子图书68.5万册，中外文纸质期刊791种，中外文数字期刊25243种。拥有同方知网的中国学术期刊网络出版总库、EBSCO等11个数据库。教学科研仪器设备总值8227.12万元，建有153个实验实训室和9大校内实习实训中心，15个教学实习工厂和92个校外生产实习基地。

【师资力量】 2016年，学校有专任教师534人，专任教师中具有硕士及以上学位的276人，占专任教师的51.69%。具有副高级以上专业技术职务的教师171人，副高级及以上专业技术职务的教师占专任教师的32.02%。专业课教师中有“双师型”教师191人，占专业课教师总数的50.5%。本科课程任课教师全部具有讲师以上专业技术职务或硕士学位。省级教学团队2个，省级教学名师1人。

【就业工作】 学校重视毕业生就业工作，实施就业工作“一二三工程”。截至2016年7月，已有10届1.78万名高职毕业生走向工作岗位。2016届毕业生总体就业率为98.17%，毕业生总体就业率连续6年名列全省130余所高校前10位。

【科研工作】 已建成省级品牌专业群1个，省级特色专业3个，省级优势特色专业4个，省级教学团队2个，省级精品课程13门。教师主持全国教育科学“十一五”规划教育部重点课题子课题1项、省级教学改革项目7项，省级科研课题24项，教育部高校专业教指委教改教研课题8项，获山东省教学成果一等奖1项，三等奖3项，教师主编参编公开出版的教材102部，发表论文460余篇，师生获得授权的发明和实用新型专利41项。

（张　静）

文化 体育

文化管理

【文化服务体系】 2016年，全市完善市级公共文化服务设施，市图书馆新馆、美术馆和文化馆建设明确列入德州市民中心建设项目。提升“五馆一院”的文化服务效能，市博物馆举办山东古代石刻拓片精品展和德州历史名人展，市文化馆被评估定级为国家一级馆，市美术馆规划建设德州籍名家名作展厅，市图书馆开展国学讲堂50期，完成彩虹剧院的改造提升建设。全市市县乡村四级公共文化场馆全部实现免费开放。

通过全国文化馆评估定级，全市22个县级图书馆和文化馆中，被评为国家一级文化馆9个、图书馆4个。加强列入全市民生实事的乡镇综合文化站和基层综合性文化服务中心建设，开展文化行业精准扶贫。2016年，全市134个乡镇综合文化站全部达到国家三级以上标准，全市投入5.8亿元，建成标准的村级综合性文化服务中心1922个（省定贫困村建成648个），为755个省定贫困村全部配送了移动音箱，投入245万元，为140家贫困村文化大院配备了电脑等设备，优化提升农家书屋1577家。

【惠民活动】 2016年，举办庆祝建党95周年暨长征胜利80周年合唱比赛及文艺晚会、第二届广场舞大赛、民间文艺展演等文化活动300余场。依托文化活动，培训基层文艺骨干1000余人。德州大剧院继续实行托管运营，上演高水平演出71场，邀请省吕剧院、省话剧院、省京剧院及德州市专业院团开展公益演出17场。

3月和9月分别启动上半年和下半年全市送戏下乡活动，组织市直三家院团分2个演出小组，为基层群众送去歌舞、杂技、京剧、折子戏、曲艺等精彩节目600场。

【艺术创作】 2016年，全市文化艺术创作繁荣发展，京剧唱段《击鼓骂曹》荣获山东戏曲红梅大赛京剧表演一等奖，杂技《绸操》荣获山东杂技魔术大赛一等奖，原创舞蹈《大禹》在临沂和青岛上演，相声《特殊对话》荣获全国小戏小品曲艺大赛铜奖，4件文艺作品荣获山东省“泰山文艺奖”。

崔口镇文化中心

【遗产保护】 市文广新局全面加强大运河后申遗时代保护，推动实施以南运河德州段保护与展示工程为核心的大运河遗产文物保护工程，德州码头仓储建筑群保护展示和四女寺枢纽水利科技文化展馆项目取得阶段性进展，完成运河项目深化设计工作。申报国家级和省级文保项目22个，获得省文物局批准项目7个、专项补助经费357余万元；前期投入600余万元，全面完成苏禄文化博物馆改造提升工程。

加强非物质文化遗产保护。全市17个非遗项目参展第四届中国非遗博览会，市文广新局荣获优秀组织奖，12个项目传承人荣获展示奖。全市投入700万元，10个县(市、区)全部建成历史文化展示场所并免费对外开放。梁子黑陶公司和通德酿造公司成为省级非遗生产性保护示范基地，宁津县“送杂技下乡”荣获全省非遗保护十大亮点工作。

苏禄文化博物馆对外交流取得突破。2016年，市文广新局赴日本和菲律宾开展对外文化交流考察，与上好佳有限公司、拉甘岩市签订了加强苏禄王墓保护工作的合作框架协议，与菲华历史博物馆达成建立友好博物馆意向。菲律宾上好佳集团荣誉董事长施恭旗先生承诺苏禄王墓景区提升和清真寺维修捐款100万元。

【产业发展】 2016年，投资8.3亿、一期建筑面积9万余平方米的山东省自然博物馆落户齐河。与文化部中国对外文化集团公司签署战略合作协议，济南出版社德州分社和青岛版权交易中心德州分中心挂牌成立，填补了德州市没有出版社和版权交易平台的历史空白。

加强文化产业载体建设，德州董子文化街文化产业园区通过省专家考核，作为2016年全省唯一新增国家级文化产业示范园区向国家申报，并加入中国书院文化产业联合会，跻身国家级书院平台。推动新街口文化产业公司成为德州市第6处省级文化产业示范基地，编制完成《主城区文化产业发展规划》，参展第六届山东文博会与非遗博览会。

【依法行政】 依法依规对全市广播电视宣传和安全播出进行监管，重点保障重大活动与节日的安全播出。责令整改违规视听节目网站和载体3家，规范广播电视播出秩序。加快推进全市应急广播发布和管控平台建设，广播电视节目有线村村通实现全覆盖。全市拥有城市数字影院19家，其中市级影院5家，市电影公司与省公司合资开办了德州市新世纪数字影院。

新闻出版及版权事业健康发展。加强版权管理，推进党政机关软件正版化工作。德州梁子黑陶文化有限公司被确定为省级版权示范单位。完成印刷企业法人法律法规培训及新闻采编人员的职业资格考试。开展全民阅读活动，荣获2015年度省级全民阅读先进单位和个人25个。

坚持依法行政，加强简政放权，文物保护、新闻出版、广播影视、文化市场等29项市级审批事项全部进驻政务大厅。印制《德州市文广新工作政策法规汇编》《德州市文广新局政务中心行政审批事项服务手册》，坚持审批项目零收费，不断精简审批程序、提高审批效率，实现一站式集中办理。 (李晶晶　王金鑫　郭　凯)

文化市场执法

【规范化建设】 全市执法办结案件768件。与河北省廊坊市、甘肃省张掖市文化市场执法大队开展对口帮扶，三市先后举办市县域间案卷评查、执法业务培训3次，培训执法人员100余人次。

承办全省“扫黄打非”执法人员培训班，开展全市交叉执法、以案代训、案卷评查、全员在线培训考试等活动，组织全市文化市场综合执法技能比武活动。获全省文化市场综合执法技能大比武活动团体二等奖，1个单人一等奖和2个单人三等奖。

市文化市场执法局与公安局网监支队联合开展网络执法办案

【市场执法】 2016年，全市共开展各类文化市场专项整治行动10次，全市办结案件768起。开展《艺术品经营管理办法》宣传活动，摸底检查经营单位600家次，全面掌握三区艺术品市场门类和分布范围。对演艺娱乐市场做到事前介入，严查无证文艺团体、流动“大篷车”等违法违规经营行为，取缔非法流动演出5起，停业整顿2家。开展网络领域执法监管工作，密切关注网络和各类移动终端上的舆情动态，清除网上淫秽色情、反动暴力等有害信息，打击网络侵权行为。通过开展“剑网”行动，查处1起利用信息网络传播影视作品侵权案。通过开展整治网络非法传播视听节目“绿网”行动，要求整改网站13家。以开展“净网”行动为契机，共巡查网站300家次。充分发挥技术监控平台优势，对全市网吧进行在线实时监控。开展宾馆酒店非法安装卫星电视地面接收设施专项整治，劝解宾馆酒店自行拆除，完成整改20余家。联合公安局、无线电委员会成功查获、拆除非法广播电台设备10套，查办损坏广播电视传输线路案件1起。组织开展全市电影放映单位集中检查，责令整改影院1家，移交工商机关停业整顿1家。开展消防安全“百日会战”大检查行动，组织文化市场消防演练，排除安全隐患100余处，限期整改23家。

【扫黄打非】 开展2016“清源”“净网”“护苗”“秋风”“固边”五大专项行动和校园周边出版物市场集中整治行动，打击淫秽色情、凶杀暴力、封建迷信等文化垃圾侵蚀未成年人行为，收缴各类非法出版物6550册(张)。打击通过移动互联网非法传播视听节目，利用微信、微博等传播淫秽色情信息行为。全市共破获“涉黄涉非”案件29起，其中刑事案件25起，抓获涉案人员54人。强化对公共视听节目载体监管，收缴非法网络接收设备30套。加大对寄递渠道等重点环节“涉黄涉非”出版物打击力度，加强对印刷复制企业特别是具有报纸印刷能力企业监管，落实“内部资料性出版物准印证”制度。打击假记者、假媒体、假记者站等新闻“三假”。启动“扫黄打非”进基层工作。

【小微文化企业发展】 推动小微文化企业转型升级，发挥市场优胜劣汰规律，淘汰环境脏乱差、盈利能力差、存在问题多的小网吧。全市有80余家网吧通过转型升级突破行业发展瓶颈，实现多元化、可持续经营。加大对中心城区娱乐场所违规经营的查处打击力度，依法终止、劝退一批违规经营或经营不善的KTV等娱乐场所。

（郑广辉）

文艺创作

【协会活动】 德州市作家协会 2016年，成功举办“纪念中国共产党建党95周年和红军长征胜利80周年红色文学作品征文”活动。编辑出版《鲁北文学》6期，《小拇指诗刊》4期。全市作家在各级报刊发表文学作品300余篇(首)，多位作家、诗人的作品登上《中国作家》《人民文学》《诗刊》等全国重点文学期刊。

德州市书法家协会 建立“德州市书法家协会”微信群，开通“德州书协”公众号。举办“临帖展评”专题活动，邀请名家担任“学术主持”开展作品点评，活动共举办50余期，刊发作品400余件。在省“华东书院杯书法篆刻展览”中，获奖作品20件，223人入展，获奖人数列全省第一。在第二届“王羲之奖书法作品展”中，吴保忠等6人作品入展，在“孔孟之乡汉碑行·全国隶书展”中，3人入展，在首届“书圣书法大展”中，3人入展，在“第九届山东国际艺术节”中，张子健作品入展，在第三届“牡丹奖·山东省书法作品双年展”中，王兴国等17人入展。举办“德州市书法篆刻大赛”，共评展作品150件，举办“德州市书法精品巡回展”，共评选出书法精品140件。

德州市美术家协会 组织30多位画家赴河北省清河县、涉县太行山区和宁晋县工笔画乡进行采风写生、学术交流活动，在平原县王打卦乡探花庄园和夏津县黄河故道森林公园等地建立4个美术写生基地。在“庆祝建党九十五周年全国美展”中，李克祥等5人作品入选；举办“厚德之州——德州首届山水画学术大展”，展出40件八尺横幅山水画精品。

德州市摄影家协会 与市环保局、市农办、陵城区委宣传部等单位联合举办“生态德州环保摄影大赛”“乡村文明摄影比赛”“魅力陵城摄影展”。举办平原王打卦乡探花花园梨、夏津椹果采摘节和乐陵花韵枣乡等多次主题采风摄影活动，吸引德州、济南与近邻河北县市的摄影爱好者千余人参加。邀请国际摄影展获奖者钱海峰，著名摄影家邹毅、成卫东等10多位名家到德州授课。

德州市电影家协会 成功举办首届“德州市电影剧本创作大赛”，收到作品60余部。创作微电影等各类作品30余部，《爱的谎言》《小麦的心愿》《奶奶》《时光》等21部影片在省级以上专业大赛中获得28个奖项，微电影《家》和《回家》成为山东省仅有的两部入围“北京大学生电影节”原创电影单元的作品，另有3部电影作品在央视、重庆卫视播出，还拍摄了《创梦时代》《中国式洗礼》等数字电影和网络电影。在国内首次提出“互联网电影”新概念，将“中国德州微电影艺术节”升级为国家级“中国互联网电影周”。举办首届“电影表演培训班”，培训学员25名。

【文艺活动】 2016年，市文联联合市委宣传部举办“纪念建党95周年暨红军长征胜利80周年·美术、书法、摄影展”，展出书画精品180余幅，编辑出版《纪念建党95周年暨红军长征胜利80周年美术书法摄影作品集》。与市老龄办、市关工委等联合举办“庆祝建党95周年暨红军长征胜利80周年文艺演出”“全市青少年纪念中国共产党成立95周年、红军长征胜利80周年书画大赛”。指导市音协承办“德州市庆祝建党95周年暨红军长征胜利80周年合唱比赛”等活动。举办“我们的中国梦——文化进万家活动”。与市教育局等单位联合举办“全市第二届乡村学校少年宫成果展示活动”。市曲协举办“纪念山东快书艺术大师高元钧100年诞辰座谈会”，承办山东省“首届少儿曲艺大赛”德州赛区初赛，组队参加陵城区首届东方朔文化节“笑韵东方”相声专场演出、曲艺展演等。

【获奖作品】 2016年，在第九届山东省“泰山文艺奖”评选中，德州市有6件作品获奖：宁津县杂技团的空中杂技《登峰造极——排椅》获杂技类二等奖，市文化馆的相声《特殊对话》获曲艺类三等奖，空中杂技《绸操》和市杂技团的舞台杂技《巧耍花坛》分获三等奖，张辉的黑陶《花团簇锦》获民间文艺类三等奖，长篇电视剧《大刀记》获电视类三等奖。微电影《爱的谎言》获得山东省“第28届电视艺术牡丹奖”短片类一等奖。臧海英诗集《出城记》获“诗刊发现新锐奖”。邢庆杰作品《一九八七年的情诗》获“中骏杯”《小说选刊》双年奖。闫长湖作品《早市》获“全国农民摄影展”优秀奖。刘欣陶艺作品获上海国际陶瓷博览会“白玉兰杯”金奖，并获“第六届中国陶瓷协会大地奖”金奖和银奖。李志勇创作西河大鼓《和珅之死》在“第四届‘包公杯’反腐倡廉曲艺作品大赛”中获三等奖；王棕正、梁慧中获山东省“首届少儿曲艺大赛”二等奖。崔玉东等表演的《圆满》获山东省“第三届小品大赛”三等奖；徐明哲、汪敬波表演的相声《特殊对话》获“全国小戏小品曲艺展”铜牌。市舞协在“第九届中国优秀特长生才艺大赛山东赛区”和“山东省11届青少年舞蹈大赛”中，获4个金奖、1个银奖、11个一等奖、2个二等奖等。

【文艺服务】 市文联依托“长河艺术大讲堂”举办各类艺术培训近百场次，培训文艺工作者、爱好者2000余人。组织文艺志愿服务队广泛开展文化“五进”、送欢乐下基层活动100余场次。

（崔金鹏）

档 案 管 理

【信息化建设】 2016年，德州市档案馆对馆藏革命历史、旧政权档案和基建图纸进行数字化加工，共加工1085卷、卷内文件2.46万条、归档文件377条，17.01万页。截至2016年年底，共完成馆藏207个全宗，5.21万卷，卷内文件66.87万条，归档文件5.43万件。

对加工数据进行备份，共形成移动硬盘、光盘备份数据3套，数据总量16935G。案卷目录、卷内文件目录、归档文件目录单独备份，建成馆藏目录数据库。在省电子文件（档案）容灾备份中心开展电子档案容灾备份，备份档案级蓝光光盘PDF和JPG数据各1套，数据总量5645G。

【档案管理】 2016年，共接收进馆市直单位71家，档案9475卷，3.89万件，资料154册。全市近200家单位已基本接收完毕1995—2005年形成的应进馆档案。对市委十四届九中全会等26次重大活动进行全程跟踪拍摄，并将影音资料整理进馆。征集《德州南城李氏族谱》《王氏家谱》共3套，时间跨度上溯到乾隆早期。临邑县档案馆征集《文革岁月》资料1份、家谱宗谱8册，老照片、老奖状、老证书、民国旧币等29件，以及反映乡村记忆的生产生活用具若干。齐河县档案馆征集老教师回忆录、名人书画作品等200余卷（件）。

完成全部馆藏数字化档案的划控工作，共计5.40万卷，鉴定待销毁档案1482卷。对馆藏未整理档案及破产单位档案进行重新整理，共整理档案1895卷，134件。对旧政权及革命历史档案进行检查修复，共修复破损档案218页。制作历史珍贵档案仿真件85件。齐河县档案馆对4200余卷濒危档案进行修复,平原县档案馆争取财政每年划拨36万元作为档案保护专项经费,临邑县档案馆邀请省局专家对馆藏重点档案和石家村清真寺古兰经的破损情况进行调研。

完成市直242个单位年度归档文件整理检查验收工作,合格率达90%以上。在全市开展档案管理科学化测评工作,12家单位通过省示范单位验收,23家单位通过省先进单位验收。按照国家重点档案文件级目录采集标准及相关要求,完成1.5万条目录的采集报送。德州市档案馆通过"省级中小学档案教育社会实践基地"验收。

【档案服务】 2016年,共提供档案利用769人次,1366卷(件)次。出版《档案说史》,全书共16万字,200余幅图片,由中国文史出版社出版发行。在德州晚报开辟"铭记历史,开创未来"专版,在《德州日报·德周刊》开办"档案说史"栏目,开通"德州档案"官方微博,发布各类信息60余条。

(杜 佳)

德州日报

【新闻宣传】 2016年,围绕建设协同发展示范区、高铁"德州号"始发、第六届资本交易大会、扶贫攻坚、首届京津冀鲁技术交易大会、第九届海洽会等重大事件,开设"践行治国理政新理念建设协同发展示范区""打好生态治理攻坚战""坚决打赢脱贫攻坚战"等专栏20多个,专版60多个,刊发重点报道440余篇。围绕中央重大部署、重大战略、重要讲话,在观点版开设"学党章党规学系列讲话做合格党员""坚决打赢脱贫攻坚战""治国理政新理念新思想新战略"等专栏,共推出《不忘初心开辟新路》《全面从严治党的进一步推进和提升》等理论评论文章60余篇。围绕协同发展、环境保护等重点工作,在《人民日报》《经济日报》、新华网、《大众日报》等国内主流媒体,发表反映德州工作重点、亮点、制高点的新闻稿件42篇。其中《人民日报》刊发的《德州主动融入"京津冀"》,《经济日报》刊发的《对接"京津冀" 敢啃硬骨头》,《农民日报》刊发的《德州"两学一做"宣讲一竿子插到底》等,《大众日报》刊发的《"人才政策落实不了,拿我是问"》《德州精准帮扶农村生活困难"三老一属"》等重点稿件,提升了德州的知名度。承担高铁德州号随车杂志《德州直通京津冀》的首期编辑工作,完成"德州协同发展网"官方网站设计制作工作。

编辑《德州月谈》。围绕学习习近平"2.19"讲话、开展"两学一做"学习教育、建党95周年等主题,编辑宣传部部刊《德州月谈》6期。开设"回眸十二五 喜看新变化""从严从实 奋发有为 协同发展 共奔小康""从严治党在路上""践行治国理政新理念 建设协同发展示范区"等栏目,介绍全市"十二五"期间以及"十三五"开局之年经济社会发展成就。开辟"学榜样做时代先锋·迎接建党95周年特别报道""学雷锋做德州好人"专栏,先后推出了张法利、焦文玉、袁敬华、卞志良等重大人物典型和"四点半学校"工作典型等新闻作品。围绕党坚决打赢脱贫攻坚战、大班额及中小学校全面改薄、老旧小区改造、创业就业、医疗改革、安全生产等重点,推出系列报道100多篇、专题专栏20个。开设"我文明 德州文明""长河清风·我们身边的勤廉之星"专栏,报道积极向上的文明行为、人物、制度,倡导向善、向上、清廉之风,刊发反映全市精神文明建设成就、勤廉典型的作品100多篇。

刊登各类主题公益广告120多期,弘扬社会正气。加强舆论监督,对影响大局、损害人民利益的不良现象、庸懒散漫行为进行曝光。开办

《深入推进城乡环卫一体化曝光台》栏目，指名道姓曝光15个不达标乡镇街道。在时事版《看天下》，围绕钓鱼岛之争、南海仲裁案、反腐败等问题，及时转载刊发中央主流媒体的言论、报道，维护国家和人民利益，驳斥谬论邪说。在山东省市地报新闻奖和山东省市地报第23届好专版好专栏评比中，德州日报社分别有6件作品获一、二等奖。2015年度山东省新闻奖摄影作品复评中，德州日报选送的摄影组照《无"胃"检察官黄平亮》获一等奖。

【融合发展】 突出党报特色，精准定位，初步形成了以"两微一端"为代表的全方位、多层次的新媒体矩阵，总精准用户达到40万，推出一批受众黏度高、影响力广泛的品牌栏目。网络春晚成功举办6届，成为市内外知名文化活动品牌。新媒体运营中心依托技术优势，加强对外合作，取得一定进展。工作流程逐步完善，实践中积极探索加强各个平台之间的联系、互动、配合，朝着中央厨房模式不断前进，编辑记者融合传播意识不断增强，自觉性不断提高。建立激励约束机制，引导大家关心、关注、支持、参与融合传播，报社业务考核办法中有关新媒体的内容得到加强。

【活动策划】 围绕"德州号"始发、第六届资本交易大会、中职汽修大赛、全国小型电动车测试大赛、扶贫攻坚、"两学一做""中国·德州首届京津冀鲁技术交易大会""进解促"等大事要事精心组织策划，讲求立意有深度。举办、承办山东省新闻摄影评奖及专家讲座、全市骨干通讯员培训班，开设德报大讲堂，每月一期，学理论、学业务、学文化。开展"九龙湾一日游"采风、"夏津桑葚采摘节"摄影比赛、"花韵乐陵"摄影比赛等活动。发起对罹患癌症的全市道德模范王成"帮助好人王成"的活动，募集善款近8万元。

【报纸发行】 2016年，免费赠阅《德州日报》200余份，为德州市"两会"等重大会议、活动投递报纸近500份，开辟市外零星订阅10余份。抽调人员组成订阅小分队，上门收订。 (孙玉海)

2016年11月，市委书记、市人大常委会主任陈勇(左四)到德州日报社调研

德州晚报

【新闻宣传】 2016年，德州晚报围绕中心工作，先后策划推出众多重点时政栏目报道。“建设京津冀协同发展示范区”专栏，先后刊发专题报道30余篇次，“向大气污染宣战”刊发专题报道20余篇次，“打好脱贫攻坚战”采写刊发18篇次。“海洽会”期间，先后推出整版报道6个。“高铁德州号”开通，第六届资本交易大会、首届京津冀鲁技术交易大会期间，均推出超过4个整版的专题报道。

创新报道形式，采取“双渠道多模式”，采访报道过程中，利用新媒体在网络阵地率先发声，同时在报纸上进行深度跟进。新媒体报道中借鉴网络语言风格，采用“讲故事”的方式，在报纸上则以深度挖掘为着力点，满足不同层次的新闻需求。

2016年，德州晚报与德州市纪委接洽，推出“清风德州”专栏。通过报道纪检监察战线的优秀模范、创新做法，深入剖析典型案例，在全市引发强烈关注。

2016年，德州晚报强化民生新闻报道的贴近性，坚持到一线、到基层。记者深入到乡镇村庄、沟渠街道，先后专栏中推出报道30余篇，其中既有正面典型，又有反面剖析。关注“老旧小区改造”，德州晚报在社区版开设专栏，从改造规划到工程进度，再到具体小区的问题反馈，对其进行全方位报道。

2016年，加大对12345热线管理，派出得力记者进行热线跟踪采访，《麦苗大面积枯死愁坏村民，村民怀疑种子有问题》《乐陵小麦受灾有“保险”获赔10万余元》《收货人拒收发货人失联，26吨“化工品”成了烫手山芋》《26吨“化工品”的鉴定费有着落了》《500余亩玉米只长棒不结粒》等社会新闻稿件，经过德州晚报的报道，为百姓解决了实际的难题。

7月，德州晚报策划推出“我文明德州文明”践行社会主义核心价值观宣传教育活动，历时5个月，每周末通过进广场、社区、学校、企业演出这一广大市民喜闻乐见的形式，广泛宣传“我文明德州文明”及核心价值观，先后演出20多场次，现场观众超过5万人次。9月，德州晚报策划推出了旨在大力倡导文明、节俭的婚丧新风，引导广大群众建立健康、科学的生活方式的全市“移风易俗树新风”主题漫画大赛，先后收到各类稿件千余幅。

【融合发展】 2016年，德州晚报改革新媒体采编机制，按照职能划分成立了微信部、网站部、技术部，其次改革新闻采编流程，采取“关口前移、一次采编、多次播发”的新型采编流程，即新闻采编后第一时间在网站平台播发、再在微信端播发、最后在报纸平面刊发的流程格局。德州晚报微信公众号的传播力影响力日益扩大，在全省报纸公众号中排名前4位，粉丝数从年初的7.5万人，猛增到29万余人。

【报纸发行】 2016年，报纸发行量同比增长，新媒体平台和非报产业发展势头良好。聚实惠商贸公司已建立实体店。与北京佳和天朗联手打造了重大民生项目“亲来了”，整合各大商场、农贸市场、菜市场、劳动力市场、住宅小区“四场一区”五大资源，够满足老人经济、二孩经济、安全经济、环保经济五大消费需求，涵盖了医疗、家政、物业等公共服务内容，居民在一个平台上就可享受到全方式保姆式服务。“亲来了”在线固定粉丝达3万多人，上线商家已有240多家，覆盖市区269个小区。11月和德百超市签订了合作协议，上线产品增加了3万多款。

德州晚报小记者学校进入稳步发展期。新湖南校区以学前班为主要办学特色，培训以翰林写作为主，并拓展开办了绘画、书法、英语等特色培训。2016年，德州晚报小记者培训学校，学生人数已经达到500人，5月，德州晚报又组建了中老年俱乐部。

2016年，德州晚报陵城读本编辑部人员8人，每周三、周五发行。11月，德州晚报正式迁至德州经济技术开发区东海大厦。 （张宝山）

德州广播电视

【主题宣传】 2016年，德州广播电视台围绕市委、市政府的工作重点，开设“建设协同发展示范区”“我文明、德州文明”“两学一做”“纪念中国共产党建党95周年”“不忘初心、继续长征”等30多个新闻专栏，播发稿件8900多篇，推出宣传典型2100多个。在“第六届资本交易大会” 弘扬“长征精神”“山东第九届海洽会暨首届‘智汇德州’人才创新创业周”“中国·德州首届京津冀鲁技术交易大会”等近百个重大宣传报道中，全台精心策划，广播、电视、大略网、奏嘛·德州手机台四位一体，点面结合，突破传统报道模式，大幅增加了体验式报道、新闻链接、现场报道、系列评论等形式。

【采编供稿】 2016年，中央电视台用稿39条，其中《新闻联播》播发10条稿件，中央人民广播电台用稿340条，在央广《新闻和报纸摘要》《全国新闻联播》《直播中国》等栏目播发稿件140条，其中报摘头条4个，在央广乡村之声用稿量200多条，荣获2016年度中央人民广播电台新闻报道优秀供稿奖。山东广播电视台用稿7942条，山东广播电视台电视用稿1265条，《山东新闻联播》上稿数量759件，其中《山东新闻联播》头条41条，提要135条，山东广播电视台广播用稿总量达2033条，齐鲁网用稿4644条。

2016年，为配合宣传“我文明德州文明”主题活动，制作“图说我们的价值观”“我文明德州文明”等系列公益广告，制作“关爱艾滋病人”“打造德州放心农场”“发展新能源汽车”等主题性公益广告。全年共制作上传广播、电视公益广告、公益宣传片290条，全年播出各类公益广告4.28万余条次。有20多件公益广告作品荣获省级以上奖项，其中广播公益广告《孤独的天使》《不要让孩子输在道德的起跑线上》荣获第23届中国国际广告节“黄河奖”公益广告优秀奖，电视公益广告《心中有文明，还须做到位》等作品荣获山东省广播影视大奖电视艺术类奖（牡丹奖）二、三等奖。

【精品创作】 2016年，市广播电视台组织“省市广播影视大奖新闻、社教类节目优秀作品”“山东省电视艺术奖（牡丹奖）”等14项100多件作品参评，共有63件作品荣获省级以上一、二、三等奖，其中一等奖8件，二等奖18件，三等奖37件。微电影《爱的谎言》、电视纪录片《撅腚豆腐》、电视文艺类《德州市春节联欢晚会》荣获山东省广播影视艺术奖（牡丹奖）一等奖。长纪录片《英雄母亲》、短纪录片《瞧这一家子》《蹶腚豆腐》荣获山东省第六届纪录（专题）片学术奖一等奖。

【节目播出】 2016年，全台开办有综合、交通、文艺、音乐、私家车5个广播频率和新闻、公共、图文、都市4个电视频道以及大略网、奏嘛·德州手机台、广场大屏等传播平台。各频道、各频率打造各具特色的广播、电视栏目，其中广播自办栏目有28个、电视18个。电视《新闻观察》《直播德州》《汉忠话像》等栏目，广播《大家说法》《小鹏服务热线》《车友帮》等栏目渐成品牌。广播《德州新闻》《大家说法》,电视《直播德州》《金色乡村》等栏目多次被评为山东省广播电视十佳栏目奖,《承诺热线》栏目被评为全省党风廉政建设优秀栏目、全省反腐倡廉优秀栏目。《汉忠话像》栏目荣获全省广播影视大奖电视艺术奖(牡丹奖)文艺栏目类一等奖。

广播电视发射台、中波转播台、广播电视技术部、播控室等技术保障部门坚持把安全播出大检查作为总抓手,全面排查隐患,完善应急预案,确保全台广播电视频道和大略网、奏嘛·德州手机台全年安全播出。发射台全年安全播出广播节目39420小时,电视节目32000小时,自9月30日地面数字试播以来,完成安全播出4416小时。

【设施建设】 2016年,德州广播电视台对技术设备进行系统化高清改造,所需资金采用"融资租赁"方式解决,共融资5200万元,融资租赁资金先后于2016年6月、9月全部到账。按照广电总局、省局对无线地面数字广播电视覆盖进行统一规划,完成中央广播电视节目无线数字化覆盖工程招标设备的合同签订及设备购置任务,合同签订及设备投资总额313.5万元。10月,完成了发射机的安装、调试、开通和试运行工作。

【新媒体】 2016年,德州手机台进行改版升级,对视频直播、点播部分进行调整,增加了奏嘛拍客、吃嘛玩嘛、书画摄影等许多服务和互动版块。《主播夜读》栏目已有30名优秀广播、电视主持人加盟,每天播出的精品美文单条点击量平均5000人次,最高超过2.5万人次。新开设百台联动直播窗口,联合全国170多家城市手机台同步播出。2016年,新媒体使活跃注册用户达到30多万。2016年,在重要会议、重大活动报道宣传中,奏嘛手机台凭借其内容新、信息量大、传播快、全球覆盖等特点,发挥独特的传播优势。奏嘛·德州手机台荣获全国"最具影响力手机台""2016轻快百台百姓春晚"优秀组织奖、"2016年度轻快云平台最佳轻快应用创新奖"和"2016年度轻快云平台最具人气手机台奖"等奖项。截至2016年年底,奏嘛·德州手机台总访问量突破2590多万人次。

(王英民　张振峰　邹志军)

图书发行

【主业经营】 2016年实现经营总收入3.39亿元,其中销售码洋3.44亿元,同比增长3783万元,增幅12.33%。物流中心发货2.94亿元。实现利税4706.53万元,同比增长883.23万元,增幅23.1%。实现利润4367.41万元,同比增长816.8万元,增幅23%。

发行中共十八届六中全会文献及各类政治读物80余万册,为机关、企事业单位配送图书7万余册,完成全市中小学教育教学用书发行工作。

【转型升级】 推进实体书店转型升级,互联网化、多元化、体验化、个性化程度有效提升,初步搭建起优秀文化展示和市民文化交流的平台。

(沙瀚翔)

体　　育

【群众体育】 2016年,全市经常参加运动的人数达180万人。举办第十三届全民健身节和第六届全民健身运动会。开展太极拳、羽毛球、围棋、乒乒球等10个项目比赛活动，丰富群众业余体育文化活动。打造品牌赛事，将“四国篮球挑战赛”“全国拔河精英赛”“京津冀鲁龙舟大赛”作为城市品牌赛事常年举办，已有澳大利亚、古巴、立陶宛、美国等8个国家球队，北京、天津、河北、浙江等6省市代表队约700名运动员参赛。推广太极拳、乒乓球、围棋等特色项目，承办山东省第六届全民健身运动会万人太极拳（德州赛区）比赛，组织3000人太极拳、太极扇的展演活动。培训太极拳辅导员、教练员2300余名，建立培训点2000多个。开展乒乓球“进机关、进学校、进企事业单位、进社区（乡村）活动”，组织举办了市直乒乓球俱乐部大赛、山东省“百千万”乒乓球比赛10余项次，全市经常参与乒乓球运动的人数超过10万人。开展围棋进校园活动，共培训围棋爱好者10万余人。承办和参加中国围棋之乡比赛活动，德州市选手张明浩、陈天慈等在省级围棋比赛中获得冠军。加强体育设施建设，2016年，全市共建设1128处农民体育健身工程、5处乡镇体育健身工程、6处社区多功能运动场、6处体育公园和6片笼式足球场地。

【竞技体育】 为遏制竞技体育连续下滑的趋势，市体育局不断加大对市队县办、市队校办、市队社会办的发展模式改革力度，在教练引进、资金扶持、跟踪服务等方面重点帮扶。2016年，德州市运动员在省级及以上比赛中获得金牌16枚、银牌7枚、铜牌7枚。尤其是在全国青年女子拳击锦标赛、全国城运会举重项目、全国少儿乒乓球比赛中，德州市运动员穴海燕、李瑞、王吉轩获得冠军，梁恩坤在全国少年拳击锦标赛中夺银。在山东省锦标赛、冠军赛中，德州市运动员在拳击、

2016年9月，山东省第六届全民健身运动会万人太极拳（德州赛区）比赛在德州市体育中心举行

武术散打、田径、乒乓球等项目上获前三名，特别在乒乓球项目上，包揽省锦标赛、冠军赛乙C组男子团体和个人金牌，取得历史性突破。承办了中澳男篮对抗赛、"四国"国际男篮挑战赛、全国青少年武术散打锦标赛、全国道馆俱乐部柔道锦标赛、山东省乒乓球冠军赛等8项省级及以上比赛。举行全市中小学生田径、游泳、篮球、排球、足球、乒乓球、羽毛球7大联赛。完成了24届省运会甲组运动员共计1300人的注册，组织乙组运动员参加24届省运会资格审查工作。对全市20所传统项目学校开展山东省体育传统项目学校重新评估、认定工作。

【体育协会】 加强社团协会的组织建设，省体育局命名新湖南路小学、市跆拳道协会分别为省级国际象棋特色教育学校和"体育特种行业职业资格培训基地"。省体育总会批准在德百温泉度假村成立了德州市第二个"山东省绿色生态体育休闲基地"。新成立1个市级行业体育总会、6个体育单项协会和8个俱乐部。临邑、平原、齐河3个县的乡镇街道体育总会组织建设实现全覆盖。承办中国城市足球联赛德州赛区比赛、山东省第六届大众跆拳道锦标赛、山东省传统武术及推手项目裁判员晋级培训班等丰富多彩的体育赛事和培训活动。举办省第八届"百千万"德州赛区比赛，带动近10万群众共享赛事。鼓励各协会举办赛事活动，市围棋协会、羽毛球协会、篮球协会等举办市级比赛130余次。

【体育产业】 市政府印发《加快发展体育产业促进体育消费的实施意见》，明确体育产业发展方向。邀请专家对《德州市体育产业2015—2020发展规划》进行评审。开展申报争创国家级、省级体育产业示范基地和国家级、省级示范单位工作，宁津县被中国轻工业联合会和中国文体教育用品协会联合授予"中国健身器材生产基地"称号，泰山体育集团被确定为省级示范单位。组织泰山集团等20余家体育企业参加第34届中国国际体育用品博览会，推介德州市体育用品企业。开展进厂入企60次，梳理问题并制定了解决方案，帮助企业健康发展。体育彩票销售态势良好，全年销售体育彩票5.92亿元，同比增长20.63%，比2014年总额翻一番。（李　肖）

2016德州籍运动员参加全国以上比赛成绩统计表

姓　名	性别	比赛名称	时间、地点	项目	名次
许永召	男	2016全国皮划艇激流回旋冠军赛	2016.7.贵州	单人划艇	第6名
		2016全国皮划艇激流回旋冠军赛	2016.5.宜阳	双人划艇	第6名
		2016全国皮划艇激流回旋冠军赛	2016.5.宜阳	单人划艇	第3名
		2016全国皮划艇激流回旋锦标赛	2016.9.宜阳	单人划艇团体赛3人	第2名
		2016全国皮划艇激流回旋锦标赛	2016.9.宜阳	双人划艇	第5名
崔寅生	男	2016全国帆船锦标赛	2016.10.广东	男激光级长距离赛	第8名
		2016全国帆船锦标赛	2016.10.广东	男激光级长距离赛	第6名
		2016全国帆船帆板冠军赛	2016.6.大连	男激光级场地赛	第6名

续表

姓　名	性别	比赛名称	时间、地点	项目	名次
李茂魁	男	2016全国帆船帆板冠军赛	2016.6.大连	帆船470场地赛2人	第5名
程　冲	女	2016全国田径锦标赛	2016.9.天津	400米	第3名
		2016全国室内田径锦标赛	2016.2.南京	400米	第1名
刘俊奎	男	2016全国7人制橄榄球冠军赛	2016.7.河北	橄榄球	第1名
		2016全国7人制橄榄球锦标赛	2016.3海口	橄榄球	第1名
陈永强	男	2016全国7人制橄榄球冠军赛	2016.7.河北	橄榄球	第1名
		2016全国7人制橄榄球锦标赛	2016.3.海口	橄榄球	第1名
李　瑞	女	2016全国女子举重锦标赛	2016.4.福建	63公斤级抓举	第6名
				总成绩	第7名
		2016全国青年举重锦标赛	2016.5.海口	抓举	第3名
				挺举	第3名
				总成绩	第3名
		2016全国女子举重冠军赛	2016.10	挺举	第7名
				抓举	第8名
				总成绩	第6名
赵明炜	女	2016全国赛艇锦标赛	2016.10.福建	八人单桨有舵手	第3名
		2016世界青年赛艇锦标赛	2016.8	四人单桨	第8名
王艳菲	女	2016全国赛艇冠军赛	2016.4.千岛湖	2000米双人双桨	第7名
		2016全国赛艇锦标赛	201.10.福建	轻量级四人双桨	第4名
刘　健	男	2016全国射击飞碟锦标赛	2016.10.保定	飞碟双向团体	第3名
穴海燕	女	2016全国青年女子拳击锦标赛	2016.6.秦皇岛	+81公斤级	第1名
梁恩坤	男	2016全国少年拳击锦标赛	2016.8.辽宁	63公斤级	第2名
郭淋淋	女	2016年全国赛艇锦标赛	2016.10	八人单桨有舵手	第3名
骆玉玺	男	2016全国室内田径锦标赛	2016.3.南京	1500米	第3名
		2016全国田径冠军赛	2016.6.重庆	男1500米	第2名
				男子800米	第2名

2016德州籍运动员参加全省以上比赛成绩统计表

姓　名	性别	比赛名称	时间、地点	项目	名次
王新智	男	2016山东省跆拳道冠军赛	2016.10.潍坊	男甲80kg	第3名
孙旭琰	男	2016山东省跆拳道冠军赛	2016.10.潍坊	男乙73kg	第5名
于佳琪	女	2016山东省跆拳道锦标赛	2016.7.济南	女乙46kg	第5名
杨文俊	男	2016山东省乒乓球锦标赛	2016.5.威海	乙c组男团	第1名
		2016山东省乒乓球冠军赛	2016.10.德州	乙c组男团	第1名
李尚哲	男	2016山东省乒乓球锦标赛	2016.5.威海	乙c组男团	第1名
		2016山东省乒乓球冠军赛	2016.10.德州	乙c组男团	第1名
聂文浩	男	2016山东省乒乓球锦标赛	2016.5.威海	乙c组男团	第1名
		2016山东省乒乓球冠军赛	2016.10.德州	乙c组男团	第1名
张涵瑞	男	2016山东省乒乓球锦标赛	2016.5.威海	男子单打	第4名
				乙c组男团	第1名
		2016山东省乒乓球冠军赛	2016.10.德州	乙c组男团	第1名
王吉轩	男	2016山东省乒乓球锦标赛	2016.5.威海	乙c组男团	第1名
				乙c组男单	第1名
		2016山东省乒乓球冠军赛	2016.10.德州	乙c组男团	第1名
				乙c组男单	第1名
邵怡婷	女	2016山东省羽毛球锦标赛	2016.7.潍坊	乙A女团	第7名
卢佳怡					第7名
唐　果					第7名
夏雨荷	女	2016山东省羽毛球锦标赛	2016.7.潍坊	乙A女团	第7名
郭润昱					第7名
栾书宇	男	2016 山东省羽毛球锦标赛	2016.7.潍坊	甲B男团	第8名
张奕飞			2016.7.潍坊	甲B男团	第8名
李林翰			2016.7.潍坊	甲B男团	第8名
宋言希	男	2016 山东省羽毛球锦标赛	2016.7.潍坊	乙B男团	第8名
姜竣皓			2016.7.潍坊	乙B男团	第8名
马艺杰			2016.7.潍坊	乙B男团	第8名

续表

姓　名	性别	比赛名称	时间、地点	项目	名次
邵怡婷	女	2016山东省羽毛球冠军赛	2016.10.文登	乙A女团	第5名
卢佳怡	女	2016山东省羽毛球冠军赛	2016.10.文登	乙A女团	第5名
唐　果	女	2016山东省羽毛球冠军赛	2016.10.文登	乙A女团	第5名
夏雨荷	女	2016山东省羽毛球冠军赛	2016.10.文登	乙A女团	第5名
郭润昱	女	2016山东省羽毛球冠军赛	2016.10.文登	乙A女团	第5名
宋言希	男	2016 山东省羽毛球冠军赛	2016.10.文登	乙B男团	第8名
姜竣皓	男	2016 山东省羽毛球冠军赛	2016.10.文登	乙B男团	第8名
马艺杰	男	2016 山东省羽毛球冠军赛	2016.10.文登	乙B男团	第8名
张涵硕	男	2016 山东省羽毛球冠军赛	2016.10.文登	乙B男团	第8名
栾书宇	男	2016 山东省羽毛球锦标赛	2016.10.文登	甲B男团	第7名
张奕飞	男	2016 山东省羽毛球锦标赛	2016.10.文登	甲B男团	第7名
李林翰	男	2016 山东省羽毛球锦标赛	2016.10.文登	甲B男团	第7名
宫如钒	男	2016 山东省羽毛球锦标赛	2016.10.文登	甲B男团	第7名
李佳琪	女	2016山东省羽毛球锦标赛	2016.7.潍坊	甲B女双	第7名
黄丽洁	女	2016山东省羽毛球锦标赛	2016.7.潍坊	甲B女双	第7名
张井民	男	2016山东省散打冠军赛	2016.10.菏泽	男甲52kg	第5名
张井民	男	2016山东省散打锦标赛甲组	2016.6.淄博	男甲52kg	第5名
韦　诺	男	2016山东省拳击乙组锦标赛	2016.4.博兴	男乙80kg	第2名
韦　诺	男	2016山东省拳击冠军赛	2016.10.德州	男乙80kg	第2名
梁恩坤	男	2016山东省拳击乙组锦标赛	2016.4.博兴	男乙63kg	第2名
梁恩坤	男	2016山东省拳击冠军赛	2016.10.德州	男乙63kg	第1名
张　扩	男	2016山东省拳击乙组锦标赛	2016.4.博兴	男乙66kg	第3名
张　扩	男	2016山东省拳击冠军赛	2016.10.德州	男乙66kg	第5名
李文博	男	2016山东省拳击甲组锦标赛	2016.5.淄博	男甲64kg	第5名
杨宋迅	男	2016山东省拳击乙组锦标赛	2016.4.博兴	男乙54kg	第5名

续表

姓　名	性别	比赛名称	时间、地点	项目	名次
徐英东	男	2016山东省拳击甲组锦标赛	2016.5.淄博	男甲64kg	第3名
张永琪	男	2016山东省拳击冠军赛	2016.10.德州	男甲+91kg	第5名
穴海燕	女	2016山东省拳击甲组锦标赛	2016.5.淄博	女甲+75kg	第1名
穴海燕	女	2016山东省拳击冠军赛	2016.10.德州	女甲+75kg	第1名
贺梦冉	女	2016山东省田径冠军赛	2016.10.淄博	女甲200米	第8名
聂仁鹏	男	2016山东省田径冠军赛	2016.10.淄博	男甲10000米	第3名
聂仁鹏	男	2016山东省田径冠军赛	2016.10.淄博	男甲5000米	第3名
聂仁鹏	男	2016山东省田径锦标赛	2016.8.泰安	男甲10000米	第5名
李勇杰	男	2016山东省田径冠军赛	2016.10.淄博	男甲800米	第2名
李勇杰	男	2016山东省田径冠军赛	2016.10.淄博	男甲1500米	第1名
李勇杰	男	2016山东省田径锦标赛	2016.8.泰安	男甲1500米	第2名
李勇杰	男	2016山东省田径锦标赛	2016.8.泰安	男甲800米	第6名
杨怡然	女	2016山东省田径锦标赛	2016.8.泰安	女甲4×400米接力	第8名
王鑫雨	女	2016山东省田径锦标赛	2016.8.泰安	女甲4×400米接力	第8名
刘心如	女	2016山东省田径锦标赛	2016.8.泰安	女甲4×400米接力	第8名
马欣欣	女	2016山东省田径锦标赛	2016.8.泰安	女甲4×400米接力	第8名
刘文倩	女	2016山东省田径锦标赛	2016.8.泰安	女乙跳高	第1名
李甲壬	男	2016山东省射击锦标赛	2016.6.济宁	10米气步枪	第7名
房永康	男	2016山东省射击锦标赛	2016.6.济宁	10米气步枪	第8名

卫生和计划生育

卫　生

【概况】 2016年，全市各级各类卫生计生机构4864个，总床位2.32万张，医疗卫生机构总资产87.6亿元，业务用房面积145.1万平方米。全市卫生技术人员2.87万人。总诊疗3540.86万人次，出院84.23万人次。全市各级医疗卫生机构同京津优质医疗资源对接合作，22个卫生计生优质合作项目在德州落地。

【服务体系】 结合国家、省规划和“京津冀”协同发展示范区建设，编制完成《全市卫生计生事业发展“十三五”规划》和《医疗卫生服务体系规划(2016—2020年)》。2016年，争取中央投资建设项目10个，规划建设总面积6.32万平方米，项目总投资 22056万元，其中，中央预算内投资5904万元，地方配套资金1.62亿元，医疗卫生服务体系建设和群众就医环境得到明显改善。

【公立医院综合改革】 落实《关于进一步深化医药卫生体制改革的实施意见》，对9个县市20家实施改革的县级公立医院开展“回头看”，齐河县代表山东省迎接国务院医改办考核组的复评，平原县被确定为全省5个开展县级公立医院综合改革省级示范的县市之一。市政府办公室印发《德州市城市公立医院综合改革实施方案》，市直及德城区、陵城区的10家城市公立医院如期启动改革，公立医院综合改革实现全覆盖。各公立医院通过调整医疗服务和药品价格，完善公立医院补偿机制，改革编制人事薪酬制度，推开管理体制改革，强化医院科学管理等措施全面推进改革。

【卫生计生人才】 落实市委、市政府人才政策“黄金30条”，配套出台《德州市引进培养高层次医疗卫生人才实施细则(试行)》《德州市高层次人才医疗保健休假疗养实施细则(试行)》。召开全市引进培养高层次医疗卫生人才座谈会，与北京协和医院、天坛医院等开展高层次医疗卫生人才交流。实施“卫生英才”工程，加强人才培养，组织骨干赴德国、奥地利等进行麻醉、妇产等专业学习。市中医院4名指导老师、8名继承人签订师承合同，纳入省级中医药五级师承项目。承办山东省泰山科技论坛等4期省级高层次人才科研论坛，举办泛京津冀肺癌放疗论坛，组织全市学术活动74场。20项省医药卫生科技项目成功立项。深化公立医院编制人事制度改革，市直4家公立医院人员编制控制总量5535名，2016年，全市共引进招录医药卫生人才509人，其中博士1人，重点高校研究生89人。

【综合监督】 开展卫生计生综合监督提升年活动，提升监督执法水平。推动德城区创建全省卫生计生综合监督示范区。作为省级试点市，推进医疗卫生机构传染病防治分类监督综合评价试点工作。加强二类疫苗预防接种及疫苗使用管理监督检查。推进“双随机一公开”和行政执法全过程记录工作。组织全市卫生监督执法工作专项督查和卫生计生监督执法专项稽查，开展《人口与计划生育法》《中华人民共和国职业病防治法》《放射性同位素与射线装置安全和防护条例》等法律法规落实情况监督检查，规范综合监督执法。做好职业卫生、放射卫生、环境卫生、学校卫生和计划生育的监督管理等工作。

【疾病预防控制】 落实传染病防控措施，全年未发生重大传染病暴发或流行。开展全市预防接种规范管理专项活动，新增预防接种单位22处。稳妥应对处置“3·18山东济南非法经营疫苗案件”。完成脊灰疫苗免疫策略调整。应对寨卡病毒病疫情、人感染H7N9禽流感疫情。会商研究制定《德州市严重精神障碍患者救治救助工作实施意见》，推动严重患者监护人以奖代补政策的落地，严重精神障碍患者报告患病率和管理率大幅度提升。加强艾滋病筛查实验室、检测点、CD4检测实验室及确证实验室管理力度，全市艾滋病检测能力明显提高。组织做好脑卒中高危人群筛查和干预项目、农村癌症早诊早治项目、儿童口腔疾病综合干预项目，通过全省减盐防控高血压项目终期考核评估，德州市疾控中心荣获“全国‘十二五’地方病防治工作先进集体”称号。食源性疾病监测哨点医院由13家增至30家，全市食源性疾病立体监测网络更加健全。完成食品安全风险监测、生活饮用水卫生监测、农村环境卫生监测等卫生监测项目以及重点职业病与职业健康风险评估、职业性放射性疾病监测与职业健康风险评估、医疗卫生机构医用辐射防护监测等职业卫生项目。

【卫生应急】 修订完善《德州市手足口病防治工作应急预案》《德州市卫生计生委突发公共卫生事件处理流程》《突发公共事件医疗救治处理流程》，进一步建立健全应急预案体系。部署做好传染病防控、高温中暑、食物中毒等突发事件的卫生应急准备工作。按照市重污染天气应急指挥部有关要求，适时启动重污染天气应急响应。市疾控中心购置卫生应急物资，筹建卫生应急物资储备库。组织举办全市传染病暨突发公共卫生事件报告管理技术培训班。

【医政管理】 市政府出台《关于开展分级诊疗制度建设的实施意见》，推动实施分级诊疗制度，促进医联体建设，全市建立多种层次医联体18个。印发《德州市城乡医院对口支援工作方案(2016—2018)》，制定《德州市医疗机构设置规划(2016—2020年)》，全面开展城乡医院对口支援工作，鼓励医师多点执业。组织全市卫生计生系统开展“三升一增”活动，推进优质护理服务示范工程。开展评先树优活动，联合市总工会举办全市医师岗位技能大赛、输血岗位技能竞赛、院前急救技能大赛，开展“德州健康守护天使、德州最美护士”评选活动。加快医院标准化推进力度，完成对11家医疗机构的等级评审复审工作，二级甲等综合医院达到12家。临邑县人民医院成为全市首家通过省卫生计生委评审按照三级乙等综合医院管理的县级综合医院。落实新的《医疗质量管理办法》，建立市级质量控制中心21个，批准成立市乳腺疾病防治中心和市病理诊断中心，宁津县人民医院胸痛中心成为全国第二家、山东省首家通过中国胸痛中心认证二级综合医院。制定《德州市临床医学重点专科评审方案》，完成全市第三批市级临床重点专科评审。加强血液质量管理，全年采全血46170人次，采血量17.6吨，同比增长8.8%，实现无偿献血率100%。开展急救体系标准化建设，全年培训院前急救人员460名，编写《第一目击者急救指南》。联合市交警、公安、消防等部门开展高速公路应急救援联动演练、消防安全应急演练。巩固"平安医院"创建成果，健全医疗纠纷调处机制，联合多部门制定《德州市严厉打击涉医违法犯罪专项行动实施方案》，全面推进医责险工作，健全医疗纠纷应急处置和第三方调解机制。完成1801名执业（助理）医师、1246名护士资格考试的报名、审核、考试工作，完成989名护士延续注册工作，1086名人员的任期考核工作。完成综合医院75项第二类医疗技术备案工作，保障医疗机构依法执业。全年组织省级继教项目10项、市级继续教育项目63项，培训人员达1万余人。完成2.92万名考生的高考体检工作，完成征兵查体工作及全市58.17万名中小学生体检工作。市120急救调度指挥中心全年受理急救电话43.37万个，派出急救车辆5.96万车次，救治急危重病人7.70万人次，处置重大事件165起。

【基层卫生】 开展创建群众满意的乡镇卫生院活动，德城区新华办事处卫生院等14家乡镇卫生院被国家卫生计生委认定为"2015—2016年度群众满意的乡镇卫生院"。完成2015—2016年度全科医生转岗培训，208名学员通过省卫生计生委组织的结业考试。严格审核把关，完成8685名乡村医生再注册工作。开展全市基层卫生岗位练兵和技能竞赛活动，德州市参赛选手分别获得山东省城市全科医疗组个人二等奖、社区护理组个人二等奖、团体优秀奖。11个县（市、区）落实老年乡村医生生活补助政策。建立健全以服务数量、服务质量和社会满意度等为主要指标的基本公共卫生服务绩效考核制度，完善考核评价体系和方法。开展"健健康康过大年"主题服务月活动，扩大基本公共卫生服务和计划生育服务工作的社会影响力和群众知晓率。艾滋病和结核病人管理、卫生监督协管、减盐预防高血压项目、残疾人社区康复等工作有序开展。2016年，全市共为480.21万城乡居民建立规范化电子健康档案。老年人健康管理45.49万人，高血压患者健康管理47.06万人，高血压患者规范管理24.29万人，2型糖尿病患者规范管理7.86万人，孕产妇系统管理5.59万人，0~6岁儿童系统管理28.8万人。全市城乡居民241.25万人实现家庭医生签约服务。

【妇幼健康】 加强妇幼健康服务机构基础设施建设，规划1000张床位的市妇女儿童医院住院楼建设项目动工建设，陵城区、禹城市、乐陵市、齐河县、平原县、夏津县、庆云县等7个县（市、区）妇幼保健院建设项目列入山东省"十三五"妇幼健康保障工程第一批储备库。搭建妇幼健康融合发展平台，探索妇幼健康服务联合体建设。开展妇幼健康优质服务示范工程，德城区、宁津县创建为山东省妇幼健康服务示范区（县）。开展妇幼健康中医药特色服务示范单位创建活动，市妇幼保健院创建成为省级示范单位。推进儿童早期发展示范基地建设，市妇幼保健院、宁津县妇幼保健院分别创建为第一、二批省级示范基地。平原县妇幼保健院、乐陵市人民医院、宁津县人民医院3家医疗保健机构通过爱婴医院复核，全市爱婴医院达26家。提升妇幼健康服务能力，组建市级危急重症救治专家库，建立市、县两级危急重症救治中心，完善危急重症急救、会诊、转诊网络。9月，联合市总工会组织全市孕产妇危急重症救治技能竞赛，市妇幼保健院参加全省决赛并取得优异成绩。全市设置再生育门诊18个，对符合政策、有再生育意愿的人员提供优生指导服务。市人民医院取得人工辅助生殖技术资质，对不孕不育等生育困难人员提供必要的辅助生育技术服务。启动"一切为了母婴安全与健康"三年公益培训计划，先后免费开展危急重症、妇科超声、妇科微创、无痛分娩四期培训。持续加强出生缺陷综合防治,建立全市统一的产前筛查和产前诊断服务网络,推广串联质谱技术在新筛中的应用,筛查病种由4个病种扩展到48个,累计为27名遗传代谢病患儿申请国家救助基金25.1万元。完成妇幼重大公共卫生服务项目,全年累计为6.80万名农村孕产妇发放住院分娩补助,为6.10万名农村孕前和孕早期妇女发放叶酸。完成艾滋病检测7.67万人、梅毒检测7.69万人、乙肝检测7.69万人。继续开展农村适龄妇女“两癌”筛查扩面项目,完成农村适龄妇女宫颈癌检查10.2万人,确诊60人。完成乳腺癌检查10.54万人,确诊25人。

【基本药物制度】 2016年,全市各政府办基层医疗卫生机构网上采购药品2.81亿元,其中基本药物占比86.13%,市级补充药品占比13.87%,总体到货率98.33%。基层医疗卫生机构回款率已连续4年均达100%。全年共有35家县级及以上医疗卫生机构通过省药品集中采购平台进行网上药品集中采购,基本药物到货总金额3.27亿元,占总到货金额的28.76%。落实月调度季通报制度,定时调度回款情况,建立基本药物制度绩效考核工作机制。全面实施2012版国家基本药物目录及市级100种药品共166个品种的补充目录。

【教育宣传】 邀请省级领导专家开展科技管理专题讲座,普及医药卫生科技项目立项的相关流程政策,推动全市医药卫生科技项目立项工作。2016年,德州市申报省级医药卫生科技立项项目72项,其中20项成功立项。动员医务工作者参与市科技局科技奖申报,70余项目参加市科技奖评选,29个项目获奖,其中一等奖5项,二等奖10项,三等奖14项。联合市委宣传部开展德州“最美医生”评选活动,联合德州晚报开展德州“好医生口碑榜”评选活动,评选出10名德州“最美医生”50名德州“好医生口碑榜”人员,在全市进行通报表彰。推荐3人获得“山东最美乡医”提名,1人荣获“齐鲁最美医生”称号。联合市总工会举办全市“健康教育与健康促进”技能大赛。乐陵市作为国家首批健康促进县,顺利通过国家验收评估。临邑县成功完成第一批省级健康促进县创建,获省级命名表彰。

【行政审批】 推进行政权力确认和行政审批制度改革。2015年,对现有权力进行梳理,确定并公开市级卫生计生部门行政权力清单,规范权力运行。进一步深化行政审批制度改革,成立行政审批科进驻政务服务中心,确定市级行政许可目录,编制并公开行政许可事项服务指南,优化审批流程,清理审批要件,建立岗位职责明确、流程优化、审批权限明确、工作标准具体的行政审批运行机制。取消餐饮服务场的公共场所卫生许可,将公共场所卫生许可、营利性医疗机构设置审批由工商前置审批改为后置审批。将行政许可事项全部录入山东省省级行政权力事项动态管理系统,推行行政许可网上办理。不断加大行政许可公开公示力度,每周定期在市级公共信用信息系统公开公示,切实增强行政许可的透明度和许可行为的规范性。

【中医中药】 坚持中医药文化引领发展战略,把中医药文化建设作为推进全市中医药事业发展的重要载体,以文化建设促进能力建设,加快推进中医药特色优势的继承和发扬,9个中医药重点专科列入省级建设项目。依托中医药综合服务区国医堂(国医馆)建设项目,实施基层中医药服务能力提升工程,全市建成中医药综合服务区128家。普遍推广中医药适宜技术,全市每个乡镇卫生院(社区卫生服务中心)确保有一名医务人员掌握中医适宜技术。德州市禹城市、乐陵市、齐河县、宁津县被授予2015年度全国基层中医药工作先进单位。德州市中医院王禹增等3名指导老师顺利通过省中医药管理局师承考核,成为第四批师承指导老师。"服务百姓健康行动"全国大型义诊活动周在全市同时开幕。临邑县迎接国家中医药管理局基层司程强对全市中药饮片管理专项检查。齐河县、庆云县成功创建山东省中医药健康旅游示范基地(项目)。德州市中医院秦俊岭、刘政、王禹增、陆汉军获批山东省2016年度第一批省级中医药继续教育年度项目。2016年,全市二级以上中医医院门诊量103万人次,出院人数9万人次,平均每家医院开展中医适宜技术25余项,实用中草药400余种,中草药处方占门诊处方比例38.3%,中成药占门诊处方占比22.8%。

【保健工作】 服务老干部身体健康,实行"三上门"服务,先后为老干部职工送去健康刊物1600余本。做好全市重大活动医疗保障工作,先后为清明节缅怀祭奠革命先烈、全国中职汽修技能大赛、德州市政协第十三届、德州市十七届人民代表大会第六次会议、中国山东第九届高端人参交流会、德州第六届资本交易暨京津冀协同发展金融创新高峰会、2016年鲁台(德州)现代产业合作恳谈会等重大活动执行医疗保障任务76次,出动救护车310辆次,保健医师、护士831人次。

【爱国卫生】 组织省市级专家指导乐陵市、禹城市、齐河县现场指导省级卫生城市(县城)迎复审工作,均通过省级卫生城市(县城)复审。全市审核验收通过1个省级卫生乡镇、4个省级卫先进单位、40个省级卫生村、1个市级卫生乡镇、5个市级卫生先进单位、74个市级卫生村(社区)。申报创建3个"健康村镇"试点。开展病媒生物防制工作,各县(市、区)新建毒饵站1万余个,集中投放灭鼠毒饵2000余公斤,发放气雾剂100箱,高效氯氟氰菊酯4000公斤,灭蟑药250公斤。开展全市第28个爱国卫生月活动,全市先后出动5万余人次参加集中整治活动,出动各类垃圾清运车1500余台次,清除垃圾8000余吨。建立爱国卫生运动长效工作机制,"健康山东行动"质量不断提升。

【健康扶贫】 坚持精准扶贫,出台《德州市卫生计生健康扶贫工作实施方案》和7个配套文件。实施"八个一"工程,以"一人一卡、一户一档"为中心,在全市开展为贫困患者"确定一所定点医疗机构,明确一个家庭医生团队,制作一张健康卡"等八项健康扶贫基础工作,24198名患93种疾病贫困人口受益。定点医院开通绿色就诊通道,设立便民惠民门诊,设立综合服务窗口,严格落实"先诊疗、后结算",对建档立卡贫困患者实行"两免两减半"惠民措施。全年为8500余名贫困患者减免55万余元。实施疾病分类救治,对患有37个病种的9805名贫困人口进行分类救治。打造平台开展医疗扶助,德州爱尔眼科医院启动"卫生下乡、精准扶贫"公益救助活动。全年筛查病人5万余人,开展白内障手术2774例,胬肉手术1915例,泪道、眼底病257例,为贫困人口减免费用410余万元。

【健康信息化】 2016年,基层医疗机构管理信息化系统覆盖全市10个县(市、区)、135家乡镇卫生院、1000多家村级卫生室。基本公共卫生系统在庆云县试点运行,实现基本医疗与基本公共卫生的业务协同。基本药物监管系统在宁津县试点运行,实现基本医疗信息化系统与基本药物信息共享与业务协同。人口健康信息化平台基础数

据初步完成整合，与省级人口健康信息化平台实现互联互通，传输数据3200万条。（宋伟博）

计 划 生 育

【概况】 2016年1月，全面两孩政策正式实施，生育第一、第二个子女实行生育登记服务制度，免费发放生育服务手册，再婚等特殊家庭再生育审批管理改进，办事流程优化，办理程序简化，推行首接负责制，特殊情况实行当事人承诺制度，确保全面两孩政策稳妥有序实施。全年共办理一孩生育登记2.23万例，二孩生育登记8.57万例，再生育审批2036例，全年出生人口为9.96万人，比上年同比增长58%，基本符合政策调整预期，人口长期均衡发展态势进一步优化。

完善工作机制，整治出生人口性别比，坚持和完善B超（染色体）孕检实名登记制度、住院分娩实名登记制度、终止妊娠市级备案制度、B超孕检实时监控制度和孕情跟踪包保责任制，强化督查问责，确保全市出生人口性别比不断回落。2016年，全市出生人口性别比下降到108.7，比上年降低1.5个百分点。

坚持动态管理和实时通报制度，加强区域协作，建立“线索通报、证据交换、信息反馈、联防联治”工作机制，各县（市、区）卫生计生、公安、食品药品监督等部门建立联合执法队伍，对孕情消失人员采取倒查机制，对各类医疗机构进行拉网式排查，全方位打击“两非”行为。

【生育关怀】 计划生育特殊家庭就医“绿色通道”建立，全市确定184家就医“绿色通道”定点医疗机构，包括3家市级医疗机构、22处县级医疗机构和159处乡级医疗机构，基本实现除妇幼保健机构外市县乡级公立医疗机构的全覆盖。为计生特殊家庭免费发放“计划生育特殊家庭方便就医证”，持证人员到定点机构就医就即可享受方便就医待遇。60周岁以上的计生特殊家庭父母在门诊诊疗过程中享受导医或就医联系人全程陪同服务，需住院治疗的，由导医或就医联系人协助办理住院手续。

【流动人口管理】 推进流动人口基本公共卫生计生服务均等化工作，以德城区为中心，陵城区和经济技术开发区、运河经济开发区四区联动、统一执行。优先做好儿童预防接种、传染病防控、孕产妇和儿童保健、健康档案、计划生育、健康教育等6类基本公共服务。推进婚育证明电子化，取消纸质婚育证明。开展全国流动人口动态监测工作，德城区、乐陵市、经济开发区被国家选定为流动人口动态监测点，调查对象200名，在全国流动人口动态监测调查质量评估验收中，乐陵市以零误差率列第1位，经济开发区位列31名，德城区位列61名。

【计生协会建设】 推进乡村计生协会组织建设创新发展，扩大流动人口协会覆盖面，推动“四级联创活动”打造流动人口计生协会工作示范点13个。继续发挥在外流动人口相对集中的北京、天津、浙江等地的10个流动人口计生协会的服务作用。

【计生基层群众自治】 推进宁津县省计生协会计生基层群众自治示范县项目点建设，指导基层修订完善落实计划生育村规民约，推动基层计划生育协会工作民主化、法制化、规范化建设。全市全年44个村（居）荣获全国计生群众自治示范村（居）的表彰，71个村（居）荣获全省计生群众自治示范村（居）的表彰。

【计生助福行动】 开展青春健康教育工作，全市各县（市、区）共创建“青春健康俱乐部”14个，德州学院中标中国计生协2016年青春健康招标项目，德城区城隍庙社区、禹城市站前社区和德州学院“青春健康俱乐部”被评估为“省级青春健康示范基地”。通过省级青春健康师资认证2名。开展青春健康活动300余场次，培训青少年1.30万余人。开展“计生助福—真情关爱计划生育特困家庭”和“计生助福—手拉手、心连心、送温暖”结对帮扶活动，全市各级计生协工作人员、会员、志愿者与计生特殊家庭2096户、3439人结成帮扶对子。 （宋伟博）

德州市人民医院

【综合服务】 2016年，医院诊疗人次约90万，同比增长5.5%。出院5.2万余人次，同比增长13.8%。医改政策实施后药占比下降5.88个百分点，平均住院日下降0.58天，床位周转次数提高4.2次。三、四级手术量分别提高35.5%和62.9%，一、二级手术量同比减少38%、3.15%，治疗病种数、疾病数分别增长3.6%、13.5%。

【学科建设】 2016年，内分泌科、中医风湿免疫专业成为省级重点专科，新增市级重点学科6个，市级重点培育学科1个。全年完成省级医药卫生科技发展计划立项18项，获得市级科技进步奖21项，2人荣获市青年科技奖，荣获市自然科学优秀学术成果36项。

【技术进步】 2016年，通过省卫计委组织的评审，取得德州市及周边唯一一家试管婴儿资质。成为全省14家康复治疗技术综合定点培训机构之一，为构建三级康复医学体系奠定了基础。获得2016年全市改善医疗服务暨医师岗位技能大赛团体一等奖，全市卫生计生系统院前急救技能大赛个人一等奖，德州市输血岗位技能大赛团体一等奖、个人一等奖。

【协同发展建设】 2016年，建成一批京津协同发展平台。先后成为中国消化系统疾病临床医学中心网络单位、中国空地救援创新联盟成员单位、北京友谊医院泌尿系疾病协作基地、西京消化病医院德州整合医学中心、北京市同仁医院协作单位。

【分级诊疗与医联体建设】 2016年，与经济技术开发区、宁津县、平原县等区县签订了医联体协议。对平原县、庆云县的多家医疗机构开展支援帮扶活动。逐步建立起分级诊疗平台，增强了区域影响力。医院心电网络中心逐步向县域覆盖，铺设6个县区90家单位。 （王　明）

德州市第二人民医院

【概况】 2016年，德州市第二人民医院门诊患者11.5万人次，入院患者1.3万人次，大型手术2119台次。

【专科特色】 2016年，第二人民医院牵头成立德州市抗癌协会、乳腺病防治中心、精神卫生质控中心，组织召开胸外、乳腺、肿瘤护理、精神卫生等专业学术会议。开展肿瘤特色多学科会诊（MDT）工作，为患者提供肿瘤内科、外科以及放射治疗、影像介入、检验病理等多学科技术支持，优化诊疗方案，建立会诊病例档案及随访机制，推动肿瘤规范化治疗发展。选拔肿瘤内科、外科以及放射治疗科、精神卫生科、传染病科等专业资深专家9人聘任为医院首席专家，成立专家工作室。2016年，重点学科建设取得新突破，肿瘤内科、胸外科被评为市级重点专科。细分肝胆、胃肠、头颈、盆腔妇瘤等肿瘤外科专业二级学科，对放疗、神经内、心内、烧烫伤、整形美容等进行专业分组，扩大临床诊疗服务范围。全年共发表科研论文20余篇，发明专利及著作各1项，荣获市科学技术二等奖1项、青年科技奖2项、自然科学优秀成果奖6项。

【合作交流】 2016年，不断加深与天津市肿瘤医院专业对接合作，邀请各学科专家50余人次，服务患者300余人次，开展手术示教15台，组织专题讲座8次，参与多学科会诊50余例，选派18名骨干人才赴天津市肿瘤医院进修学习。在天津市肿瘤医院专家指导下，开展了放射性粒子植入、微波消融等多项新技术，填补了全市空白。深化与天津市第二人民医院、北京友谊医院、医科院肿瘤医院、北医六院等大型医疗机构技术合作，推动胸外科、精神卫生科、肝病科等专业学科的发展。

【分级诊疗】 推进分级诊疗服务，建立科学合理的工作机制和患者转诊登记制度及流程，指定专人负责。与天津市肿瘤医院、天津市第二人民医院、北京友谊医院等医疗机构建立“双向转诊”绿色通道，搭建起急危重症患者转上级医院治疗、康复治疗患者转居住地的服务模式。组建德州市肿瘤医疗联合体，发挥肿瘤专科技术、设备优势。

【设施建设】 2016年，投资300多万元，完成门诊综合楼住院病房升级改造工程，安装中心供氧、呼叫、吸引等诊疗设施，装修面积1万余平方米，新增床位150张。投资1300余万元，完成德国西门子公司原装进口1.5T核磁以及超声、内窥镜、化学发光免疫、心电监护等医用设备采购工作。

【设施建设】 开展健康扶贫项目，实行“两免两减半”惠民政策。发挥专科特色优势，实施胃癌、肺结节、肝病等疾病惠民筛查活动。抓好“两病双防”工作，在全市开展“耐多药肺结核患者集中发现月”活动，举办结核病中央转移支付经费及结核病实验室工作培训班，全市共发现活动性肺结核患者1657例。采取多种措施加强对精神障碍贫困患者和肇事肇祸患者的管理和救助，全市登记在册严重患者2.27万例，报告患病率4‰，在管1.81万例，管理率79.89%。 （刘桂圣）

德州市中医院

【概况】 2016年，全年门急诊病人25.28万人次，同比增长40.75%，住院1.19万人次，同比增长13.33%。中药参与治疗率同比增长21%。推进公立医院改革，7月，落实医改药品“零差率”、降低大型设备检查价格新政策。加强信息化建设，投资近千万元完成信息化一期工程建设，东西两院区HIS、EMR、PACS、LIS系统上线运转。

【学科建设】 内分泌科成为国家级中医药重点专科建设单位，糖尿病成为省级中医药重点专科。2016年，骨伤科、脑病科被命名为省级中医药重点专科，康复医学科、脾胃科和心血管科被确定为省级中医药重点专科建设单位。建立白癜风、痤疮、颈肩腰腿痛、前列腺病、痔瘘、慢性胃炎、葡萄膜炎、小儿腹泻推拿、痛风、不孕不育等

10个专病门诊。

【人才培养】 全年派出进修学习、参加学术交流会126人次。培养国家优秀中医药人才1名，德州市有突出贡献中青年专家1人，德州市优秀青年专家1人。2016年，牵头成立了德州市中医药学会脾胃病专业等3个专业委员会。承办山东省第二批“西医学习中医”德州基地培训班。

（陈万东　李　鑫）

德州市妇幼保健院

【概况】 2016年，市妇幼保健院开放床位220张，在职职工578人，其中卫生专业技术人员490人，中高级职称157人，设有妇科、产科、儿科等临床、保健、医技、行政职能科室37个。2016年，全院业务收入1.4亿元。

医院积极对接北京优质医疗资源，与北京协和医院、北京儿童医院、北京大学第三医院、北京妇产医院、北京博奥集团等建立战略合作关系。5月，全市首家支付宝“未来医院”项目在医院正式上线，市民可通过手机实现充值、查报告、看清单等便捷服务。

【公共卫生服务】 2016年，完成与国棉医院的对接合作，成立河西分部，在此基础上组建全市妇幼健服务联合体和市妇幼保健协会。加强孕期系统化管理，对高危孕妇专案管理、定期随访，开展多元化、专业化、系统化产前筛查检测项目，建立分子遗传实验室，不断提高产前筛查及产前诊断技术水平。强化儿童系统化管理，完善高危儿管理，加强新生儿疾病筛查、听力筛查、眼筛查、口腔保健等，尽最大可能降低病残儿的致残率。与中国预防出生缺陷救助基金会合作，在全市启动“健苗工程”，将新筛串联质谱检查技术向全市推广，提高新生儿遗传代谢病筛查率，全年共筛查新生儿9.26万人，其中已有1万名婴幼儿得到“健苗工程”的资助。帮助15名贫困患儿申报国家出生缺陷救助基金，并成功为每名贫困患儿申请到1万元的救助金。2016年，对两个开发区农村适龄妇女进行“两癌”筛查，共查体4958人次，查出异常情况88人。在实施预防艾滋病、梅毒、乙肝母婴传播项目中，共免费向各县（市、区）发放艾滋病试剂10.45万人份，梅毒检测试剂148120人份，乙肝五项检测试剂7.31万人份，乙肝免疫球蛋白1484支，孕前优生检查项目艾滋病筛查试剂3.44万人份。

（刘晓虹）

德州市疾病预防控制中心

【传染病防控】 2016年，全市累计报告法定传染病1.70万例，发病率295.42/10万，较上年上升19.77%。全年无甲类传染病报告，报告乙类传染病15种1.0万例，同比上升43.83%，报告丙类传染病6种6945例，同比下降1.82%，未发生重大传染病暴发或流行。报告发病数居前五位的病种是：乙肝、其他感染性腹泻病、手足口病、肺结核和流行性感冒，占报告总数的82.29%。全年报告手足口病2121例，同比下降30.12%，病原学分布以其他肠道病毒型别为主，占46.48%，EV71型和Cox A16型分别占23.94%和29.58%。全市3所哨点医院共报告流感样病例1.24万例，占门急诊就诊病例总数的5.06%，流感疫情平稳。

【免疫预防管理】 全年全市免费接种12种国家免疫规划疫苗154.75万人次，免疫规划疫苗报告接种率达95%以上。对全市1245所托幼机构和1103所中小学校开展入托、入学儿童接种证查验工作，补种后入托入学儿童免疫规划疫苗接种率达到95%以上。开展脊灰、麻疹、风疹、肝炎、流腮、水痘和百日咳的监测工作，共报告各类病例1982例，规范开展个案调查和标本采集等，各项监测指标均达到要求，完成三价脊灰疫苗策略转换工作。全市新建成数字化预防接种门诊21家，所有预防接种门诊、产科接种室更新了冷链设备，并启用冷链温湿度监测系统。

【卫生应急】 全市规范处置预警信息2282起，排除聚集性发病1369起，初步确认疑似事件913起。报告突发公共卫生事件相关信息108起，事件类型以非职业一氧化碳中毒为主（99起），均进行了规范处置。开展日常风险评估12次。

【艾滋病防控】 全市54家艾滋病筛查实验室，筛查60万余人次。34个艾滋病咨询检测点开展咨询检测11543人次，4个国家级艾滋病监测哨点开展监测3566人次。联合公安、司法系统对新入监管场所被羁押人员开展监测5385人次，联合民政、计生系统开展来自重点省份的外来妇女监测2037人次。中心验收并通过111家艾滋病检测点，艾滋病确证实验室正式运转。

【慢病地方病防控】 慢性病防治方面，组织开展减盐防控高血压项目终期评估，全市共报告死亡37809例，报告粗死亡率为6.36‰，实现年度粗死亡率6‰的工作目标。肿瘤登记和心脑血管疾病监测实现全覆盖，全市共报告肿瘤9231例、脑卒中2.81万例、冠心病1.19万例。参加北京大学牵头的国家2015—2018年度卫生公益性行业科研专项“中国环境流行病学特殊人群队列研究”，完成双生子基本信息登记769对。

地方病防治方面，开展食盐碘含量监测，非高碘地区合格碘盐食用率为97.13%，高碘地区不加碘食盐覆盖率为98.44%，达国家标准。在高碘地区5个县的5所小学进行水源性高碘地区儿童甲状腺B超检测及水碘调查，共检测学生503人，检出甲状腺结节35人，甲肿25人。在全市335个地方性氟中毒病区村对8~12岁学生进行氟斑牙检查，氟斑牙检出率43.64%。寄生虫病防治方面，全年德州市12例非洲高疟区输入性疟疾病例均得到规范处理。

【实验室检验检测】 新增多重食源性致病菌核酸检测系统、荧光定量PCR等大型仪器，提升对细菌引起的食源性疾病的应急检测能力，实现致病菌准确分型和毒力基因分析。建成细菌分子分型实验室，成为国家致病菌识别网首批网络实验室，填补全市细菌性传染病监测技术空白。首次对城区二次供水和小区现制现售水水质进行监测，进一步完善饮水安全监测网络。流感监测网络实验室在全省流感监测年度网络实验室评分中获满分，2015—2016年度质量评比全省第一，流感病毒毒株分离数量（鸡胚）全省第一。承担国家熟肉加工过程风险监测专项，并首次承担全省豆芽中生长调节剂、植物油及油炸食品中氯丙醇酯含量检测任务。通过省质监局检验检测机构资质认定和食品检验机构资质认定换证复审评审。

【公共卫生监测评价】 开展食品安全风险监测、饮用水卫生、农村环境卫生等国家项目，完成15大类18批次1362份食品产品监测、检测参数14729项。食源性疾病监测哨点医院增至30家，首次实现二级以上综合医院全覆盖。完成11个县（市、区）枯水期、丰水期饮用水监测工作，共监测水样840份。宁津、临邑、武城3个县完成60个行政村300家农户环境卫生状况调查、25所学校环境卫生状况调查、60份土壤样品蛔虫卵及重金属指标检测工作。完成全市医疗机构、托幼机构、洗涤机构等行业消毒效果检测，共检测医疗机构7个、托幼机构4个、洗涤机构7个，检测样本332份。职业卫生技术服务和职业健康监护工作，完成20家单位364个岗位/点位的职业病危害因素检测，完成各类职业健康查体7722人，职业健康检查报告书56份，开展省级重点职业病监测与职业健康风险评估项目，共收集2592份个案卡，涵盖了噪声、煤尘、矽尘、苯等多种职业病危害因素。（许学水　张媛媛）

德州市中心血站

【概况】2016年，年采血量16.77余吨。拥有采供血等万元以上设备90余台件，以及6辆流动采血车、4处爱心献血屋、4辆专用送血车。

成立德州市临床输血专业委员会、德州市临床输血质量控制中心，全面加强医疗机构输血科（血库）建设和规范临床合理用血评价机制。采供血工作全面纳入信息化管理，实现血站、医疗机构实时业务网络连接。中心血站先后被授予“全国卫生系统先进集体”“全国无偿献血先进市”“全省卫生系统先进集体”“山东省工人先锋号”“省级文明单位”“青年文明号”、五四红旗团支部（总支）等荣誉称号。

社　会

民族与宗教事务

民族工作

【民族团结进步创建活动】 会同市委宣传部、统战部联合在全市民族村(居、社区)开展以“我文明德州文明”为主题的民族团结进步创建活动,培育和践行社会主义核心价值观,使全市少数民族村达到组织健全、管理规范,民族团结、社会和谐,经济发展、安居乐业,环境优美,健康文明的目标。组织开斋节市领导慰问活动,制作主题为“中华民族一家亲,同心共筑中国梦”的民族团结进步展板。组织全市第16个民族团结进步宣传月活动,在少数民族村太阳能路灯的线杆上统一安装民族团结宣传牌,举办培训班、研讨会和演讲比赛。12月,临邑县民族团结进步教育基地被国家民委命名为全国民族团结进步教育基地,是德州市第一家全国民族团结进步教育基地。2016年年底,全市共建成国家级民族团结进步教育基地1处,省级民族团结进步教育基地1处,市级民族团结进步宣传教育基地3处。

【帮助帮扶】 加强对少数民族技能培训和资金帮扶,分别在宁津、陵城区和临邑县举办了四期以“互联网发展与移动电商”为主题的少数民族电商培训班,帮助少数民族群众开阔视野、开拓思路,学会运用先进市场营销手段,进一步做大做强少数民族企业,少数民族贫困村群众、少数民族企业家和少数民族村电子商务爱好者等近1000人参加培训。建立少数民族扶持资金项目库,通过实地考察、专家论证,为全市35个少数民族发展资金项目落实国家、省级、市级扶持资金共计554万元,涉及经济发展、民生改善、文化保护等项目。春节期间,及时为穆斯林农户和城市穆斯林低保户落实每户300元的牛羊肉补贴共计591万元。

【少数民族扶贫开发】 制定了《关于做好少数民

2016年11月,民族团结进步宣传月文艺会演

族贫困村扶贫开发工作实施方案》，完善扶贫台账基础信息库，完成德州市少数民族贫困村和少数民族贫困人口的调查统计，准确把握各县（市、区）少数民族群众贫困现状和贫困类型。在少数民族贫困村率先实施“光明工程”，为全市4个少数民族贫困村和7个脱贫巩固村安装太阳能路灯333盏，扶持四女寺村农贸市场改造、左三里村建设文化广场、小丁庙村修建排水设施、长北村农网改造和农田水利建设，为贫困村和脱贫巩固村落实各项发展资金162万元。

【民族事务管理】 加强城市民族工作，对常住少数民族人口实行网格化管理，依托德城区南营清真寺成立外来务工少数民族 联谊会，帮助外来穆斯林解决就业、子女入学等实际困难和问题。加强清真食品管理，联合统战、食药监、伊协等部门对全市清真食品市场秩序进行专项排查整治，重点查处“清真食品不清真”“清真”概念泛化问题，杜绝不清真的食品流入清真食品市场。

2016年9月举行全市宗教工作会议

【落实民族成分变更新规定】 开展业务培训，集中学习《中国公民民族成分登记管理办法》和《山东省公民民族成分登记管理实施细则》，印发《中国公民民族成分登记管理办法》解读与释义，围绕新规变化，组织各县（市、区）民族工作人员集中进行业务培训，准确把握民族成分更改原则和条件，全面推行新的民族成分登记管理办法。全年共为4名符合条件人员办理了变更民族成分有关手续的审核。

宗 教 工 作

【工作会议】 9月，市委、市政府召开了全市宗教工作会议，深入学习贯彻全国、全省宗教工作会议精神，研究部署今后一个时期全市宗教工作任务。市委书记、市人大常委会主任陈勇出席会议并做重要讲话。

【宗教政策法规宣传】 开展第五个宗教政策法规学习月活动，举办伊斯兰教界专题培训，邀请国家宗教局三司副司长李革作题为《落实中央要求树立问题意识扎实做好当前伊斯兰教工作》的报告，邀请济南北大寺阿訇李全福做“卧尔兹”演讲。举办佛教教职人员教规教义专题讲座，邀请山东省佛教协会副会长本悟法师为全市比丘、比丘尼和信教群众代表进行专题讲座，邀请省宗教局调研员周风做宗教政策法规讲座。举办天主教和基督教界专题培训，邀请国家宗教局二司天主教处副处长王涛和基督教处副处长裴红卫分别为天主教信教群众和基督教信教群众进行培训，通过一系列的专题培训，引导宗教界爱国爱教，正信正行，鼓励宗教教职人员把法治精神融入讲经讲道中去。各县（市、区）共举办各类培训班、形势报告会10次，培训4000余人次，发送宣传材料1万余份，受教育群众达2万人。

【宗教事务管理】 加大培训力度，开展以“规范”为主题的和谐宗教活动场所创建活动，制定宗教活动场所四簿四册和规范化管理标准，指导各全市性宗教团体制订《宗教教职人员行为规范》并发放到各宗教活动场所，要求宗教活动场所张贴上墙。加强宗教活动场所和大型宗教活动安全管理，把安全工作落实到日常管理和服务中，与各县（市、区）宗教事务部门主要负责人签订安全管理责任书，组织开展宗教活动场所安全检查，建立宗教活动场所安全管理检查台账，开展安全宣传教育工作。

【宗教慈善活动】 开展“宗教慈善周活动”，组织宗教界开展扶贫济困、扶老助残、捐资助学、救助病患等活动，为精准扶贫、定点扶贫提供有力支持。“宗教慈善周”期间，宗教界共筹集善款8万余元，走访慰问困难群众200余户，捐物折合人民币12万元。2016年，德州市5个单位被省宗教局、省慈善总会评为全省宗教公益慈善工作先进集体，4名个人被评为全省宗教公益慈善工作先进个人。

【宗教工作调研】 开展宗教工作情况大摸底大调研，全面摸清信教群众和宗教活动场所底数，规范了信教群众统计口径。完成宗教活动场所、宗教教职人员数据库建设，将德州市宗教工作基本情况纳入全省数据库。（白　莹）

老年人工作

【公益维权服务】 为进一步强化老年人法律援助中心的职能，3月，与司法部门共同建立办事机构（老年人法律援助工作站）。全市老龄、法院、检察院、公安局、司法局、民政局等相关单位积极参与创建活动，开展送法下乡、送法进社区、进养老机构等专项活动。经省级评定，全市共10家单位荣获第二批山东省老年人公益维权服务示范站称号。

【民办养老服务机构】 2016年1月，对全市养老服务机构进行实名统计，为陵城区颐寿园老年公寓和乐陵市杨安镇敬老院争取了省级36万元专项资金用于机构建设。7月初，筛选出6家符合条件的民办养老机构，作为市级扶持单位，每家机构获2万元专项奖励扶持资金。全市的39名养老从业人员参加了培训并获得由省人社部门颁发的初级护理专业资质证书。

【银龄安康工程】 截至2016年12月，全市银龄安康工程覆盖率45.69 %，累计为2449人支付意外伤害赔付金达784.42万元。其中，夏津、平原、武城、庆云、临邑等5个县争取到了136万余元扶贫资金，专项用于为特殊老年人购买银龄安康意外伤害险。

【最美老有所为人物】 市老龄办、市委宣传部在全市范围内开展“最美老有所为人物”评选表彰活动，共评出15名德州市“最美老有所为人物”。“老年节”当天，市委宣传部、市老龄办印发《关于表彰2016年度德州市“最美老有所为人物"的通报》。

【敬老月活动】 "敬老月"期间，集中为全市位190位百岁老人发放长寿补贴80余万元，为全市9100余名90~99岁老年人发放高龄津贴310万元。救助全市500名农村高龄特困老年人，发放特困救助金15万元。市老龄办、市老年体协、市邮政公司于10月在德州市老年体育协会共同举办了德州市第二届"银龄杯"中老年广场舞大赛决赛，近千名老年人参与到了广场舞表演中去，最终推荐的德州代表队获得全省老年人广场舞大赛一等奖。为庆祝长征胜利80周年，德州市老年人书画协会10月在市五环体育馆举办专题书画展，参展作品达百余幅，最大参与者已近90岁高龄。

第二届"银龄杯"中老年广场舞大赛决赛

【评优树先】 由市老龄办推荐的陵城区颐寿园老年公寓院长赵士治等8人获评"全国敬老爱老助老模范人物"，德州市社会保险中心、夏津老年公寓、乐陵市老年大学、德州市公共汽车公司信息调度中心公交IC卡业务办理窗口、武城县人民法院民一庭等5家单位荣获"全国敬老文明号"称

夏津老年公寓生活的老年人

号，禹城市关工委普法宣传员司兆俊被评为“全国老有所为人物”，夏津县老年公寓院长袁敬华被评为2016年度“山东省十大孝星”。

【老龄政策调研】 2016年5月，推荐四篇调研报告参与中国老年学和老年医学学会学术大会论文征集活动，其中，《山东省社区居家养老模式的调查分析报告》被评为全国优秀论文。（申 宸）

残疾人工作

【政策法规】 制定出台了《德州市扶残脱贫助力行动(2016—2020年)实施方案》，成立了工作领导小组，实施好“五个助力、五个精准一批”，确保所有脱贫残疾人都能达到“两不愁、三保障”标准。培训扶持盲人群体就业创业，制定出台《德州市帮扶残疾人(盲人)就业创业实施方案》《德州市盲人按摩创业扶持办法》，对符合条件的盲人按摩机构给予5000~10000元的创业补助。

【设施建设】 市残疾人康复中心占地面积约33亩，一期工程总投资5000万元，建筑面积1.2万平方米，可满足聋儿、脑瘫、智障、孤独症4类残疾儿童的康复训练，项目6月开工建设，11月底已完成主体工程。

【康复工作】 为全市875名0~6岁残疾儿童提供免费抢救性康复救助，免费为71名重度听障儿童免费实施人工耳蜗植入手术，真正做到了“发现一例、手术一例、康复一例”。市残联充分发挥残疾人流动服务车的作用，与德州爱尔眼科医院组成医疗筛查队伍，走村入户免费为群众进行眼科疾病筛查，全年巡回13个县市区、2261个村(社区)，累计行程65万千米，为8.91万名群众免费进行了眼科疾病筛查，成功为5129名白内障患者、翼状胬肉患者实施了复明手术。

【社会保障】 2016年，共为48名残疾大学生和291名贫困残疾人家庭子女大学生分别发放5000元、3000元助学资金，共发放助学资金111.3万元，使更多残疾学生和贫困残疾人家庭子女“圆梦大学”。继续组织实施专项彩票公益金助学项目，对55名学前教育机构的家庭经济困难残疾儿童，教育训练和生活费按每人每年3000元的标准给予补助。

【就业创业】 培育省市级优秀残疾人就业扶贫基地20处，评选省市残疾人自主创业标兵16名，残疾人致富能手16名，共奖励资金65.6万元。组织实施“互联网+残疾人就业创业工程”，共举办电子商务培训班16期，225人掌握了电商技术，40余名残疾人成为“电商小老板”“微商小老板”。加大对电商创业扶持力度，为88名已创业

德州市盲人按摩技能培训班

的残疾人电商发放每人2000元的创业扶持资金。培训扶持盲人群体就业创业，制定出台了《德州市帮扶残疾人（盲人）就业创业实施方案》《德州市盲人按摩创业扶持办法》，对符合条件的盲人按摩机构给予5000~10000元的创业补助。2016年共扶持盲人按摩机构25家，发放补助资金20.9万元。举办了4期盲人初级按摩培训班，培训盲人105名。

【维权信访】 全市办理残疾人证10.79万人，持证率达33.1%。在市政务服务中心开通了12385残疾人服务热线，畅通信访渠道，接听回复残疾人来电352人次，为残疾人排忧解难、为政府化解矛盾。中心城区实现残疾人免费乘坐公交车，累计共办理残疾人免费乘车卡1874张。做好残疾人驾驶汽车培训工作，57名残疾人取得C5驾驶执照。为840名残疾人发放了机动车燃油补贴，补贴资金21.84万元。全市成立残疾人法律援助工作站13处，聘请45名律师为常年法律顾问，全年共为216名残疾人提供了法律援助和咨询，全市未发生一起重大、越级上访事件。

【组织宣传】 4月，德州市精神残疾及亲友协会争取中央资金5万元。将德州梁子黑陶文化有限公司、宁津县山花剪纸艺术培训中心扶持培植为全省残疾人文化创业示范基地，带动扶持35名残疾人就业。在全省残疾人四项专项锦标赛上，德州市获七金四银七铜的好成绩。（丁向前）

红十字会工作

【救灾救助】 广泛开展救灾救助及募捐活动，全年接收社会各界捐赠款物合计132.17万元。开展了“博爱德州”农村特重大疾病救助募捐活动，市红十字会募集资金35.95万元。在全市开展“博爱德州”送温暖活动，救助大病特困家庭155

宁津县山花剪纸艺术培训中心安置残疾人就业

户，发放大病救助金30余万元；为426户贫困家庭送去慰问金及慰问物资价值10.8万余元，受益2000余人。“六一”国际儿童节前夕向社会福利院捐赠童装520件、童鞋150双，价值5万元。开展全市夏季风雹灾害救灾工作，争取到上级红十字会拨付救灾物资价值9.15万元、救灾备用金2万元。开展“天使阳光”行动和“小天使基金”救助行动，为7名先天性心脏病患儿和44名白血病患儿拨付救助款146万元。

【造血干细胞和遗体（器官）捐献】 全年采集造血干细胞血样700人份，累计采集总量达1.06万人份。新增造血干细胞捐献4例，累计实现捐献25例。新增遗体志愿捐献登记11人，角膜志愿捐献登记11人，器官志愿捐献登记4人。全年实现遗体捐献4 例，累计实现捐献13例，新增角膜捐献3例，累计实现角膜捐献22例，器官捐献累计实现3例。

【应急救护培训】 红十字博爱周期间组织德州学院、德州一中的青少年学生和市人民医院的红十字志愿者共300人参加防灾避险知识竞赛，普及自救互救知识。世界急救日期间，围绕“儿童学急救、急救为儿童”开展主题宣传活动，为陈庄小学120余名在校师生进行了救护知识和技能培训，组织南丁格尔志愿服务队在市人民医院儿科病房普及婴儿和儿童急救知识。全年开展各类培训和普及活动25期次，培训红十字急救员880人，普及应急救护知识3000余人次。

【志愿服务】 3月，成立德州市红十字心理救援队，发展具有国家二级、三级心理咨询师职业资格的队员20余人，全市红十字志愿服务队数量达到6支。一年来开展无偿献血宣传、造血干细胞采集、应急救护培训、公益心理讲座、婚姻危机干预、健康教育咨询等各类志愿服务343次，参与志愿服务的红十字志愿者超过1000 人次。

（田振振）

2016年11月，德州市第25例、全省第486例造血干细胞捐献者孟海燕（中）应邀出席山东省干细胞捐献突破500例主题宣传活动电视专题节目，并获颁山东省红十字会荣誉会员证书

县（市、区）概况

德　城　区

【概况】　全区总面积231平方千米，年末常住总人口44.5万人。全年实现生产总值283.60亿元，比上年增长7.5%。其中，第一产业增加值4.35亿元，第二产业增加值113.57亿元，第三产业增加值165.68亿元。固定资产投资186.43亿元，公共财政预算收入18.37亿元，公共财政预算支出18.10亿元，社会消费品零售总额175.47亿元，进出口总额172530万元。城镇居民年人均可支配收入23481元，农村居民年人均纯收入12639元。

【纳税过亿元企业】　2016年，德州实华化工有限公司纳税1.3亿元，德州德药制药有限公司纳税1亿元。德城区纳税过亿元工业企业实现零的突破。

（姜桂军）

陵　城　区

【概况】　全区总面积1213平方千米，年末常住总人口59.31万人。全年实现生产总值242.35亿元，同比增长5.2%。其中，第一产业增加值31.56亿元，第二产业增加值106.34亿元，第三产业增加值104.45亿元。完成规模以上固定资产投资215.63亿元，全区完成财政收入15.10亿元，财政支出23.85亿元，社会消费品零售总额100.76亿元，进出口总额1.78亿美元。城镇居民年人均可支配收入2.26万元，农村居民年人均可支配收入1.22万元。年内获得“中国土工用纺织材料名城（复评）”“全国超级产粮大县”“全省普法依法治理工作先进县（市、区）”“全省双拥模范城”荣誉称号。

【区域品牌建设】　4月，工业和信息化部核定全国38家单位作为第三批全国产业集群区域品牌建设试点工作组织实施单位，陵城区新型纺织产业集群经申报、专家综合评议和工信部网站公示，成功进入产业集群试点名单，成为2016年山东省入围的8个产业之一，德州市唯一一家国家级产业集群试点区域。

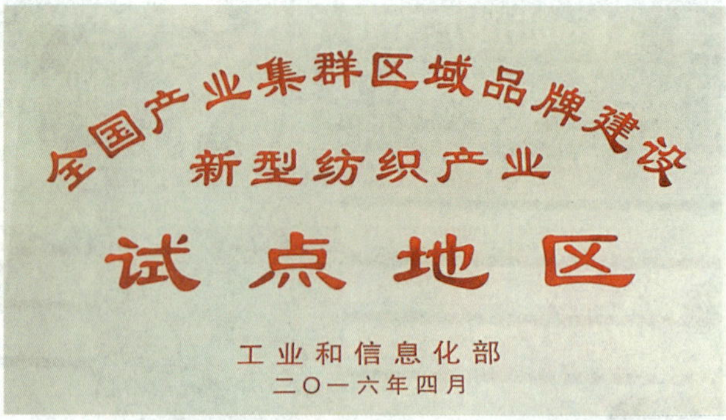

（刘秀芝　王志浩）

禹 城 市

【概况】 全市总面积992.4平方千米，年末常住总人口51.81万人。全年实现生产总值265亿元，比上年增长8.8 %。规模以上固定资产投资272.07亿元，地方公共财政预算收入19.05亿元，公共财政预算支出28.32亿元，社会消费品零售总额124.06亿元，进出口总额22.23亿元。城镇居民年人均可支配收入22874元，农村居民年人均可支配收入12389元。2016年，禹城市荣获“2016年全国综合实力百强县市”“中国营养健康产业城”“中国生态魅力市”“国家农业产业化示范基地”等省级以上荣誉称号和城市品牌65项。

【徒骇河水利风景区】 9月，禹城市徒骇河水利风景区成功入选“国家水利风景区”。禹城市已累计建成水利风景区16处，其中国家级5处、省级11处。

【荣获“2016全国综合实力百强县市”】 11月，禹城市荣获“2016全国综合实力百强县市”“中国最具投资潜力中小城市百强县市”“中国中小城市创新创业百强县市”“中国中小城市新型城镇化质量百强县市”4个百强桂冠。

【中科院上海技物所禹城光电传感技术应用中心举行揭牌仪式】 7月，中科院上海技物所禹城光电传感技术应用中心揭牌仪式在高新区禹创中心举行。禹城中心是上海技术物理所在北方建立的第一个研发中心，必将为禹城市加快发展光电产业、提升科技创新能力、完善特色现代产业体系起到推动作用。

（张小霞）

乐 陵 市

【概况】 全市总面积1172平方千米，年末常住人口67.63万人，其中城镇人口为32.87万人，城镇化率达到48.61%。全年实现生产总值(GDP) 238.52亿元，按可比价格计算，比上年增长7.8%。其中，第一产业增加值37.01亿元，第二产业增加值108.1亿元，第三产业增加值93.41亿元。固定资产投资236.71亿元，完成地方财政一般预算收入10.06亿元，财政支出26.24亿元，社会消费品零售总额125.18亿元，进出口总额17.48亿元。城镇居民年人均可支配收入中工资性收入为9555元，家庭经营性收入为10742元，财产性收入为1279元，转移性收入为1175

元。农村居民年人均可支配收入中家庭经营净收入4580元,工资性收入5581元。

【2016山东(乐陵)红枣暨健康食品产业博览会】 9月10日至12日,2016山东(乐陵)红枣暨健康食品产业博览会在乐陵市举办。该届枣博会展会面积共40000平方米,吸引了来自全国的488家红枣及果品生产加工、健康食品生产加工企业前来参展。2000家来自国内各省市枣类、食品代理商、批发商、分销商、加盟商、配送公司、网络代理商等经销商。为期3天的枣博会,共吸引社会各界人士30万人次前往观展,以1.8亿元的成交额收官。 (李 鹏)

宁 津 县

【概况】 全县总面积833平方千米,年末常住总人口47万人。2016年完成生产总值205亿元,比2011年增加60亿元,年均增长7.1%。公共财政预算收入6.8亿元,是2011年的2倍。固定资产投资突破200亿元,社会消费品零售总额达到110亿元,年均分别增长10.8%和13%;自营出口企业增加60家,达到106家。民营经济总量发展到2.3万处,比2011年翻了一番。人均储蓄存款突破3.7万元,连年位居全市各县市首位。三次产业结构调整为12:49:39,第三产业比重比2011年提高9.8个百分点。实木家具、健身器材、电梯产业集群优势凸显,被授予中国实木家具之乡、中国健身器材生产基地、山东省电梯设备制造业基地等称号。规模以上工业增加值年均增长7.7%,高新技术产业产值占比达到30.2%。粮食生产实现"十四连丰"。被评为"全国农田水利基本建设先进单位"。 (康玉冰)

齐 河 县

【概况】 全县总面积1411平方千米,年末常住总人口62万人。全年实现生产总值突破485亿元,比上年增长8.9%。其中,第一产业增加值38.27亿元,第二产业增加值207.98亿元,第三产业增加值183.81亿元。规模以上固定资产投资276.19亿元,公共财政预算收入36.61亿元,公共财政预算支出37.02亿元,社会消费品零售总额131.08亿元,进出口总额5.03亿美元。全县农村居民年人均可支配收入达到11390元,农民年人均生活消费支出8827.94元。

【乡村旅游开发】 齐河县创建国家级、省级乡村旅游品牌25个。被省旅发委列为全省15个旅游扶贫重点县之一,7个村被列入全国乡村旅游扶贫重点村,4个村被列入全省乡村旅游扶贫重点村。焦庙镇成功创建为省级旅游强乡镇、祝阿镇被评为山东省全域旅游示范镇;宣章屯镇姚庄村成功创建为省级旅游特色村,同时被评为山东省传统古村镇;祝阿镇殷屯村、胡官屯镇胡官屯村、焦庙张村街、赵官付庄村被评为省级旅游扶贫村。祝阿镇殷屯村、西颜村、马坊村,胡官屯镇胡官屯村,焦庙镇张村街,赵官屯镇付庄村,马集镇韩庄村共7个村庄被列为国家级乡村旅游扶贫重点村;美东农业科技示范园被评为山东省农业旅游示范点,圣喜清真食品有限公司、潘店空心挂面产业园获评"山东省工业旅游示范点";金鲁班有机农业科技示范园、鼎泰沣农业旅游示范园获评"山东省精品采摘园";泉城春光假日乐园获评"山东省开心农场";祝阿镇宰相庄园、晏城镇大蒋起源渔业农家乐、焦庙金鲁班庄园农家乐获评

"山东省四星级好客人家农家乐",赵官镇宴喜堂餐馆获评"山东省二星级好客人家农家乐"。同时,致中和有机农场、金鲁班庄园和鼎泰沣庄园被纳入山东省10条精品线路。（葛全恩）

临 邑 县

【概况】 全县总面积1016平方千米,年末常住总人口53.3万人。全年实现生产总值262.4亿元,比上年增长8.1%。其中,第一产业增加值34.2亿元,第二产业增加值124.8亿元,第三产业增加值103.4亿元。固定资产投资241.2亿元,公共财政预算收入14.0亿元,公共财政预算支出22.9亿元,社会消费品零售总额124.2亿元,进出口总额33.6亿美元。城镇居民年人均可支配收入22879元,农村居民年人均纯收入1.29万元。年内获得全国农村综合改革标准化示范县、国家小型农田水利重点县、全省水资源管理规范化建设示范县、中央财政生猪调出大县、全国科技进步县、全省知识产权工作试点县、全省县域金融创新发展试点县、全省上市工作先进县、德平镇获全国重点镇、全省学前教育先进县、蝉联全省双拥模范县、全国民族团结进步模范集体和全省平安家庭示范县等荣誉称号。

【经济发展】 2016年,临邑县实施总投资142.6亿元的16个工业项目。结合"三航"计划和"进解促",重点实施了"三个10"培植工程,纳税过千万元企业达到36家、同比增加14家。

【智慧农业大棚】 临邑县确立了以小城镇建设为统领,把握产业资本引进和产业支撑两个关键点,以工业化的理念发展现代农业产业,将农民逐步转化为产业工人的一产转型思路,全力打造德州放心农场临邑核心区,开启了现代农业新篇章。

（来登利）

平 原 县

【概况】 平原县总面积1047平方千米,年末常住总人口45.86万人。全年实现生产总值203.64亿元,比上年增长6.9%。其中,第一产业增加值27.99亿元,第二产业增加值99.80亿元,第三产业增加值75.85亿元。固定资产投资144.73亿元,公共财政预算收入8.26亿元,公共财政预算支出30.24亿元,社会消费品零售总额99.63亿元,进出口总额8.26亿元。城镇居民年人均可支配收入22653元,农村居民年人均可支配收入12201元。年内,平原县荣获全国创新社会治理优秀城市、全省双拥模范县、全省普法依法治理工作先进县、山东省健康促进试点县、县级公立医院综合改革省级示范县、山东省全民阅读活动示范县、山东省园林城市、无越级集体访创建工作先进县、山东省水资源管理规范化建设示范县等荣誉称号。

【"平原—青岛港"海铁联运集装箱班列开通】 3月,平原县举行"平原—青岛港"海铁联运集装箱班列开通仪式。此次班列也是德州市首条海铁联运专列,将改变全市企业单纯依赖公路、铁路的运输模式,通过与船、港、货及铁路多方合作打造的海铁联运平台,使集装箱运输安全、便捷、高效、价廉成为现实。

【美国宜瑞安公司成功并购华农特种玉米开发有限公司】 11月,山东华农特种玉米开发有限公司与美国宜瑞安公司举行股权交接仪式。宜瑞安公司成功并购华农特种玉米开发有限公司，是平原县对接世界知名企业的又一重大成果，也是全省首例美国财富500强企业并购县域国有企业。该项目的实施，对于优化平原县农业产业结构，延伸农业产业链条，打造优势农产品品牌，促进农民增收、农业增效，都具有十分重要的推动作用。 （崔宝晶　王　辉）

武　城　县

【概况】 全县总面积748平方千米，年末常住总人口39.9万人。全年实现生产总值186.46亿元，比上年增长6.7%。其中，第一产业增加值22.20亿元，第二产业增加值93.78亿元，第三产业增加值70.48亿元。固定资产投资196.43亿元，公共财政预算收入8.62亿元，公共财政预算支出18.40亿元，社会消费品零售总额87.72亿元，进出口总额1.75亿元。城镇居民年人均可支配收入22787元，农村居民年人均可支配收入12260元。年内获得全省唯一实施产城融合推进就地城镇化试点县、全国结合新型城镇化开展支持农民工等人员返乡创业试点县、全国农村承包土地的经营权抵押贷款试点、全国价格宣传工作先进集体、全省城乡环卫一体化全覆盖县、全省农村“三资”管理示范县、全省信访工作先进集体、全省“安全生产月”活动优秀组织单位、山东省优质辣椒生产基地、山东省优质中央空调配套产品生产基地等荣誉称号。

【产城融合推进就地城镇化试点】 2016年8月，武城县被确定为全省唯一的实施产城融合推进就地城镇化试点。试点开展以来，坚持以提高户籍人口城镇化率为抓手，以提高城镇化的质量和水平为目的，以加快产业发展和城乡建设为基础，以增强群众的幸福感、满意度为核心，围绕农民进城最关心的“离得开、进得来、留得住、过得好”四个关键环节，制定出台了20项推进措施、17个配套办法，形成了农民变市民、就地城镇化的“武城模式”。试点工作被原省长郭树清、原常务副省长孙伟等领导批示，全省推进农业转移人口市民化现场会议在武城县召开。

【未成年人权益保护】 2016年，武城县出台了《关于加强未成年人权益保护工作的实施意见》，以检察监督为核心，以“信息化+”为导向，在全国首创“信息化+未检”工作平台，有效整合司法资源和社会资源，打造起“一轴两轮三驱四站五路”的未成年人保护模式，叫响了“武城未检”品牌。全省未检部门信息化建设现场会在武城县召开。

【家事审判改革】 武城县出台了《武城县家事纠纷综合解决机制实施方案》，积极在制度设计、审判方式、庭审程序、团队建设等方面进行探索，推动家事案件由“司法审判”为主向“修复改善当事人家庭婚姻关系”转变，形成了党委领导、政府支持、法院主导、部门联动、社会参与的家事纠纷综合调解机制。全国“家事审判方式改革和家事诉讼立法”研讨会、全省法院家事审判方式和工作机制改革试点推进会在武城县召开。 （张　君）

夏　津　县

【概况】 全县总面积881.79平方千米，年末常住总人口54.9万人。全年实现生产总值187.53亿元，比上年增长5%。其中，第一产业增加值23.15

亿元,比上年增长5.2%。第二产业增加值93.73亿元,比上年增长6.3%。第三产业增加值70.65亿元,比上年增长3.2%。固定资产投资126.8亿元,公共财政预算收入7.82亿元,公共财政预算支出21.9亿元,社会消费品零售总额92.4亿元,进出口总额37426万元。城镇居民年人均可支配收入22390元,农村居民年人均可支配收入11843元。

2016年,夏津县获中国棉纺织名城(2016—2018)、全国百佳国税地税合作县级示范区等荣誉称号;获全省双拥模范县、山东省休闲农业和乡村旅游示范县、山东省电子商务示范县、山东省太阳能应用示范县等荣誉称号;夏津黄河故道森林公园获"山东省绿色生态休闲体育活动基地"。

【协同发展】 夏津县按照"补链、强链、建链"的思路,认真梳理纺织服装、食品加工、生态旅游、机械制造等产业延伸路线图,全力对接京津地区的信息技术、新材料、生物医药等产业项目以及科研院所和高端人才。2016年,全县招商引资落户新项目27个,实际到位资金42.58亿元,7个市级重点项目完成投资27.5亿元,投资30亿元的100MW润津新能源风力发电、投资6.5亿元的仁和纺织、投资5亿元的费特制衣等项目投产达效,投资13亿元的佳隆食品、投资11亿元的国电电力等项目加快建设。企业创新能力不断增强,规模以上企业与36家大专院校、科研院所建立合作,转化科技成果30项,共建创新平台40家,柔性引进高科技人才80名,积蓄了跨越发展的强大能量。

【电子商务】 全县各类电子商务企业(网店)1200多家,带动就业10万人以上,开展跨境电商业务的企业10家,先后建设了县电子商务产业园、电子商务示范街和特色产品展示馆。注册"好鄃记"地方区域公共品牌,夏津特色产品展示馆入馆企业100多家,涵盖桑产品、小米杂粮、手工棉被等200多类特色农产品。电子商务交易额突破60亿元,获批山东省跨境电商实训基地,夏津被评为省级电子商务示范县。 (栗心利)

庆 云 县

【概况】 全县总面积501平方千米,年末常住总人口33.65万人。全年完成国内生产总值146.8亿元,按可比价格计算,比上年增长4.2%。其中,第一产业增加值12.86亿元,增长2.9%;第二产业增加值65.87亿元,增长5.2%,第三产业增加值68.07亿元,增长3.4%。三次产业结构为8.8:44.9:46.3。固定资产投资132.27亿元,公共财政预算收入7.49亿元,公共财政预算支出16.48亿元,社会消费品零售总额77.56亿元,进出口总额5.43亿元。城镇居民年人均可支配收入2.24万元,农村居民年人均可支配收入1.18万元。

【教育改革】 2016年9月19日,中国教育科学研究院与县政府举行共建教育综合改革实验区签约仪式,庆云县成为中国教科院在全国第20个,也是全省继寿光之后第2个、德州市唯一1个教育综合改革实验区,开启了全县教育转型升级新格局。

【旅游产业发展】 庆云县把旅游项目建设作为推动旅游产业发展的引擎,实施旅游项目带动战略。2016年庆云古城完成燃气管道改线和1960米古城墙建设,实施亮化工程。月亮城堡完成景区基础配套,游乐设备通过验收,游乐场和水世界实现试营业,顺利晋升国家AAA级景区。沃森

二期项目与华北制药、国家中医药研究所签约，新建大棚200个，建成旅游餐馆和旅游厕所，完成旅游产品研发上市。（刘召臣）

德州经济技术开发区

【概况】 德州经济技术开发区现代管宋官屯、长河2个街道，赵虎、袁桥、抬头寺3个镇，总面积320平方公里，年末常住总人口30万人。全年实现生产总值238.2亿元，比上年增长7.5%。其中，第一产业增加值5.07亿元，第二产业增加值142.51亿元，第三产业增加值90.58亿元。固定资产投资253.4亿元，公共财政预算收入19.65亿元，公共财政预算支出17.44亿元，社会消费品零售总额93.4亿元，进出口总额5.5亿美元。城镇居民年人均可支配收入2.35万元，农村居民年人均纯收入1.26万元。被认定为中国新能源和生物产业引智试验区（全国第4家引智试验区）、国家知识产权试点园区、山东省人才工作先进单位。（杨文鹏）

德州运河经济开发区

【概况】 全区总面积32平方千米，年末常住总人口7.9万人。全年实现生产总值69.82亿元，比上年增长1.6%。其中，第一产业增加值0.56亿元，第二产业增加值48.39亿元，第三产业增加值20.87亿元。固定资产投资43.75亿元，公共财政预算收入5.95亿元，公共财政预算支出5.61亿元，社会消费品零售总额51.72亿元，进出口总额9.81亿美元。（李　敏）

附　录

文件目录

2016年中共德州市委文件目录

1.市委、市政府关于加快农业现代化实现全面小康目标的实施意见

2.市委关于印发《2015年度市委常委班子民主生活会整改工作方案》的通知

3.市委、市政府关于深化供销合作社综合改革的实施意见

4.市委关于加强和改进新形势下党校工作的实施意见

5.市委、市政府转发《市委宣传部、市司法局关于在全市公民中开展法治宣传教育的第七个五年规划(2016—2020年)》的通知

6.市委关于印发《中国共产党德州市委员会工作规则》的通知

7.中共德州市委、德州市人民政府关于创建鲁北人才改革试验区推进人才发展体制机制改革的实施意见

8.中共德州市委、德州市人民政府关于深化科技体制改革加快创新发展的实施意见

9.市委、市政府关于印发《德州市新型城镇化规划(2015—2020年)》的通知

10.市委关于改革强军新形势下进一步加强党管武装工作的意见

11.市委、市政府关于深化市级国有企业改革完善国有资产管理体制的意见

12.市委关于进一步加强关心下一代工作的意见

13.市委、市政府关于加快推进供给侧结构性改革建设协同发展示范区的意见

14.市委、市政府关于实施全面两孩政策改革完善计划生育服务管理的意见

15.市委、市政府关于印发《德州市法治政府建设实施纲要(2016—2020年)》的通知

2016年德州市人大常委会文件目录

1.《德州市人民代表大会常务委员会关于批准德州市2015年地方债务限额的决议》

2.《德州市人大常委会2016年工作要点》

3.《德州市人民代表大会常务委员会关于同意德州市区及城中村近郊村供热管网工程项目建设资金有关问题的决定》

4.德州市人民代表大会及其常务委员会宪法宣誓仪式组织实施细则

5.德州市人民代表大会常务委员会关于坚决打赢脱贫攻坚战的决议

6.德州市人民代表大会常务委员会关于预算审查前听取市人大代表和社会各界建议的若干规定

7.德州市人民代表大会常务委员会关于批准德州市2015年市级财政决算的决议

8.德州市人民代表大会常务委员会关于《德州市2016—2020年依法治市规划》的决议

9.德州市人民代表大会常务委员会关于在全市公民中开展第七个五年法治宣传教育的决议

10.德州市人民代表大会常务委员会关于批准2016年德州市地方政府债务限额及市级预算调整方案的决议

2016年德州市人民政府文件目录

1.关于加强大气污染防治工作的意见

2.关于加快发展现代保险服务业促进我市经济社会发展的意见

3.关于进一步做好新形势下就业创业工作的实施意见

4.关于印发德州市政府规章制定程序暂行规定的通知

5.关于加快健康服务业发展的实施意见

6.关于印发中心城区城建计划的通知.

7.关于印发德州市社会救助办法的通知

8.关于印发2017年国民经济和社会发展计划的通知

9.关于实施2016年民生实事的决定

10.关于印发德州市餐厨废弃物管理办法的通知

11.关于印发德州市专职消防队伍管理办法的通知

12.关于印发2016年工作要点的通知

13.关于加快培育和发展战略性新型产业促进产业转型升级的指导意见

14.关于进一步推进户籍制度改革的意见

15.关于加快发展体育产业促进体育消费的实施意见

16.关于印发德州市国民经济和社会发展第十三个五年规划纲要的通知

17.关于2015年度德州市科学技术奖励的决定

18.关于印发德州市落实《水污染防治行动计划》工作方案的通知

19.关于落实粮食安全行政首长责任制的实施意见

20.关于印发德州市机关事务管理办法的通知

21.关于公布市级行政执法主体的公告

22.关于进一步健全特困人员救助供养制度的实施意见

23.关于印发德州市全民健身计划(2016—2020年)的通知

24.市政府令第2号　德州市大气污染防治管理规定

25.关于印发大气污染防治攻坚战实施方案的通知

26.关于印发德州市现代农业建设十大工程责任分工方案的通知

27.关于加强安全环保节能管理及淘汰落后产能加快全市化工产业转型升级的意见

28.关于印发德州市环境保护工作要点的通知

29.关于公布德州市第三批市级文物保护单位的通知

30.关于同意2016年度安全生产监管执法工作计划的批复

31.关于优化金融生态环境的意见

32.关于加强机动车管理防治大气污染的通告

33.关于做好山东省政府2015年第二批削减行政审批事项承接落实工作的通知

34.关于进一步明确市区两级城管制发权限和管理事项的通知

35.关于调整市级部门(单位)行政审批中介服务收费项目有关事宜的通知

36.关于印发德州市机关规范性文件管理规定的通知

37.关于印发德州市创建山东省食品安全城市和食品安全县市区工作实施方案的通知

38.关于印发德州市建设项目安全评价负面清单的通知

39.关于在全市大气污染重点行业试行冬季错峰生产的指导意见

40.关于印发德州市创建农产品质量安全市实施方案的通知

41.关于印发德州市市级政府投资项目融资租赁业务管理暂行办法的通知

42.关于德州市中心城区旅游发展规划的批复

43.关于做好2016年全市政府系统廉政建设的意见

44.关于发布2016年企业工资指导线的通知

45.关于印发德州市行政权力清单管理办法的通知

46.关于印发德州市建设项目安全评价负面清单(试行)的通知

47.关于废止德政发〔2012〕2号等3件文件的通知

48.关于进一步深化县级财政管理制度改革的意见

49.关于印发2016年德州市黄河防洪预案的通知

50.关于印发德州市国有林场改革实施方案的通知

51.关于做好国务院、省政府取消、下放、调整行政许可和行政权力事项承接落实工作的通知

52.关于德州市新型职业农民培育实施方案(2016—2020年)的批复

53.关于进一步加强学校安全工作的意见

54.关于印发德州市新兵检疫复查期拒服兵役处罚办法(试行)的通知

55.关于印发德州市征兵工作考核实施办法的通知

56.关于提高全市城乡低保、农村五保和城镇“三无”人员供养标准的通知

57.关于今冬明春农田水利基本建设的实施意见

58.关于公布2017年度德州市政府集中采购目录的通知

59.关于2016年全市环保专项行动检查情况的通报

2016年政协德州市委员会文件目录

1.政协德州市委员会关于深化我市农村殡葬改革的调研报告

2.政协德州市委员会关于表彰2015年度优秀政协委员的决定

3.政协德州市委员会关于表彰2015年度优秀提案和提案办理先进单位的决定

4.政协德州市委员会关于表彰2015年度优秀提案和提案办理先进单位的决定

5.政协德州市委员会关于加强政协机关自身建设的意见

6.政协德州市委员会关于印发《政协德州市委员会2016年工作要点》的通知

7.政协德州市委员会关于各级政协组织和广大政协委员为建设协同发展示范区建功立业的意见

8.政协德州市委员会关于确定2016年协商计划的请示

9.政协德州市委员会关于对市委政协工作会议精神贯彻落实专项督查的报告

10.政协德州市委员会委员履职工作规则

11.政协德州市委员会民主评议工作实施办法

12.政协德州市委员会关于开展2016年市政协委员民主评议部分部门工作的请示

13.政协德州市委员会2016年市政协委员民主评议部门工作实施方案

14.政协德州市委员会关于切实解决好县级政协换届中几个重要问题的通知

15.政协德州市委员会关于表彰2016年度“德州政协新闻奖”获奖作品的决定

16.政协德州市委员会关于表彰全市政协宣传工作先进集体和先进个人的决定

2016年中共德州市纪律检查委员会文件目录

1.中共德州市纪委、德州市监察局关于表彰2015年度全市纪检监察系统目标考核和单项工作考核先进单位的决定

2.关于认真组织学习《习近平关于严明党的纪律和规矩论述摘编》的通知

3.关于严肃市人代会、政协会期间有关纪律的通知

4.关于印发《关于在扶贫开发工作中防治不正之风和腐败问题的实施方案》的通知

5.中共德州市纪委印发《关于深化县级党委政府和市直部门单位主要负责人向市纪委全委会述廉述责试点工作的实施方案》的通知

6.中共德州市纪委关于印发《2015年度市纪委常委班子民主生活会整改方案》的通知

7.关于开展党员干部德廉和党风党纪知识学习测试的通知

8.关于印发《关于学习宣传〈中国共产党问责条例〉的工作方案》的通知

9.中共德州市纪委、德州市监察局关于加强纪检监察干部监督工作的意见

10.关于印发《德州市纪检监察干部分级预警管理制度(试行)》的通知

11.中共德州市纪委、德州市监察局关于全市纪检监察系统落实全面从严治党主体责任和监督责任的实施意见

12.中共德州市纪委关于做好2017年元旦春节期间党风廉洁建设有关工作的通知

光 荣 榜

全国五一劳动奖章

黄平亮　　庆云县人民检察院副检察长

全国工人先锋号

古贝春集团有限公司酿酒车间
禹城市国地税融合办税服务厅

山东省富民兴鲁劳动奖状

德州交通集团有限公司
山东德州双汇食品有限公司
德州市房屋建设综合开发集团总公司
德州市水利局

山东省富民兴鲁劳动奖章

喇建文　　德州齿轮有限公司机加一车间班组长
马修祥　　临邑县地方税务局恒源中心所所长
蔡秀芝(女)　　山东省安华瓷业股份有限公司抹货工
马春莹(女)　　夏津县国土资源局规划科科长
张国栋　　德州军粮供应站站长
燕树民　　国网德州供电公司营销部主任

叶金花(女)	山东省邮政德州分公司发行投递局投递员
石发建	德州市第一中学年级主任
张相恒	宁津县人民医院院长
王万玲(女)	德州市妇幼保健院副院长
王吉华	德州学院物理与电子信息学院院长
高建东	陵城区水务局局长
卞青峰	泰山体育产业集团有限公司副总裁
魏建民	东海建设集团总经理

山东省工人先锋号

山东百龙创园生物科技有限公司技术部
山东德百集团百货大楼日化商场
德州德工机械有限公司东制造部调试班
山东华鲁恒升化工股份有限公司化工车间4#甲胺岗
临邑县供电公司变电检修班
齐河中石油昆仑燃气有限公司齐河CNG母站
德州市地方税务局德城分局新湖中心税务所

德州市劳动模范

首席劳动模范

谈振永	中椒英潮辣业发展有限公司车间操作工
李秀贵	山东恒硕自动化装备制造股份有限公司总工程师
李本禄	德州市第二中学书记、校长
胡兆文	山东德建集团总工程师
孙丰忠	临邑县翟家镇孙汉服村种粮大户
宋兆明	德州市公安局交警支队事故处理大队政委
刘汝萃	山东禹王实业有限公司副总裁兼B2C营销中心总经理
马　腾	山东金麒麟股份有限公司计算机程序设计员

劳动模范

曾强成	德州学院生物物理研究所副所长
唐　琳(女)	国网山东省电力公司德州供电公司专工
吕玉清	山东格瑞德集团有限公司风电工厂厂长

孟祥超　　　山东金麒麟股份有限公司数控铣班组长
韩　晶(女)　泰山体育产业集团有限公司技术中心主任
李瑞瑞(女)　德州恒丰纺织有限公司值车工
丁桂芝(女)　德州富华生态科技有限公司挡车工
闫广播　　　山东福航新能源环保股份有限公司研发技术员
曹俊刚　　　德州德工机械有限公司装配车间质检员
张恩元　　　华能德州电厂检修部汽机队主任
张新生　　　华鲁恒升股份有限公司产品营销策划师
白向冰　　　德州德化装备有限公司电焊工
杨建辉　　　美利达自行车(山东)有限公司涂装课课长
于芸芸(女)　夏津县仁和纺织科技有限公司操作员
王　荣(女)　山东信立泰药业有限公司质检部副主任
李庆威　　　中国水电十三局德州天达工贸有限公司电梯分公司电梯车间主任
杨　帅(女)　山东德百集团华联商场经理
赵金常　　　山东德州扒鸡股份有限公司技术总监
李　勇　　　德州粮食质量检验(中心)站职工
魏　敏(女)　山东省德州新华出版发行集团总公司营业员
李瑞媛(女)　银座集团德州商城营业员
孙建平　　　德州市计划生育药具管理站站长
赵　丽(女)　平原县第一人民医院总护士长
马　超　　　齐河县人民医院麻醉科医生
张秀和　　　庆云县人民医院主任
朱连友　　　德州职业技术学院后勤基建处处长
马　勇　　　德州实验中学年级主任
吴艳霞(女)　德州市湖滨北路小学书记、校长
崔书梅(女)　平原县第四中学教研组长
刘玉良　　　武城县第二中学化学教师
李宝胜　　　宁津县教育局教研室主任
王　涛　　　国网山东省电力公司夏津县供电公司检修工区副主任
周同斌　　　国网山东省电力公司禹城市供电公司副总经理
魏建刚　　　德城公安分局建设街派出所所长
张智博　　　德州市公安局交通警察支队平原大队副大队长
孙维健　　　德州市公共汽车公司工会主席
武秋梅(女)　德州市交通局交通运输监察支队科员
宋修宝　　　山东省农村信用合作社联合社德州办事处副主任、党委副书记

张金红(女)	德州银行股份有限公司齐河支行行长
柴子栋	德州市建设工程质量监督站检测站站长
韩新杰	中国人民财产保险股份有限公司德州市分公司社会医疗保险服务中心经理
张　锐(女)	中国邮政集团公司德州市分公司工会副主席
姚辉前	德州石油钻井研究所科员
董新江	中原输油气分公司武城输气站站长兼党支部书记、工会主席
张振彦	德州市供水总公司鲁北工程公司项目一部队长
王旭光	德州市人社局劳动保障监察大队大队长
王建华	德州市李家岸灌区管理局副处长
吴　涛	德州市城市管理行政执法支队副支队长
韩雁冰(女)	德州日报德城版编辑部总编
李玉军	陵城区创卫办中队长
杨志强	临邑县国家税务局分局长
韩开顺	平原县畜牧兽医局畜牧兽医站站长
吴延宝	德州(禹城)国家高新区管委会招商四局局长
刘伟哲	宁津县移动公司维护员
王凤梅(女)	齐河中兴棉业有限公司业务科长
姜广杰	德州经济技术开发区党工委管委会办公室后勤服务中心主任
李世伟	谷神生物科技集团有限公司研发质保中心主任
贾　强	德州市普利森机床有限公司设计员
霍春亮	山东向阳坡生态农业有限公司董事长
孟　萍(女)	山东奥福环保科技股份有限公司市场营销部经理
马传波	山东恒源石油化工股份有限公司车间主任
刘荣军	齐河鸿运新型建材有限公司经理
秦　璐(女)	金能科技股份有限公司炭黑分厂技术工人
张　景	运河经济开发区运河街道办事处闫庄村党支部书记
赵广海	德城区天衢办事处于赵社区居委会党支部书记
刘振华	景津环保股份有限公司隔膜滤板制造部车间主任
宋金松	山东福洋生物科技有限公司生产经理
栗功兴	夏津县农业局土肥站站长
林祈倡	浙江澳林控股集团有限公司董事长
刘中华(女)	山东沃森农业科技有限公司生产主任
李向东	乐陵市人民医院党总支书记、院长
王加新	山东乐家客食品有限公司董事长
张克强	乐陵市劳务经济技术开发总公司总经理

王绪钦	德州亚太集团有限公司总经理
王俊磊	山东双汇食品有限公司总经理
高立民	德州市第二人民医院院长
刘　会	德州胜利农资公司董事长
张洪亮	山东滨庆新能源开发有限公司总经理
赵　恒	国网山东省电力公司临邑县供电公司总经理
房士荣	齐河农商银行董事长
苑龙起	宁津县公用事业管理局局长
王　珉	德州鲁樱食品有限公司董事长
王志平	山东省安华瓷业股份有限公司总经理
刘洪晓	山东陆海石油技术股份有限公司董事长
范建军	国网山东省电力公司武城县供电公司总经理
苑化芳(女)	山东夏津农村商业银行股份有限公司董事长
任学辉	宁津县宁城街道办事处西张县村党支部书记
陈保堂	宁津县相衙镇京城张村村主任
夏祯才	临邑县邢侗街道办事处瑞恒社区西关村党支部书记
王　健	夏津县香赵庄镇纸房头村党支部书记
黄亮存	夏津县郑保屯镇郑保屯村党支部书记
朱春泉	齐河县晏城街道办事处红庙朱村党支部书记
刘传红	永锋集团有限公司园林公司业务主管
刘桂文	德州经济技术开发区赵虎镇大刘汉村党支部书记
郭爱华	平原县旺源奶牛养殖专业合作社理事长
王洪坤	武城县武城镇孟王庄党支部书记
韩在成	禹城市舜源生态农牧专业合作社理事长
白福恒	陵城区白福恒养殖场总经理
弭尚岭	乐陵市弭科农小麦育种研究所所长
赵站民	庆云县东辛店镇南赵村党支部书记兼村委会主任
张　涛	齐河黄河河务局纪检组长
平兆瑞	德州市地方税务局德城分局党组成员、副局长
王晓龙	运河经济开发区运河街道办事处党委书记
刘金伟	陵城区区委办公室副主任
苏军丽(女)	宁津县纪委常委、第三纪工委书记
李海勇	乐陵市地方税务局副局长、工会主席
曹始友	临邑县水务局副局长
徐春红(女)	齐河县地税局财务科科长

程　青(女)　夏津县国税局收入核算科科长
于志新(女)　德城区广川街道办事处党委书记
沙汉斌　武城县发展和改革局局长

德州市五一劳动奖状

德州虹桥染料化工有限公司
中共德城区纪委
中国联合网络通信有限公司德州市陵城区分公司
德州市陵城区烟草专卖局
禹城市政务服务中心
禹城市财政局
乐陵市杨安镇人民政府
乐陵市劳务经济技术开发总公司
宁津县国家税务局
宁津县人民法院
齐河县国家税务局
齐河县人民法院
临邑县实验小学
临邑中银富登村镇银行有限公司
平原县人民检察院
平原县食品药品监督管理局
武城县农村信用合作联社
武城县经济开发区管委会
夏津县审计局
夏津县政务服务中心管理办公室
庆云县旅游局
德州市乐华陶瓷洁具有限公司
德州市德化化工有限公司
德州市委市直机关工委
德州市地方税务局直属征收局

德州市五一劳动奖章

王秋云(女)	德州实华化工有限公司车间主任
王秀红(女)	德城区新湖街道办事处柴市社区书记
董　伟	中共德城区纪委办公室主任
肖　刚	中共德城区委组织部副部长
李忠江	德州市地方税务局陵城分局稽查局科员
苗文金	国网山东省电力公司陵城区供电公司安装公司经理
温宽峰	德州市陵城区第五中学校长
梁继业	禹城市人民医院神经内科副主任
张　佳(女)	山东鸿兴源食品有限公司研发技术中心主任
王国峰	山东东方塑胶有限公司技术员
时学刚	禹城市第一中学班主任
张建良	保龄宝生物股份有限公司发酵厂生产班长
刘智强	中共乐陵市委市直机关工委副书记
李　宁(女)	山东星光糖业有限公司技术中心主任
王　静(女)	乐陵市循环经济示范园党工委副书记
朱建升	建设银行乐陵支行行长
李加志	齐河县检察院党组成员、办公室主任
刘　欢(女)	齐河县财政局国库股副股长
杨怀军	山东金马首装饰材料有限公司木工车间主任
张　红(女)	中国联合网络通信有限公司宁津县分公司渠道中心主任
张绍华	山东大胡子运动器材有限公司副总经理
刘德明	国网山东省电力公司宁津县供电公司供电所长
刘安祥	临邑县兴隆镇中心小学校长
赵建军	临邑县广播电视台党组成员
朱洪宇	临邑县城管执法局垃圾转运站站长
赵文刚	山东海能科学仪器有限公司1#车间员工
侯国清	平原县汽车运输总公司汽车维修工
王桐柏	德州东鸿制膜科技有限公司造粒工
白树霞(女)	武城县民政局福利彩票管理中心主任
许　悦	武城县人民医院重症医学科主任
王宝亮	山东莱宝空调设备有限公司总经理

霍士山	夏津县财政局集中支付中心主任
孙红艳(女)	夏津县第二实验小学教师
刘　杰(女)	夏津县地税局收入核算科科长
刘燕红(女)	夏津县瑞生棉业有限公司细纱车间挡车工
卞青风	庆云县人民医院内科主任
徐　娟(女)	庆云县审计局经责科科长
陈建国	庆云县公安局纪委书记
刘　刚	山东亿昌照明科技有限公司设备管理工程师
宋立辉	德州鲁信钻井技术服务有限公司钻井技术员
杨　茜(女)	德州经济技术开发区实验小学教师
张　伯	运河经济开发区管委会办公室副主任
郝春燕(女)	德州元济纺织有限公司品检班班长
冯勇志	山东黑马集团有限公司助理工程师
李玉琴(女)	德州市第五粮油仓库副主任
胡艳雷	德州中联大坝水泥有限公司总经理助理、生产品质部部长
王玮韦华	德州市建筑规划勘察设计研究院所长
张晓慧(女)	德州市人民医院保健科长
邱　凯	德州市中医院总务科科员
郭兴刚	德州市第一中学年级主任
商　涛	德州市水利局芦家河扬水站管理处副主任
张晨英(女)	德州市公共汽车公司驾驶员
王　刚	德州市园林管理局养护管理一大队队长
王　丽(女)	德州市气象局气象科技服务中心主任
王　涛	德州市救助管理站职工
周　波	国网山东省电力公司德州供电公司配电运检室配电二次运检班班长
张兴镇	十三局医院医疗技术委员会主任
邹　艳(女)	德州学院物理与电子信息学院副院长
高续英(女)	德州职业技术学院学生处处长
秦秀莲(女)	齐鲁交通发展集团有限公司德州分公司职员
董光赠	中国邮政储蓄银行德州市分行个人金融部经理
陈　豪	德州市烟草专卖局党委书记、局长、总经理
韩炳臣	中国联合网络通信有限公司德州市分公司副经理
苗　栋	中华保险庆云支公司经理
秦俊岭	德州市中医院主任医师
岳红卫	德州市人民医院骨外科副主任

王道池	永锋集团有限公司企业管理部业务主管
于洪飞	山东渤海春酒业有限公司工人
宋　晶(女)	德州市残联组宣部部长
董　平	人民银行德州市中心支行副科长
胡国青	国网山东省电力公司德州供电公司工会副主席
李群蕊(女)	德州市委市直机关工委工妇委副主任、团工委书记
张拥军(女)	禹城市总工会党组成员、主任科员
田　蕾(女)	德州阳光大姐家政服务有限公司工会主席
刘翠花(女)	通裕重工股份有限公司工会主席
姜立文	德州职业技术学院工会副主席
杨振明	德州市120急救调度指挥中心工会主席
唐为国	德州市审计局工会组织委员
肖　勇	德州市第一中学工会主席
李　华(女)	德州市商务工会人事科长、妇委会主任

德州市工人先锋号

德州德药制药有限公司质量技术部
德州市地方税务局德城分局办税服务厅
陵县恒宇纺织品有限公司生产技术部
德州银行股份有限公司陵城区支行营业部
保龄宝生物股份有限公司F55果葡糖浆车间
禹城市妇幼保健院母婴保健中心
乐陵市人民医院内三科
国网山东省电力公司乐陵市供电公司输电运检班
宁津县工商局宁津镇工商所
国网山东省电力公司宁津县供电公司线路运维班
山东和乐门业有限公司人事科
齐河县晏城街道办事处计划生育服务站
临邑恒丰纺织科技有限公司细纱车间保全工段
山东世纪友华实业有限公司一车间缝纫二班
山东征宙机械股份有限公司六车间
平原县房管中心住房保障科
武城县行政审批服务中心交通局窗口

山东同创复合材料有限公司盘管空调生产车间
山东鑫秋农业科技股份有限公司加工科
夏津县建筑工程质量监督站
华鲁恒升集团有限公司醋酸车间醋酸总控岗位
山东汇一实业有限公司车驾管业务服务大厅
德州经济技术开发区人力资源和社会保障局社会保险中心
山东普利森集团有限公司重机车间装配二班
德州市实验中学物理教研组
国网山东省电力公司德州供电公司设计室
德州市第五粮油仓库仓储科
德州市政务服务中心管理办公室招投标科
德州日报社印务中心
德州德工机械有限公司东制部装二班
德州市水利勘察设计研究院
德州龙马金建集团储运建材线
中国邮政集团公司德州市分公司东风西路邮电支局
德州职业技术学院新能源技术工程系
京台高速公路鲁冀界治超检测站
德州市人民医院检验科

2016年度全国妇女工作先进集体和先进个人名单

一、全国三八红旗集体

德州市公安局出入境管理支队

二、全国维护妇女儿童权益先进集体

德州市社会治安综合治理委员会办公室
德州市教育局

三、全国维护妇女儿童权益先进个人

陈晓静　　武城县人民法院党组书记、院长

四、全国最美家庭

马凤娥家庭　　孙洪香家庭

五、全国五好文明家庭标兵

杨连印家庭

六、全国五好文明家庭

周相国家庭

2016年度全省妇女工作先进集体和先进个人名单

一、省委、省政府表彰全省妇女儿童工作先进集体

德州市妇女联合会

德州市公安局

德州市社会保险中心

德州市社会福利院

德州市德城区委组织部

禹城市卫生和计划生育局

二、省妇女儿童工作委员会表彰全省妇女儿童工作先进个人

宋艳敏　　宁津县妇女联合会主席

省委、省政府表彰全省妇女儿童工作先进个人,记一等功

黄　山　　德州市委宣传部干部科机关党务工作者

王　斌　　德州市卫生和计划生育委员会妇幼健康服务科科长

郭长杰　　德州市统计局社会科技科科员

刘兰香　　德州市陵城区商务局局长

张　慧　　乐陵市妇女联合会副主席

张建霞　　齐河县机关第二幼儿园园长

高　燕　　临邑县人大常委会法律服务中心主任

石秀华　　平原县供电公司党群部副主任

李会燕　　武城县卫生和计划生育局人事科科长

张胜利　　夏津县妇女联合会主席

王花枝　　庆云县国土资源局党组成员、不动产登记中心主任

三、第十届“齐鲁巾帼十杰”提名奖

王　静　　德州市人民医院眼科主治医师

四、全省十大创新巾帼文明岗

德州市第五中学化学组

五、全省巾帼文明岗

德州市地税局税源管理科

平原县国家税务局纳税服务科

中国人民银行德州市支行人事科

平原县农村信用合作联社营业部

陵城区农村信用合作联社营业部

德城区妇幼保健院

宁津县国家税务局收入核算科

临邑县政务服务大厅

德州经济开发区国税局税源管理二科

庆云县一中2015级高一英语组

武城县县直机关实验幼儿园

夏津县政务服务中心

山东省坤河旅游开发有限公司泉城海洋极地世界导游科

禹城市政务服务中心

乐陵市国税局办税服务厅

临邑交警大队车管所牌证科

德州市公安局德城分局警务保障室

德州市中级人民法院刑事审判第二庭

德州市住房公积金管理中心

夏津县检察院民事行政检察科

六、全省最美孝德家庭

王洪如家庭　　明　霞家庭　　孙秀兰家庭

提名奖

刘光玉家庭　　姜新友家庭　　叶金丽家庭　　张新在家庭

七、全省最美巾帼志愿者及志愿服务项目

肖秀霞　　庆云县向阳花慈善之家协会志愿者

侯丽霞　　乐陵市丁坞镇中心小学留守儿童代理妈妈组织志愿者

孙红娟　　夏津县巾帼志愿者服务队负责人

全省最佳巾帼志愿服务项目

德州市关爱农村留守儿童暑期公益夏令营项目

武城县爱心联盟“关爱失独　情暖夕阳”项目

夏津县“暖心行动”留守儿童心理援助项目

全省最佳巾帼志愿服务组织

武城县爱心联盟

临邑县邢侗街道巾帼志愿服务队

庆云县“爱心妈妈”巾帼志愿服务队

全省最美巾帼志愿服务社区

德州市陵城区陵城镇五李社区

临邑县德平镇宫家社区

德州市德城区新湖街道胜利社区

八、全省妇联系统新闻宣传工作

先进单位

德州市妇联

德州市陵城区妇联

临邑县妇联

夏津县妇联

先进个人

张　婧　　德州市妇联宣传部部长

张　慧　　乐陵市妇联副主席

沙桂秀　　平原县妇联办公室主任

吕　杨　　庆云县妇联副主席

九、全省“平安家庭”示范县（市、区）

宁津县

全省“平安家庭”示范乡（镇、街道）

德州市德城区天衢街道办事处

乐陵市大孙乡

临邑县德平镇

武城县广运街道办事处

夏津县香赵庄镇

庆云县崔口镇

德州经济技术开发区袁桥镇

全省“平安家庭”示范村（社区）

德州市德城区新华街道办事处新园社区

德州市陵城区糜镇吉祥社区

德州市陵城区前孙镇张架社区

禹城市房寺镇邢店社区

禹城市市中街道办事处肖寺社区

乐陵市寨头堡乡丁家村

乐陵市西段乡西坊田社区

宁津县宁城街道办事处康宁社区

齐河县华店镇华北社区

临邑县临邑镇郑家社区

平原县王打卦镇花园社区

平原县龙门街道办事处军仓社区

武城县李家户镇东升社区

夏津县雷集镇康寺村

庆云县严务乡严务村

德州经济技术开发区长河街道办事处岳庄社区

十、全省社区妇女儿童喜爱的"优秀家园服务项目"

德州市陵城区安德街道芦坊社区妇女儿童家园"女管家"项目

齐河县华店镇华中社区妇女儿童家园留守儿童心理辅导项目

临邑县恒源街道八里社区妇女儿童家园志愿者联盟服务项目

十一、全省巾帼居家创业就业脱贫行动"大姐工坊"

临邑县德平腾跃包装制品厂

临邑县凯兴工艺品有限公司

临邑县盘古灯饰有限公司

山东禹城新意发制品有限公司

禹城市麓宁养殖有限公司

禹城市伦镇戎庄村华申生态农场

齐河县嘉艺玩具有限公司

齐河县焦庙镇科沃绿洲家庭农场(农家乐)

齐河县祝阿镇尹屯村和乐果蔬专业合作社

德州市陵城区糜镇孟家胡同村恒丰养殖合作社

德州市陵城区宋家镇方成藤编

德州市陵城区滋镇梦静缘工艺品

夏津县雷集镇马官屯村金美纱袋加工点

乐陵市西段乡西赵村巧手插花坊

乐陵市西段乡肖家村"东泥之笔"手工坊

宁津县长官镇黄庄妇女就业中心

德州鑫广源食品有限公司

德州沈氏食品有限公司

平原县苍南美乐金利食品厂

平原县正泰服饰有限公司

庆云县东辛店镇鑫鑫箱包加工厂

庆云县鲲鹏木器销售有限公司

庆云县庆云镇东三里村宏飞家纺加工中心

夏津县香赵庄镇南邢巾帼手工坊

夏津县田庄乡西张巾帼手工坊

夏津县秀珍巾帼手工坊

夏津县东李镇爱英巾帼手工坊

夏津县银城街道隋韩梁巾帼手工坊
夏津县经济开发区霍庄村新涛跃巾帼手工坊
德州四女寺镇绿港农业(农家乐)
武城县武城广运沙东村沙窝屯富民乳业养殖合作社
武城县信源电子有限公司
德州市德城区建志剪纸艺术制作中心
德州市德城区山东楼门口网络科技有限公司
德州俏贝儿母婴护理服务有限公司
德州馨秋种苗科技有限公司(农家乐)
德州宏诚服装有限公司
德州德城区高大姐手工编织
德州美东地毯有限公司
夏津县利仁亨通养殖有限公司

十二、全省巾帼居家创业就业脱贫行动示范基地

禹城市高新区大禹花饰有限公司
临邑县兴隆原种猪场
夏津赛纳斯工艺品有限公司

2016年度全市妇女工作先进集体和先进个人名单

一、全市三八红旗手(100名)

张　晶　　德城区妇联办公室主任
姜淑珍　　德城区审计局财金科副科长
赵春芳　　德城区新湖街道青龙桥社区居委会党支部书记
李春杰　　德州华源生态科技有限公司技术员
毕建梅　　德城区教育局妇委会主任
曲学敏　　陵城区妇联儿童部部长
王秀芹　　陵城区縻镇妇联主席、人大副主席
张苹苹　　陵城区宋家镇妇联主席
张　莉　　市公安局陵城分局户政科科员
孙淑兰　　陵城区教师进修学校教务主任
李佳佳　　禹城市妇联科员
梁　艳　　中国银行股份有限公司禹城支行行长
张书青　　禹城市第一中学教师
高云霞　　禹城市人民医院手术室副护士长

徐春玲　　禹城市中医院主管中医师
金丽娟　　乐陵市教育局托幼办主任
郑丽霞　　乐陵市卫生和计划生育局党委委员、副局长
宋　琦　　乐陵市发展和改革局综合科科长
卢晓洁　　乐陵市国土资源局人事科副科长
包永靖　　乐陵市丁坞镇妇联主席
韩晓超　　宁津县广播电视台文艺部编导、记者
赵雯娜　　宁津县津城街道妇联主席
杨瑞新　　宁津县人民医院新生儿监护室、儿二科主任
郑英敏　　宁津县人民医院内二科主治医师
王　丽　　山东新华书店集团有限公司宁津分公司副经理兼财务科长
王月红　　齐河县妇联副主席
温晓娈　　齐河县职业中专教师
陈　娟　　齐河县国家税务局纳税服务科科长
万巧英　　齐河县人民医院内科主治医师
郭　峰　　齐河县人民医院内分泌科副主任
张淑萍　　齐河县第一幼儿园教师
戚久芳　　临邑县德平镇妇联主席
李亭亭　　临邑县林子镇人民政府科员
郭丽丽　　临邑县卫计局计生协会秘书长
马文文　　临邑县旅游局局长
王秀珍　　山东新鲁星电缆有限公司董事长兼总经理
翟　盈　　中共平原县纪委科员
闫爱菊　　平原县交通运输局妇委会主任
杨　伟　　平原县卫生和计划生育局办公室副主任
曹颖博　　平原县第一中学教师
李洪青　　平原县第三中学教师
姚军利　　平原县经济开发区中心小学教师
祝风霞　　武城县郝王庄镇妇联主席
任宪英　　武城县地方税务局妇委会主任
矫　真　　国网武城县供电公司综合服务中心主任师兼综合服务班班长
周茂珍　　古贝春集团有限公司妇委会主任
时焕荣　　武城县爱心联盟巾帼志愿者
苗　楠　　夏津县妇联办公室主任
刘素杰　　夏津县教育局教研室副主任

田燕青　夏津县国税局城区分局局长
李冰云　夏津农村商业银行股份有限公司副行长
侯英华　夏津仁和纺织科技有限公司细纱车间工艺员
吕晓伟　庆云县中丁乡妇联主席
石荣平　庆云县国土资源局耕保科科长
李　焕　庆云县第四中学教师
邱　玉　庆云农村商业银行股份有限公司资金营运部经理
刘中华　山东沃森农业科技有限公司总经理
刘　静　国网庆云县供电公司工会管理专工
高　慧　德州经济技术开发区宋官屯街道妇联主席
陈　妍　德州经济技术开发区工会工作委员会副主任科员
李小红　德州经济技术开发区教育局教研员兼妇委会主任
张春梅　德州经济技术开发区同济中学教师
赵明霞　德州经济技术开发区袁桥镇中心小学副校长
李爱荣　德州经济技术开发区袁桥镇袁桥中学教师
李小红　运河经济开发区运河街道妇联主席
付艳华　运河经济开发区教育局副科级
张燕丽　华鲁恒升化工股份有限公司生产部质量处处长
田　洋　市委组织部组员办副科级组织员
黄　山　市委宣传部机关党务工作者
王华新　致公党德州市委会科员
杨晓玲　市委党校组织处科员
刘　臻　德州日报社社会民生部副主任
田莹莹　市文明办科员
程颖慧　市总工会民管部部长
王志玲　市政府办公室人事科副科长
魏　苒　市教育局基础教育科科员
张媛媛　市公安局交通警察支队警务保障处科员
李　军　市社会保险中心医保处主任
王　英　市财政局经济建设科科长
艾晓娜　市住建局办公室主任科员、妇委会副主任(主持工作)
秦秀莲　齐鲁交通发展集团有限公司德州分公司人力资源部职员
姚　兰　市粮食局党委委员，德城粮食分局党总支书记、局长
刘　健　市体育局财务科科员
乔　璐　市长河公园管理办公室副主任

李　英　　市纤维检验所副所长
李　燕　　市旅游局规划发展科科长
潘小华　　德州中燃城市燃气发展有限公司工会主管
于雅歌　　德州学院音乐学院党总支书记
朱晓博　　市第二人民医院信息科、器械科主任
尚玉芬　　市第二人民医院放射物理技术科副主任(主持工作)
张玉秀　　市中医院副主任药师
赵红霞　　市地税局基层工作科主任科员
王　颖　　中国人民银行德州市中心支行货币信贷管理科科员
王旬旬　　中国银行股份有限公司德州分行监察经理
米兆伟　　邮政储蓄银行齐河县支行行长助理
魏　晓　　邮政储蓄银行齐河县支行风险管理员
李永梅　　中国邮政集团公司德州市分公司投递局发行员
马瑞青　　新华集团教材公司经理
闫丽敏　　山东民福新材料科技有限公司董事长
陈盈盈　　德州阳光大姐家政服务有限公司实训教师

二、全市三八红旗集体(50个)

德城区新湖街道胜利社区
德城区卫生和计划生育局
德州市第十中学英语教研组
德州市新湖南路小学
陵城区滋镇人民政府
陵城区陵城镇卫生院
陵城区水务局
禹城市民政局
禹城市司法局
禹城市质量技术监督局
乐陵市市中街道办事处
乐陵市财政局
乐陵市民政局
国网山东省电力公司宁津县供电公司
中国农业银行股份有限公司宁津县支行
宁津德百房地产开发有限公司德百广场分公司
齐河县职业中等专业学校(齐河县技工学校)
齐河县水利勘察设计室

齐河县民政局婚姻登记处

齐河县食品药品监督管理局晏城所快检室

临邑县宿安乡人民政府

临邑县卫生和计划生育局

临邑县师范附属小学

平原县政务服务中心管理办公室

平原县审计局经济责任审计办公室

平原县广播电视台民生资讯栏目

德州市住房公积金管理中心武城县管理部

武城爱心联盟

武城县巾帼家政服务有限公司

夏津县地税局

夏津县质量技术监督局

德州银行股份有限公司夏津支行

庆云县教育局教研室

庆云县人民医院妇产科

庆云县12345市民热线管理办公室

光明乳业(德州)有限公司

德州经济技术开发区人民法院办公室

运河经济开发区政务服务中心

市纪委、市监察局信访室

市审计局

市供水总公司客户发展服务中心

市热力公司

市机关事务管理局

德州市第一中学历史教研组

德州晚报社新媒体中心

德州广播电视台承诺热线栏目

中国移动山东公司德州分公司客户服务部

山东广电网络有限公司德州分公司客户服务部

山东金鲁班集团有限公司

齐河德百新时代广场

三、全市“最美家庭”、市五好文明家庭标兵户

最美家庭(10户)

郭金荣家庭　　德城区天衢办事处新四合社区王家院村

孙德智家庭　　陵城区安德街道孙大汉村
苏风华家庭　　乐陵市丁坞镇后生张村
明　霞家庭　　宁津县柴胡店镇明家村
李金玲家庭　　齐河县表白寺镇后孙村
姜新友家庭　　临邑县临盘街道姜坊村
罗华三家庭　　武城县郝王庄镇罗庄村
徐楠楠家庭　　武城县广运街道办林尔庄村
朱忠涛家庭　　夏津县南城镇大朱村
张庆昌家庭　　庆云县庆云镇张桃符村

最美孝德家庭(10户)

宋双菊家庭　　德城区新华街道堤岭社区
刘保风家庭　　陵城区滋镇高家村3号
刘厚泉家庭　　禹城市房寺镇友谊社区
杨金英家庭　　齐河县晏城街道义和村
杨全英家庭　　临邑县临盘街道柳家村
赵树强家庭　　平原县王打卦镇大辛村
周茂珍家庭　　武城县金马商城
许　静家庭　　夏津县华夏新城小区
王希贞家庭　　庆云县庆云镇汾水王村
秦　政家庭　　德州经济技术开发区赵虎镇大刘汉村

最美书香家庭(10户)

纪慎言家庭　　德城区柴市街75号
周家权家庭　　德城区东地中大街426号
马海霞家庭　　陵城108区中兴路号
郭立新家庭　　宁津县领秀城小区
贾　芬家庭　　齐河县富华苑小区
任德志家庭　　临邑县德平镇任庙村
张素辉家庭　　平原县城区聚福花园小区
李国锋家庭　　武城县县城东方花园小区
戚宗普家庭　　武城县老城镇戚庄村
肖玉兰家庭　　夏津县福泽家园

四、全市五好文明家庭(60户)

王建敏家庭　　杨书行家庭　　齐秀荣家庭　　周淑德家庭　　王　欣家庭
王　静家庭　　刘爱国家庭　　武淑华家庭　　肖振杰家庭　　苏　艳家庭
赵宪龙家庭　　张书祺家庭　　姜仁信家庭　　张万勇家庭　　辛淑平家庭

刘春花家庭	苏风华家庭	吴 涛家庭	王云敏家庭	石秀荣家庭
赵 凯家庭	任 翠家庭	王廷芝家庭	张海红家庭	徐芹芹家庭
徐桂玲家庭	常玉霞家庭	程晶晶家庭	刘金凤家庭	朱秀英家庭
潘庆燕家庭	张化平家庭	李秋芬家庭	王玉荣家庭	张秋梅家庭
常秀英家庭	郭春梅家庭	毛向朋家庭	高连泉家庭	马俊杰家庭
王树梅家庭	孙艳梅家庭	王玉宝家庭	吴淑兰家庭	王 海家庭
张 弛家庭	李飞飞家庭	任玉新家庭	刘敬霞家庭	田俊霞家庭
李寿荣家庭	吕文起家庭	吴俊山家庭	魏俊新家庭	刘占武家庭
郑 燕家庭	李 强家庭	曹元洪家庭	李常忠家庭	张桂萍家庭

五、第二批德州市“妇女居家灵活就业点”(11处)

德州市宏诚服饰有限公司
陵城区滋镇张耀龙村工艺品厂
禹城辛店镇辛店街大禹花饰加工点
乐陵市西段乡芝麻开花扶贫驿站
宁津县保店镇中国结编织中心
齐河县胡官屯镇鑫源童装加工点
临邑县兴隆镇段店村藤编加工示范点
平原县兴泰纺织有限公司和顺手套厂“王庙加工点”
武城县郝王庄镇鸿兴电子元件组装经销部
夏津县金美工艺品加工点
庆云县民心电子厂

2016年度德州市见义勇为先进分子

殷贤涛	乐陵一中学生
赵恒涛	乐陵市郑店中学学生
李广才	乐陵交警大队主任科员
陈 杰	乐陵市房管局职工
高 凯	乐陵鑫华建筑安装有限公司职工
赵金昌	宁津县大柳镇中陶村村委会主任
张大鹏	宁津县张大庄镇前村村民
杨印虎	宁津县相衙镇杨老头村村民
韩孝永	齐河县金能科技股份有限公司炼焦厂职工
王贞广	齐河县仁里集镇菜园村村民
王传良	齐河县焦庙镇中心卫生院医生

代善彬　　齐河县永锋集团职工
扈洪民　　齐河县永锋集团职工
赵成成　　齐河县永锋集团职工
石其兵　　临邑县临南镇石家村村民
王明利　　临邑县临邑镇国寨村村民
郑致格　　平原县国税局王打卦分局职工
宋泽臣　　夏津县银城街道塔坡村村民
陈立民　　庆云县交警大队民警
胡海涛　　庆云县尚堂镇大胡楼村村民
胡海成　　庆云县尚堂镇大胡楼村村民
孙立朋　　庆云县东辛店镇小孙村村民
李文明　　德州经济技术开发区柳湖书院厨师

2016年度德州市见义勇为模范

夏志进　　国家统计局德州调查队党组成员、副队长
高　军　　德州市中级人民法院聘用司机
薛洪涛　　陵城区丁庄乡薛庄社区居民
赵永辉　　宁津县刘营伍乡西刘村村民
杨殿臣　　齐河县晏城街道毛官村村民
程宪堂　　齐河黄河河务局职工
许东方　　临邑县仿古路个体户
周玉超　　临邑县邢侗街道东街村村民
刘传才　　平原县腰站镇耿楼村村民
王福清　　庆云县农机局职工
李树军　　德州市火车站职工
王长明　　德州市汽车贸易公司职工
王治勇　　德州市城市管理执法局职工
李彦杰　　德州市恒丰有限公司职工
韦建明　　德州联合医院保卫科副科长
王彩君　　陵城区安德街道芦坊村村民
贾克亮　　禹城市人民医院急诊科医生
陈　刚　　禹城市交警大队一中队辅警
高俊宏　　禹城市市中街道鬲津社区居民
白书祥　　乐陵市铁营镇东营村村民

蔡前成　　乐陵市西城街道田卯村村民

2016年度德州市“最美老有所为人物”

高玉森　　乐陵市铁营镇原组织委员
洪国英　　陵城区毛呢服装厂退休职工
贾吉臣　　禹城市外资机械施工有限公司董事长
刘凤海　　陵城区宣传部文联原秘书长
刘方月　　山东世安化工有限公司董事长、总经理
刘秀英　　临邑县德平镇满家社区党支部书记
王全生　　齐河县职业专科学校退休教师
王克琪　　夏津县广播电视局原副局长
王玉亭　　夏津县委办公室原副主任
王良民　　平原县城管执法局环卫处退休职工
徐俊杰　　德城区广川街道办事处岔河社区居民
徐贵祯　　临邑县兴隆镇车卢徐村村民
许连庆　　平原县腰站镇西咸村党支部书记
杨承田　　宁津县文化局原副局长
张金升　　陵城区边临镇教育委员会原会计

2016年度全市协同发展综合考评先进单位名单(按成绩排序)

一、县市区

一等奖

齐河县、禹城市

二等奖

乐陵市、德州经济技术开发区、临邑县、武城县、平原县、市运河经济开发区

进步奖

武城县、平原县

二、市直部门(单位)

(一)党群部门(单位)

一等奖

市委办公室、市委组织部、市委宣传部、市委政法委、市委政研室

二等奖

市委党校、市委统战部、市委老干部局、市编办、市扶贫办、市农工办、市科

协、市委市直机关工委

（二）经济发展及城市建设部门（单位）

一等奖

市经信委、市水利局、市住建局、市商务局

二等奖

市金融办、市发改委、市科技局、市财政局、市旅游局、市国土资源局、市农业局

进步奖

市交通运输局、市规划局、市林业局

（三）社会管理职能较少的部门（单位）

一等奖

市政府办公室、市审计局

二等奖

市政务服务中心管理办公室、市机关事务管理局、市外侨办

（四）社会管理职能较多的部门（单位）

一等奖

市人社局、市民政局、市环保局

二等奖

市文广新局、市教育局、市政府法制办、市公安局、市卫计委、市工商局

三、中央、省驻德单位

（一）服务协同发展突出贡献奖

市地税局、市国税局、国网德州供电公司

（二）服务协同发展先进单位

人民银行德州市中心支行、建设银行德州分行、工商银行德州分行、德州海关、德州银监分局、德州检验检疫局、市气象局、中国银行德州分行、农业银行德州分行、德州黄河河务局、中国移动德州分公司、农发行德州市分行、省农联社德州办事处、中国电信德州分公司、中国人保财险德州分公司、邮政储蓄银行德州市分行、中国人寿保险德州分公司、中石油德州分公司、中石化德州分公司、德州新华集团

四、省级开发区

一等奖

齐河经济开发区、乐陵经济开发区

二等奖

临邑经济开发区、天衢工业园、陵城经济开发区

五、乡镇（街道）综合实力20强

德州经济技术开发区宋官屯街道、齐河县晏城街道、乐陵市市中街道、武城县鲁权屯镇、德城区天衢街道、禹城市市中街道、齐河县晏北街道、德城区新湖街道、陵城区安德街道、临邑县邢侗街道、临邑县恒源街道、禹城市房寺镇、平原县龙门街道、德城区新华街道、武城县武城镇、庆云县尚堂镇、武城县

甲马营镇、陵城区临齐街道、夏津县北城街道、宁津县宁城街道

2016年度全市基层党建考核先进单位名单(按成绩排序)

一等奖

齐河县、禹城市、临邑县

二等奖

德城区、庆云县、武城县、夏津县

2016年度全市依法纳税突出贡献企业名单(按纳税金额排序)

德州市永锋集团

山东德州烟草有限公司

华能德州电厂

山东华鲁恒升集团有限公司

国网德州供电公司

山东德州双汇食品有限公司

金能科技股份有限公司

景津压滤机集团有限公司

山东恒源石油化工股份有限公司

保龄宝生物股份有限公司

中国移动德州分公司

通裕重工股份有限公司

中石化胜利油田分公司

德州实华化工有限公司

山东信立泰药业有限公司

德州德药集团

德州市商业银行股份有限公司(德州银行)

古贝春集团有限公司

山东金麒麟集团有限公司

2016年度感动德州十大人物

临邑县翟家镇后党村村民　蔡光明
乐陵市市中街道王官刘村村民　郭　凯
齐河县公安局法制大队大队长　肖　东
宁津县大柳镇李架子希望小学教师　刘秀山
禹城市十里望回族镇教委退休教师　赵玉兰
国家统计局德州调查队副队长　夏志进
德城区新湖街道桥口社区居民　安丽丽
北京外国语大学学生　杨雅舒
临邑县临盘街道辛集村村医　张丙海
德州经济技术开发区国家税务局政策法规科科长　王洪光

2016年度全市脱贫攻坚工作优秀县(市、区)名单

庆云县　　齐河县　　临邑县　　武城县　　乐陵市

2016年度全市脱贫攻坚工作优秀行业部门(单位)名单

市教育局
市委组织部
市住建局
市财政局
市交通局
市卫计委
市农业局
市人社局
市民政局
市体育局
省农联社德州办事处
农发行德州市分行

国网德州供电公司
人保财险德州市分公司
人民银行德州市中心支行

2016年度全市扶贫开发工作优秀第一书记名单

一、市派优秀扶贫第一书记

王建军　　市工商局派驻庆云县尚堂镇和睦和村第一书记
李桂发　　市科协派驻禹城市莒镇董屯社区第一书记
颜金生　　市供销社派驻齐河县胡官屯镇周苏村第一书记
牟永来　　市人社局派驻平原县前曹镇吴韩村第一书记
王德林　　市委宣传部派驻夏津苏留庄镇北郭寨村第一书记
戴　骞　　市妇联派驻临邑县临邑镇大郭村第一书记
史永国　　市国土资源局派驻陵城区开发区大刘村第一书记
李　勇　　市检察院派驻乐陵市郭家街道大牛韩村第一书记
陈丕新　　市政务中心管理办公室派驻武城县四女寺镇卜官屯村第一书记
师国友　　市民族宗教局派驻宁津县长官镇长北村第一书记

二、县派优秀扶贫第一书记

魏　勇　　禹城市人社局派驻房寺镇申庄村第一书记
李加勇　　临邑县工商局派驻宿安乡邢仙龙村第一书记
史勇华　　乐陵市委组织部派驻丁坞镇纪楼村第一书记
姚汝国　　平原县交通局派驻王庙镇后杠子李村第一书记
栾　涛　　齐河县水务局派驻胡官屯镇曹庄村第一书记
韩　磊　　武城县交通局派驻武城镇付王庄村第一书记
别孝栋　　夏津县政府办公室派驻银城街道南淡官司屯村第一书记
赵井存　　庆云县卫计局派驻徐园子乡杨道口村第一书记
张来军　　宁津县人社局派驻相衙镇编席杨村第一书记
马　琳　　陵城区人大派驻神头镇老李村第一书记

2016年度扶贫标兵名单

丛　涛　　德城区扶贫办副主任
马德军　　陵城区扶贫办副主任
任秀霞　　陵城区神头镇人大主席
庞吉民　　禹城市辛店镇党委书记
訾丙军　　禹城市十里望回族镇党委书记
郭　敏　　乐陵市扶贫办科员
贾莹莹　　乐陵市化楼镇扶贫站科员
张照廷　　宁津扶贫办副主任
张鸿翔　　齐河县扶贫办主任
彭学猛　　齐河县胡官屯镇人大主席
宗　娟　　临邑县扶贫办项目管理科科长
徐平平　　临邑县德平镇扶贫站长
王　平　　平原县扶贫办副主任
辛艳丽　　平原县前曹镇党委委员、副镇长
刘日贞　　武城县扶贫办副主任
宋秀红　　武城县武城镇党委副书记
丛　敏　　夏津县扶贫办副主任
翟玉祥　　庆云县扶贫办常务副主任
黄向阳　　庆云县尚堂镇党委书记
禚　梅　　德州经济技术开发区扶贫办综合科科长

2016年度助推扶贫优秀新型经营主体名单

德州光明乳业奶牛示范养殖基地
陵城区永兴蔬菜种植专业合作社
山东向阳坡生态农业股份有限公司
德州市维多利亚农牧有限公司
乐陵市金亿奶年养殖专业合作社
乐陵市孟氏渔业科技有限公司
德州和膳生态农业有限公司

德州沈氏食品有限公司
齐河县马集镇庆林花卉种植专业合作社
齐河县祝阿镇和乐果蔬专业合作社
恒源街道山东省升华农业技术有限公司
临邑县宿安乡兴康农场
平原县华达实业集团有限公司
恩城镇梦涛种植专业合作社
中椒英潮辣业发展有限公司
武城县志远粮棉种植合作社
夏津县雷集镇六合保育厂
夏津县香赵庄瑞丰源果蔬专业合作社
山东沃森农业科技有限公司
山东省庆云县君创锁业有限公司

2016年度脱贫标兵名单

闫志海	德城区黄河涯镇闫屯村
李文和	陵城区义渡口镇毛李村
魏立保	禹城市东城办大刘村
张汉春	乐陵市西段乡后灶张村
张秋科	宁津县刘营伍乡寨西村
付延平	齐河县赵官镇付庄村
石书荣	临邑县宿安乡张林村
罗宪章	武城县郝王庄镇罗庄村
史保兴	庆云县东辛店镇西阁村
王会林	德州经济技术开发区赵虎镇张七村

统计资料选编

基本情况

指标名称	单位	2016年	比上年增长%
土地面积	平方公里	10358	-
人口密度	人/平方公里	559	-
耕地面积	万公顷	64.42	0.03
降水量	毫米	630.4	-
乡镇、街道办事处	个	134	-
#镇	个	91	-
建制村	个	7985	-
总人口	万人	579.23	0.9
乡村人口	万人	267.78	-3.4
城镇人口	万人	311.45	4.8
人口出生率	‰	17.00	*6.64
人口死亡率	‰	5.16	*0.25
人口自然增长率	‰	11.84	*6.39

注:1.*号为比上年增减千分点
2.人口数为常住人口
3.建制村个数为民政局提供

生产总值情况

指标名称	单位	2016年	比上年增长%
生产总值	亿元	2932.99	7.2
第一产业	亿元	296.23	3.7
第二产业	亿元	1403.17	6.2
#工业	亿元	1251.53	6.2
第三产业	亿元	1233.59	9.2
人均生产总值	元	50856	6.4
生产总值构成	%	100	—
第一产业	%	10.1	*—0.2
第二产业	%	47.8	*—1.6
第三产业	%	42.1	*1.8

注:*号为比上年增减百分点

农林牧渔服总产值

单位:亿元

指标名称	2016年	比上年增长%	构成%
农林牧渔及其服务业总产值	670.86	4.2	100
1. 农业产值	374.01	4.7	55.75
2. 林业产值	14.94	6.0	2.23
3. 牧业产值	227.48	2.8	33.91
4. 渔业产值	20.67	—1.5	3.08
5.农林牧渔服务业产值	33.76	11.1	5.03

注:比上年增长为可比口径

农业生产主要指标(一)

指标名称	单位	2016年	比上年增长%
全年粮食总产量	万吨	895.61	2.8
1. 夏粮	万吨	427.93	1.9
2. 秋粮	万吨	467.68	3.6
#玉米	万吨	466.75	3.7
棉花总产量	万吨	4.32	—34.8
油料总产量	万吨	1.86	—22.2
#花生	万吨	1.25	—31.6
蔬菜产量	万吨	589.12	0.5
瓜类产量	万吨	38.04	—0.8
水果产量	万吨	39.77	—0.4
果园面积	万亩	19.91	—3.1
水产品产量	万吨	7.28	—14.9
肉类总产量	万吨	67.89	0.0
#猪肉	万吨	42.77	0.1
牛肉	万吨	7.38	—18.8
全年粮食播种面积	万亩	1567.66	1.8
棉花播种面积	万亩	43.08	—35.5
油料面积	万亩	5.62	—31.1
蔬菜面积	万亩	157.96	0.0
瓜类面积	万亩	9.89	0.0

农业生产主要指标(二)

指 标 名 称	单位	2016年	比上年增长%
羊肉	万吨	1.50	-2.0
禽肉	万吨	16.09	11.9
禽蛋产量	万吨	40.18	-2.7
大牲畜年末存栏	万头	108.21	-11.1
#牛	万头	103.75	-11.0
生猪年末存栏	万头	363.61	-3.5
羊年末存栏	万只	152.97	-6.0
奶类产量	万吨	21.32	15.4
家禽存养	万只	6355.13	6.3
农用化肥折纯量	万吨	35.38	-6.8
农村用电量	万千瓦时	125137.01	-1.3

居民收入、支出情况(一)

单位:元/人

指 标 名 称	全体居民	
	2016年	比上年增长%
一、人均可支配收入	17467	9.0
1. 工资性收入	10274	12.1
2. 经营净收入	4915	3.2
3. 财产净收入	843	11.4
4. 转移净收入	1435	7.6
二、人均消费性支出	11994	8.7
1.食品烟酒	3619	7.1
2.衣着	838	9.0
3.居住	3385	9.8
4.生活用品及服务	652	3.6
5.交通通信	1547	12.9
6.教育文化娱乐	852	6.8
7.医疗保健	903	11.5
8.其他用品和服务	197	3.1

居民收入、支出情况(二)

单位:元/人

指 标 名 称	城镇居民		农村居民	
	2016年	比上年增长%	2016年	比上年增长%
一、人均可支配收入	22760	8.2	12248	8.7
1.工资性收入	14404	10.9	6201	11.7
2.经营性收入	5264	0.5	4572	6.0
3.财产净收入	1583	9.4	114	10.0
4.转移净收入	1509	10.3	1361	4.7
二、人均消费性支出	14131	8.3	9887	8.4
1.食品烟酒	4250	8.7	2998	4.2
2.衣着	1144	7.9	536	9.0
3.居住	3356	11.9	3414	7.9
4.生活用品及服务	727	1.8	578	5.3
5.交通通信	2060	7.4	1041	22.2
6.教育文化娱乐	1215	5.4	494	7.1
7.医疗保健	1108	7.6	701	16.5
8.其他用品和服务	271	1.4	124	4.3

工业生产情况(一)

指 标 名 称	工业单位数(个)	现价工业总产值(亿元)	比上年增长(%)
合　计	76108	11189.13	9.4
一、规模以上工业	3022	10641.53	9.5
#国有	11	108.72	5.8
集体	7	11.83	-0.1
外商及中国港澳台投企业	86	535.59	9.7
二、规模以下工业	73086	547.60	5.3

工业生产情况(二)

指标名称	增加值(亿元)	销售产值(亿元)	产销率(%)
合计	1685.51	–	–
一、规模以上工业	1528.90	10525.75	98.91
#国有	10.47	108.37	99.67
集体	3.46	11.81	99.86
外商及港澳台投资企业	64.98	528.6	98.69
二、规模以下工业	156.61	–	–

主要工业产品产量

指标名称	单位	2016年	比上年增长%
小麦粉	万吨	911.9	28.3
饲料	万吨	165.8	5.2
精制食用植物油	万吨	117.5	3.0
饮料酒	万千升	179.1	6.9
纱	万吨	121.5	–1.1
布	亿米	2.4	2.8
服装	万件	4663.6	–36.9
人造板	万立方米	149.6	–16.0
家具	万吨	781.8	–8.0
机制纸及纸板	万吨	137.6	2.6
原油加工量	万吨	220.4	8.8
合成氨	万吨	220.8	–1.5
农用氮、磷、钾肥料	万吨	144.5	–12.3
水泥	万吨	476.1	–1.2
钢材	万吨	518.9	1.7
发电量	亿千瓦时	159.5	–4.3
功能糖	万吨	1185.6	11.7
刹车片	万台套	6150.0	1.2
太阳能热水器	万台套	18.0	2.1
房间空气调节器	万台套	13.6	0.5

规模以上工业企业主要经济指标

指标名称	单位	2016年	比上年增长%
企业单位数	个	3022	–
亏损企业	个	72	14.3
工业总产值(现价)	亿元	10641.53	9.45
高新技术产业产值占总产值比重	%	29.44	1.39
工业增加值	亿元	1528.9	6.7
工业销售产值	亿元	10525.75	10.13
其中:出口交货值	亿元	164.16	33.63
主营业务收入	亿元	10628.9	10.5
利润总额	亿元	586.0	4.4
亏损企业亏损额	亿元	10.6	16.5
利税合计	亿元	827.4	–5.1
资产合计	亿元	4534.7	–3.9
流动资产合计	亿元	1382.9	–5.1
负债合计	亿元	1600.3	–0.1
亏损面	%	2.38	0.02
两项资金合计	亿元	256.8	–8.5

固定资产投资情况(一)

单位:亿元

指标名称	2016年	比上年增长%
固定资产投资完成额	2537.78	13.4
#住宅投资	209.65	-11.7
房地产	220.38	2.7
按建设性质分		
新建	1045.37	6.6
扩建	640.26	-6.1
改建和技术改造	608.66	86.0
按构成分		
建筑工程	1386.14	3.3
安装工程	195.99	18.0
设备工器具购置	791.88	29.6
其他费用	163.77	37.2

固定资产投资情况(二)

单位:亿元

指标名称	2016年	比上年增长%
按产业分投资额	2537.78	13.4
第一产业	28.60	133.2
第二产业	1511.40	21.7
#工业	1440.83	21.1
第三产业	997.78	1.4
建设资金来源合计	2674.69	10.8
#国内贷款	516.40	27.8
利用外资	7.82	-81.7
自筹资金	1807.61	13.7

社会消费品零售总额情况

单位:亿元

指标名称	2016年	比上年增长%
社会消费品零售额	1394.97	10.9
一、按销售单位所在地分组		
1.城镇	1277.60	10.7
#城区	541.57	2.7
2.乡村	117.37	13.5
二、按行业分组		
1.批发业	93.27	5.1
①限额以上	27.85	-12.1
②限额以下	65.42	14.7
2.零售业	1143.08	11.4
①限额以上	837.41	8.2
②限额以下	305.67	21.2
3.住宿业	15.28	2.3
①限额以上	8.47	-0.6
②限额以下	6.81	6.2
4.餐饮业	143.34	12.7
①限额以上	89.55	8.9
②限额以下	53.79	19.6

民营经济情况

指标	单位	2016年	比上年增长%
一、农合、个体、私营			
户数	万户	31.88	13.7
农民专业合作社	万户	1.43	10.5
个体	万户	25.26	10.8
私营	万户	5.19	31.5
二、农合、个体、私营			
从业人员	万人	118.00	14.2
农民专业合作社	万人	9.14	10.5
个体	万人	57.66	11.6
私营	万人	51.19	17.9
三、农合、个体、私营			
注册资金	亿元	2780.55	47.7
农民专业合作社	亿元	193.94	15.4
个体	亿元	154.72	20.3
私营	亿元	2431.88	53.3

对外经贸情况

指标名称	单位	2016年	比上年增长%
1.进出口总值	万元	2112279	7.3
其中:进口	万元	612032	2.4
出口	万元	1500247	9.4
#国有企业出口	万元	45942	-15.7
三资企业出口	万元	305999	19.9
民营企业出口	万元	1148305	8.3
#一般贸易出口	万元	1317223	8.8
加工贸易出口	万元	182118	14.2
其他贸易出口	万元	906	348.5
2.实际利用外资	万美元	12100	1.9
新批外商投资项目个数	个	12	-7.7
3.外派劳务人数	人	932	67.3

财政、金融情况

单位:亿元

指标名称	2016年	比上年增长%
境内财政总收入	267.03	0.9
公共财政预算收入	183.51	7.1
#增值税	31.69	22.3
营业税	24.68	-28.8
企业所得税	11.47	-4.3
公共财政预算支出	332.09	-1.7
#教育支出	65.15	6.8
社会保障和就业	44.54	
金融机构人民币存款余额	2845.11	374.80
#非金融企业存款	528.93	136.14
活期存款	292.35	96.28
定期及其他存款	236.58	39.86
住户存款	1935.67	208.17
活期存款	509.5	73.29
定期及其他存款	1426.17	134.88
金融机构人民币贷款余额	1651.57	105.57
#短期贷款	837.55	-5.76
中长期贷款	756.06	110.22

注:金融机构存贷款增幅为比年初增长绝对值

税收收入情况

单位:万元

指标名称	2016年	比上年增长%
国税收入	1059243	6.1
其中:1.增值税收入	736606	13.6
2.消费税收入	49331	30.3
3.车辆购置税	63064	-17.3
4.企业所得税	166656	-2.7
5.个人利息所得税	3	-57.1
地税收入	1136913	15.2
其中:1.营业税	276751	-
2.资源税	6410	8.0
3.企业所得税	120025	-6.5
4.个人所得税	98116	37.2
5.城镇土地使用税	183769	26.1
6.城市维护建设税	65937	-8.7

公路交通运输业情况

指标名称	单位	2016年	2015年
一、公路通车里程	公里	22106.79	21978.92
二、汽车	辆	853304	776081
1.载客汽车	辆	734759	652808
2.载货汽车	辆	88786	80969
3.其他汽车	辆	29759	42304
三、摩托车	辆	53764	103675
四、挂车	台	15640	14930
五、机动车驾驶员	人	1237002	1146445
#汽车	人	1210334	1114131
六、货运量	万吨	13418	12806
货运周转量	万吨公里	2464910	2302647
七、客运量	万人	1893	2222
客运周转量	万人公里	156178	168680

邮电业务情况

指标名称	单位	2016年	比上年增长%
1.邮电局(所)合计	个	236	-
2.邮路总长度(单程)	公里	5922	-
3.农村投递线路总长度(单程)	公里	19828	-
5.移动电话用户	万户	477.57	9.3
6.固定电话用户	万户	34.21	-3.0
7.邮政业务总量	亿元	5.92	23.0
8.电信业务总量	亿元	63.85	47.1
9.固定宽带用户数	万户	104.17	29.5

价格指数情况

单位:%

指标名称	2016年
商品零售价格总指数	100.5
居民消费价格总指数	101.8
非食品价格指数(原口径)	101.6
服务项目价格指数	103.0
消费品价格指数	101.1
一、食品烟酒	102.4
1.粮食	98.2
2.畜肉类	110.9
3.禽肉类	99.0
4.蛋类	99.7
5.水产品类	104.9
6.菜类	109.8
#鲜菜	110.1
7.干鲜瓜果	95.2
#鲜瓜果	94.0
8.茶及饮料	100.2
9.烟酒	100.4
10.在外餐饮	100.3
二、衣着	101.8
三、居住	102.1
四、生活用品及服务	101.2
五、交通和通信	99.5
六、教育文化和娱乐	101.5
七、医疗保健	103.5
八、其他用品和服务	102.6
工业生产者购进价格指数	100.2
工业生产者出厂价格指数	100.7

教育、卫生事业基本情况

指标名称	单位	2016年	比上年增长%
普通高等学校个数	个	4	–
招生数	万人	1.98	-2.5
在校生数	万人	5.84	13.8
普通中学个数	个	189	–
在校生数	万人	28.75	2.2
小学个数	个	851	–
在校生数	万人	41.21	-0.8
在园儿童数	万人	14.35	-5.8
九年义务教育入学率	%	100	–
卫生机构数(政府办)	个	210	–
医院及卫生院病床	张	23202	4.2
各类卫生技术人员	万人	2.87	4.0
#执业医师和执业助理医师	人	11940	2.8

文化、体育事业基本情况

指标名称	单位	2016年	比上年增长%
1.各类艺术表演团体	家	6	–
全年演出场次	场	2340	33.2
2.公共图书馆藏书	万册	165	13.8
3.无线广播电台	座	8	–
节目套数	套	10	–
全年播音时间	小时	43008	-13.3
4.全市电视台	座	3	–
节目套数	套	12	–
全年播出时间	小时	65852	-6.8
电视覆盖率	%	100	–
5.全年获奖牌(省以上体育赛)	枚	30	-55.9
#金牌	枚	16	-33.3
银牌	枚	7	-68.2
铜牌	枚	7	-68.2

德州火车站列车时刻表

序号	区 间	车次	到点	开点	停点	股道
1	延吉—青岛北	K1053	8:12	8:14	2	1
2	哈尔滨—青岛北	K701	8:22	8:24	2	1
3	白城—青岛北	K955	8:33	8:36	3	1
4	烟台—北京	K286	8:38	8:42	4	7
5	石家庄北—张家口南	Y516	8:46	9:16	30	5
6	沈阳北—温州	K347	8:48	8:51	3	1
7	银川—青岛	K1288/5	9:01	9:03	2	1
8	银川—杭州	K1808/5	9:09	9:12	3	4
9	上海—沈阳北	K188	9:18	9:24	6	7
10	牡丹江—温州	K551	9:21	9:23	2	1
11	天津—石家庄北	K7709	9:29	9:52	23	5
12	通化—青岛北	K969	9:42	9:45	3	1
13	伊宁—济南	K1338/5	9:53	9:55	2	1
14	杭州—齐齐哈尔	K48	9:57	9:59	2	7
15	石家庄北—承德	K7766	10:00	10:23	23	4
16	天津—潞城	K7703	10:07	10:32	25	8
17	上海—银川	K1332/3	10:20	10:26	6	5
18	东营南—北京	K1786	11:01	11:04	3	4
19	温州—北京	K102	11:09	11:11	2	5
20	上海—阜新南	1228	11:16	11:39	23	4
21	温州—牡丹江	K552	11:46	11:49	3	5
22	宁波—长春	K76	11:52	11:56	4	4
23	乌兰浩特—东营南	K1531	14:29	14:31	2	1
24	哈尔滨—杭州	Z175	14:40	14:44	4	1
25	天津—广州	T253	14:46	15:09	23	5

续表

序号	区　间	车次	到点	开点	停点	股道
26	长春—宁波	K75	14:59	15:02	3	1
27	齐齐哈尔—杭州	K47	15:12	15:15	3	1
28	承德—石家庄北	K7765	15:21	15:52	31	5
29	北京—福州	K45	15:50	15:53	3	1
30	哈尔滨—济南	K293	16:13	16:16	3	1
31	石家庄北—天津	K7710	16:40	17:07	27	5
32	北京—上海	1461	16:42	16:49	7	1
33	青岛北—通化	K970	16:48	16:52	4	4
34	天津—西安	K213	17:29	17:52	23	5
35	济南—伊宁	K1336/7	18:08	18:13	5	5
36	温州—沈阳北	K348	18:18	18:23	5	4
37	张家口南—石家庄北	Y515	18:20	18:50	30	7
38	潞城—天津	K7704	18:35	19:05	30	4
39	北京—东营南	K1785	19:01	19:05	4	1
40	青岛—银川	K1286/7	19:03	19:08	5	5
41	天津—成都	K257	19:17	19:40	23	7
42	广州—天津	T254	19:27	19:55	28	5
43	北京—杭州	T31	20:24	20:27	3	1
44	济南—哈尔滨	K294	21:15	21:18	3	4
45	北京—烟台	K285	21:34	21:37	3	1
46	东营南—乌兰浩特	K1532	21:44	21:50	6	5
47	北京—南通	Z139	21:48	21:50	2	1
48	牡丹江—日照	K1449	21:58	22:01	3	4
49	日照—牡丹江	K1450	22:09	22:16	7	5
50	包头—杭州	Z281	22:11	22:33	22	1
51	太原—上海	K374/1	22:48	22:51	3	1
52	北京—上海	T109	23:05	23:08	3	1
53	北京—泰州	T215	23:16	23:19	3	4

续表

序号	区 间	车次	到点	开点	停点	股道
54	成都—天津	K258	0:10	0:33	23	7
55	青岛北—白城	K956	0:11	0:13	2	4
56	福州—北京	K46	0:35	0:39	4	4
57	上海—吉林	K516	0:43	0:45	2	7
58	青岛北—哈尔滨	K702	0:50	0:52	2	5
59	南京—哈尔滨	Z366	0:56	0:59	3	7
60	太原—秦皇岛	K520	0:58	1:26	28	8
61	大连—上海	T131	0:59	1:01	2	1
62	日照—北京	K52	1:02	1:09	7	4
63	佳木斯—烟台	K1391	1:09	1:11	2	1
64	青岛北—延吉	K1054	1:14	1:17	3	5
65	青岛北—太原	K882/3	1:21	1:23	2	7
66	唐山—临汾	K865	1:26	1:49	23	5
67	烟台—佳木斯	K1392	1:32	1:43	11	7
68	上海—呼和浩特东	Z268/9	1:55	1:57	2	7
69	运城—唐山	K866	2:00	2:49	49	5
70	杭州—哈尔滨	Z176	2:03	2:05	2	4
71	银川—上海	K1334/1	2:06	2:15	9	1
72	秦皇岛—太原	K519	2:21	2:54	33	8
73	上海—大连	T132	2:24	2:26	2	4
74	沈阳北—上海	K187	2:28	2:31	3	1
75	太原—青岛北	K884/1	2:55	2:59	4	1
76	西安—天津	K214	3:05	3:31	26	5
77	上海—北京	1462	3:44	3:50	6	4
78	北京—温州	K101	3:47	3:49	2	1
79	阜新年—上海	1227	4:19	4:21	2	1
80	北京—威海	K411	4:33	4:35	2	1
81	上海—哈尔滨	Z172	5:06	5:09	3	4

续表

序号	区　间	车次	到点	开点	停点	股道
82	上海—北京	T110	5:49	5:51	2	4
83	杭州—银川	K1806/7	5:59	6:24	25	7
84	南京—北京	T66	6:18	6:21	3	4
85	泰州—北京	T216	6:25	6:27	2	5
86	杭州—包头	Z282	6:31	6:33	2	4
87	杭州—北京	T32	6:38	6:40	2	5
88	上海—太原	K372/3	7:09	7:29	20	5
89	威海—北京	K412	7:42	7:47	5	4

德州东站列车时刻表

车次	始发站—终点站	到站时间	开车时间	全程(时间)
G8936	德州东站—北京南站	始发站	07:15	314公里(1小时36分)
G175	北京南站—青岛站	07:42	07:50	819公里(4小时53分)
G51	天津西站—宁波站	07:58	08:00	1329公里(6小时24分)
G101	北京南站—上海虹桥站	08:05	08:13	1318公里(5小时54分)
G1706 / G1707	济南西站—太原南站	08:17	08:19	825公里(5小时2分)
G471	北京南站—烟台站	08:30	08:32	961公里(5小时55分)
G261	北京南站—六安站	08:35	08:37	1072公里(5小时24分)
G57	北京南站—宁波站	08:44	08:46	1434公里(6小时49分)
G390 / G391	济南西站—大连北站	08:44	08:46	1142公里(6小时26分)
G177	北京南站—青岛站	08:50	08:52	819公里(4小时47分)
G4219	北京南站—烟台站	08:55	09:13	961公里(7小时17分)
G107	北京南站—上海虹桥站	09:18	09:21	1318公里(5小时33分)
G55	北京南站—福州站	09:23	09:26	2011公里(10小时49分)
G1265 / G1268	青岛北站—长春站	09:25	09:27	1680公里(9小时45分)
G109	北京南站—上海虹桥站	09:29	09:31	1318公里(5小时52分)

续表

车次	始发站—终点站	到站时间	开车时间	全程(时间)
G165	北京南站—杭州东站	09:34	09:43	1279公里(6小时17分)
G1205/G1208	青岛北站—哈尔滨西站	09:41	09:43	1908公里(10小时45分)
G176	潍坊站—北京南站	09:46	09:48	636公里(3小时44分)
G1568	商丘站—北京南站	09:51	09:53	862公里(4小时39分)
G355	北京南站—厦门北站	10:00	10:02	1178公里(11小时27分)
G263	北京南站—合肥南站	10:05	10:12	1000公里(4小时28分)
G113	北京南站—上海虹桥站	10:18	10:20	1318公里(5小时37分)
G211	天津西站—上海虹桥站	10:22	10:25	1231公里(5小时3分)
G41	北京南站—杭州东站	10:32	10:34	1477公里(6小时28分)
G115	北京南站—上海虹桥站	10:42	10:44	1318公里(5小时45分)
G180	青岛站—北京南站	10:41	10:47	819公里(4小时51分)
G179	北京南站—青岛站	10:48	10:50	819公里(4小时35分)
G204	南京南站—北京南站	10:52	10:53	1023公里(4小时48分)
G117	北京南站—上海虹桥站	10:53	10:55	1318公里(5小时59分)
G27	北京南站—福州站	10:58	11:03	1808公里(7小时48分)
G213	天津西站—上海虹桥站	11:41	11:43	1213公里(5小时33分)
G171	天津西站—青岛站	11:49	11:51	714公里(4小时38分)
G34	杭州东站—北京南站	11:50	11:52	1279公里(5小时55分)
G121	北京南站—上海虹桥站	11:55	11:57	1318公里(6小时0分)
G108	上海虹桥站—北京南站	11:56	11:58	1318公里(5小时51分)
G301	北京南站—福州站	12:00	12:02	1808公里(9小时10分)
G181	北京南站—青岛站	12:05	12:13	819公里(4小时55分)
G163	北京南站—苍南站	12:17	12:19	1673公里(9小时40分)
G123	北京南站—上海虹桥站	12:25	12:27	1318公里(5小时45分)
G125	北京南站—上海虹桥站	12:30	12:32	1318公里(5小时48分)
G411	北京南站—上海虹桥站	12:47	12:49	1318公里(5小时48分)
G127	北京南站—上海虹桥站	12:56	12:58	1318公里(5小时41分)
G1272/G1273	沈阳北站—武汉站	13:00	13:03	2154公里(11小时41分)

续表

车次	始发站—终点站	到站时间	开车时间	全程(时间)
G1222/G1223	沈阳北站—宁波站	13:08	13:10	2000公里(10小时24分)
G183	北京南站—青岛站	13:14	13:16	819公里(4小时57分)
G473	北京南站—烟台站	13:20	13:22	922公里(6小时20分)
G58	宁波站—北京南站	13:21	13:23	1434公里(6小时54分)
G325	北京南站—厦门北站	13:25	13:27	1211公里(11小时4分)
G212	上海虹桥站—天津西站	13:26	13:28	1213公里(5小时40分)
G129	北京南站—上海虹桥站	13:30	13:32	1318公里(5小时40分)
G36	杭州东站—北京南站	13:32	13:35	1279公里(5小时44分)
G476	荣成站—北京南站	14:03	14:04	1063公里(6小时33分)
G133	北京南站—上海虹桥站	14:02	14:04	1318公里(5小时55分)
G116	上海虹桥站—北京南站	14:07	14:09	1318公里(5小时49分)
G187	北京南站—青岛站	14:07	14:09	819公里(4小时52分)
G167	北京南站—温州南站	14:12	14:14	1691公里(8小时54分)
G46	江山站—北京南站	14:12	14:14	1593公里(7小时24分)
G1271/G1274	武汉站—沈阳北站	14:16	14:18	1906公里(11小时34分)
G139	北京南站—上海虹桥站	15:00	15:02	1318公里(6小时4分)
G188	青岛站—北京南站	15:00	15:07	819公里(4小时56分)
G59	北京南站—宁波站	15:06	15:12	1434公里(6小时55分)
G1233/G1236	上海虹桥站—长春站	15:13	15:15	2194公里(11小时57分)
G122	上海虹桥站—北京南站	15:17	15:19	1318公里(5小时47分)
G43	北京南站—杭州东站	15:18	15:20	1477公里(6小时35分)
G162	安庆站—北京南站	15:21	15:23	1257公里(6小时31分)
G141	北京南站—上海虹桥站	15:23	15:25	1318公里(5小时57分)
G124	上海虹桥站—北京南站	15:26	15:28	1318公里(5小时50分)
G215	天津西站—上海虹桥站	15:29	15:31	1213公里(5小时14分)
G126	上海虹桥站—北京南站	15:31	15:33	1318公里(5小时50分)
G190	青岛站—北京南站	15:36	15:38	819公里(4小时51分)
G191	北京南站—青岛站	15:33	15:40	819公里(4小时55分)

续表

车次	始发站—终点站	到站时间	开车时间	全程(时间)
G128	上海虹桥站—北京南站	15:48	15:50	1318公里(5小时58分)
G130	上海虹桥站—北京南站	16:08	16:10	1318公里(5小时57分)
G193	北京南站—青岛站	16:17	16:18	819公里(4小时59分)
G1225 / G1228	苍南站—沈阳北站	16:14	16:25	2517公里(15小时21分)
G38	南昌西站—北京南站	16:33	16:37	1861公里(9小时28分)
G168	温州南站—北京南站	16:40	16:42	1709公里(9小时27分)
G45	北京南站—江山站	16:46	16:49	1593公里(7小时48分)
G351	北京南站—黄山北站	16:52	16:54	1306公里(6小时31分)
G322	厦门北站—北京南站	17:02	17:04	2053公里(11小时7分)
G475	北京南站—荣成站	17:03	17:05	1036公里(6小时41分)
G412	上海虹桥站—北京南站	17:07	17:09	1318公里(6小时8分)
G1266 / G1267	长春站—青岛北站	17:08	17:10	1680公里(9小时59分)
G147	北京南站—上海虹桥站	17:13	17:19	1318公里(6小时4分)
G195	北京南站—青岛站	17:31	17:33	819公里(4小时48分)
G37	北京南站—杭州东站	17:36	17:38	1279公里(5小时58分)
G1234 / G1235	长春站—上海虹桥站	17:42	17:44	2194公里(11小时36分)
G149	北京南站—上海虹桥站	17:47	17:49	1336公里(5小时57分)
G1230 / G1231	丹东站—上海虹桥站	17:51	17:53	2107公里(11小时19分)
G151	北京南站—上海虹桥站	17:57	17:58	1318公里(6小时0分)
G4218	荣成站—北京南站	17:34	17:59	1036公里(7小时26分)
G197	北京南站—青岛站	18:02	18:04	819公里(4小时48分)
G330	福州站—天津西站	18:04	18:06	1703公里(9小时11分)
G140	上海虹桥站—北京南站	18:09	18:11	1318公里(5小时54分)
G164	苍南站—北京南站	18:20	18:22	1590公里(9小时27分)
G155	北京南站—上海虹桥站	18:40	18:43	1318公里(5小时48分)
G199	北京南站—青岛站	18:45	18:48	819公里(4小时55分)
G267	北京南站—合肥南站	18:53	18:55	1000公里(4小时38分)
G157	北京南站—上海虹桥站	18:58	18:59	1318公里(5小时41分)

续表

车次	始发站—终点站	到站时间	开车时间	全程(时间)
G144	上海虹桥站—北京南站	19:07	19:09	1318公里(5小时54分)
G52	宁波站—天津西站	19:13	19:16	1329公里(6小时16分)
G1246 / G1247	哈尔滨西站—青岛北站	19:15	19:22	1908公里(10小时57分)
G201	北京南站—南京南站	19:26	19:28	1023公里(4小时30分)
G331	北京南站—济南西站	19:38	19:40	406公里(1小时46分)
G203	北京南站—南京南站	19:48	19:50	1023公里(4小时15分)
G166	杭州东站—北京南站	20:07	20:13	1279公里(6小时11分)
G304	福州站—北京南站	20:21	20:23	1808公里(9小时27分)
G150	上海虹桥站—北京南站	20:26	20:28	1318公里(5小时43分)
G152	上海虹桥站—北京南站	20:30	20:32	1318公里(5小时33分)
G207	北京南站—徐州东站	20:39	20:41	692公里(3小时19分)
G356	厦门北站—北京南站	20:50	20:52	2053公里(11小时20分)
G4961	北京南站—济南站	20:58	21:01	426公里(2小时22分)
G389 / G392	大连北站—济南西站	21:05	21:12	1142公里(6小时35分)
G4287	北京南站—济南西站	21:40	21:42	406公里(1小时46分)
G200	青岛站—北京南站	22:09	22:22	819公里(5小时2分)
G337	北京南站—济南西站	22:28	22:30	406公里(1小时56分)

图书在版编目（CIP）数据

德州年鉴．2017 / 山东省德州市史志办公室编．
—北京：方志出版社，2017.11

ISBN 978-7-5144-2719-6

Ⅰ．①德… Ⅱ．①山… Ⅲ．①德州—2017—年鉴
Ⅳ．①Z525.23

中国版本图书馆CIP数据核字(2017)第288101号

德州年鉴(2017)

编　　者：山东省德州市地方史志办公室
责任编辑：李志瑜

出 版 人：冀祥德
出 版 者：方志出版社
地址　北京市朝阳区潘家园东里9号(国家方志馆4号)
邮编　100021
网址　http://www.fzph.org
发　　行：方志出版社图书经销中心
电话(010)67110500
经　　销：各地新华书店
印　　刷：济南黄氏印务有限公司

开　　本：889×1194　　1 / 16
印　　张：29.5
字　　数：620千字
版　　次：2017年11月第1版　　2017年11月第1次印刷
印　　数：0001~2500册

ISBN 978-7-5144-2719-6　　定价：300.00元